MARIAN THELEMANN

Schadensersatz statt der Eigentumsvormerkung?

Schriften zum Bürgerlichen Recht

Band 602

Schadensersatz statt der Eigentumsvormerkung?

Die (Un-)Anwendbarkeit des Schadensersatzanspruches statt der Leistung (§§ 280 Abs. 1, Abs. 3, 281 BGB) auf den Zustimmungsanspruch des Vormerkungsberechtigten gegen den Dritterwerber (§ 888 Abs. 1 BGB)

Von

Marian Thelemann

Duncker & Humblot · Berlin

Die Rechtswissenschaftliche Fakultät
der Friedrich-Schiller-Universität Jena hat diese Arbeit im Jahre 2025
als Dissertation angenommen.

Bibliografische Information der Deutschen Nationalbibliothek

Die Deutsche Nationalbibliothek verzeichnet diese Publikation in
der Deutschen Nationalbibliografie; detaillierte bibliografische Daten
sind im Internet über http://dnb.d-nb.de abrufbar.

Satz: 3w+p GmbH, Rimpar
Druck: Metasystems Publishing & Printservices GmbH, Wustermark
Printed in Germany

ISSN 0720-7387
ISBN 978-3-428-19597-8 (Print)
ISBN 978-3-428-59597-6 (E-Book)

Gedruckt auf alterungsbeständigem (säurefreiem) Papier
entsprechend ISO 9706 ♾

Verlagsanschrift: Duncker & Humblot GmbH, Carl-Heinrich-Becker-Weg 9,
12165 Berlin, Germany | E-Mail: info@duncker-humblot.de
Internet: https://www.duncker-humblot.de

Meinen Eltern

Vorwort

Diesem Buch liegt meine im Wintersemester 2024/2025 von der Rechtswissenschaftlichen Fakultät der Friedrich-Schiller-Universität Jena angenommene Dissertation zugrunde. Wesentlich neue Erkenntnisse sind seit der Eröffnung des Promotionsverfahrens nicht hervorgetreten. Aus diesem Grund habe ich meine Dissertation so in den Druck gegeben, wie sie mit dem Prädikat „summa cum laude“ bewertet wurde.

Zu großem Dank bin ich meinem Doktorvater, Herrn Professor Dr. Christian Fischer, für die Betreuung meiner Promotion verpflichtet. Er ließ mir den notwendigen Raum für meine wissenschaftliche Entfaltung, stand mir aber auf Wunsch auch mit fachlichem Rat zur Seite. Zudem hat er mir während meiner Tätigkeit an seinem Lehrstuhl, welche mir große Freude bereitete, stets die Zeit gewährt, die ich für die Erstellung der Dissertation benötigte. Bei dem gesamten Lehrstuhl möchte ich mich für die schöne Zeit bedanken. Ein besonderer Dank gilt dabei Herrn Sebastian Reiche. Die zahlreichen fachlichen Diskussionen mit ihm haben zum Gelingen meiner Dissertation beigetragen.

Herrn Professor Dr. Jan Dirk Harke bin ich für die schnelle Anfertigung des Zweitgutachtens verbunden. Das ist keine Selbstverständlichkeit. Der Studienstiftung des Deutschen Volkes danke ich für die großzügige Förderung meiner Promotion mit einem Stipendium. Dem Verlag danke ich für die Aufnahme meiner Dissertation in sein Programm.

Von ganzem Herzen danke ich meiner Familie, in erster Linie meinen Eltern, Frau Uta Thelemann und Herrn Ralf Kirmse-Thelemann, für ihre bedingungslose Unterstützung, auf die ich mich in jeder Lebenslage verlassen kann. Ohne sie wäre ich nicht dort, wo ich heute bin. Mein Vater und meine Schwester, Frau Alexia Thelemann, haben mir zudem durch das Korrekturlesen meiner Dissertation Hilfe geleistet.

Großer Dank gebührt außerdem meinen Freundinnen und Freunden, die mich in den Jahren der Erstellung meiner Dissertation begleitet haben. Hervorheben möchte ich Frau Franziska Lohan, welche mich in Phasen des Zweifelns stets ermutigt und zudem ebenfalls das mühevolle Korrekturlesen meiner Dissertation auf sich genommen hat, sowie Frau Lisa-Marie Menzel, welche die Erstellung der Dissertation vor Ort miterlebte und wichtige Motivationsarbeit leistete.

Schließlich möchte ich mich ganz besonders bei meiner Partnerin, Frau Ines Körber, bedanken: Für ihre Liebe und Unterstützung. Ich bin glücklich, die besonderen Momente meines Lebens mit ihr teilen zu dürfen.

Düsseldorf, im Mai 2025 *Marian Thelemann*

Inhaltsübersicht

Inhaltsverzeichnis

5. Kapitel

Abschließende Interessenbewertung 260

„Der Gedanke der Verpflichtung beschränkt seine Herrschaft keineswegs auf dasjenige Gebiet, in dem er seinen eigentlichen Sitz hat und seine stete Ausprägung und Verkörperung gefunden hat: das Obligationenrecht; als unsichtbares, individuell nicht ausgeprägtes, unkörperliches Element durchdringt er die ganze Rechtswelt, alle Verhältnisse belebend und erhaltend, gleich dem Sauerstoff der atmosphärischen Luft."

Jhering, Geist des römischen Rechts
auf den verschiedenen Stufen seiner Entwicklung,
Dritter Theil, Erste Abteilung, Leipzig 1865, S. 175 f.*

---

* Verwendung des Zitates im Anschluss an *Becker*, Schadensersatz n. Fristsetzung im EBV, S. 1 und *Plath*, Ergänzung d. §§ 985 ff. BGB durch Anwendung schuldrechtl. Bestimmungen, S. 1.

§ 1 Einführung

A. Gegenstand der Untersuchung

Wenn sich eine wissenschaftliche Untersuchung noch heute eingehend mit der Eigentumsvormerkung beschäftigt, bedarf das einer Rechtfertigung.

Obwohl die praktische Bedeutung der Vormerkung ungebrochen ist,[1] wird sie dem einen oder anderen Leser vielleicht etwas eingestaubt vorkommen. Immerhin ist sie seit über 120 Jahren nahezu unverändert geblieben.

Da sich mit ihr – nicht zuletzt wegen ihrer eigenartigen Stellung zwischen Schuld- und Sachenrecht[2] – bereits Generationen von Rechtswissenschaftlern beschäftigt haben, liegt der Vorwurf nahe, man bewege sich auf ausgetretenen Pfaden. Dazu passt es, dass Raape bereits im Jahre 1927 die „jugendliche Kraft" bedauerte, welche sich weiterhin dem „Streit über das Wesen der Vormerkung" widmen werde.[3] Allein mit den Abhandlungen zum rechtlichen Charakter der Vormerkung lassen sich problemlos „ganze Bücherregale" füllen.[4]

Kaum weniger umfangreich ist die Quellenlage auf dem hier ebenfalls betretenen Gebiet der Anwendung von schuldrechtlichen Vorschriften auf im Sachenrecht verortete Ansprüche. Anders als von Schwerdtner[5] noch im Jahre 1973 behauptet, gehört dieses „viel bereiste" Gebiet schon längst nicht mehr zu den „weißen Flecken" auf dem „Atlas der juristischen Disziplinen". Im Gegenteil, der BGH stach mit einem Urteil aus dem Jahre 2016, in dem er von der Anwendbarkeit der §§ 280 Abs. 1, Abs. 3, 281 BGB auf den Anspruch aus § 985 BGB ausging,[6] in ein „dogmatisches Wespennest".[7]

---

[1] S. nur *Assmann*, Vormerkung, S. 1; Staudinger/*Kesseler*, § 883 BGB Rn. 5 ff.

[2] Umschreibungen für diese Zwischenstellung sind zahl- und bildreich. Anschaulich etwa *Kainer*, SachenR, § 26 Rn. 7 („hybrides Mischwesen zwischen den Welten"); *Schwerdtner*, Verzug im SachenR, S. 184 („Grenzgebiet des Schuld- und Sachenrechts" als „Standort der Vormerkung"); *Weber*, SachenR II, § 11 Rn. 3 („Zwitterstellung zwischen einem obligatorischen und einem dinglichen Recht", „borderline-Persönlichkeit"); *Westermann/Staudinger*, SachenR, Rn. 476 („schuld- und sachenrechtliche Elemente zu einem Amalgam").

[3] *Raape*, JW 1927, 1927, 1927.

[4] *Schultz*, RNotZ 2001, 541, 544.

[5] *Schwerdtner*, Verzug im SachenR, S. 17.

[6] BGHZ 209, 270, 274 Rn. 16.

[7] *Wintermann*, BRJ 2018, 43, 47.

Der eine oder andere wird nach diesem Urteil die vorsichtige Hoffnung gehegt haben, dass es in der Rechtsprechung nun zu einem sich selbstverstärkenden Trend kommt, welcher es immer schwerer macht, die Anwendung des Schadensersatzanspruches statt der Leistung auf dingliche Ansprüche abzulehnen.[8] Diese Hoffnung enttäuschte der BGH im Jahre 2023 mehr oder weniger jäh. Unter teilweiser Aufgabe seiner Rechtsprechung aus dem Jahre 2016[9] entschied er, dass eine Anwendung der §§ 280 Abs. 1, Abs. 3, 281 BGB auf die Beseitigungs- und Unterlassungsansprüche aus § 1004 Abs. 1 BGB nicht in Betracht kommt.[10] Wenig überraschend erhielt dieses Urteil große Aufmerksamkeit.[11]

Umso mehr verwundert es, dass die hier untersuchte Frage nach der Anwendbarkeit des Schadensersatzanspruches statt der Leistung auf den Zustimmungsanspruch des Vormerkungsberechtigten gegen den Dritterwerber bisher kaum einmal aufgeworfen wurde. Sie hatte noch im Jahre 2015 wenig Aufmerksamkeit erhalten. Zu diesem Zeitpunkt äußerten sich einzig Gursky[12] und Krause[13] zu ihr.

Wohl deswegen sah sich der BGH veranlasst, auf sie hinzuweisen.[14] Zwar seien die Verzugsvorschriften auf den Anspruch aus § 888 Abs. 1 BGB anwendbar.[15] Ob sich „[a]us dem akzessorischen Charakter des Anspruchs […] kein Argument gegen die Anwendung“ des Anspruches aus §§ 280 Abs. 1, Abs. 3, 281 BGB ableiten ließe, sei aber „nicht eindeutig“.[16]

B. Praktische Relevanz und wissenschaftlicher Reiz

Dieser Hinweis des BGH ist letztlich Beweis genug, dass die Frage für die Praxis von Interesse ist. Es gilt das, was Schmidt für die Anwendung der Verzugsvorschriften auf den Anspruch aus § 888 Abs. 1 BGB ausgesprochen hat: „In Prozessen wird die Frage nicht sehr häufig zum Tragen kommen, aber sie ist doch von praktischer und rechtspolitischer Relevanz“.[17]

---

[8] S. nur *Croon-Gestefeld*, ZfPW 2022, 285, 305.

[9] BGHZ 236, 369, 380 Rn. 32.

[10] BGHZ 236, 369, 373 Rn. 14 u. 382 f. Rn. 37. So jetzt auch BGH NJW-RR 2023, 1242, 1244 Rn. 13.

[11] Dem BGH zustimmend etwa *Baldus/Raff*, JZ 2023, 1036, 1037 ff.; *Pfeiffer*, LMK 2023, 809067. Das Urteil des BGH – zumindest in Teilen – ablehnend etwa BeckOGK-BGB/*Riehm*, § 280 BGB Rn. 70 ff.; BeckOGK-BGB/*Spohnheimer*, § 1004 BGB Rn. 54; *Fritzsche/Harman*, ZfIR 2023, 380, 381 f.; Staudinger/*Thole*, § 1004 BGB Rn. 419; *Würdinger*, JuS 2023, 783, 785.

[12] Staudinger/*Gursky*, Bearb. 2013, § 888 BGB Rn. 64.

[13] NK-BGB/*Krause*, 4. Aufl., § 888 BGB Rn. 28.

[14] BGHZ 208, 133, 139 Rn. 13.

[15] BGHZ 208, 133, 135 Rn. 5.

[16] BGHZ 208, 133, 139 Rn. 13.

[17] *Schmidt*, JuS 2016, 844, 845.

Auch in dem Sachverhalt, welcher dem BGH-Urteil zugrunde lag, hätte der Vormerkungsberechtigte vom Anspruch aus § 888 Abs. 1 BGB zum Schadensersatz statt der Leistung übergehen können. Man kann verallgemeinernd sagen, dass die Anwendbarkeit der §§ 280 Abs. 1, Abs. 3, 281 BGB für den Vormerkungsberechtigten immer dann bedeutsam wird, wenn er kein Interesse mehr an dem Erwerb des (unbelasteten) Grundstückes hat. In diesen Fällen wird er in Erwägung ziehen, den Anspruch aus § 888 Abs. 1 BGB „zu Geld zu machen", anstatt ihn durchzusetzen.

Sogar noch etwas reizvoller ist die Frage aus wissenschaftlicher Sicht.

Die Trennung von Schuld- und Sachenrecht ist eine der wesentlichen Grundentscheidungen des BGB.[18] Es verwundert nicht, dass sie auch heute noch „jungen Juristen wie ein Glaubensbekenntnis nahegebracht" wird.[19] Schon die Schaffung der Vormerkung war ein Angriff auf diese.[20]

Läuft man dann, wenn man mit dem Anspruch aus §§ 280 Abs. 1, Abs. 3, 281 BGB das „Herzstück des Schuldrechts"[21] auf sie anwendet, nicht Gefahr, das, wie mittlerweile gemeinhin bekannt, wacklige Fundament, auf dem die Trennung von Schuld- und Sachenrecht aufbaut,[22] derart zu erschüttern, dass sie in sich zusammenfällt?

C. Versuch einer ersten Bestandsaufnahme

Bis zu dem Urteil des BGH wurde die hier untersuchte Frage geradezu sträflich vernachlässigt. Das dürfte vor allem damit zusammenhängen, dass sie im Vergleich zu ähnlichen Fragen, etwa der bereits angesprochenen nach dem Schadensersatz statt der Vindikation, verhältnismäßig neu ist.

I. Vor der Schuldrechtsreform: Kein Schadensersatz statt der Vormerkung

Sie stellt sich erst seit der Schaffung der §§ 280 Abs. 1, Abs. 3, 281 BGB durch die Schuldrechtsreform im Jahre 2002. Die Anwendung ihrer Vorgängervorschriften aus § 283 Abs. 1 BGB a. F. und § 286 Abs. 2 S. 1 BGB a. F. kam, wenn über-

---

[18] S. zu dieser Gliederungspkt. § 6 B. (mit Untergliederung) (S. 46 ff.).

[19] Angelehnt an *Brehm/Berger*, SachenR, § 1 Rn. 27 (zum Abstraktionsprinzip als Ausschnitt der Trennung von Schuld- und Sachenrecht).

[20] S. Gliederungspkt. § 8 D.II.1.b) (S. 120 ff.).

[21] *Becker*, Schadensersatz n. Fristsetzung im EBV, S. 7.

[22] S. dazu Gliederungspkt. § 6 B. (S. 46 f.).

haupt, nur in eng begrenzten und praktisch kaum relevanten Ausnahmefällen in Betracht.

§ 283 Abs. 1 BGB a.F. war schon deswegen nicht auf den Anspruch aus § 888 Abs. 1 BGB anwendbar, weil er eine rechtskräftige Verurteilung voraussetzte. Da mit dieser die Zustimmung des Dritterwerbers als abgegeben galt (vgl. § 894 S. 1 ZPO), hatte der Vormerkungsberechtigte so schon „alles erlangt", was er „beansprucht hatte".[23] Eine Anwendung des § 283 Abs. 1 BGB a.F. wäre allenfalls noch in den Fällen des § 894 S. 2 ZPO in Betracht gekommen.[24] Diese sind beim Anspruch aus § 888 Abs. 1 BGB aber, soweit ersichtlich, niemals relevant geworden.

§ 286 Abs. 2 S. 1 BGB a.F. war dagegen deswegen nicht auf den Anspruch aus § 888 Abs. 1 BGB anwendbar, weil der von ihm vorausgesetzte verzugsbedingte Interessenwegfall beim Vormerkungsberechtigten praktisch nicht eintreten konnte.[25] Zudem schloss der BGH seit einem Urteil aus dem Jahre 1968 ohnehin die Anwendung der Verzugsvorschriften im Verhältnis zwischen dem Vormerkungsberechtigten und dem Dritterwerber aus.[26]

II. Nach der Schuldrechtsreform: Reaktionen auf den Hilferuf des BGH

Das Schrifttum hat den Hilferuf des BGH aus dem Jahre 2015 erhört. Mittlerweile gibt es etwa zwei Handvoll Stellungnahmen zu der Frage, ob die §§ 280 Abs. 1, Abs. 3, 281 BGB auf den Anspruch aus § 888 Abs. 1 BGB angewendet werden können.[27]

Diese sind allerdings nicht nur durchgängig sehr kurz gehalten, sondern behandeln lediglich – und noch dazu unterschiedliche – Teilaspekte dieser Frage. Da eine Streitdarstellung aus diesem Grund hier mehr Verwirrung stiften als Klarheit schaffen würde, soll sie zunächst unterbleiben.[28]

---

[23] S. nur BGHZ 53, 29, 34 (zur Anwendbarkeit des § 283 Abs. 1 BGB a.F. bei der Abtretung eines Herausgabeanspruches).

[24] Vgl. nur *Schäfer*, Schadensersatzanspruch aus § 283 BGB, S. 68 (zur Anwendbarkeit des § 283 Abs. 1 BGB a.F. auf § 894 BGB).

[25] Vgl. nur *Gursky*, JURA 2004, 433, 435 (allgemein zu nicht-synallagmatischen Ansprüchen).

[26] BGHZ 49, 263, 266 f.

[27] S. neben den soeben auf S. 21 in Fn. 12 f. Genannten auch BeckOGK-BGB/*Riehm*, § 280 BGB Rn. 74; BeckOK-BGB/*Lorenz*, § 281 BGB Rn. 9; *Croon-Gestefeld*, ZfPW 2022, 285, 303 ff.; Grüneberg/*Herrler*, § 888 BGB Rn. 4; jurisPK-BGB/*Stamm*, § 888 BGB Rn. 33; *Müller/Gruber*, SachenR, Rn. 2945; NK-BGB/*Krause*, § 888 BGB Rn. 28; *Stürner*, JURA 2019, 837, 843; *Wösthoff/Klein*, ZfIR 2016, 188, 189.

[28] Wer sich dennoch bereits jetzt einen Überblick über den Streitstand verschaffen will, sei auf die Streitdarstellung in Gliederungspkt. § 6 A. (S. 43 ff.) verwiesen. Zudem werden die zu

D. Gang der Untersuchung

Um Ordnung in dieses wirre Durcheinander zu bringen, bietet sich ein Vorgehen in zwei Schritten an: Im ersten Teil der Arbeit wird untersucht, ob sich ein Anspruch des Vormerkungsberechtigten auf Schadensersatz statt der Leistung grundsätzlich begründen lässt. Dazu sind neben Vorschriften aus dem Eigentümer-Besitzer-Verhältnis (§§ 989, 990 Abs. 2 BGB) (Kapitel 1), wie bereits angedeutet, vor allem die §§ 280 Abs. 1, Abs. 3, 281 BGB in den Blick zu nehmen (Kapitel 2).

Im zweiten Teil der Arbeit wird dann untersucht, ob ein Erfordernis besteht, von der festgestellten grundsätzlichen Anwendbarkeit von schuldrechtlichen Vorschriften auf den Anspruch aus § 888 Abs. 1 BGB abzuweichen. Dazu ist zu thematisieren, ob die Vorschriften und Wertungen des Eigentümer-Besitzer-Verhältnisses einer Anwendung der §§ 280 Abs. 1, Abs. 3, 281 BGB entgegenstehen (Kapitel 3), welchen Einfluss der rechtliche Charakter des Anspruches aus § 888 Abs. 1 BGB auf die Anwendung hat (Kapitel 4) und ob der Schadensersatzanspruch statt der Leistung zu der Interessenlage passt, welche dem Verhältnis zwischen dem Vormerkungsberechtigten und dem Dritterwerber zugrunde liegt (Kapitel 5).

E. Terminologie

Zur Vermeidung von Missverständnissen werden vorab noch einige terminologische Klarstellungen vorgenommen.

Wenn im Weiteren von der Eigentumsvormerkung die Rede ist, ist damit die Vormerkung gemeint, welche einen Anspruch auf Eigentumsverschaffung sichert. Diese wird zuweilen, allerdings fälschlicherweise, auch als Auflassungsvormerkung oder Übereignungsvormerkung bezeichnet.[29]

Der Anspruch aus § 888 Abs. 1 BGB richtet sich gegen den Dritterwerber. Der Dritterwerber darf nicht mit dem Vormerkungsverpflichteten verwechselt werden. Gegen den Vormerkungsverpflichteten richtet sich der durch die Vormerkung gesicherte Anspruch.

Wenn die Begriffe „schuldrechtlich" oder „sachenrechtlich" verwendet werden, ist damit die systematische Stellung im 2. oder 3. Buch des BGB angesprochen. Geht es um den rechtlichen Charakter, werden die Begriffe „obligatorisch" und „dinglich" verwendet.

Teilaspekten vertretenen Ansichten in Gliederungspkt. § 2 B.I. (S. 31 f.), Gliederungspkt. § 4 (S. 37 ff.), Gliederungspkt. § 6 C.III. (S. 90 f.), Gliederungspkt. § 13 C.II. (S. 226 f.) u. Gliederungspkt. § 16 B.I. (S. 267 ff.) dargestellt.

[29] S. ausführlich zu diesen Begriffen nur *Weirich*, NJW 1989, 1979, 1979 f.; *Weirich*, DNotZ 1982, 669, 669 ff.

Nach diesem Verständnis ist der im 3. Buch des BGB befindliche Anspruch aus § 888 Abs. 1 BGB ein sachenrechtlicher Anspruch. Damit ist aber noch nicht gesagt, dass es sich bei ihm um einen dinglichen Anspruch handelt. Er kann ebenso gut ein in das Sachenrecht verorteter obligatorischer Anspruch sein.

1. Kapitel

Schadensersatzanspruch statt der Leistung aus § 989 BGB oder aus § 990 Abs. 2 BGB i. V. m. §§ 280 Abs. 1, Abs. 3, 281 BGB

Die Frage, ob der Vormerkungsberechtigte gegen den Dritterwerber einen Anspruch auf Schadensersatz statt der Leistung hat, wäre leicht zu beantworten, wenn sich ein solcher Anspruch mithilfe von sachenrechtlichen Vorschriften begründen ließe. Ein Schadensersatzanspruch statt der Leistung könnte sich aus § 989 BGB oder aus § 990 Abs. 2 BGB i. V. m. §§ 280 Abs. 1, Abs. 3, 281 BGB[30] ergeben.

Dazu müsste eine der beiden Vorschriften tatsächlich einen entsprechenden Anspruch gewähren und zudem müssten die Vorschriften des Eigentümer-Besitzer-Verhältnisses auch im Verhältnis zwischen dem Vormerkungsberechtigten und dem Dritterwerber anzuwenden sein. Dann wäre es nur folgerichtig, zusammen mit diesen Vorschriften auch den in ihnen enthaltenen Anspruch auf Schadensersatz statt der Leistung zu übertragen.

§ 2 Schadensersatzanspruch statt der Vindikation (§ 985 BGB) aus § 989 BGB oder aus § 990 Abs. 2 BGB i. V. m. §§ 280 Abs. 1, Abs. 3, 281 BGB

Es ist bereits fraglich, ob sich ein Schadensersatzanspruch statt der Vindikation aus § 989 BGB oder aus § 990 Abs. 2 BGB i. V. m. §§ 280 Abs. 1, Abs. 3, 281 BGB ergeben kann. Die herrschende Ansicht wendet den Anspruch aus §§ 280 Abs. 1, Abs. 3, 281 BGB neben den Vorschriften des Eigentümer-Besitzer-Verhältnisses an.[31] Vereinzelt wird der Schadensersatzanspruch statt der Vindikation aber auch aus § 989 BGB oder aus § 990 Abs. 2 BGB i. V. m. §§ 280 Abs. 1, Abs. 3, 281 BGB abgeleitet.

---

[30] In diese Richtung, einen Anspruch aus § 990 Abs. 2 BGB i. V. m. §§ 280 Abs. 1, Abs. 3, 281 BGB aber nicht in der Höhe des „Interesse[s] an der Erfüllung des durch die Vormerkung gesicherten Anspruchs" gewährend *Müller/Gruber*, SachenR, Rn. 2945.

[31] BGHZ 209, 270, 274 Rn. 16; BGH NJW 2018, 786, 787 Rn. 9; *Baur/Stürner*, SachenR, § 11 Rn. 45; BeckOGK-BGB/*Riehm*, § 280 BGB Rn. 63 f.; *Heinrichs*, FS Derleder, 87, 93 f.; *Riehm*, Naturalerfüllung, S. 416 f.; Soergel/*Benicke/Hellwig*, § 281 BGB Rn. 29; Staudinger/*Schwarze*, § 281 BGB Rn. B5; Staudinger/*Thole*, § 985 BGB Rn. 23 u. Rn. 30.

A. Schadensersatzanspruch statt der Vindikation (§ 985 BGB) aus § 989 BGB

Medicus[32] und Becker[33] haben Versuche unternommen, den Rechtsgedanken von § 281 BGB in den Schadensersatzanspruch wegen „Unmöglichkeit“[34] aus § 989 BGB einzufügen.[35] Sie gehen davon aus, dass sich der Schadensersatzanspruch statt der Vindikation unmittelbar aus § 989 BGB ergibt.[36]

I. Fiktive Unmöglichkeit der Herausgabe mit Fristablauf

Medicus begründet seine Ansicht nur damit, dass der Eigentümer nach erfolglosem Fristablauf das „Unvermögen“ des Besitzers zur Herausgabe annehmen könne.[37]

In Anlehnung daran hat Becker zu begründen versucht, dass die „Unmöglichkeit“ der Herausgabe im Wege einer Fiktion eintrete.[38] § 989 BGB stelle eine „dynamische Verweisung“ auf den Schadensersatz statt der Leistung dar.[39] Dementsprechend sei die Haftung aus § 989 BGB nicht autonom zu bestimmen, sondern an die Haftung aus §§ 280 Abs. 1, Abs. 3, 281 ff. BGB anzunähern.[40] Ein Schadensersatzanspruch statt der Leistung, welcher den Rechtsgedanken des § 281 BGB beinhalte, ergebe sich aus einer ungeschriebenen Var. 4 des § 989 BGB.[41] Diese enthalte nur den „auf das allernötigste verschlankten Kern“ des § 281 BGB, nicht aber sein „Inkompatibilitäten auslösende[s] Begleitwerk“.[42] Unter Anwendung von

---

[32] MüKo-BGB/*Medicus*, 4. Aufl., § 985 BGB Rn. 40.

[33] *Becker*, Schadensersatz n. Fristsetzung im EBV, S. 138 ff.

[34] Die „Unmöglichkeit“ aus § 989 BGB ist – in Übereinstimmung mit Medicus (MüKo-BGB/*Medicus*, 4. Aufl., § 989 BGB Rn. 8), aber entgegen der Ansicht von Becker (*Becker*, Schadensersatz n. Fristsetzung im EBV, S. 149 ff.) – nicht mit derjenigen aus § 275 Abs. 1 BGB gleichzusetzen. S. nur BeckOGK-BGB/*Spohnheimer*, § 989 BGB Rn. 12; MüKo-BGB/*Raff*, § 989 BGB Rn. 8; NK-BGB/*Schanbacher*, § 989 BGB Rn. 11; Soergel/*Stadler*, § 989 BGB Rn. 8; Staudinger/*Thole*, § 989 BGB Rn. 14.

[35] In diese Richtung auch, einen Schadensersatzanspruch statt der Vindikation aber im Ergebnis ablehnend *Kohler*, AcP 220 (2020), 141, 169 ff. u. 181 f.

[36] *Becker*, Schadensersatz n. Fristsetzung im EBV, S. 163 ff.; MüKo-BGB/*Medicus*, 4. Aufl., § 989 BGB Rn. 40.

[37] MüKo-BGB/*Medicus*, 4. Aufl., § 989 BGB Rn. 40.

[38] *Becker*, Schadensersatz n. Fristsetzung im EBV, S. 156 u. S. 166.

[39] *Becker*, Schadensersatz n. Fristsetzung im EBV, S. 190.

[40] *Becker*, Schadensersatz n. Fristsetzung im EBV, S. 139 f. u. S. 190.

[41] *Becker*, Schadensersatz n. Fristsetzung im EBV, S. 163 ff.

[42] *Becker*, Schadensersatz n. Fristsetzung im EBV, S. 156.

§ 990 Abs. 2 BGB sei der Anspruch, da er auf Ersatz eines Vorenthaltungsschadens gerichtet sei,[43] auf den bösgläubigen Besitzer zu beschränken.[44]

II. Allenfalls: Fiktive Unmöglichkeit der Herausgabe ab Schadensersatzverlangen

Bereits auf den ersten Blick fallen zwei Schwachstellen in der Vorgehensweise von Medicus und Becker auf. Nur wenn diese beseitigt werden, kann ein ernsthafter Versuch unternommen werden, den § 281 BGB in § 989 BGB einzufügen.

Medicus[45] ist der Vorwurf zu machen, dass er sich bei der Festlegung des Ereignisses, welches die fiktive Unmöglichkeit auslösen soll, nicht an § 281 BGB, sondern stattdessen an § 283 Abs. 1 S. 2 BGB a. F. orientiert.[46] Aus § 281 Abs. 4 BGB ergibt sich recht eindeutig, dass die Erfüllung des Primäranspruches auch nach erfolglosem Fristablauf möglich sein muss.

Das erkennt Becker.[47] Auch er will sich aber über § 281 Abs. 4 BGB hinwegzusetzen.[48]

Möchte man sich, was sehr zu empfehlen ist, stattdessen an das Gesetz halten, gilt: Die Unmöglichkeit der Herausgabe kann allenfalls ab dem Schadensersatzverlangen des Eigentümers fingiert werden.

Becker[49] ist außerdem der Vorwurf zu machen, dass er Komponenten des § 989 BGB und des § 990 BGB miteinander vermengt. Wird der Rechtsgedanke von § 281 BGB in § 989 BGB eingefügt, besteht eine Haftung ab Eintritt der Rechtshängigkeit. Eine andere Vorgehensweise ist nur schwer mit dem abgestuften Haftungssystem des Eigentümer-Besitzer-Verhältnisses zu vereinbaren.[50] Eine Differenzierung zwischen Bös- und Gutgläubigkeit kennt § 989 BGB nicht. Sie muss aus diesem Grund vermieden werden.

---

[43] *Becker*, Schadensersatz n. Fristsetzung im EBV, S. 123.

[44] *Becker*, Schadensersatz n. Fristsetzung im EBV, S. 156 f. Fn. 219 u. S. 166.

[45] MüKo-BGB/*Medicus*, 4. Aufl., § 985 BGB Rn. 40.

[46] *Odemer*, Schadensersatz statt d. Leistung im EBV, S. 30.

[47] *Becker*, Schadensersatz n. Fristsetzung im EBV, S. 146.

[48] Vgl. *Becker*, Schadensersatz n. Fristsetzung im EBV, S. 156.

[49] *Becker*, Schadensersatz n. Fristsetzung im EBV, S. 156 f. Fn. 219 u. S. 166.

[50] *Odemer*, Schadensersatz statt d. Leistung im EBV, S. 31 f.

III. Keine Implementierung des Rechtsgedankens von § 281 BGB in § 989 BGB

Da die Beseitigung der beiden erkannten Schwachstellen aber unter Aufrechterhaltung der Implementierung des Rechtsgedankens von § 281 BGB in § 989 BGB möglich ist, empfiehlt sich eine eingehendere Stellungnahme.

1. Verkehrung von Tatbestand und Rechtsfolge

Schon ein flüchtiger Blick auf § 281 BGB lässt Zweifel aufkommen, ob die fiktive Unmöglichkeit nicht insgesamt mehr ein Erbe des § 283 Abs. 1 BGB a. F. als eine Frucht des § 281 BGB ist.[51]

Jedenfalls ist den Versuchen, den Rechtsgedanken von § 281 BGB in § 989 BGB einzufügen, der Vorwurf der „Rosinenpickerei" zu machen.[52] Mit dem Herauspicken von § 281 Abs. 4 BGB wird ein Absatz zur Quelle des Schadensersatzanspruches gemacht, der im Normgefüge der §§ 280 Abs. 1, Abs. 3, 281 BGB nicht mehr zu leisten vermag, als die Rechtsfolge des Anspruches zu regeln.[53]

Es kommt dementsprechend zu einer Verkehrung von Tatbestand und Rechtsfolge.[54] Ein Schadensersatzanspruch statt der Leistung ergibt sich nicht aufgrund fiktiver Unmöglichkeit. Eine solche ist allenfalls die Folge der Geltendmachung des Schadensersatzanspruches.[55]

2. Kein Verweis von § 989 BGB auf die Vorschriften des Schadensersatzes statt der Leistung

Eine derart erhebliche Umgestaltung des § 281 BGB könnte nur damit gerechtfertigt werden, dass § 989 BGB, wie von Becker angenommen,[56] eine „dynamische Verweisung" auf die Vorschriften des Schadensersatzes statt der Leistung enthält.

Einen solchen dynamischen Verweis, welchem zur Geltung verholfen werden muss, gibt es in Wirklichkeit aber nicht. § 989 BGB hat nicht auf § 283 Abs. 1 BGB a. F. verwiesen und verweist auch nicht auf §§ 280 Abs. 1, Abs. 3, 281 BGB.

---

[51] Vgl. NK-BGB/*Schanbacher*, § 985 BGB Rn. 60; *Odemer*, Schadensersatz statt d. Leistung im EBV, S. 29 f.; *Schaltenbrand*, Schadensersatz statt d. Leistung, S. 42 f. A. A. *Katzenstein*, AcP 206 (2006), 96, 123 ff.; *Katzenstein*, JURA 2005, 217, 221; Staudinger/*Gursky*, Bearb. 2012, § 985 BGB Rn. 82.

[52] Das erkennt auch Becker (*Becker*, Schadensersatz n. Fristsetzung im EBV, S. 156). Er kann in diesem Vorgehen aber nur Vor- und keine Nachteile erkennen (*Becker*, Schadensersatz n. Fristsetzung im EBV, S. 156).

[53] *Odemer*, Schadensersatz statt d. Leistung im EBV, S. 31.

[54] *Odemer*, Schadensersatz statt d. Leistung im EBV, S. 31.

[55] *Odemer*, Schadensersatz statt d. Leistung im EBV, S. 31.

[56] *Becker*, Schadensersatz n. Fristsetzung im EBV, S. 190.

Die Mitglieder der 1. Kommission wollten § 283 Abs. 1 BGB a.F. nicht unter Heranziehung von § 989 BGB, sondern neben den Vorschriften des Eigentümer-Besitzer-Verhältnisses anwenden.[57] Sie haben ihn nicht als Ausprägung von § 989 BGB verstanden.

Nicht zu erklären wäre auch die, allerdings nicht in die Gesetzesentwürfe aufgenommene, Aussage der Kommission, welche etwa ein Jahrhundert später die Überarbeitung des Schuldrechtes übernahm, dass eine Anwendung des Schadensersatzanspruches statt der Leistung möglicherweise deswegen ausgeschlossen sei, weil die Vorschriften des Eigentümer-Besitzer-Verhältnisses eine „das allgemeine Schuldrecht verdrängende Sonderregelung" darstellen.[58]

3. Zwischenergebnis

Die Annahme, dass es mit dem Schadensersatzverlangen des Eigentümers zu einer fiktiven Unmöglichkeit der Herausgabe kommt, führt zu einer Verkehrung von Tatbestand und Rechtsfolge des § 281 BGB. Diese lässt sich nicht damit rechtfertigen, dass § 989 BGB dynamisch auf die jeweils geltenden Vorschriften zum Schadensersatz statt der Leistung verweist.

IV. Zwischenergebnis

Ein Schadensersatzanspruch statt der Vindikation ergibt sich nicht aus § 989 BGB. Die Annahme, dass die Herausgabe mit Fristablauf unmöglich wird, ist unzutreffend. Sie orientiert sich nicht an § 281 BGB, sondern an § 283 Abs. 1 S. 2 BGB a.F. Es ist, wenn überhaupt, zu erwägen, ob die Unmöglichkeit der Herausgabe ab dem Schadensersatzverlangen des Eigentümers fingiert wird. Dagegen spricht, dass es so zu einer Verkehrung von Tatbestand und Rechtsfolge des § 281 BGB kommt.

B. Schadensersatzanspruch statt der Vindikation (§ 985 BGB) aus § 990 Abs. 2 BGB i.V.m. §§ 280 Abs. 1, Abs. 3, 281 BGB

Im Schrifttum findet sich zudem die Annahme, dass es sich bei dem Anspruch aus §§ 280 Abs. 1, Abs. 3, 281 BGB um eine besondere „Haftung […] wegen Verzugs" gem. § 990 Abs. 2 BGB handelt.[59]

---

[57] Protokolle d. 1. Kommission, SachenR I, S. 764. Vgl. auch Motive z. BGB, Bd. III, S. 399.

[58] Abschlussbericht d. SchuldR-Kommission, S. 135.

[59] Erman/*Ebbing*, 11. Aufl., Vorb. §§ 987 ff. BGB Rn. 89 (a.A. Erman/*Ebbing*, 11. Aufl., Vorb. §§ 987 ff. BGB Rn. 90); *Gebauer/Huber*, ZGS 2005, 103, 105 f.; *Gruber/Lösche*, NJW

Die aus dieser Annahme gezogenen Konsequenzen unterscheiden sich von Vertreter zu Vertreter allerdings erheblich.

I. § 990 Abs. 2 BGB als Norm zur „Freischaltung" einer bestehenden Haftung

Mit Ausnahme von Katzenstein[60] scheinen alle Vertreter mal mehr, mal weniger der Ansicht zu sein, dass sich die Funktion des § 990 Abs. 2 BGB darin erschöpft, eine Ausnahme von der abschließenden Wirkung des Eigentümer-Besitzer-Verhältnisses aufzustellen.[61]

Nach dieser Ansicht hat die Aussage, dass der Anspruch aus §§ 280 Abs. 1, Abs. 3, 281 BGB eine „qualifizierte Verzugshaftung" darstellt,[62] keinen weiteren Gehalt als denjenigen, dass dieser Anspruch (nur) gegenüber dem bösgläubigen Besitzer „freigeschaltet" ist.[63] Die Anwendung der §§ 280 Abs. 1, Abs. 3, 281 BGB ist dann im Eigentümer-Besitzer-Verhältnis gesperrt.[64] Die Sperrwirkung wird bei einem bösgläubigen Besitzer aber ausnahmsweise durch § 990 Abs. 2 BGB überwunden.[65]

Ob dem Eigentümer ein Schadensersatzanspruch statt der Vindikation zustehen kann, wäre aber noch gesondert festzustellen.

Das scheinen einige Vertreter dieser Ansicht zu übersehen.

Exemplarisch für eine fehlende Begründung der Anwendbarkeit von §§ 280 Abs. 1, Abs. 3, 281 BGB sind in diesem Zusammenhang die Ausführungen von Gruber[66] zum Anspruch aus § 888 Abs. 1 BGB.

Im unmittelbaren Anwendungsbereich des Eigentümer-Besitzer-Verhältnisses setzt er sich zwar noch mit Argumenten auseinander, welche gegen die Anwendung dieser Vorschriften auf den Anspruch aus § 985 BGB geltend gemacht werden.[67]

2007, 2815, 2818; *Katzenstein*, AcP 206 (2006), 96, 118 f.; *Müller/Gruber*, SachenR, Rn. 881 f.; Soergel/*Stadler*, § 990 BGB Rn. 31 mit Fn. 112 (a. A. Soergel/*Stadler*, § 985 BGB Rn. 18 u. Rn. 24); *Wieling*, SachenR I, § 12 III.3.b) (S. 571 f.). In diese Richtung auch Beck-OGK-BGB/*Spohnheimer*, § 985 BGB Rn. 26.7 u. Rn. 26.12; *Wintermann*, BRJ 2018, 43, 48.

[60] *Katzenstein*, AcP 206 (2006), 96, 117 f.

[61] A. A. *Katzenstein*, AcP 206 (2006), 96, 119. Dieser stellt die Vermutung auf, dass aus der Qualifikation des Anspruches aus §§ 280 Abs. 1, Abs. 3, 281 BGB als Verzugshaftung gem. § 990 Abs. 2 BGB die „automatische Anwendung" dieses Anspruches auf § 985 BGB gefolgert werde (*Katzenstein*, AcP 206 (2006), 96, 119 f.).

[62] S. nur *Gebauer/Huber*, ZGS 2005, 103, 105.

[63] S. nur *Gebauer/Huber*, ZGS 2005, 103, 105.

[64] S. nur *Gebauer/Huber*, ZGS 2005, 103, 105.

[65] S. nur *Gebauer/Huber*, ZGS 2005, 103, 105.

[66] *Müller/Gruber*, SachenR, Rn. 2945.

[67] *Müller/Gruber*, SachenR, Rn. 886 ff.

Bei dem Anspruch aus § 888 Abs. 1 BGB, auf den er die Vorschriften des Eigentümer-Besitzer-Verhältnisses analog anwenden will,[68] reicht ihm aber der nur die Rechtsfolgen betreffende Hinweis, dass ein Anspruch aus §§ 280 Abs. 1, Abs. 3, 281 BGB, welcher sich am „Interesse an der Erfüllung des durch die Vormerkung gesicherten Anspruchs orientiert", nicht in Betracht kommt.[69]

Daraus muss geschlussfolgert werden, dass Gruber die Anwendung des Anspruches aus §§ 280 Abs. 1, Abs. 3, 281 BGB mit einer aus seiner Sicht dem Anspruch aus § 888 Abs. 1 BGB gerecht werdenden Rechtsfolge für möglich hält.

II. § 990 Abs. 2 BGB als haftungsbegründende Norm

Da eine nähere Begründung der Anwendung nicht erfolgt, verschwimmen die Grenzen zu Katzenstein, welcher – entgegen dem Normtext („bleibt unberührt") und der Entstehungsgeschichte („unveränderte Geltung […] zum Ausdrucke zu bringen")[70] – annimmt, dass durch § 990 Abs. 2 BGB die Haftung angeordnet wird.[71] Eine Stellungnahme zur Anwendbarkeit von §§ 280 Abs. 1, Abs. 3, 281 BGB wäre dann nicht mehr erforderlich.[72] Der Anspruch würde sich bereits aus dem Eigentümer-Besitzer-Verhältnis ergeben.[73]

III. Schadensersatz statt der Leistung als vom Verzug unabhängige Haftung

Die Entscheidung, welcher dieser beiden Ansichten zu folgen ist, berührt die grundsätzliche Frage, ob und bejahendenfalls unter welchen Voraussetzungen Normen des Allgemeinen Schuldrechtes auf dingliche Ansprüche angewendet werden können. Sie muss an dieser Stelle aber noch nicht beantwortet werden.

Es wird sich im Folgenden zeigen, dass der Schadensersatzanspruch aus §§ 280 Abs. 1, Abs. 3, 281 BGB nicht als besondere „Haftung […] wegen Verzugs" gem. § 990 Abs. 2 BGB eingeordnet werden kann.[74]

---

[68] *Müller/Gruber*, SachenR, Rn. 2946 f.

[69] *Müller/Gruber*, SachenR, Rn. 2945.

[70] Motive z. BGB, Bd. III, S. 409. S. auch Protokolle d. 1. Kommission, SachenR I, S. 786 („Aufnahme einer Bestimmung […] zur Klarstellung erforderlich").

[71] *Katzenstein*, AcP 206 (2006), 96, 117 f.

[72] A. A. – aus grundsätzlichen Erwägungen heraus – *Katzenstein*, AcP 206 (2006), 96, 119 f. S. zu diesen Gliederungspkt. § 11 (mit Untergliederung) (S. 182 ff.).

[73] A. A. – aus grundsätzlichen Erwägungen heraus – *Katzenstein*, AcP 206 (2006), 96, 119 f.

[74] Vgl. *Gursky*, JURA 2004, 433, 435; *Kohler*, AcP 220 (2020), 141, 174 Fn. 122 u. 176 Fn. 131; *Odemer*, Schadensersatz statt d. Leistung im EBV, S. 21 ff.; *Schaltenbrand*, Scha-

Die gegenteilige Ansicht wird im Wesentlichen damit begründet, dass § 281 BGB nach geltendem Recht als qualifizierte Verzugsnorm anzusehen sei[75] oder der Gesetzgeber den Anwendungsbereich von § 990 Abs. 2 BGB durch die Schuldrechtsreform nicht verändern wollte, ihn also gewissermaßen vom Allgemeinen Schuldrecht abgekapselt und konserviert habe.[76]

1. Schadensersatz statt der Leistung als Sanktion für Verzögerung, nicht für Verzug

Es fällt auf, dass § 281 BGB den Begriff „Verzug" nicht verwendet.[77] Er ist von den §§ 286 ff. BGB, welche die Haftung wegen Verzuges regeln, systematisch auch klar getrennt.[78]

Möchte man den Anspruch aus §§ 280 Abs. 1, Abs. 3, 281 BGB dennoch als Verzugsnorm qualifizieren, bleibt hierzu nur der Weg über seinen Anspruchsinhalt. Es wird insoweit geltend gemacht, dass der Gesetzgeber § 281 BGB zwar nicht als Verzugsnorm bezeichnet habe, ihn aber inhaltlich als eine solche Norm ausgestaltet hat.[79]

Tatsächlich heißt es in den Gesetzgebungsmaterialien, dass es sich bei § 281 BGB um den „praktisch wichtigste[n] Fall des Verzugs" handelt.[80] Außerdem scheint sich der Schuldner eines Anspruches aus §§ 280 Abs. 1, Abs. 3, 281 BGB auf den ersten Blick stets in Verzug zu befinden.[81] Beides spräche in der Tat dafür, in dem Anspruch eine qualifizierte Verzugshaftung zu sehen.

Bei näherer Betrachtung erweist sich der Weg über den Inhalt des Anspruches aus §§ 280 Abs. 1, Abs. 3, 281 BGB aber als Irrweg.

Die Gesetzgebungsmaterialien sind uneindeutig. Dort heißt es auch, dass mit § 281 BGB „bewusst" eine Regel geschaffen worden sei, welche „nicht förmlich die Voraussetzungen des Schuldnerverzugs" verlangt, „wie sie in § 286 BGB aufgestellt werden".[82]

---

densersatz statt d. Leistung, S. 22 ff.; Staudinger/*Gursky*, Bearb. 2012, § 985 BGB Rn. 84 u. § 990 BGB Rn. 98; Staudinger/*Thole*, § 990 BGB Rn. 103; *Weiss*, JuS 2012, 965, 969 Fn. 44.

[75] *Gebauer/Huber*, ZGS 2005, 103, 105 f.; *Gruber/Lösche*, NJW 2007, 2815, 2818; *Müller/Gruber*, SachenR, Rn. 881 f.

[76] *Gebauer/Huber*, ZGS 2005, 103, 105; *Gruber/Lösche*, NJW 2007, 2815, 2818. Vgl. auch *Wieling*, SachenR I, § 12 III.3.b) (S. 571 f.).

[77] *Odemer*, Schadensersatz statt d. Leistung im EBV, S. 22 mit Fn. 53.

[78] *Odemer*, Schadensersatz statt d. Leistung im EBV, S. 22 f.

[79] *Gruber/Lösche*, NJW 2007, 2815, 2818; *Müller/Gruber*, SachenR, Rn. 882.

[80] BT-Drs. 14/6040, S. 137. S. auch BT-Drs. 14/6040, S. 145 („aus dem Verzug folgende Sekundäransprüche").

[81] S. nur *Gebauer/Huber*, ZGS 2005, 103, 105 f.

[82] BT-Drs. 14/6040, S. 138.

Auch die Annahme, dass mit Fristablauf stets zugleich Verzug eintritt, erweist sich als zu vorschnell.[83] Tatsächlich wird das zwar der Regelfall sein.[84] Denkbar ist aber zumindest eine Konstellation, in welcher der Fristablauf nicht zum Verzug führt: Die befristete, also erst mit Fristablauf eintretende, Mahnung.[85]

2. Keine Konservierung des Anwendungsbereiches von § 990 Abs. 2 BGB

Als Ausweg bleibt die Argumentation damit, dass der Gesetzgeber den Anwendungsbereich von § 990 Abs. 2 BGB durch die Schuldrechtsreform nicht verändern, ihn also gewissermaßen konservieren wollte.

Nach § 990 Abs. 2 BGB i. V. m. § 286 Abs. 2 S. 1 BGB a. F. konnte der Eigentümer, welcher infolge des Verzuges kein Interesse mehr an der Leistung hatte, „Schadensersatz wegen Nichterfüllung" verlangen.[86] In heutigen Kategorien gesprochen handelte es sich um einen Schadensersatzanspruch statt der Leistung.[87] Bekanntlich wurde der Anspruch aus § 286 Abs. 2 S. 1 BGB a. F. mit der Schuldrechtsreform gestrichen und ist zusammen mit anderen Ansprüchen in dem Anspruch aus §§ 280 Abs. 1, Abs. 3, 281 BGB aufgegangen. Unter dieser Prämisse erscheint es erwägenswert, über § 990 Abs. 2 BGB statt § 286 Abs. 2 S. 1 BGB a. F. nun §§ 280 Abs. 1, Abs. 3, 281 BGB zur Anwendung zu bringen.

Das überzeugt im Ergebnis jedoch nicht, und zwar auch dann nicht, wenn man unterstellt, dass § 990 Abs. 2 BGB tatsächlich nicht dynamisch auf die jeweils geltenden Verzugsnormen verweist, sondern weiterhin die vor der Schuldrechtsreform geltenden Vorschriften in Bezug nimmt.

Denn würde man statt § 286 Abs. 2 S. 1 BGB a. F. nun §§ 280 Abs. 1, Abs. 3, 281 BGB anwenden, käme es zu einer bedeutenden Erweiterung des Anwendungsbereiches.[88]

§ 286 Abs. 2 S. 1 BGB a. F. hat im Rahmen von § 985 BGB „keinerlei praktische Relevanz gewonnen",[89] der Anspruch aus §§ 280 Abs. 1, Abs. 3, 281 BGB bildet hingegen den Kern des neuen Schuldrechtes. Es käme, wie Odemer richtig feststellt,

---

[83] *Odemer*, Schadensersatz statt d. Leistung im EBV, S. 24 f.; *Schaltenbrand*, Schadensersatz statt d. Leistung, S. 25 f.; Staudinger/*Gursky*, Bearb. 2012, § 985 BGB Rn. 84.

[84] *Schaltenbrand*, Schadensersatz statt d. Leistung, S. 22.

[85] *Odemer*, Schadensersatz statt d. Leistung im EBV, S. 24 f.; *Schaltenbrand*, Schadensersatz statt d. Leistung, S. 26; Staudinger/*Gursky*, Bearb. 2012, § 985 BGB Rn. 84.

[86] BGHZ 58, 309, 315; MüKo-BGB/*Medicus*, 3. Aufl., § 990 BGB Rn. 17. A. A. Staudinger/*Gursky*, Bearb. 1999, § 990 BGB Rn. 90.

[87] *Gebauer/Huber*, ZGS 2005, 103, 105; *Gruber/Lösche*, NJW 2007, 2815, 2818.

[88] *Odemer*, Schadensersatz statt d. Leistung im EBV, S. 27.

[89] Staudinger/*Gursky*, Bearb. 2012, § 985 BGB Rn. 84. Vgl. auch *Gursky*, JURA 2004, 433, 435; *Odemer*, Schadensersatz statt d. Leistung im EBV, S. 27; *Schaltenbrand*, Schadensersatz statt d. Leistung, S. 21 Fn. 48.

zu der „merkwürdigen Situation“, dass „die Streichung einer Vorschrift zu einer erheblichen Ausweitung ihres seinerzeit kaum vorhandenen Anwendungsbereiches“ geführt hat.[90] Dann kann aber von einer Konservierung des Anwendungsbereiches von § 990 Abs. 2 BGB keine Rede mehr sein.

Die einzige Möglichkeit, eine solche zu erreichen, wäre es, den Anspruch aus §§ 280 Abs. 1, Abs. 3, 281 BGB im zweiten Schritt nun auf den Anwendungsbereich von § 286 Abs. 2 S. 1 BGB a.F. zurückzuführen.[91]

Dazu müsste das Merkmal des Interessenwegfalles in den Anspruch aus § 990 Abs. 2 BGB i.V.m. §§ 280 Abs. 1, Abs. 3, 281 BGB hineingelesen werden.[92] Der Wegfall des Interesses sollte nach dem Willen des Gesetzgebers aber gerade keine Voraussetzung des § 281 BGB mehr sein.[93]

Selbst wenn man über diesen gesetzgeberischen Willen hinweggehen würde, käme man nur zu immer neuen Ungereimtheiten.

Der Interessenwegfall stellt zumeist einen besonderen Umstand nach § 281 Abs. 2 Alt. 2 BGB dar.[94] Damit hätte der Eigentümer, anders als noch bei § 286 Abs. 2 S. 1 BGB a.F., die schwer zu begründende Möglichkeit, Schadensersatz statt der Leistung nicht nur ohne Verzugseintritt, sondern auch ohne Fristsetzung zu verlangen.[95]

3. Zwischenergebnis

Der Anspruch aus §§ 280 Abs. 1, Abs. 3, 281 BGB stellt keine Sanktion für den Verzug dar. Auch die Argumentation, dass der Gesetzgeber den Anwendungsbereich von § 990 Abs. 2 BGB von der Entwicklung des Allgemeinen Schuldrechtes abgekapselt und konserviert hat, kann nicht überzeugen.

IV. Zwischenergebnis

Es ist festzuhalten, dass sich ein Schadensersatzanspruch statt der Vindikation nicht aus § 990 Abs. 2 BGB i.V.m. §§ 280 Abs. 1, Abs. 3, 281 BGB ergibt. Bei

---

[90] *Odemer*, Schadensersatz statt d. Leistung im EBV, S. 27.

[91] In diese Richtung *Wieling*, SachenR I, § 12 III.3.b) (S. 571 f.).

[92] In diese Richtung *Wieling*, SachenR I, § 12 III.3.b) (S. 571 f.).

[93] BT-Drs. 14/6040, S. 138 f.; Diskussionsentwurf z. SchuldR, S. 323 f. A.A. noch Abschlussbericht d. SchuldR-Kommission, S. 132 u. S. 135.

[94] OLG Brandenburg BeckRS 2008, 16897 (abrufbar auch unter OLG Brandenburg BeckRS 2008, 144019); MüKo-BGB/*Ernst*, § 281 BGB Rn. 70 f.; Soergel/*Benicke*/*Hellwig*, § 281 BGB Rn. 169; Staudinger/*Schwarze*, § 281 BGB Rn. B101 f.

[95] *Odemer*, Schadensersatz statt d. Leistung im EBV, S. 27 f. Vgl. auch Staudinger/*Gursky*, Bearb. 2012, § 985 BGB Rn. 84.

dem Anspruch aus §§ 280 Abs. 1, Abs. 3, 281 BGB handelt es sich nicht um eine besondere „Haftung […] wegen Verzugs“ gem. § 990 Abs. 2 BGB.

C. Ergebnis

Die Versuche, einen Schadensersatzanspruch statt der Vindikation aus § 989 BGB oder aus § 990 Abs. 2 BGB i. V. m. §§ 280 Abs. 1, Abs. 3, 281 BGB abzuleiten, können nicht überzeugen. Weder kann der Rechtsgedanke von § 281 BGB in den Schadensersatzanspruch aus § 989 BGB eingefügt werden noch handelt es sich bei dem Anspruch aus §§ 280 Abs. 1, Abs. 3, 281 BGB um eine besondere „Haftung […] wegen Verzugs“ gem. § 990 Abs. 2 BGB.

§ 3 Kein Schadensersatzanspruch statt der Zustimmung (§ 888 Abs. 1 BGB) aus § 989 BGB oder aus § 990 Abs. 2 BGB i. V. m. §§ 280 Abs. 1, Abs. 3, 281 BGB

Ein Schadensersatzanspruch statt der Leistung lässt sich im Verhältnis zwischen dem Vormerkungsberechtigten und dem Dritterwerber nicht mithilfe von § 989 BGB oder § 990 Abs. 2 BGB i. V. m. §§ 280 Abs. 1, Abs. 3, 281 BGB begründen. Schon ein Schadensersatzanspruch statt der Vindikation kann nicht aus diesen Vorschriften abgeleitet werden.

Die Frage, ob die Vorschriften des Eigentümer-Besitzer-Verhältnisses im Verhältnis zwischen dem Vormerkungsberechtigten und dem Dritterwerber angewendet werden können, muss damit an dieser Stelle nicht beantwortet werden. Dadurch, dass der schadensersatzrechtliche Teil des Eigentümer-Besitzer-Verhältnisses (§§ 989 ff. BGB), wie sich später noch zeigen wird,[96] in diesem Verhältnis unanwendbar ist, wird das hier gefundene Ergebnis aber noch einmal untermauert.

[96] S. Gliederungspkt. § 8 (mit Untergliederung) (S. 95 ff.).

2. Kapitel

Schadensersatzanspruch statt der Leistung aus §§ 280 Abs. 1, Abs. 3, 281 BGB

Möglicherweise kann ein Anspruch des Vormerkungsberechtigten gegen den Dritterwerber auf Schadensersatz statt der Leistung jedoch mittels einer rechtsgebietsübergreifenden Lösung begründet werden. Es ist zu untersuchen, ob Normen des Allgemeinen Schuldrechtes oder, genauer, die den Schadensersatzanspruch statt der Leistung begründenden Vorschriften aus §§ 280 Abs. 1, Abs. 3, 281 BGB auf den im Sachenrecht verorteten Anspruch aus § 888 Abs. 1 BGB angewendet werden können.

Diese Frage wäre ohne Schwierigkeiten zu beantworten, wenn eine Regel Allgemeingültigkeit beanspruchen könnte, welche Vorschriften aus dem Allgemeinen Schuldrecht auf den Anspruch aus § 888 Abs. 1 BGB für vorbehaltlos anwendbar erklärt. Ebenfalls ohne Schwierigkeiten wäre die aufgeworfene Frage aber auch dann zu beantworten, wenn, genau entgegengesetzt, Vorschriften aus dem Allgemeinen Schuldrecht unter keinen Umständen auf den Anspruch aus § 888 Abs. 1 BGB angewendet werden könnten. Beide Regeln sollen im Folgenden auf ihre Tragfähigkeit untersucht werden. Sollte keine der beiden genannten Regeln tragfähig sein, sind andere verallgemeinerungsfähige Kriterien für die Anwendung von schuldrechtlichen Vorschriften auf den Anspruch aus § 888 Abs. 1 BGB zu entwickeln.

§ 4 Argumentation mit dem rechtlichen Charakter des Anspruches aus § 888 Abs. 1 BGB

Eine Regel, welche besagt, dass Vorschriften aus dem Allgemeinen Schuldrecht nicht auf den Anspruch aus § 888 Abs. 1 BGB angewendet werden können, wird man konsequenterweise dann aufstellen müssen, wenn man nicht nur mit der seit jeher herrschenden Ansicht den Anspruch aus § 888 Abs. 1 BGB als dinglichen Anspruch qualifiziert,[97] sondern zusätzlich der selten vertretenen Ansicht folgt,

---

[97] BGHZ 208, 133, 137 Rn. 10 u. 139 Rn. 13; BGHZ 49, 263, 264 ff.; Ak-BGB/*Schweinitz*, § 888 BGB Rn. 3; Bauer/Schaub/*Lieder*, AT C Rn. 2; *Brehm/Berger*, SachenR, § 13 Rn. 21; *Canaris*, FS Flume I, 371, 390 Fn. 84; *Croon-Gestefeld*, ZfPW 2022, 285, 300; *Eckert*, SachenR, Rn. 838; Erman/*Artz*, § 888 BGB Rn. 2; *Gieseler/Berthold*, SachenR, § 17 Rn. 14;

welche das Allgemeine Schuldrecht aus dogmatischen Gründen nicht auf dingliche Ansprüche anwenden möchte.[98] Eine Ausnahme von dieser Regel käme dann nur für im Schuldrecht verortete allgemeine Rechtsprinzipien, etwa den Grundsatz von Treu und Glauben (§ 242 BGB), in Betracht.[99]

Hingegen ohne Einschränkungen könnte man die Vorschriften des Allgemeinen Schuldrechtes anwenden, wenn man der Argumentationslinie von Assmann[100] und Finkenauer[101] folgt. Diese nimmt ihren Ausgangspunkt in der von der herrschenden Ansicht abweichenden Annahme, dass es sich bei dem Anspruch aus § 888 Abs. 1 BGB nicht um einen dinglichen, sondern vielmehr um einen, sich außerhalb des

---

Harms, SachenR, S. 284; Hk-BGB/*Staudinger*, § 888 BGB Rn. 1; *Jacoby/Hinden*, § 888 BGB Rn. 3; Jauernig/*Berger*, § 888 BGB Rn. 1; jurisPK-BGB/*Stamm*, § 888 BGB Rn. 13; *Kainer*, SachenR, § 26 Rn. 43; *Lange/Schiemann*, SachenR, S. 25; *Lüke*, SachenR, Rn. 431; MüKo-BGB/*Lettmaier*, § 888 BGB Rn. 3; *Neuner*, SachenR, Rn. 571; NK-BGB/*Krause*, § 888 BGB Rn. 26; *Rottenfußer*, Auflassungsvormerkung, S. 140; *Schneider*, JURA 2021, 177, 180; *Schwerdtner*, Verzug im SachenR, S. 19 u. S. 187 Fn. 16 (a. A. *Schwerdtner*, Verzug im SachenR, S. 190); Staudinger/*Kesseler*, § 888 BGB Rn. 71; *Trapp*, Vormerkung, S. 82 ff.; *Vieweg/Lorz*, SachenR, § 14 Rn. 18; *Wellenhofer*, SachenR, § 18 Rn. 26; *Weitnauer*, DNotZ 1968, 706, 708; *Wilhelm*, SachenR, Rn. 2225 u. Rn. 2240 mit Fn. 3377; *Wilhelm*, ZfIR 2011, 45, 48 f. Aus dem älteren Schrifttum bereits *Bendix*, Gruchot 49 (1905), 510, 517; *Dernburg*, SachenR, § 51 II.6.c) (S. 182 f.); *Endemann*, SachenR, § 65 2.b) (S. 404 Fn. 17) u. § 65 6.b) (S. 420 ff.); *Fuchs*, § 888 BGB Rn. 1; *Gierke*, Dt. PrivatR, § 119 XI.1. (S. 339); *Guth*, Vormerkung, S. 34; *Güthe/Triebel*, § 25 GBO Rn. 36; *Rheinen*, Vormerkung, S. 61. Vgl. aus dem neueren Schrifttum zudem *Gottwald*, SachenR, S. 29; *Krauthausen*, Vormerkung, S. 22; *Reinicke*, NJW 1968, 788, 788; RGRK/*Augustin*, § 888 BGB Rn. 3. Vgl. aus dem älteren Schrifttum auch *Biermann*, Widerspruch u. Vormerkung, S. 214 mit Fn. 23; Planck/*Strecker*, § 888 BGB I.2.b) (S. 245 f.); *Strohal*, Relative Unwirksamkeit, S. 46 u. S. 59 f. Fn. 125.

[98] Aus der älteren Rechtsprechung OLG Hamburg HansRZ 1925, 784, 784 f. (zur Anwendbarkeit des § 281 BGB a. F. (§ 285 BGB) auf § 985 BGB). Aus dem älteren Schrifttum Schlegelberger/Vogels/*Epping*, Einl. SchuldR Rn. 11. Nicht eindeutig aus dem neueren Schrifttum Staudinger/*Seiler*, Bearb. 2012, Einl. SachenR Rn. 85. Es bleibt aber unklar, ob Seiler den Anspruch aus § 888 Abs. 1 BGB als dinglichen Anspruch ansieht (vgl. Staudinger/*Seiler*, Bearb. 2014/15, Eckpfeiler d. ZivilR, Rn. U24; Staudinger/*Seiler*, Bearb. 2012, Einl. SachenR Rn. 25). Nicht eindeutig aus dem älteren Schrifttum auch *Gierke*, Dt. PrivatR, § 158 II.2. (S. 856 f. mit Fn. 23); *Kohler*, BGB AT, § 58 II. (S. 178 f.); *Kohler*, SachenR, § 88 V.3. (S. 253 f.). Kohler sieht den Anspruch aus § 888 Abs. 1 BGB aber ohnehin als „obligatio in rem scripta" an (*Kohler*, SachenR, § 123 IV. (S. 361)). Auch einige Vertreter der später untersuchten (s. Gliederungspkt. § 11 (mit Untergliederung) (S. 182 ff.)) Rechtsusurpationstheorie sind dieser Ansicht. In diese Richtung, allerdings ausdrücklich nicht für den – als „zustands- bzw. realobligatorisch" qualifizierten (*Richter*, Tatsächl. Einwirkungen u. Vormerkungsschutz, S. 334 u. S. 347 ff.) – Anspruch aus § 888 Abs. 1 BGB, etwa *Richter*, Tatsächl. Einwirkungen u. Vormerkungsschutz, S. 323.

[99] Vgl. aus der älteren Rechtsprechung OLG Hamburg HansRZ 1925, 784, 785 (zur Anwendbarkeit des § 281 BGB a. F. (§ 285 BGB) auf § 985 BGB). Vgl. aus dem älteren Schrifttum Schlegelberger/Vogels/*Epping*, Einl. SchuldR Rn. 11.

[100] *Assmann*, Vormerkung, S. 416; BeckOGK-BGB/*Assmann*, § 888 BGB Rn. 11.

[101] *Wieling/Finkenauer*, SachenR, § 22 Rn. 22.

Schuldrechtes befindlichen, obligatorischen Anspruch handelt.[102] Daraus wiederum schlussfolgern sie, dass die Vorschriften des Allgemeinen Schuldrechtes auf den Anspruch aus § 888 Abs. 1 BGB (vorbehaltlos) angewendet werden können.[103]

Ohne Weiteres ersichtlich ist, dass sich die Resultate beider Ansichten diametral gegenüberstehen. Nach der ersten Ansicht wären die §§ 280 Abs. 1, Abs. 3, 281 BGB unter keinen Umständen, nach der zweiten Ansicht hingegen unproblematisch anwendbar. Bei genauerer Betrachtung zeigt sich aber, dass beide Ansichten, mögen sie auch zu grundverschiedenen Ergebnissen kommen, doch das gleiche instabile Argumentationsgerüst verwenden. Die Frage nach der Anwendbarkeit des Allgemeinen Schuldrechtes ist bei beiden Ansichten eine Frage nach dem rechtlichen Charakter des Anspruches aus § 888 Abs. 1 BGB.

Die Argumentation mit der „Rechtsnatur" oder dem „Wesen" des Anspruches aus § 888 Abs. 1 BGB birgt indes nicht nur die Gefahr, überholten begriffsjuristischen Vorstellungen nachzueifern,[104] sondern ist stets auch ohne großen argumentativen Aufwand angreifbar.[105] Wird die Anwendung des Allgemeinen Schuldrechtes ausschließlich davon abhängig gemacht, welchen rechtlichen Charakter man dem Anspruch aus § 888 Abs. 1 BGB beimisst, wird die konkrete Streitfrage, also die nach der Anwendbarkeit der §§ 280 Abs. 1, Abs. 3, 281 BGB, von der (streit-) gegenständlichen auf die gegenstandslose Ebene verlagert.

Ein argumentativer Angriff auf die zugrunde gelegte rechtliche Charakterisierung des Anspruches aus § 888 Abs. 1 BGB würde das jeweilige Argumentationsgerüst derart erschüttern, dass es vollständig in sich zusammenfiele. Die erste Ansicht wäre hinfällig, wenn es sich bei dem Anspruch aus § 888 Abs. 1 BGB um

---

[102] *Assmann*, Vormerkung, S. 415; BeckOGK-BGB/*Assmann*, § 888 BGB Rn. 9; *Wieling/Finkenauer*, SachenR, § 22 Rn. 22. Aus dem älteren Schrifttum bereits *Bongartz*, Vormerkung, insb. aus § 1179 BGB, S. 21 u. S. 25 f.; *Cosack*, Bürgerl. Recht, 4. Aufl., § 177 II.2.b) (S. 25 f.); *Ebner*, Vormerkung, S. 28; *Goldmann/Lilienthal*, SachenR, § 43 2.e) (S. 291 Fn. 33); *Hellwig*, Rechtskraft, S. 256; *Lang*, Vormerkung u. Verfügungsbeschränkung, S. 41; *Philipsen*, Vormerkung, S. 71; *Reichel*, JherJb 46 (1905), 59, 119; *Rosenberg*, § 888 BGB III.4. (S. 368); *Stälin*, Dingl. Ansprüche u. Anwendbarkeit d. SchuldR AT, S. 145 f. Aus dem älteren Schrifttum zu §§ 135 f. BGB bereits *Knoke*, FG Güterbock, 401, 420 ff. In diese Richtung aus dem neueren Schrifttum auch *Richter*, Tatsächl. Einwirkungen u. Vormerkungsschutz, S. 334 u. S. 347 ff. In diese Richtung aus dem älteren Schrifttum bereits *Berschak*, Anspruch aus § 888 BGB, S. 35; *Heinrich*, Vormerkung, S. 115 ff.; *Kohler*, SachenR, § 123 IV. (S. 361); *Leyser*, Vormerkung, S. 63; *Oberneck*, ReichsgrundbuchR, § 50 5. (S. 449 ff.).

[103] *Assmann*, Vormerkung, S. 416; BeckOGK-BGB/*Assmann*, § 888 BGB Rn. 11; *Wieling/Finkenauer*, SachenR, § 22 Rn. 22.

[104] Vgl. allgemein zu dieser Gefahr nur *Röhl/Röhl*, Allg. Rechtslehre, § 7 V. (S. 73 ff.).

[105] Vgl. zu einer ähnlichen Feststellung für die Ansprüche aus § 985 BGB und § 1004 Abs. 1 BGB *Dimopoulos-Vosikis*, Bereicherungs- u. deliktsrechtl. Elemente d. §§ 987 ff. BGB, S. 31. Zum „Wesensargument" als „Kryptoargument" oder „Scheinargument" s. nur *Röhl/Röhl*, Allg. Rechtslehre, § 7 V. (S. 73 ff.); *Rüthers/Fischer/Birk*, Rechtstheorie, Rn. 561, Rn. 573 u. Rn. 923; *Scheuerle*, AcP 163 (1964), 429, 429 ff.

einen obligatorischen Anspruch handeln würde, die zweite Ansicht, wenn der Anspruch aus § 888 Abs. 1 BGB als dinglicher Anspruch zu qualifizieren wäre.

Hat man diese – mit der argumentativen Anknüpfung an die „Rechtsnatur" oder das „Wesen" des Anspruches aus § 888 Abs. 1 BGB verbundenen – Schwierigkeiten vor Augen, erscheint es ebenfalls nicht empfehlenswert, einen argumentativen Angriff abzielend auf eine vermeintlich fehlerhafte rechtliche Charakterisierung des Anspruches aus § 888 Abs. 1 BGB zu führen. Ein solcher würde auf dem gleichen instabilen Argumentationsgerüst aufbauen wie die angegriffene Ansicht selbst.

Im Folgenden soll stattdessen untersucht werden, ob, wenn man die vorgenommene rechtliche Charakterisierung des Anspruches aus § 888 Abs. 1 BGB gedanklich als richtig voraussetzt, die jeweilige kausale Verknüpfung zwischen dieser und der Anwendbarkeit schuldrechtlicher Vorschriften tragfähig ist. Mit anderen Worten: Ist das Allgemeine Schuldrecht tatsächlich auf obligatorische Ansprüche stets anwendbar und auf dingliche Ansprüche stets unanwendbar?

§ 5 Anspruch aus § 888 Abs. 1 BGB als obligatorischer Anspruch – Ein Gedankenspiel

Aus der Systematik des BGB ergibt sich, dass das Allgemeine Schuldrecht auf obligatorische Ansprüche, welche im Besonderen Schuldrecht normiert worden sind, anwendbar ist. Diese Anwendbarkeit ist derart selbstverständlich, dass sie als Lehrbuchbeispiel für die systematische Auslegung angeführt wird.[106]

Für obligatorische Ansprüche, welche außerhalb des Schuldrechtes geregelt sind, kann die Systematik des BGB zwar nicht geltend gemacht werden.[107] Aus der Entstehungsgeschichte des BGB ergibt sich jedoch, dass eine Anwendung von schuldrechtlichen Vorschriften auch auf diese grundsätzlich möglich ist.

In den Motiven zum Schuldrecht heißt es, „[d]ie allgemeinen Rechtsnormen des zweiten Buches gelten […] im Allgemeinen auch für diejenigen Obligationen, welche in sachenrechtlichen, familienrechtlichen, erbrechtlichen Verhältnissen entspringen und im Sachenrechte, Familienrechte und Erbrechte geregelt" sind.[108] Eine Anwendung des Allgemeinen Schuldrechtes kommt damit unabhängig vom systematischen Standort des obligatorischen Anspruches in Betracht.

[106] S. nur *Rüthers/Fischer/Birk*, Rechtstheorie, Rn. 747.

[107] A. A., da von einer Umklammerung des Sachenrechtes durch das Schuldrecht ausgehend HKK-BGB/*Michaels*, Einl. SchuldR Rn. 19; Staudinger/*Schmidt*, 13. Aufl., Einl. SchuldR Rn. 566 f.

[108] Motive z. BGB, Bd. II, S. 4. S. auch Protokolle d. 1. Kommission, SchuldR III, S. 434.

Es dürfte indes auf der Hand liegen, dass die Anwendung von schuldrechtlichen Vorschriften, anders als dieses die Äußerungen von Assmann[109] und Finkenauer[110] für den Anspruch aus § 888 Abs. 1 BGB nahelegen, nicht vorbehaltlos sein kann.

Der Argumentation mit der Systematik oder Entstehungsgeschichte eines Normkomplexes kann unter Umständen durch sachnähere, sich aus einem Teil dieses Normkomplexes ergebende, systematische oder entstehungsgeschichtliche Gesichtspunkte die Grundlage entzogen werden.

Zudem kann darüber hinaus kein Auslegungselement von vornherein, das heißt ohne Berücksichtigung der anderen Auslegungselemente, Vorrang beanspruchen.[111] Die Entstehungsgeschichte mag für obligatorische Ansprüche, welche außerhalb des Schuldrechtes zu verorten sind, ebenso für die Anwendbarkeit des Allgemeinen Schuldrechtes streiten, wie dieses die Systematik für obligatorische Ansprüche, welche im Besonderen Schuldrecht normiert sind, tut. Für den Einzelfall ist damit aber noch keine Aussage darüber getroffen, ob nicht andere grammatikalische, entstehungsgeschichtliche, systematische oder auch teleologische Gesichtspunkte die Anwendung einer schuldrechtlichen Vorschrift auf den obligatorischen Anspruch ausschließen.[112]

So ergibt sich aus dem Gesetzestext der §§ 280 Abs. 1, Abs. 3, 281 BGB, dass Schadensersatz nur statt einer „Leistung" verlangt werden kann. Eine Anwendung muss mithin für solche Ansprüche ausscheiden, die, soweit dieses denn überhaupt möglich ist, nicht auf die Erbringung einer Leistung gerichtet sind.[113]

Auch die Entstehungsgeschichte kann unter Umständen zum Ausschluss der Anwendbarkeit führen. So wurde im Rahmen der Schuldrechtsreform diskutiert, ob der Schadensersatzanspruch statt der Leistung (§§ 280 Abs. 1, Abs. 3, 281 BGB) auf Rückgewähransprüche Anwendung finden soll.[114] Das wurde vom Gesetzgeber zwar im Ergebnis bejaht.[115] Es wurde aber ebenfalls ausgesprochen, dass „[d]ie

---

[109] *Assmann*, Vormerkung, S. 416; BeckOGK-BGB/*Assmann*, § 888 BGB Rn. 11.

[110] *Wieling/Finkenauer*, SachenR, § 22 Rn. 22.

[111] Vgl. nur *Fischer*, Topoi verdeckter Rechtsfortbildungen, S. 550. Vgl. zum Verhältnis der entstehungsgeschichtlichen Auslegung zu den anderen Auslegungselementen Gliederungspkt. § 6 C.II.2.b)aa) (S. 80 ff.). Vgl. zum Verhältnis der grammatikalischen Auslegung zu den anderen Auslegungselementen Gliederungspkt. § 6 C.II.3. (S. 87 ff.).

[112] In diese Richtung auch, aber überwiegend auf teleologische Gesichtspunkte abstellend Staudinger/*Olzen*, Einl. SchuldR Rn. 11; Staudinger/*Schmidt*, 13. Aufl., Einl. SchuldR Rn. 572.

[113] Zur Frage, ob der Anspruch aus § 888 Abs. 1 BGB eine Leistung zum Gegenstand hat, s. Gliederungspkt. § 13 C.I. (S. 224 ff.).

[114] Vgl. BT-Drs. 14/6040, S. 138 f. Vgl. auch Diskussionsentwurf z. SchuldR, S. 323 f.; Abschlussbericht d. SchuldR-Kommission, S. 135.

[115] BT-Drs. 14/6040, S. 139. S. auch Diskussionsentwurf z. SchuldR, S. 323 f.

Fälle eines ‚Zwangsverkaufs' einer zurückzugebenden Sache an den Schuldner [...] vermieden werden" müssen.[116]

Stets zu berücksichtigen sind auch systematische Gesichtspunkte. Als Beispiel mag die herrschende Ansicht dienen, welche den Schadensersatzanspruch statt der Leistung gem. §§ 280 Abs. 1, Abs. 3, 281 BGB auf die im Besonderen Schuldrecht verorteten bereicherungsrechtlichen Ansprüche nur dann anwenden will, wenn die sachnäheren Regeln des Bereicherungsrechtes nicht unterlaufen werden.[117]

Schließlich kann die Anwendbarkeit einer schuldrechtlichen Vorschrift auch aus teleologischen Gesichtspunkten eingeschränkt werden. Würde es durch die Anwendung der §§ 280 Abs. 1, Abs. 3, 281 BGB beispielsweise zu einer grundlegenden Abweichung von der für den jeweiligen Anspruch festgestellten gesetzgeberischen Interessenbewertung kommen, wäre eine Anwendung ausgeschlossen.

Damit bleibt festzuhalten, dass eine kausale Verknüpfung zwischen der Qualifizierung des Anspruches aus § 888 Abs. 1 BGB als obligatorisch und der Anwendbarkeit schuldrechtlicher Vorschriften nicht tragfähig ist. Zwar streitet die Entstehungsgeschichte für die Anwendbarkeit des Allgemeinen Schuldrechtes. Dieser Grundsatz kann aber durch grammatikalische, entstehungsgeschichtliche, systematische und teleologische Gesichtspunkte durchbrochen werden. Die Frage, ob eine schuldrechtliche Vorschrift auf einen obligatorischen Anspruch angewendet werden kann, ist somit stets eine Einzelfallentscheidung.[118]

§ 6 Anspruch aus § 888 Abs. 1 BGB als dinglicher Anspruch – Ein Gedankenspiel

Nimmt man hingegen mit der herrschenden Ansicht an, dass es sich bei dem Anspruch aus § 888 Abs. 1 BGB um einen dinglichen Anspruch handelt,[119] steht die Frage, ob die §§ 280 Abs. 1, Abs. 3, 281 BGB auf den Anspruch aus § 888 Abs. 1 BGB angewendet werden können, unter einem anderen Vorzeichen. Es steht, anders als bei obligatorischen Ansprüchen, nicht die vorbehaltlose Anwendbarkeit des

---

[116] BT-Drs. 14/6040, S. 139. S. auch Diskussionsentwurf z. SchuldR, S. 324. S. dazu Gliederungspkt. § 13 C.I. (S. 224 ff.) u. Gliederungspkt. § 17 A. (mit Untergliederung) (S. 273 ff.).

[117] BGH NJW 2000, 1031, 1032 (zur Anwendbarkeit des § 283 Abs. 1 BGB a. F.); *Heinrichs*, FS Derleder, 87, 93 f.; MüKo-BGB/*Ernst*, § 281 BGB Rn. 9; Soergel/*Benicke/Hellwig*, § 281 BGB Rn. 29. Vgl. auch Staudinger/*Schwarze*, § 281 BGB Rn. B5. In diese Richtung auch, aber die Anwendung des § 281 BGB auf das Bereicherungsrecht vollständig ausschließend NK-BGB/*Dauner-Lieb*, § 281 BGB Rn. 9.

[118] HKK-BGB/*Michaels*, Einl. SchuldR Rn. 57; Staudinger/*Olzen*, Einl. SchuldR Rn. 11; Staudinger/*Schmidt*, 13. Aufl., Einl. SchuldR Rn. 548 u. Rn. 572.

[119] S. zu Vertretern dieser Ansicht bereits die auf S. 37 f. in Fn. 97 Genannten.

Allgemeinen Schuldrechtes zur Diskussion. Vielmehr geht es darum, ob eine Anwendung schuldrechtlicher Vorschriften überhaupt in Betracht kommt.

Von einer Unanwendbarkeit der §§ 280 Abs. 1, Abs. 3, 281 BGB wäre auszugehen, wenn schuldrechtliche Vorschriften aus dogmatischen Gründen unter keinen Umständen auf dingliche Ansprüche angewendet werden könnten.[120]

Sollte die Anwendbarkeit von Normen des Allgemeinen Schuldrechtes auf dingliche Ansprüche hingegen nicht von vornherein ausgeschlossen sein, sind andere verallgemeinerungsfähige Kriterien für die Anwendung von schuldrechtlichen Vorschriften auf den Anspruch aus § 888 Abs. 1 BGB zu entwickeln.

A. Problemaufriss

Die Frage nach der Anwendbarkeit von Vorschriften des Allgemeinen Schuldrechtes auf dingliche Ansprüche ist, so stellte es Stälin bereits im Jahre 1902 fest, „nicht neu", aber „schwierig".[121]

Über die Beantwortung der mittlerweile „in vielen", ja vermutlich allen „Farben schillernde[n] […] Streitfrage"[122] herrscht auch weiterhin keine Einigkeit.[123] Westermanns Feststellung aus dem Jahre 1966, dass zumindest Ausschnitte dieser Frage „durch endlose Streitigkeiten und Unklarheiten bis zur Hoffnungslosigkeit verwirrt" sind,[124] kann auch heute noch Gültigkeit beanspruchen. Die Anwendung schuldrechtlicher Vorschriften auf dingliche Ansprüche ist ein „grundlegendes Problem des Vermögensrechts" geblieben.[125]

Schon ein kursorischer Blick auf den vergleichsweise noch recht übersichtlichen Streitstand zur Frage der Anwendbarkeit der §§ 280 Abs. 1, Abs. 3, 281 BGB auf den Anspruch aus § 888 Abs. 1 BGB zeigt, dass selbst „ein ungefährer Konsensus über die grundsätzliche Anwendbarkeit"[126] nicht festgestellt werden kann.

---

[120] S. zu Vertretern dieser Ansicht bereits die auf S. 38 in Fn. 98 Genannten.

[121] *Stälin*, Dingl. Ansprüche u. Anwendbarkeit d. SchuldR AT, S. 1.

[122] *Schwerdtner*, Verzug im SachenR, S. 17.

[123] Staudinger/*Heinze*, Einl. SachenR Rn. 171 u. Rn. 175. Vgl. auch *Croon-Gestefeld*, ZfPW 2022, 285, 286 f.; *Eckert*, JR 1994, 333, 334; *Lieder*, JuS 2011, 874, 874.

[124] *Westermann*, SachenR, 5. Aufl., § 1 II.3. (S. 4).

[125] MüKo-BGB/*Ernst*, Einl. SchuldR Rn. 5.

[126] A. A. *Köbl*, EBV im BGB-Anspruchssystem, S. 84 (allgemein zur Anwendbarkeit des Allgemeinen Schuldrechtes auf außerschuldrechtliche Rechtsverhältnisse). Zur Vermeidung von Missverständnissen sei erwähnt, dass Köbl durchaus erkennt, dass „[b]ei manchen Problemen […] die Meinungen noch immer tief gespalten" sind (*Köbl*, EBV im BGB-Anspruchssystem, S. 84).

Der BGH lässt die Frage aus gutem Grund offen[127] und bemerkt lediglich, dass es „nicht eindeutig" sei, ob sich „[a]us dem akzessorischen Charakter des Anspruchs [aus § 888 Abs. 1 BGB] […] kein Argument gegen die Anwendung […] ableiten" ließe.[128]

Auch Herrler begnügte sich zunächst mit der Feststellung, dass die Frage offen sei.[129] Mittlerweile geht er davon aus, dass die Anwendung der §§ 280 Abs. 1, Abs. 3, 281 BGB auf den Anspruch aus § 888 Abs. 1 BGB nicht in Betracht kommt.[130] Es bestünde für die Anwendung wegen § 894 ZPO kein praktisches Bedürfnis.[131]

Einige andere behaupten dagegen, dass die Anwendung der §§ 280 Abs. 1, Abs. 3, 281 BGB nur die logische Fortführung der Rechtsprechung des BGH zur Anwendbarkeit der Verzugsvorschriften sei.[132]

Croon-Gestefeld erkannte – allerdings vor der Entscheidung des BGH zur Unanwendbarkeit der §§ 280 Abs. 1, Abs. 3, 281 BGB auf die Ansprüche aus § 1004 Abs. 1 BGB[133] – einen sich selbstverstärkenden Trend der Rechtsprechung zu einer Anwendbarkeit des allgemeinen Schuldrechtes auf dingliche Ansprüche.[134]

Es falle, nachdem der BGH die Möglichkeit zum Schadensersatz statt der Vindikation (§ 985 BGB) eröffnet hat, immer schwerer, die Anwendung der §§ 280 Abs. 1, Abs. 3, 281 BGB auf andere dingliche Ansprüche – etwa den Anspruch aus § 888 Abs. 1 BGB – abzulehnen.[135] Auch der Vormerkungsberechtigte könne ein Interesse an einem rechtssicheren Übergang zum Schadensersatz haben.[136] Allerdings komme die Anwendung der §§ 280 Abs. 1, Abs. 3, 281 BGB erst dann in Betracht, wenn erklärt werden könne, wie der Ausschluss der Leistung gemäß § 281 Abs. 4 BGB in Einklang mit den sachenrechtlichen Prinzipien zu bringen sei.[137]

---

[127] A. A., da davon ausgehend, dass der BGH die Anwendbarkeit der §§ 280 Abs. 1, Abs. 3, 281 BGB auf den Anspruch aus § 888 Abs. 1 BGB bezweifelt, *Müller/Gruber*, SachenR, Rn. 2945.

[128] BGHZ 208, 133, 139 Rn. 13.

[129] Seit Palandt/*Herrler*, 76. Aufl., § 888 BGB Rn. 4.

[130] Grüneberg/*Herrler*, § 888 BGB Rn. 4.

[131] Grüneberg/*Herrler*, § 888 BGB Rn. 4.

[132] *Stürner*, JURA 2019, 837, 843; *Wösthoff/Klein*, ZfIR 2016, 188, 189. Vgl. auch *Vieweg/Lorz*, SachenR, § 14 Rn. 18 Fn. 117 („Schadensersatzansprüche nach allgemeinem Schuldrecht"). In diese Richtung bereits vor dem Urteil des BGH auch *Eckert*, SachenR, Rn. 840 („die Vorschriften des Allgemeinen Schuldrechtes analog anwendbar").

[133] BGHZ 236, 369, 373 Rn. 14 u. 382 f. Rn. 37.

[134] *Croon-Gestefeld*, ZfPW 2022, 285, 305.

[135] *Croon-Gestefeld*, ZfPW 2022, 285, 305.

[136] *Croon-Gestefeld*, ZfPW 2022, 285, 303 f.

[137] *Croon-Gestefeld*, ZfPW 2022, 285, 304 f.

Gursky sieht hingegen im dinglichen Charakter des Anspruches aus § 888 Abs. 1 BGB das entscheidende Argument gegen eine (analoge) Anwendung.[138]

Auch Krause war zunächst dieser Ansicht.[139] Mittlerweile nimmt er stattdessen an, dass der Charakter des Anspruches aus § 888 Abs. 1 BGB als „unselbständiger Hilfsanspruch" zur Unanwendbarkeit der §§ 280 Abs. 1, Abs. 3, 281 BGB führt.[140]

Für eine (unmittelbare) Anwendung der §§ 280 Abs. 1, Abs. 3, 281 BGB sprechen sich dagegen Riehm[141] und ihm folgend Lorenz[142] aus. Beide gehen davon aus, dass das dingliche Rechtsverhältnis (nur) ein besonderes obligatorisches Rechtsverhältnis ist.[143]

Gruber wiederum meint, eine an dem Wert des durch die Vormerkung gesicherten Anspruches orientierte Anwendung der §§ 280 Abs. 1, Abs. 3, 281 BGB entspreche nicht „dem Stellenwert" des Anspruches aus § 888 Abs. 1 BGB „als unselbstständiger Hilfsanspruch".[144]

Stamm ist demgegenüber der Ansicht, „insbesondere die Schutzfunktion der Vormerkung" müsse für eine Anwendung sprechen.[145]

Um Ordnung in dieses wirre Durcheinander zu bringen, erscheint es angebracht, sich zunächst mit dem Verhältnis des Schuldrechtes zum Sachenrecht zu beschäftigen.

Das Dogma der Trennung beider Rechtsgebiete ist, wie Horstmann bereits im Jahre 1938 feststellte, „so tief in unser Bewußtsein gedrungen wie wenig andere Begriffsbildungen der Rechtswissenschaft".[146] Auf den ersten Blick erscheint es durchaus möglich, dass die Trennung von Schuld- und Sachenrecht zum Ausschluss der Anwendung schuldrechtlicher Vorschriften auf dingliche Ansprüche führt.[147] „Zwischen beiden", so scheint es laut Horstmann, „klafft ein Abgrund, über den keine Brücke führt".[148] Nun konnte aber Kohler bereits im Jahre 1919 feststellen, dass, um im Bilde zu bleiben, zumindest „das Rechtsleben schon längst Brücken

---

[138] Staudinger/*Gursky*, Bearb. 2013, § 888 BGB Rn. 64.

[139] NK-BGB/*Krause*, 4. Aufl., § 888 BGB Rn. 28.

[140] NK-BGB/*Krause*, § 888 BGB Rn. 28.

[141] BeckOGK-BGB/*Riehm*, § 280 BGB Rn. 74.

[142] BeckOK-BGB/*Lorenz*, § 281 BGB Rn. 9.

[143] BeckOGK-BGB/*Riehm*, § 280 BGB Rn. 73; BeckOK-BGB/*Lorenz*, § 280 BGB Rn. 6.

[144] *Müller/Gruber*, SachenR, Rn. 2945.

[145] jurisPK-BGB/*Stamm*, § 888 BGB Rn. 33.

[146] *Horstmann*, Anwendbarkeit schuldrechtl. Normen auf dingl. Ansprüche, S. 5.

[147] In diese Richtung auch *Lieder*, JuS 2011, 874, 874.

[148] *Horstmann*, Anwendbarkeit schuldrechtl. Normen auf dingl. Ansprüche, S. 5. Vgl. aus dem älteren Schrifttum auch *Plath*, Ergänzung d. §§ 985 ff. BGB durch Anwendung schuldrechtl. Bestimmungen, S. 31.

gebaut" hat, „welche die beiden Rechtsgebiete vereinigen".[149] Jedenfalls, so erneut Horstmann, mag „[d]as deutliche Bewußtsein von dieser Verschiedenheit [von Schuld- und Sachenrecht] […] dazu beitragen, daß die Übertragung schuldrechtlicher Normen auf dingliche Ansprüche in einigen Fällen auf Hemmungen stößt, die weniger sachlich als gefühlsmäßig begründet sind".[150]

B. Trennung von Schuld- und Sachenrecht

Die Entscheidung, das Schuld- vom Sachenrecht zu trennen, ist eine der richtungsweisenden Grundentscheidungen der Väter des BGB. Sie prägt das System des BGB noch heute maßgeblich. Es überrascht nicht, dass die Trennung des Schuldrechtes vom Sachenrecht oft Gegenstand von wissenschaftlichen Untersuchungen war.[151]

Als Beispiel mag aus dem neueren Schrifttum die Habilitationsschrift von Füller dienen. Füller geht davon aus, dass das dingliche Recht ein „substanzloser Kunstgriff" sei.[152] Es überzeuge nicht, das dingliche Recht zur „Wurzel eines selbstständigen Sachenrechts" zu erheben.[153] Ein eigenständiges Teilrechtsgebiet lasse sich auf dem Begriff des dinglichen Rechtes schwerlich gründen.[154] Auch die Sachenrechtsprinzipien stünden auf „unsicherem Boden".[155] Sie könnten ein eigenständiges Sachenrecht nicht rechtfertigen.[156] Dementsprechend sei die Trennung von Schuld- und Sachenrecht aufzuheben und das Sachenrecht in den Allgemeinen Teil sowie das Schuldrecht einzugliedern.[157]

Die Ergebnisse dieser – ohnehin allzu oft rechtspolitisch geprägten[158] – Untersuchungen können im Folgenden indes außer Acht gelassen werden.

Für die aufgeworfene Frage, ob die Trennung von Schuld- und Sachenrecht dazu führt, dass schuldrechtliche Vorschriften auf dingliche Ansprüche unanwendbar

---

[149] *Kohler*, SachenR, § 3 I. (S. 6). Zur Klarstellung sei allerdings erwähnt, dass Kohler nicht davon auszugehen scheint, dass die Anwendung schuldrechtlicher Vorschriften auf dingliche Ansprüche eine solche Brücke darstellt. S. dazu bereits S. 38 Fn. 98.

[150] *Horstmann*, Anwendbarkeit schuldrechtl. Normen auf dingl. Ansprüche, S. 5.

[151] Vgl. nur Staudinger/*Heinze*, Einl. SachenR Rn. 32.

[152] *Füller*, Eigenständiges SachenR?, S. 526.

[153] *Füller*, Eigenständiges SachenR?, S. 526.

[154] *Füller*, Eigenständiges SachenR?, S. 526 u. S. 567.

[155] *Füller*, Eigenständiges SachenR?, S. 526.

[156] *Füller*, Eigenständiges SachenR?, S. 567.

[157] *Füller*, Eigenständiges SachenR?, S. 567 f.

[158] Kritisch zum Vorschlag von Füller etwa *Brehm*, AcP 207 (2007), 268, 274 f.; Staudinger/*Heinze*, Einl. SachenR Rn. 32; *Zimmermann*, Rückforderungsanspruch, S. 105 f.

sind, kommt es nur auf die Beweggründe der Gesetzesverfasser für die Trennung von Schuld- und Sachenrecht an.[159]

I. Gründe für die Trennung von Schuld- und Sachenrecht

In den Protokollen der 2. Kommission findet man zu diesen keine Hinweise. Soweit ersichtlich äußerten sich die Mitglieder der 2. Kommission nicht, jedenfalls nicht grundlegend, zu der Trennung von Schuld- und Sachenrecht. Das spricht dafür, dass die Trennung von Schuld- und Sachenrecht zu diesem Zeitpunkt bereits unumstößlich feststand. Diese Annahme wird dadurch gestützt, dass sich bereits in den Motiven zum Sachenrecht und in dem Johow'schen Vorentwurf zum Sachenrecht ausführliche Stellungnahmen zur Trennung von Schuld- und Sachenrecht finden.

Eine mögliche[160] Stellungnahme der 1. Kommission findet sich in den Motiven zum Sachenrecht und ebenda, wohl nicht ganz zufällig,[161] zu Beginn. Dort heißt es, dass „[d]as Sachenrecht [...] in dem Systeme des Entwurfes eine selbständige Stellung" einnehme.[162] Es schließe sich ab „einerseits gegen das Recht der Schuldverhältnisse und das Familienrecht, andererseits gegen das Erbrecht".[163] „Seine Selbständigkeit", so die wegweisende Formulierung, „beruht wesentlich in dem Gegensatze zwischen dinglichem und persönlichem Rechte".[164]

Die sich sogleich aufdrängende Frage, worin denn wiederum dieser Gegensatz begründet liegt, beantworten die Motive zunächst nur andeutungsweise: Das Schuldrecht fasse „nur die rechtlichen Beziehungen der Personen zu einander in's Auge" und habe es daher „grundsätzlich nur mit persönlichen Rechten" zu tun;[165]

---

[159] Vgl. nur *Becker*, Schadensersatz n. Fristsetzung im EBV, S. 8 u. S. 23 ff.

[160] Zum Erkenntniswert der Motive zum BGB s. Gliederungspkt. § 6 C.II.2.b)bb) (S. 83 ff.). Ob die im Folgenden zitierten allgemeinen Gesichtspunkte des Sachenrechtes (Motive z. BGB, Bd. III, S. 1 ff.) die Ansicht der 1. Kommission abbilden oder nur eine Zusammenfassung der Einleitung des Vorentwurfes zum Sachenrecht (Vorentwürfe z. BGB/*Johow*, SachenR I, S. 125 ff.) darstellen, ist, soweit ersichtlich, auch heute nicht mit letzter Gewissheit feststellbar. Dass sie und die Johow'sche Einleitung zum Sachenrecht semantische Ähnlichkeiten aufweisen, ist ebenso unbestritten, wie die Tatsache, dass sich die Mitglieder der 1. Kommission zur Trennung von Schuld- und Sachenrecht sowie dem Gegensatz zwischen obligatorischem und dinglichem Recht wiederholt bekannt haben (vgl. nur Protokolle d. 1. Kommission, BGB AT I, S. 426 f.; Protokolle d. 1. Kommission, SachenR I, S. 225, S. 227, S. 232 f., S. 237 f., S. 442 u. S. 582). Damit handelt es sich jedenfalls nicht um eigenes Gedankengut der Verfasser der Motive zum Sachenrecht.

[161] S. nur *Becker*, Schadensersatz n. Fristsetzung im EBV, S. 9.

[162] Motive z. BGB, Bd. III, S. 1.

[163] Motive z. BGB, Bd. III, S. 1.

[164] Motive z. BGB, Bd. III, S. 1.

[165] Motive z. BGB, Bd. III, S. 1.

das Sachenrecht hingegen habe „die Aufgabe, die rechtlichen Beziehungen der Person zur Sache, mithin vornehmlich die dinglichen Rechte zu ordnen“.[166]

Im nächsten Absatz, welcher das „Verhältniß [des Sachenrechtes] zum Rechte der Schuldverhältnisse“ näher beschreibt,[167] heißt es dann, zwar ebenfalls oberflächlich, aber zumindest etwas aufschlussreicher, dass die „[a]eltere[n] Gesetzbücher, namentlich das preußische Allgemeine Landrecht und der code civil“ vielfach schuld- und sachenrechtliche Vorschriften miteinander vermengen würden.[168] Dieses geschehe, so die Motive weiter, indem die älteren Gesetzbücher „die in jedem subjektiven Rechte, auch in dem dinglichen, obschon in diesem nur mittelbar, vorhandene persönliche Richtung zum Ausgange“ nehmen und zudem „die Obligationen nur als Mittel zur Erwerbung oder zur Veränderung dinglicher Rechte“ behandeln würden.[169] Eine solche Methode werde aber „den begrifflichen Gegensätzen nicht gerecht“.[170] Sie erschwere „die Einsicht in das Wesen der Rechtsverhältnisse“ und gefährde hierdurch die „richtige Anwendung des Gesetzes“.[171] Dieses habe „[d]ie Wissenschaft […] längst erkannt“ und die neueren Kodifikationen seien ihr gefolgt.[172]

Noch aufschlussreicher sind die Ausführungen von Johow zu seinem Vorentwurf zum Sachenrecht. Er stellt fest, dass es der Entwurf zur Voraussetzung hat nehmen können, dass „das Sachenrecht einen selbständigen Theil des bürgerlichen Gesetzbuches“ bilde.[173] Die Einteilung des BGB in fünf Bücher habe nicht nur redaktionellen Charakter.[174] Sie sei zwar lediglich aus Gründen der Arbeitsteilung vorgenommen worden und habe „keineswegs eine Entscheidung über das zu befolgende Rechtssystem“ bezweckt.[175] Es könne jedoch nicht verkannt werden, dass jene Einteilung „keine rein äußerliche“ sei, „sondern auf inneren Gründen“ beruhe, „und zwar auf Unterschieden, welche sich aus dem Begriffe des Privatrechts“ ergäben.[176]

Diese „inneren Unterschiede“, welche Johow durch Rezeption von Savigny darlegt,[177] seien der Theorie „nicht immer klar bewußt gewesen“.[178] Die „verwir-

---

[166] Motive z. BGB, Bd. III, S. 1.
[167] Motive z. BGB, Bd. III, S. 1.
[168] Motive z. BGB, Bd. III, S. 1.
[169] Motive z. BGB, Bd. III, S. 1.
[170] Motive z. BGB, Bd. III, S. 1.
[171] Motive z. BGB, Bd. III, S. 1.
[172] Motive z. BGB, Bd. III, S. 1.
[173] Vorentwürfe z. BGB/*Johow*, SachenR I, S. 127.
[174] Vgl. Vorentwürfe z. BGB/*Johow*, SachenR I, S. 125.
[175] Vorentwürfe z. BGB/*Johow*, SachenR I, S. 125.
[176] Vorentwürfe z. BGB/*Johow*, SachenR I, S. 125.
[177] Vgl. Vorentwürfe z. BGB/*Johow*, SachenR I, S. 125.
[178] Vorentwürfe z. BGB/*Johow*, SachenR I, S. 125.

rende Richtung der Theorie“ habe insbesondere das Preußische Allgemeine Landrecht und den Code civil, aber auch das Österreichische Bürgerliche Gesetzbuch beeinflusst[179] und zur Folge gehabt, dass das Schuldrecht und Sachenrecht „durcheinander geworfen“ worden seien.[180] Nach dem „Standpunkt der wissenschaftlichen Einsicht in die Natur des bürgerlichen Rechts“ sei es nicht nur erforderlich und möglich, das Vermögensrecht von dem Familien- und Erbrecht zu trennen.[181] Es sei auch „innerhalb des Vermögensrechts die Scheidung in Sachenrecht und Obligationenrecht“ zu vollziehen.[182]

Was also hat nach alledem den Gesetzgeber dazu bewogen, das Schuld- vom Sachenrecht zu trennen? Die Trennung von Schuld- und Sachenrecht soll, das lässt sich jedenfalls mittelbar den Motiven zum Sachenrecht entnehmen,[183] zunächst einmal die Rechtsanwendung erleichtern. Außerdem scheint die Trennung von Schuld- und Sachenrecht nur eine vergrößerte Projektion des Gegensatzes von obligatorischem und dinglichem Recht zu sein.

Worin aber besteht dieser Gegensatz zwischen obligatorischem und dinglichem Recht? Ihn begründen die Motive und auch der Johow'sche Vorentwurf ganz wesentlich mit begriffsjuristischen Argumenten. Doch was zeichnet das ominöse „Wesen der Rechtsverhältnisse“[184] aus, auf das die Motive abstellen? Welche sind die Unterschiede zwischen Schuld- und Sachenrecht, die sich nach Johow aus dem „Begriffe des Privatrechts“[185] ergeben?

II. Gegensatz zwischen obligatorischem und dinglichem Recht

Der Gehalt dieser aus heutiger Sicht mehr oder weniger nichtssagenden, damals aber mit einem gewissen Selbstverständnis verwendeten Formulierungen kann bestimmt werden, wenn untersucht wird, welche wissenschaftlichen Erkenntnisse das Selbstverständnis des Gesetzgebers geprägt haben. Im Anschluss ist die Argumentation nachzuvollziehen, mit der die Wissenschaftler den Gegensatz zwischen obligatorischem und dinglichem Recht begründeten. Erst darauffolgend kann erfasst werden, wie die Verfasser des BGB diesen Gegensatz verstanden und verwirklicht haben.

---

[179] Vorentwürfe z. BGB/*Johow*, SachenR I, S. 126 mit Fn. 2.

[180] Vorentwürfe z. BGB/*Johow*, SachenR I, S. 126.

[181] Vorentwürfe z. BGB/*Johow*, SachenR I, S. 126.

[182] Vorentwürfe z. BGB/*Johow*, SachenR I, S. 126.

[183] Vgl. Motive z. BGB, Bd. III, S. 1.

[184] Motive z. BGB, Bd. III, S. 1.

[185] Vorentwürfe z. BGB/*Johow*, SachenR I, S. 125.

1. Selbstverständnis des Gesetzgebers prägende Wissenschaftler

Die Motive zum Sachenrecht[186] und auch der Johow'sche Vorentwurf[187] verweisen zur Begründung des Gegensatzes zwischen obligatorischem und dinglichem Recht, ganz im Sinne der Zielsetzung, die damalige wissenschaftliche Entwicklung zu einem zeitgemäßen Abschluss zu bringen,[188] auf die Erkenntnisse der Wissenschaft.

Die wissenschaftlichen Erkenntnisse, welche die Sicht der 1. Kommission auf das „Wesen der Rechtsverhältnisse“[189] und auch Johows Verständnis von dem „Begriffe des Privatrechts“[190] geprägt haben, wurden im Wesentlichen von Savigny gewonnen[191] und später dann noch an einigen Stellen von Windscheid modifiziert.

Die Motive verweisen implizit auf die Erkenntnisse von Savigny,[192] der Vorentwurf von Johow tut dieses sogar explizit.[193]

Johow benutzte nach eigener Aussage bei dem Entwurf des Sachenrechtes zudem „vorzugsweise“ Windscheids Lehrbuch des Pandektenrechts in der 5. Auflage.[194] Es überrascht nicht, dass er ihn auch bei der Begründung des Gegensatzes zwischen obligatorischem und dinglichem Recht zitiert.[195]

Als Mitglied der 1. Kommission konnte Windscheid die Entscheidungen dann nicht nur mittelbar, sondern auch unmittelbar beeinflussen.[196] Das BGB trägt unter anderem seine Handschrift.[197] Zwar wurde das Sachenrecht im Wesentlichen erst ab dem Jahre 1884, also nach dem Ausscheiden von Windscheid aus der Kommission,[198] beraten. Die Entscheidungen, welche im Rahmen der Beratung des BGB AT

---

[186] Motive z. BGB, Bd. III, S. 1.

[187] Vorentwürfe z. BGB/*Johow*, SachenR I, S. 126.

[188] S. nur Vorentwürfe z. BGB/*Johow*, SachenR I, S. 134 (zum Unterschied zwischen beweglichen und unbeweglichen Sachen). S. hierzu ausführlich nur *Wieacker*, Privatrechtsgeschichte, § 25 IV.1. (S. 478); *Wieacker*, Sozialmodell, S. 9; *Zweigert/Kötz*, Rechtsvergleichung, § 11 I. (S. 142).

[189] Motive z. BGB, Bd. III, S. 1.

[190] Vorentwürfe z. BGB/*Johow*, SachenR I, S. 125.

[191] Vgl. nur *Becker*, Schadensersatz n. Fristsetzung im EBV, S. 15 f.; *Wiegand*, FS Kroeschell, 623, 631 ff.; *Wiegand*, Symposion Staudinger, 107, 110; *Wiegand*, AcP 190 (1990), 112, 113 f.

[192] Vgl. nur *Wiegand*, FS Kroeschell, 623, 633 f.; *Wiegand*, AcP 190 (1990), 112, 113 f.

[193] Vorentwürfe z. BGB/*Johow*, SachenR I, S. 125.

[194] Vorentwürfe z. BGB/*Johow*, SachenR I, S. 137.

[195] Vorentwürfe z. BGB/*Johow*, SachenR I, S. 126 Fn. 1.

[196] S. nur Jakobs/Schubert/*Jahnel*, Materialien z. BGB, Entstehungsgeschichte, S. 86 f.

[197] S. aus dem älteren Schrifttum *Planck*, DJZ 1909, 951, 951 ff. Vgl. aus dem neueren Schrifttum nur Jakobs/Schubert/*Schubert*, Materialien z. BGB, Entstehungsgeschichte, S. 47 f. mit Fn. 94; Staudinger/*Honsell*, Einl. BGB Rn. 94; *Wieacker*, Privatrechtsgeschichte, § 25 I.2. (S. 469).

[198] Jakobs/Schubert/*Jahnel*, Materialien z. BGB, Entstehungsgeschichte, S. 87.

und des Schuldrechtes unter seiner Mitwirkung getroffen wurden, sind aber für die hier untersuchte Frage ebenfalls von Bedeutung. Nicht umsonst wird der durch die 1. Kommission ausgearbeitete Entwurf insgesamt als der „kleine Windscheid" bezeichnet.[199]

2. „Wesen und Arten der Rechtsverhältnisse" nach Savigny

In seinem Kapitel über „Wesen und Arten der Rechtsverhältnisse" untersucht Savigny zunächst das „Wesen der Rechtsverhältnisse".[200] Er kommt zu dem Ergebnis, dass ein Rechtsverhältnis eine „Beziehung zwischen Person und Person" sei, welche „durch eine Rechtsregel bestimmt" werde.[201] Diese „Bestimmung durch eine Rechtsregel" bestehe darin, dass dem „individuellen Willen" ein Gebiet zugewiesen werde, „in welchem er unabhängig von jedem fremden Willen [...] herrschen" könne.[202] Das „Wesen der Rechtsverhältnisse" könne man damit als das „Gebiet unabhängiger Herrschaft des individuellen Willens" beschreiben.[203]

Die „Arten möglicher Rechtsverhältnisse" ergäben sich, so Savigny weiter, wie „von selbst" aus der Bestimmung der „Gegenstände", auf welche der „Wille [...] seine Herrschaft erstrecken" kann.[204] Der Wille könne zum einen auf die „eigene Person", zum anderen auf die „äußere Welt" einwirken.[205] Die „äußere Welt" wiederum setze sich zusammen aus der „unfreyen Natur" und aus „fremden Personen".[206] Da die Macht über die eigene Person der „Anerkennung und Begränzung durch positives Recht" nicht bedürfe,[207] blieben nur diese zwei Gegenstände der „Willensherrschaft".[208]

Die „unfreye Natur" könne nicht als Ganzes, sondern nur „in bestimmter räumlicher Begränzung" beherrscht werden.[209] Ein solches „begränztes Stück" derselben sei eine „Sache" und auf diese beziehe sich die „erste Art möglicher Rechte": Das „Recht an einer Sache".[210] Das „Sachenrecht" habe nicht nur den „Besitz", also die

---

[199] Diese von Bähr (*Bähr*, KritV 30 (1888), 321, 327) geprägte Formulierung (*Schröder/Thiessen*, JZ 2002, 325, 326) gebrauchte zuletzt etwa Pick (Mitglied des Bundestages) bei der zweiten und dritten Beratung des Schuldrechtsmodernisierungsgesetzes (Deutscher Bundestag, Plenarprotokoll 14/192, S. 18762).

[200] *Savigny*, System d. heutigen Röm. Rechts, § 52 (S. 331 ff.).

[201] *Savigny*, System d. heutigen Röm. Rechts, § 52 (S. 333).

[202] *Savigny*, System d. heutigen Röm. Rechts, § 52 (S. 333).

[203] *Savigny*, System d. heutigen Röm. Rechts, § 53 (S. 334).

[204] *Savigny*, System d. heutigen Röm. Rechts, § 53 (S. 334).

[205] *Savigny*, System d. heutigen Röm. Rechts, § 53 (S. 334).

[206] *Savigny*, System d. heutigen Röm. Rechts, § 53 (S. 334).

[207] *Savigny*, System d. heutigen Röm. Rechts, § 53 (S. 336).

[208] *Savigny*, System d. heutigen Röm. Rechts, § 53 (S. 338).

[209] *Savigny*, System d. heutigen Röm. Rechts, § 53 (S. 338).

[210] *Savigny*, System d. heutigen Röm. Rechts, § 53 (S. 338).

„faktische Herrschaft über Sachen", zum Gegenstand.[211] Als Recht erscheine es „einfach und vollständig" in der „Gestalt des Eigenthums".[212] Das Eigentum sei in der „unbeschränkten und ausschließenden Herrschaft einer Person über eine Sache" zu sehen.[213] Eine außerhalb des Eigentums liegende Herrschaft sei hingegen nicht möglich.[214] Wohl aber könne die „Herrschaft innerhalb des Eigenthums", „je nach den Bestimmungen" des „positiven Rechts", durch „jura in re" begrenzt werden.[215] Alle Rechte an Sachen könne man unter dem Namen der „dinglichen Rechte" zusammenfassen.[216]

Zu fremden Personen könne man dagegen in zwei „ganz ungleichartigen Beziehungen" stehen.[217] Erstens könne die fremde Person „auf ähnliche Weise wie eine Sache" der Herrschaft unterworfen werden.[218] Diese Herrschaft sei indes, anders als im „Römische[n] Sklavenverhältniß", nicht auf die „fremde Person im Ganzen", sondern nur auf eine „einzelne Handlung" der fremden Person bezogen.[219] Dieses Verhältnis der nicht „absolute[n]",[220] sondern „partielle[n] Herrschaft"[221] über Handlungen fremder Personen sei als „Obligation" zu bezeichnen.[222] Zweitens könne der Einzelne auch als „Glied des organischen Ganzen der […] Menschheit",[223] als ein „unvollständiges […] Wesen", welches der „Ergänzung in einem großen Naturzusammenhang" bedürfe,[224] als ein „in der Familie erweiterte[s] Selbst"[225] in einer Beziehung zu fremden Personen stehen.[226] Dieses Verhältnis gehöre nur teilweise dem „Rechtsgebiet" an und bilde dort das „Familienrecht".[227]

Sowohl das Eigentum, ein Recht an der Sache „in seiner reinsten und vollständigsten Gestalt",[228] als auch die Obligationen würden letztlich zu einer Erweiterung der Macht hinweg über die „natürlichen Gränzen" führen.[229] Die Gesamtheit der

[211] *Savigny*, System d. heutigen Röm. Rechts, § 56 (S. 367).
[212] *Savigny*, System d. heutigen Röm. Rechts, § 56 (S. 367).
[213] *Savigny*, System d. heutigen Röm. Rechts, § 56 (S. 367).
[214] *Savigny*, System d. heutigen Röm. Rechts, § 56 3. (S. 369).
[215] *Savigny*, System d. heutigen Röm. Rechts, § 56 3. (S. 369).
[216] *Savigny*, System d. heutigen Röm. Rechts, § 56 3. (S. 369).
[217] *Savigny*, System d. heutigen Röm. Rechts, § 53 (S. 338).
[218] *Savigny*, System d. heutigen Röm. Rechts, § 53 (S. 338).
[219] *Savigny*, System d. heutigen Röm. Rechts, § 53 (S. 338 f.).
[220] *Savigny*, System d. heutigen Röm. Rechts, § 53 (S. 338).
[221] *Savigny*, System d. heutigen Röm. Rechts, § 56 3. (S. 369).
[222] *Savigny*, System d. heutigen Röm. Rechts, § 53 (S. 339).
[223] *Savigny*, System d. heutigen Röm. Rechts, § 53 (S. 340).
[224] *Savigny*, System d. heutigen Röm. Rechts, § 53 (S. 340).
[225] *Savigny*, System d. heutigen Röm. Rechts, § 53 2. (S. 344).
[226] *Savigny*, System d. heutigen Röm. Rechts, § 53 (S. 340) u. § 53 2. (S. 344).
[227] *Savigny*, System d. heutigen Röm. Rechts, § 53 (S. 342) u. § 53 2. (S. 344).
[228] *Savigny*, System d. heutigen Röm. Rechts, § 53 (S. 338).
[229] *Savigny*, System d. heutigen Röm. Rechts, § 53 (S. 339).

Verhältnisse, welche die „Macht eines Einzelnen“ in diesem Sinne erweiterten, sei das „Vermögen“.[230] Das „Vermögensrecht“ zerfalle folglich in das „Sachenrecht“ und das „Obligationenrecht“.[231]

Das Sachenrecht, das Obligationenrecht und auch das Familienrecht seien in der „Abstraction“ zwar „abgesondert“.[232] In der Wirklichkeit seien sie aber auf die „mannichfaltigste Weise“ miteinander verbunden.[233] „[G]egenseitige Einwirkungen und Modificationen“ seien deswegen „unausbleiblich“.[234] Später ergänzte Savigny noch das „angewandte“ Familienrecht, welches allerdings zusammen mit dem „reinen“ Familienrecht zu behandeln sei.[235] Neben das „gleichzeitige“ Vermögensrecht trete zudem noch das „Erbrecht“, welches Savigny auch als „successive[s] Vermögensrecht“ bezeichnet.[236] Diese Zusammenstellung der Rechtsverhältnisse beruhe auf dem „innerste[n] Wesen“ derselben, nämlich auf ihrem „organischen Zusammenhang mit dem Wesen des Menschen selbst“, welchem sie „inhäri[e]ren“.[237]

Das Verhältnis von Sachenrecht und Obligationen sei zwar auf den ersten Blick bereits durch den „bloßen Gegenstand“ der beiden Teile „unabänderlich“ bestimmt.[238] Bei genauerer Betrachtung zeige sich aber, dass ein „sehr freyer Spielraum“ für „Bestimmungen des positiven Rechts“ gegeben sei.[239] Das Recht „verschiedener Völker“ unterscheide sich teils in der „Gränzscheidung“ zwischen Sachenrecht und Obligationen, teils auch in der „Beziehung“ beider Teile zueinander.[240]

Die „Gränzscheidung“ zwischen Sachenrecht und Obligationen sei bei dem „strenge[n]“ Eigentum mit „unbeschränkter Vindication“ auf der einen Seite und dem „Dienstbotenvertrag“ und dem „Mandat“ auf der anderen Seite unproblematisch.[241] Zwischen diesen „äußerste[n] Punkte[n]“ gäbe es aber eine „natürliche Annäherung“ dergestalt, dass die „meisten und wichtigsten“ Obligationen darauf abzielen würden, durch „fremde Handlungen“ ein „dingliches Recht“ oder zumindest „die Ausübung und den Genuß“ eines solchen zu erlangen.[242] Im „Römischen

---

[230] *Savigny*, System d. heutigen Röm. Rechts, § 53 (S. 339 f.).

[231] *Savigny*, System d. heutigen Röm. Rechts, § 53 (S. 339 f.) u. § 53 3. (S. 344 f.).

[232] *Savigny*, System d. heutigen Röm. Rechts, § 53 (S. 345).

[233] *Savigny*, System d. heutigen Röm. Rechts, § 53 (S. 345).

[234] *Savigny*, System d. heutigen Röm. Rechts, § 53 (S. 345).

[235] *Savigny*, System d. heutigen Röm. Rechts, § 58 (S. 388 f.).

[236] *Savigny*, System d. heutigen Röm. Rechts, § 57 (S. 385 f.).

[237] *Savigny*, System d. heutigen Röm. Rechts, § 58 (S. 386).

[238] *Savigny*, System d. heutigen Röm. Rechts, § 56 (S. 371).

[239] *Savigny*, System d. heutigen Röm. Rechts, § 56 (S. 371).

[240] *Savigny*, System d. heutigen Röm. Rechts, § 56 (S. 371 f.).

[241] *Savigny*, System d. heutigen Röm. Rechts, § 56 (S. 372).

[242] *Savigny*, System d. heutigen Röm. Rechts, § 56 (S. 372).

Recht" sei an dieser Stelle ein „scharfes Hervortreten" des Eigentums „characteristisch".[243] Dieses äußere sich zum einen, im Unterschied zum „Französische[n]" und „Preußische[n]" Recht,[244] in der „unbeschränkten Wirkung" der Vindikation,[245] zum anderen darin, dass, anders als im „Preußische[n]" Recht,[246] nur in „bestimmten einzelnen Fällen" die Möglichkeit einer „Verminderung" des Eigentums durch sogenannte „jura in re" bestünde.[247]

Ein „sicheres Kennzeichen" für die Grenze zwischen Sachenrecht und Obligationen bestehe, so Savigny weiter, in dem Vorhandensein einer actio „in rem" oder einer actio „in personam".[248] Beide ließen sich, die „seltene[n] Ausnahmen" von diesem Grundsatz vor Augen, „im Großen" durch die „allgemeine Wirksamkeit gegen Alle" und die Wirksamkeit nur „gegen[über] bestimmte[n] Individuen" unterscheiden.[249] Die actio „in rem" richte sich „meistens", aber „keineswegs allgemein" gegen einen „unbestimmten" Gegner, die actio „in personam" im Gegensatz dazu gegen einen „bestimmten" Gegner.[250] Die Grenze zwischen beiden „Klagearten" falle allerdings nicht „überhaupt" mit den Grenzen des Sachen- und Obligationenrechts zusammen.[251]

Die „Beziehung" des Sachenrechtes zum Obligationenrecht könne durch die dargestellte „schwankende Gränze leicht verdunkelt" werden.[252] Das „Römische Recht" halte beide Vermögensteile „streng" auseinander und behandele jeden Teil als „ganz unabhängig" innerhalb seiner Grenzen.[253] Angemessen erscheine es, das Eigentum „ohne Rücksicht auf die Obligation", welche als „Vermittlung und Vorbereitung" zu diesem gedient habe, als „selbständige Herrschaft über eine Sache" anzuerkennen.[254] Die Obligation müsse „ohne Rücksicht auf das dingliche Recht" als eine „selbständige Herrschaft über eine fremde Handlung" behandelt werden.[255]

Von dieser, „der Natur jener Rechte völlig angemessenen Behandlung" sei eine zweifache „Abirrung" möglich:[256] Erstens könnten die Obligationen „allein in's

---

[243] *Savigny*, System d. heutigen Röm. Rechts, § 56 (S. 372).
[244] *Savigny*, System d. heutigen Röm. Rechts, § 56 (S. 372 Fn. (c)).
[245] *Savigny*, System d. heutigen Röm. Rechts, § 56 (S. 372).
[246] *Savigny*, System d. heutigen Röm. Rechts, § 56 (S. 372 f. Fn. (d)).
[247] *Savigny*, System d. heutigen Röm. Rechts, § 56 (S. 372 f. mit Fn. (d)).
[248] *Savigny*, System d. heutigen Röm. Rechts, § 56 (S. 372).
[249] *Savigny*, System d. heutigen Röm. Rechts, § 56 (S. 373 f. Fn. (f)).
[250] *Savigny*, System d. heutigen Röm. Rechts, § 56 (S. 373).
[251] *Savigny*, System d. heutigen Röm. Rechts, § 56 (S. 373 Fn. (e)).
[252] *Savigny*, System d. heutigen Röm. Rechts, § 56 (S. 373 f.).
[253] *Savigny*, System d. heutigen Röm. Rechts, § 56 (S. 374).
[254] *Savigny*, System d. heutigen Röm. Rechts, § 56 (S. 374).
[255] *Savigny*, System d. heutigen Röm. Rechts, § 56 (S. 374).
[256] *Savigny*, System d. heutigen Röm. Rechts, § 56 (S. 374).

Auge gefaßt" werden;[257] dann erschienen die dinglichen Rechte nur als „Folgen oder Entwicklungen" derselben.[258] Zweitens könnten, wie im „Französischen Code" und im „Preußischen Landrecht",[259] die dinglichen Rechte allein als „wahrer Gegenstand der Rechtsbestimmungen" erscheinen;[260] dann wären die Obligationen nur „Erwerbungsmittel der dinglichen Rechte".[261] Beide „Behandlungsweisen" seien „gezwungen und einseitig" und damit der „Einsicht in die wahre Natur der Rechtsverhältnisse hinderlich".[262]

An anderer Stelle wird Savigny dann in Bezug auf die Trennung des „obligatorischen Kauf[es]" und der „nachfolgende[n] Tradition" noch etwas konkreter.[263] Sowohl das Obligationen- als auch das Sachenrecht würden „Verträge" beinhalten.[264] Man denke zwar, wenn ein Haus verkauft werde, „gewöhnlich" nur an den „obligatorischen Kauf".[265] Darüber vergesse man aber, dass die „Tradition" ebenfalls ein „Vertrag" sei.[266] Die „Tradition" sei ein von jenem Kauf „ganz verschiedener", nur durch ihn notwendig gewordener „Vertrag".[267] Sie sei von dem „obligatorischen Vertrag", welchen sie „gewöhnlich" begleite, „gehörig" zu unterscheiden.[268] Daraus folgert Savigny dann wiederum, dass das obligatorische Verpflichtungs- und das dingliche Verfügungsgeschäft in ihrer Geltung voneinander unabhängig sein müssen.[269]

3. „Begriff und Arten der Rechte" nach Windscheid

Windscheid sieht in seinem Lehrbuch des Pandektenrechtes, welches im Weiteren in der für den Vorentwurf von Johow und die Beratungen der 1. Kommission maßgeblichen 5. Auflage zitiert wird, das „Privatrechts-System" nicht als ein „System [...] der Rechtsverhältnisse", sondern vielmehr als ein „System der Rechte" an.[270]

---

[257] *Savigny*, System d. heutigen Röm. Rechts, § 56 (S. 374).

[258] *Savigny*, System d. heutigen Röm. Rechts, § 56 (S. 374).

[259] *Savigny*, System d. heutigen Röm. Rechts, § 56 (S. 374 f. Fn. (h)).

[260] *Savigny*, System d. heutigen Röm. Rechts, § 56 (S. 374).

[261] *Savigny*, System d. heutigen Röm. Rechts, § 56 (S. 374).

[262] *Savigny*, System d. heutigen Röm. Rechts, § 56 (S. 374 f.).

[263] *Savigny*, System d. heutigen Röm. Rechts, § 140 (S. 312 f.). Vgl. auch *Savigny*, System d. heutigen Röm. Rechts, Beilage zu § 115 X. (S. 354 f.).

[264] *Savigny*, System d. heutigen Röm. Rechts, § 140 (S. 312).

[265] *Savigny*, System d. heutigen Röm. Rechts, § 140 (S. 313).

[266] *Savigny*, System d. heutigen Röm. Rechts, § 140 (S. 313).

[267] *Savigny*, System d. heutigen Röm. Rechts, § 140 (S. 313).

[268] *Savigny*, System d. heutigen Röm. Rechts, § 140 (S. 313).

[269] S. ausführlich zu Savignys Abstraktionsprinzip nur *Huber*, FS Canaris I, 471, 471 ff.

[270] *Windscheid*, PandektenR, 5. Aufl., § 37 (S. 92 ff. mit Fn. 4).

Ein „subjectives Recht“ sei eine von der „Rechtsordnung“ verliehene „Willensmacht oder Willensherrschaft concreten Inhalts“.[271] Der Inhalt dieses Willens sei maßgebend für die dem Berechtigten „gegenüberstehenden Willen“.[272] Diese müssten sich gemäß dem Inhalt dieses Willens bestimmen.[273] Das gesamte „Privatrecht“ beschäftige sich demzufolge ausschließlich mit der Beantwortung der Frage, „inwiefern der Wille des Einzelnen von den ihm gegenüberstehenden Einzelnen anerkannt“ werden müsse.[274]

Alle Rechte hätten zwar „Ein- und Dasselbe“, nämlich den Willen der „dem Berechtigten gegenüberstehenden Personen“, zum Gegenstand.[275] Da dieser Wille aber nicht bei allen Rechten der „nächste und unmittelbare Gegenstand“ sei, könne man die „wesentliche Verschiedenheit der (Privat-)Rechte“ durch den unmittelbaren Gegenstand der Rechte begründen.[276] Denjenigen Rechten, deren Gegenstand „unmittelbar eine fremde Person“ sei, stünden Rechte „an Sachen“ und Rechte „an der eigenen Person“ gegenüber.[277] Die Rechte „an der eigenen Person“ bedürften indes keiner „besonderen Darstellung im Privatrechtssysteme“.[278]

Die Rechte, deren unmittelbarer Gegenstand eine „Sache“, also ein „Stück der nicht mit Vernunft begabten Außenwelt“, sei, könne man als „dingliche Rechte“ bezeichnen.[279] Innerhalb dieser könne man wiederum das Eigentum und die Rechte an fremden Sachen unterscheiden.[280] Das Eigentum erfasse seinem „Wesen“ nach die Gesamtheit der Sachbeziehungen.[281] Das dingliche Recht „an fremder Sache“ erfasse hingegen nur eine oder mehrere einzelne Sachbeziehungen einer im Eigentum eines anderen stehenden Sache.[282]

„[P]ersönliche Rechte“ hätten hingegen die „Unterwerfung des Willens“ einer „fremde[n] Person“ zum unmittelbaren Gegenstand.[283] Sie könnten zum einen „Ausflüsse einer Familienverbindung“ sein, zum anderen aber auch „Machterweiterungen der einzelnen Person als solcher“ zum Gegenstand haben.[284] Rechte im

---

[271] *Windscheid*, PandektenR, 5. Aufl., § 37 (S. 92).
[272] *Windscheid*, PandektenR, 5. Aufl., § 37 (S. 92).
[273] *Windscheid*, PandektenR, 5. Aufl., § 37 (S. 92).
[274] *Windscheid*, PandektenR, 5. Aufl., § 39 (S. 96 Fn. 1).
[275] *Windscheid*, PandektenR, 5. Aufl., § 38 (S. 94 f.).
[276] *Windscheid*, PandektenR, 5. Aufl., § 38 (S. 94 f.).
[277] *Windscheid*, PandektenR, 5. Aufl., § 38 (S. 95).
[278] *Windscheid*, PandektenR, 5. Aufl., § 39 (S. 95).
[279] *Windscheid*, PandektenR, 5. Aufl., § 40 (S. 97).
[280] *Windscheid*, PandektenR, 5. Aufl., § 40 (S. 97).
[281] *Windscheid*, PandektenR, 5. Aufl., § 40 (S. 97).
[282] *Windscheid*, PandektenR, 5. Aufl., § 40 (S. 97).
[283] *Windscheid*, PandektenR, 5. Aufl., § 41 (S. 97 u. S. 99).
[284] *Windscheid*, PandektenR, 5. Aufl., § 41 (S. 98).

letztgenannten Sinne könne man als „Forderungsrechte“, „obligatorische Rechte“ oder „Obligationen“ bezeichnen.[285]

Den dinglichen Rechten und den Forderungsrechten sei gemeinsam, dass sie „dem Berechtigten um seiner selbst willen“ zustünden.[286] Man könne sie in Anbetracht dieser „gemeinschaftliche[n] Natur“ zu den „Vermögensrechte[n]“ zusammenfassen.[287]

Die Abgrenzung der dinglichen Rechte von den Forderungsrechten ist aber, das legt Windscheid an verschiedenen Stellen dar,[288] durchaus problematisch.

Das „Wesen des dinglichen Rechtes“ bestehe in seiner unmittelbaren Beziehung zu der Sache, nicht jedoch in seiner „Absolutheit“.[289] Zwar seien dingliche Rechte grundsätzlich nicht auf eine „bestimmte Verpflichtungsperson“ beschränkt und gingen „gegen Jedermann, gegen Niemanden nicht“.[290] Hiervon seien aber Ausnahmen möglich: Zum einen gebe es dingliche Rechte, deren „Wirksamkeit gegen gewisse Personen ausgeschlossen“ sei, zum anderen Forderungsrechte, welche sich „nicht gegen eine bestimmte Person“, sondern „gegen Jeden, der in ein gewisses Verhältniß“ trete, richten würden.[291]

Man müsse sich zudem davor hüten, (körperliche) „Sachen“ mit „nur in der Vorstellung“ existierenden „unkörperliche[n] Sachen“ zu vermengen.[292] Eine solche Vermengung würde dazu führen, dass alle Vermögensrechte, „was ihren Erwerb und Verlust angeht“, den „gleichen rechtlichen Grundsätzen“, und zwar denjenigen des „Eigenthumsrecht[es]“, unterworfen werden würden.[293] Dem „römischen Rechte“ sei dieses fremd.[294] Es habe die „Grundsätze über den Erwerb und den Verlust der Vermögensrechte“ stets aus der „besonderen Natur“ der Rechte entnommen.[295]

Außerdem hätten, so Windscheid weiter, nicht nur Forderungsrechte, sondern auch dingliche Rechte eine „persönliche Richtung“.[296] Ihr „unmittelbarer Gegen-

---

[285] *Windscheid*, PandektenR, 5. Aufl., § 41 (S. 99).

[286] *Windscheid*, PandektenR, 5. Aufl., § 42 (S. 99).

[287] *Windscheid*, PandektenR, 5. Aufl., § 42 (S. 99).

[288] Vgl. *Windscheid*, PandektenR, 5. Aufl., § 40 (S. 97 Fn. 1), § 42 (S. 100 ff.) u. § 43 (S. 102 ff.).

[289] *Windscheid*, PandektenR, 5. Aufl., § 40 (S. 97 Fn. 1).

[290] *Windscheid*, PandektenR, 5. Aufl., § 43 3. (S. 104).

[291] *Windscheid*, PandektenR, 5. Aufl., § 43 3. (S. 104).

[292] *Windscheid*, PandektenR, 5. Aufl., § 42 (S. 100 f.).

[293] *Windscheid*, PandektenR, 5. Aufl., § 42 (S. 101 f.).

[294] *Windscheid*, PandektenR, 5. Aufl., § 42 (S. 102).

[295] *Windscheid*, PandektenR, 5. Aufl., § 42 (S. 102).

[296] *Windscheid*, PandektenR, 5. Aufl., § 43 (S. 102).

stand" bleibe zwar die „unterworfene Sache".[297] Sie würden aber „mittelbar auch den Willen der ihnen gegenüberstehenden Personen" ergreifen.[298]

Weder diese mittelbare Richtung der dinglichen Rechte auf die Person noch ihre unmittelbare auf die Sache dürften übersehen werden.[299] „[F]rüher" sei „vielfach" die unmittelbare Richtung der dinglichen Rechte auf die Sache vernachlässigt worden.[300] Damit sei das gesamte Rechtssystem ein „System persönlicher Rechte und Verpflichtungen" gewesen.[301] Diese „irrige Auffassung" habe „wesentlichen Einfluß" auf die „neueren Gesetzgebungen" ausgeübt.[302] „[I]n der neueren Zeit" sei hingegen umgekehrt zu beobachten, dass man geneigt sei, die „persönliche Seite des dinglichen Rechts" zu weit „in den Hintergrund treten zu lassen".[303]

4. Gegensatz zwischen obligatorischem und dinglichem Recht im BGB

Der Gegensatz zwischen obligatorischem und dinglichem Recht gründet sich dann tatsächlich sowohl in den Motiven zum Sachenrecht[304] als auch im Vorentwurf von Johow[305] darauf, dass, ganz im Sinne von Savigny und Windscheid, beide Arten der Rechte einen anderen unmittelbaren Gegenstand haben. Obligatorische Rechte würden sich unmittelbar gegen fremde Personen richten.[306] Dingliche Rechte hätten dagegen die Herrschaft über eine Sache zum unmittelbaren Gegenstand.[307]

Diese Unterscheidung anhand des unmittelbaren Gegenstandes des jeweiligen Rechtes erforderte, wie sich aus den Ausführungen von Windscheid, besonders aber aus denjenigen von Savigny ergibt, eine Vielzahl weiterer gesetzgeberischer Entscheidungen, ohne deren Umsetzung der Gegensatz zwischen obligatorischem und dinglichem Recht aus Sicht der Väter des BGB nicht hätte verwirklicht werden können.[308]

Bereits aus dem „Begriffe des dinglichen Rechtes" ergebe sich, so die Motive, dass die dinglichen Rechte, soweit sie die Sache der Herrschaft des Berechtigten

---

[297] *Windscheid*, PandektenR, 5. Aufl., § 43 (S. 102).

[298] *Windscheid*, PandektenR, 5. Aufl., § 43 (S. 102).

[299] *Windscheid*, PandektenR, 5. Aufl., § 43 (S. 102).

[300] *Windscheid*, PandektenR, 5. Aufl., § 43 (S. 102 Fn. 1).

[301] *Windscheid*, PandektenR, 5. Aufl., § 43 (S. 102 Fn. 1).

[302] *Windscheid*, PandektenR, 5. Aufl., § 43 (S. 102 Fn. 1).

[303] *Windscheid*, PandektenR, 5. Aufl., § 43 (S. 102 Fn. 1).

[304] Motive z. BGB, Bd. III, S. 1 f.

[305] Vorentwürfe z. BGB/*Johow*, SachenR I, S. 125 f.

[306] Motive z. BGB, Bd. III, S. 1 f.; Vorentwürfe z. BGB/*Johow*, SachenR I, S. 125 f.

[307] Motive z. BGB, Bd. III, S. 1 f.; Vorentwürfe z. BGB/*Johow*, SachenR I, S. 125 f.

[308] S. ausführlich zu diesen gesetzgeberischen Entscheidungen *Becker*, Schadensersatz n. Fristsetzung im EBV, S. 20 ff.; *Wiegand*, AcP 190 (1990), 112, 116 ff. Vgl. auch *Wiegand*, FS Kroeschell, 623, 627 ff.; *Wiegand*, Symposion Staudinger, 107, 110 ff.

unterwerfen würden, auch jede Einwirkung auf die Sache durch Dritte ausschließen müssten.[309]

Die Herrschaft über eine Sache sei ohne die Wirkung gegenüber jedermann nicht vorstellbar.[310] Die „absolute Natur“ sei allerdings eine dem dinglichen Recht nur regelmäßig „beiwohnende Eigenschaft“, nur eine Regel, welche keine Allgemeingültigkeit beanspruchen könne.[311] Sie dürfe, so Johow, „nicht zur Fessel werden“, sondern könne durch gesetzliche Regelungen durchbrochen werden.[312] „[P]ositive beschränkende Ausnahmen“ von der absoluten Wirkung der dinglichen Rechte würden den „Begriff des dinglichen Rechts“ nicht berühren, sondern nur im Einzelfall zu einer Veränderung seines Inhaltes führen.[313]

Eine gesetzgeberische Entscheidung war auch in Bezug auf den Sachbegriff erforderlich.[314] Wenn die unmittelbare Herrschaft über eine Sache das charakteristische Merkmal des dinglichen Rechtes bilde, könne ein solches nur an Sachen existieren, bei denen die Möglichkeit der realen Machtausübung bestehe.[315] Das seien körperliche Gegenstände (vgl. § 90 BGB), nicht aber Rechte und andere „Dinge, welche nur in der Vorstellung“ bestünden.[316]

Mit der absoluten Wirkung der dinglichen Rechte und mit der Verengung des Sachbegriffes korrespondiert dann auch die inhaltliche Gestaltung des Eigentums im BGB.[317]

Die Herrschaft über eine Sache müsse, so Johow, in ihrer „reinsten und vollständigsten Erscheinung“, dem Eigentum, zur Folge haben, dass der Berechtigte grundsätzlich nach Belieben mit der Sache verfahren könne (vgl. § 903 S. 1 BGB).[318] Das Eigentum könne nicht das Konglomerat verschiedener gesetzlich festgelegter Befugnisse sein, sondern müsse die Herrschaft über die Sache, soweit nicht das Gesetz entgegenstehe, in allen Beziehungen ermöglichen.[319] Einzelne Befugnisse könnten als begrenzte dingliche Rechte vorübergehend aus dem Ei-

---

309 Motive z. BGB, Bd. III, S. 2. S. auch Vorentwürfe z. BGB/*Johow*, SachenR I, S. 127.

310 Motive z. BGB, Bd. III, S. 2; Vorentwürfe z. BGB/*Johow*, SachenR I, S. 127.

311 Motive z. BGB, Bd. III, S. 2. S. auch Vorentwürfe z. BGB/*Johow*, SachenR I, S. 127.

312 Vorentwürfe z. BGB/*Johow*, SachenR I, S. 127 (allgemein zur Auswirkung der Trennung von Schuld- und Sachenrecht auf „Mittel-“ und „Uebergangsbildungen“). S. auch Motive z. BGB, Bd. III, S. 2.

313 Vorentwürfe z. BGB/*Johow*, SachenR I, S. 127. S. auch Motive z. BGB, Bd. III, S. 2.

314 S. ausführlich nur *Becker*, Schadensersatz n. Fristsetzung im EBV, S. 11 u. S. 20; *Wiegand*, AcP 190 (1990), 112, 116.

315 Motive z. BGB, Bd. III, S. 2; Vorentwürfe z. BGB/*Johow*, SachenR I, S. 126.

316 Motive z. BGB, Bd. III, S. 2. S. auch Vorentwürfe z. BGB/*Johow*, SachenR I, S. 126.

317 S. ausführlich nur *Becker*, Schadensersatz n. Fristsetzung im EBV, S. 12 u. S. 20; *Wiegand*, AcP 190 (1990), 112, 116 f.

318 Vorentwürfe z. BGB/*Johow*, SachenR I, S. 128 f. S. auch Motive z. BGB, Bd. III, S. 2 u. S. 22 f.

319 Vgl. Motive z. BGB, Bd. III, S. 2; Vorentwürfe z. BGB/*Johow*, SachenR I, S. 129.

gentum ausgegliedert werden.[320] Da solche aber einen Ausnahmezustand schaffen würden, könnten sie nur in den gesetzlich vorgesehenen Fällen begründet werden.[321] Die Zahl der dinglichen Rechte müsse also notwendig eine geschlossene sein.[322]

Zur Verwirklichung des Gegensatzes zwischen obligatorischem und dinglichem Recht schien dann noch die Trennung und Verselbstständigung von obligatorischem Verpflichtungs- und dinglichem Verfügungsgeschäft notwendig.[323]

Das obligatorische Recht, gerichtet auf den Erwerb des dinglichen Rechtes, müsse von dem Erwerb des dinglichen Rechtes an sich unterschieden werden.[324] Das Sachenrecht habe, so die Motive, „um seine Selbständigkeit zu wahren, die Erwerbung der dinglichen Rechte nach Gesichtspunkten [zu] ordnen, die auf seinem Gebiete liegen".[325] Das obligatorische Verpflichtungs- und das dingliche Verfügungsgeschäft müssten zudem unabhängig voneinander sein.[326] Die Unwirksamkeit des obligatorischen Rechtes dürfe den Erwerb des dinglichen Rechtes nicht verhindern.[327] Aus der Unabhängigkeit des dinglichen Vertrages folge schließlich, so die Motive, dass das dingliche Verfügungsgeschäft den Vorschriften des Allgemeinen Schuldrechtes nur insoweit unterliege, als dass „das Gesetz zu erkennen giebt, daß die Anwendung derselben von ihm gewollt ist".[328]

5. Zwischenergebnis

Nach der gesetzgeberischen Konzeption besteht der Gegensatz zwischen obligatorischem und dinglichem Recht in dem Gegenstand der Rechte. Das obligatorische Recht richtet sich unmittelbar gegen fremde Personen. Das dingliche Recht hat dagegen die Herrschaft über eine Sache zum unmittelbaren Gegenstand.

Sieht man die Motive zum Sachenrecht und den Vorentwurf von Johow im Zusammenhang mit Savignys „Wesen und Arten der Rechtsverhältnisse" sowie Windscheids „Begriffe und Arten der Rechte", ergibt sich, dass zur Verwirklichung des Gegensatzes zwischen obligatorischem und dinglichem Recht eine Reihe weiterer gesetzgeberischer Entscheidungen notwendig waren. Dingliche Rechte mussten, von gesetzlich geregelten Ausnahmefällen abgesehen, absolute Wirkung er-

---

320 Vgl. Motive z. BGB, Bd. III, S. 2 u. S. 22 f.; Vorentwürfe z. BGB/*Johow*, SachenR I, S. 130 f.

321 Motive z. BGB, Bd. III, S. 3.

322 Motive z. BGB, Bd. III, S. 3. S. ausführlich nur *Becker*, Schadensersatz n. Fristsetzung im EBV, S. 20 f.; *Wiegand*, AcP 190 (1990), 112, 117 ff.

323 S. ausführlich nur *Becker*, Schadensersatz n. Fristsetzung im EBV, S. 12 ff. u. S. 21 f.; *Wiegand*, AcP 190 (1990), 112, 120.

324 Motive z. BGB, Bd. III, S. 6 ff.; Vorentwürfe z. BGB/*Johow*, SachenR I, S. 126.

325 Motive z. BGB, Bd. III, S. 3.

326 Motive z. BGB, Bd. III, S. 6 ff. S. auch Vorentwürfe z. BGB/*Johow*, SachenR I, S. 126.

327 Motive z. BGB, Bd. III, S. 6 f. S. auch Vorentwürfe z. BGB/*Johow*, SachenR I, S. 126.

328 Motive z. BGB, Bd. III, S. 7.

halten. Der Sachbegriff musste auf körperliche Gegenstände verengt, das Eigentum als umfassende Herrschaft über die Sache gestaltet und die Zahl der dinglichen Rechte abschließend geregelt werden. Zudem schien es notwendig, das obligatorische Verpflichtungs- und das dingliche Verfügungsgeschäft voneinander zu trennen und beide zu verselbstständigen.

Nimmt man die Selbstständigkeit des dinglichen Verfügungsgeschäftes ernst, liegt die Schlussfolgerung nahe, dass eine Anwendung schuldrechtlicher Vorschriften auf dieses, soweit das Gesetz nichts Gegenteiliges bestimmt, unterbleiben muss.

III. Ähnlichkeit zwischen obligatorischem und dinglichem Anspruch

Nach alledem musste der Gesetzgeber, um den Gegensatz zwischen obligatorischem und dinglichem Recht zu verwirklichen, nicht zur Anwendbarkeit von schuldrechtlichen Vorschriften auf dingliche Ansprüche Stellung nehmen. Schon diese Tatsache kann als Anhaltspunkt dafür gesehen werden, dass sich aus der Trennung von Schuld- und Sachenrecht keine Unanwendbarkeit von schuldrechtlichen Vorschriften auf dingliche Ansprüche ergibt. Eine eingehendere Stellungnahme ist möglich, wenn man erneut die für die Trennung von Schuld- und Sachenrecht so prägenden Überlegungen von Savigny und Windscheid heranzieht.

1. „Gestalt, welche jedes Recht in Folge einer Verletzung annimmt" nach Savigny

Savigny äußerte sich zur Anwendbarkeit von schuldrechtlichen Vorschriften auf dingliche Ansprüche nur implizit.

Er spricht in seinem Kapitel über die „Klage", auf welches er in seinem bereits angesprochenen Kapitel über „Wesen und Arten der Rechtsverhältnisse" schon verweist,[329] davon, dass sich die Rechte zwar „theils auf alle uns gegenüber stehende[n] Menschen, theils [auch] auf bestimmte Individuen" beziehen können.[330] Die Verletzung eines Rechtes sei jedoch, unabhängig welcher Art, stets nur als „Thätigkeit eines bestimmten Verletzers" denkbar.[331]

Jedes Recht würde aus diesem Grund in Folge einer Verletzung dieselbe „besondere Gestalt" annehmen.[332] Verletzer und Verletzter würden in ein „eigenes, neues Rechtsverhältniß" treten, welches die „Aufhebung der Verletzung" zum In-

[329] Vgl. *Savigny*, System d. heutigen Röm. Rechts, § 56 (S. 373 Fn. (e)).

[330] *Savigny*, System d. heutigen Röm. Rechts, § 205 (S. 4 f.).

[331] *Savigny*, System d. heutigen Röm. Rechts, § 205 (S. 5).

[332] *Savigny*, System d. heutigen Röm. Rechts, § 205 (S. 4).

halt habe.[333] Sie stünden sich wie „Glaubiger und […] Schuldner“ gegenüber.[334] Der aus dem Rechtsverhältnis folgende „Anspruch“ richte sich „gegen eine bestimmte Person und auf eine bestimmte Handlung“ und habe somit „eine den Obligationen ähnliche Natur“.[335]

2. „Characterisi[e]rung“ der „Arten der Ansprüche“ nach Windscheid

Windscheids Ausführungen zu den „Arten der Ansprüche“ sind im Vergleich zu den Ausführungen von Savigny deutlich umfangreicher.

Er geht davon aus, dass neben den Forderungsrechten auch dingliche Rechte eine „persönliche Richtung“ haben.[336] Diese „persönliche Richtung“, welche jedem Recht zumindest mittelbar innewohne, könne durch den Begriff „Anspruch“ beschrieben werden.[337] Ansprüche, welche sich aus einem persönlichen Recht ergeben würden, könne man „persönliche Ansprüche“ nennen.[338] Ansprüche, welche einem dinglichen Recht entstammen würden, seien als „dingliche Ansprüche“ zu bezeichnen.[339] Zwischen beiden Anspruchsarten bestünde ein Gegensatz.[340] Die Unterscheidung zwischen beiden „Verpflichtungen“ sei, so der häufig zitierte Ausspruch von Windscheid an anderer Stelle, „das Fundament einer jeden gesunden Jurisprudenz“.[341]

Den Gegensatz zwischen persönlichem und dinglichem Anspruch begründet Windscheid anhand dreier charakteristischer Unterschiede.[342]

Die dinglichen Ansprüche würden erstens, anders als persönliche Ansprüche, das ihnen zugrunde liegende Recht nicht erschöpfen.[343] Dingliche Rechte hätten die Herrschaft über eine Sache zum unmittelbaren Gegenstand.[344] Persönliche Rechte seien hingegen nichts anderes als der persönliche „Anspruch“ oder eine „Mehrheit von [persönlichen] Ansprüchen“ selbst.[345]

---

[333] *Savigny*, System d. heutigen Röm. Rechts, § 205 (S. 5).
[334] *Savigny*, System d. heutigen Röm. Rechts, § 205 (S. 5).
[335] *Savigny*, System d. heutigen Röm. Rechts, § 205 (S. 5).
[336] *Windscheid*, PandektenR, 5. Aufl., § 43 (S. 102).
[337] *Windscheid*, PandektenR, 5. Aufl., § 43 (S. 102 f.).
[338] *Windscheid*, PandektenR, 5. Aufl., § 43 (S. 103).
[339] *Windscheid*, PandektenR, 5. Aufl., § 43 (S. 103).
[340] *Windscheid*, PandektenR, 5. Aufl., § 43 (S. 103).
[341] *Windscheid*, Actio, S. 20.
[342] *Windscheid*, PandektenR, 5. Aufl., § 43 (S. 103 f.).
[343] *Windscheid*, PandektenR, 5. Aufl., § 43 1. (S. 103).
[344] *Windscheid*, PandektenR, 5. Aufl., § 43 1. (S. 103).
[345] *Windscheid*, PandektenR, 5. Aufl., § 43 1. (S. 103).

Zweitens hätten persönliche Ansprüche, anders als dingliche Ansprüche, bereits von vornherein eine „positive oder […] negative Leistung“ zum Gegenstand.[346] Dingliche Ansprüche seien dagegen nur darauf gerichtet, dass die dem dinglichen Recht „Gegenüberstehende[n]“ sich mit demselben „nicht in Widerspruch“ setzen.[347] Sie würden folglich nur „auf etwas Negatives“ gehen.[348]

Zudem hätte der persönliche Anspruch drittens nur eine „bestimmte Person zum Gegner“, während der dingliche Anspruch nicht auf eine „bestimmte Verpflichtungsperson“ beschränkt sei.[349] Ein persönlicher Anspruch würde sich nur gegen eine „Person, gegen Niemanden sonst“ richten.[350] Ein dinglicher Anspruch dagegen würde „gegen Jedermann, gegen Niemanden nicht“ gehen.[351] Diese Richtung des dinglichen Anspruches „nach Außen“ sei „wesentlich“.[352] Sie sei aber, in Parallele zu der Absolutheit des dinglichen Rechtes, nur eine Regel, welche keine Allgemeingültigkeit beanspruchen könne.[353]

Der Gegensatz zwischen persönlichem und dinglichem Anspruch ist aber auch bei Windscheid kein absoluter.[354] Er wird aufgehoben, wenn sich eine „bestimmte Person“ in Widerspruch zum dinglichen Recht setzt.[355]

In diesem Fall gewinne der dingliche Anspruch einen „bestimmten Gegner“ und wandele sich in einen „Anspruch auf […] positive Leistung“, nämlich die „Wiederaufhebung der Verletzung“.[356] Es werde nun von einer „bestimmten Person“ eine „bestimmte Willensthätigkeit […] vermögensrechtlicher Art“ verlangt.[357] Damit liege ein „durchaus analoges Verhältniß […] wie bei den […] Forderungsansprüchen“ vor.[358] Eine „ganze Reihe von Lehren“, etwa die „Lehre von der Verschuldung (Unmöglichkeit der Erfüllung)“ oder diejenige „vom Interesse“, sei auf derart modifizierte dingliche Ansprüche anwendbar.[359]

---

[346] *Windscheid*, PandektenR, 5. Aufl., § 43 2. (S. 103).

[347] *Windscheid*, PandektenR, 5. Aufl., § 43 2. (S. 103).

[348] *Windscheid*, PandektenR, 5. Aufl., § 43 2. (S. 103).

[349] *Windscheid*, PandektenR, 5. Aufl., § 43 3. (S. 104).

[350] *Windscheid*, PandektenR, 5. Aufl., § 43 3. (S. 104).

[351] *Windscheid*, PandektenR, 5. Aufl., § 43 3. (S. 104).

[352] *Windscheid*, PandektenR, 5. Aufl., § 43 3.d) (S. 105 Fn. 7).

[353] *Windscheid*, PandektenR, 5. Aufl., § 43 3. (S. 104).

[354] Vgl. *Windscheid*, PandektenR, 5. Aufl., § 43 (S. 103 f. mit Fn. 4).

[355] *Windscheid*, PandektenR, 5. Aufl., § 43 3.a) (S. 104).

[356] *Windscheid*, PandektenR, 5. Aufl., § 43 2. (S. 103).

[357] *Windscheid*, PandektenR, 5. Aufl., § 43 3.a) (S. 104 Fn. 4).

[358] *Windscheid*, PandektenR, 5. Aufl., § 43 3.a) (S. 104 Fn. 4).

[359] *Windscheid*, PandektenR, 5. Aufl., § 43 3.a) (S. 104 Fn. 4).

3. Ähnlichkeit zwischen obligatorischem und dinglichem Anspruch im BGB

a) Vorab: Keine Zweiteilung des dinglichen Anspruches im BGB

Um zwischen Windscheids Ausführungen auf der einen Seite und den Äußerungen der Väter des BGB auf der anderen Seite nun eine Brücke schlagen zu können, ist zunächst noch eine Klarstellung in Bezug auf den Begriff des dinglichen Anspruches erforderlich. Nach Ansicht von Windscheid ist der dingliche Anspruch zweigeteilt.[360] Im Normalzustand ist er ein Abwehranspruch, der sich gegen jedermann richtet.[361] Bei Verletzung des dinglichen Rechtes „verwandelt" er sich aber in einen Anspruch gegen eine bestimmte Person, den Verletzer, und ist auf die Aufhebung der von ihm begangenen Verletzung gerichtet.[362]

Schon im Rahmen der Arbeiten am Vorentwurf zum Sachenrecht bekam Johow indes Zweifel an dieser Zweiteilung.[363] Er ging davon aus, dass das dingliche Recht in erster Linie „einen Anspruch gegen Jeden erzeugt, der in den Herrschaftsbereich des Rechtssubjektes eingreift".[364] Ob man bereits vor einer solchen „Rechtsverletzung" von dem Bestehen eines dinglichen Anspruches reden könne, ließ er offen.[365]

Es setzte sich dann nach und nach ein engeres Verständnis vom dinglichen Anspruch durch. Heutzutage ist es allgemeine Ansicht, dass ein dinglicher Anspruch (vgl. § 198 BGB) erst mit der „Verletzung" des dinglichen Rechtes entsteht.[366] Anspruchsgegner ist deshalb stets nur der „Verletzer" und der Inhalt des dinglichen Anspruches ist stets die „Aufhebung der Verletzung" (vgl. § 194 Abs. 1 BGB).

Betrachtet man die Ausführungen von Windscheid unter dieser Prämisse, zeigt sich, dass der von ihm festgestellte Gegensatz zwischen obligatorischem und dinglichem Anspruch nicht mehr besteht. Der obligatorische Anspruch beruht auf einem obligatorischen Rechtsverhältnis.[367] Dem dinglichen Anspruch nach heutigem Verständnis liegt dagegen auch bei Windscheid stets ein „durchaus analoges Verhältniß [...] wie bei den [...] Forderungsansprüchen" zugrunde.[368] Beide Anspruchsarten haben damit, wie schon Savigny feststellte, eine „ähnliche Natur".[369]

---

[360] *Windscheid*, PandektenR, 5. Aufl., § 43 (S. 103 f.).

[361] *Windscheid*, PandektenR, 5. Aufl., § 43 (S. 103 f.).

[362] *Windscheid*, PandektenR, 5. Aufl., § 43 (S. 103 f.).

[363] Vgl. Vorentwürfe z. BGB/*Johow*, SachenR I, S. 127 mit Fn. 1.

[364] Vorentwürfe z. BGB/*Johow*, SachenR I, S. 127.

[365] Vorentwürfe z. BGB/*Johow*, SachenR I, S. 127 Fn. 1.

[366] Vgl. nur MüKo-BGB/*Grothe*, § 194 BGB Rn. 43; Soergel/*Eichel*, § 194 BGB Rn. 10; Staudinger/*Heinze*, Einl. SachenR Rn. 70; Staudinger/*Peters/Jacoby*, § 194 BGB Rn. 6; Staudinger/*Peters/Jacoby*, § 198 BGB Rn. 2.

[367] Vgl. *Windscheid*, PandektenR, 5. Aufl., § 43 1. (S. 103).

[368] *Windscheid*, PandektenR, 5. Aufl., § 43 3.a) (S. 104 Fn. 4).

[369] *Savigny*, System d. heutigen Röm. Rechts, § 205 (S. 5).

Es verwundert nicht, dass „[d]as Versprechen, das die unterschiedliche Herkunft der […] Ansprüche gibt, […] von deren konkreter Beschaffenheit, ihrem Inhalt, nur in geringem Maße eingelöst“ wird.[370]

Von dieser Erkenntnis zur Anwendung des Allgemeinen Schuldrechtes auch auf dingliche Ansprüche ist es nur noch ein kleiner Schritt.

b) Fehlende Berechtigung zur „sofortigen Anwendung“ von schuldrechtlichen Vorschriften im Johow'schen Vorentwurf

Johow ist diesen Schritt, wohl auch aufgrund seiner Unsicherheit in Bezug auf den Anspruchsbegriff, noch nicht gegangen, sondern stattdessen auf halber Strecke stehen geblieben. Er äußerte sich nicht allgemein, sondern nur im Rahmen einiger weniger Einzelfälle zur Anwendung schuldrechtlicher Vorschriften im Sachenrecht. Diese Ausführungen sind allesamt uneindeutig.

So nimmt Johow etwa zum Herausgabeort der vindizierten Sache[371] und auch zum Verzug des Besitzers mit der Herausgabe[372] Stellung und geht jeweils wie selbstverständlich von der Anwendung schuldrechtlicher Vorschriften aus.[373] Beide Problemkreise befinden sich jedoch an der Schnittstelle zwischen dinglicher Vindikation und obligatorischem Eigentümer-Besitzer-Verhältnis. Da Johow jeweils ohne nähere Begründung auf ein zugrunde liegendes obligatorisches Rechtsverhältnis abstellt,[374] liegt es nahe, dass er beide Problemkreise nicht der Vindikation, sondern vielmehr dem Eigentümer-Besitzer-Verhältnis zuordnet und sie damit aus der hier untersuchten Frage ausklammert.

Geradezu exemplarisch für die Ratlosigkeit, welche durch Johows Ausführungen hervorgerufen wird, ist dann seine Untersuchung zur Abtretbarkeit der Vindikation.[375]

Zunächst stellt er im Rahmen dieser fest, dass „die Frage […] ihre Beantwortung im Sachenrechte zu finden“ habe.[376] Schon die Aussage, dass „[d]ie Grundsätze über die Abtretung von Forderungsrechten“ jedenfalls „nicht die Berechtigung zur sofortigen Anwendung auf den dinglichen Anspruch“ in sich tragen,[377] kann jedoch als Ausdruck einer gewissen Unentschlossenheit verstanden werden. Man kann in dieser Äußerung weiterhin eine gewisse Tendenz zur Ablehnung der Anwendbarkeit erkennen. Nicht ganz ausgeschlossen scheint es jedoch, dass Johow nur die

---

370 *Becker*, Schadensersatz n. Fristsetzung im EBV, S. 26.

371 Vorentwürfe z. BGB/*Johow*, SachenR I, S. 1080.

372 Vorentwürfe z. BGB/*Johow*, SachenR I, S. 1044 ff.

373 Vorentwürfe z. BGB/*Johow*, SachenR I, S. 1045 f. u. S. 1080.

374 Vorentwürfe z. BGB/*Johow*, SachenR I, S. 1036 u. S. 1080.

375 Vorentwürfe z. BGB/*Johow*, SachenR I, S. 1106 f. u. S. 1114 f.

376 Vorentwürfe z. BGB/*Johow*, SachenR I, S. 1106.

377 Vorentwürfe z. BGB/*Johow*, SachenR I, S. 1106.

„sofortige“, nicht aber eine auf einer Einzelfallentscheidung beruhende analoge Anwendung schuldrechtlicher Vorschriften ausschließen wollte. Für eine ablehnende Grundhaltung spricht dann wieder, dass Johow zu dem Ergebnis kommt, dass die Rechtsnachfolge in den dinglichen Anspruch durch Rechtssatz zugelassen werden müsse und es somit einer die Abtretbarkeit versagenden Bestimmung nicht bedürfe.[378] Ausdruck einer gewissen Unentschlossenheit ist wiederum Johows Bewusstsein dafür, dass „aus dem Schweigen […] auch die Absicht herausgelesen“ werden könne, dass „die Rechtssätze über die Abtretung von Forderungsrechten […] entsprechende Anwendung finden“ sollen.[379]

c) Anwendung von allgemeinen Vorschriften über Schuldverhältnisse auf dingliche Ansprüche in den Protokollen der 1. Kommission

Unmissverständlich äußerten sich dann aber die Mitglieder der 1. Kommission. Im Rahmen der Beratung des Schuldrechtes erkannten sie nicht nur, dass „[d]ie allgemeinen Rechtsnormen des Obligationenrechts […] im Allgemeinen auch für diejenigen Obligationen [gelten], die aus einem sachenrechtlichen […] Verhältnisse entspringen und im Sachenrecht […] geregelt“ sind,[380] sondern auch, dass der rechtliche Charakter „gewisse[r] Ansprüche“, gemeint waren wohl in erster Linie die dinglichen Ansprüche, die Annahme eines zugrunde liegenden obligatorischen Rechtsverhältnisses „bedenklich erscheinen“ lasse.[381] Ob es deswegen nötig sei, „besondere Vorschriften“ aufzunehmen, sei aber erst bei der Beratung des Sachenrechtes zu prüfen.[382]

Bei der Beratung des Sachenrechtes stellte die 1. Kommission dann fest, dass es jedenfalls nicht zu empfehlen sei, eine Vorschrift aufzunehmen, welche die Anwendbarkeit einer einzelnen schuldrechtlichen Vorschrift auf einen ausgewählten dinglichen Anspruch normiert.[383] Aufgrund einer solchen könne man, „vermöge eines argumentum e contrario“, zu der Schlussfolgerung gelangen, dass „andere allgemeine Vorschriften in Ermangelung besonderer Bestimmung[en] nicht […] anwendbar“ seien.[384] Zur Aufnahme einer allgemeingültigen Vorschrift äußerten sich die Mitglieder der 1. Kommission, soweit ersichtlich, dann zwar nicht mehr.[385]

---

[378] Vorentwürfe z. BGB/*Johow*, SachenR I, S. 1114.

[379] Vorentwürfe z. BGB/*Johow*, SachenR I, S. 1114 f.

[380] Protokolle d. 1. Kommission, SchuldR III, S. 434. S. auch Motive z. BGB, Bd. II, S. 4.

[381] Protokolle d. 1. Kommission, SchuldR III, S. 434.

[382] Protokolle d. 1. Kommission, SchuldR III, S. 434.

[383] Protokolle d. 1. Kommission, SachenR I, S. 764.

[384] Protokolle d. 1. Kommission, SachenR I, S. 764.

[385] Etwas anderes wird allerdings durch die Motive zum Sachenrecht angedeutet. Dort heißt es, dass „die Aufnahme einer Bestimmung über die entsprechende Anwendbarkeit der allgemeinen Vorschriften des Obligationenrechtes nicht angemessen“ erschien (Motive z. BGB, Bd. III, S. 399). Es handele sich „mehr um eine der weiteren Prüfung und Begrenzung durch die Wissenschaft zu überlassende Rechtswahrheit als um einen positiven Rechtssatz“ (Motive

Dafür wurde aber, allerdings mit denkbar knapper Mehrheit von sechs zu vier Stimmen,[386] entschieden, dass auf „diejenigen Ansprüche auf Leistungen, welche lediglich auf einem dinglichen Recht beruhen und einem dinglichen Berechtigten als solchem zustehen, die allgemeinen Vorschriften über Schuldverhältnisse Anwendung finden, soweit nicht etwas Abweichendes bestimmt" sei.[387]

Pape, Vorsitzender der 1. Kommission,[388] erkannte in seiner „vorläufigen Zusammenstellung", welche als ergänzende Redaktionsvorlage für den Redaktionsausschuss der 1. Kommission diente,[389] das folgende „Prinzip": „[D]er Anspruch aus dinglichem Recht unterliegt, soweit nicht ein anderes bestimmt ist, den Rechtsnormen über [das] Schuldverhältniß".[390] Dazu passt es, dass die 1. Kommission in zahlreichen Einzelfällen, etwa auch der Frage nach der Anwendung von § 283 Abs. 1 BGB a.F. auf § 985 BGB,[391] die Anwendbarkeit von schuldrechtlichen Vorschriften bejahte.[392]

Dass diese Anwendung nach Ansicht der 1. Kommission allerdings nicht vorbehaltlos ist, ergibt sich anschaulich aus der Erörterung der Abtretbarkeit der Vindikation. Zwar verstehe es „sich von selbst", dass auch die Vorschriften über die Abtretung auf die Vindikation Anwendung finden müssten.[393] Insoweit könnten sich aber durchaus „Besonderheiten" ergeben.[394] So könne von dem Eigentümer, welcher seine Vindikation abtrete, selbst nicht die Herausgabe der Sache verlangt

z. BGB, Bd. III, S. 399). Die Motive zum BGB müssen nicht zwingend die Ansicht der 1. Kommission abbilden (vgl. nur Jakobs/Schubert/*Schubert*, Materialien z. BGB, Entstehungsgeschichte, S. 49 f.). Zum Erkenntniswert der Motive zum BGB s. Gliederungspkt. § 6 C.II.2.b)bb) (S. 83 ff.).

[386] Protokolle d. 1. Kommission, SachenR I, S. 786.

[387] Protokolle d. 1. Kommission, SachenR I, S. 785 f. S. auch Motive z. BGB, Bd. II, S. 4. Vgl. auch Motive z. BGB, Bd. III, S. 398 f. u. S. 408 f. In diese Richtung auch Protokolle d. Vorkommission d. RJA, BGB AT I, S. 1090.

[388] Jakobs/Schubert/*Jahnel*, Materialien z. BGB, Entstehungsgeschichte, S. 80.

[389] Jakobs/Schubert/*Jakobs*, Materialien z. BGB, SachenR I, S. VIII.

[390] Vorläufige Zusammenstellung, SachenR I, S. 789.

[391] Protokolle d. 1. Kommission, SachenR I, S. 764. S. auch Motive z. BGB, Bd. III, S. 398 f.

[392] S. zum Herausgabeort der vindizierten Sache Protokolle d. 1. Kommission, SachenR I, S. 765 f.; Motive z. BGB, Bd. III, S. 399. S. zum Verzug des Besitzers mit der Herausgabe der vindizierten Sache Protokolle d. 1. Kommission, SachenR I, S. 786 f.; Motive z. BGB, Bd. III, S. 408 f. Zu weiteren Einzelfällen s. nur Motive z. BGB, Bd. III, S. 399 u. S. 416. Jedenfalls den erstgenannten Problemkreis scheinen die Mitglieder der 1. Kommission allerdings dem obligatorischen Eigentümer-Besitzer-Verhältnis zuzuordnen und damit aus dem untersuchten Problemkreis auszuklammern.

[393] Protokolle d. 1. Kommission, SachenR I, S. 868. Vgl. auch Motive z. BGB, Bd. III, S. 399.

[394] Protokolle d. 1. Kommission, SachenR I, S. 869. In diese Richtung auch, da ein Hindernis, welches sich aus der „dinglichen Natur" des Anspruches ergibt, untersuchend Motive z. BGB, Bd. III, S. 399.

werden.[395] Wenn der Eigentümer die Sache zurückerlange, sei der abgetretene Anspruch vielmehr als erloschen zu betrachten.[396]

d) Zulässigkeit der analogen Anwendung von schuldrechtlichen Vorschriften auf dingliche Ansprüche in den Protokollen der 2. Kommission

Der Entscheidung für die Anwendbarkeit des Allgemeinen Schuldrechtes auf dingliche Ansprüche schloss sich dann später auch die 2. Kommission an. „[B]ei allen allgemeinen Vorschriften des Rechtes der Schuldverhältnisse" komme eine „analoge Anwendung auf andere Ansprüche" infrage.[397] Bei der Beratung des Sachenrechtes sei nur noch zu erwägen, ob „die Zulässigkeit [...] für die dinglichen Ansprüche ausdrücklich ausgesprochen" werden solle.[398] Eine solche Erwägung ist, soweit ersichtlich, dann allerdings unterblieben.

e) Keine Veränderung durch die Schuldrechtsreform

Die Kommission, welche etwa ein Jahrhundert später die Überarbeitung des Schuldrechtes übernahm, wollte keine Änderung an dieser Anwendbarkeit vornehmen.

Sie stellte zwar fest, dass eine Anwendung der §§ 280 Abs. 1, Abs. 3, 281 BGB auf § 985 BGB möglicherweise aufgrund des Eigentümer-Besitzer-Verhältnisses, einer „das allgemeine Schuldrecht verdrängende[n] Sonderregelung", ausgeschlossen sei.[399] Allein aus der Notwendigkeit dieser Feststellung ergibt sich aber, dass die Schuldrechtskommission auch weiterhin von der grundsätzlichen Anwendung des allgemeinen Schuldrechtes auf dingliche Ansprüche ausging.

Im Gesetzesentwurf zur Schuldrechtsreform wird dann, soweit ersichtlich, weder die Anwendung schuldrechtlicher Vorschriften auf dingliche Ansprüche im Allgemeinen noch die Anwendbarkeit der §§ 280 Abs. 1, Abs. 3, 281 BGB auf § 985 BGB im Speziellen thematisiert. Das spricht dafür, dass der Gesetzgeber die Grundregel der Anwendbarkeit des allgemeinen Schuldrechtes nicht verändern wollte.

Neuere BGH-Entscheidungen können zuweilen sogar dahin gehend (miss-)verstanden werden, dass es die Absicht des Gesetzgebers war, mit der Schuldrechtsreform die Anwendung schuldrechtlicher Vorschriften auf dingliche Ansprüche zu

---

[395] Protokolle d. 1. Kommission, SachenR I, S. 869. S. auch Motive z. BGB, Bd. III, S. 399.

[396] Protokolle d. 1. Kommission, SachenR I, S. 869. S. auch Motive z. BGB, Bd. III, S. 399.

[397] Protokolle d. 2. Kommission, Bd. I, S. 312.

[398] Protokolle d. 2. Kommission, Bd. I, S. 312.

[399] Abschlussbericht d. SchuldR-Kommission, S. 135.

erleichtern.[400] Für eine solche gesetzgeberische Entscheidung gibt es keine Anhaltspunkte. Vermutlich will der BGH aber ohnehin nur ausdrücken, dass sich durch die Verringerung der Anspruchsvoraussetzungen schuldrechtlicher Normen auch Veränderungen in Bezug auf ihre Anwendung auf dingliche Ansprüche ergeben können. Diese Schlussfolgerung ist ebenso richtig wie unmittelbar einleuchtend.

f) Zwischenergebnis

Von der Erkenntnis, dass sich obligatorische und dingliche Ansprüche ähnlich sind, zur Anwendung des Allgemeinen Schuldrechtes auch auf dingliche Ansprüche ist es nur ein kleiner Schritt.

Johow ist diesen Schritt in seinem Vorentwurf zum Sachenrecht noch nicht gegangen. Bei ihm ist im Gegenteil eine gewisse Tendenz zur Ablehnung der Anwendbarkeit zu erkennen. Im Rahmen der 1. Kommission setzte sich dann aber die Erkenntnis durch, dass auch für dingliche Ansprüche eine Anwendung von schuldrechtlichen Vorschriften in Betracht kommen muss. Die Annahme, dass einem dinglichen Anspruch ein obligatorisches Rechtsverhältnis zugrunde liegt, erscheine zwar bedenklich. Davon unabhängig sei das Allgemeine Schuldrecht aber, soweit nicht etwas Abweichendes bestimmt werde, auf dingliche Ansprüche anwendbar. Die 2. Kommission hat sich der Entscheidung für die Anwendbarkeit schuldrechtlicher Vorschriften auf dingliche Ansprüche angeschlossen. Sie geht von der Zulässigkeit einer analogen Anwendung aus. An der grundsätzlichen Anwendbarkeit des Allgemeinen Schuldrechtes auf dingliche Ansprüche hat sich auch durch die Schuldrechtsreform nichts geändert.

4. Zwischenergebnis

Schon Savigny und Windscheid waren der Ansicht, dass ein Anspruch, welcher die Aufhebung einer Verletzung zum Inhalt hat, einen obligationsähnlichen Charakter besitzt. Daraus folgerte Windscheid für die dinglichen Ansprüche nach heu-

---

[400] BGHZ 209, 270, 276 f. Rn. 19 u. Rn. 23 (zur Anwendbarkeit der §§ 280 Abs. 1, Abs. 3, 281 BGB auf § 985 BGB); BGHZ 208, 133, 136 f. Rn. 8 ff. (zur Anwendbarkeit der §§ 280 Abs. 1, Abs. 2, 286 BGB auf § 888 Abs. 1 BGB). Vgl. – zur Anwendbarkeit des § 275 Abs. 2 BGB auf § 1004 Abs. 1 S. 1 BGB – auch BGH NJW-RR 2010, 315, 315 Rn. 14; BGH NJW 2008, 3123, 3125 Rn. 19; BGH NJW 2008, 3122, 3123 Rn. 17. Insoweit sei angemerkt, dass einiges dafürspricht, die Einrede des grob unverhältnismäßigen Leistungsaufwandes gem. § 275 Abs. 2 BGB als allgemeines Rechtsprinzip anzusehen und damit aus der hier untersuchten Frage auszuklammern (vgl. Gliederungspkt. § 4 (S. 37 ff.)). Macht man dieses nicht, muss thematisiert werden, wie der Verweis des Gesetzgebers auf BGHZ 62, 388, 393 f. (BT-Drs. 14/6040, S. 130) zu verstehen ist. Die besseren Argumente sprechen dafür, dass sich der Gesetzgeber zur Anwendbarkeit des § 275 Abs. 2 BGB auf dingliche Ansprüche nicht äußern wollte. S. nur *Croon-Gestefeld*, ZfPW 2022, 285, 293; *Gsell*, LMK 2008, 266937; *Kolbe*, NJW 2008, 3618, 3619; *Korth*, ZJS 2008, 647, 654. A.A. *Canaris*, JZ 2004, 214, 224 Fn. 109.

tigem Verständnis, dass eine Anwendung schuldrechtlicher Vorschriften in Betracht kommt.

Dem haben sich bei der Beratung des BGB sowohl die 1. Kommission als auch die 2. Kommission angeschlossen. Auch heute liegt dem BGB noch der Gedanke zugrunde, dass Normen des Allgemeinen Schuldrechtes auf dingliche Ansprüche angewendet werden können.

IV. Zwischenergebnis

Die Trennung von Schuld- und Sachenrecht ist im Ergebnis nur eine vergrößerte Projektion des Gegensatzes von obligatorischem und dinglichem Recht. Zur Verwirklichung dieses Gegensatzes waren eine Reihe weiterer gesetzgeberischer Entscheidungen, nicht aber die Festlegung der Unanwendbarkeit von Normen des Allgemeinen Schuldrechtes auf dingliche Ansprüche erforderlich. Dinglichen Ansprüchen liegt ein Rechtsverhältnis zugrunde, welches dem obligatorischen Rechtsverhältnis zumindest ähnlich ist. Daraus folgt, dass schuldrechtliche Vorschriften auch auf dingliche Ansprüche angewendet werden können.

C. Kriterien für die Anwendung des Allgemeinen Schuldrechtes

Mit der Feststellung, dass die Anwendung von Normen des Allgemeinen Schuldrechtes auf dingliche Ansprüche grundsätzlich möglich ist, ist allerdings noch nicht gesagt, anhand welcher Kriterien die Anwendbarkeit zu beurteilen ist. Solche Kriterien können indes erst dann verlässlich gebildet werden, wenn die Frage beantwortet ist, ob es sich bei der Anwendung von schuldrechtlichen Vorschriften um eine unmittelbare oder doch um eine analoge Anwendung handelt.

Der BGH weicht der Beantwortung dieser Frage zumeist aus[401] und auch ein kleiner Teil des Schrifttums hält die Frage für eine begriffliche, welche unbeantwortet bleiben könne.[402] Dem kann aber nicht gefolgt werden. Die Methodenehr-

---

[401] BGHZ 236, 369, 375 f. Rn. 19 (zur Anwendbarkeit der §§ 280 Abs. 1, Abs. 3, 281 BGB auf § 1004 Abs. 1 S. 1 BGB); BGHZ 209, 270, 274 Rn. 16 (zur Anwendbarkeit der §§ 280 Abs. 1, Abs. 3, 281 BGB auf § 985 BGB); BGHZ 208, 133, 135 Rn. 5 (zur Anwendbarkeit der §§ 280 Abs. 1, Abs. 2, 286 BGB auf § 888 Abs. 1 BGB); BGHZ 79, 211, 214 (zur Anwendbarkeit des § 269 BGB auf § 985 BGB); BGHZ 53, 29, 32 (zur Anwendbarkeit des § 283 Abs. 1 BGB a.F. (§§ 280 Abs. 1, Abs. 3, 281 BGB) auf § 985 BGB); BGHZ 49, 263, 266 (zur Anwendbarkeit der §§ 284 ff. BGB a.F. (§§ 280 Abs. 1, Abs. 2, 286 BGB) auf § 888 Abs. 1 BGB). Vgl. aus der älteren Rechtsprechung bereits RGZ 105, 84, 88 (zur Anwendbarkeit des § 281 BGB a.F. (§ 285 BGB) auf § 985 BGB).

[402] Vgl. aus dem älteren Schrifttum *Offtermatt*, Beseitigungs- u. Duldungsanspruch, S. 116 f.; *Plath*, Ergänzung d. §§ 985 ff. BGB durch Anwendung schuldrechtl. Bestimmungen,

lichkeit gebietet es, Rechtsfortbildungen offenzulegen.[403] Es ist damit stets zu entscheiden, ob das Gesetz unmittelbar angewendet oder im Wege einer Analogie fortgebildet wird.

I. Allgemeines Schuldrecht als Allgemeines Anspruchsrecht

In Übereinstimmung mit einer – wenig überraschend[404] – besonders im schuldrechtlichen Schrifttum weitverbreiteten Ansicht könnte man annehmen, dass dingliche Rechtsverhältnisse „nur" besondere obligatorische Rechtsverhältnisse sind und somit Vorschriften aus dem Allgemeinen Schuldrecht auf dingliche Ansprüche unmittelbar angewendet werden können.[405]

S. 22 f. In diese Richtung aus dem neueren Schrifttum auch *Wolff/Raiser*, SachenR, § 1 III. (S. 6). In diese Richtung aus dem älteren Schrifttum auch, aber im Ergebnis doch von einer unmittelbaren Anwendung ausgehend *Flach*, Anwendung d. §§ 281, 283 BGB auf § 985 BGB, S. 5; Planck/*Siber*, Einl. SchuldR II.2.b) (S. 16).

403 S. nur *Bucher*, ZBernJV 102 (1966), 274, 293; *Fischer*, Topoi verdeckter Rechtsfortbildungen, S. 490; *Fischer*, Zivilrechtswissenschaft, 365, 393 f.; *Rüthers/Fischer/Birk*, Rechtstheorie, Rn. 825.

404 Im schuldrechtlichen Schrifttum ist allgemein die Tendenz zu beobachten, andere (Teil-)Rechtsgebiete durch das Schuldrecht zu überformen. Vgl. nur, da bemerkenswert offen, *Esser*, SchuldR AT, 4. Aufl., § 1 II. (S. 2 f.).

405 BeckOGK-BGB/*Riehm*, § 280 BGB Rn. 60; *Pinger*, Funktion u. dogmat. Einordnung d. EBV, S. 193 f.; *Riehm*, Naturalerfüllung, S. 404 f.; *Riehm*, FS Coester-Waltjen, 1169, 1170 f. Aus dem älteren Schrifttum bereits *Flach*, Anwendung d. §§ 281, 283 BGB auf § 985 BGB, S. 5; Planck/*Siber*, Einl. SchuldR II.2.b) (S. 16); *Siber*, Rechtszwang, S. 99 u. S. 139; *Siber*, SchuldR, § 1 II. (S. 5 f.); *Stälin*, Dingl. Ansprüche u. Anwendbarkeit d. SchuldR AT, S. 59 f. mit Fn. 1 f. u. S. 162; *Stutz*, Rechtsbeziehungen, S. 86 f. mit Fn. 10 f. Vgl. aus der neueren Rechtsprechung auch, allerdings mit dem auf S. 69 in Fn. 400 genannten Vorbehalt, BGH NJW-RR 2010, 315, 315 Rn. 14 (zur Anwendbarkeit des § 275 Abs. 2 BGB auf § 1004 Abs. 1 S. 1 BGB). – Nicht immer lässt sich zweifelsfrei beurteilen, ob von einer unmittelbaren oder doch von einer analogen Anwendung ausgegangen wird. Die im Folgenden Genannten äußern sich hierzu nicht, ordnen das dingliche Rechtsverhältnis aber als besonderes obligatorisches Rechtsverhältnis ein. Bei dieser Annahme liegt auch die unmittelbare Anwendung schuldrechtlicher Vorschriften nahe (a. A., da zwar von einem zugrunde liegenden obligatorischen Rechtsverhältnis ausgehend, aber im Einzelfall eine analoge Anwendung prüfend Erman/*Martens*, Einl. SchuldR Rn. 6; *Gürtler*, Herausgabe b. Unmöglichkeit, S. 78 Fn. 352 u. S. 82 f.; Staudinger/*Olzen*, Einl. SchuldR Rn. 4, Rn. 13, Rn. 15 u. Rn. 19 f.; Staudinger/*Thole*, § 985 BGB Rn. 3. Aus dem älteren Schrifttum bereits *Dölle*, FG 50 Jahre RG III, 22, 26). *Baur/Stürner*, SachenR, § 5 Rn. 26; *Becker*, Schadensersatz n. Fristsetzung im EBV, S. 27 f.; *Croon-Gestefeld*, ZfPW 2022, 285, 307; *Dulckeit*, Verdinglichung obligatorischer Rechte, S. 8 mit Fn. 2; *Mager*, AcP 193 (1993), 68, 85; *Zimmermann*, Rückforderungsanspruch, S. 113 f. mit Fn. 281. Aus dem älteren Schrifttum bereits *Heck*, SachenR, § 32 2. (S. 125); *Hellwig*, Anspruch u. KlageR, S. 6, S. 30 f. u. S. 39; *Reuß*, Anwendbarkeit d. SchuldR, S. 13 ff.; *Schmidt*, Beseitigungsanspruch, S. 99 f.; *Wendt*, AcP 100 (1906), 1, 390. Vgl. aus der neueren Rechtsprechung auch OLG Celle NJW-RR 2015, 1501, 1501 Rn. 10 (zur Anwendbarkeit der §§ 280 Abs. 1, Abs. 3, 283 BGB auf § 894 BGB); OLG Karlsruhe BeckRS 2015, 7254 Rn. 40 (abrufbar auch unter OLG Karlsruhe BeckRS 2016, 13525 Rn. 42) (zur Anwendbarkeit der

Um diese Unterordnung der dinglichen unter die obligatorischen Rechtsverhältnisse zu rechtfertigen, werden häufig die §§ 194 Abs. 1, 241 Abs. 1 BGB herangezogen.[406] Nach § 194 Abs. 1 BGB ist ein Anspruch das „Recht, von einem anderen ein Tun oder Unterlassen zu verlangen". Da ein Tun oder Unterlassen, so die Vertreter der dargestellten Ansicht unter Berufung auf § 241 Abs. 1 S. 2 BGB, stets eine Leistung darstelle, sei auch der dingliche Anspruch auf die Erbringung einer solchen gerichtet.[407] Aus § 241 Abs. 1 S. 1 BGB ergebe sich dann, dass jedem (Leistungs-)Anspruch ein obligatorisches Rechtsverhältnis zugrunde liege.[408] Werde in einer schuldrechtlichen Vorschrift ein Begriff verwendet, welcher sich, wie etwa „Schuldverhältnis", „Gläubiger" oder „Schuldner", auf ein obligatorisches Rechtsverhältnis beziehe, spreche das dementsprechend für ihre unmittelbare Anwendung auch auf dingliche Ansprüche.[409]

Diese Argumentation mit den §§ 194 Abs. 1, 241 Abs. 1 BGB kann indes nicht überzeugen. Sie verstößt gegen die Aussagenlogik.[410] Das Gesetz definiert in § 241 Abs. 1 BGB weder den Begriff der Leistung noch denjenigen des obligatorischen Rechtsverhältnisses. Aus § 241 Abs. 1 S. 2 BGB ergibt sich, dass eine Leistung in einem Tun oder Unterlassen besteht, nicht jedoch, dass jedes Tun oder Unterlassen eine Leistung darstellt.[411] § 241 Abs. 1 S. 1 BGB kann man zwar entnehmen, dass der Inhalt des obligatorischen Rechtsverhältnisses die Erbringung einer Leistung ist,

---

§§ 280 Abs. 1, Abs. 3, 281 BGB auf § 985 BGB). Vgl. aus dem neueren Schrifttum auch, da zumindest für einzelne dingliche Ansprüche ein zugrunde liegendes obligatorisches Rechtsverhältnis annehmend BeckOK-BGB/*Lorenz*, § 280 BGB Rn. 6; Grüneberg/*Grüneberg*, § 281 BGB Rn. 3; *Heinrichs*, FS Derleder, 87, 93; *Hofmann*, ZfIR 2020, 582, 583; jurisPK-BGB/*Seichter*, § 281 BGB Rn. 8; *Odemer*, Schadensersatz statt d. Leistung im EBV, S. 3 ff. u. S. 41; *Plate*, ZivilR, S. 1383; *Rüscher*, JURA 2020, 649, 662; *Schaltenbrand*, Schadensersatz statt d. Leistung, S. 36; *Schneider*, JURA 2021, 177, 180 f.; *Severin*, Auflassungsvormerkung u. Eingriffsschutz, S. 61 mit Fn. 227; Soergel/*Stadler*, § 985 BGB Rn. 2; Staudinger/*Schwarze*, § 280 BGB Rn. B18; *Wallerath*, JR 1970, 161, 161 f.; *Wellenhofer*, SachenR, § 21 Rn. 31; *Wolf*, SachenR, § 3 E.IV.c)12. (S. 146 f.) (a. A. *Wolf*, SachenR, § 1 D.I. (S. 35 Fn. 84)); *Wösthoff/Klein*, ZfIR 2016, 188, 189. In diese Richtung aus dem neueren Schrifttum auch *Peters*, AcP 153 (1954), 454, 461. In diese Richtung aus dem älteren Schrifttum bereits *Cosack/Mitteis*, SachenR, § 1 III.1.d) (S. 2 f.); *Endemann*, SachenR, § 2 2. (S. 5 mit Fn. 6); *Kretzschmar*, SachenR I, § 3 2. (S. 11).

406 Vgl. nur *Riehm*, Naturalerfüllung, S. 404 f.

407 Vgl. nur *Riehm*, Naturalerfüllung, S. 404 f.

408 Vgl. nur *Riehm*, Naturalerfüllung, S. 404 f.

409 Vgl. nur *Riehm*, Naturalerfüllung, S. 404 f.

410 S. zum Nutzen der Logik in der Rechtswissenschaft nur *Rüthers/Fischer/Birk*, Rechtstheorie, Rn. 193. Vgl. zur Überprüfung einer Argumentation anhand der Aussagenlogik nur *Gabriel*, Logik, S. 28 ff. (aus philosophischer Sicht); *Modler/Kreh*, Analysis u. Lineare Algebra, S. 6 f. (aus mathematischer Sicht).

411 Zur aber dennoch zu bejahenden Frage, ob der Anspruch aus § 888 Abs. 1 BGB – wie übrigens auch jeder andere Anspruch – eine Leistung zum Gegenstand hat, s. Gliederungspkt. § 13 C.I. (S. 224 ff.).

nicht aber, dass jedem (Leistungs-)Anspruch ein obligatorisches Rechtsverhältnis zugrunde liegt.

Letztlich beruht diese Argumentation damit ausgesprochen oder unausgesprochen wesentlich auf eigenen Wertungen.[412] Sie steht und fällt mit der Definition der Begriffe „Leistung“ und „obligatorisches Rechtsverhältnis“. Ob (Leistungs-)Ansprüchen stets ein obligatorisches Rechtsverhältnis zugrunde liegt, ist eine Frage der Formulierung. Die Gesetzesverfasser haben sie, auch wenn ihnen teilweise etwas anderes in den Mund gelegt wird,[413] nicht beantwortet.[414]

Man kann, wie von Windscheid im Rahmen der Beratung der 1. Kommission beantragt,[415] den Begriff des obligatorischen Rechtsverhältnisses sicher so eng verstehen, dass dingliche Rechtsverhältnisse nicht unter diesen subsumiert werden können.

Andererseits erscheint es aber auch nicht ausgeschlossen – dieser Vorschlag wurde von Planck bei der Beratung der 2. Kommission gemacht[416] – den Begriff des obligatorischen Rechtsverhältnisses weiter zu verstehen. Das Allgemeine Schuldrecht würde dann zu einem Allgemeinen Anspruchsrecht. Die unmittelbare Anwendung schuldrechtlicher Vorschriften auf dingliche Ansprüche wäre möglich.

---

[412] Vgl. nur Odemer, welcher dieses dadurch zu verdecken versucht, dass er auf das „Wesen des Schuldverhältnisses“ abstellt (*Odemer*, Schadensersatz statt d. Leistung im EBV, S. 4). Zum „Wesensargument“ als „Kryptoargument“ oder „Scheinargument“ s. nur *Röhl/Röhl*, Allg. Rechtslehre, § 7 V. (S. 73 ff.); *Rüthers/Fischer/Birk*, Rechtstheorie, Rn. 561, Rn. 573 u. Rn. 923; *Scheuerle*, AcP 163 (1964), 429, 429 ff.

[413] Bedenklich insoweit Pinger, welcher durch falsche Zitierung der Motive zum Sachenrecht (Motive z. BGB, Bd. III, S. 398) den Eindruck erweckt, dass die Väter des BGB von einem „obligatorischen Charakter“ der dinglichen Ansprüche ausgegangen sind (*Pinger*, Funktion u. dogmat. Einordnung d. EBV, S. 181). Ähnlich aus dem älteren Schrifttum *Flach*, Anwendung d. §§ 281, 283 BGB auf § 985 BGB, S. 3.

[414] Vgl. Motive z. BGB, Bd. II, S. 2. Vgl. auch Protokolle d. 1. Kommission, SchuldR I, S. 42. Dagegen ein zugrunde liegendes obligatorisches Rechtsverhältnis annehmend Motive z. BGB, Bd. III, S. 399; Protokolle d. 1. Kommission, SachenR I, S. 765. Das dort behandelte Problem wird wohl allerdings dem obligatorischen Eigentümer-Besitzer-Verhältnis zugeordnet und damit aus dem untersuchten Problemkreis ausgeklammert. In der Tendenz ein zugrunde liegendes obligatorisches Rechtsverhältnis verneinend Motive z. BGB, Bd. II, S. 4; Protokolle d. 1. Kommission, SchuldR III, S. 434.

[415] Protokolle d. 1. Kommission, SchuldR I, S. 41. Zur Vermeidung von Missverständnissen sei erwähnt, dass der Antrag von Windscheid mehrdeutig ist. Es bleibt unklar, ob sich der eingeschobene Relativsatz („welche nicht auf eine Vermögensleistung gerichtet sind“) (Protokolle d. 1. Kommission, SchuldR I, S. 41), wie hier befürwortet, nur auf familienrechtliche Rechtsverhältnisse oder auch auf dingliche Rechtsverhältnisse bezieht.

[416] S. Antrag 5 bei der Beratung der Anspruchsverjährung (Protokolle d. 2. Kommission, Bd. I, S. 195) und Plancks Erläuterung zu diesem Antrag (Ergänzte Protokolle d. 2. Kommission, BGB AT II, S. 1105 f. Fn. 65).

Eine besondere Freiheit bei der Bejahung der Anwendbarkeit hätte dieses aber nicht zur Folge.[417] Dingliche Ansprüche würden zu besonderen obligatorischen Ansprüchen. Damit wären auch für sie die oben herausgearbeiteten Kriterien für die Anwendung von schuldrechtlichen Vorschriften auf außerhalb des Schuldrechtes verortete obligatorische Ansprüche heranzuziehen.[418] Schuldrechtliche Vorschriften könnten auf dingliche Ansprüche grundsätzlich angewendet werden.[419] Diese Anwendung wäre jedoch keine vorbehaltlose.[420] Sie könnte im Einzelfall durch grammatikalische, entstehungsgeschichtliche, systematische oder auch teleologische Gesichtspunkte ausgeschlossen werden.[421]

II. Modellcharakter des Allgemeinen Schuldrechtes

Dagegen geht die herrschende Ansicht davon aus, dass schuldrechtliche Vorschriften auf dingliche (Leistungs-)Ansprüche[422] nur analog angewendet werden können.[423]

---

[417] Eine solche scheint die Vertreter der dargestellten Ansicht zumindest teilweise beeinflusst zu haben. S. aus dem älteren Schrifttum *Stälin*, Dingl. Ansprüche u. Anwendbarkeit d. SchuldR AT, S. 7.

[418] S. Gliederungspkt. § 5 (S. 40 ff.).

[419] S. Gliederungspkt. § 5 (S. 40 ff.).

[420] S. Gliederungspkt. § 5 (S. 40 ff.).

[421] S. Gliederungspkt. § 5 (S. 40 ff.). In diese Richtung auch, aber überwiegend auf systematische und teleologische Gesichtspunkte abstellend BeckOGK-BGB/*Riehm*, § 280 BGB Rn. 59; *Riehm*, Naturalerfüllung, S. 405; *Riehm*, FS Coester-Waltjen, 1169, 1170. In diese Richtung auch, aber überwiegend auf teleologische Gesichtspunkte abstellend *Pinger*, Funktion u. dogmat. Einordnung d. EBV, S. 194.

[422] S. zum pleonastischen Charakter dieses Begriffes Gliederungspkt. § 13 C.I. (S. 224 ff.).

[423] *Baldus/Raff*, JZ 2023, 1036, 1038 f.; *Bezzenberger*, JZ 2005, 373, 376; *Brehm/Berger*, SachenR, § 7 Rn. 49; *Enneccerus/Lehmann*, SchuldR, § 1 II.2. (S. 3 f.); *Gursky*, SachenR, Rn. 202; *Gursky*, JURA 2004, 433, 433 f.; HKK-BGB/*Michaels*, Einl. SchuldR Rn. 20 u. Rn. 61; Jauernig/*Berger*, Einl. SachenR Rn. 9; *Krause*, Haftung d. Besitzers nach §§ 989 ff. BGB, S. 39 f.; *Lange/Schiemann*, SachenR, S. 25 mit Fn. 12; *Lieder*, JuS 2011, 874, 875; *Lüke*, SachenR, Rn. 37; MüKo-BGB/*Baldus*, Vorb. § 985 BGB Rn. 62; MüKo-BGB/*Ernst*, Einl. SchuldR Rn. 5; *Neuner*, BGB AT, § 20 Rn. 28; RGRK/*Alff*, Einl. SchuldR Rn. 2; *Vieweg/Lorz*, SachenR, § 7 Rn. 31; Warneyer/*Bohnenberg*, Einl. SchuldR 1. (S. 161); *Weber*, SachenR I, § 15 Rn. 38; Westermann/*Gursky*, SachenR, § 29 Rn. 5; *Wolf*, SachenR, § 1 D.I. (S. 35 Fn. 84) (a. A. *Wolf*, SachenR, § 3 E.IV.c)12. (S. 146 f.)). Aus dem älteren Schrifttum bereits *Haymann*, JherJb 77 (1927), 188, 287 f.; *Oertmann*, JR 1931, 1, 1; Planck/*Strecker*, Einl. SachenR I.5.a) (S. 5 f.); Schlegelberger/Vogels/*Pritsch*, Einl. SachenR Rn. 47; *Tuhr*, BGB AT, § 15 IX. (S. 265). Vgl. aus dem neueren Schrifttum auch, da für einzelne dingliche Ansprüche nur die Möglichkeit der analogen Anwendung schuldrechtlicher Vorschriften untersuchend *Baldus/Raff*, JR 2017, 429, 432; *Deubner*, MDR 1958, 197, 197 ff.; *Kainer*, SachenR, § 30 Rn. 45; *Neuner*, SachenR, Rn. 569 ff.; NK-BGB/*Schanbacher*, § 985 BGB Rn. 46; Staudinger/*Kesseler*, § 888 BGB Rn. 75; *Utech/Lang*, ZJS 2021, 493, 499; *Weiss*, JuS 2012, 965, 967; *Wintermann*, BRJ 2018, 43, 47. Vgl. aus der älteren Rechtsprechung bereits OLG Stuttgart OLGE 25, 205, 205 (zur Anwendbarkeit des § 283 Abs. 1 BGB a. F. (§§ 280

Dingliche Rechtsverhältnisse hätten keinen obligatorischen, sondern stattdessen „nur" obligationsähnlichen Charakter.[424] Begriffe, welche sich, wie etwa „Schuldverhältnis", „Gläubiger" oder „Schuldner", auf obligatorische Rechtsverhältnisse beziehen, seien auf dingliche Rechtsverhältnisse nicht zugeschnitten.[425] Aus der Entstehungsgeschichte ergebe sich aber, dass Normen des Allgemeinen Schuldrechtes im Wege der Analogie auch auf dingliche Ansprüche angewendet werden könnten.[426]

Tatsächlich lässt sich dieses den Ausführungen der Väter des BGB entnehmen.

Johow ging in seinem Vorentwurf zum Sachenrecht, sofern er, was zweifelhaft ist, die Anwendung schuldrechtlicher Vorschriften auf dingliche Ansprüche überhaupt zuließ,[427] nicht von einer „sofortigen",[428] sondern stattdessen nur von einer „entsprechende[n] Anwendung" aus.[429]

Die Mitglieder der 1. Kommission legten sich zwar nicht ausdrücklich auf eine unmittelbare oder analoge Anwendung fest.[430] Die Motive zum Sachenrecht sprechen jedoch dafür, dass ihre Mehrheit von einer analogen Anwendung ausging.[431]

Abs. 1, Abs. 3, 281 BGB) auf § 1004 Abs. 1 S. 2 BGB). In diese Richtung aus dem neueren Schrifttum auch Soergel/*Wendelstein*, Einl. SachenR Rn. 22; Staudinger/*Heinze*, Einl. SachenR Rn. 174 f. – Nicht immer lässt sich zweifelsfrei beurteilen, ob von einer analogen oder doch von einer unmittelbaren Anwendung ausgegangen wird. Die im Folgenden Genannten äußern sich hierzu nicht, sehen das dingliche Rechtsverhältnis aber jedenfalls nicht als besonderes obligatorisches Rechtsverhältnis an. Hk-BGB/*Schulte-Nölke*, Einl. SachenR Rn. 4 f.; *Stürner*, FS Brünneck, 360, 369. Aus dem älteren Schrifttum bereits *Dernburg/Engelmann*, SchuldR AT, § 1 IV.2. (S. 3 f.); *Oertmann*, Einl. SchuldR 3.c)δ) (S. 7); *Windscheid/Kipp*, PandektenR, § 251 I.2. (S. 9 f.). Vgl. aus der neueren Rechtsprechung auch BGHZ 10, 69, 75 (zur Anwendbarkeit des § 242 BGB auf § 985 BGB). Vgl. aus dem älteren Schrifttum auch *Waldow*, Ansprüche gegen d. Nichtberechtigten, S. 21 f.; *Werner*, JW 1927, 1141, 1143. – In sich widersprüchlich aus dem neueren Schrifttum *Schwerdtner*, Verzug im SachenR, S. 78 ff., S. 83 u. S. 86 ff. Zur fehlenden Wissenschaftlichkeit dieser Dissertation s. nur *Gursky*, AcP 174 (1974), 415, 415 ff. Nicht eindeutig aus dem älteren Schrifttum *Falk*, Übertragung schuldrechtl. Regeln auf § 985 BGB, S. 7, S. 9 f., S. 12 u. S. 23.

424 Vgl. nur *Krause*, Haftung d. Besitzers nach §§ 989 ff. BGB, S. 30 ff.

425 Vgl. nur *Krause*, Haftung d. Besitzers nach §§ 989 ff. BGB, S. 39 f.

426 Vgl. nur *Krause*, Haftung d. Besitzers nach §§ 989 ff. BGB, S. 32 u. S. 39 ff.

427 S. Gliederungspkt. § 6 B.III.3.b) (S. 65 f.).

428 Vorentwürfe z. BGB/*Johow*, SachenR I, S. 1106.

429 Vorentwürfe z. BGB/*Johow*, SachenR I, S. 1114 f.

430 Vgl. Protokolle d. 1. Kommission, SchuldR III, S. 434; Protokolle d. 1. Kommission, SachenR I, S. 764 ff., S. 785 f. u. S. 868 f. Vgl. auch Motive z. BGB, Bd. II, S. 4; Motive z. BGB, Bd. III, S. 399 f., S. 408 f. u. S. 416.

431 Vgl. Motive z. BGB, Bd. III, S. 399. Die Motive zum BGB müssen nicht zwingend die Ansicht der 1. Kommission abbilden (vgl. nur Jakobs/Schubert/*Schubert*, Materialien z. BGB, Entstehungsgeschichte, S. 49 f.). Zum Erkenntniswert der Motive zum BGB s. Gliederungspkt. § 6 C.II.2.b)bb) (S. 83 ff.).

Einigkeit herrschte dann bei den Mitgliedern der 2. Kommission. Diese gingen davon aus, dass die Übertragung von Normen des Allgemeinen Schuldrechtes auf „andere Ansprüche" eine „analoge Anwendung" sei.[432]

1. Streit über die Festlegung von Regel und Ausnahme

Das genügt den meisten Vertretern der dargestellten Ansicht.

Teilweise wird als Ausdruck einer gewissen Skepsis noch darauf hingewiesen, dass „mit der nötigen Vorsicht" vorzugehen sei.[433] Andere ergänzen, dass schuldrechtliche Vorschriften auf dingliche Ansprüche dennoch grundsätzlich unanwendbar seien[434] oder eine Anwendung allenfalls dann in Betracht käme, wenn im Einzelfall eine Regelungslücke und eine vergleichbare Interessenlage festgestellt seien.[435]

Einen anderen Weg beschreitet als Vertreter der dargestellten Ansicht dagegen Heinze.[436]

Er erkennt in der Rechtsprechung die Tendenz, im Regelfall von der Anwendung schuldrechtlicher Vorschriften auf dingliche Ansprüche auszugehen,[437] und scheint dieses „ursprüngliche Konzept der Gesetzesverfasser" auch selbst verwirklichen zu wollen.[438] Heinze ist damit der Ansicht, dass Normen des Allgemeinen Schuldrechtes auf dingliche Ansprüche grundsätzlich analog anwendbar sind.[439] Es müsse im Einzelfall nur geprüft werden, ob „sachenrechtliche Wertungen" entgegenstehen.[440] Er nimmt, auch wenn er dieses leider nicht explizit ausspricht, damit wohl an, dass man grundsätzlich vom Vorliegen der Analogievoraussetzungen ausgehen kann.[441]

---

[432] Protokolle d. 2. Kommission, Bd. I, S. 312.

[433] *Enneccerus/Lehmann*, SchuldR, § 1 II.2. (S. 3 f.).

[434] S. nur *Lange/Schiemann*, SachenR, S. 25 mit Fn. 12.

[435] S. nur MüKo-BGB/*Ernst*, Einl. SchuldR Rn. 5.

[436] Staudinger/*Heinze*, Einl. SachenR Rn. 174 f. Zur Vermeidung von Missverständnissen sei erwähnt, dass nicht ganz klar wird, ob Heinze von einer analogen Anwendung ausgeht. Er erkennt zwar, dass in den Motiven zum Sachenrecht von einer solchen die Rede ist (Staudinger/*Heinze*, Einl. SachenR Rn. 174), und spricht auch im Weiteren von einer Analogie (Staudinger/*Heinze*, Einl. SachenR Rn. 175). Ein klares Bekenntnis zur analogen Anwendung unterbleibt aber.

[437] Staudinger/*Heinze*, Einl. SachenR Rn. 175.

[438] Staudinger/*Heinze*, Einl. SachenR Rn. 175. Die Ausführungen von Heinze bleiben etwas vage. Der einzige Anhaltspunkt dafür, dass er der Vorgehensweise der Rechtsprechung zustimmt, ist, dass er ihr bescheinigt, das „ursprüngliche Konzept der Gesetzesverfasser" zu verwirklichen (Staudinger/*Heinze*, Einl. SachenR Rn. 175).

[439] Vgl. Staudinger/*Heinze*, Einl. SachenR Rn. 174 f.

[440] Staudinger/*Heinze*, Einl. SachenR Rn. 175.

[441] Vgl. Staudinger/*Heinze*, Einl. SachenR Rn. 174 f.

Folglich kehrt er das Regel-Ausnahme-Verhältnis um.[442] Es kommt zu einer Verschiebung der Argumentationslast.[443] Geht man von einer grundsätzlichen Unanwendbarkeit schuldrechtlicher Vorschriften aus, ist eine schuldrechtliche Vorschrift nur dann anwendbar, wenn im Einzelfall die Argumente für eine Anwendung überwiegen. Folgt man stattdessen Heinze, welcher anscheinend von einer grundsätzlichen Anwendbarkeit von Normen des Allgemeinen Schuldrechtes ausgeht, ist die Anwendung bereits dann zu bejahen, wenn im Einzelfall die Argumente gegen eine Anwendung nicht überwiegen.

2. Gesetzgeberische Antizipation der richterlichen Normsetzung

Ob schuldrechtliche Vorschriften, wie von der herrschenden Ansicht behauptet, nur ausnahmsweise oder, wie von Heinze angedacht, regelmäßig auf dingliche Ansprüche anzuwenden sind, ist letztlich eine Frage danach, ob das Vorliegen der Analogievoraussetzungen in diesen Fällen stets selbstständig durch den Rechtsanwender festzustellen ist oder die Gesetzesverfasser, was durchaus ungewöhnlich wäre, diese Feststellung bereits vorgenommen haben.

a) Begründung der Analogievoraussetzungen durch die Gesetzesverfasser

Ein Analogieschluss setzt voraus, dass ein Sachverhalt keine gesetzliche Regelung erfahren hat (Regelungslücke) und zudem die Interessenlage des ungeregelten Sachverhaltes derjenigen eines gesetzlich geregelten Sachverhaltes so ähnlich ist, dass der Gesetzgeber die Regelung auch auf diesen hätte erstrecken können (vergleichbare Interessenlage).[444] Im Weiteren ist zu untersuchen, ob diese Voraussetzungen einer Analogie regelmäßig gegeben sind und ob sich bereits die Gesetzesverfasser zu deren Vorliegen geäußert haben.

aa) Regelungslücke

Zunächst ist festzustellen, ob eine Regelungslücke besteht.

Eine Regelungslücke liegt vor, wenn ein Vergleich zwischen einem ideal konzipierten und dem geltenden Gesetz eine Unvollständigkeit des letzteren ergibt.[445]

Ein ideal konzipiertes Gesetz hätte die Anwendung von schuldrechtlichen Vorschriften auf dingliche Ansprüche ausdrücklich geregelt. Das etwas später erlassene und insgesamt modernere Schweizerische Zivilgesetzbuch (ZGB) enthält eine solche Regelung. Es normiert in Art. 7 ZGB, dass schuldrechtliche Vorschriften auch

---

[442] Vgl. Staudinger/*Heinze*, Einl. SachenR Rn. 175.

[443] Staudinger/*Heinze*, Einl. SachenR Rn. 175.

[444] Vgl. nur *Rüthers/Fischer/Birk*, Rechtstheorie, Rn. 889.

[445] Vgl. nur *Rüthers/Fischer/Birk*, Rechtstheorie, Rn. 833.

auf „andere zivilrechtliche Verhältnisse“ anzuwenden sind. Eine solche Regelung fehlt dem BGB.

Es war nicht die Absicht der Gesetzesverfasser, mit dieser Nichtregelung die Unanwendbarkeit von schuldrechtlichen Vorschriften auf dingliche Ansprüche festzustellen.[446] Das BGB ist an dieser Stelle vielmehr unvollständig. Den Vätern des BGB war diese Unvollständigkeit bewusst. Es liegt eine anfängliche, bewusste und offenkundige Regelungslücke vor.[447]

Dass die Rechtsanwender nicht ohne Weiteres zu einem anderen Ergebnis kommen können, ergibt sich recht eindeutig aus den Motiven zum Sachenrecht. Dort heißt es, dass ohne die Anwendung von schuldrechtlichen Vorschriften auf dingliche Ansprüche eine „fühlbare Lücke“ entstünde.[448]

bb) Vergleichbare Interessenlage

Fraglich ist jedoch, ob bei der Anwendung von schuldrechtlichen Vorschriften die bei den dinglichen Ansprüchen bestehende Interessenlage auch mit derjenigen Interessenlage, welche obligatorischen Ansprüchen zugrunde liegt, vergleichbar ist.

In der Regel kann die Frage, ob die Interessenlage zweier Sachverhalte vergleichbar ist, nicht allgemein, sondern nur für den vom Rechtsanwender zu entscheidenden Einzelfall beantwortet werden. Anders sahen das aber die Väter des BGB für die Anwendung von schuldrechtlichen Vorschriften auf dingliche Ansprüche.

Die Mitglieder der 1. Kommission stellten fest, dass sich der dingliche Anspruch aus § 985 BGB nicht wesentlich von obligatorischen (Herausgabe-)Ansprüchen unterscheidet.[449] Diese Feststellung verallgemeinern die Motive zum Sachenrecht dann dahin gehend, dass dingliche (Leistungs-)Ansprüche „obligationsähnlichen Karakter“ haben.[450] Die Ähnlichkeit zwischen obligatorischen und dinglichen Ansprüchen rechtfertigt, wie sich aus den Motiven ergibt, auch die Anwendung von schuldrechtlichen Vorschriften.[451] Dazu passt es, dass die Mitglieder der 1. Kom-

---

[446] Vgl. Gliederungspkt. § 6 B.III.3. (mit Untergliederung) (S. 64 ff.).

[447] Vgl. *Gürtler*, Herausgabe b. Unmöglichkeit, S. 85.

[448] Motive z. BGB, Bd. III, S. 399. Die Motive zum BGB müssen nicht zwingend die Ansicht der 1. Kommission abbilden (vgl. nur Jakobs/Schubert/*Schubert*, Materialien z. BGB, Entstehungsgeschichte, S. 49 f.). Zum Erkenntniswert der Motive zum BGB s. Gliederungspkt. § 6 C.II.2.b)bb) (S. 83 ff.).

[449] Protokolle d. 1. Kommission, SachenR I, S. 764. S. auch Motive z. BGB, Bd. III, S. 398.

[450] Motive z. BGB, Bd. III, S. 398. Die Motive zum BGB müssen nicht zwingend die Ansicht der 1. Kommission abbilden (vgl. nur Jakobs/Schubert/*Schubert*, Materialien z. BGB, Entstehungsgeschichte, S. 49 f.). Zum Erkenntniswert der Motive zum BGB s. Gliederungspkt. § 6 C.II.2.b)bb) (S. 83 ff.).

[451] Motive z. BGB, Bd. III, S. 398 f.

mission entschieden, dass auf dingliche (Leistungs-)Ansprüche, „soweit nicht etwas Abweichendes bestimmt ist", schuldrechtliche Vorschriften anzuwenden sind,[452] und die Mitglieder der 2. Kommission bei der Anwendung des Allgemeinen Schuldrechtes nicht mehr zwischen dinglichen und anderen außerhalb des Schuldrechtes verorteten Ansprüchen unterschieden.[453]

Als hätten die Verfasser der Motive zum Sachenrecht geahnt, dass sich dennoch alsbald Stimmen erheben werden, welche die grundsätzliche Ähnlichkeit zwischen dinglichen und obligatorischen Ansprüchen infrage stellen, ergänzten sie noch, dass von einer „inneren Berechtigung" für die analoge Anwendung von schuldrechtlichen Vorschriften auf dingliche Ansprüche auszugehen ist.[454] Zwar handele es sich weniger um einen „positiven Rechtssatz" und mehr „um eine der weiteren Prüfung und Begrenzung durch die Wissenschaft zu überlassende Rechtswahrheit".[455] Insbesondere die Anwendung der schuldrechtlichen Vorschriften, welche die „Folgen der Nichterfüllung der Obligation" regeln, sei aber „[v]on besonderer Wichtigkeit".[456] Das entspricht auch der Ansicht der 1. Kommission. Diese ging pars pro toto davon aus, dass § 283 Abs. 1 BGB a.F. auf § 985 BGB anwendbar ist.[457]

Zwar waren die Mitglieder der Schuldrechtskommission etwa ein Jahrhundert später der Ansicht, dass die Normen des Eigentümer-Besitzer-Verhältnisses den Anspruch aus §§ 280 Abs. 1, Abs. 3, 281 BGB eventuell verdrängen könnten.[458] An den grundsätzlichen Erwägungen zu der Ähnlichkeit zwischen obligatorischen und dinglichen Ansprüchen änderte das jedoch nichts.[459]

Nach alledem ist davon auszugehen, dass die den dinglichen Ansprüchen zugrunde liegende Interessenlage regelmäßig mit derjenigen Interessenlage, welche bei obligatorischen Ansprüchen besteht, vergleichbar ist.

cc) Zwischenergebnis

Nach den Vorstellungen der Väter des BGB werden die (Analogie-)Voraussetzungen für die Anwendung schuldrechtlicher Vorschriften auf dingliche Ansprüche regelmäßig vorliegen. Damit ist von einer „grundsätzlichen Anwendbarkeit" dieser Normen auszugehen. Nur wenn im Einzelfall die Argumente gegen die Anwendung überwiegen, ist sie ausgeschlossen.

---

452 Protokolle d. 1. Kommission, SachenR I, S. 785 f.

453 Protokolle d. 2. Kommission, Bd. I, S. 312.

454 Motive z. BGB, Bd. III, S. 399.

455 Motive z. BGB, Bd. III, S. 399.

456 Motive z. BGB, Bd. III, S. 399.

457 Protokolle d. 1. Kommission, SachenR I, S. 764.

458 Abschlussbericht d. SchuldR-Kommission, S. 135.

459 Vgl. Gliederungspkt. § 6 B.III.3.e) (S. 68 f.).

b) Vorstellungen der Gesetzesverfasser und ihr Erkenntniswert

Fraglich ist jedoch, ob diese Vorstellungen der Väter des BGB bei der Beantwortung der Frage nach der Anwendung schuldrechtlicher Vorschriften auf dingliche Ansprüche überhaupt berücksichtigt werden müssen bzw. welches Gewicht ihnen zukommt.

So stellt etwa Baldus fest, dass die (angeblich) „bemerkenswert unpräzise" Aussage der 1. Kommission zur Obligationsähnlichkeit des Anspruches aus § 985 BGB für ihn „methodisch" nicht bindend sei.[460] Sie könne nicht die aus seiner Sicht bestehenden „prinzipiellen Funktionsunterschiede zwischen Schuldrecht und Sachenrecht überspielen".[461] Es müsse (ihm) erlaubt sein, „klüger zu sein als der historische Gesetzgeber".[462]

Dazu passt es, dass Baldus an anderer Stelle ausspricht, dass man sich „nicht Personen aus der Vergangenheit […], sondern nur dem Gesetz" unterwerfen müsse.[463] Zwar liege es auf der Hand, dass es nicht gleichgültig sei, was die an dem Gesetzgebungsverfahren Beteiligten dachten.[464] Es könne aber nur berücksichtigt werden, was die Beteiligten „hinreichend verständlich in die sprachliche Hülle der Norm" gefasst hätten.[465] Wenn „der Gesetzgeber" etwas sagen wolle, solle er es in der „ihm zustehenden Äußerungsform", dem Gesetz, sagen.[466] Es gelte die Norm und nicht der Normgeber.[467] Die Berücksichtigung der Gesetzgebungsmaterialien sei nur eine „Querschnittsaufgabe".[468]

aa) „Nicht unerhebliche Indizwirkung" der Vorstellungen der Gesetzesverfasser

Dem kann nicht gefolgt werden. Richtig ist, dass der Rechtsanwender nicht unter allen Umständen an die Vorstellungen der Gesetzesverfasser gebunden ist.[469] Das heißt aber nicht, dass er sie einfach außer Acht lassen kann.

---

[460] MüKo-BGB/*Baldus*, § 985 BGB Rn. 161 (zur Anwendbarkeit der §§ 280 Abs. 1, Abs. 3, 281 BGB auf § 985 BGB). Vgl. auch *Baldus/Raff*, JZ 2023, 1036, 1037 f. (zur Anwendbarkeit der §§ 280 Abs. 1, Abs. 3, 281 BGB auf § 1004 Abs. 1 BGB); *Baldus/Raff*, JR 2017, 429, 430 (zur Anwendbarkeit der §§ 280 Abs. 1, Abs. 3, 281 BGB auf § 985 BGB).

[461] MüKo-BGB/*Baldus*, § 985 BGB Rn. 161 (zur Anwendbarkeit der §§ 280 Abs. 1, Abs. 3, 281 BGB auf § 985 BGB).

[462] *Baldus/Raff*, JZ 2023, 1036, 1037.

[463] Riesenhuber/*Baldus*, Europ. Methodenlehre, 2. Aufl., § 3 Rn. 219.

[464] *Baldus*, Gesetzgeber u. Rechtsanwendung, 1, 1.

[465] *Baldus*, Gesetzgeber u. Rechtsanwendung, 5, 19.

[466] Staudinger/*Baldus*, Eckpfeiler d. ZivilR, Rn. A367.

[467] *Baldus*, Gesetzgeber u. Rechtsanwendung, 5, 26.

[468] *Baldus*, Gesetzgeber u. Rechtsanwendung, 5, 24.

[469] Vgl. nur *Fischer*, Topoi verdeckter Rechtsfortbildungen, S. 491.

Die Gesetzgebungsmaterialien müssen nicht nur stets zur Kenntnis genommen werden,[470] sondern haben darüber hinaus, ebenso wie der Normtext und die Systematik, eine „nicht unerhebliche Indizwirkung“.[471] Sicher kann der Argumentation mit den Vorstellungen der Gesetzesverfasser durch sachnähere entstehungsgeschichtliche Gesichtspunkte die Grundlage entzogen werden und im Einzelfall können auch grammatikalische, systematische oder teleologische Gesichtspunkte dazu führen, dass von ihnen abzuweichen ist. Sind entsprechende Gesichtspunkte nicht ersichtlich, muss die Rechtsanwendung aber nach den Vorstellungen der Gesetzesverfasser erfolgen.

Diese Ansicht, welche neuerdings auch vom BVerfG vertreten wird,[472] ist indes, wie die Ausführungen von Baldus zeigen, keineswegs unumstritten. Die Frage nach dem Erkenntniswert von Gesetzgebungsmaterialien beschäftigt bereits Generationen von Rechtswissenschaftlern.[473] Üblicherweise werden zu ihrer Beantwortung zwei Ansichten vorgestellt: Eine Ansicht, welche „objektiv“ auslegt, das heißt die Gesetzgebungsmaterialien, wenn überhaupt, nur unterstützend heranzieht;[474] eine andere Ansicht, welche „subjektiv“ auslegt, also Wert darauf legt, das Gesetz so anzuwenden, wie es der Gesetzgeber bezweckt hat.[475]

Eine solche Darstellung ist indes etwas unglücklich. Zum einen wird durch sie suggeriert, dass es ein zweigeteiltes Meinungsbild gibt. Tatsächlich haben sich aber gerade in neuerer Zeit immer mehr Zwischenansichten gebildet.[476] Zum anderen sind die Bezeichnungen „objektiv“ und „subjektiv“ missverständlich. Ebenso gut könnte man die „objektive Auslegung“ als „subjektiv“, die „subjektive Auslegung“ dagegen als „objektiv“ bezeichnen.[477]

Ausgangspunkt für die Bestimmung des Erkenntniswertes von Gesetzgebungsmaterialien muss die Feststellung sein, dass der Rechtsanwender, um Eigenwer-

---

[470] Vgl. nur *Fischer*, Topoi verdeckter Rechtsfortbildungen, S. 492.

[471] BVerfGE 149, 126, 154 f. Rn. 74. Vgl. auch BVerfGE 133, 168, 205 f. Rn. 66. Vgl. aus dem Schrifttum nur *Fischer*, Topoi verdeckter Rechtsfortbildungen, S. 491; *Röhl/Röhl*, Allg. Rechtslehre, § 79 III. (S. 631 f.); *Rüthers/Fischer/Birk*, Rechtstheorie, Rn. 788 f.

[472] BVerfGE 149, 126, 154 f. Rn. 74. Vgl. auch BVerfGE 133, 168, 205 f. Rn. 66. Zur früheren Auslegungspraxis des BVerfG vgl. nur *Fleischer*, Mysterium Gesetzesmaterialien, 1, 11 ff.; *Rüthers/Fischer/Birk*, Rechtstheorie, Rn. 799 f.

[473] S. nur *Rüthers/Fischer/Birk*, Rechtstheorie, Rn. 784 u. Rn. 796.

[474] S. zu Ansichten, welche sich auf dem Boden der „objektiven“ Auslegung entwickelt haben, etwa *Kramer*, Jurist. Methodenlehre, S. 154 ff.; *Larenz*, Methodenlehre d. Rechtswissenschaft, S. 328 ff.; *Larenz/Canaris*, Methodenlehre d. Rechtswissenschaft, S. 149 ff.; *Zippelius*, Jurist. Methodenlehre, § 4 (S. 15 ff.).

[475] S. zu Ansichten, welche sich auf dem Boden der „subjektiven“ Auslegung entwickelt haben, etwa *Looschelders/Roth*, Jurist. Methodik, S. 153 ff.; *Röhl/Röhl*, Allg. Rechtslehre, § 78 III.3. (S. 620) u. § 79 III. (S. 631 f.); *Rüthers/Fischer/Birk*, Rechtstheorie, Rn. 786 ff.; *Wank/Maties*, Auslegung v. Gesetzen, § 3 III. (S. 34 ff.).

[476] S. nur *Fleischer*, Mysterium Gesetzesmaterialien, 1, 9 ff.

[477] S. nur *Rüthers/Fischer/Birk*, Rechtstheorie, Rn. 820.

tungen dort zu verhindern, wo sie nicht erforderlich sind, stets alle geeigneten Erkenntnismittel heranzuziehen hat. Da auch die Gesetzgebungsmaterialien eine entsprechende Eignung besitzen, ist kein Grund dafür ersichtlich, ihr Erkenntnispotenzial zu verschenken.

Gegen die Berücksichtigung von Gesetzgebungsmaterialien wird allerdings immer wieder eingewandt, dass man die Vorstellungen der Gesetzesverfasser nicht ohne Weiteres dem Gesetzgeber zurechnen könne.[478] Zudem gebe es „den“ Gesetzgeber im pluralistischen Gesetzgebungsverfahren der parlamentarischen Demokratie ohnehin nicht mehr.[479]

Richtig ist daran nur, dass der Entwurf von Gesetzen regelmäßig nicht der Legislative, sondern der Exekutive bzw. den von ihr beauftragten Dritten obliegt.[480] Das spricht jedoch, da die Gesetzgebung nun einmal ein arbeitsteiliger Prozess ist, nicht generell gegen die Zurechnung der Vorstellungen der Gesetzesverfasser.[481] Auch die Annahme, dass es, anders als im Absolutismus, „den“ Gesetzgeber nicht gibt, mag im Ausgangspunkt richtig sein. Es spricht aber nichts dagegen, den Gesetzgeber mit den Organwaltern der Gesetzgebungsorgane zu identifizieren.[482]

Immer wieder wird gegen den Erkenntniswert von Gesetzgebungsmaterialien auch geltend gemacht, dass sie häufig nicht ergiebig[483] und zudem im hohen Maße manipulationsanfällig sind.[484]

Beide Einwände haben im Einzelfall durchaus Einfluss auf das Erkenntnispotenzial der Gesetzgebungsmaterialien. Bevor sie herangezogen werden, ist stets ihre Eignung zu prüfen. Sie kann geschmälert sein, wenn Anhaltspunkte dafür vorliegen, dass die Gesetzgebungsmaterialien unvollständig sind oder Aussagen enthalten, die dem Gesetzgeber nicht zugerechnet werden können. Das spricht jedoch nicht generell gegen ihre Heranziehung.[485]

Der ausschlaggebende, häufig unausgesprochene Einwand gegen die Berücksichtigung der Gesetzgebungsmaterialien scheint indes die Befürchtung zu sein, dass es zu einer Beeinträchtigung des freien wissenschaftlichen Schaffensprozesses kommt. Schon 1908 stellte Fuchs fest, dass die Materialiennachsuche „nur fleißige Registratorenarbeit“, aber keine Wissenschaft sei.[486] Dazu passt die Aussage von

[478] Vgl. nur *Zippelius*, Jurist. Methodenlehre, § 4 II.c) (S. 19).

[479] Vgl. nur *Zippelius*, Jurist. Methodenlehre, § 4 II.c) (S. 19).

[480] Vgl. ausführlich zum Entwurf von Gesetzen und ihren Begründungen nur *Seibert*, Mysterium Gesetzesmaterialien, 111, 111 ff. u. 119 ff.; *Theisen*, Gesetzgeber u. Rechtsanwendung, 43, 46 ff.

[481] S. nur *Frieling*, Gesetzesmaterialien, S. 166 ff.

[482] S. nur *Frieling*, Gesetzesmaterialien, S. 135.

[483] Vgl. nur *Kramer*, Jurist. Methodenlehre, S. 160 f.

[484] Vgl. nur *Baldus*, Gesetzgeber u. Rechtsanwendung, 5, 12.

[485] S. nur *Frieling*, Gesetzesmaterialien, S. 149 u. S. 151.

[486] *Fuchs*, Recht u. Wahrheit, S. 53.

Baldus, dass es „keine besondere Kunst“ sei, „Aussagen von Personen zu finden, die man mehr oder weniger überzeugend mit ‚dem Gesetzgeber‘ identifizieren“ könne.[487]

Dem liegt jedoch ein nicht überzeugendes Verständnis von der Rechtswissenschaft zugrunde. Rechtsanwendung ist kein freier künstlerischer Schaffensprozess.[488] Der Richter ist kein „mehr oder weniger virtuos“ spielender „Pianist“.[489] Es ist nicht seine Aufgabe, das Gesetz wie ein Kunstwerk mit einer eigenen, möglichst originellen Aussage zu füllen.[490] Normen können nur nach dem ausgelegt werden, was der Gesetzgeber in sie hineingelegt hat.[491] Wählt man einen anderen Weg, besteht die Gefahr, dass man Normen unausgesprochen entgegen ihrem eigentlichen Zweck anwendet.[492]

Wenn man, wie Baldus dieses tut, auf aus systematischer Sicht bestehende „Funktionsunterschiede zwischen Schuldrecht und Sachenrecht“ abstellt,[493] muss man sich bewusst sein, dass es sich hierbei um eine Eigenwertung handelt. Man legt das Gesetz dann unter Umständen nicht mehr aus, sondern ihm etwas unter.[494]

bb) Erkenntniswert der BGB-Gesetzgebungsmaterialien

Nicht allen Gesetzgebungsmaterialien kommt indes nicht unerhebliche Indizwirkung zu.[495] Vorstellungen der Gesetzesverfasser sind nur zu berücksichtigen, wenn sie im Einzelfall dem Gesetzgeber zugerechnet werden können.

Wischmeyer fordert in diesem Zusammenhang, nur Gesetzgebungsmaterialien zu berücksichtigen, welche sich als Aussage des gesamten Parlamentes darstellen, eine Schlüsselstellung im Gesetzgebungsverfahren hatten, dem gesamten Parlament

---

487 *Baldus*, Gesetzgeber u. Rechtsanwendung, 5, 22.

488 S. nur *Rüthers/Fischer/Birk*, Rechtstheorie, Rn. 799.

489 A. A. *Hirsch*, ZRP 2006, 161, 161.

490 *Seibert*, Mysterium Gesetzesmaterialien, 111, 115 f.

491 S. nur *Rüthers/Fischer/Birk*, Rechtstheorie, Rn. 786, Rn. 789 u. Rn. 793.

492 S. nur *Rüthers/Fischer/Birk*, Rechtstheorie, Rn. 789 u. Rn. 792.

493 MüKo-BGB/*Baldus*, § 985 BGB Rn. 161 (zur Anwendbarkeit der §§ 280 Abs. 1, Abs. 3, 281 BGB auf § 985 BGB). Vgl. auch *Baldus/Raff*, JZ 2023, 1036, 1037 f. (zur Anwendbarkeit der §§ 280 Abs. 1, Abs. 3, 281 BGB auf § 1004 Abs. 1 BGB); *Baldus/Raff*, JR 2017, 429, 430 (zur Anwendbarkeit der §§ 280 Abs. 1, Abs. 3, 281 BGB auf § 985 BGB).

494 S. nur *Rüthers/Fischer/Birk*, Rechtstheorie, Rn. 789. Zu dieser – allerdings dort in einem anderen Kontext verwendeten – Formulierung vgl. auch *Goethe*, Werke, Zahme Xenien, Zweyte Abtheilung, S. 270: „Legt ihrs nicht aus, so legt was unter“.

495 Das BVerfG zieht eine Indizwirkung vorerst nur für „die Begründung eines Gesetzesentwurfes, der unverändert verabschiedet worden ist, die darauf bezogenen Stellungnahmen von Bundesrat (Art. 76 Abs. 2 Satz 2 GG) und Bundesregierung (Art. 76 Abs. 3 Satz 2 GG) und die Stellungnahmen, Beschlussempfehlungen und Berichte der Ausschüsse“ in Betracht (BVerfGE 149, 126, 154 f. Rn. 74).

offenlagen und zudem im Gesetzgebungsverfahren keinen beachtlichen Widerspruch erfahren haben.[496]

Bei Heranziehung dieser Kriterien könnten die Vorstellungen der Gesetzesverfasser nur in sehr begrenztem Umfang berücksichtigt werden.[497] Das kann nicht überzeugen. Die Parlamentarier stimmen über das Gesetz ab, so wie es ihnen präsentiert und erläutert worden ist.[498] Vorzugswürdig erscheint es damit, sämtliche Anhaltspunkte, die Einfluss auf das Gesetzgebungsverfahren gehabt haben, zu berücksichtigen.[499] Keinen Einfluss können aber beispielsweise diejenigen Vorstellungen der Gesetzesverfasser gehabt haben, welche die Parlamentarier nicht zur Kenntnis nehmen konnten.[500]

Die im Rahmen der Schuldrechtsreform angefallenen Gesetzgebungsmaterialien haben allesamt Erkenntnispotenzial. Es können von den „Gutachten und Vorschläge[n] zur Überarbeitung des Schuldrechts“[501] über den „Abschlußbericht der Kommission zur Überarbeitung des Schuldrechts“[502] und den „Diskussionsentwurf eines Schuldrechtsmodernisierungsgesetzes“[503] bis zu den Gesetzesentwürfen vom 14.05.2001[504] und 31.08.2001[505] sämtliche Gesetzgebungsmaterialien berücksichtigt werden.

Das Erkenntnispotenzial der Gesetzgebungsmaterialien, welche bei Entwurf des BGB angefallen sind, ist dagegen schwieriger zu beurteilen. Vorstellungen der Gesetzesverfasser finden sich insbesondere in den Vorentwürfen zum BGB, den Motiven zum BGB und den Protokollen der 1. und 2. Kommission.

Gegen ihre Berücksichtigung lässt sich jedenfalls nicht einwenden, dass sie nur den unverbindlichen Willen eines vorkonstitutionellen Gesetzgebers mitteilen.[506] Das BGB enthält kein vorkonstitutionelles Recht mehr.[507] Der Gesetzgeber hat im Rahmen der Schuldrechtsreform das gesamte BGB mit amtlichen Überschriften

---

[496] *Wischmeyer*, JZ 2015, 957, 964 f.

[497] Vgl. *Höpfner*, RdA 2018, 321, 326 f.

[498] *Frieling*, Gesetzesmaterialien, S. 168; *Höpfner*, RdA 2018, 321, 327.

[499] Vgl. *Rüthers/Fischer/Birk*, Rechtstheorie, Rn. 790.

[500] Vgl. *Höpfner/Rüthers*, AcP 209 (2009), 1, 14.

[501] S. zum Leistungsstörungsrecht etwa *Huber*, Gutachten z. Überarbeitung d. SchuldR I, 647, 647 ff.

[502] S. zum Leistungsstörungsrecht etwa Abschlussbericht d. SchuldR-Kommission, S. 113 ff.

[503] S. zum Leistungsstörungsrecht etwa Diskussionsentwurf z. SchuldR, S. 302 ff.

[504] S. zum Leistungsstörungsrecht etwa BT-Drs. 14/6040, S. 125 ff.

[505] S. zum Leistungsstörungsrecht etwa BT-Drs. 14/6857, S. 11 ff.

[506] Vgl. nur *Looschelders/Roth*, Jurist. Methodik, S. 210 ff.

[507] S. nur *Leipold*, NJW 2003, 2657, 2658 f.

versehen.[508] Er hat sich mit allen Normen des BGB inhaltlich auseinandergesetzt und sie, soweit er im Rahmen der Schuldrechtsreform keine Veränderungen vorgenommen hat, in ihrem Inhalt bestätigt.[509]

Fraglich ist jedoch, welche der beim Entwurf des BGB angefallenen Gesetzgebungsmaterialien dem Gesetzgeber zugerechnet werden können.

Die Vorentwürfe zum BGB dienten als Arbeitsgrundlage für die 1. Kommission.[510] Der Vorentwurf zum BGB AT wurde von Gebhard, der – allerdings unvollendet gebliebene – Vorentwurf zum Schuldrecht von Kübel und der Vorentwurf zum Sachenrecht von Johow verfasst.[511] Den Protokollen der 1. Kommission lässt sich entnehmen, wie ihre Mitglieder die Vorentwürfe zum BGB verstanden und verändert haben.[512] Bei Erlass des BGB konnten die Parlamentarier allerdings weder die Vorentwürfe zum BGB noch die Protokolle der 1. Kommission zur Kenntnis nehmen. Die Vorentwürfe zum BGB wurden erst in den Jahren von 1980 bis 1986, die Protokolle der 1. Kommission erst in den Jahren von 1978 bis 2002 veröffentlicht. Sie können dem Gesetzgeber also nicht zugerechnet werden.

Mit dem Entwurf der 1. Kommission wurden dagegen die Motive zum BGB veröffentlicht. Sie dienten der Öffentlichkeit als Diskussions- und der 2. Kommission als Arbeitsgrundlage.[513]

Ihr Erkenntnispotenzial ist seit jeher umstritten. Schon früh bezweifelte das RG ihre Eignung für die Rechtsanwendung: Es handele sich um „eine nicht von den gesetzgebenden Faktoren herrührende Privatarbeit“, welche „nicht von maßgebender Bedeutung für die Auslegung des Gesetzes“ sei.[514] Dazu passt es, dass Bekker sie eine „Vertheidigungsschrift, die Niemand vertreten will“, nannte[515] und Hölder sie als „Arbeit ihres individuellen Verfassers“, welche ihres „scheinbaren Wertes entkleidet“ werden müsse, bezeichnete.[516]

Dem kann indes nicht gefolgt werden. Tatsächlich müssen die Motive zum BGB zwar nicht zwingend die Ansicht der Mitglieder der 1. Kommission abbilden.[517] Sie

---

[508] Art. 1 Abs. 2 S. 1 des Gesetzes zur Modernisierung des Schuldrechtes (BGBl. I 2001, 3138, 3170): „Dem Bürgerlichen Gesetzbuch [...] wird die aus der Anlage zu dieser Vorschrift ersichtliche Inhaltsübersicht vorangestellt“.

[509] Vgl. Diskussionsentwurf z. SchuldR, S. 215: „Für den Rechtsanwender wäre es demgegenüber sehr wichtig, vom Gesetzgeber selbst zu erfahren, wie er die wesentliche Aussage der Vorschriften definiert“.

[510] Vgl. Jakobs/Schubert/*Schubert*, Materialien z. BGB, Entstehungsgeschichte, S. 43 ff.

[511] Jakobs/Schubert/*Schubert*, Materialien z. BGB, Entstehungsgeschichte, S. 43.

[512] Vgl. Jakobs/Schubert/*Schubert*, Materialien z. BGB, Entstehungsgeschichte, S. 46.

[513] Vgl. Jakobs/Schubert/*Schubert*, Materialien z. BGB, Entstehungsgeschichte, S. 50.

[514] RGZ 51, 272, 274.

[515] *Bekker*, System u. Sprache d. BGB-Entwurfes, S. 77.

[516] *Hölder*, AcP 73 (1888), 1, 5.

[517] Vgl. Jakobs/Schubert/*Schubert*, Materialien z. BGB, Entstehungsgeschichte, S. 49 f.

sind von ihnen weder verfasst noch genehmigt worden, sondern stammen vielmehr von Hilfsarbeitern der 1. Kommission.[518] Die Motive zum Allgemeinen Teil hat Börner, die Motive zum Schuldrecht haben Ege und Struckmann und die Motive zum Sachenrecht haben Achilles und Liebe verfasst.[519] Allerdings wurden sie, so jedenfalls Pape, Vorsitzender der 1. Kommission,[520] „zum großen Theile nach Anleitung der Redaktoren [der Vorentwürfe]" ausgearbeitet.[521] Nach heutigem Erkenntnisstand enthalten die Motive zum BGB hauptsächlich Ausführungen, welche sich auf die Vorentwürfe zum BGB und die Protokolle der 1. Kommission zurückführen lassen.[522] An einigen Stellen mag auch eigenes Gedankengut der Hilfsarbeiter in die Motive „hineingeschmuggelt" worden sein.[523] Dieses kann jedoch mittels der Vorentwürfe zum BGB und den Protokollen der 1. Kommission identifiziert und ausgesondert werden. Die Motive zum BGB haben im Zusammenspiel mit diesen also ein kaum zu überschätzendes Erkenntnispotenzial.

Aufschluss über die Arbeiten der 2. Kommission geben ihre Protokolle. Die heute verwendeten Protokolle der 2. Kommission wurden zwar erst in den Jahren von 1897 bis 1899, also nach Erlass des BGB, veröffentlicht. Dennoch kommt ihnen aber Indizwirkung zu. Es spricht einiges dafür, dass die Parlamentarier die Protokolle bereits vorab zur Kenntnis nehmen konnten.[524] Selbst wenn das nicht der Fall gewesen sein sollte, waren ihnen die Beschlüsse der 2. Kommission bekannt. Über sie wurde fortwährend im Deutschen Reichsanzeiger und anderen Zeitungen und Zeitschriften berichtet.[525]

cc) Zwischenergebnis

Die Vorstellungen der Väter des BGB, welche in den Motiven zum BGB und den Protokollen der 2. Kommission zum Ausdruck gekommen sind, haben nicht unerhebliche Indizwirkung. Sie sind bei der Beantwortung der Frage nach der Anwendung schuldrechtlicher Vorschriften auf dingliche Ansprüche zu berücksichtigen.

---

518 Jakobs/Schubert/*Schubert*, Materialien z. BGB, Entstehungsgeschichte, S. 49.

519 Jakobs/Schubert/*Schubert*, Materialien z. BGB, Entstehungsgeschichte, S. 49.

520 Jakobs/Schubert/*Jahnel*, Materialien z. BGB, Entstehungsgeschichte, S. 80.

521 Zitiert nach Jakobs/Schubert/*Schubert*, Materialien z. BGB, Entstehungsgeschichte, S. 49. Zur Vermeidung von Missverständnissen sei allerdings erwähnt, dass unklar bleibt, auf welches Dokument sich Schubert beruft. Der von ihm zitierte Bericht von Pape an Bismarck aus dem Jahre 1887, welcher in BR-Drs. 2/88 abgedruckt worden ist, enthält die zitierte Aussage jedenfalls nicht.

522 Jakobs/Schubert/*Schubert*, Materialien z. BGB, Entstehungsgeschichte, S. 49.

523 Jakobs/Schubert/*Schubert*, Materialien z. BGB, Entstehungsgeschichte, S. 49.

524 In diese Richtung etwa, da davon ausgehend, dass die Protokolle der 2. Kommission bereits zusammen mit dem Entwurf der 2. Kommission veröffentlicht worden sind, HKK-BGB/*Zimmermann*, Einl. BGB Rn. 11.

525 Jakobs/Schubert/*Schubert*, Materialien z. BGB, Entstehungsgeschichte, S. 60.

c) Zwischenergebnis

Der Gesetzgeber hat die richterliche Normsetzung antizipiert. Nach den insbesondere in den Motiven zum BGB zum Ausdruck gekommenen und damit zu berücksichtigenden Vorstellungen der Väter des BGB werden die Voraussetzungen für die Anwendung schuldrechtlicher Vorschriften auf dingliche Ansprüche regelmäßig vorliegen. Folglich ist von einer „grundsätzlichen Anwendbarkeit" dieser Normen auszugehen.

3. Überholtes „Analogie"-Verständnis der Väter des BGB

An diese Erkenntnis anschließend gilt es noch zu thematisieren, ob es sich, wenn schuldrechtliche Vorschriften auf dingliche Ansprüche angewendet werden, überhaupt noch um eine analoge oder nicht vielmehr um eine unmittelbare Anwendung handelt.

Die Unterscheidung zwischen unmittelbarer und analoger Anwendung ist schwierig. Sie fällt mit der umstrittenen Grenze zwischen Gesetzesauslegung und Rechtsfortbildung zusammen. Der Verlauf dieser Grenze hängt wiederum entscheidend davon ab, welche Bedeutung man dem Regelungswillen des Gesetzgebers beimisst.[526] Geht man davon aus, dass den Gesetzgebungsmaterialien nicht unerhebliche Indizwirkung zukommt,[527] ist die Grenze konsequenterweise erst dort zu ziehen, wo das Gesetz nicht mehr so angewendet wird, wie es der Gesetzgeber bezweckt hat.[528]

Die Auslegung hat das Ziel, „den Gesetzesfahrzeugen die Lenkbarkeit zu sichern".[529] Bei der Rechtsfortbildung wird der Rechtsanwender dagegen als „Ersatzgesetzgeber" tätig.[530] Eine Norm wird unmittelbar angewendet, wenn der vom Gesetzgeber festgelegte Zweck verwirklicht wird.[531] Weicht der Rechtsanwender dagegen von diesem ab, handelt es sich um eine analoge Anwendung.[532]

Gemessen an diesem Maßstab werden schuldrechtliche Vorschriften auf dingliche Ansprüche nicht analog, sondern unmittelbar angewendet.[533] Zwar sprachen

---

[526] S. nur *Rüthers/Fischer/Birk*, Rechtstheorie, Rn. 796 f.

[527] S. Gliederungspkt. § 6 C.II.2.b)aa) (S. 80 ff.).

[528] Vgl. nur *Fischer*, Topoi verdeckter Rechtsfortbildungen, S. 51 f. u. S. 112 f.; *Fischer*, Zivilrechtswissenschaft, 365, 396; *Rüthers/Fischer/Birk*, Rechtstheorie, Rn. 730d. In diese Richtung, wie Höpfner zu Recht feststellt (*Höpfner*, RdA 2018, 321, 325), auch BVerfGE 149, 126, 155 Rn. 75; BVerfGE 148, 69, 130 f. Rn. 150.

[529] *Heck*, AcP 112 (1914), 1, 62 Fn. 87.

[530] *Rüthers/Fischer/Birk*, Rechtstheorie, Rn. 822.

[531] S. nur *Fischer*, Topoi verdeckter Rechtsfortbildungen, S. 52.

[532] S. nur *Fischer*, Topoi verdeckter Rechtsfortbildungen, S. 52.

[533] Vgl. nur *Seibert*, Mysterium Gesetzesmaterialien, 111, 121 (keine analoge Anwendung bei Hinweisen in den Gesetzgebungsmaterialien zur Schließung der Regelungslücke).

sich sowohl die Verfasser der Motive zum Sachenrecht[534] als auch die Mitglieder der 2. Kommission[535] für eine analoge Anwendung aus. Die Gesetzesverfasser haben die von ihnen zunächst im Gesetz gelassene Regelungslücke aber selbst geschlossen. Der Gesetzgeber hat die richterliche Normsetzung antizipiert.[536] Damit nimmt der Rechtsanwender keine eigene Wertung vor, sondern er vollzieht nur den in den Gesetzgebungsmaterialien zum Ausdruck gekommenen gesetzgeberischen Willen.

Dass die Gesetzesverfasser von einer analogen Anwendung gesprochen haben, steht dazu nicht im Widerspruch. Es zeigt sich dadurch nur, dass sie die Grenze zwischen Auslegung und Rechtsfortbildung an einer anderen Stelle gezogen haben. Sie scheinen bereits die ausdehnende Auslegung als Rechtsfortbildung verstanden zu haben.[537] Bei einem derart engen Verständnis der Auslegung ist die Grenze zwischen Auslegung und Rechtsfortbildung tatsächlich bereits überschritten, wenn das Gesetz zwar so angewendet wird, wie es der Gesetzgeber bezweckt hat, der Wille des Gesetzgebers aber nicht im Normtext angedeutet wurde.

Heutzutage scheint diese „Wortlautgrenze" allerdings ohnehin zumeist weniger streng gehandhabt zu werden.[538] Sie soll nicht überschritten sein, wenn ein mehrdeutiger Normtext auch so verstanden werden kann, dass er mit dem gesetzgeberischen Willen vereinbar ist.[539] Ein solches Verständnis ist zumindest auf den ersten Blick auch für den Normtext schuldrechtlicher Vorschriften nicht ausgeschlossen.[540]

Eine nähere Untersuchung erübrigt sich allerdings. Es sprechen ohnehin die besseren Argumente dafür, die „Wortlautgrenze" ganz aufzugeben. Der Normtext ist für sich genommen schlicht nicht dazu geeignet, die Auslegung von der

[534] Motive z. BGB, Bd. III, S. 399. Die Mitglieder der 1. Kommission legten sich dagegen nicht ausdrücklich auf eine unmittelbare oder analoge Anwendung fest. Die Motive zum BGB müssen nicht zwingend die Ansicht der 1. Kommission abbilden (vgl. nur Jakobs/Schubert/*Schubert*, Materialien z. BGB, Entstehungsgeschichte, S. 49 f.). Zum Erkenntniswert der Motive zum BGB s. Gliederungspkt. § 6 C.II.2.b)bb) (S. 83 ff.).

[535] Protokolle d. 2. Kommission, Bd. I, S. 312.

[536] S. Gliederungspkt. § 6 C.II.2.a) (mit Untergliederung) (S. 77 ff.).

[537] In diese Richtung aus dem älteren Schrifttum auch *Stälin*, Dingl. Ansprüche u. Anwendbarkeit d. SchuldR AT, S. 59 f. Fn. 1. Zur Vermeidung von Missverständnissen sei allerdings erwähnt, dass Stälins Annahme, in der gesetzgeberischen Abstandnahme „von einer ausdrücklichen Vorschrift der analogen Anwendung" sei „das absichtliche Zugeständnis der direkten Anwendbarkeit zu finden" (*Stälin*, Dingl. Ansprüche u. Anwendbarkeit d. SchuldR AT, S. 59 f. Fn. 1), nicht überzeugen kann.

[538] S. zu Ansichten, welche sich auf dem Boden der „subjektiven" Auslegung (vgl. Gliederungspkt. § 6 C.II.2.b)aa) (S. 80 ff.)) entwickelt haben, aber dennoch von einer „Wortlautgrenze" zwischen Auslegung und Rechtsfortbildung ausgehen, etwa *Looschelders/Roth*, Jurist. Methodik, S. 66 ff.; *Röhl/Röhl*, Allg. Rechtslehre, § 78 I.2. (S. 614 ff.).

[539] S. nur *Looschelders/Roth*, Jurist. Methodik, S. 69 f.

[540] Vgl. Gliederungspkt. § 6 C.I. (S. 71 ff.).

Rechtsfortbildung abzugrenzen.[541] Der Rechtsanwender schuldet keinen Buchstabengehorsam, sondern denkenden Gehorsam.[542]

4. Prüfungspflicht und Begrenzungsmöglichkeit im Einzelfall

Im Einzelfall hat der Rechtsanwender aber weiterhin, trotz dieser „inneren Berechtigung“[543] für die Anwendung schuldrechtlicher Vorschriften auf dingliche Ansprüche, die Pflicht zur „Prüfung“[544] und die Möglichkeit zur „Begrenzung“[545] der grundsätzlichen Anwendbarkeit.[546]

Eine schuldrechtliche Vorschrift ist nicht anwendbar, wenn grammatikalische, entstehungsgeschichtliche, systematische oder auch teleologische Gesichtspunkte entgegenstehen.[547]

5. Zwischenergebnis

Auch wenn man mit der herrschenden Ansicht davon ausgeht, dass dingliche Rechtsverhältnisse keine besonderen obligatorischen Rechtsverhältnisse sind, ist von einer unmittelbaren Anwendung schuldrechtlicher Vorschriften auf dingliche Ansprüche auszugehen. Die Gesetzesverfasser haben zwar von einer analogen Anwendung gesprochen. Sie haben aber die richterliche Normsetzung antizipiert. Nach ihren Vorstellungen werden die Voraussetzungen für die Anwendung regelmäßig vorliegen.

Das Allgemeine Schuldrecht hat damit Modellcharakter. Es ist von einer „grundsätzlichen Anwendbarkeit“ schuldrechtlicher Vorschriften auszugehen. Nicht anwendbar ist eine schuldrechtliche Vorschrift auf einen dinglichen Anspruch aber dann, wenn im Einzelfall grammatikalische, entstehungsgeschichtliche, systematische oder auch teleologische Gesichtspunkte entgegenstehen.

---

[541] S. nur *Fischer*, Topoi verdeckter Rechtsfortbildungen, S. 39 f.; *Fischer*, Zivilrechtswissenschaft, 365, 375 u. 385; *Rüthers/Fischer/Birk*, Rechtstheorie, Rn. 737 u. Rn. 823b.

[542] S. nur *Rüthers/Fischer/Birk*, Rechtstheorie, Rn. 735.

[543] Motive z. BGB, Bd. III, S. 399.

[544] Motive z. BGB, Bd. III, S. 399.

[545] Motive z. BGB, Bd. III, S. 399.

[546] Vgl. Staudinger/*Heinze*, Einl. SachenR Rn. 175.

[547] In diese Richtung – als Vertreter der Ansicht, welche von einer „grundsätzlichen Unanwendbarkeit“ schuldrechtlicher Vorschriften ausgeht (s. Gliederungspkt. § 6 C.II.1. (S. 76 f.)) – auch, aber überwiegend auf teleologische Gesichtspunkte abstellend HKK-BGB/*Michaels*, Einl. SchuldR Rn. 61; *Lieder*, JuS 2011, 874, 875; MüKo-BGB/*Baldus*, Vorb. § 985 BGB Rn. 62; *Vieweg/Lorz*, SachenR, § 7 Rn. 31. In diese Richtung – als Vertreter derselben Ansicht – aus dem älteren Schrifttum bereits *Oertmann*, JR 1931, 1, 1.

III. Berücksichtigung von „sachenrechtlichen Wertungen" und „Besonderheiten"

Es dürfte selbstverständlich sein, dass, unabhängig davon, ob das dingliche Rechtsverhältnis als besonderes obligatorisches Rechtsverhältnis[548] oder als obligationsähnliches Rechtsverhältnis[549] angesehen wird, im Rahmen der Auslegung stets auch „sachenrechtliche Wertungen"[550] und „Besonderheiten"[551] zu berücksichtigen sind.[552]

Die äußerste Grenze bei der Anwendung von schuldrechtlichen Vorschriften auf dingliche Ansprüche muss stets der durch die Trennung von Schuld- und Sachenrecht verwirklichte Gegensatz von obligatorischem und dinglichem Recht[553] sein.

Die Anwendung einer schuldrechtlichen Vorschrift muss unterbleiben, wenn dieser Gegensatz oder eine ihn verwirklichende Grundentscheidung[554] infrage gestellt wird. Das kann, wie sich noch zeigen wird,[555] unter Umständen etwa dann der Fall sein, wenn der dingliche Berechtigte nach Anwendung einer schuldrechtlichen Vorschrift keine unmittelbare Sachherrschaft[556] mehr ausüben kann oder – damit zusammenhängend – das dingliche Recht seinen absoluten Charakter[557] vollständig verliert.

In diesem Zusammenhang ist immer wieder die Rede davon, dass die „Natur" des dinglichen Anspruches der Anwendung einer schuldrechtlichen Vorschrift nicht entgegenstehen dürfe.[558] Diese Formulierung geht auf die Motive zum Sachenrecht

---

[548] S. Gliederungspkt. § 6 C.I. (S. 71 ff.).

[549] S. Gliederungspkt. § 6 C.II. (S. 74 ff.).

[550] Staudinger/*Heinze*, Einl. SachenR Rn. 175.

[551] Protokolle d. 1. Kommission, SachenR I, S. 869.

[552] In diese Richtung – als Vertreter der Ansicht, welche dingliche Rechtsverhältnisse als besondere obligatorische Rechtsverhältnisse ansieht – auch BeckOGK-BGB/*Riehm*, § 280 BGB Rn. 59; *Riehm*, Naturalerfüllung, S. 405; *Riehm*, FS Coester-Waltjen, 1169, 1170. In diese Richtung – als Vertreter derselben Ansicht – aus dem älteren Schrifttum bereits *Siber*, Rechtszwang, S. 99. In diese Richtung – als Vertreter der Ansicht, welche dingliche Rechtsverhältnisse als obligationsähnliche Rechtsverhältnisse ansieht – auch *Enneccerus/Lehmann*, SchuldR, § 1 II.2. (S. 3 f.); *Gursky*, SachenR, Rn. 202; *Lieder*, JuS 2011, 874, 875; RGRK/*Alff*, Einl. SchuldR Rn. 2; *Vieweg/Lorz*, SachenR, § 7 Rn. 31; *Weber*, SachenR I, § 15 Rn. 38; Westermann/*Gursky*, SachenR, § 29 Rn. 5. In diese Richtung – als Vertreter derselben Ansicht – aus dem älteren Schrifttum bereits Planck/*Strecker*, Einl. SachenR I.5.a) (S. 5 f.).

[553] S. zu diesem Gliederungspkt. § 6 B.II. (mit Untergliederung) (S. 49 ff.).

[554] S. Gliederungspkt. § 6 B.II.4. (S. 58 ff.).

[555] S. Gliederungspkt. § 12 B.II. (S. 198 ff.).

[556] S. Gliederungspkt. § 6 B.II.4. (S. 58 ff.).

[557] S. Gliederungspkt. § 6 B.II.4. (S. 58 ff.).

[558] S. – als Vertreter der Ansicht, welche dingliche Rechtsverhältnisse als besondere obligatorische Rechtsverhältnisse ansieht – *Riehm*, FS Coester-Waltjen, 1169, 1182. S. – als Vertreter derselben Ansicht – aus dem älteren Schrifttum *Siber*, Rechtszwang, S. 99. S. – als Vertreter der Ansicht, welche dingliche Rechtsverhältnisse als obligationsähnliche Rechts-

zurück. Dort heißt es, dass die Vorschriften, welche die Abtretung von Forderungsrechten regeln, auch auf die Vindikation angewendet werden können, „soweit sich nicht aus der dinglichen Natur dieses Anspruches ein Hinderniß“ ergibt.[559]

Die Argumentation mit der „Natur“ des dinglichen Anspruches ist aber nicht empfehlenswert. Zum einen kann sie stets dahin gehend (miss-)verstanden werden, dass der dingliche Charakter eines Anspruches von vornherein der Anwendung schuldrechtlicher Vorschriften entgegensteht. Das ist aber, wie sich bereits gezeigt hat, nach den Vorstellungen der Gesetzesverfasser gerade nicht der Fall.[560] Zum anderen handelt es sich bei der Rede von der „dinglichen Natur“ eines Anspruches letztlich nur um eine Leerformel, welche jeder Rechtsanwender nach seinen eigenen Vorstellungen ausfüllt. Ihr kommt für sich genommen keine Aussagekraft zu.

Wenn Krause ohne nähere Ausführungen feststellte, dass der dingliche Charakter des Anspruches aus § 888 Abs. 1 BGB die Anwendung der §§ 280 Abs. 1, Abs. 3, 281 BGB ausschließt,[561] war das im Grunde genommen nichtssagend. Es sind, um die Argumentation nachvollziehbar und kontrollierbar zu machen, stets Ausführungen dazu erforderlich, mit welchem Inhalt der Rechtsanwender die Leerformel von der „dinglichen Natur“ füllen will.

Solche Ausführungen lassen sich zumindest Gurskys Antwort auf die Frage nach der Anwendbarkeit der §§ 280 Abs. 1, Abs. 3, 281 BGB auf den Anspruch aus § 888 Abs. 1 BGB entnehmen. Gursky geht zwar zunächst nur davon aus, dass der dingliche Charakter des Anspruches einer Anwendung entgegenstehe dürfte.[562] Er verweist dann aber ergänzend noch auf seine Argumentation zur Unanwendbarkeit der §§ 280 Abs. 1, Abs. 3, 281 BGB auf § 985 BGB.[563] Aus diesen Ausführungen ergibt sich Gurskys Verständnis von dem Charakter dinglicher Ansprüche.[564] Dadurch wird seine Argumentation nachprüfbar.[565]

---

verhältnisse ansieht – RGRK/*Alff*, Einl. SchuldR Rn. 2. S. – als Vertreter derselben Ansicht – aus dem älteren Schrifttum Planck/*Strecker*, Einl. SachenR I.5.a) (S. 5 f.).

[559] Motive z. BGB, Bd. III, S. 399. Die Motive zum BGB müssen nicht zwingend die Ansicht der 1. Kommission abbilden (vgl. nur Jakobs/Schubert/*Schubert*, Materialien z. BGB, Entstehungsgeschichte, S. 49 f.). Zum Erkenntniswert der Motive zum BGB s. Gliederungspkt. § 6 C.II.2.b)bb) (S. 83 ff.). Die Mitglieder der 1. Kommission sprachen nicht von einer entgegenstehenden „dinglichen Natur“ des Anspruches, sondern von zu berücksichtigenden sachenrechtlichen „Besonderheiten“ (Protokolle d. 1. Kommission, SachenR I, S. 869). Es ist damit nicht ausgeschlossen, dass die entgegenstehende „dingliche Natur“ eines Anspruches eine Schöpfung der Hilfsarbeiter ist.

[560] S. Gliederungspkt. § 6 B.III.3. (mit Untergliederung) (S. 64 ff.).

[561] NK-BGB/*Krause*, 4. Aufl., § 888 BGB Rn. 28.

[562] Staudinger/*Gursky*, Bearb. 2013, § 888 BGB Rn. 64.

[563] Staudinger/*Gursky*, Bearb. 2013, § 888 BGB Rn. 64 (mit Verweis auf Staudinger/*Gursky*, Bearb. 2012, § 985 BGB Rn. 73 f.; Staudinger/*Gursky*, Bearb. 2012, § 990 BGB Rn. 98).

[564] Zur Vermeidung von Missverständnissen sei darauf hingewiesen, dass sich Gurskys Verständnis von dem Charakter dinglicher Ansprüche an anderen Stellen noch etwas deutli-

IV. Zwischenergebnis

Nach alledem können schuldrechtliche Vorschriften, unabhängig davon, ob man dingliche Rechtsverhältnisse als besondere obligatorische Rechtsverhältnisse oder „nur“ als obligationsähnliche Rechtsverhältnisse ansieht, unmittelbar auf dingliche Ansprüche angewendet werden.

Eine besondere Freiheit bei der Bejahung der Anwendbarkeit hat das aber nicht zur Folge. Schuldrechtliche Vorschriften können zwar grundsätzlich auf dingliche Ansprüche angewendet werden. Diese Anwendung ist jedoch keine vorbehaltlose. Sie kann im Einzelfall durch grammatikalische, entstehungsgeschichtliche, systematische oder auch teleologische Gesichtspunkte ausgeschlossen werden.

Es dürfte selbstverständlich sein, dass im Rahmen der Auslegung auch sachenrechtliche Wertungen und Besonderheiten zu berücksichtigen sind. Die äußerste Grenze bei der Anwendung von schuldrechtlichen Vorschriften auf dingliche Ansprüche muss stets der durch die Trennung von Schuld- und Sachenrecht verwirklichte Gegensatz von obligatorischem und dinglichem Recht sein. Die Anwendung einer schuldrechtlichen Vorschrift muss unterbleiben, wenn dieser Gegensatz oder eine ihn verwirklichende Grundentscheidung infrage gestellt wird.

D. Ergebnis

Die Trennung von Schuld- und Sachenrecht ist im Ergebnis eine vergrößerte Projektion des Gegensatzes von obligatorischem und dinglichem Recht. Zur Verwirklichung dieses Gegensatzes waren eine Reihe weiterer gesetzgeberischer Entscheidungen, nicht aber die Festlegung der Unanwendbarkeit des Allgemeinen Schuldrechtes auf dingliche Ansprüche erforderlich. Es ist im Gegenteil davon auszugehen, dass schuldrechtliche Vorschriften auf dingliche Ansprüche sogar unmittelbar angewendet werden können.

Eine besondere Freiheit bei der Bejahung der Anwendbarkeit hat diese Erkenntnis aber nicht zur Folge. Schuldrechtliche Vorschriften können zwar grundsätzlich auf dingliche Ansprüche angewendet werden. Die Anwendung kann im Einzelfall aber durch grammatikalische, entstehungsgeschichtliche, systematische oder auch teleologische Gesichtspunkte ausgeschlossen werden. Sie muss unterbleiben, wenn der Gegensatz von obligatorischem und dinglichem Recht oder eine ihn verwirklichende Grundentscheidung infrage gestellt wird.

---

cher zeigt (vgl. Staudinger/*Gursky*, Bearb. 2012, § 985 BGB Rn. 1 ff. u. Rn. 80 ff.; Staudinger/*Gursky*, Bearb. 2012, § 1004 BGB Rn. 168 f.).

[565] S. dazu Gliederungspkt. § 12 B. (mit Untergliederung) (S. 196 ff.).

§ 7 Grundsätzliche Anwendbarkeit des Schadensersatzanspruches statt der Leistung aus §§ 280 Abs. 1, Abs. 3, 281 BGB auf den Anspruch aus § 888 Abs. 1 BGB

Die Untersuchung der Anwendbarkeit von schuldrechtlichen Vorschriften auf den Anspruch aus § 888 Abs. 1 BGB hat gezeigt, dass weder eine Regel Geltung beanspruchen kann, welche schuldrechtliche Vorschriften auf den Anspruch aus § 888 Abs. 1 BGB stets für anwendbar erklärt, noch eine solche, welche, genau entgegengesetzt, stets von einer Unanwendbarkeit von schuldrechtlichen Vorschriften ausgeht. Mit anderen Worten: Die Normen des Allgemeinen Schuldrechtes sind auf obligatorische Ansprüche nicht stets anwendbar und auf dingliche Ansprüche auch nicht stets unanwendbar.

Sieht man den Anspruch aus § 888 Abs. 1 BGB als obligatorischen Anspruch an, können schuldrechtliche Vorschriften unmittelbar auf ihn angewendet werden. Eine besondere Freiheit bei der Bejahung der Anwendbarkeit geht damit aber nicht einher. Schuldrechtliche Vorschriften sind grundsätzlich auf obligatorische Ansprüche anwendbar. Die Anwendung ist jedoch keine vorbehaltlose. Sie kann im Einzelfall durch grammatikalische, entstehungsgeschichtliche, systematische oder auch teleologische Gesichtspunkte ausgeschlossen werden.

Geht man davon aus, dass es sich bei dem Anspruch aus § 888 Abs. 1 BGB um einen dinglichen Anspruch handelt, kommt man zu demselben Ergebnis. Schuldrechtliche Vorschriften können auch dann – und zwar unabhängig davon, ob man dingliche Rechtsverhältnisse als besondere obligatorische Rechtsverhältnisse oder als obligationsähnliche Rechtsverhältnisse ansieht – unmittelbar angewendet werden. Es ist ebenfalls von einer „grundsätzlichen Anwendbarkeit" auszugehen. Auch diese kann im Einzelfall durch grammatikalische, entstehungsgeschichtliche, systematische oder auch teleologische Gesichtspunkte ausgeschlossen werden.

3. Kapitel

Entgegenstehende Vorschriften und Wertungen des Eigentümer-Besitzer-Verhältnisses

Möglicherweise ergeben sich Einwände gegen die Anwendung des Schadensersatzanspruches statt der Leistung (§§ 280 Abs. 1, Abs. 3, 281 BGB) aus Vorschriften und Wertungen des Eigentümer-Besitzer-Verhältnisses.

Seit der Reform des Schuldrechtes ist außerordentlich umstritten, ob die §§ 280 Abs. 1, Abs. 3, 281 BGB auf den Herausgabeanspruch des Eigentümers aus § 985 BGB angewendet werden können. Die mittlerweile wohl herrschende Ansicht bejaht die Anwendung neben den Vorschriften des Eigentümer-Besitzer-Verhältnisses, geht aber gleichzeitig davon aus, dass die haftungsrechtliche Privilegierung des gutgläubigen und unverklagten Besitzers nicht unterlaufen werden dürfe.[566] Sie wird von Teilen des Schrifttums einerseits aus grundsätzlichen Erwägungen heraus,[567] andererseits aber auch mit dem bereits in dem Abschlussbericht der Schuldrechtskommission[568] gegebenen Hinweis auf die Abschlussfunktion des Eigentümer-Besitzer-Verhältnisses[569] teils heftig bekämpft.[570]

Geht man davon aus, dass die Vorschriften des Eigentümer-Besitzer-Verhältnisses im Verhältnis zwischen dem Vormerkungsberechtigten und dem Dritterwerber angewendet werden können, wären diese Bedenken in der vorliegenden Untersuchung zu berücksichtigen.

Sollte sich dagegen herausstellen, dass der schadensersatzrechtliche Teil des Eigentümer-Besitzer-Verhältnisses (§§ 989 ff. BGB) nicht auf das Verhältnis zwi-

---

[566] BGHZ 209, 270, 274 Rn. 16; BGH NJW 2018, 786, 787 Rn. 9; *Baur/Stürner*, SachenR, § 11 Rn. 45; BeckOGK-BGB/*Riehm*, § 280 BGB Rn. 63 f.; *Heinrichs*, FS Derleder, 87, 93 f.; *Riehm*, Naturalerfüllung, S. 416 f.; Staudinger/*Schwarze*, § 281 BGB Rn. B5; Staudinger/*Thole*, § 985 BGB Rn. 23 u. Rn. 30. In diese Richtung auch, die Anwendung des Anspruches aus §§ 280 Abs. 1, Abs. 3, 281 BGB aber sogar auf den bösgläubigen Besitzer beschränkend Soergel/*Benicke/Hellwig*, § 281 BGB Rn. 29.

[567] *Baldus/Raff*, JR 2017, 429, 431 f.; MüKo-BGB/*Baldus*, § 985 BGB Rn. 161 ff.; NK-BGB/*Schanbacher*, § 985 BGB Rn. 47; Westermann/*Gursky*, SachenR, § 30 Rn. 23; *Wilhelm*, SachenR, Rn. 1175 u. Rn. 1188.

[568] Abschlussbericht d. SchuldR-Kommission, S. 135.

[569] NK-BGB/*Schanbacher*, § 985 BGB Rn. 47; Soergel/*Stadler*, § 985 BGB Rn. 18 u. Rn. 24 (a. A. Soergel/*Stadler*, § 990 BGB Rn. 31 mit Fn. 112); *Wilhelm*, SachenR, Rn. 1188.

[570] *Baldus/Raff*, JR 2017, 429, 429 f. („Axt an die Trennung von Schuldrecht und Sachenrecht"); *Wilhelm*, SachenR, Rn. 1175 („von der dogmatischen und teleologischen Einordnung des Gesetzes, ja […] von Prinzipien unserer Rechtsordnung, abweicht").

schen dem Vormerkungsberechtigten und dem Dritterwerber anwendbar ist und seine Wertungen auch davon unabhängig nicht auf dasselbe übertragen werden können, wäre ebenfalls eine für den Fortgang der Untersuchung wesentliche Weichenstellung vorgenommen: Die Anwendung der §§ 280 Abs. 1, Abs. 3, 281 BGB auf den Anspruch aus § 888 Abs. 1 BGB würde weder an der Abschlussfunktion des Eigentümer-Besitzer-Verhältnisses scheitern noch würde, wie teilweise für den Anspruch aus §§ 280 Abs. 1, Abs. 2, 286 BGB erwogen,[571] eine haftungsrechtliche Privilegierung des gutgläubigen und unverklagten Dritterwerbers bestehen, welche bei der Anwendung berücksichtigt werden müsste.

§ 8 Anwendung des schadensersatzrechtlichen Teiles des Eigentümer-Besitzer-Verhältnisses (§§ 989 ff. BGB)

Im Weiteren gilt es also die facettenreiche Frage zu beantworten, ob die Vorschriften des Eigentümer-Besitzer-Verhältnisses oder, genauer, die schadensersatzrechtlichen Vorschriften des Eigentümer-Besitzer-Verhältnisses (§§ 989 ff. BGB) im Verhältnis zwischen dem Vormerkungsberechtigten und dem Dritterwerber angewendet werden können.

A. Problemaufriss

Die Frage nach der Anwendbarkeit der Vorschriften des Eigentümer-Besitzer-Verhältnisses in diesem Verhältnis ist seit dem Inkrafttreten des BGB umstritten.

Sie wird in der Rechtsprechung zwar eher selten, aber doch mit einer gewissen Regelmäßigkeit thematisiert.[572] Aufmerksamkeit hat sie vor allem erhalten, seitdem

[571] Erman/*Hager*, § 286 BGB Rn. 15; *Wilhelm*, SachenR, Rn. 2255 Fn. 3344, Rn. 2240 Fn. 3377 u. Rn. 2303. Vgl. auch *Hager*, JuS 1990, 429, 435 mit Fn. 121. Vgl. aus dem älteren Schrifttum bereits *Sponholz*, Aufwendungsersatzanspruch d. Dritterwerbers, S. 28. In diese Richtung aus dem neueren Schrifttum auch, aber möglicherweise nicht den schadensersatzrechtlichen Teil des Eigentümer-Besitzer-Verhältnisses (§§ 989 ff. BGB) insgesamt, sondern nur die ihm innewohnende Haftungsprivilegierung übertragend *Diehn*, SachenR, S. 113 f.; *Schwerdtner*, Verzug im SachenR, S. 192 ff.

[572] BGHZ 144, 323, 327 f. (Anwendbarkeit der §§ 987 ff. BGB u. der §§ 994 ff. BGB); BGHZ 49, 263, 264 (keine Anwendbarkeit des § 990 Abs. 2 BGB); OLG Hamburg NJW 1961, 2350, 2350 f. (keine Anwendbarkeit der §§ 994 ff. BGB). Aus der älteren Rechtsprechung bereits RG HRR 1928 Nr. 2276 (Anwendbarkeit der §§ 994 ff. BGB). Vgl. zu anderen Verhältnissen mit Vormerkungswirkung BGHZ 87, 296, 297 u. 301 (Anwendbarkeit der §§ 987 ff. BGB u. der §§ 994 ff. BGB auf das dingliche Vorkaufsrecht); BGHZ 75, 288, 291 ff. (Anwendbarkeit der §§ 994 ff. BGB auf das Wiederkaufsrecht gem. § 20 RSiedlG); BGH BeckRS 2022, 12655 Rn. 1 (Anwendbarkeit der §§ 987 ff. BGB auf das dingliche Vorkaufsrecht); BGH WM 1964, 298, 301 (keine Anwendbarkeit der §§ 994 ff. BGB auf das dingliche Vorkaufsrecht); OLG Hamburg NJW 1971, 1317, 1319 (keine Anwendbarkeit der §§ 994 ff.

der BGH in zwei Entscheidungen Teile des Eigentümer-Besitzer-Verhältnisses zwar nicht auf das Verhältnis zwischen dem Vormerkungsberechtigten und dem Dritterwerber, aber auf zwei ähnliche Verhältnisse angewendet hat.

Im Jahre 1979 entschied der BGH, dass der Dritterwerber gegen den Inhaber eines Wiederkaufsrechtes gem. § 20 RSiedlG Verwendungsersatzansprüche aus §§ 994 ff. BGB geltend machen kann.[573] Dieses Wiederkaufsrecht hat die gleiche dingliche Wirkung wie die Vormerkung.[574]

In einem Urteil aus dem Jahre 1983 wendete der BGH im Verhältnis zwischen dem Inhaber eines dinglichen Vorkaufsrechtes und dem Dritterwerber sowohl die Ansprüche auf Verwendungsersatz gem. §§ 994 ff. BGB als auch die Ansprüche auf Nutzungsherausgabe gem. §§ 987 ff. BGB an.[575] Das dingliche Vorkaufsrecht hat in diesem Verhältnis gem. § 1098 Abs. 2 BGB die gleiche Wirkung wie die Eigentumsvormerkung.

Im Anschluss daran hat der BGH im Jahre 2000 die Anwendung von Verwendungsersatzansprüchen aus §§ 994 ff. BGB für das Verhältnis zwischen dem Vormerkungsberechtigten und dem Dritterwerber bestätigt.[576] Zudem soll der Vormerkungsberechtigte, wie der BGH etwas zurückhaltender als noch im Jahre 1983 formuliert, „zumindest dann" von dem Dritterwerber die Herausgabe der Nutzungen gem. §§ 987 ff. BGB verlangen können, wenn sie ihm gegenüber dem Vormerkungsverpflichteten zustehen.[577]

Zur Anwendung des schadensersatzrechtlichen Teiles des Eigentümer-Besitzer-Verhältnisses (§§ 989 ff. BGB) auf Verhältnisse mit Vormerkungswirkung hat sich der BGH dagegen nur kurz in einer Entscheidung aus dem Jahre 1968 geäußert. In dieser Entscheidung, welche sich mit der Anwendbarkeit von Verzugsvorschriften auf den Anspruch aus § 888 Abs. 1 BGB beschäftigte, lehnte er die Anwendung des § 990 Abs. 2 BGB und letztlich auch der Vorschriften des Eigentümer-Besitzer-Verhältnisses (§§ 987 ff. BGB) insgesamt deswegen ohne Weiteres ab, weil es sich um „Nebenfolgen des Herausgabeanspruchs nach § 985 BGB" handele.[578]

BGB auf das dingliche Vorkaufsrecht). Aus der älteren Rechtsprechung bereits OLG Rostock OLGE 29, 353, 353 f. (Anwendbarkeit der §§ 994 ff. BGB auf das dingliche Vorkaufsrecht). In diese Richtung aus der neueren Rechtsprechung auch OLG München NJW 1963, 301, 303 (keine Anwendbarkeit der §§ 989 ff. BGB auf das dingliche Vorkaufsrecht). In diese Richtung aus der älteren Rechtsprechung auch OLG München OLGE 33, 287, 288 (keine Anwendbarkeit des § 292 Abs. 1, Abs. 2 BGB i. V. m. §§ 994 ff. BGB auf das dingliche Vorkaufsrecht).

[573] BGHZ 75, 288, 291 ff.

[574] S. nur BGHZ 75, 288, 289; BGHZ 57, 356, 356 f.; *Assmann*, Vormerkung, S. 227 Fn. 694; BeckOGK-BGB/*Daum*, § 456 BGB Rn. 29.1; *Rosien*, Schutz d. Vormerkungsberechtigten, S. 169 Fn. 4.

[575] BGHZ 87, 296, 297 u. 301.

[576] BGHZ 144, 323, 328.

[577] BGHZ 144, 323, 327 f.

[578] BGHZ 49, 263, 264.

Eine Gelegenheit, sich zur Anwendung des schadensersatzrechtlichen Teiles des Eigentümer-Besitzer-Verhältnisses (§§ 989 ff. BGB) zu äußern, hatte der BGH auch im Jahre 2015 in der Entscheidung, in welcher er urteilte, dass der Anspruch aus §§ 280 Abs. 1, Abs. 2, 286 BGB auf den Anspruch aus § 888 Abs. 1 BGB anwendbar ist.[579] Es verwundert, dass er in dieser Entscheidung die Frage nach der Anwendbarkeit von § 990 Abs. 2 BGB – gerade in Bezug auf eine mögliche Haftungsprivilegierung des Dritterwerbers – nicht einmal aufgeworfen hat. Man wird aber davon ausgehen können, dass es sich dabei um ein Versehen gehandelt hat.

Es spricht einiges dafür, dass der BGH seine seit der Entscheidung aus dem Jahre 1979 eher großzügige Rechtsprechungslinie zur Anwendung von Vorschriften des Eigentümer-Besitzer-Verhältnisses auf Verhältnisse mit Vormerkungswirkung fortsetzen wird.

Immerhin hat er im Jahre 2022 eine Nichtzulassungsbeschwerde, mittels derer sich ein Dritterwerber gegen die Anwendung der Ansprüche auf Nutzungsherausgabe gem. §§ 987 ff. BGB zugunsten des Vorkaufsberechtigten gewendet hatte, ohne nähere Begründung zurückgewiesen.[580] Der Vorkaufsberechtigte könne bereits nach der bisherigen Rechtsprechung von dem besitzenden Dritterwerber Nutzungsersatz in analoger Anwendung der Vorschriften des Eigentümer-Besitzer-Verhältnisses verlangen.[581]

Offen bleibt dagegen, ob der BGH zukünftig den schadensersatzrechtlichen Teil des Eigentümer-Besitzer-Verhältnisses (§§ 989 ff. BGB) auf Verhältnisse mit Vormerkungswirkung anwenden wird.

Die Ansprüche aus dem Eigentümer-Besitzer-Verhältnis stehen jedenfalls „nicht isoliert" nebeneinander, sondern bilden „einen Verbund" von sich „einander wechselseitig beeinflussenden Normen".[582] Es wäre dementsprechend auf den ersten Blick durchaus konsequent, wenn der BGH neben den Ansprüchen auf Verwendungsersatz (§§ 994 ff. BGB) und Nutzungsherausgabe (§§ 987 ff. BGB) auch diejenigen auf Schadensersatz (§§ 989 ff. BGB) anwenden würde.[583]

Bei näherer Betrachtung zeigt sich aber, dass diese Vorgehensweise zu vorschnell wäre. Auch die 1. Kommission ist nicht davon ausgegangen, dass die Vorschriften des Eigentümer-Besitzer-Verhältnisses nur als untrennbares Ganzes übertragen werden können. Auf das Verhältnis zwischen dem Vorkaufsberechtigten und dem Dritterwerber sollten nach dem später gestrichenen § 957 Abs. 3 des durch

[579] BGHZ 208, 133, 136 f. Rn. 8.

[580] BGH BeckRS 2022, 12655 Rn. 1.

[581] BGH BeckRS 2022, 12655 Rn. 1.

[582] *Richter*, Tatsächl. Einwirkungen u. Vormerkungsschutz, S. 298. Vgl. auch BeckOGK-BGB/*Spohnheimer*, § 987 BGB Rn. 7.2; *Gursky*, SachenR, Rn. 80.

[583] Vgl. *Weber*, SachenR II, § 11 Rn. 73 mit Fn. 176 (Anwendung der §§ 987 ff. BGB u. der §§ 989 ff. BGB wegen Anwendung der §§ 994 ff. BGB). In diese Richtung auch *Habersack*, JuS 2000, 1145, 1149.

die 1. Kommission ausgearbeiteten Entwurfes nur die Vorschriften zum Verwendungs- und Schadensersatz, nicht aber diejenigen zur Nutzungsherausgabe Anwendung finden.[584]

Die Übertragung eines Teiles des Eigentümer-Besitzer-Verhältnisses nötigt also nicht zur „Mitübertragung" der anderen Teile.[585]

Erstens läge es umgekehrt näher, bei einer Unübertragbarkeit der Ansprüche aus §§ 989 ff. BGB auch die Anwendbarkeit der Ansprüche aus §§ 987 ff. BGB und §§ 994 ff. BGB infrage zu stellen.[586]

Zweitens finden sich auch im Schrifttum häufig differenzierende Ansichten. Die Anwendung der Verwendungsansprüche aus §§ 994 ff. BGB wird ganz herrschend bejaht.[587] Diejenigen, die zumindest mit Einschränkungen die Nutzungsherausga-

---

[584] Motive z. BGB, Bd. III, S. 458. S. auch Protokolle d. 1. Kommission, SachenR II, S. 351 f.

[585] *Gursky*, SachenR, Rn. 80 (keine automatische Anwendung der §§ 987 ff. BGB trotz Anwendung der §§ 994 ff. BGB). Vgl. auch *Kohler*, NJW 1984, 2849, 2857 (keine automatische Anwendung der §§ 987 ff. BGB u. der §§ 989 ff. BGB trotz Anwendung der §§ 994 ff. BGB).

[586] Vgl. *Gursky*, SachenR, Rn. 80. In diese Richtung auch *Richter*, Tatsächl. Einwirkungen u. Vormerkungsschutz, S. 297 f.

[587] Achilles/Greiff/*Leiss*, § 888 BGB 5. (S. 518); Ak-BGB/*Schweinitz*, § 888 BGB Rn. 20; *Auer*, JuS 2007, 1122, 1125 f.; *Baur/Stürner*, SachenR, § 20 Rn. 43; BeckOK-BGB/*Eckert*, § 888 BGB Rn. 11; *Bönninghaus*, SachenR II, Rn. 239; *Brehm/Berger*, SachenR, § 13 Rn. 22; *Diehn*, SachenR, S. 116; *Eckert*, SachenR, Rn. 842; Erman/*Artz*, § 888 BGB Rn. 10; *Gieseler/Berthold*, SachenR, § 17 Rn. 15; *Gottwald*, SachenR, S. 29; Grüneberg/*Herrler*, § 888 BGB Rn. 8; *Gursky*, SachenR, Rn. 58 ff.; *Gursky*, JR 1984, 3, 4 f.; *Habersack*, SachenR, Rn. 341; *Habersack*, JuS 2000, 1145, 1149; *Hager*, DNotZ 2001, 325, 329; *Hager*, JuS 1990, 429, 435; *Helms/Zeppernick*, SachenR II, Rn. 134; Hk-BGB/*Staudinger*, § 888 BGB Rn. 9; *Jacoby/Hinden*, § 888 BGB Rn. 5; Jauernig/*Berger*, § 888 BGB Rn. 4; jurisPK-BGB/*Stamm*, § 888 BGB Rn. 46 f.; *Kainer*, SachenR, § 26 Rn. 45; *Karpp/Wagner*, JuS 2021, 1158, 1161; *Kelm/Scheibenpflug*, JURA 2017, 834, 839; *Kohler*, NJW 1984, 2849, 2849 ff.; *Körber/Resch*, JuS 2020, 241, 244; Lemke/*Lemke*, 2. Aufl., § 888 BGB Rn. 16; *Löhnig/Gietl*, JuS 2008, 102, 106; *Lüke*, SachenR, Rn. 433; MüKo-BGB/*Lettmaier*, § 888 BGB Rn. 26; MüKo-BGB/*Raff*, Vorb. § 987 BGB Rn. 52; *Mülbert*, AcP 214 (2014), 309, 339 ff.; *Müller/Gruber*, SachenR, Rn. 2946 ff.; *Neuner*, SachenR, Rn. 556; NK-BGB/*Krause*, § 888 BGB Rn. 24; *Ohly/Werner*, JuS 2007, 449, 451 f.; *Pfaller/Jouannaud*, JURA 2023, 191, 199 f.; PWW/*Huhn*, § 888 BGB Rn. 10; *Reithmann*, EWiR § 883 BGB 2/2000, 963, 964; RGRK/*Augustin*, § 888 BGB Rn. 13; *Rüscher*, JURA 2020, 649, 661; *Schellhammer*, SachenR, Rn. 984; Schöner/Stöber/*Riedel/Volmer/Wilsch*, Handb GrundbuchR, Rn. 1530; Schreiber/Ruge/*Preuß*, Handb ImmobilienR, Kap. 14 Rn. 30 Fn. 109; *Severin*, Auflassungsvormerkung u. Eingriffsschutz, S. 55 u. S. 63 f.; Soergel/*Kern*, § 888 BGB Rn. 6; Soergel/*Stadler*, Vorb. § 987 BGB Rn. 7; *Stamm*, Auflassungsvormerkung, S. 112 ff.; Staudinger/*Kesseler*, § 888 BGB Rn. 92 f.; Staudinger/*Thole*, Vorb. §§ 987 ff. BGB Rn. 196a; *Tiedtke*, JURA 1981, 354, 357; *Trapp*, Vormerkung, S. 94 ff.; *Vieweg/Lorz*, SachenR, § 14 Rn. 22; *Vieweg/Röthel*, SachenR, S. 223; *Weber*, SachenR II, § 11 Rn. 73; *Wellenhofer*, SachenR, § 18 Rn. 31; Westermann/*Gursky*, SachenR, § 82 Rn. 36; *Westermann/Staudinger*, SachenR, Rn. 492; *Wieling/Finkenauer*, SachenR, § 22 Rn. 26; *Wilhelm*, SachenR, Rn. 2303. Aus dem älteren Schrifttum bereits *Biermann*, Widerspruch u. Vormerkung, S. 218 f.; *Fuchs*, § 883 BGB Rn. 14; *Klüchtzner*, Aufwendungsersatzpflicht d.

beansprüche aus §§ 987 ff. BGB anwenden wollen,[588] scheinen dagegen mittlerweile in der Minderheit zu sein. Ein Schadensersatzanspruch des Vormerkungsberechtigten gegen den Dritterwerber wird, soweit ein solcher denn heutzutage überhaupt noch anerkannt wird, dann entweder auf §§ 989 ff. BGB[589] oder aber auf § 823 Abs. 1 BGB[590] gestützt.

Vormerkungsberechtigten, S. 12 ff.; Planck/*Strecker*, § 888 BGB I.2.d) (S. 247); *Sponholz*, Aufwendungsersatzanspruch d. Dritterwerbers, S. 19 ff.

[588] *Baker*, JURA 2010, 450, 452; *Baur/Stürner*, SachenR, § 20 Rn. 43; BeckOK-BGB/*Eckert*, § 888 BGB Rn. 11; *Bönninghaus*, SachenR II, Rn. 239; Erman/*Artz*, § 888 BGB Rn. 10; Grüneberg/*Herrler*, § 888 BGB Rn. 9; *Habersack*, SachenR, Rn. 341 mit Fn. 34; *Habersack*, JuS 2000, 1145, 1149; *Hager*, DNotZ 2001, 325, 326 ff.; *Helms/Zeppernick*, SachenR II, Rn. 134; *Jacoby/Hinden*, § 888 BGB Rn. 4; Jauernig/*Berger*, § 888 BGB Rn. 5; jurisPK-BGB/*Stamm*, § 888 BGB Rn. 56; *Krüger*, FS Wenzel, 491, 501 f.; Lemke/*Lemke*, 2. Aufl., § 888 BGB Rn. 17; *Löhnig/Gietl*, JuS 2008, 102, 106; *Lüke*, SachenR, Rn. 433; *Müller/Gruber*, SachenR, Rn. 2946 f. u. Rn. 2951 ff.; PWW/*Huhn*, § 888 BGB Rn. 9; *Reithmann*, EWiR § 883 BGB 2/2000, 963, 964; *Schellhammer*, SachenR, Rn. 984; Schöner/Stöber/*Riedel/Volmer/Wilsch*, Handb GrundbuchR, Rn. 1521; Soergel/*Stadler*, Vorb. § 987 BGB Rn. 7; *Vieweg/Röthel*, SachenR, S. 221 f.; *Weber*, SachenR II, § 11 Rn. 73; *Wellenhofer*, SachenR, § 18 Rn. 32; *Wieling/Finkenauer*, SachenR, § 22 Rn. 26; *Wilhelm*, SachenR, Rn. 2303. Aus dem älteren Schrifttum bereits *Biermann*, Widerspruch u. Vormerkung, S. 218 f.; *Fuchs*, § 883 BGB Rn. 14; *Klüchtzner*, Aufwendungsersatzpflicht d. Vormerkungsberechtigten, S. 12 ff. u. S. 22.

[589] BeckOK-BGB/*Eckert*, § 888 BGB Rn. 11; *Bönninghaus*, SachenR II, Rn. 239; *Habersack*, SachenR, Rn. 336; *Habersack*, JuS 2000, 1145, 1149; jurisPK-BGB/*Stamm*, § 888 BGB Rn. 60; *Löhnig/Gietl*, JuS 2008, 102, 106; MüKo-BGB/*Raff*, Vorb. § 987 BGB Rn. 52; MüKo-BGB/*Wacke*, 4. Aufl., § 888 BGB Rn. 17 mit Fn. 54; *Müller/Gruber*, SachenR, Rn. 2946 f. u. Rn. 2955 ff.; *Schellhammer*, SachenR, Rn. 984; Soergel/*Stadler*, Vorb. § 987 BGB Rn. 7 mit Fn. 19; *Weber*, SachenR II, § 11 Rn. 73 u. Rn. 76; *Wieling/Finkenauer*, SachenR, § 22 Rn. 26; *Wilhelm*, SachenR, Rn. 2303. Aus dem älteren Schrifttum bereits *Biermann*, Widerspruch u. Vormerkung, S. 218 f.; *Fuchs*, § 883 BGB Rn. 14; *Klüchtzner*, Aufwendungsersatzpflicht d. Vormerkungsberechtigten, S. 15 ff., S. 22, S. 24 u. S. 26; *Sponholz*, Aufwendungsersatzanspruch d. Dritterwerbers, S. 28. In diese Richtung – mit der auf S. 95 in Fn. 571 genannten Einschränkung – aus dem neueren Schrifttum auch *Diehn*, SachenR, S. 113 f. u. S. 116; *Schwerdtner*, Verzug im SachenR, S. 192 ff. – Aus dem Gesichtspunkt „der schuldhaften Vereitelung des Leistungszwecks" des Anspruches aus § 888 Abs. 1 BGB hält auch Müller die Anwendung der §§ 989 ff. BGB für „gerechtfertigt" (*Müller*, SachenR, Rn. 1171g u. Rn. 1171i). In diese Richtung auch, aber eine Anspruchsgrundlage aus dem Allgemeinen Schuldrecht – nach heutigem Maßstab §§ 280 Abs. 1, 241 Abs. 2 BGB – heranziehend *Richter*, Tatsächl. Einwirkungen u. Vormerkungsschutz, S. 361 ff. In diese Richtung aus dem älteren Schrifttum zu §§ 135 f. BGB bereits *Knoke*, FG Güterbock, 401, 422.

[590] S. nur, da gleichzeitig Ansprüche auf Verwendungsersatz (§§ 994 ff. BGB) und/oder Nutzungsherausgabe (§§ 987 ff. BGB) bejahend Ak-BGB/*Schweinitz*, § 888 BGB Rn. 19; *Baur/Stürner*, SachenR, § 20 Rn. 42; *Brehm/Berger*, SachenR, § 13 Rn. 23; *Eckert*, SachenR, Rn. 843; Grüneberg/*Herrler*, § 888 BGB Rn. 9; *Hager*, JuS 1990, 429, 437; Hk-BGB/*Staudinger*, § 888 BGB Rn. 11; Jauernig/*Berger*, § 888 BGB Rn. 5; Lemke/*Lemke*, 2. Aufl., § 888 BGB Rn. 18; *Mülbert*, AcP 214 (2014), 309, 347 f.; NK-BGB/*Krause*, § 888 BGB Rn. 23; *Severin*, Auflassungsvormerkung u. Eingriffsschutz, S. 46 ff.; Soergel/*Kern*, § 888 BGB Rn. 5; *Tiedtke*, JURA 1981, 354, 366; *Wellenhofer*, SachenR, § 18 Rn. 30.

B. Vorab: Einschränkungen bei der Anwendung der §§ 989 f. BGB

Bevor nun der Frage nachgegangen wird, ob der schadensersatzrechtliche Teil des Eigentümer-Besitzer-Verhältnisses (§§ 989 ff. BGB) im Verhältnis zwischen dem Vormerkungsberechtigten und dem Dritterwerber angewendet werden kann, sei vorab noch auf zwei Probleme aufmerksam gemacht.

Erstens wird die Anwendung von Vorschriften des Eigentümer-Besitzer-Verhältnisses fast ausschließlich anhand einer der Eigentumsvormerkung zuwiderlaufenden Übertragung des Eigentums an einen Dritten gem. §§ 873 Abs. 1, 925 Abs. 1 BGB thematisiert. Nur selten wird darauf hingewiesen, dass auch für andere der Eigentumsvormerkung zuwiderlaufende Verfügungen, etwa die Bestellung einer Grunddienstbarkeit (§§ 1018 ff. BGB)[591] oder einer persönlichen Dienstbarkeit (§§ 1090 ff. BGB),[592] die Anwendung von Vorschriften des Eigentümer-Besitzer-Verhältnisses relevant werden kann.

Das erklärt möglicherweise das Schweigen des BGH im Jahre 2015. Immerhin ging es in seiner Entscheidung nicht um eine der Eigentumsvormerkung zuwiderlaufende Übertragung des Eigentums, sondern um eine ihr zuwiderlaufende, gem. § 883 Abs. 2 S. 2 BGB unwirksame Eintragung von Zwangshypotheken (vgl. § 867 ZPO).[593]

Zweitens wird die Anwendung von Vorschriften des Eigentümer-Besitzer-Verhältnisses im Schrifttum zuweilen nur dann befürwortet, wenn der durch die Vormerkung gesicherte Anspruch erfüllt wird.[594]

Wäre die Anwendung des schadensersatzrechtlichen Teiles des Eigentümer-Besitzer-Verhältnisses (§§ 989 ff. BGB) tatsächlich von der Erfüllung des durch die Vormerkung gesicherten Anspruches abhängig, hätte das für die vorliegende Untersuchung weitreichende Folgen. Der Eigentumsverschaffungsanspruch wird, wenn der Vormerkungsberechtigte von dem Dritterwerber Schadensersatz statt der Leistung verlangt, nicht mehr (bei vormerkungsvereitelnden Verfügungen) oder jedenfalls nur noch modifiziert (bei vormerkungsbeeinträchtigenden Verfügungen) erfüllt.[595]

---

[591] Vgl. *Habersack*, SachenR, Rn. 341.

[592] Vgl. *Habersack*, SachenR, Rn. 341.

[593] BGHZ 208, 133, 133 f. Rn. 1 f.

[594] *Wilhelm*, SachenR, Rn. 2303. In diese Richtung auch Staudinger/*Kesseler*, § 888 BGB Rn. 93 (zur Anwendbarkeit der §§ 994 ff. BGB).

[595] S. Gliederungspkt. § 16 A.II. (S. 265 f.).

C. Unmittelbare Anwendung

Die ganz herrschende Ansicht nimmt an, dass die unmittelbare Anwendung von Vorschriften des Eigentümer-Besitzer-Verhältnisses ausgeschlossen ist.[596] Neuerdings geht aber Stamm davon aus, dass der Teil des Eigentümer-Besitzer-Verhältnisses, welcher die Verwendungsersatzansprüche des Besitzers enthält (§§ 994 ff. BGB), auf das Verhältnis zwischen dem Vormerkungsberechtigten und dem Dritterwerber unmittelbar anzuwenden ist.[597] Möglicherweise kann dann auch der schadensersatzrechtliche Teil des Eigentümer-Besitzer-Verhältnisses (§§ 989 ff. BGB) unmittelbar angewendet werden.[598]

Eine unmittelbare Anwendung von Vorschriften des Eigentümer-Besitzer-Verhältnisses käme nur in Betracht, wenn im Zeitpunkt des potenziell anspruchsbegründenden Ereignisses eine Vindikationslage zwischen dem Vormerkungsberechtigten und dem Dritterwerber bestanden hat.[599] Der Vormerkungsberechtigte müsste also Eigentümer und der Dritterwerber Besitzer ohne Besitzrecht gewesen sein.

I. Vormerkungsberechtigter als Eigentümer

Es fehlt bereits an der Eigentümerstellung des Vormerkungsberechtigten im Zeitpunkt der potenziell anspruchsbegründenden Handlung.[600]

---

[596] S. nur BGHZ 144, 323, 324 f.; BGHZ 49, 263, 264; OLG Hamburg NJW 1961, 2350, 2350; *Assmann*, Vormerkung, S. 448; BeckOGK-BGB/*Assmann*, § 883 BGB Rn. 301; *Mollenkopf*, Fakt. Einwirkungen u. vormerkungsbetroffene Grundstücke, S. 55; *Mülbert*, AcP 214 (2014), 309, 335; *Richter*, Tatsächl. Einwirkungen u. Vormerkungsschutz, S. 297; *Rosien*, Schutz d. Vormerkungsberechtigten, S. 170 ff.; *Severin*, Auflassungsvormerkung u. Eingriffsschutz, S. 52 f.; *Trapp*, Vormerkung, S. 94 f.; Westermann/*Gursky*, SachenR, § 82 Rn. 36. Aus dem älteren Schrifttum bereits *Sekler*, Lehre d. Vormerkung, S. 213 u. S. 215.

[597] jurisPK-BGB/*Stamm*, § 888 BGB Rn. 47; *Stamm*, Auflassungsvormerkung, S. 114 f.

[598] A. A. jurisPK-BGB/*Stamm*, § 888 BGB Rn. 60. Es bleibt unklar, aus welchem Grund Stamm die Ansprüche aus §§ 994 ff. BGB unmittelbar (jurisPK-BGB/*Stamm*, § 888 BGB Rn. 47; *Stamm*, Auflassungsvormerkung, S. 114 f.), die Ansprüche aus §§ 987 ff. BGB und aus §§ 989 ff. BGB dagegen nur analog anwendet.

[599] Vgl. BeckOGK-BGB/*Spohnheimer*, § 987 BGB Rn. 15 u. § 994 BGB Rn. 9; MüKo-BGB/*Raff*, Vorb. § 987 BGB Rn. 16; Soergel/*Stadler*, Vorb. § 987 BGB Rn. 8 u. Vorb. § 994 BGB Rn. 5; Staudinger/*Thole*, Vorb. §§ 987 ff. BGB Rn. 31 u. Vorb. §§ 994 ff. BGB Rn. 13 ff.

[600] OLG Hamburg NJW 1961, 2350, 2350 (zur Anwendbarkeit der §§ 994 ff. BGB); *Assmann*, Vormerkung, S. 448; BeckOGK-BGB/*Assmann*, § 883 BGB Rn. 301.1; *Mülbert*, AcP 214 (2014), 309, 335; *Rosien*, Schutz d. Vormerkungsberechtigten, S. 170 f.; *Trapp*, Vormerkung, S. 94 mit Fn. 2.

1. (De-Facto-)Identität zwischen Vormerkung und künftigem Recht nach Othmer

Zwar hat Othmer im Jahre 1902 vorgeschlagen, das vorgemerkte Recht mit der Bestellung der Vormerkung (quasi-)entstehen zu lassen.[601]

Eine solche (De-Facto-)Identität zwischen der Vormerkung und dem künftigen Recht wird heute aber einhellig abgelehnt.[602] Auch Stamm stellt die Unrichtigkeit dieses Vorschlages nicht infrage.[603]

2. „Fiktion des bedingten Immobiliarsachenrechts“ nach Stamm

Er geht vielmehr davon aus, dass es mit dem Vormerkungserwerb zu einer „Fiktion des bedingten Immobiliarsachenrechts“ kommt.[604] Das erinnert an den aus der Anfangszeit des BGB stammenden, aber „[g]änzlich unhaltbar[en]“[605] Vorschlag von Fuchs, dem Vormerkungsberechtigten das gesicherte Recht bereits aufschiebend bedingt durch die Verwirklichung des gesicherten Anspruches zu verleihen.[606]

Stamm scheint der Kritik, welche dieser Vorschlag erfahren hat,[607] dadurch aus dem Weg gehen zu wollen, dass er von einer „Fiktion“ spricht.[608] Die veränderte Sprechweise ändert an dem Ergebnis jedoch nichts.[609]

Etwaige Gemeinsamkeiten zwischen der bedingten Verfügung und der Vormerkung sind jedenfalls nicht sehr ausgeprägt.[610] Die Vormerkung dient nicht dem Schutz einer bereits vollzogenen, aber noch nicht wirksamen Verfügung, sondern schützt nur einen obligatorischen Anspruch auf Vollziehung einer Verfügung.[611]

---

[601] *Othmer*, Vormerkung, S. 60 ff.

[602] S. nur *Assmann*, Vormerkung, S. 278; Staudinger/*Gursky*, Bearb. 2013, § 883 BGB Rn. 329.

[603] *Stamm*, Auflassungsvormerkung, S. 75 f.

[604] jurisPK-BGB/*Stamm*, § 883 BGB Rn. 12. S. auch *Stamm*, Auflassungsvormerkung, S. 52 ff., S. 58 ff. u. S. 79 ff.

[605] Staudinger/*Gursky*, Bearb. 2013, § 883 BGB Rn. 329.

[606] *Fuchs*, Grundbegriffe d. SachenR, S. 78 ff.; *Fuchs*, § 883 BGB Rn. 7 f.; *Fuchs*, LZ 1914, 139, 148 ff.; *Fuchs*, Gruchot 46 (1902), 549, 561 ff. S. zu weiteren Vertretern dieser Ansicht nur *Assmann*, Vormerkung, S. 278 Fn. 3; Staudinger/*Kesseler*, § 883 BGB Rn. 23.

[607] S. nur *Assmann*, Vormerkung, S. 278; Staudinger/*Gursky*, Bearb. 2013, § 883 BGB Rn. 329.

[608] In diese Richtung bereits *Kupisch*, JZ 1977, 486, 491 ff. (Analogie zur bedingten Verfügung).

[609] Kritisch zum Vorschlag von Stamm auch *Kössinger*, MittBayNot 2005, 386, 386.

[610] *Assmann*, Vormerkung, S. 114; Staudinger/*Kesseler*, § 883 BGB Rn. 26.

[611] Staudinger/*Kesseler*, § 883 BGB Rn. 26.

Zudem misst Stamm § 883 Abs. 3 BGB eine zu hohe Bedeutung bei.[612] § 883 Abs. 3 BGB ist schon deswegen nicht verallgemeinerungsfähig, weil sein Regelungsgehalt, vor allem aber sein Anwendungsbereich sehr begrenzt ist.[613] Er hat für die Eigentumsvormerkung keinerlei Relevanz.[614]

Allein aufgrund der von Stamm angenommenen „Fiktion des bedingten Vollrechts“[615] oder der „Fiktion der bedingten Verfügung“[616] wäre derjenige, der aufgrund einer Vormerkung Eigentum erworben hat, im Zeitpunkt der potenziell anspruchsbegründenden Handlung aber ohnehin nicht als Eigentümer anzusehen. Das dingliche Recht wird trotz der Bestellung einer Vormerkung nicht mit Wirkung für die Vergangenheit erworben.[617] Dem Bedingungseintritt kommt keine dingliche Rückwirkung zu (vgl. § 158 f. BGB).[618]

Um eine solche dennoch annehmen zu können, bedient sich Stamm eines weiteren Kunstgriffes: Er geht davon aus, dass „mit der Vormerkung der Vollrechtserwerb im Ergebnis bereits vorweggenommen“ wird.[619] Mit dieser Annahme begibt er sich, wie er an anderer Stelle auch selbst zugeben muss,[620] in eine gefährliche inhaltliche Nähe zu der von Othmer vorgeschlagenen,[621] aber einhellig abgelehnten (Quasi-)Entstehung des vorgemerkten Rechtes.

Selbst wenn man aber trotz der dargestellten Kritik davon ausgehen würde, dass mit der Bestellung einer Eigentumsvormerkung der bedingte Eigentumserwerb des Vormerkungsberechtigten fingiert wird und der tatsächliche Eigentumserwerb außerdem auch auf diesen Zeitpunkt zurückwirkt, führt das nur zu einem neuen Problem.

Nach der herrschenden Ansicht können die zu diesem Zeitpunkt noch nicht fälligen[622] Verwendungsersatzansprüche aus §§ 994 ff. BGB – sei es in Analogie zu

---

[612] Staudinger/*Kesseler*, § 883 BGB Rn. 26.

[613] Staudinger/*Kesseler*, § 883 BGB Rn. 26.

[614] Staudinger/*Kesseler*, § 883 BGB Rn. 26.

[615] *Stamm*, Auflassungsvormerkung, S. 115.

[616] jurisPK-BGB/*Stamm*, § 888 BGB Rn. 47.

[617] *Mülbert*, AcP 214 (2014), 309, 335; *Trapp*, Vormerkung, S. 94 Fn. 2. Aus dem älteren Schrifttum bereits *Sekler*, Lehre d. Vormerkung, S. 213.

[618] BGHZ 10, 69, 72; BeckOGK-BGB/*Reymann*, § 158 BGB Rn. 90 u. § 159 BGB Rn. 5; MüKo-BGB/*Westermann*, § 159 BGB Rn. 1; NK-BGB/*Wackerbarth*, § 159 BGB Rn. 1; Soergel/*Klinck*, § 159 BGB Rn. 1; Staudinger/*Bork*, § 158 BGB Rn. 3 u. § 159 BGB Rn. 1.

[619] *Stamm*, Auflassungsvormerkung, S. 115.

[620] *Stamm*, Auflassungsvormerkung, S. 75.

[621] *Othmer*, Vormerkung, S. 60 ff.

[622] Vgl. BGHZ 144, 323, 329; Staudinger/*Kesseler*, § 888 BGB Rn. 97. Vgl. auch BGHZ 75, 288, 293 f. (zur Anwendbarkeit der §§ 994 ff. BGB auf das Wiederkaufsrecht gem. § 20 RSiedlG). In diese Richtung – allerdings mit einer etwas anderen Akzentuierung – auch MüKo-BGB/*Lettmaier*, § 888 BGB Rn. 26 (Verpflichtung erst mit Eigentumserwerb); Staudinger/*Kesseler*, § 888 BGB Rn. 93 (Verpflichtung erst mit Eigentumserwerb); *Wilhelm*, SachenR, Rn. 2303 (Geltendmachung ab Realisierung des gesicherten Anspruches).

§ 273 Abs. 2 BGB[623] oder in Analogie zu § 1000 S. 1 BGB[624] – nicht nur dem Anspruch aus § 985 BGB, sondern bereits dem Anspruch aus § 888 Abs. 1 BGB entgegengehalten werden.[625] Bei der Geltendmachung dieses Anspruches kann aber auch Stamm den Vormerkungsberechtigten mangels „Bedingungseintritt[es]" noch nicht als Eigentümer ansehen.[626] Eine unmittelbare Anwendung der §§ 994 ff. BGB käme nicht in Betracht. In einer solchen Konstellation müsste auch er die §§ 994 ff. BGB analog anwenden. Seine Ansicht erschöpft sich dann darin, die analoge Anwendung mit dem Eigentumserwerb des Vormerkungsberechtigten rückwirkend in eine unmittelbare Anwendung umzudeuten.

Der Nutzen einer solchen Umdeutung ist nicht ersichtlich. Sie würde aber ohnehin ausscheiden, wenn der Vormerkungsberechtigte, beispielsweise aufgrund der Höhe der geltend gemachten Verwendungsersatzansprüche aus §§ 994 ff. BGB, das Interesse an dem Eigentum verliert und es dementsprechend nicht mehr zur Durchsetzung des Anspruches aus § 888 Abs. 1 BGB kommt.

Bei einer Anwendung der §§ 280 Abs. 1, Abs. 3, 281 BGB könnte sich, je nachdem, ob und wie man diese konstruiert, ein ähnliches Problem für den schadensersatzrechtlichen Teil des Eigentümer-Besitzer-Verhältnisses (§§ 989 ff. BGB) ergeben. Der Eigentumsverschaffungsanspruch wird, wenn der Vormerkungsberechtigte von dem Dritterwerber Schadensersatz statt der Leistung verlangt, nicht mehr (bei vormerkungsvereitelnden Verfügungen) oder jedenfalls nur noch modifiziert (bei vormerkungsbeeinträchtigenden Verfügungen) erfüllt.[627]

3. Anwendung des § 999 Abs. 2 BGB

Auch § 999 Abs. 2 BGB hilft hier nicht.[628] Dort ist zwar eine Ersatzpflicht des Eigentümers für Verwendungen normiert, die gemacht worden sind, bevor er das Eigentum erworben hat. § 999 Abs. 2 BGB sorgt jedoch nur dafür, dass bereits bestehende Verwendungsersatzansprüche aus §§ 994 ff. BGB gegen den neuen Eigentümer geltend gemacht werden können.[629]

---

[623] BGHZ 75, 288, 293 f. (zur Anwendbarkeit der §§ 994 ff. BGB auf das Wiederkaufsrecht gem. § 20 RSiedlG).

[624] *Baur/Stürner*, SachenR, § 20 Rn. 43; MüKo-BGB/*Lettmaier*, § 888 BGB Rn. 26; Soergel/*Kern*, § 888 BGB Rn. 6; Staudinger/*Kesseler*, § 888 BGB Rn. 97; Westermann/*Gursky*, SachenR, § 82 Rn. 36.

[625] BGHZ 144, 323, 329.

[626] Vgl. *Stamm*, Auflassungsvormerkung, S. 115 (Bedingungseintritt „mit dem Vollzug des Grundgeschäftes").

[627] S. Gliederungspkt. § 16 A.II. (S. 265 f.).

[628] OLG Hamburg NJW 1961, 2350, 2351 (zur Anwendbarkeit der §§ 994 ff. BGB); *Trapp*, Vormerkung, S. 95 ff.

[629] BGH NJW 1979, 716, 716; OLG Hamburg NJW 1961, 2350, 2351; BeckOGK-BGB/*Spohnheimer*, § 999 BGB Rn. 22; MüKo-BGB/*Raff*, § 999 BGB Rn. 11; NK-BGB/*Schanba-*

Verwendungsersatzansprüche sind im Verhältnis zwischen dem Vormerkungsverpflichteten und dem Dritterwerber mangels Vindikationslage aber nie zur Entstehung gelangt.[630] Eine Vindikationslage scheitert in diesem Verhältnis daran, dass sich für den Dritterwerber ein Besitzrecht aus dem obligatorischen Rechtsverhältnis mit dem Vormerkungsverpflichteten ergibt.[631]

Es ist nur noch eine Randnotiz, dass § 999 Abs. 2 BGB ohnehin nur für Verwendungsersatzansprüche aus §§ 994 ff. BGB, nicht aber für Schadensersatzansprüche aus §§ 989 ff. BGB gilt.

4. Zwischenergebnis

Nach alledem sprechen die besseren Argumente dafür, den Vormerkungsberechtigten, auch wenn dieser später noch Eigentümer wird, nicht bereits rückwirkend ab Bestellung der Vormerkung als Eigentümer anzusehen. Im Zeitpunkt der potenziell anspruchsbegründenden Handlung fehlt es damit an der Eigentümerstellung des Vormerkungsberechtigten.

II. Dritterwerber als Besitzer ohne Besitzrecht

Der Dritterwerber ist im Zeitpunkt der potenziell anspruchsbegründenden Handlung zudem auch nicht als Besitzer ohne Besitzrecht anzusehen.

---

cher, § 999 BGB Rn. 4; Soergel/*Stadler*, § 999 BGB Rn. 5; Staudinger/*Thole*, § 999 BGB Rn. 21.

[630] Aus diesem Grund kann auch zur Begründung einer analogen Anwendung der Verwendungsersatzansprüche aus §§ 994 ff. BGB nicht der Rechtsgedanke des § 999 Abs. 2 BGB herangezogen werden. S. nur Ak-BGB/*Schweinitz*, § 888 BGB Rn. 20; *Assmann*, Vormerkung, S. 464 f.; BeckOGK-BGB/*Assmann*, § 888 BGB Rn. 149.1; *Richter*, Tatsächl. Einwirkungen u. Vormerkungsschutz, S. 399 ff.; *Trapp*, Vormerkung, S. 95 ff. A.A. etwa *Kohler*, NJW 1984, 2849, 2852 f.; MüKo-BGB/*Kohler*, 8. Aufl., § 888 BGB Rn. 23. Vgl. zu §§ 135 f. BGB auch *Kohler*, Verfügungsverbot, S. 168 ff. Der Vormerkungsverpflichtete hat gegen den Dritterwerber auch keine Schadensersatzansprüche aus §§ 989 ff. BGB, welche er an den Vormerkungsberechtigten abtreten muss. S. nur Staudinger/*Gursky*, Bearb. 2013, § 888 BGB Rn. 89. A.A. zu §§ 135 f. BGB etwa *Foerste*, Verfügungsbeschränkung u. Erwerbsverbot, S. 31. Vgl. auch *Flume*, BGB AT II, § 17 6.d) (S. 360 f.).

[631] *Assmann*, Vormerkung, S. 464 f.; BeckOGK-BGB/*Assmann*, § 888 BGB Rn. 149.1; *Richter*, Tatsächl. Einwirkungen u. Vormerkungsschutz, S. 400; *Severin*, Auflassungsvormerkung u. Eingriffsschutz, S. 63 Fn. 237; *Trapp*, Vormerkung, S. 97. A.A. *Kohler*, NJW 1984, 2849, 2853.

1. Bestehen eines Besitzrechtes

Eine unmittelbare Anwendung von Vorschriften des Eigentümer-Besitzer-Verhältnisses kommt nur für den besitzenden Dritterwerber in Betracht.[632] Der besitzende Dritterwerber wird gegenüber dem Vormerkungsberechtigten aber ein Recht zum Besitz haben.

Ein solches ergibt sich zwar nicht aus dem nur relativ wirkenden obligatorischen Rechtsverhältnis zwischen dem Dritterwerber und dem Vormerkungsverpflichteten.[633] Der Dritterwerber ist nach der hier vertretenen und später noch ausführlich begründeten Ansicht jedoch gegenüber jedermann, auch gegenüber dem Vormerkungsberechtigten, Rechtsinhaber.[634] Aus diesem Recht wird er regelmäßig ein Recht zum Besitz ableiten können.[635]

Ist der Dritterwerber beispielsweise Eigentümer des Grundstückes, folgt das Besitzrecht aus seiner Eigentümerstellung (vgl. § 903 S. 1 BGB). Sein Besitzrecht verliert er erst mit dem Eigentumserwerb des Vormerkungsberechtigten. Der Vormerkungsberechtigte ist der Rechtsnachfolger des Dritterwerbers.[636] Der Dritterwerber wird dementsprechend nicht „rückwirkend“ vom Eigentümer zum „nichtberechtigten Fremdbesitzer“.[637] Außerdem wird sein Recht zum Besitz nicht „anfänglich (fiktiv) wirkungslos“.[638]

2. Wegfall des Besitzrechtes

Es könnte allenfalls erwogen werden, ob ausnahmsweise auch der Wegfall des Besitzrechtes, welcher erst nach Vornahme der potenziell anspruchsbegründenden Handlung eintritt, zu einer Anwendung von Vorschriften des Eigentümer-Besitzer-Verhältnisses führt.[639] Dann müsste allerdings eigentlich auch die Frage aufgewor-

---

[632] Auch Jacubezky sah in seinem Antrag eine Anwendung von Vorschriften des Eigentümer-Besitzer-Verhältnisses nur für den Fall vor, dass das „Grundstück in den Besitz des neuen Eigenthümers […] gelangt“ ist (Protokolle d. 2. Kommission, Bd. III, S. 741). S. Gliederungspkt. § 8 D.I.1.b) (S. 110 ff.).

[633] *Kohler*, NJW 1984, 2849, 2851; *Rosien*, Schutz d. Vormerkungsberechtigten, S. 171 f.

[634] S. Gliederungspkt. § 8 D.II.1.d)bb) (S. 134 ff.).

[635] S. nur *Gursky*, JR 1984, 3, 4; *Rosien*, Schutz d. Vormerkungsberechtigten, S. 171 ff.; Westermann/*Gursky*, SachenR, § 82 Rn. 36.

[636] S. Gliederungspkt. § 8 D.II.1.d)bb) (S. 134 ff.).

[637] A.A. jurisPK-BGB/*Stamm*, § 888 BGB Rn. 47; *Stamm*, Auflassungsvormerkung, S. 115.

[638] A.A. *Kohler*, NJW 1984, 2849, 2851.

[639] Vgl. BGHZ 75, 288, 292 f. (zur Anwendbarkeit der §§ 994 ff. BGB auf das Wiederkaufsrecht gem. § 20 RSiedlG). Vgl. – jeweils mit ablehnender Stellungnahme – *Richter*, Tatsächl. Einwirkungen u. Vormerkungsschutz, S. 398 f.; *Severin*, Auflassungsvormerkung u. Eingriffsschutz, S. 52 f. mit Fn. 192; *Trapp*, Vormerkung, S. 98 ff.

fen werden, ob es sich noch um eine unmittelbare oder nicht bereits um eine analoge Anwendung handelt.[640]

Der BGH lässt eine durch den späteren Wegfall eines Besitzrechtes entstehende Vindikationslage immer wieder für die Anwendung von Verwendungsersatzansprüchen aus §§ 994 ff. BGB genügen.[641] Er begründet dieses damit, dass der rechtmäßige Besitzer nicht schlechter stehen darf als der unrechtmäßige Besitzer.[642] Das wird von der herrschenden Lehre aus guten Gründen angegriffen.[643]

Unabhängig davon ist aber zu bezweifeln, dass diese BGH-Rechtsprechung auf die bei der Eigentumsvormerkung bestehende Konstellation übertragbar ist.[644]

In der grundlegenden Entscheidung des BGH zum späteren Wegfall des Besitzrechtes lagen zumindest die sonstigen für eine Vindikationslage erforderlichen Voraussetzungen im Zeitpunkt der potenziell anspruchsbegründenden Handlung vor.[645] Bei der Eigentumsvormerkung fällt dagegen nicht nur das Besitzrecht des Dritterwerbers erst später weg, sondern zum einen wird der Vormerkungsberechtigte erst nach Vornahme der potenziell anspruchsbegründenden Handlung Eigentümer[646] und zum anderen ist der Dritterwerber bei Vornahme der potenziell anspruchsbegründenden Handlung unter Umständen noch selbst Eigentümer.[647]

Bei der einer Eigentumsvormerkung zuwiderlaufenden Übertragung des Eigentums an einen Dritten wäre also die von vornherein etwas merkwürdig anmutende Frage zu beantworten, ob auch der Eigentümer nicht schlechter stehen darf als der unrechtmäßige Besitzer.[648]

Außerdem hat der BGH in diesem Zusammenhang bisher nur die Anwendung von Verwendungsersatzansprüchen aus §§ 994 ff. BGB, nicht aber von Schadensersatzansprüchen aus §§ 989 ff. BGB erwogen.

---

640 Vgl. *Severin*, Auflassungsvormerkung u. Eingriffsschutz, S. 53 mit Fn. 192.

641 Grundlegend BGHZ 34, 122, 131 f. Dieser Entscheidung folgend etwa BGHZ 131, 220, 222; BGH NJW 2015, 229, 231 Rn. 18; BGH NJW 2002, 2875, 2875 f.

642 S. nur BGHZ 34, 122, 132.

643 BeckOGK-BGB/*Spohnheimer*, § 987 BGB Rn. 19 u. § 994 BGB Rn. 9.3; MüKo-BGB/*Raff*, Vorb. § 987 BGB Rn. 20 f.; NK-BGB/*Schanbacher*, § 994 BGB Rn. 2; Soergel/*Stadler*, Vorb. § 987 BGB Rn. 13 f. u. Vorb. § 994 BGB Rn. 6 f.; Staudinger/*Thole*, Vorb. §§ 994 ff. BGB Rn. 17.

644 *Trapp*, Vormerkung, S. 100 f. A.A. BGHZ 75, 288, 292 f. (zur Anwendbarkeit der §§ 994 ff. BGB auf das Wiederkaufsrecht gem. § 20 RSiedlG).

645 Vgl. BGHZ 34, 122, 122 f.

646 S. Gliederungspkt. § 8 C.I.1. (S. 102) u. Gliederungspkt. § 8 C.I.2. (S. 102 ff.).

647 S. Gliederungspkt. § 8 D.II.1.d)bb) (S. 134 ff.).

648 Vgl. *Rosien*, Schutz d. Vormerkungsberechtigten, S. 179 f. In diese Richtung auch, die genannte Frage allerdings ohne Anknüpfung an die genannte Rechtsprechung untersuchend jurisPK-BGB/*Stamm*, § 888 BGB Rn. 46; MüKo-BGB/*Lettmaier*, § 888 BGB Rn. 24 u. Rn. 26; MüKo-BGB/*Wacke*, 4. Aufl., § 888 BGB Rn. 17 u. Rn. 19 Fn. 61; *Mülbert*, AcP 214 (2014), 309, 341; Soergel/*Stadler*, Vorb. § 987 BGB Rn. 7; *Stamm*, Auflassungsvormerkung, S. 112.

3. Zwischenergebnis

Der Dritterwerber ist im Zeitpunkt der potenziell anspruchsbegründenden Handlung nicht als Besitzer ohne Besitzrecht anzusehen.

III. Zwischenergebnis

Der Vormerkungsberechtigte ist, auch wenn dieser später noch Eigentümer des Grundstückes wird, nicht bereits rückwirkend ab Bestellung der Vormerkung als Eigentümer anzusehen. Zudem wird der Dritterwerber gegenüber dem Vormerkungsberechtigten regelmäßig ein Recht zum Besitz haben. Dieses entfällt auch nicht rückwirkend. Es fehlt somit an der Vindikationslage im Zeitpunkt der potenziell anspruchsbegründenden Handlung.

Die unmittelbare Anwendung des schadensersatzrechtlichen Teiles des Eigentümer-Besitzer-Verhältnisses (§§ 989 ff. BGB) scheidet aus.

D. Analoge Anwendung

Möglicherweise kommt jedoch eine analoge Anwendung des schadensersatzrechtlichen Teiles des Eigentümer-Besitzer-Verhältnisses (§§ 989 ff. BGB) in Betracht.

Ein Analogieschluss setzt voraus, dass ein Sachverhalt keine gesetzliche Regelung erfahren hat und zudem die Interessenlage des ungeregelten Sachverhaltes derjenigen eines gesetzlich geregelten Sachverhaltes so ähnlich ist, dass der Gesetzgeber die Regelung auch auf diesen hätte erstrecken können.[649]

I. Regelungslücke

Fraglich ist bereits, ob eine Regelungslücke besteht.

Sie liegt vor, wenn ein Vergleich zwischen einem ideal konzipierten und dem geltenden Gesetz eine Unvollständigkeit des letzteren ergibt.[650]

---

[649] Vgl. nur *Rüthers/Fischer/Birk*, Rechtstheorie, Rn. 889.

[650] Vgl. nur *Rüthers/Fischer/Birk*, Rechtstheorie, Rn. 833.

1. Anfängliche Regelungslücke

Sofern im Schrifttum das Vorliegen einer Regelungslücke überhaupt thematisiert wird,[651] wird zu oft nur kurz festgestellt, dass das Verhältnis zwischen dem Vormerkungsberechtigten und dem Dritterwerber nur unvollständig geregelt worden ist und aus diesem Grund eine Regelungslücke besteht.[652] Auch der BGH beantwortet die Frage nach dem Vorliegen einer Regelungslücke nicht zufriedenstellend. Er hat sich nur in seiner Entscheidung aus dem Jahre 1979[653] zu ihrem Bestehen geäußert.

a) Kritik an der „Lückensuche" des BGH

In dieser Entscheidung heißt es, dass die Anwendung von Vorschriften des Eigentümer-Besitzer-Verhältnisses im Verhältnis zwischen dem Inhaber eines dinglichen Vorkaufsrechtes und dem Dritterwerber ursprünglich vorgesehen war.[654] Sie sei dann zwar im weiteren Gesetzgebungsverfahren verworfen worden.[655] Das Gesetz lasse „in seiner endgültigen Fassung" aber offen, wie das Verhältnis zwischen dem Vorkaufsberechtigten und dem Dritterwerber abzuwickeln sei.[656] Gleiches gelte für ein anderes Verhältnis mit Vormerkungswirkung, das Verhältnis zwischen dem Inhaber eines Wiederkaufsrechtes gem. § 20 RSiedlG und dem Dritterwerber.[657]

Diese Argumentation kann schon deswegen nicht überzeugen, weil der BGH zur Feststellung einer Regelungslücke beim Wiederkaufsrecht gem. § 20 RSiedlG die Gesetzgebungsmaterialien zum dinglichen Vorkaufsrecht heranzieht. Gemeinsam ist dem Wiederkaufsrecht gem. § 20 RSiedlG und dem dinglichen Vorkaufsrecht aber nur, dass beide im Verhältnis zum Dritterwerber Vormerkungswirkung haben. Den Ausgangspunkt für die Feststellung einer Regelungslücke hätten damit die Gesetzgebungsmaterialien zur Vormerkung bilden müssen. Die Gesetzgebungs-

---

[651] Von einer analogen Anwendung des schadensersatzrechtlichen Teiles des Eigentümer-Besitzer-Verhältnisses (§§ 989 ff. BGB) ausgehend, aber keine Feststellung zum Bestehen einer Regelungslücke treffend BeckOK-BGB/*Eckert*, § 888 BGB Rn. 11; *Bönninghaus*, SachenR II, Rn. 239; *Habersack*, SachenR, Rn. 336; *Habersack*, JuS 2000, 1145, 1149; jurisPK-BGB/*Stamm*, § 888 BGB Rn. 60; MüKo-BGB/*Raff*, Vorb. § 987 BGB Rn. 52; *Schellhammer*, SachenR, Rn. 984; Soergel/*Stadler*, Vorb. § 987 BGB Rn. 7; *Weber*, SachenR II, § 11 Rn. 73 u. Rn. 76; *Wilhelm*, SachenR, Rn. 2303.

[652] S. etwa *Löhnig/Gietl*, JuS 2008, 102, 106; *Müller/Gruber*, SachenR, Rn. 2946. Vgl. auch *Diehn*, SachenR, S. 116 (zur Anwendbarkeit der §§ 994 ff. BGB); *Kainer*, SachenR, § 26 Rn. 45 (zur Anwendbarkeit der §§ 994 ff. BGB); *Löhnig*, JA 2000, 918, 918 f. (zur Anwendbarkeit der §§ 987 ff. BGB).

[653] BGHZ 75, 288, 291 ff. (zur Anwendbarkeit der §§ 994 ff. BGB auf das Wiederkaufsrecht gem. § 20 RSiedlG).

[654] BGHZ 75, 288, 291.

[655] BGHZ 75, 288, 291.

[656] BGHZ 75, 288, 291.

[657] BGHZ 75, 288, 291.

materialien zum dinglichen Vorkaufsrecht sind für das Bestehen einer Regelungslücke bei der Vormerkung oder dem Wiederkaufsrecht gem. § 20 RSiedlG allenfalls mittelbar relevant.

Zudem verkennt der BGH, dass nicht in jedem Schweigen des Gesetzes eine Regelungslücke zu sehen ist. Das Fehlen einer ausdrücklichen Regelung kann auch bedeuten, dass der Gesetzgeber sich bewusst gegen eine entsprechende Ausgestaltung des Gesetzes entschieden hat.[658] Eine solche Entscheidung wäre nicht ohne Weiteres unverbindlich.[659]

Wer ein „beredtes Schweigen" des Gesetzes durch seine eigenen Wertungen ersetzt, bildet das Gesetz nicht mehr fort, sondern weicht von diesem ab.[660] Schon aus diesem Grund ist es erforderlich, einen Blick in die Gesetzgebungsmaterialien zu verwerfen.

b) „Entbehrlichkeit" des Antrages von Jacubezky

In den Motiven zum Sachenrecht wurde die analoge Anwendung von Vorschriften des Eigentümer-Besitzer-Verhältnisses ganz allgemein „in weitem Umfange" für „zulässig" erklärt.[661] Für Rechte an Sachen, welche „Inhabungs- oder Gebrauchsbefugnisse" gewähren, sei die Anwendbarkeit bereits ausdrücklich bestimmt.[662] Eine Anwendung käme aber, wenn die „Verschiedenheit des Inhaltes der absoluten Rechte" berücksichtigt werde, auch darüber hinaus in Betracht.[663]

Dazu passt es, dass die Mitglieder der 1. Kommission auf das Verhältnis zwischen dem Inhaber eines dinglichen Vorkaufsrechtes und dem Dritterwerber die Teile des Eigentümer-Besitzer-Verhältnisses, welche die Schadensersatzansprüche des Eigentümers und die Verwendungsersatzansprüche des Besitzers enthalten, anwenden wollten (§ 957 Abs. 3 des Entwurfes der 1. Kommission).[664] Da sich die „Nutzungen des Preises und der Sache" „kompensi[e]ren", wurde der Dritterwerber aber nicht zur Herausgabe der Nutzungen verpflichtet.[665]

---

[658] S. nur *Rüthers/Fischer/Birk*, Rechtstheorie, Rn. 838.

[659] A.A. *Rosien*, Schutz d. Vormerkungsberechtigten, S. 175 f. Vgl. auch *Schwerdtner*, BWNotZ 1972, 145, 148 f. (zur Anwendbarkeit der §§ 994 ff. BGB auf das dingliche Vorkaufsrecht). In diese Richtung auch MüKo-BGB/*Wacke*, 4. Aufl., § 888 BGB Rn. 16 f.; *Wieling/Finkenauer*, SachenR, § 22 Rn. 26.

[660] S. nur *Rüthers/Fischer/Birk*, Rechtstheorie, Rn. 838.

[661] Motive z. BGB, Bd. III, S. 392. Die Motive zum BGB müssen nicht zwingend die Ansicht der 1. Kommission abbilden (vgl. nur Jakobs/Schubert/*Schubert*, Materialien z. BGB, Entstehungsgeschichte, S. 49 f.). Zum Erkenntniswert der Motive zum BGB s. Gliederungspkt. § 6 C.II.2.b)bb) (S. 83 ff.).

[662] Motive z. BGB, Bd. III, S. 392.

[663] Motive z. BGB, Bd. III, S. 392.

[664] Motive z. BGB, Bd. III, S. 458. S. auch Protokolle d. 1. Kommission, SachenR II, S. 351 f.

[665] Motive z. BGB, Bd. III, S. 458.

Nachdem sich die 2. Kommission für die Einführung der Vormerkung entschieden hatte,[666] stellte sich die Frage, wie sie rechtlich ausgeformt werden sollte.[667]

Jacubezky[668] beantragte eine „Ausgestaltung der Vormerkung" zu einer „dinglichen Belastung des Grundstücks".[669] Die Vormerkung sollte nach seiner Vorstellung zu einem gesetzlichen Schuldbeitritt bzw. einer gesetzlichen Schuldübernahme des Dritterwerbers führen (vgl. § a und § c seines Antrages).[670]

Ergänzend sah Jacubezky in § d – § i seines Antrages[671] eine „Reihe von Vorschriften" vor, die mit der beantragten Ausgestaltung der Vormerkung „im Zusammenhange" standen.[672] In § d seines Antrages war bestimmt, dass die Vorschriften des Eigentümer-Besitzer-Verhältnisses, welche ab Eintritt der Rechtshängigkeit gelten, auch auf das Verhältnis zwischen dem Vormerkungsberechtigten und dem Dritterwerber anwendbar sein sollten, sobald das „Grundstück in den Besitz des neuen Eigenthümers […] gelangt" sei.[673]

Die von Jacubezky vorgesehene Ausformung der Vormerkung lehnte die 2. Kommission ab.[674] Es sei zwar möglich, die Vormerkung in diesem Sinne auszugestalten.[675] Dafür bestünde jedoch „kein Bedürfniß".[676] Es wurde stattdessen ein Antrag angenommen, welcher die Einführung des Anspruches aus § 888 Abs. 1 BGB vorsah.[677] In diesem Antrag heißt es, dass eine „persönliche Verpflichtung" des Dritterwerbers, mit der Ausnahme, dass er sich „durch schuldhafte Vereitelung des Rechtes verantwortlich" macht, nicht besteht.[678]

Mit Ablehnung der von Jacubezky beantragten Ausgestaltung der Vormerkung hatten sich auch seine „Spezialvorschläge"[679], welche er in § d – § i niedergelegt hatte, erledigt. Diese hielt er aber auch nach „Ablehnung" des von ihm „aufge-

---

666 Protokolle d. 2. Kommission, Bd. III, S. 113 ff.

667 S. hierzu noch Gliederungspkt. § 8 D.II.2.a) (S. 146 ff.).

668 Dass der Antrag von Jacubezky stammt, ergibt sich zwar nicht unmittelbar aus den Protokollen der 2. Kommission, aber zumindest aus den von Jakobs und Schubert zusammengetragenen Materialien zur Beratung des Bürgerlichen Gesetzbuches (Ergänzte Protokolle d. 2. Kommission, SachenR I, S. 351).

669 Protokolle d. 2. Kommission, Bd. III, S. 740.

670 Protokolle d. 2. Kommission, Bd. III, S. 740.

671 Protokolle d. 2. Kommission, Bd. III, S. 741 f.

672 Protokolle d. 2. Kommission, Bd. III, S. 744.

673 Protokolle d. 2. Kommission, Bd. III, S. 741.

674 Protokolle d. 2. Kommission, Bd. III, S. 743 u. S. 746.

675 Protokolle d. 2. Kommission, Bd. III, S. 746.

676 Protokolle d. 2. Kommission, Bd. III, S. 746.

677 Protokolle d. 2. Kommission, Bd. III, S. 743 u. S. 746.

678 Protokolle d. 2. Kommission, Bd. III, S. 744.

679 Protokolle d. 2. Kommission, Bd. III, S. 746.

stellten Prinzips“ aufrecht.[680] Zur Begründung von § d führte er aus, dass sein Antrag der Regelung für das dingliche Vorkaufsrecht (§ 957 Abs. 3 des Entwurfes der 1. Kommission) entspreche.[681] Dem Dritterwerber sei „[d]urch die eingetragene Vormerkung“ der Anspruch „bekannt geworden“.[682] Er müsse dementsprechend auf das Recht des Vormerkungsberechtigten „dieselbe Rücksicht nehmen wie der Besitzer auf das Recht des Eigenthümers während der Dauer des Vindikationsprozesses“.[683]

Dem wurde von einem anderen, nicht näher bekannten Mitglied der 2. Kommission entgegengehalten, dass der Dritterwerber, solange der Anspruch nicht geltend gemacht sei, auch „nicht mit der Realisi[e]rung“ desselben „zu rechnen brauche“.[684] Wenn man „keine Vorschrift“ aufnehme, könne der Vormerkungsberechtigte den Dritterwerber nur insoweit für „etwaige Verschlechterungen oder eine sonstige Vereitelung seines Anspruchs verantwortlich machen“, als dass „demselben ein Verschulden zur Last falle“.[685]

Die Mehrheit der 2. Kommission nahm zu dieser Auseinandersetzung keine Stellung. Sie hielt § d des Antrages ohne nähere Erläuterung für „entbehrlich“.[686]

Später wurde noch entschieden, dass das dingliche Vorkaufsrecht im Verhältnis zwischen dem Vorkaufsberechtigten und dem Dritterwerber die gleiche Wirkung hat wie eine Vormerkung.[687] Es wurde auch die Streichung des § 957 Abs. 3 des Entwurfes der 1. Kommission beschlossen.[688] Sie erfolgte aus „redaktionellen Gründen“.[689]

c) Interpretation der Aussage der 2. Kommission

Den Gesetzgebungsmaterialien ist zu entnehmen, dass sich die Mitglieder der 2. Kommission durchaus mit der Anwendung von Vorschriften des Eigentümer-Besitzer-Verhältnisses auf das Verhältnis zwischen dem Vormerkungsberechtigten und dem Dritterwerber beschäftigten. An der entscheidenden Stelle bleiben die Gesetzgebungsmaterialien jedoch etwas vage. Ihnen ist zwar zu entnehmen, dass die 2. Kommission eine Verweisung für entbehrlich hielt. Die Erwägungen, die hinter dieser Entscheidung stehen, treten aber nicht zutage.

---

[680] Protokolle d. 2. Kommission, Bd. III, S. 746.
[681] Protokolle d. 2. Kommission, Bd. III, S. 747.
[682] Protokolle d. 2. Kommission, Bd. III, S. 747.
[683] Protokolle d. 2. Kommission, Bd. III, S. 747.
[684] Protokolle d. 2. Kommission, Bd. III, S. 747.
[685] Protokolle d. 2. Kommission, Bd. III, S. 747.
[686] Protokolle d. 2. Kommission, Bd. III, S. 747.
[687] Protokolle d. 2. Kommission, Bd. III, S. 758.
[688] Protokolle d. 2. Kommission, Bd. III, S. 758.
[689] Protokolle d. 2. Kommission, Bd. III, S. 758.

Häufig wird davon ausgegangen, dass keine anfängliche Regelungslücke besteht.[690] Eine analoge Anwendung verbiete sich, „weil der Gesetzgeber eine explizite Verweisung […] erwogen und verworfen“ habe.[691] Demgegenüber hat Biermann schon im Jahre 1901 darauf hingewiesen, dass nicht die Anwendung, sondern nur die Verweisung als „entbehrlich“ abgelehnt worden sei.[692] Eine Anwendung von Vorschriften des Eigentümer-Besitzer-Verhältnisses sei dementsprechend möglich.[693]

Rosien[694] und, ihm jedenfalls im Ansatz folgend, Assmann[695] wollen dagegen differenzieren: Eine Haftung ab Rechtserwerb habe der Gesetzgeber ausgeschlossen, eine Haftung ab Rechtshängigkeit sei dagegen möglich.

Die letztgenannte Ansicht kann aber sicher nicht überzeugen. Rosien stützt diese ganz wesentlich auf die Gegenäußerung des nicht näher bekannten Mitgliedes der 2. Kommission.[696] Unabhängig davon, dass diese Gegenäußerung, wie Rosien selbst erkennt,[697] nicht eindeutig für seine Ansicht spricht, ist sie der 2. Kommission aber auch nicht ohne Weiteres zuzurechnen. Es handelt sich nicht um ihre Stellungnahme, sondern nur um die Äußerung eines einzelnen Mitgliedes von ihr.

Die von Rosien vorgenommene Unterscheidung zwischen einer Haftung ab Rechtserwerb und einer Haftung ab Rechtshängigkeit ist zudem willkürlich. Im Antrag von Jacubezky war keine Haftung ab Rechtserwerb, sondern eine Haftung ab Besitzerwerb vorgesehen.[698] In der Gegenäußerung ist nicht von einer Haftung ab Rechtshängigkeit, sondern von einer Haftung ab Geltendmachung des Anspruches die Rede.[699]

---

690 Ak-BGB/*Schweinitz*, § 888 BGB Rn. 18; *Canaris*, FS Flume I, 371, 386 Fn. 63; *Füller*, Eigenständiges SachenR?, S. 101 Fn. 319 f. u. S. 103; MüKo-BGB/*Lettmaier*, § 888 BGB Rn. 24; MüKo-BGB/*Wacke*, 4. Aufl., § 888 BGB Rn. 16; *Mülbert*, AcP 214 (2014), 309, 339; *Severin*, Auflassungsvormerkung u. Eingriffsschutz, S. 54; Staudinger/*Kesseler*, § 888 BGB Rn. 105.

691 Staudinger/*Kesseler*, § 888 BGB Rn. 105.

692 *Biermann*, Widerspruch u. Vormerkung, S. 219.

693 *Biermann*, Widerspruch u. Vormerkung, S. 219.

694 *Rosien*, Schutz d. Vormerkungsberechtigten, S. 175.

695 *Assmann*, Vormerkung, S. 449; BeckOGK-BGB/*Assmann*, § 883 BGB Rn. 302. Dagegen nicht zwischen der Haftung ab Rechtserwerb und der Haftung ab Rechtshängigkeit differenzierend, sondern die Anwendung der §§ 989 ff. BGB insgesamt mangels Regelungslücke ausschließend *Assmann*, LM § 987 BGB Nr. 20, Bl. 5.1; BeckOGK-BGB/*Assmann*, § 888 BGB Rn. 142.

696 *Rosien*, Schutz d. Vormerkungsberechtigten, S. 175 mit Fn. 31 (mit Verweis auf *Rosien*, Schutz d. Vormerkungsberechtigten, S. 17 ff.).

697 *Rosien*, Schutz d. Vormerkungsberechtigten, S. 19. Vgl. auch *Rosien*, Schutz d. Vormerkungsberechtigten, S. 21 u. S. 175.

698 Protokolle d. 2. Kommission, Bd. III, S. 741.

699 Protokolle d. 2. Kommission, Bd. III, S. 747.

Mit der Aussage des nicht näher bekannten Mitgliedes der 2. Kommission, dass der Erwerber nicht mit der „Realisi[e]rung des Anspruchs“ zu rechnen brauche, „solange derselbe nicht geltend gemacht sei“,[700] ist ebenfalls nicht die gerichtliche Geltendmachung des Anspruches gemeint. Es wird vielmehr ein, auch von Jacubezky vorgenommener,[701] Bezug zum dinglichen Vorkaufsrecht hergestellt. In den Motiven zum Sachenrecht heißt es zu diesem, dass der Dritterwerber nicht mit der „Ausübung des ihm bekannten Vorkaufsrechtes“ rechnen müsse.[702] Die Haftung nach §§ 989 ff. BGB trete erst ein, wenn der Dritterwerber „Gewißheit erlangt“ habe, dass „ihm gegenüber das Vorkaufsrecht geltend gemacht“ werde.[703] Diese Gewissheit ergebe sich aber erst mit der „Erklärung der Ausübung seitens des Berechtigten gegenüber dem Erwerber“.[704]

Die Ansicht von Biermann[705] lässt sich dagegen nicht so leicht von der Hand weisen. Tatsächlich hat die 2. Kommission ausdrücklich nur die Verweisung auf die Vorschriften des Eigentümer-Besitzer-Verhältnisses, nicht aber ihre Anwendung als entbehrlich abgelehnt. Es ist nicht ausgeschlossen, dass sie eine Verweisung aus anderen Gründen für entbehrlich erachtete. Eine Verweisung wäre auch entbehrlich, wenn die Vorschriften des Eigentümer-Besitzer-Verhältnisses bereits ohne eine solche anzuwenden wären oder die 2. Kommission der Ansicht war, dass entweder die Wissenschaft ohne eine Verweisung zu einer Anwendung kommen wird oder die Frage der Wissenschaft zur Prüfung zu überlassen ist.

Die Biermann’sche Unterscheidung zwischen der Entbehrlichkeit der Verweisung und der Entbehrlichkeit der Anwendung ist zwar sprachlich präzise, aber im Ergebnis doch etwas zu spitzfindig.[706]

Es ist nicht davon auszugehen, dass die 2. Kommission diese Unterscheidung treffen wollte. Andere Gründe für die Entbehrlichkeit der Verweisung sind nicht ersichtlich. Wäre die 2. Kommission von einer Anwendung der Vorschriften des Eigentümer-Besitzer-Verhältnisses auch ohne Verweisung ausgegangen, hätte sie § d des Antrages von Jacubezky, wie auch § f Abs. 1 seines Antrages,[707] als „selbstverständlich“ abgelehnt. Hätte die 2. Kommission dagegen angenommen, dass die Wissenschaft ohnehin zu einer Anwendung kommen wird, hätte sie ebenfalls eine andere Formulierung gewählt. So erachtete sie § e des Antrages von Jacubezky deswegen für „entbehrlich“, weil die „Rechtswissenschaft wohl ohne Be-

---

[700] Protokolle d. 2. Kommission, Bd. III, S. 747.

[701] Protokolle d. 2. Kommission, Bd. III, S. 747.

[702] Motive z. BGB, Bd. III, S. 458.

[703] Motive z. BGB, Bd. III, S. 458 f. Vgl. auch Protokolle d. 1. Kommission, SachenR II, S. 351 f.

[704] Motive z. BGB, Bd. III, S. 459. Vgl. auch Protokolle d. 1. Kommission, SachenR II, S. 351 f.; Vorlage für d. Redaktionsausschuss d. 1. Kommission, SachenR II, S. 356 f.

[705] *Biermann*, Widerspruch u. Vormerkung, S. 219.

[706] Vgl. *Assmann*, Vormerkung, S. 449 Fn. 82.

[707] Protokolle d. 2. Kommission, Bd. III, S. 748.

denken" zu dem beantragten „Satze" gelangen werde.[708] Auch ein Prüfungsauftrag an die Wissenschaft wird für gewöhnlich in anderer Art und Weise vergeben.[709]

Zudem sprechen die Gesamtumstände dafür, dass die 2. Kommission nicht nur eine Verweisungsnorm, sondern die Anwendung von Vorschriften des Eigentümer-Besitzer-Verhältnisses an sich für entbehrlich hielt.

Der Antrag von Jacubezky, die Vormerkung zu einem dinglichen Recht auszugestalten,[710] wurde abgelehnt.[711] Möglicherweise sah die 2. Kommission schon deswegen für § d des Antrages kein Bedürfnis. Immerhin sind die Vorschriften des Eigentümer-Besitzer-Verhältnisses auf das Eigentum als dem Prototyp des dinglichen Rechtes zugeschnitten.

Auch hatten die Mitglieder der 2. Kommission bereits einen Antrag angenommen,[712] welcher in seiner Begründung eine Haftung des Dritterwerbers für die „schuldhafte Vereitelung des Rechtes" vorsah.[713] Es liegt nahe, dass sie auch aus diesem Grund von einer näheren Begründung absahen.

Außerdem ist nicht ausgeschlossen, dass die 2. Kommission ihre Ablehnungsentscheidung nur deswegen nicht näher begründete, weil sie sich nicht länger von Jacubezky aufhalten lassen wollte.[714] Jacubezky galt als „enfant terrible".[715] Er hielt die Kommissionsarbeiten „durch seine zahlreichen Anträge […] um mehrere Monate, wenn nicht gar um über ein Jahr" auf.[716] Man sagte damals, er habe die Verhandlungen „so fühlbar aufgehalten", dass er „das Reich […] hundert Tausende gekostet" habe.[717] Dazu passt es, dass die Bearbeitung des Antrages von Jacubezky zur Vormerkung eine ganze Sitzung in Anspruch nahm.[718]

---

[708] Protokolle d. 2. Kommission, Bd. III, S. 747.

[709] A.A. *Gursky*, JR 1984, 3, 4.

[710] Protokolle d. 2. Kommission, Bd. III, S. 740.

[711] Protokolle d. 2. Kommission, Bd. III, S. 743 u. S. 746.

[712] Protokolle d. 2. Kommission, Bd. III, S. 743 u. S. 746.

[713] Protokolle d. 2. Kommission, Bd. III, S. 744. Diese Formulierung deutet, anders als von Rosien erwogen (*Rosien*, Schutz d. Vormerkungsberechtigten, S. 19 Fn. 18), nicht darauf hin, dass der Vormerkungsberechtigte gegen den Dritterwerber Ansprüche wegen tatsächlicher Beeinträchtigung des Grundstückes hat. Mit der „schuldhafte[n] Vereitelung des Rechtes" war wohl vielmehr die Beeinträchtigung des Rechtserwerbes gemeint. Den Rechtserwerb des Vormerkungsberechtigten beeinträchtigt der Dritterwerber beispielsweise, wenn er ihn schuldhaft verzögert. Vgl. Gliederungspkt. § 13 C.I. (S. 224 ff.).

[714] Vgl. zum als lästig empfundenen Antragsverhalten von Jacubezky nur Jakobs/Schubert/*Jahnel*, Materialien z. BGB, Entstehungsgeschichte, S. 101 f.; Jakobs/Schubert/*Schubert*, Materialien z. BGB, Entstehungsgeschichte, S. 49, S. 54, S. 58 f. u. S. 66.

[715] So Windscheid in einem Brief an Planck. Zitiert nach Jakobs/Schubert/*Schubert*, Materialien z. BGB, Entstehungsgeschichte, S. 58.

[716] Jakobs/Schubert/*Schubert*, Materialien z. BGB, Entstehungsgeschichte, S. 58.

[717] So Schicker in einem Brief nach Stuttgart. Zitiert nach Jakobs/Schubert/*Schubert*, Materialien z. BGB, Entstehungsgeschichte, S. 66.

[718] Vgl. Protokolle d. 2. Kommission, Bd. III, S. 740 ff.

Die besseren Argumente sprechen dafür, dass die 2. Kommission die Anwendung von Vorschriften des Eigentümer-Besitzer-Verhältnisses als entbehrlich ablehnte.

Diese Feststellung gilt für alle Anwendungsfälle der Vormerkung. Klüchtzner geht zwar davon aus, dass nur eine „generelle Regelung für jeden Fall", nicht aber eine solche für den „speziellen Fall" der Eigentumsvormerkung abgelehnt worden sei.[719] Ihm kann jedoch nicht gefolgt werden. Er übersieht, dass gerade die einer Eigentumsvormerkung zuwiderlaufende Eigentumsübertragung an einen Dritten dem Gesetzgeber für die rechtliche Ausgestaltung der Vormerkung Modell gestanden hat.

d) Zwischenergebnis

Eine anfängliche Regelungslücke besteht nicht. Die Mitglieder der 2. Kommission hielten die Anwendung von Vorschriften des Eigentümer-Besitzer-Verhältnisses für entbehrlich.

2. Nachträgliche Regelungslücke

Es könnte allerdings noch erwogen werden, ob eine nachträgliche Regelungslücke besteht.

Eine solche entsteht, wenn sich die gesetzlich geregelte Tatsachenlage ändert, neue Wertvorstellungen des Gesetzgebers gültig werden oder es zu einer einschneidenden Änderung der Wertvorstellungen in der Rechtsgemeinschaft kommt.[720]

Seit Erlass des BGB ist indes keine für die Vormerkung beachtliche Änderung der Wertvorstellungen des Gesetzgebers oder der Rechtsgemeinschaft erfolgt.[721] Auch die gesetzlich geregelte Tatsachenlage hat sich nicht geändert. Es gibt keine Anhaltspunkte dafür, dass heute ein gestiegenes Schutzbedürfnis des Vormerkungsberechtigten besteht, welchem durch die Anwendung von schadensersatzrechtlichen Vorschriften Rechnung getragen werden müsste.[722]

Somit besteht auch keine nachträgliche Regelungslücke.

---

[719] *Klüchtzner*, Aufwendungsersatzpflicht d. Vormerkungsberechtigten, S. 11.

[720] S. nur *Rüthers/Fischer/Birk*, Rechtstheorie, Rn. 861 f.

[721] *Assmann*, Vormerkung, S. 449; BeckOGK-BGB/*Assmann*, § 883 BGB Rn. 303; *Mülbert*, AcP 214 (2014), 309, 339.

[722] *Mülbert*, AcP 214 (2014), 309, 339. A. A. Ak-BGB/*Schweinitz*, § 888 BGB Rn. 19 (zur Anwendbarkeit des § 823 Abs. 1 BGB).

3. Exkurs: Berechtigung für eine Gesetzesabweichung

Kurz sei auch noch zu der – zur Rechtfertigung einer Gesetzesabweichung herangezogenen – Behauptung Stellung genommen, dass im Verhältnis zwischen dem Vormerkungsberechtigten und dem Dritterwerber ein „Rechtsnotstand" besteht.[723] Etwa Gursky geht davon aus, dass es einen „für das allgemeine Rechtsbewußtsein unerträglichen Zustand" darstellt,[724] dass der Dritterwerber gegen den Vormerkungsberechtigten keinen Anspruch auf Ersatz von Verwendungen hat.[725] Er möchte mit der Anwendung der Verwendungsersatzansprüche aus §§ 994 ff. BGB Abhilfe schaffen.[726]

Schon das Bestehen eines „Rechtsnotstandes" für Verwendungen des Dritterwerbers ist kritisch zu hinterfragen.[727]

Es dürfte aber Einigkeit insoweit bestehen, dass kein „Rechtsnotstand" besteht, welcher die Anwendung der Schadensersatzansprüche aus §§ 989 ff. BGB rechtfertigt.[728] Der Vormerkungsberechtigte wird sich entweder im Verhältnis zum Vormerkungsverpflichteten schadlos halten können[729] oder er hat das Risiko für eine zwischenzeitliche Verschlechterung des Grundstückes selbst übernommen.

4. Zwischenergebnis

Es liegt weder eine anfängliche noch eine nachträgliche Regelungslücke vor. Folglich scheidet die analoge Anwendung des schadensersatzrechtlichen Teiles des Eigentümer-Besitzer-Verhältnisses (§§ 989 ff. BGB) aus.

II. Vergleichbare Interessenlage

Da das „beredete Schweigen" des Gesetzes aber nicht jeden davon abhält, die Vorschriften des Eigentümer-Besitzer-Verhältnisses im Verhältnis zwischen dem

---

[723] *Gursky*, SachenR, Rn. 64 ff.; *Gursky*, JR 1984, 3, 5; *Kelm/Scheibenpflug*, JURA 2017, 834, 839; Staudinger/*Kesseler*, § 888 BGB Rn. 92 f.

[724] Den Begriff „Rechtsnotstand" verwendet Gursky (*Gursky*, SachenR, Rn. 64 mit Fn. 26) im Sinne von Larenz (*Larenz*, Methodenlehre d. Rechtswissenschaft, S. 426 ff.). Alle anderen verwenden den Begriff im Anschluss an Gursky (*Kelm/Scheibenpflug*, JURA 2017, 834, 839 Fn. 27; Staudinger/*Kesseler*, § 888 BGB Rn. 93). Ob dieser Begriff zweckmäßig und die hinter ihm stehende Konstruktion tragfähig ist, kann dahinstehen.

[725] *Gursky*, SachenR, Rn. 65; *Gursky*, JR 1984, 3, 5.

[726] *Gursky*, SachenR, Rn. 66; *Gursky*, JR 1984, 3, 5.

[727] Vgl. *Assmann*, Vormerkung, S. 463; BeckOGK-BGB/*Assmann*, § 888 BGB Rn. 149.1 ff.

[728] *Mülbert*, AcP 214 (2014), 309, 339; *Severin*, Auflassungsvormerkung u. Eingriffsschutz, S. 55; Staudinger/*Kesseler*, § 888 BGB Rn. 105.

[729] Vgl. *Mülbert*, AcP 214 (2014), 309, 339; Staudinger/*Kesseler*, § 888 BGB Rn. 105.

Vormerkungsberechtigten und dem Dritterwerber zur Anwendung zu bringen, soll im Weiteren noch untersucht werden, ob eine vergleichbare Interessenlage besteht.

Eine solche wäre gegeben, wenn das Rechtsverhältnis zwischen dem Vormerkungsberechtigten und dem Dritterwerber dem Rechtsverhältnis zwischen dem Eigentümer und dem Besitzer ohne Besitzrecht so ähnlich ist, dass der Gesetzgeber die Vorschriften des Eigentümer-Besitzer-Verhältnisses auch auf dieses Verhältnis hätte erstrecken können.

Es ist festzustellen, ob die Rechtsposition des Dritterwerbers mit derjenigen eines Besitzers ohne Besitzrecht und die Rechtsposition des Vormerkungsberechtigten mit derjenigen eines Eigentümers vergleichbar ist.

Anschließend soll noch untersucht werden, ob eine analoge Anwendung des schadensersatzrechtlichen Teiles des Eigentümer-Besitzer-Verhältnisses (§§ 989 ff. BGB) mit dem Schutz des Dritterwerbers vor der Haftung nach § 823 Abs. 1 BGB begründet werden kann.

1. Rechtsposition des Dritterwerbers

Eine Vergleichbarkeit der Rechtspositionen des Dritterwerbers und des Besitzers ohne Besitzrecht liegt nicht unbedingt auf der Hand.

a) Vergleichbarkeit der Rechtspositionen des Dritterwerbers und des Besitzers ohne Besitzrecht

Teilweise wird argumentiert, dass der Dritterwerber jederzeit aus seiner Rechtsposition verdrängt werden kann.[730] Er also „von vornherein" mit dem Verlust seines Rechtes „rechnen" und dementsprechend „das Grundstück als ein wenigstens möglicherweise fremdes behandeln" muss.[731]

Diese Argumentation kann nicht überzeugen. Es werden Anwendungsvoraussetzungen und inhaltliche Ausgestaltung des Eigentümer-Besitzer-Verhältnisses miteinander vermengt. Dass die Rechtsposition des Dritterwerbers mit derjenigen des Besitzers ohne Besitzerrecht vergleichbar ist, kann sich nicht daraus ergeben, dass der Dritterwerber (möglicherweise) einem bösgläubigen oder verklagten Besitzer gleichzustellen ist.

Auch der unmittelbare Anwendungsbereich des Eigentümer-Besitzer-Verhältnisses ist nicht deswegen eröffnet, weil der Besitzer mit dem Verlust seines Besitzrechtes rechnen muss. So kann die entliehene Sache zwar unter Umständen

[730] *Löhnig/Gietl*, JuS 2008, 102, 106; MüKo-BGB/*Raff*, Vorb. § 987 BGB Rn. 52. Vgl. auch *Auer*, JuS 2007, 1122, 1123 u. 1125 (zur Anwendbarkeit der §§ 987 ff. BGB u. der §§ 994 ff. BGB); *Pfaller/Jouannaud*, JURA 2023, 191, 199 (zur Anwendbarkeit der §§ 994 ff. BGB).

[731] *Biermann*, Widerspruch u. Vormerkung, S. 219.

„jederzeit" (§ 604 Abs. 3 BGB) vom Verleiher zurückgefordert werden. Das ändert aber nichts daran, dass der Entleiher bis zur Rückforderung ein Recht zum Besitz hat.

Zumeist wird aber ohnehin ein anderer Weg beschritten, um die Vergleichbarkeit der Rechtspositionen des Dritterwerbers und des Besitzers ohne Besitzrecht zu begründen.

Es wird das Rechtsverhältnis zwischen dem Berichtigungsberechtigten und dem Berichtigungsverpflichteten (vgl. § 894 BGB) herangezogen.[732] Es sei allgemein anerkannt, dass die Rechtsposition eines „Buchberechtigten" mit derjenigen des Besitzers ohne Besitzrecht vergleichbar ist.[733] Auch die Rechtsposition des Dritterwerbers sei die eines „Buchberechtigten".[734] Der Umweg über § 894 BGB ergebe die Vergleichbarkeit der Rechtspositionen des Dritterwerbers und des Besitzers ohne Besitzrecht.[735]

Schon die Annahme einer Vergleichbarkeit der Rechtsposition des „Buchberechtigten" mit derjenigen des Besitzers ohne Besitzrecht ist nicht unangreifbar.[736] Insbesondere stellt sich aber die Frage, ob der Dritterwerber tatsächlich ein „Buchberechtigter" ist.

Es ist damit erneut[737] die viel untersuchte und doch bis heute lebhaft umstrittene Frage nach den Rechtswirkungen der Vormerkung aufgeworfen. Sie wird nun, obwohl man sie durchaus als „Kind der Begriffsjurisprudenz" bezeichnen kann,[738] eine ausführliche Erörterung erfahren. Denn, zwar war die Frage nach den Rechtswirkungen der Vormerkung in der Anfangszeit von „formallogische[n] Bedenken"

---

[732] *Müller/Gruber*, SachenR, Rn. 2947; *Schellhammer*, SachenR, Rn. 984. Vgl. auch BGHZ 144, 323, 327 (zur Anwendbarkeit der §§ 987 ff. BGB); BGHZ 75, 288, 292 (zur Anwendbarkeit der §§ 994 ff. BGB auf das Wiederkaufsrecht gem. § 20 RSiedlG); *Auer*, JuS 2007, 1122, 1123 u. 1125 (zur Anwendbarkeit der §§ 987 ff. BGB u. der §§ 994 ff. BGB); *Ohly/Werner*, JuS 2007, 449, 452 (zur Anwendbarkeit der §§ 994 ff. BGB); *Pfaller/Jouannaud*, JURA 2023, 191, 199 (zur Anwendbarkeit der §§ 994 ff. BGB); *Trapp*, Vormerkung, S. 102 f. (zur Anwendbarkeit der §§ 994 ff. BGB); *Vieweg/Röthel*, SachenR, S. 221 ff. (zur Anwendbarkeit der §§ 987 ff. BGB u. der §§ 994 ff. BGB); *Wellenhofer*, SachenR, § 18 Rn. 31 (zur Anwendbarkeit der §§ 987 ff. BGB u. der §§ 994 ff. BGB).

[733] S. nur *Müller/Gruber*, SachenR, Rn. 2947.

[734] S. nur *Müller/Gruber*, SachenR, Rn. 2947.

[735] S. nur *Müller/Gruber*, SachenR, Rn. 2947.

[736] Staudinger/*Picker*, § 894 BGB Rn. 173. A. A. – also auch von einer Anwendung der Vorschriften des Eigentümer-Besitzer-Verhältnisses ausgehend, wenn der „Buchberechtigte" kein Besitzer ist – BGHZ 75, 288, 292; BGH NJW 1985, 382, 383 f.; BeckOGK-BGB/*Spohnheimer*, § 987 BGB Rn. 7; MüKo-BGB/*Schäfer*, § 894 BGB Rn. 48; NK-BGB/*Krause*, § 894 BGB Rn. 55; Soergel/*Kern*, § 894 BGB Rn. 3; Soergel/*Stadler*, Vorb. § 987 BGB Rn. 6; Staudinger/*Thole*, Vorb. §§ 987 ff. BGB Rn. 195.

[737] S. bereits Gliederungspkt. § 8 C.II.1. (S. 106).

[738] S. zu §§ 135 f. BGB *Fahland*, Verfügungsverbot, S. 19.

geprägt,[739] diesem begriffsjuristischen Korsett ist sie aber entwachsen. Die begriffsjuristischen Argumentationsmuster sind heutzutage weitgehend durch interessenbasierte Argumente ersetzt worden.[740]

Die Rechtswirkungen der Vormerkung können durch Auslegung der §§ 883 Abs. 2 S. 1, 888 Abs. 1 BGB, dem „Rechtsfolgenverbund" der Vormerkung,[741] bestimmt werden. Es bietet sich an, zunächst die aus gesetzgeberischer Sicht regelungsbedürftige Sachlage, auf welche die Vormerkung eine Antwort geben sollte, zu ermitteln.[742] Im Anschluss daran kann die zur Beseitigung des erkannten Missstandes gewählte gesetzgeberische Konstruktion untersucht werden. Die zu ihr getroffenen Feststellungen werden im weiteren Verlauf der Untersuchung noch einige Male von Bedeutung sein.

b) Gesetzgeberische Ausgangslage: Absolute Wirksamkeit von anspruchswidrigen Verfügungen

Der Gesetzgeber hat sich bei der rechtlichen Ausgestaltung der Vormerkung an einer der Eigentumsvormerkung zuwiderlaufenden Eigentumsübertragung an einen Dritten orientiert. Aus diesem Grund wird hier exemplarisch der Grundstückskaufvertrag herausgegriffen. Dessen Eigentumsverschaffungsanspruch (§ 433 Abs. 1 S. 1 BGB) ist einer jener Ansprüche, welcher am häufigsten durch eine (Eigentums-)Vormerkung gesichert wird.[743]

Bei diesem stehen sich zwei Interessen gegenüber: Der Verkäufer möchte seine Besitz- und vor allem seine Eigentumsverschaffungspflicht aus § 433 Abs. 1 S. 1 BGB erst erfüllen, wenn der vereinbarte Kaufpreis gezahlt worden ist. Der Käufer hingegen möchte seine Pflicht zur Kaufpreiszahlung aus § 433 Abs. 2 BGB erst erfüllen, wenn er Besitz und Eigentum an der Kaufsache erhalten hat. Beide Interessen lassen sich, anders als bei Kaufverträgen über bewegliche Sachen, bei denen eine Erfüllung Zug-um-Zug (vgl. § 320 Abs. 1 S. 1 BGB) möglich ist,[744] nicht

---

[739] S. zu §§ 135 f. BGB *Fahland*, Verfügungsverbot, S. 19. Vgl. auch *Schwerdtner*, Verzug im SachenR, S. 186 Fn. 13. Vgl. zu §§ 135 f. BGB auch *Beer*, Relative Unwirksamkeit, S. 79 ff.; *Paulus*, FS Nipperdey I, 909, 910.

[740] Vgl. nur *Rosien*, Schutz d. Vormerkungsberechtigten, S. 34.

[741] S. zu diesem Begriff nur *Rosien*, Schutz d. Vormerkungsberechtigten, S. 69 Fn. 25; Staudinger/*Kesseler*, § 883 BGB Rn. 283, Rn. 310, Rn. 326 u. § 888 BGB Rn. 121; Westermann/*Gursky*, SachenR, § 82 Rn. 38. S. zu §§ 135 f. BGB auch *Kohler*, Verfügungsverbot, S. 137 ff.

[742] Vgl. allgemein zu dieser Vorgehensweise *Rüthers/Fischer/Birk*, Rechtstheorie, Rn. 719, Rn. 787 u. Rn. 795.

[743] *Mülbert*, AcP 197 (1997), 335, 358; *Prütting*, SachenR, Rn. 181; Westermann/*Gursky*, SachenR, § 82 Rn. 13; *Wörlen/Kokemoor/Lohrer*, SachenR, Rn. 241. Vgl. auch *Assmann*, Vormerkung, S. 35.

[744] Dass es für bewegliche Sachen in der Praxis zahlreiche rechtliche Gestaltungsmöglichkeiten gibt, durch die eine Erfüllung Zug-um-Zug (vgl. § 320 Abs. 1 S. 1 BGB) vermieden

miteinander vereinbaren.[745] Zwar kann der Verkäufer seine Pflicht zur Besitzverschaffung zeitgleich mit Erhalt des Kaufpreises erfüllen. Das Eigentum an dem Grundstück erlangt der Käufer jedoch erst mit der teilweise erheblich zeitversetzten[746] Eintragung in das Grundbuch.

Damit ist bei Grundstückskaufverträgen eine Vertragspartei zur Vorleistung genötigt. Das kann – je nach der Verhandlungsposition der Vertragsparteien – der Verkäufer sein, welcher verpflichtet ist, dem Käufer vor Erhalt des vereinbarten Kaufpreises Besitz und Eigentum an dem Grundstück zu verschaffen. In der Regel wird die Vorleistungspflicht jedoch den Käufer treffen. Dieser ist verpflichtet, den Kaufpreis vor Erwerb des Eigentums zu zahlen.

Der vorleistungspflichtige Käufer ist bei der Zahlung des Kaufpreises hauptsächlich zwei Risiken ausgesetzt.[747] Zum einen besteht die Möglichkeit, dass über das Vermögen des Verkäufers im Zeitraum zwischen Zahlung des Kaufpreises und Erfüllung der Eigentumsverschaffungspflicht ein Insolvenzverfahren eröffnet wird.[748] Zum anderen kann der Verkäufer nach Abschluss des Kaufvertrages und insbesondere noch nach Zahlung des Kaufpreises anspruchswidrig über das Grundstück verfügen.[749]

Es stellt sich die Frage, ob und bejahendenfalls wie der vorleistungspflichtige Käufer vor diesen Risiken zu schützen ist. Nach der Konzeption des BGB ist eine anspruchswidrige Verfügung absolut, das heißt in vollem Umfang und gegenüber jedermann, wirksam.[750]

Verfügt der Verkäufer nach Abschluss des Kaufvertrages beispielsweise dergestalt über das Grundstück, dass er sein Eigentum an einen Dritten überträgt (§§ 873 Abs. 1, 925 Abs. 1 BGB), wird dieser mit der Eintragung in das Grundbuch auch Eigentümer des Grundstückes. Weigert sich der Dritte im Anschluss beharrlich, sein

---

wird, ist unbestritten. Bedeutsam ist an dieser Stelle nur, dass die Vertragsparteien die rechtliche und tatsächliche Möglichkeit haben, eine Erfüllung Zug-um-Zug vorzusehen. S. zu alledem bereits Vorentwürfe z. BGB/*Johow*, SachenR I, S. 338 f.

[745] OLG Köln DNotZ 1989, 257, 260 f.; BeckOGK-BGB/*Weber*, § 925 BGB Rn. 16; *Brambring*, DNotZ 1990, 615, 616; *Rosien*, Schutz d. Vormerkungsberechtigten, S. 151 mit Fn. 301; *Weirich/Ivo*, GrundstücksR, Rn. 869. S. zu alledem bereits Vorentwürfe z. BGB/*Johow*, SachenR I, S. 339.

[746] Anschaulich *Weirich/Ivo*, GrundstücksR, Rn. 869 („[z]wischen dem Verpflichtungsgeschäft und der Eintragung können […] Wochen, Monate, ja sogar Jahre liegen").

[747] Vorentwürfe z. BGB/*Johow*, SachenR I, S. 339. S. ausführlich zu diesen und auch zu weiteren Risiken für den vorleistungspflichtigen Käufer nur Schöner/Stöber/*Riedel/Volmer/Wilsch*, Handb GrundbuchR, Rn. 1477; Staudinger/*Kesseler*, § 883 BGB Rn. 4; *Steup*, Grundbuchrang u. Grundbuchvormerkung, Rn. 215 f. S. außerdem Gliederungspkt. § 8 D.II.2. c)dd) (S. 158 ff.).

[748] Vorentwürfe z. BGB/*Johow*, SachenR I, S. 339.

[749] Vorentwürfe z. BGB/*Johow*, SachenR I, S. 339.

[750] Vgl. Motive z. BGB, Bd. III, S. 241. Vgl. auch Protokolle d. 1. Kommission, SachenR I, S. 321 f.

Eigentum zu übertragen, wird dem Verkäufer die Erfüllung seiner Eigentumsverschaffungspflicht gegenüber dem Käufer unmöglich (§ 275 Abs. 1 Alt. 1 BGB).

Diese absolute Wirksamkeit ist zum einen die Folge einer konsequent zu Ende gedachten Trennung von obligatorischem Verpflichtungs- und dinglichem Verfügungsgeschäft,[751] zum anderen aber auch Ausdruck der Relativität von obligatorischen Rechtsverhältnissen.[752]

Betrachtet man die Rechtswirkungen der absoluten Wirksamkeit, zeigt sich zudem eine gesetzgeberische Interessenbewertung zugunsten des Dritten. Das Interesse des Käufers, Eigentümer des gekauften Grundstückes zu werden, steht hinter dem Interesse des Dritten, unabhängig von etwaigen obligatorischen Verpflichtungen des Verkäufers Eigentümer des Grundstückes zu werden, zurück.

Dass der Verkäufer weiterhin die Möglichkeit hat, zugunsten eines Dritten, aber entgegen dem Kaufvertrag über das Grundstück zu verfügen, spricht auf den ersten Blick dafür, dass auch sein Interesse geschützt wird. Dagegen spricht jedoch entscheidend, dass der Verkäufer gegenüber dem Käufer für die anspruchswidrige Verfügung verantwortlich ist.

Der Käufer kann nicht nur gem. §§ 326 Abs. 5, 323 Abs. 1 BGB vom Kaufvertrag zurücktreten und gem. § 346 Abs. 1 BGB den gezahlten Kaufpreis zurückverlangen, sondern zusätzlich (vgl. § 325 BGB) auch gem. §§ 280 Abs. 1, Abs. 3, 283 BGB Schadensersatz und, jedenfalls nach der herrschenden Ansicht,[753] gem. § 285 Abs. 1 BGB Herausgabe des von dem Dritten erhaltenen Veräußerungserlöses fordern.

Diese Anwendung von schuldrechtlichen Vorschriften kann zwar die oben genannten Risiken des vorleistungspflichtigen Käufers nur bedingt abmildern, im Verhältnis zum Verkäufer wird sein Interesse an der vermögensrechtlichen Schadloshaltung bzw. sogar Partizipation an der anspruchswidrigen Verfügung aber höher gewichtet als das Interesse des Verkäufers. Dass der Verkäufer weiterhin über das Grundstück verfügen kann, dient also nicht seinem Schutz, sondern ist lediglich ein Rechtsreflex aus dem Schutz des Dritten.

Wäre es nach den Mitgliedern der 1. Kommission gegangen, wäre die absolute Wirksamkeit von anspruchswidrigen Verfügungen nicht nur für Kaufverträge über

---

[751] Vgl. Protokolle d. 2. Kommission, Bd. III, S. 113 f.

[752] Vgl. Motive z. BGB, Bd. III, S. 241. Vgl. auch Protokolle d. 1. Kommission, SachenR I, S. 321 f.

[753] BGHZ 75, 203, 206 (zu § 281 BGB a. F.); BGHZ 46, 260, 264 (zu § 281 BGB a. F.); BGH NJW-RR 2005, 241, 242 (zu § 281 BGB a. F.); BeckOGK-BGB/*Dornis*, § 285 BGB Rn. 76 f.; MüKo-BGB/*Emmerich*, § 285 BGB Rn. 22 f.; NK-BGB/*Dauner-Lieb*, § 285 BGB Rn. 9 u. Rn. 12; Soergel/*Benicke/Hellwig*, § 285 BGB Rn. 63. In diese Richtung auch, den Anspruch auf Herausgabe des Veräußerungserlöses aber auf den entstandenen Schaden beschränkend Staudinger/*Caspers*, § 285 BGB Rn. 37 u. Rn. 41.

bewegliche, sondern auch für solche über unbewegliche Sachen vorbehaltlos durchgeführt worden.[754]

Die 2. Kommission sah jedoch, beeinflusst durch die Stellungnahmen der Bundesregierungen[755] sowie im Anschluss an den Johow'schen Vorentwurf zum Sachenrecht,[756] ein praktisches Bedürfnis für die Abschwächung der mit der Vorleistung des Käufers verbundenen Risiken.[757] Um sie abzuschwächen, den Käufer also ausnahmsweise gegenüber dem Dritten besserzustellen und damit die vorgefundene Interessenbewertung partiell zu modifizieren, wurde die Vormerkung eingeführt.

Ihre Rechtswirkungen sind entsprechend ihres Schutzzweckes in inhaltlicher Hinsicht auf vormerkungswidrige Verfügungen, das heißt Verfügungen, welche dem durch die Vormerkung gesicherten Anspruch zuwiderlaufen, beschränkt.[758] Welche Rechtswirkungen der Gesetzgeber der Vormerkung im Übrigen, das heißt insbesondere in persönlicher Hinsicht, beigelegt hat, ist dagegen seit jeher äußerst umstritten.

c) Absolute Unwirksamkeit von vormerkungswidrigen Verfügungen

Zunächst könnte man in Erwägung ziehen, dass der Gesetzgeber eine absolute, das heißt gegenüber jedermann wirkende, Unwirksamkeit vormerkungswidriger Verfügungen zum Prinzip erhoben hat.

Das wäre einerseits der Fall, wenn vormerkungswidrige Verfügungen von vornherein verboten worden wären, andererseits auch dann, wenn dem Dritterwerber der Rechtserwerb zwar möglich, dieser aber nur bis zum Eintritt einer noch näher zu spezifizierenden Bedingung wirksam wäre.

Der Dritterwerber wäre dann tatsächlich von vornherein bzw. spätestens mit Bedingungseintritt als „Buchberechtigter" (vgl. § 894 BGB) anzusehen.

---

[754] Vgl. Motive z. BGB, Bd. III, S. 240 ff. Vgl. auch Protokolle d. 1. Kommission, SachenR I, S. 321 f.

[755] Protokolle d. 2. Kommission, Bd. III, S. 114. Vgl. auch Protokolle d. 2. Kommission, Bd. III, S. 111. S. zu einer Übersicht der Stellungnahmen der Bundesregierungen *Biermann*, Widerspruch u. Vormerkung, S. 67 f.

[756] Vorentwürfe z. BGB/*Johow*, SachenR I, S. 337 ff.

[757] Protokolle d. 2. Kommission, Bd. III, S. 114 f.

[758] *Assmann*, Vormerkung, S. 106 ff.; *Baur/Stürner*, SachenR, § 20 Rn. 38 f.; BeckOGK-BGB/*Assmann*, § 883 BGB Rn. 159 ff.; MüKo-BGB/*Lettmaier*, § 883 BGB Rn. 59; NK-BGB/*Krause*, § 883 BGB Rn. 58; Soergel/*Kern*, § 883 BGB Rn. 45; Staudinger/*Kesseler*, § 883 BGB Rn. 285; Westermann/*Gursky*, SachenR, § 82 Rn. 25.

aa) Verbot von vormerkungswidrigen Verfügungen

Soweit ersichtlich wurde zu keiner Zeit ernsthaft vertreten, dass die §§ 883 Abs. 2 S. 1, 888 Abs. 1 BGB vormerkungswidrige Verfügungen mit absoluter Wirkung verbieten.[759]

Es ist allgemeine Ansicht, dass sich der Vormerkungsverpflichtete durch die Bestellung einer Vormerkung nicht seiner Befugnis entledigt, über das Grundstück zu verfügen, und ebenso wenig das Grundbuchamt vormerkungswidrige Eintragungen verweigern darf.[760] Eine Ausnahme hiervon wird nur für die seltenen Fälle gemacht, in denen die Durchführung der relativen Unwirksamkeit mit erheblichen grundbuchrechtlichen Schwierigkeiten verbunden wäre.[761]

Dem ist zuzustimmen. Die Annahme, vormerkungswidrige Verfügungen seien von vornherein absolut unwirksam, findet keinerlei grammatikalische, entstehungsgeschichtliche oder systematische Anknüpfungspunkte in §§ 883 Abs. 2 S. 1, 888 Abs. 1 BGB. Sie entfernt sich derart weit von einer denkbaren Auslegung, dass sie oft nur als nicht gewählte gesetzgeberische Gestaltungsmöglichkeit vorgestellt wird.[762]

Das Verbot von vormerkungswidrigen Verfügungen würde zudem eine vollständige Umkehrung der absoluten Wirksamkeit darstellen. Eine solche hätte eine Interessenfehlgewichtung zur Folge. Es würde nicht nur ausnahmsweise zu einer Modifizierung der Interessenbewertung kommen, sondern der Vormerkungsberechtigte wäre stets, etwa auch, wenn ein gem. § 883 Abs. 1 S. 2 Alt. 1 BGB sicherungsfähiger zukünftiger Anspruch noch gar nicht zur Entstehung gelangt ist,[763]

---

[759] Regelungen, welche ein Verbot vormerkungswidriger Verfügungen aussprachen, hatte Johow in § 17 Abs. 2 (Abschnitt 1, Titel 2) (Vor-Vorentwürfe z. BGB/*Johow*, SachenR I, S. 7 u. S. 15) und § 2 Abs. 1 (Abschnitt 3, Titel 2) (Vor-Vorentwürfe z. BGB/*Johow*, SachenR I, S. 18 u. S. 24 f.) seiner, allerdings ohne Einfluss gebliebenen (vgl. *Günther*, Vormerkung, S. 58), Vor-Vorentwürfe zum Sachenrecht vorgesehen. Ein Verbot vormerkungswidriger Verfügungen gab es vor Einführung des BGB etwa im hessischen Grund- und Hypothekenwesen. Vgl. *Deppert*, Vormerkung, S. 6 mit Fn. 5. Vgl. aus dem älteren Schrifttum auch *Biermann*, Widerspruch u. Vormerkung, S. 51 ff.

[760] BGH BeckRS 2000, 30138278; *Assmann*, Vormerkung, S. 116; BeckOGK-BGB/*Assmann*, § 883 BGB Rn. 168; MüKo-BGB/*Lettmaier*, § 883 BGB Rn. 58; NK-BGB/*Krause*, § 883 BGB Rn. 55; Soergel/*Kern*, § 883 BGB Rn. 53; Staudinger/*Kesseler*, § 883 BGB Rn. 236.

[761] BayObLGZ 1993, 259, 261 f.; MüKo-BGB/*Lettmaier*, § 883 BGB Rn. 61 f.; NK-BGB/*Krause*, § 883 BGB Rn. 63 f.; Soergel/*Kern*, § 883 BGB Rn. 53; Staudinger/*Kesseler*, § 883 BGB Rn. 310 ff.; Westermann/*Gursky*, SachenR, § 82 Rn. 38. A.A. *Assmann*, Vormerkung, S. 80 ff. u. S. 420 f.; BeckOGK-BGB/*Assmann*, § 883 BGB Rn. 122 ff.

[762] S. nur *Baur/Stürner*, SachenR, § 20 Rn. 34; *Hager*, JuS 1990, 429, 429; *Knöpfle*, JuS 1981, 157, 157; *Severin*, Auflassungsvormerkung u. Eingriffsschutz, S. 13 Fn. 45. A.A. *Witt*, JuS 2004, 48, 48 Fn. 4.

[763] *Knöpfle*, JuS 1981, 157, 157 f. mit Fn. 8.

bevorteilt.[764] Das Interesse des Dritterwerbers, unabhängig von etwaigen obligatorischen Verpflichtungen das dingliche Recht erwerben zu können, würde stets hinter dem Interesse des Vormerkungsberechtigten zurückstehen. Es wäre damit unnötig drastisch, da deutlich über das Sicherungsinteresse des Vormerkungsberechtigten hinausgehend, beschränkt.[765] Nicht entscheidend ist dagegen, dass der – bei vormerkungswidrigen Verfügungen nicht schutzwürdige[766] – Eigentümer „in höchst lästiger, letztendlich unnötiger Weise" durch ein Verbot vormerkungswidriger Verfügungen behindert wird[767] oder, sofern man dieses denn annehmen möchte, „[a]ndere Personen als der Gläubiger" kein Interesse an der Unwirksamkeit der Verfügung haben.[768]

bb) Bedingte Rechtsinhaberschaft und rückwirkende Unwirksamkeit

Man könnte indes vertreten, dass der Rechtserwerb des Dritterwerbers zwar zunächst absolut wirksam ist, jedoch unter der auflösenden Rechtsbedingung der Geltendmachung des gesicherten Anspruches[769] oder, zeitlich nachgelagert, der Verwirklichung desselben[770] steht. Trete die Bedingung ein, werde die vormerkungswidrige Verfügung von Anfang an und absolut unwirksam.[771] Hat der Vormerkungsverpflichtete eine die Eigentumsvormerkung vereitelnde Verfügung getroffen, falle das Eigentum an ihn zurück.[772] Er könne es im Anschluss an den Vormerkungsberechtigten übertragen.[773]

---

[764] Zu weiteren Konstellationen, in denen es durch ein Verbot vormerkungswidriger Verfügungen zu einer nicht gerechtfertigten Bevorteilung des Vormerkungsberechtigten kommen würde, vgl. nur *Helms/Zeppernick*, SachenR II, Rn. 126; *Knöpfle*, JuS 1981, 157, 157 f. mit Fn. 8; *Schapp/Schur*, SachenR, Rn. 357; Staudinger/*Gursky*, Bearb. 2013, § 883 BGB Rn. 203.

[765] Vgl. *Knöpfle*, JuS 1981, 157, 157 f. mit Fn. 8; *Rosien*, Schutz d. Vormerkungsberechtigten, S. 39; Staudinger/*Gursky*, Bearb. 2013, § 883 BGB Rn. 203; *Weber*, Vorschriften über Rechte an Grundstücken u. Vormerkung, S. 70. In diese Richtung auch, aber nicht auf das Interesse des Dritterwerbers, sondern allgemein auf die Verkehrsfähigkeit des durch die Vormerkung betroffenen Rechtes abstellend *Assmann*, Vormerkung, S. 116; Bauer/Schaub/*Lieder*, AT C Rn. 75; *Baur/Stürner*, SachenR, § 20 Rn. 34; *Severin*, Auflassungsvormerkung u. Eingriffsschutz, S. 13 Fn. 45; *Stamm*, Auflassungsvormerkung, S. 74 f.; *Tiedtke*, JURA 1981, 354, 356; Westermann/*Gursky*, SachenR, § 82 Rn. 24.

[766] S. Gliederungspkt. § 8 D.II.1.b) (S. 120 ff.).

[767] A. A. *Hager*, JuS 1990, 429, 429.

[768] A. A. *Knöpfle*, JuS 1981, 157, 157.

[769] Aus dem älteren Schrifttum *Endemann*, SachenR, § 65 5.a) (S. 416 f. mit Fn. 57).

[770] In diese Richtung – unter Berücksichtigung von S. 138 Fn. 849 u. S. 152 Fn. 932 – aus dem älteren Schrifttum *Legart*, Gruchot 73 (1933), 307, 311.

[771] Vgl. aus dem älteren Schrifttum *Endemann*, SachenR, § 65 5.a) (S. 416 f. mit Fn. 57).

[772] Vgl. aus dem älteren Schrifttum *Endemann*, SachenR, § 65 5.a) (S. 416 f. mit Fn. 57).

[773] Vgl. aus dem älteren Schrifttum *Endemann*, SachenR, § 65 5.a) (S. 416 f. mit Fn. 57).

Eine auflösend bedingte Rechtsinhaberschaft des Dritterwerbers liegt bei der Lektüre der §§ 883 Abs. 2 S. 1, 888 Abs. 1 BGB sowie der Gesetzgebungsmaterialien zwar nicht unbedingt nahe. Sie ist aber nicht schlechthin ausgeschlossen.[774] Für sie spricht insbesondere die normtextuelle Ähnlichkeit zwischen § 883 Abs. 2 S. 1 BGB und § 161 Abs. 1 BGB.[775] § 161 Abs. 1 BGB statuiert nach herrschender Ansicht tatsächlich eine absolute Unwirksamkeit.[776] Allerdings kommt dem Bedingungseintritt im Rahmen des § 161 Abs. 1 BGB keine dingliche Rückwirkung zu.[777]

Auch davon abgesehen sprechen die überzeugenderen Argumente gegen eine bedingte Rechtsinhaberschaft des Dritterwerbers. Zum einen kann die normtextuelle Ähnlichkeit zu § 161 Abs. 1 BGB nicht darüber hinwegtäuschen, dass § 883 Abs. 2 S. 1 BGB eine andere Schutzrichtung als dieser hat.[778] § 161 Abs. 1 BGB dient dem Schutz einer bereits vollzogenen, aber noch nicht wirksam gewordenen Verfügung.[779] § 883 Abs. 2 S. 1 BGB schützt einen obligatorischen Anspruch auf Vollziehung der Verfügung.[780] Zum anderen besteht ein bedeutender Unterschied zu § 161 Abs. 1 BGB insoweit, als dass in § 883 Abs. 2 S. 1 BGB kein Ereignis genannt ist, welches die Unwirksamkeit auslösen soll.[781] Man kann auf die Geltendmachung des gesicherten Anspruches oder die Verwirklichung desselben abstellen. Beide Ereignisse können als Zeitpunkt für den Eintritt der Unwirksamkeit aber nicht überzeugen.

Das letztgenannte Ereignis scheidet aus, weil ausschließlich mit der bedingten Rechtsinhaberschaft des Dritterwerbers nicht erklärt werden kann, wie der Vor-

---

[774] Aus dem älteren Schrifttum *Fuchs*, LZ 1914, 3, 14 f. Vgl. zur grammatikalischen Auslegung auch *Paulus*, Verfügungsverbot u. Vormerkung, S. 60 Fn. 48; *Rosien*, Schutz d. Vormerkungsberechtigten, S. 37 f. Vgl. zur entstehungsgeschichtlichen Auslegung nur den Diskussionsbeitrag eines Mitgliedes der 2. Kommission, in welchem es heißt, dass der Gesetzgeber sich damit begnügen könne, für die Vormerkung „dieselbe Wirkung wie bei einem [auflösend oder aufschiebend] bedingten Rechte anzunehmen" (Protokolle d. 2. Kommission, Bd. III, S. 112).

[775] Diese erkennen auch eine Reihe von Vertretern anderer Ansichten. S. nur *Assmann*, Vormerkung, S. 111; *Paulus*, Verfügungsverbot u. Vormerkung, S. 56 f. Aus dem älteren Schrifttum zu §§ 135 f. BGB auch *Raape*, Veräußerungsverbot, S. 108.

[776] BeckOGK-BGB/*Reymann*, § 161 BGB Rn. 38; MüKo-BGB/*Westermann*, § 161 BGB Rn. 7; NK-BGB/*Wackerbarth*, § 161 BGB Rn. 8; Soergel/*Klinck*, § 161 BGB Rn. 14; Staudinger/*Bork*, § 161 BGB Rn. 12.

[777] BeckOGK-BGB/*Reymann*, § 161 BGB Rn. 39; NK-BGB/*Wackerbarth*, § 161 BGB Rn. 2; Soergel/*Klinck*, § 161 BGB Rn. 1; Staudinger/*Bork*, § 161 BGB Rn. 12. S. zur fehlenden dinglichen Rückwirkung des Bedingungseintrittes bereits Gliederungspkt. § 8 C.I.2. (S. 102 ff.).

[778] *Assmann*, Vormerkung, S. 114 ff. Vgl. auch *Paulus*, Verfügungsverbot u. Vormerkung, S. 57 ff.; Staudinger/*Kesseler*, § 883 BGB Rn. 26.

[779] S. nur *Assmann*, Vormerkung, S. 114; Staudinger/*Kesseler*, § 883 BGB Rn. 26.

[780] S. nur *Assmann*, Vormerkung, S. 114; Staudinger/*Kesseler*, § 883 BGB Rn. 26.

[781] *Assmann*, Vormerkung, S. 114 f. Vgl. auch Staudinger/*Seufert*, 11. Aufl., § 883 BGB Rn. 48.

merkungsverpflichtete zugunsten des Vormerkungsberechtigten wirksam über das Grundstück verfügen und damit die Unwirksamkeit der vormerkungswidrigen Verfügung auslösen soll.[782] Schließlich wäre er bei vormerkungsvereitelnden Verfügungen bis zum Bedingungseintritt nicht Eigentümer und bei vormerkungsbeeinträchtigenden Verfügungen wäre sein Grundstück bis zum Bedingungseintritt noch mit dem Recht des Dritterwerbers belastet.

Nicht ohne Grund geht Stamm, welcher annimmt, dass es durch die Vormerkung zu einer „Fiktion des bedingten Vollrechtes" kommt,[783] nicht nur von einer auflösend bedingten Rechtsinhaberschaft des Dritterwerbers aus, sondern zieht ergänzend die Ansicht, welche von einer Aufspaltung der Rechtsinhaberschaft ausgeht,[784] heran.[785]

Gegen die Annahme, dass im zeitlich zu weit vorgelagerten[786] Zeitpunkt der Geltendmachung des gesicherten Anspruches die Unwirksamkeit eintritt, bestehen diese Bedenken zwar nicht. Einerseits erscheint der für vormerkungsvereitelnde Verfügungen intendierte Durchgangserwerb des Vormerkungsverpflichteten aber umständlich, andererseits ist ein solcher auch nicht in vollem Umfang interessengerecht.[787] Zwar würde der Sicherungswert der Vormerkung durch diesen in rechtlicher Hinsicht nicht geschmälert.[788] Der Rückfall des Eigentums auf den Vormerkungsverpflichteten schafft jedoch in tatsächlicher Hinsicht Raum für weitere vormerkungswidrige Verfügungen, welche zu zeitlichen Verzögerungen führen.[789]

Zudem widerspricht es dem schutzwürdigen Interesse des Dritterwerbers und geht auch über das Interesse des Vormerkungsberechtigten hinaus, dass jedermann berechtigt sein soll, die Unwirksamkeit der vormerkungswidrigen Verfügung geltend zu machen.[790]

---

[782] *Assmann*, Vormerkung, S. 126 f.; *Richter*, Tatsächl. Einwirkungen u. Vormerkungsschutz, S. 315 f.; Staudinger/*Gursky*, Bearb. 2013, § 883 BGB Rn. 241; Staudinger/*Seufert*, 11. Aufl., § 883 BGB Rn. 48; *Weber*, Vorschriften über Rechte an Grundstücken u. Vormerkung, S. 35 f. Aus dem älteren Schrifttum bereits *Sekler*, Lehre d. Vormerkung, S. 172 f.

[783] S. nur *Stamm*, Auflassungsvormerkung, S. 115. S. ausführlich Gliederungspkt. § 8 C. I.2. (S. 102 ff.).

[784] S. Gliederungspkt. § 8 D.II.1.d)aa) (S. 129 ff.).

[785] jurisPK-BGB/*Stamm*, § 883 BGB Rn. 56.

[786] S. nur *Assmann*, Vormerkung, S. 113 u. S. 125 f.

[787] *Assmann*, Vormerkung, S. 113 f.; *Richter*, Tatsächl. Einwirkungen u. Vormerkungsschutz, S. 316. Vgl. auch Staudinger/*Gursky*, Bearb. 2013, § 883 BGB Rn. 241; Westermann/*Gursky*, SachenR, § 82 Rn. 26. Vgl. zu §§ 135 f. BGB auch *Flume*, BGB AT II, § 17 6.d) (S. 358 Fn. 49).

[788] Vgl. nur *Assmann*, Vormerkung, S. 113 f.

[789] Vgl. nur *Assmann*, Vormerkung, S. 113 f.

[790] S. nur *Rosien*, Schutz d. Vormerkungsberechtigten, S. 39.

cc) Bedingte Rechtsinhaberschaft und zukünftige Unwirksamkeit

Ebenfalls von einer bedingten Rechtsinhaberschaft des Dritterwerbers, allerdings lediglich von einer zukünftigen Unwirksamkeit, geht eine andere Ansicht aus.[791] Erneut könnte man als Ereignis, welches die absolute Unwirksamkeit auslöst, die Geltendmachung des gesicherten Anspruches[792] oder die Verwirklichung desselben[793] ansehen. Auch nach dieser Ansicht fällt das Eigentum bei einer die Eigentumsvormerkung vereitelnden Verfügung mit Bedingungseintritt an den Vormerkungsverpflichteten zurück.[794] Er kann es dann an den Vormerkungsberechtigten übertragen.[795]

Diese Ansicht ist insoweit konsequent(er), als dass die Rechtswirkungen der § 161 Abs. 1 BGB und § 883 Abs. 2 S. 1 BGB auch in Bezug auf den zeitlichen Wirkungsmechanismus der Unwirksamkeit harmonisiert werden.[796] Im Übrigen sprechen gegen sie aber die gleichen Argumente, welche gegen die soeben dargestellte Ansicht geltend gemacht worden sind.

dd) Zwischenergebnis

Weder das Verbot vormerkungswidriger Verfügungen noch die Annahme einer bedingten Rechtsinhaberschaft des Dritterwerbers ist mit §§ 883 Abs. 2 S. 1, 888 Abs. 1 BGB zu vereinbaren.

Es lässt sich festhalten, dass der Gesetzgeber durch Schaffung der Vormerkung nicht eine absolute, das heißt gegenüber jedermann wirkende, Unwirksamkeit vormerkungswidriger Verfügungen zum Prinzip erhoben hat.

Dementsprechend ist der Dritterwerber auch nicht gegenüber jedermann „Buchberechtigter“ (vgl. § 894 BGB).

---

[791] S. die sogleich auf S. 128 in Fn. 792 f. Genannten. In diese Richtung auch *Fuchs*, § 883 BGB Rn. 7; *Fuchs*, LZ 1914, 3, 13 ff.

[792] Aus dem älteren Schrifttum *Du Chesne*, PosMSchr 1912, 21, 22 f.; *Predari*, § 8 Einl. IV.1. (S. 108 f.). Vgl. aus dem älteren Schrifttum auch *Du Chesne*, FS Wach I, 333, 338 f. u. 347 ff.; *Du Chesne*, ZBlFG 13 (1913), 681, 681 f.; *Du Chesne*, DNotV 1912, 456, 457. In diese Richtung aus dem älteren Schrifttum auch *Bendix*, Gruchot 49 (1905), 510, 515 f. In diese Richtung aus dem älteren Schrifttum zu §§ 135 f. BGB auch *Strohal*, Relative Unwirksamkeit, S. 51 ff.

[793] *Wolf*, SachenR, § 13 A.II.h) (S. 579 f.). Vgl. aus dem älteren Schrifttum auch *Boehm*, § 883 BGB III.E. (S. 45).

[794] Vgl. aus dem älteren Schrifttum nur *Du Chesne*, PosMSchr 1912, 21, 22 f.

[795] Vgl. aus dem älteren Schrifttum nur *Du Chesne*, PosMSchr 1912, 21, 22 f.

[796] Zur fehlenden dinglichen Rückwirkung des Bedingungseintrittes vgl. Gliederungspkt. § 8 C.I.2. (S. 102 ff.) u. Gliederungspkt. § 8 D.II.1.c)bb) (S. 125 ff.).

d) Relative Unwirksamkeit von vormerkungswidrigen Verfügungen

Möglicherweise ist der Gesetzgeber aber von einer relativen, das heißt ausschließlich zugunsten des geschützten Vormerkungsberechtigten wirkenden, Unwirksamkeit vormerkungswidriger Verfügungen ausgegangen. Eine solche ließe sich, exemplarisch anhand einer vormerkungsvereitelnden Verfügung dargestellt, auf zwei Wegen erreichen.

Zum einen kann man davon ausgehen, dass der Dritterwerber zwar grundsätzlich gegenüber jedermann als Rechtsinhaber anzusehen ist, hiervon jedoch insoweit eine Ausnahme machen, als dass der Vormerkungsverpflichtete gegenüber dem Vormerkungsberechtigten weiterhin Rechtsinhaber bleibt. Aus Sicht des Vormerkungsberechtigten wäre der Dritterwerber dann „Buchberechtigter".

Zum anderen könnte man annehmen, dass der Dritterwerber gegenüber jedermann, auch gegenüber dem Vormerkungsberechtigten, Rechtsinhaber wird, aber die Befugnis, zugunsten des Vormerkungsberechtigten über das vorgemerkte Recht zu verfügen, weiterhin beim Vormerkungsverpflichteten verbleibt. Der Dritterwerber wäre in diesem Fall nicht, auch nicht aus Sicht des Vormerkungsberechtigten, „Buchberechtigter".

aa) Aufspaltung der Rechtsinhaberschaft

In Übereinstimmung mit der lange Zeit herrschenden und auch weiterhin häufig vertretenen Ansicht könnte man annehmen, dass es bei einer vormerkungswidrigen Verfügung zu einer eigenartigen Aufspaltung der Rechtsinhaberschaft zwischen dem Dritterwerber und dem Vormerkungsverpflichteten kommt.[797] Die Verfügung

[797] *Baur/Stürner*, SachenR, § 20 Rn. 35 f.; *Eckert*, SachenR, Rn. 827; *Gerhardt*, ImmobiliarsachenR, § 6 1.b) (S. 75); *Gündüz/Runge-Rannow*, JURA 2023, 401, 403; Hk-BGB/*Staudinger*, § 883 BGB Rn. 41; Jauernig/*Berger*, § 883 BGB Rn. 15; *Kainer*, SachenR, § 26 Rn. 30 u. Rn. 42; *Knöpfle*, JuS 1981, 157, 162; Lemke/*Lemke*, 2. Aufl., § 883 BGB Rn. 29; *Löhnig*, JA 2000, 918, 918; *Prütting*, SachenR, Rn. 192; PWW/*Huhn*, § 883 BGB Rn. 17; *Reinicke*, NJW 1968, 788, 788; *Rühl*, Prüfungspflichten im GBO-Eintragungsverfahren, S. 233 ff.; *Rüscher*, JURA 2020, 649, 652 Fn. 23; *Schapp/Schur*, SachenR, Rn. 353; *Schreiber*, SachenR, Rn. 407; *Schwerdtner*, JURA 1985, 316, 320; Soergel/*Kern*, § 883 BGB Rn. 52 mit Fn. 299; *Tiedtke*, JURA 1981, 354, 356; *Trapp*, Vormerkung, S. 65 f. u. S. 72 ff.; *Weber*, Vorschriften über Rechte an Grundstücken u. Vormerkung, S. 35 ff.; Westermann/*Eickmann*, SachenR, 7. Aufl., § 83 IV.3.a) (S. 638); *Wolff/Raiser*, SachenR, § 48 III.1. (S. 159 f.). Aus dem älteren Schrifttum bereits *Goldmann/Lilienthal*, SachenR, § 41 II.1.c)α) (S. 272 Fn. 9); *Heck*, SachenR, § 47 II.5. (S. 196); *Klüchtzner*, Aufwendungsersatzpflicht d. Vormerkungsberechtigten, S. 14 f.; *Rosenberg*, § 883 BGB IV.1.e)β) (S. 313). Vgl. aus der neueren Rechtsprechung auch BGHZ 144, 323, 327; BGHZ 75, 288, 292; OLG Naumburg BeckRS 2019, 4935 Rn. 22. Vgl. aus dem neueren Schrifttum auch *Eichler*, SachenR BT II, S. 407; *Gottwald*, SachenR, S. 29; *Habersack*, SachenR, Rn. 340; *Körber/Resch*, JuS 2020, 241, 244; *Ohly/Werner*, JuS 2007, 449, 452; *Schellhammer*, SachenR, Rn. 954 f. u. Rn. 984; *Vieweg/Röthel*, SachenR, S. 221 f. Vgl. aus dem älteren Schrifttum auch *Sponholz*, Aufwendungsersatzanspruch d. Dritterwerbers, S. 16 ff. In diese Richtung aus dem neueren Schrifttum zu §§ 135 f. BGB auch BeckOGK-BGB/*Muthorst*, § 135 BGB Rn. 173 f.; *Muthorst*, Macht im

des Vormerkungsverpflichteten ist nach dieser Ansicht nahezu gegenüber jedermann wirksam.[798] Ausschließlich im Verhältnis des Vormerkungsverpflichteten zum Vormerkungsberechtigten kann sie keine Wirkung entfalten.[799]

Verfügt der Vormerkungsverpflichtete beispielsweise dergestalt über das Grundstück, dass er sein Eigentum an einen Dritten überträgt, würde dieser zwar gegenüber jedem Vierten und auch gegenüber dem Vormerkungsverpflichteten Eigentümer.[800] Gegenüber dem Vormerkungsberechtigten wäre die Verfügung jedoch unwirksam.[801] Aus seiner Sicht würde der Vormerkungsverpflichtete Eigentümer des Grundstückes bleiben.[802] Es würde zu einer Aufspaltung des Eigentums zwischen dem Dritterwerber und dem Vormerkungsverpflichteten kommen.[803]

Aus dieser zweigeteilten Rechtsinhaberschaft ergibt sich gewiss die Notwendigkeit einer „schizophrenen Betrachtungsweise".[804] Die grammatikalische Auslegung der §§ 883 Abs. 2 S. 1, 888 Abs. 1 BGB legt die Aufspaltung der Rechtsinhaberschaft aber durchaus nahe.[805] Dass es durch die dargestellte Ansicht insofern

---

ZivilR, 127, 135. In diese Richtung aus dem neueren Schrifttum auch, aber in Ansätzen schon zu einer Aufspaltung der Verfügungsmacht (s. Gliederungspkt. § 8 D.II.1.d)bb) (S. 134 ff.)) tendierend *Severin*, Auflassungsvormerkung u. Eingriffsschutz, S. 12 f. mit Fn. 41, S. 54 mit Fn. 199 u. S. 68. Ebenso aus dem neueren Schrifttum zu §§ 135 f. BGB *Foerste*, Verfügungsbeschränkung u. Erwerbsverbot, S. 28 ff. Ebenso aus dem älteren Schrifttum zu §§ 135 f. BGB *Voß*, JherJb 60 (1912), 293, 322 ff. – Nicht immer lässt sich zweifelsfrei beurteilen, ob von einer Aufspaltung oder von einer partiellen Verdoppelung der Rechtsinhaberschaft (s. Gliederungspkt. § 8 D.II.1.e)cc) (S. 141 f.)) ausgegangen wird. Bei den im Folgenden Genannten spricht einiges dafür, dass sie eine Aufspaltung der Rechtsinhaberschaft annehmen. Es ist aber auch nicht ganz ausgeschlossen, dass sie stattdessen eine partielle Verdoppelung der Rechtsinhaberschaft bevorzugen. *Enneccerus/Nipperdey*, BGB AT, § 144 II.2. (S. 889 ff.); *Müller/Gruber*, SachenR, Rn. 2909; *Weber*, SachenR II, § 11 Rn. 68; *Wellenhofer*, SachenR, § 18 Rn. 21; *Wieling/Finkenauer*, SachenR, § 22 Rn. 18. Aus dem neueren Schrifttum zu §§ 135 f. BGB auch *Paulus*, FS Nipperdey I, 909, 912 f. Aus dem älteren Schrifttum zu §§ 135 f. BGB bereits Planck/*Planck*, 3. Aufl., § 135 BGB 2. (S. 244). Vgl. aus der neueren Rechtsprechung auch BGHZ 105, 259, 261; BGH NJW-RR 2020, 1399, 1400 Rn. 6. – Ähnlichkeit mit der dargestellten Ansicht hat auch die Ansicht von Kiehnle (*Kiehnle*, Erwerb kraft öffentl. Glaubens, S. 259 ff.). In diese Richtung aus dem älteren Schrifttum bereits Planck/*Strecker*, § 883 BGB 3.a)β) (S. 222). In diese Richtung aus dem älteren Schrifttum zu §§ 135 f. BGB bereits Planck/*Flad*, § 135 BGB II.1.d) (S. 355). Für die vormerkungswidrige Übertragung des vorgemerkten Rechtes geht Kiehnle dagegen von einer Aufspaltung der Verfügungsmacht (s. Gliederungspkt. § 8 D.II.1.d)bb) (S. 134 ff.)) oder einer partiellen Verdoppelung der Verfügungsmacht (s. Gliederungspkt. § 8 D.II.1.e)dd) (S. 142 f.)) aus (*Kiehnle*, Erwerb kraft öffentl. Glaubens, S. 270 Fn. 101).

798 Vgl. nur *Baur/Stürner*, SachenR, § 20 Rn. 35.

799 Vgl. nur *Baur/Stürner*, SachenR, § 20 Rn. 35.

800 Vgl. nur *Baur/Stürner*, SachenR, § 20 Rn. 36.

801 Vgl. nur *Baur/Stürner*, SachenR, § 20 Rn. 36.

802 Vgl. nur *Baur/Stürner*, SachenR, § 20 Rn. 36.

803 Vgl. nur *Baur/Stürner*, SachenR, § 20 Rn. 35 f.

804 *Gerhardt*, ImmobiliarsachenR, § 6 1.b) (S. 75).

805 S. nur Westermann/*Eickmann*, SachenR, 7. Aufl., § 83 IV.3.a) (S. 638).

zu systematischen Verwerfungen kommt, als dass sie zu einer „den Absolutheitsgrundsatz durchbrechende[n] Spaltung“[806] der Rechtsinhaberschaft führt, erkennen auch einige ihrer Vertreter.[807] Dieser Aspekt vermag sie jedoch von der Unrichtigkeit ihrer Ansicht nicht zu überzeugen.[808] Schwerer wiegen in der Tat andere, sich allerdings mittelbar aus der Durchbrechung des Absolutheitsgrundsatzes ergebende Gesichtspunkte.

Die dargestellte Ansicht vermag die Rechtswirkungen der Vormerkung nicht in seiner Gesamtheit, sondern nur bruchstückhaft erklären.[809] Die künstliche Aufspaltung der Rechtsinhaberschaft kann nur ein „Provisorium“[810], ein grundsätzlich unerwünschter, nur für einen bestimmten Zeitraum bestehender Schwebezustand sein.[811] Möchte man diesen systemwidrigen Zustand nicht perpetuieren, muss die Spaltung spätestens im Zeitpunkt der Verwirklichung des gesicherten Anspruches beendet werden. Die Rechtsinhaberschaftsteile des Vormerkungsverpflichteten und des Dritterwerbers müssen beim Vormerkungsberechtigten zum „Vollrecht“ vereinigt werden.

Dieser Vereinigungsvorgang wird trotz seiner überragenden Bedeutung nur selten thematisiert. Er ließe sich in zweierlei Weise konstruieren.

Zum einen könnte man in Erwägung ziehen, dass der, allerdings erheblich weitreichendere, Rechtsinhaberschaftsteil des Dritterwerbers zusammen mit demjenigen des Vormerkungsverpflichteten übergeht[812] oder, in der Sprache einiger „Hypothekenrechtler“ gesprochen, „mitgerissen“[813] wird.

---

[806] Westermann/*Eickmann*, SachenR, 7. Aufl., § 83 IV.3.a) (S. 638).

[807] S. nur Westermann/*Eickmann*, SachenR, 7. Aufl., § 83 IV.3.a) (S. 638).

[808] S. nur *Weber*, Vorschriften über Rechte an Grundstücken u. Vormerkung, S. 35 mit Fn. 128.

[809] Vgl. *Assmann*, Vormerkung, S. 118 f.; *Kiehnle*, Erwerb kraft öffentl. Glaubens, S. 261 f.; *Mollenkopf*, Fakt. Einwirkungen u. vormerkungsbetroffene Grundstücke, S. 110 f. Fn. 176; *Richter*, Tatsächl. Einwirkungen u. Vormerkungsschutz, S. 316 f.; *Rosien*, Schutz d. Vormerkungsberechtigten, S. 218 Fn. 54; *Wolf*, SachenR, § 13 A.II.h) (S. 580). Vgl. aus dem neueren Schrifttum zu §§ 135 f. BGB auch *Mehrtens*, Veräußerungsverbot, S. 22. Vgl. aus dem älteren Schrifttum zu §§ 135 f. BGB auch *Knoke*, FG Güterbock, 401, 407 f.; *Strohal*, Relative Unwirksamkeit, S. 49 f.

[810] Vgl. zu diesem Begriff, allerdings in einem geringfügig abweichenden Zusammenhang, *Mollenkopf*, Fakt. Einwirkungen u. vormerkungsbetroffene Grundstücke, S. 119 (mit Verweis auf *Egert*, Rechtsbedingung, S. 187). Vgl. aus dem älteren Schrifttum auch, aber den durch die Vormerkung geschaffenen Rechtszustand insgesamt als „Provisorium“ bezeichnend *Crome*, Bürgerl. Recht, § 376 6. (S. 187).

[811] Vgl. *Kesseler*, NJW 2010, 3341, 3342; *Kesseler*, ZfIR 2007, 88, 92. Vgl. aus dem älteren Schrifttum bereits *Reichel*, JherJb 46 (1905), 59, 111. Vgl. aus dem älteren Schrifttum zu §§ 135 f. BGB bereits *Knoke*, FG Güterbock, 401, 407 f.

[812] Diese Konstruktion – als Vertreter der Ansicht, welche von einer Aufspaltung der Verfügungsmacht ausgeht (s. Gliederungspkt. § 8 D.II.1.d)bb) (S. 134 ff.)) – andenkend, ihr aber kritisch gegenüberstehend *Richter*, Tatsächl. Einwirkungen u. Vormerkungsschutz, S. 316 f.

Zum anderen könnte man davon ausgehen, dass die relative Unwirksamkeit sich spätestens im Zeitpunkt der Verwirklichung des gesicherten Anspruches in eine absolute, das heißt gegenüber jedermann wirkende, Unwirksamkeit wandelt. Die Rechtsinhaberschaft des Dritterwerbers würde absolut unwirksam.[814] Die relative Unwirksamkeit wäre nichts weiter als eine Vorstufe der absoluten Unwirksamkeit. Sie befände sich in unmittelbarer Nähe zu der oben abgelehnten[815] bedingten Rechtsinhaberschaft des Dritterwerbers.

Entscheidend gegen die dargestellte Ansicht spricht vor allem aber die aus ihr resultierende Interessenfehlgewichtung. Der Grundsatz der absoluten Wirksamkeit wird durch die Annahme einer partiellen Rechtsinhaberschaft des Vormerkungsverpflichteten über das für den Schutz des Vormerkungsberechtigten erforderliche Maß eingeschränkt.[816] Die Aufspaltung der Rechtsinhaberschaft führt nicht nur zu „kaum lösbare[n] Folgeprobleme[n]“[817] oder zumindest zu „dogmatisch-konstruktive[n] Schwierigkeiten“[818] für die Anwendung von Normen, welche auf die Rechtsinhaberschaft abstellen,[819] sondern unter Umständen auch zu einer für den nicht schutzwürdigen[820] Vormerkungsverpflichteten vorteilhaften Zuordnung von Rechten.[821] Dazu tritt das Problem, dass der Dritterwerber keine Möglichkeit hätte,

---

[813] Den Ausdruck bei der Frage gebrauchend, ob eine bestehende, aber nicht dem Zedenten zustehende Forderung zusammen mit der gutgläubig erworbenen Hypothek übergeht, etwa *Baur/Stürner*, SachenR, § 38 Rn. 28; NK-BGB/*Zimmer*, § 1153 BGB Rn. 8.

[814] Aus dem älteren Schrifttum von einer absoluten Unwirksamkeit ex nunc ausgehend *Goldmann/Lilienthal*, SachenR, § 41 II.1.c)β) (S. 273); *Rosenberg*, § 883 BGB IV.1.e)γ) (S. 313 f.). Aus dem älteren Schrifttum von einer absoluten Unwirksamkeit ex tunc ausgehend, aber nicht ausdrücklich der dargestellten Ansicht folgend *Crome*, Bürgerl. Recht, § 376 6.a) (S. 187); Staudinger/*Kober*, 10. Aufl., § 883 BGB Rn. 48.

[815] S. Gliederungspkt. § 8 D.II.1.c)bb) (S. 125 ff.) u. Gliederungspkt. § 8 D.II.1.c)cc) (S. 128).

[816] Vgl. *Assmann*, Vormerkung, S. 119; *Neuner*, BGB AT, § 55 Rn. 37; *Paulus*, Verfügungsverbot u. Vormerkung, S. 34. In diese Richtung zu §§ 135 f. BGB auch *Beer*, Relative Unwirksamkeit, S. 134.

[817] *Gursky*, SachenR, Rn. 61; *Mollenkopf*, Fakt. Einwirkungen u. vormerkungsbetroffene Grundstücke, S. 110; Staudinger/*Kesseler*, § 883 BGB Rn. 288.

[818] *Lieder*, Rechtsgeschäftl. Sukzession, S. 176.

[819] *Assmann*, Vormerkung, S. 119; *Hager*, JuS 1990, 429, 435; *Lieder*, Rechtsgeschäftl. Sukzession, S. 176 f.; *Paulus*, Verfügungsverbot u. Vormerkung, S. 34; *Richter*, Tatsächl. Einwirkungen u. Vormerkungsschutz, S. 320 f.; *Rosien*, Schutz d. Vormerkungsberechtigten, S. 218; Staudinger/*Kesseler*, § 883 BGB Rn. 288. S. zu §§ 135 f. BGB auch *Beer*, Relative Unwirksamkeit, S. 133 f.; MüKo-BGB/*Armbrüster*, § 135 BGB Rn. 34. S. aus dem älteren Schrifttum zu §§ 135 f. BGB bereits *Strohal*, Relative Unwirksamkeit, S. 50.

[820] S. Gliederungspkt. § 8 D.II.1.b) (S. 120 ff.).

[821] Vgl. *Assmann*, Vormerkung, S. 119; *Neuner*, BGB AT, § 55 Rn. 37. Vgl. zu §§ 135 f. BGB auch *Beer*, Relative Unwirksamkeit, S. 134. Vgl. aus dem älteren Schrifttum zu §§ 135 f. BGB bereits *Strohal*, Relative Unwirksamkeit, S. 50.

gegen Beeinträchtigungen seines Rechtes durch den Vormerkungsberechtigten, etwa gem. § 985 BGB oder § 1004 Abs. 1 BGB, vorzugehen.[822]

Die dargestellten Schwierigkeiten lassen sich auch nicht vermeiden, wenn man, wie von Foerste zu §§ 135 f. BGB erwogen,[823] davon ausgeht, dass der Vormerkungsverpflichtete nur „in dem Umfang, der zur Durchsetzung des geschützten Anspruchs erforderlich ist", Rechtsinhaber bleibt und im Übrigen der Dritterwerber „Volleigentum" erwirbt.[824] Dadurch werden die Probleme, welche mit der Vereinigung der Rechtsinhaberschaftsteile verbunden sind, nicht gelöst.[825]

Unbeantwortet bliebe zudem die allerdings nur einen Randbereich betreffende und auch nicht auf der Durchbrechung des Absolutheitsgrundsatzes beruhende Frage, ob und vor allem wie der Dritterwerber im Wege der Drittleistung gem. § 267 BGB den Anspruch erfüllen kann.

Zwar wird ein solches Vorgehen von den Vertretern dieser Ansicht gebilligt.[826] Wie es dem Dritterwerber, welcher gegenüber dem Vormerkungsberechtigten nicht Rechtsinhaber ist, möglich sein soll, den Anspruch zu erfüllen, wird jedoch nicht zufriedenstellend beantwortet. Das angeführte Argument, dass die Vormerkung nur dem Schutz des Vormerkungsberechtigten dient,[827] ist zwar im Ausgangspunkt korrekt. Es kann für sich genommen die Wirksamkeit der Verfügung des Dritterwerbers jedoch nicht erklären.[828]

Ein interessengerechtes Ergebnis ließe sich unter Einbeziehung dieses Argumentes aber dadurch erreichen, dass man § 883 Abs. 2 S. 1 BGB insoweit einschränkend auslegt oder, je nach Abgrenzung beider Instrumente, teleologisch reduziert, dass der vom Gesetzgeber nicht bedachte (Ausnahme-)Fall, in dem der Dritterwerber bereit ist, den gesicherten Anspruch im Wege der Drittleistung gem. § 267 BGB zu erfüllen, aus dem Anwendungsbereich der Vormerkung ausgeklammert wird.

---

822 *Lieder*, Rechtsgeschäftl. Sukzession, S. 177; *Löhnig/Gietl*, JuS 2008, 102, 103.

823 *Foerste*, Verfügungsbeschränkung u. Erwerbsverbot, S. 34 f.

824 Die dargestellten Schwierigkeiten vermeidet Kiehnle (*Kiehnle*, Erwerb kraft öffentl. Glaubens, S. 259 ff.). Wie der Vormerkungsverpflichtete nach seiner Konstruktion (Aufspaltung der Rechtsinhaberschaft „unter der aufschiebenden (Rechts-)Bedingung der […] Erfüllung des gesicherten Anspruchs") wirksam über das Grundstück verfügen soll, bleibt aber, wie schon bei der bedingten Rechtsinhaberschaft des Dritterwerbers (s. Gliederungspkt. § 8 D.II.1. c)bb) (S. 125 ff.) u. Gliederungspkt. § 8 D.II.1.c)cc) (S. 128)) und trotz seines Erklärungsversuches (*Kiehnle*, Erwerb kraft öffentl. Glaubens, S. 268 Fn. 91), offen.

825 *Mollenkopf*, Fakt. Einwirkungen u. vormerkungsbetroffene Grundstücke, S. 110 f. Fn. 176.

826 Lemke/*Lemke*, 2. Aufl., § 888 BGB Rn. 10; PWW/*Huhn*, § 888 BGB Rn. 3; *Wolff/Raiser*, SachenR, § 48 III.1. (S. 161 Fn. 32). Aus dem älteren Schrifttum bereits *Rosenberg*, § 888 BGB I.2. (S. 363).

827 Lemke/*Lemke*, 2. Aufl., § 888 BGB Rn. 10.

828 Vgl. *Assmann*, Vormerkung, S. 424 f.

bb) Aufspaltung der Verfügungsmacht

Unter Ablehnung der soeben dargestellten Ansicht, letztlich aber auch in Anlehnung an sie wird zu Recht vertreten, dass es nicht zu einer Aufspaltung der Rechtsinhaberschaft zwischen dem Dritterwerber und dem Vormerkungsverpflichteten, sondern stattdessen zu einer Aufspaltung der Verfügungsmacht kommt.[829]

Der Dritterwerber wird gegenüber jedermann, auch gegenüber dem Vormerkungsberechtigten, Rechtsinhaber.[830] Der Vormerkungsverpflichtete behält jedoch

---

[829] Bauer/Schaub/*Lieder*, AT C Rn. 73; *Brehm/Berger*, SachenR, § 13 Rn. 19; *Lieder*, Rechtsgeschäftl. Sukzession, S. 176 f.; *Löhnig/Gietl*, JuS 2008, 102, 102 f.; *Mülbert*, AcP 214 (2014), 309, 317 ff. mit Fn. 28 u. 321 f.; *Wilhelm*, SachenR, Rn. 79d u. Rn. 2241; *Wilhelm*, ZfIR 2011, 353, 357; *Wilhelm*, ZfIR 2011, 45, 48. Aus dem älteren Schrifttum bereits *Neumann*, Vormerkung, Verfügungsbeschränkung u. Veräußerungsverbot, S. 26 f. Aus dem neueren Schrifttum zu §§ 135 f. BGB auch *Wilhelm*, FS Picker, 837, 840. In diese Richtung aus dem älteren Schrifttum, allerdings nur für die Eigentumsvormerkung, auch *Cosack/Mitteis*, SachenR, § 25 IV.4. (S. 92). – Oft lässt sich nicht zweifelsfrei beurteilen, ob von einer Aufspaltung oder von einer partiellen Verdoppelung der Verfügungsmacht (s. noch Gliederungspkt. § 8 D.II.1.e)dd) (S. 142 f.)) ausgegangen wird. Im Schrifttum ist, im Anschluss an Flume, welcher davon ausgeht, dass „[d]ie Frage nach der materiellrechtlichen Grundlage" der Verfügungsmacht unbeantwortet bleibe könne (*Flume*, BGB AT II, § 17 6.d) (S. 359)), häufig keine nähere Erläuterung zu finden. Bei den im Folgenden Genannten spricht einiges dafür, dass sie von einer Aufspaltung der Verfügungsmacht ausgehen. Es kann allerdings nicht mit letzter Gewissheit festgestellt werden, ob nicht doch eine partielle Verdoppelung der Verfügungsmacht (s. Gliederungspkt. § 8 D.II.1.e)dd) (S. 142 f.)) bevorzugt wird. *Auer*, JuS 2007, 1122, 1123; *Gursky*, SachenR, Rn. 61; *Gursky*, JR 1984, 3, 4; *Kesseler*, ZfIR 2007, 88, 89 f.; MüKo-BGB/*Kohler*, 8. Aufl., § 883 BGB Rn. 50; MüKo-BGB/*Lettmaier*, § 883 BGB Rn. 59 f.; NK-BGB/*Krause*, § 883 BGB Rn. 55 f.; *Richter*, Tatsächl. Einwirkungen u. Vormerkungsschutz, S. 316 ff.; *Rosien*, Schutz d. Vormerkungsberechtigten, S. 172 f. u. S. 218 f.; *Voß*, Erwerbssicherung, S. 345 f.; Westermann/*Gursky*, SachenR, § 82 Rn. 26. Aus dem neueren Schrifttum zu §§ 135 f. BGB auch *Böttcher*, Rpfleger 1985, 381, 384 f.; *Mehrtens*, Veräußerungsverbot, S. 24 ff.; Meikel/*Böttcher*, Nachb. § 20 GBO Rn. 177; *Neuner*, BGB AT, § 55 Rn. 37; NK-BGB/*Looschelders*, § 135 BGB Rn. 23; Staudinger/*Kohler*, § 135 BGB Rn. 114. Aus dem älteren Schrifttum zu §§ 135 f. BGB bereits *Raape*, Veräußerungsverbot, S. 49 ff. Vgl. aus der neueren Rechtsprechung auch OLG Oldenburg BeckRS 2011, 16847 Rn. 17. Vgl. aus dem neueren Schrifttum auch BeckOK-BGB/*Eckert*, § 883 BGB Rn. 58; *Helms/Zeppernick*, SachenR II, Rn. 127; *Michaels*, Sachzuordnung durch Kaufvertrag, S. 304; *Regenfus*, NJOZ 2022, 961, 961 f.; *Weiland*, Vormerkung u. Verfügungsverbot, S. 49. Vgl. aus dem älteren Schrifttum auch *Sekler*, Lehre d. Vormerkung, S. 168 ff. In diese Richtung aus der neueren Rechtsprechung zu §§ 135 f. BGB auch, sich aber auf Hefermehl (Soergel/*Hefermehl*, 13. Aufl., § 136 BGB Rn. 18), welcher schon zu einer Aufspaltung der Verfügungsmacht tendiert, aber noch von einer Aufspaltung der Rechtsinhaberschaft ausgeht, berufend BGHZ 111, 364, 367 f. – Ähnlichkeit mit der dargestellten Ansicht hat auch die Ansicht von Mollenkopf (*Mollenkopf*, Fakt. Einwirkungen u. vormerkungsbetroffene Grundstücke, S. 114 ff.). A. A. *Assmann*, Vormerkung, S. 126 f.; Staudinger/*Gursky*, Bearb. 2013, § 883 BGB Rn. 241. Mollenkopf nimmt an, dass von einer Wirksamkeit der vormerkungswidrigen Verfügung „unter der auflösenden Rechtsbedingung der Anspruchsverwirklichung" auszugehen ist (*Mollenkopf*, Fakt. Einwirkungen u. vormerkungsbetroffene Grundstücke, S. 119).

[830] Vgl. nur *Löhnig/Gietl*, JuS 2008, 102, 102 f.

stets, gewissermaßen als „Rechtsinhaberschaftssplitter“,[831] die Befugnis, zugunsten des Vormerkungsberechtigten weiterhin über das Grundstück zu verfügen.[832]

Für vormerkungsvereitelnde Verfügungen, etwa die der Eigentumsvormerkung zuwiderlaufende Eigentumsübertragung an einen Dritten, bedeutet dieses, dass der Vormerkungsverpflichtete weiterhin die Verfügungsmacht besitzt, dem Vormerkungsberechtigten das Eigentum zu verschaffen.[833]

Bei vormerkungsbeeinträchtigenden Verfügungen, etwa der vormerkungswidrigen Bestellung einer Hypothek zugunsten eines Dritten, ist der Wirkungsmechanismus der Vormerkung weniger offensichtlich. Nach richtiger Ansicht bedarf es eines Kunstgriffes dergestalt, dass der Vormerkungsverpflichtete das jeweilige Recht gem. § 875 Abs. 1 BGB mit Wirkung gegenüber jedermann aufheben muss.[834] Darauffolgend kann er das Eigentum an dem Grundstück lastenfrei an den Vormerkungsberechtigten übertragen.[835]

Soweit geltend gemacht wird, dass dieser Kunstgriff den Vormerkungsberechtigten zu zwei Klagen gegen den Vormerkungsverpflichteten zwingen kann,[836] ist dieser Einwand zwar korrekt. Zu einer Benachteiligung des Vormerkungsberechtigten kommt es dadurch aber nicht. Er kann beide Klagen im Wege eines „unechten“ Hilfsantrages miteinander verbinden.

Die Ansicht von der Aufspaltung der Verfügungsmacht ist vorzugswürdig. Sie hat von allen Ansichten das größte Potenzial, die Rechtswirkungen der Vormerkung angemessen abzubilden.

Sie ist nicht nur mit der grammatikalischen Auslegung der §§ 883 Abs. 2 S. 1, 888 Abs. 1 BGB zu vereinbaren,[837] sondern hat den Vorteil, dass sie zwar einen ähnlichen Wirkungsmechanismus wie die zuvor dargestellte Ansicht wählt, aber nicht zu einer Durchbrechung des Absolutheitsgrundsatzes führt und damit die sich

---

[831] Vgl. Westermann/*Gursky*, SachenR, § 82 Rn. 39 („Eigentumssplitter“).

[832] Vgl. nur *Löhnig/Gietl*, JuS 2008, 102, 102 f.

[833] Vgl. nur *Löhnig/Gietl*, JuS 2008, 102, 103.

[834] *Löhnig/Gietl*, JuS 2008, 102, 103; *Wilhelm*, SachenR, Rn. 2221; *Wilhelm*, ZfIR 2011, 353, 357. S. – unter Berücksichtigung des auf S. 134 in Fn. 829 gegebenen Hinweises – auch *Kesseler*, ZfIR 2007, 88, 93; MüKo-BGB/*Lettmaier*, § 888 BGB Rn. 16 f.; *Rosien*, Schutz d. Vormerkungsberechtigten, S. 52 Fn. 142; *Voß*, Erwerbssicherung, S. 346 f.; Westermann/*Gursky*, SachenR, § 82 Rn. 39. S. – als Vertreter der Ansicht (s. Gliederungspkt. § 8 D.II.1.e) dd) (S. 142 f.)), welche von einer partiellen Verdoppelung der Verfügungsmacht ausgeht – *Kesseler*, NJW 2010, 3341, 3343; Staudinger/*Kesseler*, § 888 BGB Rn. 31 ff.

[835] Vgl. nur *Löhnig/Gietl*, JuS 2008, 102, 103.

[836] *Brehm/Berger*, SachenR, § 13 Rn. 19.

[837] Vgl. *Wilhelm*, ZfIR 2011, 45, 48. Vgl. – unter Berücksichtigung des auf S. 134 in Fn. 829 gegebenen Hinweises – auch *Richter*, Tatsächl. Einwirkungen u. Vormerkungsschutz, S. 320. A. A. *Eckert*, SachenR, Rn. 827; Hk-BGB/*Staudinger*, § 883 BGB Rn. 41; *Müller/Gruber*, SachenR, Rn. 2910.

hieraus mittelbar ergebenden Probleme vermeidet.[838] Sie stößt zudem auf keinerlei andere systematische Bedenken.[839]

Schwierigkeiten bei der Bestimmung des Adressaten von Normen, welche auf die Rechtsinhaberschaft abstellen, ergeben sich nicht.[840] Solche Normen greifen ausschließlich zugunsten oder zulasten des Dritterwerbers. Er ist als Rechtsinhaber beispielsweise befugt, gegen Beeinträchtigungen durch den Vormerkungsberechtigten vorzugehen.

Auch zu einem systemwidrigen Schwebezustand, welcher spätestens im Zeitpunkt der Verwirklichung des gesicherten Anspruches beendet werden muss, kommt es nicht. Die relative Unwirksamkeit wird zu einer eigenständigen Unwirksamkeitskategorie, einer Zwischenform zwischen absoluter Wirksamkeit und absoluter Unwirksamkeit, welche die Rechtswirkungen der Vormerkung aus sich heraus erklärt.

Die vormerkungswidrige Verfügung ist absolut, das heißt gegenüber jedermann, wirksam und wird bei der Erfüllung des gesicherten Anspruches durch den Vormerkungsverpflichteten nicht absolut unwirksam.[841] Eine Nähe zu der oben abgelehnten[842] bedingten Rechtsinhaberschaft besteht nicht.[843] Der Vormerkungsberechtigte wird bei vormerkungsvereitelnden Verfügungen der Rechtsnachfolger des Dritterwerbers.[844] Mit diesem Direkterwerb verbundene Nachteile, etwa die Rechtskrafterstreckung gem. § 325 ZPO,[845] entfalten für den Vormerkungsberechtigten keine Wirkung.[846] Im Rahmen von vormerkungsbeeinträchtigenden Verfügungen ist das dem Dritterwerber bestellte Recht im Zeitraum zwischen Bestellung

---

[838] S. – unter Berücksichtigung des auf S. 134 in Fn. 829 gegebenen Hinweises – nur *Richter*, Tatsächl. Einwirkungen u. Vormerkungsschutz, S. 320 f.; *Voß*, Erwerbssicherung, S. 345 f.; Westermann/*Gursky*, SachenR, § 82 Rn. 26. A. A. *Hager*, JuS 1990, 429, 435.

[839] Vgl. – unter Berücksichtigung des auf S. 134 in Fn. 829 gegebenen Hinweises – nur *Richter*, Tatsächl. Einwirkungen u. Vormerkungsschutz, S. 320. A. A. *Mollenkopf*, Fakt. Einwirkungen u. vormerkungsbetroffene Grundstücke, S. 114; Westermann/*Eickmann*, SachenR, 7. Aufl., § 83 IV.3.a) (S. 638).

[840] S. – unter Berücksichtigung des auf S. 134 in Fn. 829 gegebenen Hinweises – nur *Richter*, Tatsächl. Einwirkungen u. Vormerkungsschutz, S. 321; Westermann/*Gursky*, SachenR, § 82 Rn. 26.

[841] *Mülbert*, AcP 214 (2014), 309, 318 f. u. 321 f. A. A. *Löhnig/Gietl*, JuS 2008, 102, 103.

[842] S. Gliederungspkt. § 8 D.II.1.c)bb) (S. 125 ff.) u. Gliederungspkt. § 8 D.II.1.c)cc) (S. 128).

[843] A. A. *Richter*, Tatsächl. Einwirkungen u. Vormerkungsschutz, S. 315.

[844] S. – unter Berücksichtigung des auf S. 134 in Fn. 829 gegebenen Hinweises – Westermann/*Gursky*, SachenR, § 82 Rn. 26. S. aus dem älteren Schrifttum zu §§ 135 f. BGB bereits *Raape*, Veräußerungsverbot, S. 69 f.

[845] Vgl. *Assmann*, Vormerkung, S. 132. Vgl. aus dem älteren Schrifttum zu §§ 135 f. BGB bereits *Strohal*, Relative Unwirksamkeit, S. 49.

[846] S. – unter Berücksichtigung des auf S. 134 in Fn. 829 gegebenen Hinweises – aus dem älteren Schrifttum zu §§ 135 f. BGB *Raape*, Veräußerungsverbot, S. 70 f. Vgl. aus dem neueren Schrifttum auch *Löhnig/Gietl*, JuS 2008, 102, 103 mit Fn. 9.

und Aufhebung absolut wirksam. Es erlischt mit seiner Aufhebung durch den Vormerkungsverpflichteten.

Auch hat diese Ansicht das größte Potenzial, die Interessen der Beteiligten zu einem interessengerechten Ausgleich zu bringen. Der nicht schutzwürdige Vormerkungsverpflichtete[847] behält von seinem ursprünglichen Recht nur so viel wie zum Schutz des Vormerkungsberechtigten erforderlich ist. Der Dritterwerber wird mit allen Vor- und Nachteilen Rechtsinhaber.

Einzig die, allerdings nur einen Randbereich betreffende, Frage, wie der Dritterwerber im Wege der Drittleistung gem. § 267 BGB den Anspruch erfüllen kann,[848] muss wie schon bei der zuvor dargestellten Ansicht im Wege der einschränkenden Auslegung oder, je nach Abgrenzung beider Instrumente, der teleologischen Reduktion beantwortet werden.

cc) Zwischenergebnis

Die Ansicht, welche von einer Aufspaltung der Rechtsinhaberschaft ausgeht, führt zu schwerwiegenden, sich mittelbar aus der Durchbrechung des Absolutheitsgrundsatzes ergebenden Folgeproblemen und ist aus diesem Grund abzulehnen. Damit ist keine „relative", das heißt nur aus Sicht des Vormerkungsberechtigten bestehende, Unrichtigkeit des Grundbuches gegeben.

Durchaus vielversprechend ist dagegen die Ansicht, welche von einer Aufspaltung der Verfügungsmacht ausgeht. Sie begegnet keinerlei systematischen Bedenken und hat zudem das Potenzial, die Interessen der Beteiligten zu einem angemessenen Ausgleich zu bringen. Lediglich in einem Randbereich, der Anspruchserfüllung des Dritterwerbers gem. § 267 BGB, führt sie zu einer Interessenfehlgewichtung. Diese kann allerdings im Wege der einschränkenden Auslegung oder jedenfalls der teleologischen Reduktion beseitigt werden. Der Ansicht von der Aufspaltung der Verfügungsmacht ist somit zu folgen.

Der Dritterwerber ist dementsprechend nicht „Buchberechtigter" (vgl. § 894 BGB), sondern tatsächlicher Inhaber des Rechtes.

e) Absolute Wirksamkeit von vormerkungswidrigen Verfügungen

Es wird aber auch immer wieder vertreten, dass der Gesetzgeber trotz der Einführung der Vormerkung die absolute Wirksamkeit von anspruchswidrigen Verfügungen aufrechterhalten hat. Der Dritterwerber werde gegenüber jedermann Rechtsinhaber. Er sei aber zur Erfüllung bzw. (Quasi-)Erfüllung des gesicherten

---

[847] S. Gliederungspkt. § 8 D.II.1.b) (S. 120 ff.).

[848] Dieses Problem erkennt aus dem älteren Schrifttum Neumann (*Neumann*, Vormerkung, Verfügungsbeschränkung u. Veräußerungsverbot, S. 26 Fn. 90). Er kann es aber mit dem Abstellen auf Zweckmäßigkeitsgründe keiner zufriedenstellenden Lösung zuführen.

Anspruches verpflichtet oder es würde zu einer partiellen Verdoppelung der Rechtsinhaberschaft bzw. eines Teiles von ihr kommen.

Die absolute Wirksamkeit von vormerkungswidrigen Verfügungen hätte, ebenso wie die hier vertretene Ansicht von der Aufspaltung der Verfügungsmacht, zur Folge, dass der Dritterwerber nicht „Buchberechtigter" (vgl. § 894 BGB) wird. Eine Stellungnahme zu den auf der absoluten Wirksamkeit aufbauenden Ansichten wäre an dieser Stelle dementsprechend nicht erforderlich.

Da sie aber spätestens bei der Untersuchung des Anspruchsinhaltes von § 888 Abs. 1 BGB angezeigt ist, erfolgt sie dennoch. Eine Stellungnahme bereits an dieser Stelle hat den Vorteil, dass die Ansichten, welche von einer absoluten Wirksamkeit ausgehen, in eine gewinnbringende Beziehung zu den Ansichten gesetzt werden können, welche eine absolute oder relative Unwirksamkeit annehmen.

aa) Erfüllung des gesicherten Anspruches

Nur sehr vereinzelt wurde vertreten, dass die Vormerkung den gesicherten Anspruch dergestalt verdinglicht, dass es bei einer vormerkungswidrigen Verfügung zu einem gesetzlichen Schuldbeitritt oder einer gesetzlichen Schuldübernahme kommt.[849]

Verfügt der Vormerkungsverpflichtete beispielsweise dergestalt über sein Grundstück, dass er sein Eigentum an einen Dritten überträgt, würde der Dritterwerber nach dieser Ansicht im Zeitpunkt seines Eigentumserwerbes Schuldner des verabsolutierten Eigentumsverschaffungsanspruches werden.[850]

Gegen diese Ansicht, welche auch eine Einschränkung der Relativität von obligatorischen Rechtsverhältnissen verursacht, spricht nicht nur die grammatikalische,[851] sondern auch die entstehungsgeschichtliche[852] Auslegung der §§ 883 Abs. 2 S. 1, 888 Abs. 1 BGB. Jacubezkys Vorschlag, die Vormerkung um einen solchen Anspruch des Vormerkungsberechtigten gegen den Dritterwerber zu ergänzen,

---

[849] Aus dem älteren Schrifttum *Kohler*, SachenR, § 123 IV. (S. 361 f.). In diese Richtung aus dem älteren Schrifttum auch *Biermann*, 1. Aufl., § 888 BGB 2. (S. 29). A. A. *Biermann*, Widerspruch u. Vormerkung, S. 156; *Biermann*, § 888 BGB 4. (S. 103). In diese Richtung – unter Berücksichtigung von S. 125 Fn. 770 u. S. 152 Fn. 932 – aus dem älteren Schrifttum auch *Legart*, Gruchot 73 (1933), 307, 316. Zur Vermeidung von Missverständnissen sei erwähnt, dass Oberneck (*Oberneck*, ReichsgrundbuchR, § 50 5. (S. 449 f.)) kein Vertreter dieser Ansicht ist. Er geht zwar davon aus, dass es durch die Vormerkung zu einer Erstreckung des obligatorischen Rechtsverhältnisses auf den Dritterwerber kommt (*Oberneck*, ReichsgrundbuchR, § 50 5. (S. 450)). Der Dritterwerber sei aber nicht verpflichtet, den gesicherten Anspruch zu erfüllen (*Oberneck*, ReichsgrundbuchR, § 50 5. (S. 449 f.)).

[850] Vgl. aus dem älteren Schrifttum *Kohler*, SachenR, § 123 IV. (S. 361).

[851] Vgl. nur *Deppert*, Vormerkung, S. 22.

[852] Vgl. nur *Richter*, Tatsächl. Einwirkungen u. Vormerkungsschutz, S. 331 f. u. S. 347 f.; Staudinger/*Kesseler*, § 888 BGB Rn. 6.

lehnte die 2. Kommission ab.[853] Die Annahme, dass es durch die Vormerkung zu einem gesetzlichen Schuldbeitritt bzw. einer gesetzlichen Schuldübernahme kommt, entfernt sich damit derart weit von einer denkbaren Auslegung, dass sie oft nur als nicht gewählte gesetzgeberische Gestaltungsmöglichkeit vorgestellt wird.[854]

Selbst wenn man die Vorstellungen der Gesetzesverfasser aber fälschlicherweise für nicht bindend halten würde, käme es jedenfalls zu einer Interessenfehlgewichtung. Zwar erscheint es auf den ersten Blick durchaus vorteilhaft, dass die durch den Gesetzgeber für anspruchswidrige Verfügungen vorgenommene und durch die absolute Wirksamkeit ausgedrückte Interessenbewertung zugunsten des Dritten[855] auch im Wirkungsbereich der Vormerkung beibehalten wird. Im Ergebnis würde der Dritterwerber aber, und zwar unabhängig davon, ob man die Vormerkung als Schuldbeitritt oder als Schuldübernahme konstruiert, in das obligatorische Rechtsverhältnis zwischen dem Vormerkungsberechtigten und dem Vormerkungsverpflichteten einbezogen und so erheblich benachteiligt werden.[856]

Nimmt man an, dass es durch die Vormerkung zu einem gesetzlichen Schuldbeitritt kommt, tritt zu dieser Erwägung hinzu, dass der Vormerkungsberechtigte für seinen gesicherten Anspruch einen weiteren Schuldner und damit insbesondere im Hinblick auf Sekundäransprüche einen ungerechtfertigten Vorteil erhalten würde.[857]

Möchte man die Vormerkung als Schuldübernahme konstruieren, würde es zu einer nicht zu rechtfertigenden Entlastung des Vormerkungsverpflichteten kommen. Es ist nicht ersichtlich, aus welchem Grund der Vormerkungsverpflichtete mit einer vormerkungswidrigen Verfügung seine Lage nicht verschlechtern, sondern vielmehr dergestalt verbessern soll, dass er als Schuldner des Primäranspruches ausscheidet. Weniger entscheidend ist in diesem Zusammenhang dagegen, dass dem Vormerkungsberechtigten ein neuer Schuldner „aufdrängt" wird.[858]

bb) Quasi-Erfüllung des gesicherten Anspruches

Eine andere Ansicht geht davon aus, dass der Dritterwerber zwar nicht zur Erfüllung des gesicherten Anspruches verpflichtet ist, er als Rechtsinhaber aber gem.

---

[853] S. Gliederungspkt. § 8 D.I.1.b) (S. 110 ff.) u. Gliederungspkt. § 8 D.I.1.c) (S. 112 ff.).

[854] S. nur *Baur/Stürner*, SachenR, § 20 Rn. 34; *Knöpfle*, JuS 1981, 157, 157 f.; *Severin*, Auflassungsvormerkung u. Eingriffsschutz, S. 13 Fn. 45; Staudinger/*Kesseler*, § 888 BGB Rn. 6; Westermann/*Gursky*, SachenR, § 82 Rn. 24.

[855] S. Gliederungspkt. § 8 D.II.1.b) (S. 120 ff.).

[856] Vgl. Staudinger/*Kesseler*, § 888 BGB Rn. 6. In diese Richtung auch *Richter*, Tatsächl. Einwirkungen u. Vormerkungsschutz, S. 332; *Rosien*, Schutz d. Vormerkungsberechtigten, S. 39. A.A. aus dem älteren Schrifttum *Locher*, AcP 148 (1942), 1, 46 ff. A.A. aus dem neueren Schrifttum anscheinend auch *Rieländer*, Sachenrechtl. ErwerbsR, S. 584.

[857] Protokolle d. 2. Kommission, Bd. III, S. 746.

[858] A.A. *Hager*, JuS 1990, 429, 429 f.; *Knöpfle*, JuS 1981, 157, 158; *Severin*, Auflassungsvormerkung u. Eingriffsschutz, S. 13 Fn. 45. A.A. aus dem älteren Schrifttum *Locher*, AcP 148 (1942), 1, 47.

§§ 888 Abs. 1, 185 BGB der Verfügung des Vormerkungsverpflichteten zustimmen muss.[859]

Gegen diese Ansicht sprechen indes sowohl grammatikalische[860] als auch entstehungsgeschichtliche[861] Gesichtspunkte. Wenn behauptet wird, dass die dargestellte Ansicht im „Widerspruch zum klaren Wortlaut" des § 888 Abs. 1 BGB steht,[862] geht das zwar zu weit.[863] § 888 Abs. 1 BGB spricht aber tatsächlich nicht von der „Zustimmung zu der Verfügung", sondern in Annäherung an die 2. Kommission, welche einen Anspruch, gerichtet auf „grundbuchmäßige Zustimmung", schaffen wollte,[864] von der „Zustimmung zu der Eintragung oder der Löschung".

Dazu tritt eine Interessenfehlgewichtung. Zwar ist der Vormerkungsverpflichtete, da er weiterhin Schuldner des gesicherten Anspruches bleibt, nicht ungerechtfertigt bevorteilt und auch eine nicht auszuschließende partielle Übervorteilung des Vormerkungsberechtigten[865] würde nur einen Randbereich betreffen und

---

[859] *Amann*, FS Schippel, 83, 97; *Amann*, NotBZ 2005, 1, 6 f.; *Foerste*, FS Ahrens, 483, 484; *Foerste*, DNotZ 2017, 583, 584; *Harms*, SachenR, S. 284 f.; *Lange*, SachenR, § 25 III.2. b) (S. 112); RGRK/*Augustin*, § 888 BGB Rn. 4 u. Rn. 6 (a. A. RGRK/*Augustin*, § 888 BGB Rn. 1); Staudinger/*Seufert*, 11. Aufl., § 883 BGB Rn. 48 u. § 888 BGB Rn. 4b. Aus der älteren Rechtsprechung bereits KG OLGE 39, 209, 211. Aus dem älteren Schrifttum bereits *Knoke*, FG Güterbock, 401, 418 ff.; *Maenner*, SachenR, § 11 B. (S. 81 f. mit Fn. 55 f.); *Strohal*, Relative Unwirksamkeit, S. 59 f. mit Fn. 125. Vgl. aus dem älteren Schrifttum auch *Turnau/ Förster*, § 888 BGB II.2. (S. 227 f.). In diese Richtung aus dem neueren Schrifttum zu §§ 135 f. BGB auch, aber im Ergebnis von einer Aufspaltung der Rechtsinhaberschaft ausgehend *Foerste*, Verfügungsbeschränkung u. Erwerbsverbot, S. 30 f. S. zur Ansicht von Foerste bereits Gliederungspkt. § 8 D.II.1.d)aa) (S. 129 f. mit Fn. 797). – Ähnlichkeit mit der dargestellten Ansicht hat auch das von Beer (*Beer*, Relative Unwirksamkeit, S. 132 ff.) zu §§ 135 f. BGB entwickelte „Absicherungsrecht", welches bei der Durchsetzung der Vormerkung allerdings nur „modifiziert zum Tragen" kommen soll (*Beer*, Relative Unwirksamkeit, S. 185). In diese Richtung auch, aber zusätzlich Argumentationsmuster, welche auf eine Aufspaltung der Verfügungsmacht (s. Gliederungspkt. § 8 D.II.1.d)bb) (S. 134 ff.)) oder eine partielle Verdoppelung derselben (s. Gliederungspkt. § 8 D.II.1.e)dd) (S. 142 f.)) hindeuten, aufnehmend MüKo-BGB/*Armbrüster*, § 135 BGB Rn. 37; Staudinger/*Dilcher*, 12. Aufl., § 135 BGB Rn. 11; Staudinger/*Ertl*, 12. Aufl., Vorb. §§ 873 ff. BGB Rn. 41.

[860] S. nur *Assmann*, Vormerkung, S. 122; *Richter*, Tatsächl. Einwirkungen u. Vormerkungsschutz, S. 312; *Rosien*, Schutz d. Vormerkungsberechtigten, S. 42.

[861] S. nur *Assmann*, Vormerkung, S. 122 f. u. S. 423 f.; *Richter*, Tatsächl. Einwirkungen u. Vormerkungsschutz, S. 312; *Rosien*, Schutz d. Vormerkungsberechtigten, S. 42 f.

[862] *Canaris*, FS Flume I, 371, 382 Fn. 50. Vgl. auch *Stamm*, Auflassungsvormerkung, S. 109.

[863] *Rosien*, Schutz d. Vormerkungsberechtigten, S. 42 f. Fn. 83.

[864] Protokolle d. 2. Kommission, Bd. III, S. 746. Vgl. auch die Erläuterung zu dem von der 2. Kommission angenommenen Antrag 3 (Protokolle d. 2. Kommission, Bd. III, S. 744). In diese Richtung auch Denkschrift z. BGB, S. 123.

[865] Vgl. zu den Vor-, aber auch zu den Nachteilen, welche dem Vormerkungsberechtigten aus der Quasi-Erfüllung des gesicherten Anspruches durch den Dritterwerber erwachsen, *Assmann*, Vormerkung, S. 123; *Richter*, Tatsächl. Einwirkungen u. Vormerkungsschutz, S. 312 ff.; *Rosien*, Schutz d. Vormerkungsberechtigten, S. 43 f.

wäre dementsprechend hinnehmbar.[866] Den Dritterwerber würde jedoch, trotz der Erhaltung der seinem Schutz dienenden absoluten Wirksamkeit, eine zu umfangreiche, da in diesem Umfang nicht notwendige Mitwirkungspflicht treffen.[867] Er würde gewiss, anders als bei einem gesetzlichen Schuldbeitritt oder einer gesetzlichen Schuldübernahme, nicht unmittelbar in die Erfüllung des gesicherten Anspruches einbezogen,[868] seine Mitwirkung befände sich aber in „unmittelbare[r] Nachbarschaft“[869] zur Erfüllungshandlung.[870]

cc) Partielle Verdoppelung der Rechtsinhaberschaft

Einen Weg in eine gänzlich andere Richtung beschreitet man, wenn man von einer partiellen Verdoppelung der Rechtsinhaberschaft ausgeht.[871] Die vormerkungswidrige Verfügung wäre gegenüber jedermann, auch gegenüber dem Vormerkungsberechtigten, in vollem Umfang wirksam. Neben die Rechtsinhaberschaft des Dritterwerbers würde jedoch eine weitere nur relative Rechtsinhaberschaft des Vormerkungsverpflichteten treten.

Diese partielle, ausschließlich gegenüber dem Vormerkungsberechtigten wirkende Verdoppelung der Rechtsinhaberschaft ließe sich zum einen dadurch konstruieren, dass man ein Nebeneinander zweier tatsächlich bestehender Rechtsinhaberschaften unterstellt, zum anderen aber auch dadurch, dass man die hinzutretende Rechtsinhaberschaft des Vormerkungsverpflichteten lediglich fingiert.

Geht man von einem Nebeneinander zweier tatsächlich bestehender Rechtsinhaberschaften aus, verursacht diese Ansicht, von der Erfüllung des gesicherten Anspruches durch den Dritterwerber gem. § 267 BGB abgesehen, die gleichen Schwierigkeiten, wie die Ansicht, welche eine Aufspaltung der Rechtsinhaberschaft

---

[866] Die Tatsache, dass der Vormerkungsberechtigte das Recht erwirbt, wenn der Dritterwerber die Zustimmung in Unkenntnis von der Unwirksamkeit der Vormerkung erteilt, bezeichnet Gursky zu Recht als „nicht schlechthin unerträglich“ (Staudinger/*Gursky*, Bearb. 2013, § 888 BGB Rn. 19). A.A. *Assmann*, Vormerkung, S. 123; *Weber*, Vorschriften über Rechte an Grundstücken u. Vormerkung, S. 37.

[867] S. nur *Paulus*, Verfügungsverbot u. Vormerkung, S. 61 f.; Staudinger/*Gursky*, Bearb. 2013, § 888 BGB Rn. 19.

[868] Vgl. Staudinger/*Kesseler*, § 888 BGB Rn. 24.

[869] *Paulus*, Verfügungsverbot u. Vormerkung, S. 61 f.

[870] *Paulus*, Verfügungsverbot u. Vormerkung, S. 61 f.; Staudinger/*Gursky*, Bearb. 2013, § 888 BGB Rn. 19. Vgl. auch *Kesseler*, NJW 2010, 3341, 3342; *Kesseler*, ZfIR 2007, 88, 90; MüKo-BGB/*Lettmaier*, § 888 BGB Rn. 2; *Rosien*, Schutz d. Vormerkungsberechtigten, S. 41; *Stamm*, Auflassungsvormerkung, S. 109.

[871] In diese Richtung *Westermann/Staudinger*, SachenR, Rn. 481. Vgl. – unter Berücksichtigung des dort gegebenen Hinweises – die auf S. 129 f. in Fn. 797 Genannten. – Ähnlichkeit mit der dargestellten Ansicht hat auch die Ansicht von Assmann (*Assmann*, Vormerkung, S. 129 ff.; BeckOGK-BGB/*Assmann*, § 883 BGB Rn. 171 ff. Vgl. auch *Assmann*, LM § 987 BGB Nr. 20, Bl. 5.1).

annimmt.[872] Auch die tatsächliche Verdoppelung einer Rechtsinhaberschaft führt einerseits zu einem systemwidrigen Zustand, welcher spätestens im Zeitpunkt der Verwirklichung des gesicherten Anspruches beendet werden muss, andererseits aber auch zu Folgeproblemen in Bezug auf die Anwendung von Normen, welche auf die Rechtsinhaberschaft abstellen.

Diese Probleme ließen sich dadurch vermeiden, dass man die hinzutretende Rechtsinhaberschaft des Vormerkungsverpflichteten lediglich fingiert. Zum einen wäre die „künstliche" Verdoppelung der Rechtsinhaberschaft nur erdacht und könnte ab dem Zeitpunkt der Erfüllung des Anspruches wieder weggedacht werden. Zum anderen würde diese Konstruktion keine Schwierigkeiten bei der Bestimmung des Adressaten von Normen hervorrufen, welche auf die Rechtsinhaberschaft abstellen.

Die Annahme, dass es zu einer Fiktion der Rechtsinhaberschaft des Vormerkungsverpflichteten kommt, entfernt sich indes, ohne dass es hierfür entstehungsgeschichtliche oder systematische Gründe gibt, zu weit von dem Ergebnis der grammatikalischen Auslegung. Die §§ 883 Abs. 2 S. 1, 888 Abs. 1 BGB sprechen nicht davon, dass „die Verfügung wirksam ist, der Vormerkungsverpflichtete aber weiterhin als Rechtsinhaber gilt",[873] sondern davon, dass die vormerkungswidrige Verfügung unwirksam „ist".[874]

dd) Partielle Verdoppelung der Verfügungsmacht

Wiederum eine andere, in neuerer Zeit im Vordringen befindliche Ansicht nimmt an, dass es bei einer vormerkungswidrigen Verfügung zwar nicht zu einer partiellen Verdoppelung der Rechtsinhaberschaft, aber zu einer partiellen Verdoppelung der Verfügungsmacht kommt.[875] Der Dritterwerber werde gegenüber jedermann, auch gegenüber dem Vormerkungsberechtigten, verfügungsbefugter Rechtsinhaber.[876] Die Verfügungsmacht werde jedoch insoweit verdoppelt, als dass der Vormerkungsverpflichtete weiterhin zugunsten des Vormerkungsberechtigten über das vorgemerkte Recht verfügen könne.[877] Eine partielle Verdoppelung der

---

[872] Vgl. Gliederungspkt. § 8 D.II.1.d)aa) (S. 129 ff.).

[873] Gesetzliche Fiktionen erkennt man typischerweise an der Verwendung des Wortes „gilt". S. nur *Rüthers/Fischer/Birk*, Rechtstheorie, Rn. 132a.

[874] Vgl. *Raape*, Veräußerungsverbot, S. 53 f.

[875] *Kesseler*, NJW 2010, 3341, 3341 ff.; *Paulus*, Verfügungsverbot u. Vormerkung, S. 38 f.; Staudinger/*Gursky*, Bearb. 2013, § 883 BGB Rn. 239. Aus dem älteren Schrifttum bereits *Heinrich*, Vormerkung, S. 93 ff. u. S. 102. Aus dem neueren Schrifttum zu §§ 135 f. BGB auch Soergel/*Meier*, § 135 BGB Rn. 3. Vgl. aus der neueren Rechtsprechung auch OLG Hamm BeckRS 2013, 20928. Vgl. aus dem neueren Schrifttum auch *Kestler*, Vormerkungen, S. 74 f. mit Fn. 293; Staudinger/*Kesseler*, § 883 BGB Rn. 289 f. Vgl. – unter Berücksichtigung des dort gegebenen Hinweises – auch die auf S. 134 in Fn. 829 Genannten.

[876] Vgl. nur Staudinger/*Gursky*, Bearb. 2013, § 883 BGB Rn. 239.

[877] Vgl. nur Staudinger/*Gursky*, Bearb. 2013, § 883 BGB Rn. 239.

Verfügungsmacht lässt sich zum einen dadurch konstruieren, dass man eine gesetzliche Verfügungsermächtigung annimmt,[878] zum anderen dadurch, dass man die hinzutretende relative Verfügungsmacht lediglich fingiert.[879]

Die dargestellte Ansicht gilt, so scheint es, als Weiterentwicklung der hier vertretenen Ansicht, welche von einer Aufspaltung der Verfügungsmacht ausgeht.

Sie hat zwar in der Tat dieselben Vorzüge wie jene Ansicht und kann überdies die Möglichkeit des Dritterwerbers, den gesicherten Anspruch im Wege der Drittleistung gem. § 267 BGB zu erfüllen, aus sich heraus erklären. Die Annahme, dass es durch die Vormerkung zu einer partiellen Verdoppelung der Verfügungsmacht kommt, findet aber keinerlei entstehungsgeschichtliche oder systematische Anknüpfungspunkte und liegt auch bei der Lektüre der §§ 883 Abs. 2 S. 1, 888 Abs. 1 BGB alles andere als nahe.[880]

ee) Zwischenergebnis

Die Annahme, dass der Gesetzgeber trotz der Einführung der Vormerkung die absolute Wirksamkeit von anspruchswidrigen Verfügungen aufrechterhalten hat, mag auf den ersten Blick durchaus verlockend sein. Sie entfernt sich jedoch zu weit von den §§ 883 Abs. 2 S. 1, 888 Abs. 1 BGB.

Offensichtlich nicht mit diesen zu vereinbaren ist sowohl die Ansicht, welche von einer Erfüllung des gesicherten Anspruches durch den Dritterwerber ausgeht, als auch die Ansicht, welche eine Zustimmungspflicht des Dritterwerbers zur Verfügung des Vormerkungsverpflichteten gem. § 185 BGB annimmt.

Durchaus vielversprechend ist dagegen sowohl die Ansicht, welche im Wege der Fiktion von einer partiellen Verdoppelung der Rechtsinhaberschaft ausgeht, als auch die Ansicht, welche mittels einer gesetzlichen Ermächtigung oder einer Fiktion zu einer partiellen Verdoppelung der Verfügungsmacht kommt. Beide Ansichten haben das Potenzial, die Interessen der Beteiligten zu einem angemessenen Ausgleich zu bringen. Sie entfernen sich jedoch, ohne dass es dafür Gründe gibt, sehr weit von dem Ergebnis der grammatikalischen Auslegung.

---

[878] Aus dem Schrifttum zu §§ 135 f. BGB Soergel/*Meier*, § 135 BGB Rn. 3. In diese Richtung auch *Kestler*, Vormerkungen, S. 74 f. mit Fn. 293.

[879] *Kesseler*, NJW 2010, 3341, 3341 ff.; *Paulus*, Verfügungsverbot u. Vormerkung, S. 38 f. Aus dem älteren Schrifttum bereits *Heinrich*, Vormerkung, S. 93 ff.

[880] Aus dem älteren Schrifttum *Rosenberg*, § 883 BGB IV.1.e)β) (S. 313). Vgl. – als Vertreter der dargestellten Ansicht – aus dem älteren Schrifttum auch *Heinrich*, Vormerkung, S. 93 u. S. 96 ff.

f) Zwischenergebnis

Die Ansichten, welchen von einer absoluten Unwirksamkeit oder, genau entgegengesetzt, von einer absoluten Wirksamkeit von vormerkungswidrigen Verfügungen ausgehen, können nicht überzeugen. Der Gesetzgeber hat durch die Schaffung der Vormerkung die absolute Wirksamkeit von anspruchswidrigen Verfügungen dergestalt eingeschränkt, dass er die relative Unwirksamkeit von vormerkungswidrigen Verfügungen normiert hat.

Die relative Unwirksamkeit wird auf zwei unterschiedlichen Wegen konstruiert. Die Ansicht, welche von einer Aufspaltung der Rechtsinhaberschaft ausgeht, führt zu schwerwiegenden, sich mittelbar aus der Durchbrechung des Absolutheitsgrundsatzes ergebenden Folgeproblemen und ist aus diesem Grund abzulehnen. Zutreffend ist die Ansicht, welche eine Aufspaltung der Verfügungsmacht annimmt. Sie begegnet keinerlei systematischen Bedenken und hat das Potenzial, die Interessen der Beteiligten zu einem angemessenen Ausgleich zu bringen.

Dementsprechend ist der Dritterwerber nicht, auch nicht aus Sicht des Vormerkungsberechtigten, „Buchberechtigter“ (vgl. § 894 BGB). Er ist der tatsächliche Inhaber des Rechtes. Seine Rechtsposition ist nicht mit derjenigen des Besitzers ohne Besitzrecht vergleichbar.

2. Rechtsposition des Vormerkungsberechtigten

Die Erkenntnis, dass der Dritterwerber gegenüber jedermann, auch gegenüber dem Vormerkungsberechtigten, Rechtsinhaber wird, führt für sich genommen nicht dazu, dass eine analoge Anwendung von Vorschriften des Eigentümer-Besitzer-Verhältnisses ausscheidet.

Es ist zu beachten, dass sich die schadensersatzrechtlichen Vorschriften des Eigentümer-Besitzer-Verhältnisses (§§ 989 ff. BGB) auch gegen den Inhaber eines dinglichen Rechtes, nach herrschender Ansicht sogar, wie sich etwa im Verhältnis zwischen dem Nießbraucher und dem Eigentümer (vgl. § 1065 BGB) zeigt,[881] gegen den Eigentümer selbst, richten können.

Dazu passt es, dass auch einige Vertreter der Ansicht von der Aufspaltung der Verfügungsmacht eine Anwendung des schadensersatzrechtlichen Teiles des Eigentümer-Besitzer-Verhältnisses (§§ 989 ff. BGB) auf das Verhältnis zwischen dem Vormerkungsberechtigten und dem Dritterwerber befürworten.[882]

---

[881] BeckOGK-BGB/*Servatius*, § 1065 BGB Rn. 33; MüKo-BGB/*Pohlmann*, § 1065 BGB Rn. 11; NK-BGB/*Lemke*, § 1065 BGB Rn. 1; Staudinger/*Heinze*, § 1065 BGB Rn. 17. A.A. Soergel/*Kern*, § 1065 BGB Rn. 5.

[882] *Löhnig/Gietl*, JuS 2008, 102, 106; *Wilhelm*, SachenR, Rn. 2303.

Es muss folglich noch untersucht werden, ob nicht zumindest die Rechtsposition des Vormerkungsberechtigten mit der Rechtsposition des Eigentümers vergleichbar ist.

Auffällig ist, dass viele von denjenigen, welche eine Anwendung von Vorschriften des Eigentümer-Besitzer-Verhältnisses befürworten, annehmen, dass es sich bei der Vormerkung um ein dingliches Recht handelt.[883]

Wenn man davon ausgeht, dass ein dingliches Recht stets eine eigentlich dem Eigentümer zustehende, aber aus dem Eigentum ausgeklammerte Befugnis enthält, liegt die Vergleichbarkeit zwischen der Rechtsposition des Vormerkungsberechtigten und der Rechtsposition des Eigentümers in Bezug auf diese ausgeklammerte eigentumsrechtliche Befugnis tatsächlich nahe. Es soll aus diesem Grund kurz zu der seit jeher umstrittenen Frage Stellung genommen werden, ob es sich bei der Vormerkung um ein dingliches Recht handelt.

Der rechtliche Charakter der Vormerkung wird ausdrücklich allerdings nur noch selten, etwa von Finkenauer[884] oder Trapp[885], zur Begründung der Anwendung von Vorschriften des Eigentümer-Besitzer-Verhältnisses herangezogen. Zumeist wird ihre Anwendung dagegen mit einer gewissen Verdinglichung des gesicherten obligatorischen Anspruches begründet.[886] Der Vormerkungsberechtigte habe nicht nur gegenüber dem Vormerkungsverpflichteten, sondern auch gegenüber dem Dritterwerber die „bessere Berechtigung“.[887] Ihm „gebührt“ das Grundstück.[888] Er könne „jederzeit“ Eigentümer werden.[889] Auch zu dieser Argumentation soll im Weiteren Stellung genommen werden.

---

[883] *Eckert*, SachenR, Rn. 779; Hk-BGB/*Staudinger*, § 883 BGB Rn. 2; *Westermann/Staudinger*, SachenR, Rn. 476; *Wieling/Finkenauer*, SachenR, § 22 Rn. 3. S. – mit der auf S. 95 in Fn. 571 genannten Einschränkung – auch *Schwerdtner*, Verzug im SachenR, S. 185. Vgl. auch *Trapp*, Vormerkung, S. 48. Vgl. – unter Berücksichtigung des auf S. 147 in Fn. 905 gegebenen Hinweises – auch jurisPK-BGB/*Stamm*, § 883 BGB Rn. 12; *Stamm*, Auflassungsvormerkung, S. 52 ff., S. 58 ff. u. S. 79 ff. Vgl. – unter Berücksichtigung der auf S. 147 in Fn. 905 gegebenen Hinweise – aus dem älteren Schrifttum bereits *Fuchs*, § 883 BGB Rn. 7 f.; *Sponholz*, Aufwendungsersatzanspruch d. Dritterwerbers, S. 15 u. S. 20. In diese Richtung aus dem neueren Schrifttum auch *Gieseler/Berthold*, SachenR, § 17 Rn. 1; *Wilhelm*, SachenR, Rn. 2223, Rn. 2225 mit Fn. 3345 u. Rn. 2264.

[884] *Wieling/Finkenauer*, SachenR, § 22 Rn. 26.

[885] *Trapp*, Vormerkung, S. 103 ff.

[886] BGHZ 144, 323, 327; *Baker*, JURA 2010, 450, 452; *Jacoby/Hinden*, § 888 BGB Rn. 4; *Körber/Resch*, JuS 2020, 241, 244; *Löhnig/Gietl*, JuS 2008, 102, 106; *Müller/Gruber*, SachenR, Rn. 2947; *Ohly/Werner*, JuS 2007, 449, 452; *Pfaller/Jouannaud*, JURA 2023, 191, 199 f.; Soergel/*Stadler*, Vorb. § 987 BGB Rn. 7; *Vieweg/Röthel*, SachenR, S. 222; *Wellenhofer*, SachenR, § 18 Rn. 31 f. Vgl. zum Wiederkaufsrecht gem. § 20 RSiedlG auch BGHZ 75, 288, 292. In diese Richtung auch *Helms/Zeppernick*, SachenR II, Rn. 134.

[887] S. nur BGHZ 144, 323, 327.

[888] S. nur BGHZ 144, 323, 327.

[889] S. nur *Löhnig/Gietl*, JuS 2008, 102, 106.

a) Inhaber eines dinglichen Rechtes

Man könnte in Erwägung ziehen, die Rechtsposition des Vormerkungsberechtigten durch die Bestimmung des rechtlichen Charakters der Vormerkung zu ermitteln.[890]

Generationen von Rechtswissenschaftlern sind der Frage nachgegangen, welchen rechtlichen Charakter die Vormerkung hat.[891]

Schon die Väter des BGB gaben keine einheitliche Antwort auf diese Frage.

Johow ging in seinem Vorentwurf zum Sachenrecht nicht nur davon aus, dass die Vormerkung eine Verfügungsbeschränkung darstellt,[892] sondern auch davon, dass das künftige Recht durch die Vormerkung aufschiebend bedingt verliehen wird.[893] Die 1. Kommission lehnte die Einführung der Vormerkung unter anderem aus diesem Grund ab.[894]

Die Mitglieder der 2. Kommission verorteten die Vormerkung in die Nähe diverser Rechtsinstitute. Es wurde die „Ausgestaltung der Vormerkung als einer dinglichen Belastung des Grundstücks"[895] oder als „bei Grundstücken einer der Sicherungshypothek, bei Rechten eine dem Pfandrecht ähnliche Belastung"[896] erwogen. Ihr wurde die „Wirkung wie bei einem [auflösend oder aufschiebend] bedingten Rechte" beigemessen.[897] Sie wurde als ein „Veräußerungsverbot- oder Belastungsverbot"[898] und als ein „qualifiziertes Veräußerungsverbot"[899] bezeichnet. Man könne sie auch als „ein Recht zur Sache" ansehen.[900]

---

[890] Nicht selten wird, genau entgegengesetzt, die Rechtsposition des Vormerkungsberechtigten bestimmt und aus dieser der rechtliche Charakter der Vormerkung abgeleitet. Diese willkürliche Priorisierung von Induktion und Deduktion und die damit verbundene Gefahr eines Zirkelschlusses hat aus dem älteren Schrifttum bereits Sekler erkannt (*Sekler*, Lehre d. Vormerkung, S. 111). Vgl. allgemein zu dieser Gefahr nur *Bucher*, ZBernJV 102 (1966), 274, 279; *Muthorst*, Grundlagen d. Rechtswissenschaft, § 7 Rn. 80; *Scheuerle*, AcP 163 (1964), 429, 450 ff. S. zum „Wesensargument" als „Kryptoargument" oder „Scheinargument" nur *Röhl/Röhl*, Allg. Rechtslehre, § 7 V. (S. 73 ff.); *Rüthers/Fischer/Birk*, Rechtstheorie, Rn. 561, Rn. 573 u. Rn. 923; *Scheuerle*, AcP 163 (1964), 429, 429 ff.

[891] Vgl. *Kesseler*, ZfIR 2007, 88, 88.

[892] Vorentwürfe z. BGB/*Johow*, SachenR I, S. 429.

[893] Vorentwürfe z. BGB/*Johow*, SachenR I, S. 336 f.

[894] Motive z. BGB, Bd. III, S. 240. S. auch Protokolle d. 1. Kommission, SachenR I, S. 321.

[895] Protokolle d. 2. Kommission, Bd. III, S. 740. Vgl. auch Protokolle d. 2. Kommission, Bd. III, S. 118 u. S. 626.

[896] Protokolle d. 2. Kommission, Bd. III, S. 740.

[897] Protokolle d. 2. Kommission, Bd. III, S. 112.

[898] Protokolle d. 2. Kommission, Bd. III, S. 745. Vgl. auch Protokolle d. 2. Kommission, Bd. III, S. 112 u. S. 118.

[899] Protokolle d. 2. Kommission, Bd. III, S. 112.

[900] Protokolle d. 2. Kommission, Bd. III, S. 745. Vgl. auch Protokolle d. 2. Kommission, Bd. III, S. 113.

Letztlich überließen die Mitglieder der 2. Kommission die Frage nach dem rechtlichen Charakter der Vormerkung aber doch der Wissenschaft und Rechtsprechung.[901] In der Folge entwickelte sich eine Vielzahl von Antworten auf die Frage nach der „Rechtsnatur" der Vormerkung.[902] Einige wurden nur vereinzelt gegeben. So wird etwa der Vorschlag von Othmer, das vorgemerkte Recht mit der Bestellung der Vormerkung (quasi-)entstehen zu lassen,[903] einhellig abgelehnt.[904] Andere haben zahlreiche Anhänger und prägen die wissenschaftliche Diskussion. Die Vormerkung wird unter anderem als dingliches Recht,[905] als qualifizierte Verfügungsbeschränkung oder qualifiziertes Veräußerungsverbot,[906] als Recht zur Sache[907] oder als Sicherungsvermerk im Grundbuch[908] klassifiziert.

---

[901] Vgl. Protokolle d. 2. Kommission, Bd. III, S. 118.

[902] Anschaulich Jaeger/*Lent*, 8. Aufl., § 24 KO Rn. 2 („bunteste Verschiedenheit der Meinungen"); *Stamm*, Auflassungsvormerkung, S. 155 („nahezu undurchdringlicher Dschungel von verschiedenen Lehrmeinungen").

[903] *Othmer*, Vormerkung, S. 60 ff.

[904] S. Gliederungspkt. § 8 C.I.1. (S. 102).

[905] S. neben den auf S. 145 in Fn. 883 Genannten etwa *Kempf*, JuS 1961, 22, 23 ff.; *Kestler*, Vormerkungen, S. 48 ff.; *Mülbert*, AcP 214 (2014), 309, 347 f.; *Wolf*, SachenR, § 13 A.II.e) (S. 577 f.); *Wunner*, NJW 1969, 113, 114 ff. Aus dem älteren Schrifttum bereits *Sekler*, Lehre d. Vormerkung, S. 124 ff. In diese Richtung aus dem neueren Schrifttum auch *Prütting*, SachenR, Rn. 203; *Schapp/Schur*, SachenR, Rn. 345. S. zu weiteren Vertretern dieser Ansicht nur *Assmann*, Vormerkung, S. 278 ff.; Staudinger/*Kesseler*, § 883 BGB Rn. 23. – Dieser Ansicht können auch diejenigen zugeordnet werden, welche die Vormerkung als Anwartschaftsrecht ansehen. S. etwa *Eichler*, SachenR BT II, S. 401 ff. Aus dem älteren Schrifttum bereits *Heck*, SachenR, § 47 IV. (S. 203 f.); *Sponholz*, Aufwendungsersatzanspruch d. Dritterwerbers, S. 15 u. S. 20. Vgl. aus dem neueren Schrifttum auch *Enneccerus/Nipperdey*, BGB AT, § 79 A.II.5. (S. 461). Vgl. aus dem älteren Schrifttum bereits *Endemann*, SachenR, § 65 2.b) (S. 402 ff.). S. zu weiteren Vertretern dieser Ansicht nur *Assmann*, Vormerkung, S. 293 ff.; Staudinger/*Gursky*, Bearb. 2013, § 883 BGB Rn. 329. – Mit dieser Ansicht verwandt ist die Ansicht, welche das künftige Recht mit der Bestellung der Vormerkung aufschiebend bedingt entstehen lassen will. Aus dem älteren Schrifttum *Fuchs*, Grundbegriffe d. SachenR, S. 78 ff.; *Fuchs*, § 883 BGB Rn. 7 f.; *Fuchs*, LZ 1914, 139, 148 ff.; *Fuchs*, Gruchot 46 (1902), 549, 561 ff. In diese Richtung aus dem neueren Schrifttum auch jurisPK-BGB/*Stamm*, § 883 BGB Rn. 12; *Stamm*, Auflassungsvormerkung, S. 52 ff., S. 58 ff. u. S. 79 ff. S. zu weiteren Vertretern dieser Ansicht nur *Assmann*, Vormerkung, S. 278 Fn. 3 u. S. 292 Fn. 102; Staudinger/*Kesseler*, § 883 BGB Rn. 23 u. Rn. 26.

[906] *Knöpfle*, JuS 1981, 157, 158 ff. Aus dem älteren Schrifttum bereits *Neumann*, Vormerkung, Verfügungsbeschränkung u. Veräußerungsverbot, S. 25 ff. u. S. 30 f.; *Raape*, Veräußerungsverbot, S. 109. In diese Richtung auch *Turnau/Förster*, § 883 BGB II.4. (S. 196). S. zu weiteren Vertretern dieser Ansicht nur *Assmann*, Vormerkung, S. 304 Fn. 175 f.; Staudinger/*Gursky*, Bearb. 2013, § 883 BGB Rn. 331.

[907] Aus dem älteren Schrifttum *Berschak*, Anspruch aus § 888 BGB, S. 26 ff.; *Dernburg*, SachenR, § 51 II. (S. 177 Fn. 2); *Gierke*, Dt. PrivatR, § 119 XI.1. (S. 338); *Wieacker*, BodenR, § 19 IV.2. (S. 158). S. zu weiteren Vertretern dieser Ansicht nur *Assmann*, Vormerkung, S. 310 f. Fn. 213; Staudinger/*Kesseler*, § 883 BGB Rn. 24. – Mit dieser Ansicht verwandt ist die Ansicht, welche die Vormerkung als „obligatio in rem scripta" ansieht. Aus dem älteren Schrifttum *Kohler*, BGB AT, § 50 III.b) (S. 159); *Kohler*, SachenR, § 123 II. (S. 358). In diese Richtung aus dem älteren Schrifttum auch *Oberneck*, ReichsgrundbuchR, § 50 5. (S. 449 f.).

Anfang des letzten Jahrhunderts gehörte die Kontroverse um den rechtlichen Charakter der Vormerkung zu den umstrittensten Fragen des gesamten Zivilrechtes.[909] Die Wissenschaft begab sich, begründet darin, dass die rechtlichen Regelungen zur Vormerkung lückenhaft sind,[910] auf die Suche nach einem mystischen, ja fabelhaften „Wesen",[911] welches dem „juristischen Knochengerippe" der Vormerkung „Fleisch und Blut" verleihen sollte.[912]

Die Bestimmung des rechtlichen Charakters der Vormerkung war damit zu keiner Zeit Selbstzweck.[913] Sie diente der Ausfüllung der durch die Wissenschaft identifizierten Lücken. Man erhoffte sich von dieser die Antwort auf eine Vielzahl von vormerkungsspezifischen Streitfragen, etwa auch auf die Frage nach der analogen Anwendung von Vorschriften des Eigentümer-Besitzer-Verhältnisses. Das Gegenteil war der Fall.[914] Die Streitfragen wurden lediglich gebündelt und von der (streit-)gegenständlichen auf die gegenstandslose Ebene verlagert. Die Beantwortung zahlreicher vormerkungsspezifischer Streitfragen schien nun ausschließlich davon abzuhängen, welche „Rechtsnatur" man der Vormerkung zuschreiben wollte.

Macht man sich diese Tragweite bewusst, kann es nicht verwundern, dass die Kontroverse um den rechtlichen Charakter der Vormerkung häufig und vehement geführt wurde. Die viel zitierte, düstere Prophezeiung von Fuchs aus dem Jahre 1902, dass es sich um „eine jener Kontroversen" handeln kann, „die nicht sterben",[915] schien sich zu bewahrheiten.

---

[908] *Deppert*, Vormerkung, S. 57 ff. Aus dem älteren Schrifttum bereits *Philipsen*, Vormerkung, S. 46 ff.; *Rosenberg*, § 883 BGB V.2.f) (S. 334) u. V.4. (S. 335 f.). S. zu weiteren Vertretern dieser Ansicht nur *Assmann*, Vormerkung, S. 312 f.; Staudinger/*Kesseler*, § 883 BGB Rn. 25.

[909] Vgl. nur *Mollenkopf*, Fakt. Einwirkungen u. vormerkungsbetroffene Grundstücke, S. 17; *Trapp*, Vormerkung, S. 1.

[910] Zu oft wird verkannt, dass dieser Feststellung eine begründungsbedürftige eigene Wertung zugrunde liegt. Das Fehlen einer ausdrücklichen Regelung muss nicht zwingend bedeuten, dass das Gesetz lückenhaft ist. Vgl. Gliederungspkt. § 8 D.I.1.a) (S. 109 f.).

[911] Anschaulich *Wunderlich*, Eintragungsbewilligung, S. 85 f. („Schlüssel […] zur Erkenntnis des bisher geheimnisvollen Wesens der Vormerkung").

[912] Diese Formulierung geht zurück auf Heck (*Heck*, SachenR, § 47 I.3. (S. 193)). Zur Vermeidung von Missverständnissen sei erwähnt, dass Heck der Ansicht ist, dass die Lückenfüllung durch das Abstellen auf das „Wesen" der Vormerkung unzulässig ist (*Heck*, SachenR, § 47 I.3. (S. 193 f.)).

[913] Aus dem älteren Schrifttum dezidiert *Biermann*, Widerspruch u. Vormerkung, S. 184 („Frage der Konstruktion […] hat […] die allerbedeutsamsten praktischen Konsequenzen"); *Fuchs*, Grundbegriffe d. SachenR, S. 70 („Ergründung der Rechtsnatur hat einen eminent praktischen Endzweck").

[914] *Hager*, JuS 1990, 429, 439. Aus dem älteren Schrifttum bereits *Tucholsky*, Vormerkung, S. 8.

[915] Aus dem älteren Schrifttum *Fuchs*, § 883 BGB Rn. 8; *Fuchs*, Gruchot 46 (1902), 549, 563.

Anfangs war die Kontroverse um den rechtlichen Charakter der Vormerkung von einer gewissen Dynamik geprägt. Biermann etwa, seinerzeit „Hauptbearbeiter“ des Vormerkungsrechtes,[916] wechselte innerhalb weniger Jahre seine Ansicht zum rechtlichen Charakter der Vormerkung. Im Jahre 1898 bezeichnete er die Vormerkung als Recht zur Sache.[917] Ab dem Jahre 1901 klassifizierte er sie als Sicherungsvermerk im Grundbuch.[918]

Nach und nach entwickelte sich aber eine gewisse Statik.[919] Heutzutage sind alle Für- und Wider-Argumente ausgetauscht.[920] Zwar wird auch in zeitgenössischen Untersuchungen die Frage nach dem rechtlichen Charakter der Vormerkung aufgeworfen und beantwortet. Sie steht jedoch erfreulicherweise nur noch selten im Mittelpunkt der Untersuchung.[921]

Eine vertiefte wissenschaftliche Auseinandersetzung mit dem rechtlichen Charakter der Vormerkung wird keinen praktischen oder auch nur wissenschaftlichen Mehrwert bringen können und erübrigt sich aus diesem Grund.

Ohnehin verbergen sich hinter dieser Kontroverse allzu oft Meinungsverschiedenheiten zu den Charakteristika der in Rede stehenden Obergruppen – bei der Vormerkung insbesondere solche über die Charakteristika von dinglichen Rechten.[922] Das hat zur Folge, dass, wenn der rechtliche Charakter der Vormerkung untersucht wird, stets auch Ausführungen zu den Eigenschaften von dinglichen Rechten erforderlich werden.[923] Davon abgesehen läuft man mit der Bestimmung der „Rechtsnatur“ der Vormerkung aber auch Gefahr, überholten begriffsjuristischen Vorstellungen nachzueifern.[924]

Vorzugswürdig erscheint es, die Bemühungen, die „Rechtsnatur“ der Vormerkung zu bestimmen, mit Verweis auf ihre Stellung zwischen Schuld- und Sachenrecht und der damit verbundenen Unmöglichkeit einer Unterordnung unter eine

---

[916] Aus dem älteren Schrifttum *Fuchs*, Grundbegriffe d. SachenR, S. 69; *Fuchs*, LZ 1914, 139, 140.

[917] *Biermann*, 1. Aufl., § 883 f. BGB 2. (S. 35).

[918] *Biermann*, Widerspruch u. Vormerkung, S. 176 ff. u. S. 184; *Biermann*, § 883 BGB 4.f) (S. 90 f.).

[919] Aus dem älteren Schrifttum bereits *Haase*, Vormerkung, S. 25.

[920] In diese Richtung aus dem älteren Schrifttum bereits *Feldmann*, Vormerkung, S. 36 f.; *Ungewitter*, Gruchot 48 (1904), 156, 157.

[921] Ausnahmen bei *Assmann*, Vormerkung, S. 277 ff.; *Stamm*, Auflassungsvormerkung, S. 15 ff. Kritisch zur Vorgehensweise von *Stamm* etwa *Kössinger*, MittBayNot 2005, 386, 386.

[922] Ein weiteres Problem entsteht dadurch, dass Streit darüber besteht, ob und in welchem Umfang Sicherungsmittel eigener Art anzuerkennen sind. Vgl. aus dem älteren Schrifttum nur *Fuchs*, Grundbegriffe d. SachenR, S. 69 f. u. S. 76; *Fuchs*, LZ 1914, 139, 140 u. 146.

[923] Vgl. nur *Assmann*, Vormerkung, S. 282 ff.; *Canaris*, FS Flume I, 371, 373 ff.; *Rosien*, Schutz d. Vormerkungsberechtigten, S. 138 ff.

[924] Vgl. nur *Brehm/Berger*, SachenR, § 13 Rn. 34; *Haag*, Gutgläubiger Zweiterwerb, S. 16; Jauernig/*Berger*, § 883 BGB Rn. 3; *Reinicke*, NJW 1964, 2373, 2373 f.; Westermann/*Gursky*, SachenR, § 82 Rn. 3.

rechtliche Obergruppe, einzustellen. Das hat die begrüßenswerte Folge, dass die Streitfragen wieder isoliert betrachtet und von der gegenstandslosen auf die (streit-) gegenständliche Ebene zurückgeführt werden. Ein darüber hinausgehender Mehrwert ist zwar nicht erkennbar, wird aber auch nicht bezweckt. Soweit die herrschende Ansicht[925] dieses mit der Klassifizierung der Vormerkung als Sicherungsmittel eigener Art ausdrücken will, ist ihr zuzustimmen.

Trotz dieser Absage an „wesensbasierte“ Argumentationsmuster sollte man sich bewusst sein, dass bei der Untersuchung von (streit-)gegenständlichen, vormerkungsspezifischen Problemen die Kontroverse über den rechtlichen Charakter der Vormerkung nahezu ausnahmslos – teils offen, teils verdeckt – wieder aufbricht. Das gibt zwar keinen Anlass, das gefundene Ergebnis zu revidieren. Bei der Untersuchung von Argumentationslinien, insbesondere solchen des älteren Schrifttums, ist aber die Ansicht des jeweiligen Vertreters zum (streit-)gegenständlichen Problem im Zusammenhang mit seiner Ansicht zum rechtlichen Charakter der Vormerkung zu sehen.

Auch bei der hier aufgeworfenen Frage, ob der schadensersatzrechtliche Teil des Eigentümer-Besitzer-Verhältnisses (§§ 989 ff. BGB) anwendbar oder, genauer, die Rechtsposition des Vormerkungsberechtigten in Bezug auf tatsächliche Einwirkungen mit der Rechtsposition des Eigentümers vergleichbar ist, zeigen sich die mit der Bestimmung des rechtlichen Charakters der Vormerkung verbundenen Probleme. Wenn man es für angebracht hält, kann man den Vormerkungsberechtigten als Inhaber eines dinglichen Rechtes bezeichnen. Ebenso gut kann man dieser Bezeichnung widersprechen. Es handelt sich um eine „Frage der Formulierung“[926], welche jeder nach eigenem Dafürhalten beantworten kann. Mit ihrer Beantwortung ist ohnehin nichts gewonnen.

Selbst wenn man die Vormerkung als dingliches Recht klassifiziert, wird damit nicht beantwortet, ob der Ausschnitt des Eigentums, welcher die Befugnis beinhaltet, auf das Grundstück in tatsächlicher Hinsicht einzuwirken bzw. zumindest etwaige Dritterwerber von dieser Einwirkung auszuschließen, in der Vormerkung aufgeht. Wer annimmt, dass sich diese Befugnis aus der Charakterisierung der Vormerkung als dingliches Recht ergibt, dreht sich zwangsläufig im Kreis. Die Rechtsposition des Vormerkungsberechtigten kann nicht im ersten Schritt zur Bestimmung des rechtlichen Charakters der Vormerkung herangezogen und im zweiten Schritt durch den rechtlichen Charakter der Vormerkung inhaltlich erweitert werden.

---

[925] BGHZ 235, 277, 287 Rn. 28; BGHZ 200, 179, 187 Rn. 23; BGHZ 60, 46, 49; BGHZ 25, 16, 23; MüKo-BGB/*Lettmaier*, § 883 BGB Rn. 5; Soergel/*Kern*, § 883 BGB Rn. 2; Staudinger/*Kesseler*, § 883 BGB Rn. 22; Westermann/*Gursky*, SachenR, § 82 Rn. 1 ff. u. Rn. 14. Vgl. auch *Baur/Stürner*, SachenR, § 20 Rn. 61.

[926] Vgl. zu dieser Aussage, allerdings in einem geringfügig abweichenden Zusammenhang, *Reinicke*, NJW 1964, 2373, 2374.

b) Inhaber eines verdinglichten obligatorischen Anspruches

Der Vorwurf eines Zirkelschlusses ist auch denjenigen zu machen, welche die Anwendung von Vorschriften des Eigentümer-Besitzer-Verhältnisses mit der Verdinglichung des gesicherten obligatorischen Anspruches begründen.[927]

Man kann davon sprechen, dass der Vormerkungsberechtigte sowohl gegenüber dem Vormerkungsverpflichteten als auch gegenüber dem Dritterwerber die „bessere Berechtigung" hat. Immerhin muss der Vormerkungsverpflichtete den gesicherten obligatorischen Eigentumsverschaffungsanspruch erfüllen und der Dritterwerber den Verlust seines Rechtes hinnehmen. Damit ist aber nichts dazu gesagt, ob der Vormerkungsberechtigte auch in Bezug auf tatsächliche Einwirkungen der „Besserberechtigte" ist.[928]

Stattdessen kann man auch davon sprechen, dass der Vormerkungsberechtigte „jederzeit" Eigentümer werden kann oder ihm das Grundstück „gebührt". Damit ist, wenn man nicht gerade der einhellig abgelehnten[929] Dulckeit'schen Ansicht vom „relativen Eigen"[930] folgt, aber nichts dazu gesagt, ob dem Vormerkungsberechtigten vor seinem Eigentumserwerb der Sachwert des Grundstückes zugewiesen ist und er damit bei einer Verschlechterung des Grundstückes vom Dritterwerber Schadensersatz verlangen kann.[931]

c) „Bessere Berechtigung" in Bezug auf tatsächliche Einwirkungen

Möglicherweise kann eine „bessere Berechtigung" des Vormerkungsberechtigten in Bezug auf tatsächliche Einwirkungen jedoch anders begründet werden. Wenn der Vormerkungsberechtigte gegen den Dritterwerber bereits vor dem Eigentumserwerb einen Anspruch auf Herausgabe des Grundstückes oder einen Anspruch mit einem vergleichbaren Inhalt hat, kann darin ein Indiz für eine „bessere Berechtigung" des Vormerkungsberechtigten gesehen werden. Ausschlaggebend ist aber die Regelungs- und Schutzfunktion der Vormerkung.

---

[927] S. die auf S. 145 in Fn. 886 Genannten.

[928] In diese Richtung auch *Assmann*, LM § 987 BGB Nr. 20, Bl. 5.1 (zur Anwendbarkeit der §§ 987 ff. BGB); *Gursky*, SachenR, Rn. 79 (zur Anwendbarkeit der §§ 987 ff. BGB); *Kohler*, WuB IV.A. § 987 BGB 1.00, 1165, 1167 (zur Anwendbarkeit der §§ 987 ff. BGB); Staudinger/*Kesseler*, § 883 BGB Rn. 103 (zur Anwendbarkeit der §§ 987 ff. BGB).

[929] S. nur *Canaris*, FS Flume I, 371, 378 ff.; *Lange*, NJW 1952, 1366, 1366; *Richter*, Tatsächl. Einwirkungen u. Vormerkungsschutz, S. 288 f. Fn. 86; *Westermann*, AcP 152 (1952 f.), 93, 95 f.

[930] *Dulckeit*, Verdinglichung obligatorischer Rechte, S. 43 f.

[931] *Rosien*, Schutz d. Vormerkungsberechtigten, S. 181. Vgl. auch *Richter*, Tatsächl. Einwirkungen u. Vormerkungsschutz, S. 303 mit Fn. 133. Vgl. zu §§ 135 f. BGB auch *Kohler*, Verfügungsverbot, S. 101 f. Fn. 227 f.

aa) Vorab: Ausgestaltung einer möglichen Haftung des Dritterwerbers

Bevor dem nachgegangen wird, sei vorab darauf hingewiesen, dass, selbst wenn eine „bessere Berechtigung“ des Vormerkungsberechtigten in Bezug auf tatsächliche Einwirkungen zu bejahen ist und man so zu einer Anwendung des schadensersatzrechtlichen Teiles des Eigentümer-Besitzer-Verhältnisses (§§ 989 ff. BGB) gelangt, noch nichts darüber gesagt ist, wie eine solche Haftung des Dritterwerbers auszugestalten ist.

Charakterisiert man die Vormerkung als dingliches Recht, liegt eine vorbehaltlose Anwendung der §§ 989 ff. BGB nahe. Eine solche schablonenhafte Anwendung von Vorschriften des Eigentümer-Besitzer-Verhältnisses ist, worauf Legart zu Recht schon früh hingewiesen hat,[932] allerdings deswegen zu „grobschlächtig“, weil sie unter Umständen in Widerspruch zum akzessorischen Charakter der Vormerkung gerät.[933] Es lässt sich nur schwer begründen, dass den Dritterwerber eine weitergehende Schadensersatzhaftung trifft als den Vormerkungsverpflichteten.[934]

Tendiert man dagegen zu einer gewissen Verdinglichung des gesicherten obligatorischen Anspruches, liegt es nahe, die Haftung des Dritterwerbers nach §§ 989 ff. BGB mit der Haftung des Vormerkungsverpflichteten zu harmonisieren. Dazu passt es, dass der BGH unter Beifall von Teilen des Schrifttums[935] die Nutzungsherausgabeansprüche gem. §§ 987 ff. BGB im Verhältnis zwischen dem Vormerkungsberechtigten und dem Dritterwerber vorbehaltlos wohl nur noch an-

---

[932] Aus dem älteren Schrifttum *Legart*, Gruchot 73 (1933), 307, 313 (zur Anwendbarkeit der §§ 994 ff. BGB). Legart möchte die Ansprüche aus dem Verhältnis zwischen dem Vormerkungsberechtigten und dem Dritterwerber allerdings nicht nur mit den Ansprüchen aus dem Verhältnis zwischen dem Vormerkungsberechtigten und dem Vormerkungsverpflichteten harmonisieren, sondern nimmt an, dass im Verhältnis zwischen dem Vormerkungsberechtigten und dem Dritterwerber die gegen den Vormerkungsverpflichteten „gegebenen Regeln“ „in entsprechender Anwendung“ heranzuziehen sind (*Legart*, Gruchot 73 (1933), 307, 315).

[933] MüKo-BGB/*Lettmaier*, § 888 BGB Rn. 22 (zur Anwendbarkeit der §§ 987 ff. BGB). Vgl. auch *Gursky*, JR 1984, 3, 6 (zur Anwendbarkeit der §§ 987 ff. BGB); *Hager*, DNotZ 2001, 325, 327 f. (zur Anwendbarkeit der §§ 987 ff. BGB); *Kohler*, NJW 1984, 2849, 2857 (zur Anwendbarkeit der §§ 987 ff. BGB u. der §§ 989 ff. BGB); *Richter*, Tatsächl. Einwirkungen u. Vormerkungsschutz, S. 402 f. (zur Anwendbarkeit der §§ 994 ff. BGB); *Rosien*, Schutz d. Vormerkungsberechtigten, S. 132 f. (zur Anwendbarkeit der §§ 987 ff. BGB); Staudinger/*Kesseler*, § 888 BGB Rn. 103 (zur Anwendbarkeit der §§ 987 ff. BGB).

[934] *Kohler*, NJW 1984, 2849, 2857 mit Fn. 90.

[935] *Baker*, JURA 2010, 450, 452; *Baur/Stürner*, SachenR, § 20 Rn. 43; Erman/*Artz*, § 888 BGB Rn. 10; Grüneberg/*Herrler*, § 888 BGB Rn. 9; *Hager*, DNotZ 2001, 325, 326 ff.; *Jacoby/Hinden*, § 888 BGB Rn. 4; Jauernig/*Berger*, § 888 BGB Rn. 5; Lemke/*Lemke*, 2. Aufl., § 888 BGB Rn. 17; *Müller/Gruber*, SachenR, Rn. 2953; PWW/*Huhn*, § 888 BGB Rn. 9; Soergel/*Stadler*, Vorb. § 987 BGB Rn. 7; *Vieweg/Röthel*, SachenR, S. 222; *Wellenhofer*, SachenR, § 18 Rn. 32. Vgl. auch *Habersack*, SachenR, Rn. 341 mit Fn. 34; *Lüke*, SachenR, Rn. 433; *Reithmann*, EWiR § 883 BGB 2/2000, 963, 964. In diese Richtung auch, aber eine Haftung des Dritterwerbers schon annehmend, wenn der Vormerkungsverpflichtete zur Erfüllung des gesicherten Anspruches „bereit“ ist und eine Eintragung nur an der „Verweigerung“ des Dritterwerbers scheitert, *Wilhelm*, SachenR, Rn. 2303.

wenden möchte, wenn die Nutzungen dem Vormerkungsberechtigten auch im Verhältnis zum Vormerkungsberechtigten zustehen.[936]

Erstaunlich ist allerdings, dass die Frage, ob die Haftung des Dritterwerbers nach § 989 ff. BGB mit der Haftung des Vormerkungsverpflichteten zu harmonisieren ist, bisher nur von Kohler[937] aufgeworfen wird. Das hat die merkwürdig anmutende Folge, dass die nur kurze Feststellung, dass der Dritterwerber nach § 989 ff. BGB haftet, zuweilen unmittelbar neben langen Ausführungen zur Harmonisierung der Haftung des Dritterwerbers nach §§ 987 ff. BGB mit der Haftung des Vormerkungsverpflichteten steht.

Hier ist nicht der geeignete Ort, um jedwede Haftung des Vormerkungsverpflichteten für eine Verschlechterung des Grundstückes näher zu beleuchten. Es sei nur darauf hingewiesen, dass sie nicht immer zu bejahen sein dürfte. So werden die Sachmängelgewährleistungsansprüche gem. § 437 BGB beim Verkauf von bebauten Grundstücken regelmäßig so weit wie möglich abbedungen[938] und die Haftung des Schenkers für Sachmängel ist bereits durch § 524 BGB beschränkt. In diesen Fällen käme keine Haftung des Dritterwerbers für tatsächliche Einwirkungen in Betracht.

bb) Anspruch auf Herausgabe

Der Vormerkungsberechtigte hat vor seinem Eigentumserwerb keinen Anspruch auf Herausgabe des Grundstückes.[939] Der Anspruch aus § 888 Abs. 1 BGB ist nicht auf die Herausgabe des Grundstückes, sondern auf die „Zustimmung zu der Eintragung oder der Löschung" gerichtet. Zudem ist der Annahme, dass neben den Anspruch aus § 888 Abs. 1 BGB ein Herausgabeanspruch tritt,[940] zu widersprechen. Insbesondere kann der Herausgabeanspruch, welchen der Inhaber eines dinglichen

[936] BGHZ 144, 323, 327. Der BGH hatte nicht zu entscheiden, ob der Dritterwerber die Nutzungen auch herausgeben muss, wenn dem Vormerkungsberechtigten die Nutzungen im Verhältnis zum Vormerkungsverpflichteten nicht zustehen (vgl. BGHZ 144, 323, 324). Seine Formulierung (BGHZ 144, 323, 327), dass die „Bedenken" gegen eine Anwendung „jedoch zumindest dann" zurücktreten würden, wenn der Vormerkungsberechtigte auch gegenüber dem Vormerkungsverpflichteten die „bessere Berechtigung" hat, spricht aber dafür, dass er in einer solchen Konstellation eine Pflicht zur Herausgabe von Nutzungen abgelehnt hätte.

[937] *Kohler*, NJW 1984, 2849, 2857. Vgl. auch *Kohler*, JR 1987, 456, 458.

[938] S. nur MüKo-BGB/*Westermann*, § 444 BGB Rn. 4.

[939] S. neben den auf S. 154 in Fn. 942 Genannten nur *Assmann*, Vormerkung, S. 461 f.; *Canaris*, FS Flume I, 371, 383 f.; *Gursky*, JR 1984, 3, 5; *Richter*, Tatsächl. Einwirkungen u. Vormerkungsschutz, S. 269 Fn. 22 u. S. 299 f.; *Rosien*, Schutz d. Vormerkungsberechtigten, S. 20, S. 94 u. S. 133; *Severin*, Auflassungsvormerkung u. Eingriffsschutz, S. 31 Fn. 105.

[940] S. zum Wiederkaufsrecht gem. § 20 RSiedlG BGHZ 75, 288, 293; *Räfle*, LM § 888 BGB Nr. 3, Bl. 1.1. Aus dem älteren Schrifttum bereits *Fuchs*, § 883 BGB Rn. 14. Aus dem älteren Schrifttum zu §§ 135 f. BGB bereits *Raape*, Veräußerungsverbot, S. 66. In diese Richtung aus dem neueren Schrifttum auch, allerdings nur mit Einschränkungen *Mülbert*, AcP 214 (2014), 309, 331 f.

Vorkaufsrechtes nach der herrschenden Ansicht gegen den Dritterwerber hat,[941] nicht im Verhältnis zwischen dem Vormerkungsberechtigten und dem Dritterwerber angewendet werden.[942]

Richtig ist, dass das Verhältnis zwischen dem Inhaber eines dinglichen Vorkaufsrechtes und dem Dritterwerber gem. § 1098 Abs. 2 BGB Vormerkungswirkung hat. Daraus kann aber nicht geschlussfolgert werden, dass umgekehrt der in § 1100 BGB vorausgesetzte Herausgabeanspruch auf die Vormerkung übertragen werden kann. Das dingliche Vorkaufsrecht ist im Vergleich zur Vormerkung das speziellere Rechtsinstitut. Es grenzt sich durch ergänzende Regelungen von der Vormerkung ab. Die Übertragung dieser Regelungen auf die Vormerkung ist nicht prinzipiell gesperrt.[943] Sie liegt aber nicht nahe.[944]

Doch damit nicht genug: Der Dritterwerber hat nicht nur keine Pflicht, das Grundstück an den Vormerkungsberechtigten herauszugeben, sondern er kann unter Umständen selbst die Herausgabe des Grundstückes von dem Vormerkungsberechtigten verlangen. Wurde dem Dritterwerber das Eigentum an dem Grundstück übertragen und ist der Vormerkungsberechtigte Besitzer des Grundstückes, steht ihm der Anspruch aus § 985 BGB zu.[945] Die Eigentumsvormerkung gewährt kein Recht zum Besitz.[946] Selbst wenn man davon ausgeht, dass dem Vormerkungsberechtigten, welchem das Grundstück aufgelassen worden ist, ein Anwartschaftsrecht zusteht,[947] ergibt sich auch aus diesem kein Recht zum Besitz.[948]

---

[941] BGHZ 115, 335, 345; BGH BeckRS 2022, 12655 Rn. 1; BeckOGK-BGB/*Omlor*, § 1098 BGB Rn. 26 u. § 1100 BGB Rn. 8; MüKo-BGB/*Westermann*, § 1098 BGB Rn. 10 u. § 1100 BGB Rn. 2; NK-BGB/*Reetz*, § 1098 BGB Rn. 30 u. § 1100 BGB Rn. 5; Soergel/*Kern*, § 1098 BGB Rn. 8 u. § 1100 BGB Rn. 7; Staudinger/*Schermaier*, Vorb. §§ 1094 ff. BGB Rn. 12 u. § 1100 BGB Rn. 8. A. A. *Kohler*, NJW 1984, 2849, 2850.

[942] S. nur BeckOGK-BGB/*Assmann*, § 888 BGB Rn. 143.1 mit Fn. 378; Grüneberg/*Herrler*, § 888 BGB Rn. 9; *Kestler*, Vormerkungen, S. 83; *Mollenkopf*, Fakt. Einwirkungen u. vormerkungsbetroffene Grundstücke, S. 57; *Rosien*, Schutz d. Vormerkungsberechtigten, S. 174; Staudinger/*Gursky*, Bearb. 2013, § 883 BGB Rn. 329 mit Fn.*.

[943] Vgl. *Mülbert*, AcP 214 (2014), 309, 331.

[944] Vgl. aus dem älteren Schrifttum *Sekler*, Lehre d. Vormerkung, S. 215 f. Vgl. – jeweils zu § 1100 BGB – auch BeckOGK-BGB/*Assmann*, § 888 BGB Rn. 48.1; *Kohler*, NJW 1984, 2849, 2851; MüKo-BGB/*Lettmaier*, § 888 BGB Rn. 12; *Rosien*, Schutz d. Vormerkungsberechtigten, S. 174.

[945] BeckOGK-BGB/*Assmann*, § 888 BGB Rn. 153; *Mollenkopf*, Fakt. Einwirkungen u. vormerkungsbetroffene Grundstücke, S. 111 Fn. 179; MüKo-BGB/*Lettmaier*, § 888 BGB Rn. 21; *Mülbert*, AcP 214 (2014), 309, 351 f.; NK-BGB/*Krause*, § 888 BGB Rn. 22; Staudinger/*Kesseler*, § 888 BGB Rn. 100. Der Anspruch des Dritterwerbers aus § 985 BGB kann allerdings, wenn auch nur in sehr engen Grenzen, wegen Rechtsmissbrauches gem. § 242 BGB ausgeschlossen sein. S. nur BeckOGK-BGB/*Assmann*, § 888 BGB Rn. 153; MüKo-BGB/*Lettmaier*, § 888 BGB Rn. 21; Staudinger/*Kesseler*, § 888 BGB Rn. 100.

[946] S. nur BeckOGK-BGB/*Spohnheimer*, § 986 BGB Rn. 13; MüKo-BGB/*Lettmaier*, § 888 BGB Rn. 21; Staudinger/*Thole*, § 986 BGB Rn. 20.

[947] S. – mit ablehnender Stellungnahme – noch Gliederungspkt. § 8 F. (S. 171 ff.).

In dieser Situation besteht also, genau im Gegenteil, ein Indiz dafür, dass nicht der Vormerkungsberechtigte, sondern der Dritterwerber eine „bessere Berechtigung" in Bezug auf tatsächliche Einwirkungen hat.

cc) Anspruch mit herausgabeähnlichem Inhalt

Möglicherweise hat der Anspruch aus § 888 Abs. 1 BGB aber einen herausgabeähnlichen Inhalt. Das lässt sich am ehesten dadurch feststellen, dass man die Aufgabe, welche ihm im Regelungsgefüge der Vormerkung zukommt, näher beleuchtet.

Nur kurz sei dazu noch einmal die Wirkungsweise des § 883 Abs. 2 BGB skizziert: Der Schutz des Vormerkungsberechtigten wird dadurch zu erreichen versucht, dass die Vormerkung die relative Unwirksamkeit vormerkungswidriger Verfügungen statuiert. Der Dritterwerber wird zwar gegenüber jedermann, auch gegenüber dem Vormerkungsberechtigten, der Rechtsinhaber.[949] Der Vormerkungsverpflichtete behält jedoch die Befugnis, zugunsten des Vormerkungsberechtigten über das Grundstück zu verfügen.[950] Für vormerkungsvereitelnde Verfügungen bedeutet das, dass der Vormerkungsverpflichtete weiterhin die Verfügungsmacht besitzt, dem Vormerkungsberechtigten gem. §§ 873 Abs. 1, 925 Abs. 1 BGB das Eigentum zu übertragen.[951] Rechte, welche durch vormerkungsbeeinträchtigende Verfügungen entstanden sind, kann der Vormerkungsverpflichtete gem. § 875 Abs. 1 BGB aufheben.[952]

Das Weiterbestehen der Verfügungsmacht des Vormerkungsverpflichteten ist für den Schutz des Vormerkungsberechtigten aber nicht ausreichend. Der Vormerkungsberechtigte wird gem. § 873 Abs. 1 BGB erst mit der Eintragung in das Grundbuch Eigentümer. Das vormerkungswidrig bestellte Recht wird gem. § 875 Abs. 1 S. 1 BGB erst mit der Löschung aus dem Grundbuch aufgehoben.

Für die Eintragung des Vormerkungsberechtigten als Eigentümer ist der Antrag auf Eintragung (§ 13 Abs. 1 S. 1 GBO), der Nachweis der Auflassung zwischen ihm und dem Vormerkungsverpflichteten (§ 20 GBO) und zusätzlich[953] die Bewilligung desjenigen erforderlich, „dessen Recht von ihr betroffen wird" (§ 19 GBO).

---

[948] S. nur KG BeckRS 2009, 20146; BeckOGK-BGB/*Spohnheimer*, § 986 BGB Rn. 13; BeckOGK-BGB/*Weber*, § 925 BGB Rn. 225; MüKo-BGB/*Ruhwinkel*, § 925 BGB Rn. 41; Soergel/*Kern*, § 925 BGB Rn. 57; Soergel/*Stadler*, § 986 BGB Rn. 4; Staudinger/*Diehn*, § 925 BGB Rn. 133; Staudinger/*Thole*, § 986 BGB Rn. 19.

[949] S. Gliederungspkt. § 8 D.II.1.d)bb) (S. 134 ff.).

[950] S. Gliederungspkt. § 8 D.II.1.d)bb) (S. 134 ff.).

[951] S. Gliederungspkt. § 8 D.II.1.d)bb) (S. 134 ff.).

[952] S. Gliederungspkt. § 8 D.II.1.d)bb) (S. 134 ff.).

[953] BayObLG DNotZ 1995, 56, 57; Bauer/Schaub/*Kilian*, § 19 GBO Rn. 42; *Demharter*, § 20 GBO Rn. 2; KEHE/*Munzig*, § 20 GBO Rn. 16; Meikel/*Böttcher*, § 20 GBO Rn. 6; NK-BGB/*Böttcher*, Nachb. §§ 873 ff. BGB Rn. 109; Schöner/Stöber/*Riedel*/*Volmer*/*Wilsch*, Handb

Den Eintragungsantrag kann der Vormerkungsberechtigte selbst stellen (§ 13 Abs. 1 S. 1 Alt. 2 GBO).

Legt er den Nachweis über die Auflassung (§ 20 GBO) vor, wird das Grundbuchamt die Auflassung auf ihre materiellrechtliche Wirksamkeit prüfen. Es wird feststellen, dass nicht der nach dem Grundbuch zur Verfügung befugte Rechtsinhaber das Grundstück aufgelassen hat. Ebenso wird es dem Grundbuch aber entnehmen, dass der Vormerkungsverpflichtete aufgrund der Vormerkung dazu befugt ist, über das Grundstück zu verfügen. Damit ist das materielle Konsensprinzip des § 20 GBO gewahrt.

Von der Eintragung „betroffen" im Sinne des § 19 GBO ist bei einer vormerkungsvereitelnden Verfügung aber der Dritterwerber als Rechtsinhaber. Da dieser durch die Veränderung des Grundbuches sein Eigentum an dem Grundstück verliert, wird er nicht bereit sein, die Bewilligungserklärung gem. § 19 GBO abzugeben. Damit steht der Vormerkungsberechtigte vor dem Dilemma, dass sein Anspruch zwar durch die Vormerkung gesichert ist, er aber nicht das Eigentum an dem Grundstück erwerben kann.

Für vormerkungsbeeinträchtigende Verfügungen, im Folgenden durch eine vormerkungswidrig bestellte Hypothek dargestellt, ergibt sich eine ähnliche Situation. Zwar kann der Vormerkungsberechtigte ohne Mitwirkung des Dritterwerbers Eigentümer des Grundstückes werden. Eine Löschung der Hypothek aus dem Grundbuch erfolgt jedoch nur, wenn die Löschung beantragt wird (§ 13 Abs. 1 S. 1 GBO), der Eigentümer des Grundstückes der Löschung zustimmt (§ 27 S. 1 GBO) und eine Bewilligung des Betroffenen (§ 19 GBO) vorliegt.[954]

Da der Vormerkungsberechtigte sowohl zur Beantragung der Löschung als auch zur Zustimmung zu derselben in der Lage ist bzw. diese Erklärungen zumindest vom Vormerkungsverpflichteten abgegeben werden können, bereitet dem Vormerkungsberechtigten lediglich die Beschaffung der Bewilligungserklärung des Betroffenen Schwierigkeiten. Von der Eintragung „betroffen" im Sinne des § 19 GBO ist der Dritterwerber als Rechtsinhaber. Dieser wird sich jedoch weigern, eine entsprechende Erklärung abzugeben. Auch in diesem Fall würde der Vormerkungsschutz „auf halber Strecke stehen bleiben".

Der Dritterwerber könnte, im Regelfall allerdings vergebens, nur darauf hoffen, dass das Grundbuchamt die Eintragung versehentlich ohne die Bewilligung gem. § 19 GBO vornimmt. Eine solche Eintragung ist, da es sich bei § 19 GBO um eine verfahrensrechtliche Vorschrift handelt, wirksam und erfüllt die Voraussetzungen

---

GrundbuchR, Rn. 97 u. Rn. 3203; Staudinger/*Gursky*, Bearb. 2013, § 888 BGB Rn. 17 Fn.*; Staudinger/*Heinze*, § 873 BGB Rn. 257. A.A. BayObLGZ 1956, 172, 177; *Kesseler*, NJW 2010, 3341, 3342; *Kesseler*, ZfIR 2007, 88, 90; *Kesseler*, ZNotP 2005, 176, 178 ff.; *Kesseler*, ZNotP 2004, 338, 343 Fn. 29; *Rühl*, Prüfungspflichten im GBO-Eintragungsverfahren, S. 93 ff.

[954] Die Aufzählung ist nicht abschließend. Es können noch weitere Schritte, etwa die Vorlage des Hypothekenbriefes (§ 41 Abs. 1 S. 1 GBO), erforderlich sein.

der §§ 873 Abs. 1, 875 Abs. 1 S. 1 BGB.[955] Ohne Anspruch gegen den Dritterwerber ist die Vormerkung für den Vormerkungsberechtigten also weitgehend wertlos. Eine Ausnahme wäre lediglich für „die seltenen, ja praktisch wohl ganz bedeutungslosen" Konstellationen zu machen, in denen der Vormerkungsverpflichtete „nicht durch verfahrensrechtliche Voraussetzungen daran gehindert" ist, den durch die Vormerkung gesicherten Anspruch „über den Kopf eines etwaigen Dritterwerbers hinweg zu erfüllen".[956]

Auch die 2. Kommission erkannte, dass „in der Praxis Schwierigkeiten hervorgetreten" sind und „die bloße Verweisung auf eine sachgemäße Auslegung" nicht ausreichend ist.[957] Es empfehle sich „[i]m Interesse der Praxis [...] eine Entscheidung im Gesetze zu geben", wie der Vormerkungsberechtigte sein Recht gegen den Dritterwerber „zur Durchführung zu bringen habe".[958]

Allein zur Behebung dieses verfahrensrechtlichen Missstandes hat der Gesetzgeber den Anspruch des Vormerkungsberechtigten gegen den Dritterwerber geschaffen. Die Aufgabe des Anspruches aus § 888 Abs. 1 BGB im Regelungsgefüge der Vormerkung ist also, unabhängig davon, wie sie im Detail erledigt wird,[959] so zu beschreiben, dass er das verfahrensrechtliche Hindernis des § 19 GBO ausräumt und so sicherstellt, dass der durch die Vormerkung gesicherte Anspruch erfüllt werden kann.

Eine Ähnlichkeit zwischen der Mitwirkungshandlung des Dritterwerbers und einer Herausgabe liegt nach dem bisher Gesagten nicht unbedingt nahe. Selbst wenn man das anders sieht, wäre aber weniger an eine Ähnlichkeit zu der „Herausgabe der Sache" nach § 985 BGB, sondern mehr an eine Ähnlichkeit zu der weiter gefassten Herausgabe eines „bestimmten Gegenstand[es]" gem. § 292 Abs. 1 BGB zu denken.[960]

Mit diesem Hinweis soll es sein Bewenden haben. Eine ohnehin kaum zu begründende Ähnlichkeit zu dem Herausgabeanspruch aus § 985 BGB ist nach den getroffenen Feststellungen jedenfalls nur derart gering ausgeprägt, dass man mit ihr

---

955 S. nur Bauer/Schaub/*Kilian*, § 19 GBO Rn. 304 f.; KEHE/*Munzig*, § 19 GBO Rn. 2; Meikel/*Böttcher*, § 19 GBO Rn. 168.

956 Staudinger/*Kesseler*, § 888 BGB Rn. 2.

957 Protokolle d. 2. Kommission, Bd. III, S. 746. In diese Richtung auch Denkschrift z. BGB, S. 123. A.A. zu den heutigen §§ 135 f. BGB noch Motive z. BGB, Bd. I, S. 214 f. S. auch Protokolle d. 1. Kommission, BGB AT I, S. 720 f. Die 1. Kommission war zudem der – allerdings wenig überzeugenden – Ansicht, dass der Verbotsberechtigte sich den dem Verbotsverpflichteten nur scheinbar zustehenden Anspruch aus § 894 gegen den Dritterwerber abtreten lassen kann (Protokolle d. 1. Kommission, BGB AT I, S. 721).

958 Protokolle d. 2. Kommission, Bd. III, S. 746. In diese Richtung auch Denkschrift z. BGB, S. 123.

959 S. dazu noch Gliederungspkt. § 13 B.I.1. (mit Untergliederung) (S. 210 ff.).

960 S. dazu noch Gliederungspkt. § 8 E. (S. 169 f.).

eine „bessere Berechtigung" des Vormerkungsberechtigten in Bezug auf tatsächliche Einwirkungen nicht begründen kann.

dd) Regelungs- und Schutzfunktion der Vormerkung

Ausschlaggebend für die Anwendung des schadensersatzrechtlichen Teiles des Eigentümer-Besitzer-Verhältnisses (§§ 989 ff. BGB) muss damit die Regelungs- und Schutzfunktion der Vormerkung sein. Zu der Frage, ob sich aus ihr eine „bessere Berechtigung" des Vormerkungsberechtigten ergibt, hat sich ein regelrechter Grabenkampf entwickelt.

Es stehen sich diejenigen, welche annehmen, dass die Vormerkung nur vor rechtlichen Beeinträchtigungen schützt,[961] und diejenigen, welche behaupten, dass die Vormerkung auch vor tatsächlichen Beeinträchtigungen schützen muss,[962] gegenüber.

Von der einen Seite wird mit Verweis auf die beschränkte Regelungsfunktion der Vormerkung geltend gemacht, dass dem Vormerkungsberechtigten keinerlei Herrschaftsbefugnisse über das Grundstück verliehen werden.[963] Von der anderen Seite wird dem unter Verweis auf die Schutzfunktion der Vormerkung entgegengehalten, dass die Anwendung von Vorschriften des Eigentümer-Besitzer-Verhältnisses nicht nur zu „einfacheren", sondern auch zu „den Interessen der Beteiligten besser entsprechenden Lösungen" führt.[964]

Es dürfte Einigkeit darüber bestehen, dass sich unmittelbar aus der Regelungsfunktion der Vormerkung kein Schutz vor tatsächlichen Einwirkungen ableiten lässt.[965] Der Gesetzgeber hat die Vormerkung nur deswegen eingeführt, um die Risiken zu beseitigen, welche aus dem zeitaufwendigen Grundbuchverfahren entstehen.[966]

Dem Risiko, dass der Schuldner nach der Entstehung des Anspruches und insbesondere nach der Erbringung der Gegenleistung anspruchswidrig über das Grundstück verfügt, ist der Gesetzgeber mit der Sicherungswirkung der Vormer-

---

[961] S. nur BeckOGK-BGB/*Assmann*, § 883 BGB Rn. 305 u. § 888 BGB Rn. 140 f.; MüKo-BGB/*Lettmaier*, § 888 BGB Rn. 24; *Paulus*, Verfügungsverbot u. Vormerkung, S. 88 mit Fn. 15; Schreiber/Ruge/*Preuß*, Handb ImmobilienR, Kap. 14 Rn. 36; Staudinger/*Kesseler*, § 888 BGB Rn. 105.

[962] S. von den auf S. 99 in Fn. 589 f. Genannten insbesondere MüKo-BGB/*Raff*, Vorb. § 987 BGB Rn. 52; *Müller/Gruber*, SachenR, Rn. 2955; *Wilhelm*, SachenR, Rn. 2303.

[963] Vgl. – unter Einbeziehung von Staudinger/*Kesseler*, § 888 BGB Rn. 103 (zur Anwendbarkeit der §§ 987 ff. BGB) – nur Staudinger/*Kesseler*, § 888 BGB Rn. 105.

[964] S. zum dinglichen Vorkaufsrecht Staudinger/*Schermaier*, § 1100 BGB Rn. 11. In diese Richtung auch *Wieling/Finkenauer*, SachenR, § 22 Rn. 26.

[965] A.A. *Müller*, SachenR, Rn. 1171g u. Rn. 1171i.

[966] S. Gliederungspkt. § 8 D.II.1.b) (S. 120 ff.).

kung begegnet.[967] Die §§ 883 Abs. 2 S. 1, 888 Abs. 1 BGB stellen sicher, dass der Vormerkungsverpflichtete, auch wenn er vormerkungswidrige Verfügungen vornimmt, dazu in der Lage bleibt, den durch die Vormerkung gesicherten Anspruch zu erfüllen.[968] Es ist nur konsequent, dass dieser Schutz auch auf vormerkungswidrige Verfügungen von Dritten, etwa des Insolvenzverwalters (§ 883 Abs. 2 S. 2 Alt. 2 BGB), und Maßnahmen mit Verfügungswirkung, etwa solche, welche im Wege der Zwangsvollstreckung oder der Arrestvollziehung erfolgen (§ 883 Abs. 2 S. 2 Alt. 1 BGB), ausgedehnt wurde. Das Risiko, dass über das Vermögen des Schuldners vor Erfüllung des obligatorischen Anspruches ein Insolvenzverfahren eröffnet wird, hat der Gesetzgeber durch die Vollwirkung der Vormerkung beseitigt.[969] Die Erfüllung des Anspruches kann, wie sich aus § 106 InsO ergibt, auch vom Insolvenzverwalter verlangt werden. Für den Fall, dass der Schuldner vor Erfüllung des Anspruches verstirbt, tritt dazu ergänzend § 884 BGB, welcher die Berufung auf die beschränkte Erbenhaftung (§§ 1975 ff. BGB) verhindert.

Damit sind die sich aus dem Grundbuchverfahren ergebenden Risiken beseitigt. Die Regelungsfunktion der Vormerkung ist erschöpft. Man kann davon reden, dass die Vormerkung nur die „Erfüllbarkeit“ des gesicherten Anspruches, nicht aber „das Grundstück selbst“ schützt.[970] Wenn man so will, wird durch die Vormerkung also nur die bestehende dingliche Rechtslage, nicht aber das Grundstück selbst konserviert.[971]

Die entscheidende Frage ist aber, ob der Vormerkungsberechtigte trotz dieser beschränkten Regelungsfunktion der Vormerkung nicht dennoch vor tatsächlichen Beeinträchtigungen zu schützen ist.

Es ist fraglich, ob die Anwendung des schadensersatzrechtlichen Teiles des Eigentümer-Besitzer-Verhältnisses (§§ 989 ff. BGB), wenn diese, was sehr zu empfehlen ist,[972] mit der Haftung im Verhältnis zwischen dem Vormerkungsberechtigten und dem Vormerkungsverpflichteten harmonisiert wird, im Vergleich zur Abwicklung „über das Dreieck“ wirklich die „einfacheren […] Lösungen“[973] verspricht oder nicht vielmehr zu „immer kühnere[n] Konstruktionen“[974] zwingt.

---

[967] S. zur Sicherungswirkung der Vormerkung im Kontext des Schutzes des Vormerkungsberechtigten vor tatsächlichen Einwirkungen nur *Paulus*, JZ 1993, 555, 556.

[968] Der Sicherungswirkung der Vormerkung ist auch die Rangwirkung der Vormerkung zuzuordnen. S. zum begrenzten Regelungsgehalt und Anwendungsbereich des § 883 Abs. 3 BGB Gliederungspkt. § 8 C.I.2. (S. 102 ff.). S. zur Rangwirkung der Vormerkung im Kontext des Schutzes des Vormerkungsberechtigten vor tatsächlichen Einwirkungen nur *Paulus*, JZ 1993, 555, 556.

[969] S. zur Vollwirkung der Vormerkung im Kontext des Schutzes des Vormerkungsberechtigten vor tatsächlichen Einwirkungen nur *Paulus*, JZ 1993, 555, 556 f.

[970] BeckOGK-BGB/*Assmann*, § 883 BGB Rn. 305. Vgl. auch *Gursky*, SachenR, Rn. 78 (zur Anwendbarkeit der §§ 987 ff. BGB).

[971] Vgl. *Rosien*, Schutz d. Vormerkungsberechtigten, S. 130.

[972] S. Gliederungspkt. § 8 D.II.2.c)aa) (S. 152 f.).

[973] S. zum dinglichen Vorkaufsrecht Staudinger/*Schermaier*, § 1100 BGB Rn. 11.

Gleichzeitig dürfte aber kaum von der Hand zu weisen sein, dass jedenfalls in Bezug auf eine Umgestaltung oder eine andere wesentliche Veränderung des Grundstückes ein Bedürfnis für eine Anwendung besteht.[975] Mit anderen Worten: Das Interesse des Vormerkungsberechtigten spricht durchaus für eine analoge Anwendung des schadensersatzrechtlichen Teiles des Eigentümer-Besitzer-Verhältnisses (§§ 989 ff. BGB).

Rodet der Dritterwerber den Wald auf einem Grundstück, welches der Vormerkungsberechtigte zu forstwirtschaftlichen Zwecken erwerben will, werden seine Interessen kaum weniger berührt als durch eine rechtliche Beeinträchtigung.[976] Er kann sich zwar im Verhältnis zum Vormerkungsverpflichteten schadlos halten. Durch die analoge Anwendung des schadensersatzrechtlichen Teiles des Eigentümer-Besitzer-Verhältnisses (§§ 989 ff. BGB) gewinnt er aber nicht nur einen weiteren Schuldner,[977] sondern es wird für den Dritterwerber auch ein Anreiz geschaffen, die Sache in seinem bestehenden Zustand zu erhalten.[978]

Wenn es zur Durchsetzung des gesicherten Anspruches kommt, ist der Dritterwerber zwar unter Umständen auch gegenüber dem Vormerkungsverpflichteten verantwortlich. So muss er etwa, wenn, was wahrscheinlich erscheint, das Rechtsfolgeregime des Rücktrittsrechtes zur Anwendung kommt, Schäden an dem Grundstück nach § 346 Abs. 2 S. 1 Nr. 3 Hs. 1 BGB ersetzen. Unabhängig davon, dass diese Haftung durch § 346 Abs. 2 S. 1 Nr. 3 Hs. 2, Abs. 3 S. 1 Nr. 3 BGB erheblich eingeschränkt wird, ist der Sacherhaltungsanreiz aber auch um einiges geringer.

Reißt der Dritterwerber das auf dem Grundstück befindliche Haus ab, welches der Vormerkungsberechtigte zu Wohnzwecken nutzen wollte, kann er ihm den Grundstückserwerb derart verleiden, dass dieser von der Durchsetzung seines durch die Vormerkung gesicherten Anspruches absieht.[979] Dann kommt es im Verhältnis zwischen dem Vormerkungsverpflichteten und dem Dritterwerber aber nicht zur Rückabwicklung des Vertrages. Eine Schadensersatzpflicht des Dritterwerbers be-

---

[974] *Probst*, JR 2001, 334, 335 (zur Anwendbarkeit der §§ 987 ff. BGB u. der §§ 994 ff. BGB).

[975] S. – als Vertreter der Ansicht, welche eine Anwendung der §§ 989 ff. BGB ablehnt – nur *Paulus*, Verfügungsverbot u. Vormerkung, S. 89.

[976] Vgl. – als Vertreterin der Ansicht, welche eine Anwendung der §§ 989 ff. BGB ablehnt – nur MüKo-BGB/*Lettmaier*, § 888 BGB Rn. 24.

[977] Diese „Schuldnerverdoppelung“ (*Kohler*, WuB IV.A. § 987 BGB 1.00, 1165, 1167) würde zu einer faktischen Erweiterung der insolvenzschützenden Funktion der Vormerkung führen. S. nur MüKo-BGB/*Kohler*, 8. Aufl., § 888 BGB Rn. 21; MüKo-BGB/*Lettmaier*, § 888 BGB Rn. 24.

[978] In diese Richtung auch, den Anreiz zur Sacherhaltung aber nicht dem schadensersatz-, sondern dem verwendungsersatzrechtlichen Teil des Eigentümer-Besitzer-Verhältnisses (§§ 994 ff. BGB) zuordnend MüKo-BGB/*Raff*, Vorb. § 987 BGB Rn. 52.

[979] Vgl. *Severin*, Auflassungsvormerkung u. Eingriffsschutz, S. 32. Vgl. zum dinglichen Vorkaufsrecht auch MüKo-BGB/*Westermann*, § 1100 BGB Rn. 8.

steht, soweit er sich in den Grenzen des ihm zustehenden dinglichen Rechtes bewegt, dann nicht. Er muss nur mit der durch seine tatsächlichen Einwirkungen verursachten Wertminderung des Grundstückes leben.

Erste Zweifel daran, dass eine analoge Anwendung der §§ 989 ff. BGB interessengerecht ist, ergeben sich allerdings aus der durch sie entstehenden Patt-Situation. Der – nahezu immer bösgläubige[980] – Dritterwerber müsste, wenn er sich nicht schadensersatzpflichtig machen will, tatsächliche Einwirkungen unterlassen. Umgekehrt hätte aber auch der Vormerkungsberechtigte keine Berechtigung, in tatsächlicher Hinsicht auf das Grundstück einzuwirken.[981] Er würde sich je nach Einzelfall entweder gegenüber dem Dritterwerber oder gegenüber dem Vormerkungsverpflichteten schadensersatzpflichtig machen.

Damit würde die Vormerkung aber nicht mehr nur die bestehende dingliche Rechtslage, sondern auch den tatsächlichen Zustand des Grundstückes konservieren. Tatsächliche Einwirkungen auf das Grundstück wären für Jahre, bei zukünftigen oder bedingten Ansprüchen sogar für Jahrzehnte ausgeschlossen.[982] Eine zweckmäßige Nutzung des Grundstückes wäre somit, und zwar unabhängig davon, wem man die vom Dritterwerber aufgrund des ihm zustehenden dinglichen Rechtes gezogenen Nutzungen zuweisen will,[983] kaum noch möglich. Das Grundstück würde bis zur Durchsetzung des durch die Vormerkung gesicherten Anspruches brachliegen. Das kann aus gesamtwirtschaftlicher Perspektive kaum zweckmäßig erscheinen. Ein Brachliegen ließe sich aber nur dadurch verhindern, dass man den Dritterwerber durch eine analoge Anwendung des § 987 Abs. 2 BGB faktisch zu einer ordnungsgemäßen Bewirtschaftung des Grundstückes verpflichtet. Das ist jedoch wenig interessengerecht.

Zu oft gerät zudem aus dem Blick, dass mit der Stärkung der Stellung des Vormerkungsberechtigten auch eine erhebliche Schwächung der Stellung des Dritterwerbers einhergeht. Dazu muss man nicht einmal darauf abstellen, dass dem Dritterwerber zwei Gläubiger gegenübergestellt werden.[984] Auch davon unabhängig

---

[980] S. Gliederungspkt. § 8 D.II.3. (S. 164 ff.).

[981] Vgl. *Mülbert*, AcP 214 (2014), 309, 353 ff. In diese Richtung – zur jeweils bejahten Frage, ob der Dritterwerber gegen den Vormerkungsberechtigten einen Anspruch auf Herausgabe der gezogenen Nutzungen hat – auch BGH DNotZ 1975, 546, 547; Grüneberg/*Herrler*, § 888 BGB Rn. 8; NK-BGB/*Krause*, § 888 BGB Rn. 22; Staudinger/*Kesseler*, § 888 BGB Rn. 101.

[982] BeckOGK-BGB/*Assmann*, § 888 BGB Rn. 140.1 (zur Anwendbarkeit des § 823 Abs. 1 BGB).

[983] S. zu denjenigen, welche die Nutzungen dem Vormerkungsberechtigten zuweisen, S. 99 Fn. 588. Dagegen dem Dritterwerber die Nutzungen zuweisend etwa BeckOGK-BGB/*Assmann*, § 888 BGB Rn. 143 u. Rn. 145; MüKo-BGB/*Lettmaier*, § 888 BGB Rn. 22; NK-BGB/*Krause*, § 888 BGB Rn. 25; Staudinger/*Kesseler*, § 888 BGB Rn. 103.

[984] Vgl. BeckOGK-BGB/*Spohnheimer*, § 987 BGB Rn. 7.1 (zur Anwendbarkeit der §§ 987 ff. BGB).

käme es zu einer ganz erheblichen Aushöhlung der Rechtsposition des Dritterwerbers.

Er wäre rechtlich zwar noch gegenüber jedermann, auch gegenüber dem Vormerkungsberechtigten, Rechtsinhaber.[985] Seine dingliche Rechtsposition wäre aber kaum mehr als eine „leere Hülle". Er würde sich mehr als Verwalter einer fremden Sache denn als Rechtsinhaber begreifen. Die relative Unwirksamkeit würde der durch den Gesetzgeber aus guten Gründen abgelehnten[986] absoluten Unwirksamkeit angenähert. Es wäre für den Dritterwerber zwar noch möglich, die dingliche Rechtsposition zu erwerben. Der Anreiz für einen solchen Erwerb wäre aber, wenn der Dritterwerber nicht gerade darauf spekuliert, dass eine Durchsetzung des gesicherten Anspruches unterbleibt, nahezu beseitigt. Es käme nicht zu einer rechtlichen, aber zu einer „faktischen Grundbuchsperre".[987] Das Grundstück würde zu einer „res extra commercium".[988]

Daran, ob man bereit ist, diese sich mittelbar aus der Schwächung der Stellung des Dritterwerbers ergebenden Schwierigkeiten hinzunehmen, entscheidet sich, ob man eine „bessere Berechtigung" des Vormerkungsberechtigten in Bezug auf tatsächliche Einwirkungen annimmt.

Warum aber sollte man dem Dritterwerber, welcher immerhin Eigentümer des Grundstückes ist, verbieten, das Grundstück nach seinen Wünschen umzugestalten, also etwa Bäume zu fällen, Sträucher zu roden oder Erdbewegungen ausführen zu lassen?[989] Warum sollte der Dritterwerber, zu dessen Gunsten ein Nießbrauch am Grundstück bestellt worden ist, entgegen dem § 1037 Abs. 2 BGB davon absehen müssen, die auf dem Grundstück befindliche Sandgrube weiter auszuschachten?[990]

Es ist vorzugswürdig, die begrenzte Regelungsfunktion der Vormerkung nicht durch eine wie auch immer geartete Schutzfunktion der Vormerkung zu überformen. Nur ein Ausgleich „über das Dreieck" verspricht eine den Interessen aller Beteiligten gerecht werdende Lösung.

Falls der Dritterwerber nur mit dem Zweck, den Vormerkungsberechtigten von der Durchsetzung seines gesicherten Anspruches abzubringen, auf das Grundstück einwirkt, kommt man mittels des Anspruches aus § 826 BGB, welcher im Verhältnis zwischen dem Vormerkungsberechtigten und dem Dritterwerber anwendbar

[985] S. Gliederungspkt. § 8 D.II.1.d)bb) (S. 134 ff.).

[986] S. Gliederungspkt. § 8 D.II.1.c)aa) (S. 124 f.).

[987] BeckOGK-BGB/*Assmann*, § 888 BGB Rn. 140.1 (zur Anwendbarkeit des § 823 Abs. 1 BGB).

[988] Vgl. zur – allerdings ohne Berücksichtigung der Anwendung von Vorschriften des Eigentümer-Besitzer-Verhältnisses untersuchten – Frage, ob das mit einer Eigentumsvormerkung belastete Grundstück eine „res extra commercium" ist *Wörbelauer*, DNotZ 1963, 580, 580 ff.; *Wörbelauer*, DNotZ 1963, 652, 652 ff.; *Wörbelauer*, DNotZ 1963, 718, 718 ff.

[989] Angelehnt an OLG München NJW 1963, 301, 302.

[990] Angelehnt an RG Gruchot 36 (1892), 1201, 1201 f.

ist,[991] zu einer interessengerechten Lösung.[992] Die für den Anspruch aus § 826 BGB erforderliche Sittenwidrigkeit wird man damit begründen können, dass der Dritterwerber das ihm zustehende dingliche Recht missbraucht.[993]

ee) Zwischenergebnis

Der Vormerkungsberechtigte ist gegenüber dem Dritterwerber in Bezug auf tatsächliche Einwirkungen nicht „besser berechtigt".

Er hat gegen ihn weder einen Anspruch auf Herausgabe noch einen Anspruch mit herausgabeähnlichem Inhalt. Auch die Regelungs- und Schutzfunktion der Vormerkung gebietet es nicht, den Vormerkungsberechtigten vor tatsächlichen Einwirkungen des Dritterwerbers zu schützen. Im Gegenteil, es wird nur durch einen Ausgleich von tatsächlichen Einwirkungen „über das Dreieck" eine den Interessen aller Beteiligten gerecht werdende Lösung erzielt.

d) Zwischenergebnis

Die Rechtsposition des Vormerkungsberechtigten ist in Bezug auf tatsächliche Einwirkungen nicht mit der Rechtsposition des Eigentümers vergleichbar.

Der Vormerkungsberechtigte ist gegenüber dem Dritterwerber nicht in jeglicher Hinsicht der „Besserberechtigte". Wenn man es für erforderlich hält, kann man den Vormerkungsberechtigten als Inhaber eines dinglichen Rechtes oder eines verdinglichten obligatorischen Anspruches bezeichnen. Nur ist mit diesen Formulierungen nichts gewonnen. Durch sie wird nicht die Frage beantwortet, ob dem Vormerkungsberechtigten die Befugnis zusteht, etwaige Dritterwerber von der Einwirkung auf das Grundstück auszuschließen. Da die Regelungs- und Schutzfunktion der Vormerkung den unmittelbaren Schutz des Vormerkungsberechtigten vor tatsächlichen Einwirkungen des Dritterwerbers nicht gebietet, ist sie zu verneinen.

---

[991] *Assmann*, Vormerkung, S. 450; *Prinz*, Vormerkung, S. 243; *Rosien*, Schutz d. Vormerkungsberechtigten, S. 203 ff.; *Severin*, Auflassungsvormerkung u. Eingriffsschutz, S. 33 f. mit Fn. 111; Staudinger/*Gursky*, Bearb. 2013, § 888 BGB Rn. 87; *Weber*, Vorschriften über Rechte an Grundstücken u. Vormerkung, S. 93. Aus dem älteren Schrifttum bereits *Sponholz*, Aufwendungsersatzanspruch d. Dritterwerbers, S. 26 f. A. A. *Mollenkopf*, Fakt. Einwirkungen u. vormerkungsbetroffene Grundstücke, S. 74 mit Fn. 10.

[992] *Rosien*, Schutz d. Vormerkungsberechtigten, S. 205. A. A. *Severin*, Auflassungsvormerkung u. Eingriffsschutz, S. 34.

[993] S. zum dinglichen Vorkaufsrecht OLG München NJW 1963, 301, 303. Vgl. auch *Rosien*, Schutz d. Vormerkungsberechtigten, S. 204 mit Fn. 35. A. A. *Richter*, Tatsächl. Einwirkungen u. Vormerkungsschutz, S. 221.

3. Schutz des Dritterwerbers vor einer Haftung nach § 823 Abs. 1 BGB

Die Anwendung von Vorschriften des Eigentümer-Besitzer-Verhältnisses wird indes nicht nur damit begründet, dass die Rechtsposition des Vormerkungsberechtigten in Bezug auf tatsächliche Einwirkungen mit der Rechtsposition des Eigentümers vergleichbar ist. Teilweise wird auch angenommen, dass der schadensersatzrechtliche Teil des Eigentümer-Besitzer-Verhältnisses (§§ 989 ff. BGB) deswegen anzuwenden ist, weil der Dritterwerber vor einer Haftung nach § 823 Abs. 1 BGB geschützt werden muss.[994]

Wenn der Besitzer ohne Besitzrecht vor der Anwendung des Deliktsrechtes geschützt werde, müsse das erst recht für den Dritterwerber gelten.[995] Derjenige, dessen Rechtserwerb relativ unwirksam ist, dürfe nicht schlechter stehen als derjenige, dessen Rechtserwerb absolut unwirksam ist.[996]

Dieser Erst-recht-Schluss erinnert sehr an die von der herrschenden Lehre aus guten Gründen angegriffene Argumentation des BGH, mit der er die Anwendung der §§ 994 ff. BGB bei einer erst durch den späteren Wegfall eines Besitzrechtes entstehenden Vindikationslage begründet hat.[997] Es ist zweifelhaft, ob diese Argumentation auf das Rechtsverhältnis zwischen dem Vormerkungsberechtigten und dem Dritterwerber übertragen werden kann.[998] Im Weiteren wird sich zeigen, dass dann aber jedenfalls ganz ähnliche Probleme wie im Stammgebiet dieser Argumentation auftreten.[999]

Es bereitet nicht nur Schwierigkeiten, die Gut- bzw. Bösgläubigkeit des Dritterwerbers zu bestimmen, sondern es lässt sich auch nicht von vornherein sagen, ob der Dritterwerber oder der Besitzer ohne Besitzrecht „besser" oder „schlechter" steht.

Es liegt zudem auf der Hand, dass die Argumentation mit der Schutzwürdigkeit des Dritterwerbers jedenfalls nur dann zu überzeugen vermag, wenn derselbe zum einen überhaupt schutzbedürftig ist und er zum anderen durch die Anwendung der §§ 989 ff. BGB auch tatsächlich geschützt wird.

---

[994] *Löhnig/Gietl*, JuS 2008, 102, 106; MüKo-BGB/*Wacke*, 4. Aufl., § 888 BGB Rn. 17; Soergel/*Stadler*, Vorb. § 987 BGB Rn. 7 mit Fn. 19. Vgl. auch *Müller/Gruber*, SachenR, Rn. 2957. In diese Richtung – als Vertreter der Ansicht, welche eine Anwendung der §§ 989 ff. BGB ablehnt – auch *Kohler*, NJW 1984, 2849, 2857 Fn. 87; MüKo-BGB/*Kohler*, 8. Aufl., § 888 BGB Rn. 21; MüKo-BGB/*Lettmaier*, § 888 BGB Rn. 24.

[995] Vgl. nur MüKo-BGB/*Wacke*, 4. Aufl., § 888 BGB Rn. 17.

[996] Vgl. nur MüKo-BGB/*Wacke*, 4. Aufl., § 888 BGB Rn. 17.

[997] S. Gliederungspkt. § 8 C.II.2. (S. 106 f.).

[998] S. Gliederungspkt. § 8 C.II.2. (S. 106 f.).

[999] Vgl. *Richter*, Tatsächl. Einwirkungen u. Vormerkungsschutz, S. 299; *Rosien*, Schutz d. Vormerkungsberechtigten, S. 180.

Schutzbedürftig ist der Dritterwerber nur, wenn er ohne die Anwendung der §§ 989 ff. BGB gem. § 823 Abs. 1 BGB haftet. Andernfalls würde er durch die Vorschriften des Eigentümer-Besitzer-Verhältnisses nicht privilegiert, sondern, im Gegenteil, seine Haftung für tatsächliche Einwirkungen durch sie erst begründet.[1000] Ob das Deliktsrecht im Verhältnis zwischen dem Vormerkungsberechtigten und dem Dritterwerber angewendet werden kann, ist umstritten.[1001] Gegen eine Anwendung sprechen im Wesentlichen die Argumente, welche gegen eine Anwendung des schadensersatzrechtlichen Teiles des Eigentümer-Besitzer-Verhältnisses (§§ 989 ff. BGB) hervorgebracht worden sind.[1002]

Selbst wenn man entgegen der hier vertretenen Ansicht davon ausgeht, dass der Dritterwerber, welcher sich in den Grenzen des ihm zustehenden dinglichen Rechtes bewegt, für eine von ihm verschuldete Verschlechterung des Grundstückes gem. § 823 Abs. 1 BGB haftet, wird er durch die Anwendung von Vorschriften des Eigentümer-Besitzer-Verhältnisses aber nicht geschützt. Severin ist der Nachweis gelungen, dass eine Anwendung der §§ 989 ff. BGB für den Dritterwerber zumeist nachteiliger sein wird als eine Anwendung des § 823 Abs. 1 BGB.[1003]

Der Dritterwerber ist in den allermeisten Fällen wie ein bösgläubiger Besitzer zu behandeln.[1004]

Es kann insoweit nicht darauf ankommen, ob er auf „irgendeine Besitzberechtigung“ vertraut hat.[1005] Wenn man annimmt, dass die Vorschriften des Eigentümer-Besitzer-Verhältnisses auf das Rechtsverhältnis zwischen dem Vormerkungsberechtigten und dem nicht besitzenden Dritterwerber angewendet werden können, würde es sonst nämlich an einem Anknüpfungspunkt für die Gut- und Bösgläubigkeit fehlen.

Entscheidend ist, ob der Dritterwerber darauf vertraut hat, dass er Inhaber eines nicht ohne Weiteres entziehbaren dinglichen Rechtes geworden ist. Gegenstand des guten Glaubens kann entgegen einiger anderslautender Stimmen[1006] nicht die

---

[1000] Vgl. *Rosien*, Schutz d. Vormerkungsberechtigten, S. 179.

[1001] S. zu denjenigen, welche die Haftung des Dritterwerbers nach § 823 Abs. 1 BGB bejahen, nur S. 99 Fn. 590. Eine Haftung des Dritterwerbers nach § 823 Abs. 1 BGB ablehnend etwa BeckOGK-BGB/*Assmann*, § 883 BGB Rn. 300 u. § 888 BGB Rn. 140; MüKo-BGB/*Lettmaier*, § 888 BGB Rn. 24; Staudinger/*Kesseler*, § 888 BGB Rn. 105.

[1002] S. Gliederungspkt. § 8 D.II.2.c)dd) (S. 158 ff.).

[1003] *Severin*, Auflassungsvormerkung u. Eingriffsschutz, S. 56 f.

[1004] A. A. BeckOGK-BGB/*Assmann*, § 883 BGB Rn. 303.1.

[1005] S. zum dinglichen Vorkaufsrecht BGHZ 87, 296, 299. A. A. zum Wiederkaufsrecht gem. § 20 RSiedlG BGHZ 75, 288, 294 f. A. A. *Schwerdtner*, Verzug im SachenR, S. 194; *Trapp*, Vormerkung, S. 106 ff. Missverständlich BGHZ 144, 323, 328; *Vieweg/Röthel*, SachenR, S. 222.

[1006] S. zum Wiederkaufsrecht gem. § 20 RSiedlG BGHZ 75, 288, 294 f. Aus dem älteren Schrifttum bereits *Klüchtzner*, Aufwendungsersatzpflicht d. Vormerkungsberechtigten, S. 16 ff.; *Sponholz*, Aufwendungsersatzanspruch d. Dritterwerbers, S. 29 ff. Vgl. aus dem neueren Schrifttum auch *Reithmann*, EWiR § 883 BGB 2/2000, 963, 964.

Wahrscheinlichkeit der Geltendmachung des durch die Vormerkung gesicherten Anspruches, sondern nur die Vormerkung selbst sein.[1007] Da der Notar gem. § 17 Abs. 1 BeurkG verpflichtet ist, den Dritterwerber auf die Vormerkung hinzuweisen, wird der Dritterwerber regelmäßig Kenntnis von dem Bestehen der Vormerkung haben.[1008] In nahezu allen anderen Fällen wird man von der grob fahrlässigen Unkenntnis des Dritterwerbers im Zeitpunkt seines Rechtserwerbes[1009] ausgehen müssen.[1010]

Für den bösgläubigen Dritterwerber hat die Anwendung des schadensersatzrechtlichen Teiles des Eigentümer-Besitzer-Verhältnisses (§§ 989 ff. BGB) aber keine Vorteile. Zwar wird nach der herrschenden Ansicht auch der Bösgläubige vor der Anwendung des Deliktsrechtes geschützt.[1011] Er haftet aber nach §§ 989 ff. BGB. Diese Haftung ist für den bösgläubigen Dritterwerber zumeist[1012] nachteiliger als die Haftung nach § 823 Abs. 1 BGB.[1013] Zum einen wird gem. § 280 Abs. 1 S. 2

[1007] *Diehn*, SachenR, S. 116; Grüneberg/*Herrler*, § 888 BGB Rn. 8; *Gursky*, SachenR, Rn. 68; *Gursky*, JR 1984, 3, 5 f.; *Hager*, JuS 1990, 429, 435 f.; Hk-BGB/*Staudinger*, § 888 BGB Rn. 9; *Karpp/Wagner*, JuS 2021, 1158, 1161; *Kelm/Scheibenpflug*, JURA 2017, 834, 840; *Kohler*, NJW 1984, 2849, 2853 f.; *Löhnig/Gietl*, JuS 2008, 102, 106; MüKo-BGB/*Lettmaier*, § 888 BGB Rn. 26; *Mülbert*, AcP 214 (2014), 309, 342; *Müller/Gruber*, SachenR, Rn. 2950; NK-BGB/*Krause*, § 888 BGB Rn. 24; *Pfaller/Jouannaud*, JURA 2023, 191, 200; Schöner/Stöber/*Riedel/Volmer/Wilsch*, Handb GrundbuchR, Rn. 1530; *Severin*, Auflassungsvormerkung u. Eingriffsschutz, S. 56 u. S. 65; Staudinger/*Kesseler*, § 888 BGB Rn. 94 u. Rn. 96; Westermann/*Gursky*, SachenR, § 82 Rn. 36; *Westermann/Staudinger*, SachenR, Rn. 492; *Wilhelm*, SachenR, Rn. 2303. Vgl. auch *Baker*, JURA 2010, 450, 452; *Eckert*, SachenR, Rn. 842; *Gieseler/Berthold*, SachenR, § 17 Rn. 15; *Habersack*, SachenR, Rn. 341; *Körber/Resch*, JuS 2020, 241, 244; *Ohly/Werner*, JuS 2007, 449, 452; RGRK/*Augustin*, § 888 BGB Rn. 13; *Wellenhofer*, SachenR, § 18 Rn. 31 f. In diese Richtung auch, aber eine Ausnahme für künftige und bedingte Ansprüche in Betracht ziehend jurisPK-BGB/*Stamm*, § 888 BGB Rn. 48; MüKo-BGB/*Wacke*, 4. Aufl., § 888 BGB Rn. 19. In diese Richtung auch, aber eine Ausnahme für das Wiederkaufsrecht gem. § 20 RSiedlG machend *Tiedtke*, JURA 1981, 354, 357 mit Fn. 23a.

[1008] *Severin*, Auflassungsvormerkung u. Eingriffsschutz, S. 56.

[1009] Nicht auf den Zeitpunkt des Rechtserwerbes, sondern auf den Zeitpunkt des Besitzerwerbes abstellend *Gursky*, JR 1984, 3, 5; *Kelm/Scheibenpflug*, JURA 2017, 834, 840; NK-BGB/*Krause*, § 888 BGB Rn. 24; Staudinger/*Kesseler*, § 888 BGB Rn. 94; Westermann/*Gursky*, SachenR, § 82 Rn. 36.

[1010] S. nur Grüneberg/*Herrler*, § 888 BGB Rn. 8; Hk-BGB/*Staudinger*, § 888 BGB Rn. 9.

[1011] BeckOGK-BGB/*Spohnheimer*, § 987 BGB Rn. 34; Soergel/*Stadler*, Vorb. § 987 BGB Rn. 24 f.; Staudinger/*Thole*, Vorb. §§ 987 ff. BGB Rn. 161 ff. A.A. NK-BGB/*Schanbacher*, § 993 BGB Rn. 15.

[1012] Die Haftung nach §§ 989 ff. BGB kann für den Bösgläubigen auch vorteilhaft sein. Vgl. nur Soergel/*Stadler*, Vorb. § 987 BGB Rn. 25 mit Fn. 101; Staudinger/*Thole*, Vorb. §§ 987 ff. BGB Rn. 166. Die Vorteile würden für den bösgläubigen Dritterwerber aber nicht relevant werden.

[1013] *Severin*, Auflassungsvormerkung u. Eingriffsschutz, S. 56 f.

BGB sein Verschulden vermutet,[1014] zum anderen haftet er gem. § 278 BGB für das Verschulden seiner Erfüllungsgehilfen.[1015]

Auch wenn der Dritterwerber gutgläubig ist, hätte eine Anwendung von Vorschriften des Eigentümer-Besitzer-Verhältnisses für ihn aber keinen Vorteil.[1016] Man wird, wenn überhaupt, nur in sehr außergewöhnlichen Konstellationen von der Gutgläubigkeit des Dritterwerbers ausgehen können. Der Dritterwerber ist nicht deswegen gutgläubig, weil die Vormerkung zu Unrecht aus dem Grundbuch gelöscht wurde.[1017] Entweder ist der Dritterwerber gutgläubig im Sinne des § 892 Abs. 1 S. 1 BGB und kann aus diesem Grund die Vormerkung „wegerwerben" oder er ist bösgläubig im Sinne des § 892 Abs. 1 S. 1 BGB und im Sinne des § 990 Abs. 1 S. 1 BGB.[1018] Der Dritterwerber ist zudem auch nicht schon deswegen gutgläubig, weil er „ohne Fahrlässigkeit" davon ausgegangen ist, dass „der Vormerkungsberechtigte seinen Anspruch nicht durchsetzen wird".[1019]

Zutreffend ist das Beispiel aus dem Schrifttum, dass der Vormerkungsverpflichtete dem Dritterwerber eine gefälschte, aber täuschend echt aussehende Urkunde vorlegt, aus welcher sich ergibt, dass der durch die Vormerkung gesicherte Anspruch und somit auch die Vormerkung nicht mehr existiert.[1020] In einer solch außergewöhnlichen Konstellation wird man aber nicht nur die Bösgläubigkeit des Dritterwerbers, sondern auch das für den Anspruch aus § 823 Abs. 1 BGB erforderliche Verschulden verneinen müssen.[1021] Der Dritterwerber handelt schon deswegen weder vorsätzlich noch fahrlässig in Bezug auf die Verletzung der Vormerkung als „sonstiges Recht" gem. § 823 Abs. 1 BGB, weil er nicht davon ausgehen muss, dass eine Vormerkung besteht. Er kann dementsprechend annehmen, dass er sich in den Grenzen des ihm zustehenden dinglichen Rechtes frei bewegen darf.

[1014] S. zur Anwendbarkeit des § 280 Abs. 1 S. 2 BGB im Eigentümer-Besitzer-Verhältnis nur NK-BGB/*Schanbacher*, § 989 BGB Rn. 19; Soergel/*Stadler*, Vorb. § 987 BGB Rn. 25 Fn. 100 u. § 989 BGB Rn. 11; Staudinger/*Thole*, Vorb. §§ 987 ff. BGB Rn. 166 u. Rn. 171 u. § 989 BGB Rn. 21 u. Rn. 23.

[1015] S. zur Anwendbarkeit des § 278 BGB im Eigentümer-Besitzer-Verhältnis nur OLG Celle NJW 2001, 607, 611; BeckOGK-BGB/*Spohnheimer*, § 989 BGB Rn. 19; MüKo-BGB/*Raff*, § 989 BGB Rn. 16; Soergel/*Stadler*, Vorb. § 987 BGB Rn. 25 Fn. 100 u. § 989 BGB Rn. 11; Staudinger/*Thole*, Vorb. §§ 987 ff. BGB Rn. 28, Rn. 166 u. Rn. 171 u. § 989 BGB Rn. 21 u. Rn. 24.

[1016] Vgl. *Severin*, Auflassungsvormerkung u. Eingriffsschutz, S. 56.

[1017] A. A. *Löhnig/Gietl*, JuS 2008, 102, 106; *Müller/Gruber*, SachenR, Rn. 2950.

[1018] Vgl. nur Staudinger/*Kesseler*, § 888 BGB Rn. 92.

[1019] A. A. *Severin*, Auflassungsvormerkung u. Eingriffsschutz, S. 56.

[1020] *Gursky*, JR 1984, 3, 5 f.; *Körber/Resch*, JuS 2020, 241, 244 f.; Staudinger/*Kesseler*, § 888 BGB Rn. 94. Vgl. auch *Habersack*, SachenR, Rn. 341; *Karpp/Wagner*, JuS 2021, 1158, 1161; *Kelm/Scheibenpflug*, JURA 2017, 834, 840 f.; *Löhnig/Gietl*, JuS 2008, 102, 106; *Severin*, Auflassungsvormerkung u. Eingriffsschutz, S. 56.

[1021] Vgl. *Severin*, Auflassungsvormerkung u. Eingriffsschutz, S. 56.

Im Ergebnis steht der Dritterwerber bei einer Anwendung des schadensersatzrechtlichen Teiles des Eigentümer-Besitzer-Verhältnisses (§§ 989 ff. BGB) zumeist schlechter, jedenfalls aber nicht besser als er bei einer Anwendung des Deliktsrechtes steht.

Eine analoge Anwendung desselben kann dementsprechend nicht mit dem Schutz des Dritterwerbers vor einer Haftung nach § 823 Abs. 1 BGB begründet werden.

4. Zwischenergebnis

Es ist zu konstatieren, dass weder die Rechtsposition des Dritterwerbers mit derjenigen eines Besitzers ohne Besitzrecht noch die Rechtsposition des Vormerkungsberechtigten mit derjenigen eines Eigentümers vergleichbar ist.

Da der Dritterwerber bei einer Anwendung des schadensersatzrechtlichen Teiles des Eigentümer-Besitzer-Verhältnisses (§§ 989 ff. BGB) zumeist schlechter, jedenfalls aber nicht besser stehen würde als bei einer Haftung nach § 823 Abs. 1 BGB, verbietet sich auch ein mit der Schutzwürdigkeit des Dritterwerbers begründeter Erst-recht-Schluss.

Das Rechtsverhältnis zwischen dem Vormerkungsberechtigten und dem Dritterwerber ist dem Rechtsverhältnis zwischen dem Eigentümer und dem Besitzer aus diesem Grund nicht so ähnlich, dass der Gesetzgeber die Vorschriften des Eigentümer-Besitzer-Verhältnisses auf dieses Verhältnis hätte erstrecken können.

Eine vergleichbare Interessenlage besteht nicht.

III. Zwischenergebnis

Der schadensersatzrechtliche Teil des Eigentümer-Besitzer-Verhältnisses (§§ 989 ff. BGB) kann im Rechtsverhältnis zwischen dem Vormerkungsberechtigten und dem Dritterwerber nicht analog angewendet werden.

Die 2. Kommission hat eine Anwendung dieser Vorschriften abgelehnt. Es fehlt schon an einer Regelungslücke.

Unabhängig davon ist das Rechtsverhältnis zwischen dem Vormerkungsberechtigten und dem Dritterwerber aber dem Rechtsverhältnis zwischen dem Eigentümer und dem Besitzer ohne Besitzrecht nicht so ähnlich, dass der Gesetzgeber die Vorschriften des Eigentümer-Besitzer-Verhältnisses auf dieses Verhältnis hätte erstrecken können. Es fehlt auch an einer vergleichbaren Interessenlage.

E. Entsprechende Anwendung mittels § 292 Abs. 1 BGB

Sehr vereinzelt wird der schadensersatzrechtliche Teil des Eigentümer-Besitzer-Verhältnisses (§§ 989 ff. BGB) im Verhältnis zwischen dem Vormerkungsberechtigten und dem Dritterwerber über § 292 Abs. 1 BGB zur Anwendung gebracht.[1022]

Mit § 292 Abs. 1 BGB hat der Gesetzgeber einen Haftungsmindestrahmen für Rechtsverhältnisse aus dem Bereich des Schuldrechtes geschaffen.[1023] Das heißt jedoch nicht, dass § 292 BGB nicht im Sachenrecht angewendet werden kann.[1024] Für die dort geregelten Rechtsverhältnisse wird zwar regelmäßig die analoge Anwendung der Vorschriften des Eigentümer-Besitzer-Verhältnisses näherliegen. Sollte eine solche nicht in Betracht kommen, kann aber auf § 292 BGB ausgewichen werden.

Problematisch ist, ob der Dritterwerber einen „bestimmten Gegenstand" im Sinne des § 292 Abs. 1 BGB „herauszugeben" hat.

Einen körperlichen Gegenstand (vgl. § 90 BGB) muss er nicht herausgeben. Der Vormerkungsberechtigte hat gegen ihn keinen Anspruch auf Herausgabe des Grundstückes.[1025] Zudem ist der Anspruch aus § 888 Abs. 1 BGB nicht mit einem Anspruch vergleichbar, welcher auf die Herausgabe einer Sache gerichtet ist.[1026]

Nicht von vornherein ausgeschlossen ist es dagegen, in der Zustimmung des Dritterwerbers die „Herausgabe" eines unkörperlichen Gegenstandes zu sehen. Es hilft zwar nicht weiter, darauf zu verweisen, dass sowohl (Rück-)Übereignungs-[1027] als auch Grundbuchberichtigungsansprüche[1028] unter § 292 BGB fallen. Schließlich ist der Dritterwerber weder zur Übereignung des Grundstückes[1029] noch zur Grundbuchberichtigung[1030] verpflichtet.

[1022] *Wilhelm*, SachenR, Rn. 2225 Fn. 3344 (a. A. *Wilhelm*, SachenR, Rn. 2303). Aus dem älteren Schrifttum zu §§ 135 f. BGB bereits *Raape*, Veräußerungsverbot, S. 66. Vgl. auch *Severin*, Auflassungsvormerkung u. Eingriffsschutz, S. 64 Fn. 239 (zur Anwendbarkeit der §§ 994 ff. BGB über § 292 Abs. 2 BGB). In diese Richtung aus dem älteren Schrifttum auch *Fuchs*, § 883 BGB Rn. 14.

[1023] Vgl. *Gursky*, JR 1984, 3, 4 f.; MüKo-BGB/*Ernst*, § 292 BGB Rn. 1; *Richter*, Tatsächl. Einwirkungen u. Vormerkungsschutz, S. 300; *Rosien*, Schutz d. Vormerkungsberechtigten, S. 178.

[1024] A. A. *Meyer*, NJW 1971, 1317, 1318.

[1025] S. Gliederungspkt. § 8 D.II.2.c)bb) (S. 153 ff.).

[1026] S. Gliederungspkt. § 8 D.II.2.c)cc) (S. 155 ff.).

[1027] S. nur BGHZ 144, 323, 325; MüKo-BGB/*Ernst*, § 292 BGB Rn. 3; NK-BGB/*Schanbacher*, § 292 BGB Rn. 2; Soergel/*Benicke/Grebe*, § 292 BGB Rn. 10.

[1028] S. nur NK-BGB/*Schanbacher*, § 292 BGB Rn. 2; Soergel/*Benicke/Grebe*, § 292 BGB Rn. 10.

[1029] S. Gliederungspkt. § 8 D.II.1.e)aa) (S. 138 f.).

[1030] S. Gliederungspkt. § 8 D.II.1.d) (mit Untergliederung) (S. 129 ff.). S. zur Scheinverwandtschaft zwischen dem Grundbuchberichtigungsanspruch aus § 894 BGB und dem Zustimmungsanspruch aus § 888 Abs. 1 BGB noch Gliederungspkt. § 13 B.I.1.b) (S. 213 ff.).

Dennoch scheint, jedenfalls vordergründig, eine gewisse Ähnlichkeit zwischen der Zustimmung gem. § 888 Abs. 1 BGB und der Herausgabe eines „bestimmten Gegenstand[es]" zu bestehen. Diese Ähnlichkeit dürfte indes ausschließlich daher rühren, dass der Dritterwerber bei der „Herausgabe" des Eigentums durch den Vormerkungsverpflichteten mitwirkt. § 292 BGB kann damit zwar im Rechtsverhältnis zwischen dem Vormerkungsberechtigten und dem Vormerkungsverpflichteten, nicht aber im Rechtsverhältnis zwischen dem Vormerkungsberechtigten und dem Dritterwerber angewendet werden.

Selbst wenn man anderer Ansicht ist, ändert das nichts daran, dass die 2. Kommission die Anwendung von Vorschriften des Eigentümer-Besitzer-Verhältnisses als entbehrlich abgelehnt hat.[1031] Sie wollte es bei einer Abwicklung „über das Dreieck" belassen. Der Umweg über § 292 BGB ist, da er zur Umgehung dieses gesetzgeberischen Willens führt, kaum mehr als ein Irrweg.

Diejenigen, die der entgegenstehende Wille des Gesetzgebers nicht davon abhält, die Vorschriften des Eigentümer-Besitzer-Verhältnisses mittels § 292 BGB anzuwenden, müssen die Anwendung aber jedenfalls auf die Zeit ab dem Eintritt der Rechtshängigkeit begrenzen. Ob der Dritterwerber „von Anfang an mit der Durchsetzung des geschützten Anspruchs […] rechnen" konnte,[1032] kann keine Rolle spielen. Erst wenn der Vormerkungsberechtigte Klage erhoben und dadurch die Rechtshängigkeit des Anspruches aus § 888 Abs. 1 BGB begründet hat (vgl. § 261 Abs. 1 ZPO), wären die §§ 989 ff. BGB anwendbar.[1033] Davor muss sich der Dritterwerber nicht als „Verwahrer und Verwalter fremden Gutes"[1034] begreifen.

Wird der schadensersatzrechtliche Teil des Eigentümer-Besitzer-Verhältnisses (§§ 989 ff. BGB) erst ab dem Eintritt der Rechtshängigkeit angewendet, dürfte er für die Frage, ob der Vormerkungsberechtigte gegen den Dritterwerber einen Anspruch auf Schadensersatz statt der Leistung (§§ 280 Abs. 1, Abs. 3, 281 BGB) hat, aber kaum Bedeutung haben. Der Vormerkungsberechtigte wird ab dem Eintritt der Rechtshängigkeit nur noch selten Interesse an einem solchen Anspruch haben. Es ergeben sich, anders als etwa bei dem Anspruch aus § 985 BGB,[1035] keine Schwierigkeiten bei der auf das gerichtliche Verfahren folgenden Vollstreckung des Urteiles. Es besteht weder die Möglichkeit noch die Notwendigkeit für einen dreifachen Antrag, gerichtet auf „Zustimmung, Fristsetzung und Schadensersatz nach fruchtlosem Fristablauf"[1036]. Die Zustimmung des Dritterwerbers gilt gem. § 894 S. 1 ZPO mit dem Eintritt der Rechtskraft des Urteiles als abgegeben.

[1031] S. Gliederungspkt. § 8 D.I.1.b) (S. 110 ff.) u. Gliederungspkt. § 8 D.I.1.c) (S. 112 ff.).

[1032] Aus dem älteren Schrifttum zu §§ 135 f. BGB *Raape*, Veräußerungsverbot, S. 66.

[1033] Vgl. nur BGHZ 144, 323, 325; *Mülbert*, AcP 214 (2014), 309, 340; *Richter*, Tatsächl. Einwirkungen u. Vormerkungsschutz, S. 300; *Rosien*, Schutz d. Vormerkungsberechtigten, S. 178.

[1034] Motive z. BGB, Bd. II, S. 55. S. auch Protokolle d. 1. Kommission, SchuldR I, S. 328.

[1035] Vgl. nur BGHZ 209, 270, 227 Rn. 23; *Kaiser*, NJW 2016, 3239, 3239.

[1036] Angelehnt an BGH NJW 2018, 786, 786 (Leitsatz 1).

F. Exkurs: Analoge Anwendung aufgrund eines Anwartschaftsrechtes des vormerkungsgesicherten Auflassungsempfängers

Noch anders begründet Bönninghaus die Anwendung von Vorschriften des Eigentümer-Besitzer-Verhältnisses.[1037]

Der Vormerkungsberechtigte erwerbe mit der Eintragung der Vormerkung ein Anwartschaftsrecht.[1038] Auf dieses Anwartschaftsrecht seien, wie Bönninghaus unter Verweis auf das Anwartschaftsrecht des (Eigentum-)Vorbehaltskäufers annimmt,[1039] die für das Eigentum geltenden Vorschriften anwendbar.[1040]

Nimmt man Bönninghaus beim Wort, dürfte seine Argumentation in Rechtsprechung und Schrifttum keine Zustimmung finden. Die Ansicht, welche davon ausgeht, dass mit der Eintragung der Vormerkung ein Anwartschaftsrecht entsteht,[1041] wird heutzutage nahezu einhellig abgelehnt.[1042] Bönninghaus scheint dieser Ansicht aber ohnehin nicht das Wort reden zu wollen.

Er scheint vielmehr mit der ständigen Rechtsprechung davon auszugehen, dass ein Anwartschaftsrecht dann entsteht, wenn eine Vormerkung eingetragen und zusätzlich das Grundstück an den Vormerkungsberechtigten aufgelassen wird.[1043]

Damit liegt seine Argumentation streng genommen außerhalb des untersuchten Verhältnisses zwischen dem Vormerkungsberechtigten und dem Dritterwerber. Bönninghaus begründet bei näherer Betrachtung nämlich die Anwendung der Vorschriften des Eigentümer-Besitzer-Verhältnisses für das Verhältnis zwischen dem vormerkungsgesicherten Auflassungsempfänger und dem Dritterwerber. Da im Regelfall zeitgleich mit der Begründung des obligatorischen Rechtsverhältnisses und der Bewilligung der Vormerkung auch die Auflassung des Grundstückes erklärt

[1037] *Bönninghaus*, SachenR II, Rn. 239. In diese Richtung aus dem älteren Schrifttum bereits *Klüchtzner*, Aufwendungsersatzpflicht d. Vormerkungsberechtigten, S. 14 f.

[1038] *Bönninghaus*, SachenR II, Rn. 239.

[1039] *Bönninghaus*, SachenR II, Rn. 239 mit Fn. 25. Es müsste allerdings auf Gliederungspkt. 3.E. (S. 77 ff.) bzw. Rn. 169 verwiesen werden.

[1040] *Bönninghaus*, SachenR II, Rn. 239.

[1041] S. die auf S. 147 in Fn. 905 Genannten.

[1042] S. nur BGHZ 89, 41, 44 f.; *Assmann*, Vormerkung, S. 294 f.; BeckOGK-BGB/*Assmann*, § 883 BGB Rn. 308.1; MüKo-BGB/*Lettmaier*, § 883 BGB Rn. 58; Staudinger/*Kesseler*, § 883 BGB Rn. 407.

[1043] BGHZ 128, 184, 188; BGHZ 114, 161, 166; BGHZ 106, 108, 111; BGHZ 89, 41, 45; BGHZ 83, 395, 399; BGH NJW-RR 1992, 1178, 1180; OLG Hamm OLGZ 1975, 142, 144 ff.; OLG Nürnberg NJW 2015, 562, 563. In diese Richtung auch, aber ein Anwartschaftsrecht des Auflassungsempfängers bereits ab der Stellung des Antrages auf Eintragung einer Vormerkung annehmend OLG Düsseldorf DNotZ 1981, 130, 131 ff. In diese Richtung auch, aber zusätzlich auf das Bestehen des obligatorischen Anspruches abstellend BGHZ 195, 322, 333 Rn. 42; BGH NJW-RR 2016, 744, 745 Rn. 8.

wird,[1044] der Inhaber einer Eigentumsvormerkung nach der Ansicht von Bönninghaus also regelmäßig Anwartschaftsrechtsinhaber sein wird,[1045] soll der Vollständigkeit halber aber auch auf seine Argumentation eingegangen werden.

Zunächst ist festzustellen, dass schon die Existenz eines Anwartschaftsrechtes des vormerkungsgesicherten Auflassungsempfängers keinesfalls gesichert ist. Obwohl das Schrifttum seiner Entwicklung durch die Rechtsprechung den Weg bereitete[1046] und es auch später wohl noch überwiegend billigte[1047], wendet es sich seit den 1990er Jahren mehr und mehr gegen es.[1048]

Immer wieder findet sich die Annahme, dass dem Anwartschaftsrecht des vormerkungsgesicherten Auflassungsempfängers deswegen die Anerkennung zu verweigern sei, weil es sich von anderen Anwartschaftsrechten in Entstehung,[1049] Übertragung,[1050] Wirkung[1051] und Bestand[1052] erheblich unterscheide. Da die Ver-

---

[1044] S. nur *Assmann*, Vormerkung, S. 295; *Prinz*, Vormerkung, S. 193; *Rosien*, Schutz d. Vormerkungsberechtigten, S. 151. Zweifelnd allerdings *Severin*, Auflassungsvormerkung u. Eingriffsschutz, S. 41 u. S. 86.

[1045] Sollte der vormerkungsgesicherte Auflassungsempfänger bereits den Antrag auf Eintragung als Eigentümer gestellt haben, könnte man, wenn man der BGH-Rechtsprechung folgt (BGHZ 106, 108, 111; BGHZ 83, 395, 399; BGHZ 49, 197, 200 ff.), das Bestehen eines Anwartschaftsrechtes auch aus diesem Grund bejahen.

[1046] *Bergermann*, MittRhNotK 1969, 687, 692; *Trapp*, Vormerkung, S. 19. In diese Richtung auch *Lohr*, AnwartschaftsR aus Auflassung, S. 75 ff.; *Raiser*, Dingl. Anwartschaften, S. 34 f. Ein Anwartschaftsrecht des vormerkungsgesicherten Auflassungsempfängers dagegen früh ablehnend *Flume*, AcP 161 (1962), 385, 387; *Vollkommer*, Rpfleger 1972, 17, 18; *Vollkommer*, Rpfleger 1969, 409, 414 Fn. 64.

[1047] S. nur *Goetzke/Habermann*, JuS 1975, 82, 86; *Prinz*, Vormerkung, S. 209 ff.; *Schwerdtner*, JURA 1980, 609, 612; *Stadler*, AcP 189 (1989), 425, 460. Ein Anwartschaftsrecht des vormerkungsgesicherten Auflassungsempfängers dagegen ablehnend etwa *Eickmann*, Rpfleger 1981, 200, 200 f.; *Hintzen*, Rpfleger 1989, 439, 441; *Münzberg*, FS Schiedermair, 439, 455 f.

[1048] S. nur *Assmann*, Vormerkung, S. 298 ff.; BeckOGK-BGB/*Assmann*, § 883 BGB Rn. 308.1; BeckOGK-BGB/*Weber*, § 925 BGB Rn. 228 ff.; *Bohlsen*, ZfIR 2017, 130, 135; *Habersack*, JuS 2000, 1145, 1147 ff.; *Hager*, JuS 1991, 1, 3 f.; *Mollenkopf*, Fakt. Einwirkungen u. vormerkungsbetroffene Grundstücke, S. 42 ff.; MüKo-BGB/*Ruhwinkel*, § 925 BGB Rn. 39; *Mülbert*, AcP 202 (2002), 912, 926 ff.; Staudinger/*Diehn*, § 925 BGB Rn. 140; Staudinger/*Heinze*, § 873 BGB Rn. 184; Staudinger/*Kesseler*, § 888 BGB Rn. 107; *Tetenberg*, Anwartschaft d. Auflassungsempfängers, S. 7 ff.; Westermann/*Eickmann*, SachenR, § 74 Rn. 16; *Wilhelm*, SachenR, Rn. 2332 ff. Ein Anwartschaftsrecht des vormerkungsgesicherten Auflassungsempfängers dagegen befürwortend etwa *Baur/Stürner*, SachenR, § 19 Rn. 15; MüKo-BGB/*Lettmaier*, § 883 BGB Rn. 58; NK-BGB/*Grziwotz*, § 925 BGB Rn. 34; *Rosien*, Schutz d. Vormerkungsberechtigten, S. 157 ff.; *Severin*, Auflassungsvormerkung u. Eingriffsschutz, S. 82 f.; Soergel/*Kern*, § 873 BGB Rn. 22; *Weber*, DNotZ 2014, 738, 747.

[1049] S. nur BeckOGK-BGB/*Weber*, § 925 BGB Rn. 229; *Mollenkopf*, Fakt. Einwirkungen u. vormerkungsbetroffene Grundstücke, S. 43 f.

[1050] S. nur *Mülbert*, AcP 202 (2002), 912, 921, 927 f. u. 930; *Tetenberg*, Anwartschaft d. Auflassungsempfängers, S. 9 f.

[1051] S. nur *Eickmann*, Rpfleger 1981, 200, 200 f.; *Münzberg*, FS Schiedermair, 439, 456.

[1052] S. nur *Bohlsen*, ZfIR 2017, 130, 135; Staudinger/*Diehn*, § 925 BGB Rn. 140.

wendung des Begriffes „Anwartschaftsrecht“ allerdings, solange aus ihm keine Rechtsfolgen abgeleitet werden, Geschmackssache ist,[1053] kann diese Annahme nicht überzeugen.

Entscheidend ist vielmehr der Einwand, dass es sich bei dem Anwartschaftsrecht des vormerkungsgesicherten Auflassungsempfängers um eine in seinen einzelnen Verästelungen selbst durch die Rechtsprechung kaum noch zu überblickende „Überkonstruktion“[1054] oder „Hypertrophie“[1055] handelt. So übersah der BGH in einem Urteil[1056] aus dem Jahre 1996, dass das Anwartschaftsrecht entscheidungsrelevant war.[1057]

Zudem gibt es für das Anwartschaftsrecht des vormerkungsgesicherten Auflassungsempfängers kein praktisches Bedürfnis.[1058] Es erfüllt kaum einen Zweck, welcher nicht ebenso gut durch den durch die Vormerkung gesicherten Eigentumsverschaffungsanspruch oder durch die Vormerkung selbst erfüllt werden kann.[1059]

Solange die Rechtsprechung dennoch an ihm festhält, bleibt es, wie Medicus richtig feststellte, ein Beispiel dafür, „wie man (relativ) Einfaches umständlich machen kann“.[1060] Bezeichnend ist, dass die Praxis mittlerweile vor der Verwendung des Anwartschaftsrechtes des vormerkungsgesicherten Auflassungsempfängers gewarnt wird[1061] und Wege gesucht werden, um sein Entstehen zu verhindern.[1062] Es schafft eben mehr Unklarheit als Klarheit.[1063] Man kann mit Kilian konstatieren, dass es, „polemisch gewendet“, nur noch „[z]ur Lösung […] und zur Schaffung von ohne diese Konstruktion gar nicht entstehenden Problemen“ dient.[1064]

Alle diese grundlegenden Bedenken haben den BGH im Jahre 1991 nicht daran gehindert, einen Schadensersatzanspruch des vormerkungsgesicherten Auflassungsempfängers aus §§ 823 Abs. 2, 909 BGB gegen einen Grundstücksnachbarn

---

1053 *Reinicke/Tiedtke*, NJW 1982, 2281, 2283.

1054 *Rimmelspacher/Stürner*, KreditsicherungsR, § 8 Rn. 23.

1055 Westermann/*Eickmann*, SachenR, § 74 Rn. 16.

1056 BGH NJW 1997, 936, 936 f.

1057 *Hager*, EWiR § 185 BGB 1/97, 247, 248; *Streuer*, Rpfleger 1998, 314, 317.

1058 S. nur *Assmann*, Vormerkung, S. 298 ff.

1059 S. nur *Assmann*, Vormerkung, S. 298 ff.

1060 *Medicus*, DNotZ 1990, 275, 289 (zum Anwartschaftsrecht des Auflassungsempfängers im Allgemeinen).

1061 *Weser*, MittBayNot 1993, 253, 257.

1062 *Weser*, MittBayNot 1993, 253, 259 ff.

1063 *Hager*, JuS 1991, 1, 4; *Weser*, MittBayNot 1993, 253, 259; *Wilhelm*, SachenR, Rn. 2334.

1064 Bauer/Schaub/*Kilian*, § 20 GBO Rn. 76 (zum Anwartschaftsrecht des Auflassungsempfängers im Allgemeinen).

zu bejahen.[1065] Der vormerkungsgesicherte Auflassungsempfänger sei Inhaber eines Anwartschaftsrechtes.[1066] Das Anwartschaftsrecht werde als „ein dem Volleigentum wesensähnliches Recht" „[i]n bestimmten Teilbereichen" bereits „wie ein Vollrecht behandelt".[1067] Es sei, wie der BGH unter Verweis auf das Anwartschaftsrecht des Vorbehaltskäufers feststellt, allgemein anerkannt, dass das Anwartschaftsrecht ein „sonstiges Recht" im Sinne von § 823 Abs. 1 BGB ist.[1068] Der Inhaber eines Anwartschaftsrechtes müsse auch über §§ 823 Abs. 2, 909 BGB geschützt werden.[1069]

Diese begriffsjuristische Argumentation des BGH kann nicht überzeugen.[1070] Es ist zwar naheliegend, dass das Anwartschaftsrecht des (Eigentum-)Vorbehaltskäufers Deliktsschutz genießt. Daraus folgt für ein Anwartschaftsrecht des vormerkungsgesicherten Auflassungsempfängers aber nichts.

Auch Bönninghaus verwendet aber ein ähnliches Argumentationsmuster. Sicher kann man mit ihm und einem Teil des Schrifttums[1071] davon ausgehen, dass im Verhältnis zwischen dem Vorbehaltskäufer und dem Besitzer ohne Besitzrecht die Vorschriften des Eigentümer-Besitzer-Verhältnisses anzuwenden sind. Nur folgt daraus für das Verhältnis des vormerkungsgesicherten Auflassungsempfängers zu Dritten nichts.

Zudem kann der Dritterwerber, welcher auch dem Vormerkungsberechtigten gegenüber Rechtsinhaber ist,[1072] nicht wie selbstverständlich mit anderen Dritten, etwa dem Grundstücksnachbarn, gleichgesetzt werden.[1073] Nimmt man die Formulierung des BGH, dass das Anwartschaftsrecht des vormerkungsgesicherten Auflassungsempfängers eine „Vorstufe" zum Eigentum ist,[1074] ernst, wird es sich gegen das Eigentum selbst oder andere dingliche Rechte nicht ohne Weiteres durchsetzen können.[1075]

[1065] BGHZ 114, 161, 163 ff.

[1066] BGHZ 114, 161, 166.

[1067] BGHZ 114, 161, 164.

[1068] BGHZ 114, 161, 164 f.

[1069] BGHZ 114, 161, 165 f.

[1070] MüKo-BGB/*Kohler*, 8. Aufl., § 883 BGB Rn. 49; *Paulus*, JZ 1993, 555, 558; *Selb*, JZ 1991, 1087, 1088 f.

[1071] *Baur/Stürner*, SachenR, § 59 Rn. 3; *Drechsler/Harenberg*, JURA 2022, 97, 102; *Koether-Ruchatz*, NJW 1973, 1444, 1445; Soergel/*Stadler*, Vorb. § 987 BGB Rn. 7; Staudinger/*Thole*, Vorb. §§ 987 ff. BGB Rn. 194. S. zu weiteren Vertretern dieser Ansicht nur *Koether-Ruchatz*, NJW 1973, 1444, 1444 Fn. 2.

[1072] S. Gliederungspkt. § 8 D.II.1.d)bb) (S. 134 ff.).

[1073] Vgl. *Assmann*, Vormerkung, S. 446 Fn. 64 (zur Anwendbarkeit des § 823 Abs. 1 BGB).

[1074] BGHZ 128, 184, 188 u. 193; BGHZ 114, 161, 164; BGHZ 83, 395, 399.

[1075] Vgl. *Mülbert*, AcP 214 (2014), 309, 331 (zur Anwendbarkeit des § 985 BGB). In diese Richtung auch *Mülbert*, AcP 214 (2014), 309, 349 f. (zur Anwendbarkeit der §§ 989 ff. BGB im Verhältnis zwischen dem Vorbehaltskäufer und dem Dritterwerber). A.A. *Lohr*, AnwartschaftsR aus Auflassung, S. 85 f. (zur Anwendbarkeit des § 823 Abs. 1 BGB).

Wer eine Anwendung der Vorschriften des Eigentümer-Besitzer-Verhältnisses dennoch gutheißt, läuft Gefahr unter dem Deckmantel des schillernden Begriffes „Anwartschaftsrecht" das Verhältnis zwischen dem Vormerkungsberechtigten und dem Dritterwerber unter Ausschaltung des gesetzgeberischen Willens[1076] zu verändern. Allein durch die Erfindung des Anwartschaftsrechtes des vormerkungsgesicherten Auflassungsempfängers wird der Wille des Gesetzgebers nicht unbeachtlich. Dass dieses Anwartschaftsrecht erst Bedeutung erlangt hat, als der Gesetzgeber im Jahre 1934 die Auflassung vor dem Notar ermöglichte,[1077] ändert an dieser Feststellung nichts.

Rein vorsorglich sei noch darauf hingewiesen, dass Bönninghaus, um die negative Publizität des Grundbuches nicht auszuhöhlen, die Anwendung des schadensersatzrechtlichen Teiles des Eigentümer-Besitzer-Verhältnisses (§§ 989 ff. BGB) auf den kaum je anzutreffenden[1078] Dritterwerber beschränken müsste, welcher positive Kenntnis von dem Anwartschaftsrecht des vormerkungsgesicherten Auflassungsempfängers hat.[1079]

Zwar ist das Anwartschaftsrecht nicht eintragungsfähig[1080] und ein gutgläubiger lastenfreier Erwerb (vgl. § 892 Abs. 1 S. 1 BGB) scheidet dementsprechend aus. Trotz der Erfindung des Anwartschaftsrechtes muss der gutgläubige Dritterwerber aber weiterhin auf den Inhalt des Grundbuches vertrauen können. Er ist dann so zu behandeln, als hätte er das Anwartschaftsrecht „wegerworben". Folglich kann er sich in den Grenzen des ihm zustehenden dinglichen Rechtes frei bewegen.

G. Ergebnis

Der schadensersatzrechtliche Teil des Eigentümer-Besitzer-Verhältnisses (§§ 989 ff. BGB) kann nicht auf das Verhältnis zwischen dem Vormerkungsberechtigten und dem Dritterwerber angewendet werden.

1076 Vgl. Gliederungspkt. § 8 D.I.1. (mit Untergliederung) (S. 109 ff.).

1077 S. zur damit einhergehenden Veränderung der Vormerkung nur *Goetzke/Habermann*, JuS 1975, 82, 85.

1078 Der Dritterwerber hat nur Kenntnis von dem Anwartschaftsrecht, wenn er sowohl von der Vormerkung als auch von der Auflassung wusste (vgl. *Assmann*, Vormerkung, S. 447. A.A. *Lohr*, AnwartschaftsR aus Auflassung, S. 85 f.). Er wird regelmäßig Kenntnis von der Vormerkung haben (s. Gliederungspkt. § 8 D.II.3. (S. 164 ff.)). Ihm dürfte jedoch nur selten bekannt sein, dass das Grundstück an den Vormerkungsberechtigten aufgelassen worden ist (vgl. *Assmann*, Vormerkung, S. 447).

1079 Vgl. nur *Tetenberg*, Anwartschaft d. Auflassungsempfängers, S. 72 (zum Anwartschaftsrecht des Auflassungsempfängers, welcher bereits den Antrag auf Eintragung als Eigentümer gestellt hat).

1080 S. nur BeckOGK-BGB/*Enders*, § 873 BGB Rn. 53; BeckOGK-BGB/*Weber*, § 925 BGB Rn. 209; Staudinger/*Diehn*, § 925 BGB Rn. 129.

Eine unmittelbare Anwendung scheidet deswegen aus, weil keine Vindikationslage besteht. Eine analoge Anwendung scheitert daran, dass weder eine Regelungslücke noch eine vergleichbare Interessenlage gegeben ist. Zu einem anderen Ergebnis gelangt man auch nicht mittels eines Umweges über § 292 BGB oder über das (angebliche) Anwartschaftsrecht des vormerkungsgesicherten Auflassungsempfängers.

§ 9 Übertragung von Wertungen des schadensersatzrechtlichen Teiles des Eigentümer-Besitzer-Verhältnisses (§§ 989 ff. BGB) unabhängig von seiner Anwendung

Man könnte noch erwägen, Wertungen des schadensersatzrechtlichen Teiles des Eigentümer-Besitzer-Verhältnisses auch ohne eine Anwendung der §§ 989 ff. BGB im Verhältnis zwischen dem Vormerkungsberechtigten und dem Dritterwerber heranzuziehen. Begründen ließe sich das damit, dass es wenig konsequent erscheint, den Dritterwerber schlechterzustellen als er bei der zu seinem Schutz[1081] abgelehnten Anwendung der §§ 989 ff. BGB stünde.

Selbst wenn man argumentationshalber unterstellt, dass dieses Argument stichhaltig ist, wäre mit ihm aber jedenfalls kein vollständiger Ausschluss der Anwendung der §§ 280 Abs. 1, Abs. 3, 281 BGB auf den Anspruch aus § 888 Abs. 1 BGB zu begründen. Zwar findet sich im Abschlussbericht der Schuldrechtskommission der – allerdings nicht in die Gesetzesentwürfe aufgenommene – Hinweis, dass die Abschlussfunktion des Eigentümer-Besitzer-Verhältnisses möglicherweise einer Anwendung des Schadensersatzanspruches statt der Leistung entgegensteht.[1082] Die besseren Argumente sprechen aber dafür, dass die Vorschriften des Eigentümer-Besitzer-Verhältnisses den Ausschluss dieses Anspruches zumindest nicht für alle in Betracht kommenden Fälle, z. B. auch den bösgläubigen Besitzer, bezwecken.[1083] Anders wäre nicht zu erklären, dass die 1. Kommission § 283 Abs. 1 BGB a. F. auf die Vindikation anwendete.[1084]

Man könnte allenfalls, wie möglicherweise von Diehn[1085] und Schwerdtner[1086] für die Anwendung der Verzugsvorschriften auf den Anspruch aus § 888 Abs. 1

[1081] Vgl. Gliederungspkt. § 8 D.II.2.c)dd) (S. 158 ff.).

[1082] Abschlussbericht d. SchuldR-Kommission, S. 135.

[1083] Vgl. nur die auf S. 94 in Fn. 566 Genannten.

[1084] Protokolle d. 1. Kommission, SachenR I, S. 764.

[1085] *Diehn*, SachenR, S. 113 f. Es ist allerdings nicht ausgeschlossen, dass Diehn nicht nur die haftungsrechtliche Privilegierung, sondern vielmehr den schadensersatzrechtlichen Teil des Eigentümer-Besitzer-Verhältnisses (§§ 989 ff. BGB) insgesamt überträgt.

BGB erwogen, darüber nachdenken, ob nicht zumindest die dem schadensersatzrechtlichen Teil des Eigentümer-Besitzer-Verhältnisses innewohnende haftungsrechtliche Privilegierung des gutgläubigen und unverklagten Besitzers für den Dritterwerber herangezogen werden kann.

Zwar ist dieser Kunstgriff nicht von vornherein ausgeschlossen. Es besteht bei der Anwendung der §§ 280 Abs. 1, Abs. 3, 281 BGB aber kein Bedürfnis für eine derartige haftungsrechtliche Privilegierung des Dritterwerbers.[1087]

Der Dritterwerber ist, da er regelmäßig Kenntnis oder zumindest grob fahrlässige Unkenntnis von dem Bestehen der Vormerkung hat, fast ausnahmslos bösgläubig.[1088] Auf seine Kenntnis oder grob fahrlässige Unkenntnis davon, dass der durch die Vormerkung gesicherte Anspruch „fällig und […] sofort durchsetzbar" ist, kommt es nicht an.[1089] Man wird, wenn überhaupt, nur in sehr außergewöhnlichen Konstellationen von einer Gutgläubigkeit des Dritterwerbers ausgehen können.[1090] In diesen Konstellationen kann der Dritterwerber aber auch die Vermutung des § 280 Abs. 1 S. 2 BGB widerlegen.[1091] Er kann geltend machen, dass er nicht davon ausgegangen ist und auch nicht davon ausgehen musste, dass eine Vormerkung und damit ein Anspruch aus § 888 Abs. 1 BGB bestand. Da der Anspruch aus §§ 280 Abs. 1, Abs. 3, 281 BGB dann am fehlenden Verschulden des gutgläubigen Dritterwerbers scheitert, besteht kein Bedürfnis für die haftungsrechtliche Privilegierung desselben.

§ 10 Bedeutungslosigkeit von Vorschriften und Wertungen des Eigentümer-Besitzer-Verhältnisses

Nach alledem steht fest, dass sich Einwände gegen die Anwendung des Schadensersatzanspruches statt der Leistung (§§ 280 Abs. 1, Abs. 3, 281 BGB) nicht aus Vorschriften oder Wertungen des Eigentümer-Besitzer-Verhältnisses ergeben.

[1086] *Schwerdtner*, Verzug im SachenR, S. 192 ff. Es ist allerdings nicht ausgeschlossen, dass Schwerdtner nicht nur die haftungsrechtliche Privilegierung, sondern vielmehr den schadensersatzrechtlichen Teil des Eigentümer-Besitzer-Verhältnisses (§§ 989 ff. BGB) insgesamt überträgt.

[1087] Vgl. – jeweils zur abgelehnten Beschränkung der Anwendung der Verzugsvorschriften auf den bösgläubigen Dritterwerber – nur Ak-BGB/*Schweinitz*, § 888 BGB Rn. 14; Staudinger/*Gursky*, Bearb. 2013, § 888 BGB Rn. 64.

[1088] S. Gliederungspkt. § 8 D.II.3. (S. 164 ff.).

[1089] A.A. *Wilhelm*, SachenR, Rn. 2303 (zur Anwendung des Anspruches aus §§ 280 Abs. 1, Abs. 2, 286 BGB über § 990 Abs. 2 BGB).

[1090] S. Gliederungspkt. § 8 D.II.3. (S. 164 ff.).

[1091] Vgl. – zum aufgrund eines Irrtums des Dritterwerbers fehlenden Verschulden im Rahmen des Anspruches aus §§ 280 Abs. 1, Abs. 2, 286 BGB – nur BGH NJW 2022, 1167, 1169 Rn. 27; MüKo-BGB/*Lettmaier*, § 888 BGB Rn. 20.

Die Anwendung der §§ 280 Abs. 1, Abs. 3, 281 BGB auf den Anspruch aus § 888 Abs. 1 BGB scheitert weder an der Abschlussfunktion des Eigentümer-Besitzer-Verhältnisses noch besteht eine haftungsrechtliche Privilegierung des gutgläubigen und unverklagten Dritterwerbers, welche bei der Anwendung berücksichtigt werden müsste.

Der schadensersatzrechtliche Teil des Eigentümer-Besitzer-Verhältnisses ist im Verhältnis zwischen dem Vormerkungsberechtigten und dem Dritterwerber nicht anwendbar. Eine unmittelbare Anwendung scheidet deswegen aus, weil keine Vindikationslage besteht. Eine analoge Anwendung scheitert daran, dass weder eine Regelungslücke noch eine vergleichbare Interessenlage gegeben ist. Zu einem anderen Ergebnis gelangt man auch nicht mittels eines Umweges über § 292 BGB oder über das (angebliche) Anwartschaftsrecht des vormerkungsgesicherten Auflassungsempfängers.

Zwar wäre es auch unabhängig von einer Anwendung der §§ 989 ff. BGB denkbar, den Anspruch aus §§ 280 Abs. 1, Abs. 3, 281 BGB auf den bösgläubigen Dritterwerber zu beschränken. Für eine solche haftungsrechtliche Privilegierung besteht jedoch kein Bedürfnis. In dem seltenen Fall, dass der Dritterwerber gutgläubig ist, wird es auch an seinem für den Schadensersatzanspruch statt der Leistung erforderlichen Verschulden fehlen.

4. Kapitel

Entgegenstehender rechtlicher Charakter des Anspruches aus § 888 Abs. 1 BGB

Möglicherweise ergeben sich Einwände gegen die Anwendung des Schadensersatzanspruches statt der Leistung (§§ 280 Abs. 1, Abs. 3, 281 BGB) aus dem rechtlichen Charakter des Anspruches aus § 888 Abs. 1 BGB.

Von Teilen des Schrifttums wird die mittlerweile herrschende Ansicht, welche die §§ 280 Abs. 1, Abs. 3, 281 BGB auf den Anspruch des Eigentümers aus § 985 BGB anwendet,[1092] aus grundsätzlichen Erwägungen heraus, entweder mit Verweis auf den negatorischen Charakter dieses Anspruches[1093] oder mit Verweis auf seine Eigenschaft als dinglicher Rechtsverwirklichungsanspruch,[1094] angegriffen. Der BGH ist sich dagegen nicht sicher, ob sich aus dem „akzessorischen Charakter" des Anspruches aus § 888 Abs. 1 BGB „kein Argument gegen die Anwendung" des Schadensersatzanspruches aus §§ 280 Abs. 1, Abs. 3, 281 BGB ergibt.[1095]

Wilhelm geht davon aus, dass „[a]ufgrund der dogmatischen Herleitung der negatorischen Ansprüche" ein „klarer Gegensatz" zwischen den dinglichen Ansprüchen, welche „nach dem Wortsinn die auf Sachen bezogenen negatorischen Ansprüche" seien,[1096] und den „Ansprüchen aus Vertrag auf Erfüllung oder aus Vertragsverletzung […] auf Schadensersatz" besteht.[1097] Erstere seien eine „Haftung aus widerrechtlichem Haben".[1098] Sie würden darauf beruhen, dass „der eine gegenwärtig etwas hat, was dem anderen gehört".[1099] Letztere seien eine „Haftung auf

---

[1092] BGHZ 209, 270, 274 Rn. 16; BGH NJW 2018, 786, 787 Rn. 9; *Baur/Stürner*, SachenR, § 11 Rn. 45; BeckOGK-BGB/*Riehm*, § 280 BGB Rn. 63 f.; *Heinrichs*, FS Derleder, 87, 93 f.; *Riehm*, Naturalerfüllung, S. 416 f.; Soergel/*Benicke/Hellwig*, § 281 BGB Rn. 29; Staudinger/*Schwarze*, § 281 BGB Rn. B5; Staudinger/*Thole*, § 985 BGB Rn. 23 u. Rn. 30.

[1093] *Katzenstein*, AcP 206 (2006), 96, 100 ff.; *Wilhelm*, SachenR, Rn. 1175 u. Rn. 1188.

[1094] *Gursky*, JURA 2004, 433, 434 f.; NK-BGB/*Schanbacher*, § 985 BGB Rn. 47; Staudinger/*Gursky*, Bearb. 2012, § 985 BGB Rn. 7 u. Rn. 82; Westermann/*Gursky*, SachenR, § 30 Rn. 23. Vgl. auch *Baldus/Raff*, JZ 2023, 1036, 1037 ff.; *Baldus/Raff*, JR 2017, 429, 429 u. 431 f.; MüKo-BGB/*Baldus*, § 985 BGB Rn. 161 ff. In diese Richtung auch, aber zusätzlich Argumentationsmuster, welche auf dem negatorischen Charakter dinglicher Ansprüche beruhen, aufnehmend *Kohler*, NZM 2014, 729, 738 u. 741 f.

[1095] BGHZ 208, 133, 139 Rn. 13.

[1096] *Wilhelm*, SachenR, Rn. 69.

[1097] *Wilhelm*, SachenR, Rn. 1177. Vgl. auch *Wilhelm*, SachenR, Rn. 69 u. Rn. 1175.

[1098] *Wilhelm*, SachenR, Rn. 1175.

[1099] *Wilhelm*, SachenR, Rn. 1177.

etwas Neues".[1100] Es ginge darum, dass der Schuldner „originär eigenes Vermögen" aufwendet, „um seine in der Vergangenheit begründete Pflicht zu erfüllen, das Vermögen des anderen zu erweitern".[1101]

Anhand dieser „Rechtsnatur der dinglichen Ansprüche" sei auch die Frage nach der Anwendung schuldrechtlicher Vorschriften zu beantworten.[1102] Wenn die Rechtsprechung die §§ 280 Abs. 1, Abs. 3, 281 BGB auf den Anspruch aus § 985 BGB anwendet, weiche sie „von der dogmatischen und teleologischen Einordnung des Gesetzes, ja […] von Prinzipien unserer Rechtsordnung", ab.[1103]

Da Wilhelm auch den Anspruch aus § 888 Abs. 1 BGB als negatorischen Anspruch qualifiziert[1104] und die Anwendung von schuldrechtlichen Vorschriften auf diesen zudem nach den für den Anspruch aus § 985 BGB entwickelten Maßstäben beurteilt,[1105] sind seine dogmatischen Bedenken auch bei der hier untersuchten Frage nach der Anwendbarkeit des Schadensersatzanspruches statt der Leistung (§§ 280 Abs. 1, Abs. 3, 281 BGB) auf den Anspruch aus § 888 Abs. 1 zu berücksichtigen.

Einer weit weniger dramatisierenden, aber, wie sich später noch zeigen wird, letztlich doch auf derselben Grundlage beruhenden Argumentation bedient sich Gursky, welcher auf die entgegenstehende Rechtsverwirklichungsfunktion des Anspruches aus § 985 BGB verweist.[1106]

Dingliche Ansprüche im engeren Sinne seien Rechtsverwirklichungsansprüche.[1107] Sie hätten zum Ziel, dass der Anspruchsgegner „eine tatsächliche Position" räumt, „die er faktisch einnimmt, obwohl sie durch das dingliche Recht dem Anspruchsteller exklusiv zugewiesen" ist.[1108]

Mit dieser Rechtsverwirklichungsfunktion des Anspruches aus § 985 BGB vertrage es sich nicht, wenn der Eigentümer ihn „einseitig in einen Anspruch ganz anderer Art, nämlich in eine auf Zahlung des Wertes der […] Sache gerichtete Schadensersatzforderung umwandeln" könne.[1109]

[1100] *Wilhelm*, SachenR, Rn. 1175.

[1101] *Wilhelm*, SachenR, Rn. 1177.

[1102] *Wilhelm*, SachenR, Rn. 1183.

[1103] *Wilhelm*, SachenR, Rn. 1175. Vgl. auch *Wilhelm*, SachenR, Rn. 1188.

[1104] *Wilhelm*, SachenR, Rn. 2225 u. Rn. 2240; *Wilhelm*, ZfIR 2011, 45, 48 f.

[1105] Vgl. *Wilhelm*, SachenR, Rn. 1192 Fn. 2010c, Rn. 2225 Fn. 3344 u. Rn. 2240 Fn. 3377.

[1106] Staudinger/*Gursky*, Bearb. 2012, § 985 BGB Rn. 7 u. Rn. 82. S. auch *Gursky*, JURA 2004, 433, 434 f.; Westermann/*Gursky*, SachenR, § 30 Rn. 23.

[1107] Staudinger/*Gursky*, Bearb. 2012, § 985 BGB Rn. 1.

[1108] Staudinger/*Gursky*, Bearb. 2012, § 985 BGB Rn. 74.

[1109] Staudinger/*Gursky*, Bearb. 2012, § 985 BGB Rn. 82.

Hat man diese Ausführungen und den – allerdings unvollständigen – Verweis von Gursky auf sie bei seiner Kommentierung des § 888 BGB[1110] vor Augen, lässt sich auch seine Aussage, dass der dingliche Charakter des Anspruches aus § 888 Abs. 1 BGB einer Anwendung der §§ 280 Abs. 1, Abs. 3, 281 BGB entgegenstehen dürfte,[1111] mit Inhalt füllen. Er scheint damit nichts anderes sagen zu wollen, als dass die Rechtsverwirklichungsfunktion des Anspruches aus § 888 Abs. 1 BGB eine Anwendung dieser Vorschriften fraglich erscheinen lässt.[1112]

Auch der BGH lässt in einem Urteil aus dem Jahre 2023 gewisse Sympathien für diese Ansicht erkennen.

Eine Anwendung der §§ 280 Abs. 1, Abs. 3, 281 BGB auf den Anspruch aus § 1004 Abs. 1 S. 1 BGB scheide aus.[1113] Dieser Anspruch verfolge ausschließlich das Ziel, den Zustand herzustellen, welcher dem Eigentumsrecht entspreche.[1114] Er diene nur der Verteidigung eines vorhandenen Vermögensgegenstandes.[1115] Mit ihm solle nicht das Vermögen des Eigentümers gemehrt werden.[1116]

Vor dieser Entscheidung schenkte der BGH den dargestellten grundsätzlichen Erwägungen dagegen kaum Beachtung.

So legte er in seinem Urteil aus dem Jahre 2016, in welchem er sich für eine Anwendung der §§ 280 Abs. 1, Abs. 3, 281 BGB auf den Anspruch aus § 985 BGB aussprach,[1117] zwar dar, dass es solche grundsätzlichen Erwägungen gibt.[1118] Er zeigte sich von diesen allerdings unbeeindruckt: Eine andere Ansicht verdiene den Vorzug.[1119]

Dennoch war, trotz dieser Absage an die dargestellten grundsätzlichen Erwägungen, auch der BGH sich im Jahre 2015 nicht sicher, ob die §§ 280 Abs. 1, Abs. 3, 281 BGB auf den Anspruch aus § 888 Abs. 1 BGB angewendet werden können. Anders als von ihm noch im Jahre 1968 festgestellt,[1120] könne zwar die Nichtanwendbarkeit von Verzugsvorschriften nicht darauf gestützt werden, dass der Anspruch aus § 888 Abs. 1 BGB ein „unselbständiger Hilfsanspruch" mit „nur

---

[1110] Staudinger/*Gursky*, Bearb. 2013, § 888 BGB Rn. 64 (mit Verweis auf Staudinger/*Gursky*, Bearb. 2012, § 985 BGB Rn. 73 f.; Staudinger/*Gursky*, Bearb. 2012, § 990 BGB Rn. 98).

[1111] Staudinger/*Gursky*, Bearb. 2013, § 888 BGB Rn. 64.

[1112] Ebenfalls bereits zur Unanwendbarkeit der §§ 280 Abs. 1, Abs. 3, 281 BGB für alle dinglichen Ansprüche tendierend *Gursky*, JURA 2004, 433, 438.

[1113] BGHZ 236, 369, 373 Rn. 14.

[1114] BGHZ 236, 369, 378 Rn. 28.

[1115] BGHZ 236, 369, 378 Rn. 28.

[1116] BGHZ 236, 369, 378 Rn. 28.

[1117] BGHZ 209, 270, 274 Rn. 16.

[1118] BGHZ 209, 270, 273 f. Rn. 13.

[1119] BGHZ 209, 270, 274 Rn. 16.

[1120] BGHZ 49, 263, 266 f.

verfahrensrechtlicher Bedeutung" sei.[1121] Ob sich aber aus dem „akzessorischen Charakter des Anspruchs […] kein Argument gegen die Anwendung" des Schadensersatzanspruches aus §§ 280 Abs. 1, Abs. 3, 281 BGB ableiten ließe, sei „nicht eindeutig".[1122] Diese Bedenken bedürfen einer näheren Untersuchung.

Bereits ohne eine solche steht fest, dass man angesichts der Zweifel des BGH nicht davon ausgehen kann, dass die Anwendung der §§ 280 Abs. 1, Abs. 3, 281 BGB auf den Anspruch aus § 888 Abs. 1 BGB nichts weiter als die logische Fortführung der neuen BGH-Rechtsprechung zur Anwendbarkeit der §§ 280 Abs. 1, Abs. 2, 286 BGB ist.[1123]

Krause hat die Ausführungen des BGH dann auch, genau entgegengesetzt, zum Anlass genommen, um festzustellen, dass eine Anwendung der §§ 280 Abs. 1, Abs. 3, 281 BGB wegen des Charakters des Anspruches aus § 888 Abs. 1 BGB als „unselbständiger Hilfsanspruch" ausgeschlossen sei.[1124]

Gruber meint, zumindest ein Anspruch aus §§ 280 Abs. 1, Abs. 3, 281 BGB, welcher „sich an dem Interesse an der Erfüllung des durch die Vormerkung gesicherten Anspruchs orientiert", komme nicht in Betracht.[1125] Ein solcher entspreche nicht „dem Stellenwert" des Anspruches aus § 888 Abs. 1 BGB „als unselbstständiger Hilfsanspruch".[1126]

§ 11 Negatorischer Charakter des Anspruches aus § 888 Abs. 1 BGB

Zunächst soll festgestellt werden, ob sich, wenn man den Anspruch aus § 888 Abs. 1 BGB als negatorischen Anspruch im Sinne von Wilhelm ansieht,[1127] aus dieser Qualifizierung tatsächlich ein Argument gegen die Anwendung des Schadensersatzanspruches statt der Leistung (§§ 280 Abs. 1, Abs. 3, 281 BGB) ergibt.

Dazu ist zu untersuchen, ob der von Wilhelm[1128] behauptete Gegensatz zwischen „Ansprüchen aus Vertrag auf Erfüllung oder aus Vertragsverletzung […] auf

[1121] BGHZ 208, 133, 136 f. Rn. 8.

[1122] BGHZ 208, 133, 139 Rn. 13.

[1123] In diese Richtung aber *Stürner*, JURA 2019, 837, 843; *Wösthoff/Klein*, ZfIR 2016, 188, 189.

[1124] NK-BGB/*Krause*, § 888 BGB Rn. 28.

[1125] *Müller/Gruber*, SachenR, Rn. 2945.

[1126] *Müller/Gruber*, SachenR, Rn. 2945.

[1127] *Wilhelm*, SachenR, Rn. 2225 u. Rn. 2240; *Wilhelm*, ZfIR 2011, 45, 48 f. A. A. – ebenfalls als Vertreter der Rechtsusurpationstheorie (vgl. *Richter*, Tatsächl. Einwirkungen u. Vormerkungsschutz, S. 322 ff.) – *Richter*, Tatsächl. Einwirkungen u. Vormerkungsschutz, S. 326 ff.

[1128] *Wilhelm*, SachenR, Rn. 1177. Vgl. auch *Wilhelm*, SachenR, Rn. 69 u. Rn. 1175.

Schadensersatz“ auf der einen Seite und den negatorischen Ansprüchen auf der anderen Seite besteht.

Haben also nur jene eine „Leistung zu Lasten des […] Vermögens“ des Anspruchsgegners[1129] zum Gegenstand, während diese ausschließlich auf die „Korrektur des Rechtskreises“ des Anspruchsgegners,[1130] mithin eine Beendigung seines „widerrechtlichen Haben[s]“,[1131] gerichtet sind?

Um diese Frage beantworten zu können, ist zu untersuchen, was Wilhelm dazu bewogen hat, die von ihm als negatorisch bezeichneten Ansprüche derart klar von anderen Ansprüchen zu trennen.

Er wähnt sich in der Tradition von Savigny.[1132] Schon dieser habe zwischen der „Haftung aus widerrechtlichem Haben“ und der „Haftung auf etwas Neues“ unterschieden.[1133] Dabei übersieht er allerdings, dass Savigny, wie an anderer Stelle dargelegt,[1134] auch davon ausging, dass jedes Recht in Folge seiner „Verletzung“ dieselbe „besondere Gestalt“ annimmt.[1135] Der „Verletzer“ und der „Verletzte“ würden in ein „eigenes, neues Rechtsverhältniß“ treten, dessen „Anspruch […] eine den Obligationen ähnliche Natur“ habe.[1136]

Weiter weist Wilhelm, wodurch er sich als Vertreter der Rechtsusurpationstheorie zu erkennen gibt, darauf hin, dass die „dogmatische Klärung der Rechtsnatur der dinglichen Ansprüche“ Picker zu verdanken sei.[1137]

Damit ist der Weg der weiteren Untersuchung vorgezeichnet. Es ist zu klären, ob der Ansicht von Picker zum rechtlichen Charakter der dinglichen Ansprüche gefolgt werden kann. Dazu ist es allerdings nicht erforderlich, die gesamte, mittlerweile breit elaborierte[1138] Rechtsusurpationstheorie in den Blick zu nehmen.[1139] Es reicht aus, wenn nur die aus ihr folgenden Konsequenzen für die Anwendung von schuldrechtlichen Vorschriften auf ihre Tragfähigkeit untersucht werden.

[1129] *Wilhelm*, SachenR, Rn. 1175. Vgl. auch *Wilhelm*, SachenR, Rn. 1177 u. Rn. 1186.

[1130] *Wilhelm*, SachenR, Rn. 1176.

[1131] *Wilhelm*, SachenR, Rn. 1186. Vgl. auch *Wilhelm*, SachenR, Rn. 69 u. Rn. 1175.

[1132] *Wilhelm*, SachenR, Rn. 67 mit Fn. 132 (mit Verweis auf *Savigny*, ObligationenR, § 82 (S. 294); *Savigny*, System d. heutigen Röm. Rechts, Beilage 14 (S. 567)). S. auch *Wilhelm*, SachenR, Rn. 69 u. Rn. 1175.

[1133] *Wilhelm*, SachenR, Rn. 1175. Vgl. auch *Wilhelm*, SachenR, Rn. 67 u. Rn. 69.

[1134] S. Gliederungspkt. § 6 B.III.1. (S. 61 f.).

[1135] *Savigny*, System d. heutigen Röm. Rechts, § 205 (S. 4).

[1136] *Savigny*, System d. heutigen Röm. Rechts, § 205 (S. 5).

[1137] *Wilhelm*, SachenR, Rn. 1175. Vgl. auch *Wilhelm*, SachenR, Rn. 1b mit Fn. 1c.

[1138] Zuletzt *Picker*, Privatrechtssystem u. negatorischer Rechtsschutz, 1009, 1009 ff. (zum Wegfall der negatorischen Haftung bei Dereliktion).

[1139] Zu einem guten Überblick über die zentralen Aussagen der Rechtsusurpationstheorie in ihrem Stammgebiet, dem negatorischen Beseitigungsanspruch aus § 1004 Abs. 1 S. 1 BGB, s. etwa *Becker*, Schadensersatz n. Fristsetzung im EBV, S. 66 ff.

A. Dinglicher Anspruch als „rechtlicher und dogmatischer Irrwisch“

Picker begründete die Rechtsusurpationstheorie in seiner Dissertation aus dem Jahre 1972 mit dem Titel „Der negatorische Beseitigungsanspruch“.

Von besonderer Wichtigkeit war es für ihn, das „Wesen“ des von § 1004 Abs. 1 S. 1 BGB „vorausgesetzten Verletzungstatbestands“ aufzudecken.[1140] Er bestimmte es dahin gehend, dass die „negatorische Haftung“ nur dann eintrete, wenn ein Dritter der „Verwirklichung des geschützten Rechts“ im Wege steht.[1141] Eine „Einbuße“ des Eigentümers „an dem uneingeschränkten Genuß“ seines Rechtes genüge nicht.[1142] Das „Minus der Einschränkung des Einwirkungsbeliebens“ auf Seiten des Eigentümers müsse bedingt sein durch das „Plus einer faktischen Rechtsusurpation“ auf Seiten des Störers.[1143] Es müsse, um § 1004 Abs. 1 S. 1 BGB anwenden zu können, zu einer „tatsächliche[n] Inanspruchnahme des Eigentums durch einen Dritten“[1144], also zu einer Überlagerung der „von Rechts wegen gegeneinander abgegrenzten Rechtskreise“ kommen.[1145]

All diese Erwägungen begründet Picker in erster Linie anhand der seiner Ansicht nach bis in das antike römische Recht zurückreichenden Wurzeln des Anspruches aus § 1004 BGB.[1146] Den Verfassern des BGB sei es, wie sich insbesondere aus dem Vorentwurf zum Sachenrecht von Johow ergebe, nur darum gegangen, die „gemeinrechtliche Entwicklung der Negatoria“ zu normieren.[1147]

Im weiteren Verlauf seiner Dissertation entnimmt Picker der von ihm behaupteten „Natur der Verletzung“ dann den „Inhalt und Umfang“ des Beseitigungsanspruches aus § 1004 Abs. 1 S. 1 BGB.[1148] Der Störer sei nur zur „Aufgabe seiner rechtsusurpierenden Position“, also nicht „zu einer Leistung aus seinem Vermögen“ verpflichtet.[1149] Das Ziel des Anspruches aus § 1004 BGB sei, wie auch dasjenige des Anspruches aus § 985 BGB,[1150] allein die „Korrektur des eigenen Rechtskreises“.[1151] Insbesondere bei der Vindikation zeige sich mit aller Deutlichkeit, welchen „fundamentalen Unterschied das Gesetz zwischen den negatorischen und den auf

---

[1140] *Picker*, Beseitigungsanspruch, S. 49.

[1141] *Picker*, Beseitigungsanspruch, S. 50.

[1142] *Picker*, Beseitigungsanspruch, S. 51.

[1143] *Picker*, Beseitigungsanspruch, S. 50.

[1144] *Picker*, Beseitigungsanspruch, S. 50.

[1145] *Picker*, Beseitigungsanspruch, S. 50.

[1146] *Picker*, Beseitigungsanspruch, S. 61 ff.

[1147] *Picker*, Beseitigungsanspruch, S. 79.

[1148] *Picker*, Beseitigungsanspruch, S. 157.

[1149] *Picker*, Beseitigungsanspruch, S. 157.

[1150] *Picker*, Beseitigungsanspruch, S. 158.

[1151] *Picker*, Beseitigungsanspruch, S. 157.

Leistung […] gerichteten Ansprüchen" macht.[1152] Der Gegner eines negatorischen Anspruches sei nicht dazu gehalten, „für die Befriedigung des Interesses" des Anspruchstellers zu sorgen.[1153] Aus dem fehlenden Leistungscharakter des Anspruches aus § 1004 BGB sei auch zu schlussfolgern, dass die Vorschriften des Allgemeinen Schuldrechtes, soweit sie eine „Verpflichtung zur Leistung in ihrem Bestand, Inhalt und Umfang" modifizieren, nicht auf diesen Anspruch anwendbar sind.[1154]

Dieser letzten Erkenntnis, welche Picker in seiner Dissertation eher beiläufig gewann, schenkte er nach und nach immer mehr Aufmerksamkeit.

In einem Festschriftbeitrag aus dem Jahre 1992 kam er zu dem Ergebnis, dass § 251 Abs. 2 BGB nicht auf den Anspruch aus § 1004 Abs. 1 S. 1 BGB anwendbar ist.[1155] Die Frage nach der Anwendbarkeit von schuldrechtlichen Vorschriften auf dingliche Ansprüche sei nicht im Wege einer Einzelfallbetrachtung, sondern mittels der „Ordnungsfunktion zweier offenbar verschiedener Haftungssysteme" zu beantworten.[1156] Aus dieser ergebe sich die „grundsätzliche Unübertragbarkeit" des Allgemeinen Schuldrechtes.[1157]

In einem Beitrag in der Festgabe zum 50-jährigen Bestehen des BGH wehrte sich Picker dann vehement gegen die von ihm erkannte „Verschuldrechtlichung" der Vindikation bzw. der dinglichen Ansprüche allgemein.[1158]

Der Anspruch aus § 985 BGB, dessen „Leitbildbedeutung" er erneut betont,[1159] habe nur die „Auskehrung des fremden Eigentums aus dem eigenen […] Herrschaftsbereich des Besitzers",[1160] nicht aber eine Leistung zum Gegenstand.[1161] Er dürfe nicht in „ein auf Leistung gerichtetes Forderungsrecht" verkehrt werden.[1162] Aus diesen „dogmatischen Gründen" seien die Vorschriften des Allgemeinen Schuldrechtes auf ihn bzw. generell auf dingliche Ansprüche nicht anwendbar.[1163] Für die „Regeln über Leistungspflichten" sei dort kein Raum, wo solche Leistungspflichten nicht bestünden.[1164] Andernfalls käme es zu „rechtlichen Brüchen" und „sachlichen Ungereimtheiten".[1165]

[1152] *Picker*, Beseitigungsanspruch, S. 158.

[1153] *Picker*, Beseitigungsanspruch, S. 158.

[1154] *Picker*, Beseitigungsanspruch, S. 158 f.

[1155] *Picker*, FS Lange, 625, 660 ff.

[1156] *Picker*, FS Lange, 625, 627 mit Fn. 3.

[1157] *Picker*, FS Lange, 625, 692.

[1158] *Picker*, FG 50 Jahre BGH I, 693, 718 ff.

[1159] *Picker*, FG 50 Jahre BGH I, 693, 748.

[1160] *Picker*, FG 50 Jahre BGH I, 693, 716.

[1161] S. nur *Picker*, FG 50 Jahre BGH I, 693, 703 f. u. 708 f.

[1162] *Picker*, FG 50 Jahre BGH I, 693, 718.

[1163] *Picker*, FG 50 Jahre BGH I, 693, 719.

[1164] *Picker*, FG 50 Jahre BGH I, 693, 719.

[1165] *Picker*, FG 50 Jahre BGH I, 693, 719.

So werde durch die Anwendung des § 281 BGB a. F. (§ 285 BGB) der Anspruch aus § 985 BGB „unter der Hand“ in eine „persönliche Leistungsverpflichtung“ umgedeutet[1166] und die Anwendung des § 283 Abs. 1 BGB a. F. (§§ 280 Abs. 1, Abs. 3, 281 BGB) sei nichts weiter als eine „münchhausenhafte Anspruchserzeugung“[1167], welche ihre Ursache, wie generell die Anwendung von schuldrechtlichen Vorschriften, „in der mangelnden Klärung des dinglichen Anspruchs“ habe.[1168]

Im Anschluss an diese Erkenntnis geht Picker in einem Festschriftbeitrag aus dem Jahre 2002 sogar noch einen Schritt weiter.

Der Begriff des dinglichen Anspruches sei in sich widersprüchlich[1169] und, als „rechtlicher und dogmatischer Irrwisch“ identifiziert,[1170] zu verabschieden.[1171] Jeder Versuch, den dinglichen Anspruch vom obligatorischen Anspruch zu unterscheiden, müsse unweigerlich in der „Aufdeckung von Gemeinsamkeiten“ enden.[1172] Seinen eigentlichen Charakter könne man am ehestens mittels des Anspruches aus § 985 BGB, der „Ur- und Mutterfigur“ aller dinglichen Ansprüche,[1173] aufdecken.[1174] Übertrage man die dort gewonnenen Erkenntnisse auf die anderen dinglichen Ansprüche, werde offenbar, dass der Begriff des dinglichen Anspruches durch den Begriff des negatorischen Anspruches zu ersetzen sei.[1175]

Mit dieser auf das Wesentliche beschränkten Darstellung soll es sein Bewenden haben. Pickers Ansicht vom rechtlichen Charakter der dinglichen Ansprüche dürfte ausreichend deutlich geworden sein. Dreh- und Angelpunkt seiner Argumentation ist stets der Anspruch aus § 985 BGB. Da dieser seiner Ansicht nach nicht auf die Erbringung einer Leistung gerichtet ist, können auf ihn, von einigen wenigen Ausnahmen abgesehen,[1176] auch keine schuldrechtlichen Vorschriften angewendet werden. Diese Erkenntnis kann, so Picker weiter, wegen der Vorbildfunktion des Anspruches aus § 985 BGB auf alle anderen dinglichen Ansprüche übertragen werden.

[1166] *Picker*, FG 50 Jahre BGH I, 693, 722.

[1167] *Picker*, FG 50 Jahre BGH I, 693, 723.

[1168] *Picker*, FG 50 Jahre BGH I, 693, 725 f.

[1169] *Picker*, FS Bydlinski, 269, 311. Vgl. auch *Picker*, FS Bydlinski, 269, 275 u. 280.

[1170] *Picker*, FS Bydlinski, 269, 281.

[1171] *Picker*, FS Bydlinski, 269, 312.

[1172] *Picker*, FS Bydlinski, 269, 281. Vgl. auch *Picker*, FS Bydlinski, 269, 275.

[1173] *Picker*, FS Bydlinski, 269, 291. Vgl. auch *Picker*, FS Bydlinski, 269, 300.

[1174] *Picker*, FS Bydlinski, 269, 290 f. u. 300 f.

[1175] *Picker*, FS Bydlinski, 269, 312. Vgl. auch *Picker*, FS Bydlinski, 269, 317.

[1176] So nimmt Picker etwa an, dass die Verzugsvorschriften auf dingliche Ansprüche angewendet werden können (*Picker*, Beseitigungsanspruch, S. 161 Fn. 14).

B. Anspruch als ein alle Rechtsverhältnisse integrierender Begriff

Damit liegt die systemsprengende Kraft der Ansicht von Picker offen zutage. Sie dürfte der wesentliche Grund dafür sein, dass sie im Schrifttum zwar als „brillante dogmatische Leistung“ anerkannt wird,[1177] aber, jedenfalls bei der Frage nach der Anwendung von schuldrechtlichen Vorschriften, kaum einmal ungeteilte Zustimmung erfahren hat.[1178]

I. Systemsprengende Kraft der Rechtsusurpationstheorie

Man wird die Rechtsusurpationstheorie schon mit Blick auf ihr Ergebnis als verfehlt ablehnen müssen.

Erstens steht Pickers Annahme, dass schuldrechtliche Vorschriften nicht auf dingliche Ansprüche angewendet werden können, im eklatanten Widerspruch zu der Ansicht der Gesetzesverfasser. Es sei daran erinnert, dass sich bei der Gesetzesberatung nach und nach die Erkenntnis von der grundsätzlichen Anwendbarkeit des Allgemeinen Schuldrechtes auch auf diese Ansprüche durchsetzte.[1179] Folgerichtig ging die 1. Kommission von der Anwendbarkeit des § 283 Abs. 1 BGB a.F. auf den Anspruch aus § 985 BGB aus.[1180] Von der von Picker in diesem Zusammenhang behaupteten „münchhausenhafte[n] Anspruchserzeugung“[1181] kann also nicht die Rede sein.

Zweitens hebt Picker, was hier aus Platzgründen allerdings nur angedeutet werden kann, mit seiner Orientierung an angeblich unterschiedlichen Haftungssystemen auch das gesamte, auf der Unterschiedlichkeit von Rechten beruhende System des BGB aus den Angeln. Es wurde bereits an anderer Stelle festgestellt, dass die

---

[1177] *Larenz/Canaris*, SchuldR BT, § 86 V.2. (S. 696). Vgl. – jeweils zu Pickers Dissertation – auch Ak-BGB/*Kohl*, § 1004 BGB Rn. 18; *Baur*, AcP 175 (1975), 177, 177.

[1178] Pickers Ansicht zur Anwendung von schuldrechtlichen Vorschriften auf dingliche Ansprüche folgend *Richter*, Tatsächl. Einwirkungen u. Vormerkungsschutz, S. 323 mit Fn. 222; *Wilhelm*, SachenR, Rn. 1175 u. Rn. 1183 ff. Vgl. auch *Gsell*, LMK 2008, 266937 (zur Anwendbarkeit des § 275 Abs. 2 BGB auf § 1004 Abs. 1 S. 1 BGB); *Katzenstein*, AcP 206 (2006), 96, 100 ff. (zur Anwendbarkeit der §§ 280 Abs. 1, Abs. 3, 281 BGB auf § 985 BGB); *Korth*, ZJS 2008, 647, 653 f. (zur Anwendbarkeit des § 275 Abs. 2 BGB auf § 1004 Abs. 1 S. 1 BGB). In diese Richtung auch *Henckel*, AcP 174 (1974), 97, 130 ff. (zur Anwendbarkeit der §§ 284 ff. BGB a. F. (§§ 280 Abs. 1, Abs. 2, 286 BGB) auf § 985 BGB). In diese Richtung – mit der auf S. 179 in Fn. 1094 genannten Einschränkung – auch *Kohler*, NZM 2014, 729, 741 f. (zur Anwendbarkeit der §§ 280 Abs. 1, Abs. 3, 281 BGB auf besitzrechtsgestützte Herausgabeansprüche). S. zu denjenigen, welche die Rechtsusurpationstheorie zwar ihrer Ansicht zugrunde legen, aber versuchen, ihr die systemsprengende Kraft zu nehmen, die auf S. 197 in Fn. 1267 Genannten.

[1179] S. Gliederungspkt. § 6 B.III.3. (mit Untergliederung) (S. 64 ff.).

[1180] Protokolle d. 1. Kommission, SachenR I, S. 764.

[1181] *Picker*, FG 50 Jahre BGH I, 693, 723.

Trennung von Schuld- und Sachenrecht nichts weiter als eine vergrößerte Projektion des Gegensatzes von obligatorischem und dinglichem Recht ist.[1182] Wenn Picker ein eigenes, an dem Gegensatz zwischen den Ansprüchen auf Leistung und den Ansprüchen auf Beendigung einer „faktischen Rechtsusurpation" orientiertes System zu etablieren versucht, richtet er das BGB an völlig neuen Determinanten aus. Dadurch raubt er dem Anspruchsbegriff seine alle Rechtsverhältnisse integrierende Kraft.[1183]

Dazu passt es, dass von Henckel – als Vertreter der Rechtsusurpationstheorie[1184] – die Frage aufgeworfen wird, ob man bei den Ansprüchen aus § 894 BGB, § 985 BGB und § 1004 Abs. 1 S. 1 BGB überhaupt noch von Ansprüchen reden kann,[1185] und Kawasumi – ebenfalls ein Vertreter der Rechtsusurpationstheorie[1186] – sogar die Abkehr vom Anspruchsbegriff des BGB insgesamt fordert.[1187]

II. Leistungscharakter von dinglichen Ansprüchen

Dennoch lohnt es sich, auch noch einen Blick auf das Argumentationsgerüst von Picker zu werfen.

Es wird nämlich auch sonst, das heißt unabhängig von der Rechtsusurpationstheorie, gelegentlich davon ausgegangen, dass dingliche Ansprüche nicht auf die Erbringung von Leistungen gerichtet sind.[1188]

Sieht man in der Befriedigung eines dinglichen Anspruches dann noch nicht einmal eine „leistungsähnliche" Handlung, liegt es nahe, die Anwendbarkeit derjenigen schuldrechtlichen Vorschriften, welche auf Leistungen bezogen sind, anzuzweifeln.

Welchen Nutzen soll es beispielsweise haben, den Schadensersatzanspruch statt der Leistung (§§ 280 Abs. 1, Abs. 3, 281 BGB) auf dingliche Ansprüche anzuwenden, wenn dort gar keine Leistung existiert anstatt derer Schadensersatz verlangt werden kann?

Um die folgenden Ausführungen nicht zu überfrachten, soll, im Bewusstsein dafür, dass man auch daran durchaus Zweifel haben kann, im Weiteren unterstellt

---

[1182] S. Gliederungspkt. § 6 B. (mit Untergliederung) (S. 46 ff.).

[1183] Vgl. *Becker*, Schadensersatz n. Fristsetzung im EBV, S. 78.

[1184] *Henckel*, AcP 174 (1974), 97, 102 f. Fn. 8.

[1185] *Henckel*, AcP 174 (1974), 97, 127 u. 138.

[1186] *Kawasumi*, Beseitigungsanspruch, S. 152 ff.

[1187] *Kawasumi*, Beseitigungsanspruch, S. 136 ff.

[1188] LG Heidelberg BeckRS 2016, 13526 (zum Anspruch aus § 985 BGB); *Weiss*, JuS 2012, 965, 967 (zum Anspruch aus § 985 BGB). Aus der älteren Rechtsprechung auch OLG Stuttgart OLGE 25, 205, 205 (zum Anspruch aus § 1004 Abs. 1 S. 2 BGB); OLG Hamburg JW 1926, 2775, 2775 (zum Anspruch aus § 985 BGB).

werden, dass, wie von Picker behauptet,[1189] dem Anspruch aus § 985 BGB eine derart herausragende Stellung zukommt, dass alle dinglichen Ansprüche an ihm ausgerichtet werden müssen. Damit verengt sich der Gegenstand der Untersuchung auf die Frage, ob der Anspruch aus § 985 BGB die Erbringung einer Leistung zum Gegenstand hat.

Der Normtext der §§ 194 Abs. 1, 241 Abs. 1 BGB ist bei der Klärung dieser Frage zwar wenig hilfreich.[1190] Man wird sie nach einem Blick in die Gesetzgebungsmaterialien aber bejahen müssen. Der Anspruch aus § 985 BGB ist, wie auch jeder andere Anspruch, auf die Erbringung einer Leistung gerichtet.

Die Väter des BGB waren sich von Gebhard[1191], dem Redaktor des BGB AT, über die 1. Kommission[1192] bis zur 2. Kommission[1193] darüber einig, dass ein Anspruch das Recht ist, eine Leistung zu verlangen. Erst in der Redaktionskommission war dann, wie heute auch in § 194 Abs. 1 BGB, die Rede von dem Anspruch als dem Recht, ein Tun oder Unterlassen zu verlangen.[1194] Was die Redaktionskommission zu dieser sprachlichen Veränderung bewogen hat, lässt sich heute zwar leider nicht mehr aufklären. Eine inhaltliche Änderung wurde damit aber wohl schon deswegen nicht bezweckt, weil die Aufgabe dieser Kommission auf redaktionelle Fragen, also vor allem „Fragen des Systems und der sprachlichen Fassung“,[1195] begrenzt war.

Picker begründet seine Ansicht, dass der Anspruch aus § 985 BGB nicht auf eine Leistung gerichtet ist, auch nicht mit dieser sprachlichen Veränderung, sondern stattdessen mit dem Johow'schen Vorentwurf zum Sachenrecht.[1196] Dort heißt es, dass das Eigentum „an sich“ keinen Anspruch auf irgendeine Leistung gebe;[1197] es also „keiner positiven Leistung“ bedürfe, um sich von einem „dinglichen Anspruche [...] zu lösen“.[1198]

[1189] S. nur *Picker*, FS Bydlinski, 269, 290 f. u. 300.

[1190] S. Gliederungspkt. § 6 C.I. (S. 71 ff.).

[1191] Vorentwürfe z. BGB/*Gebhard*, BGB AT II, S. 309.

[1192] Motive z. BGB, Bd. I, S. 291. S. auch Protokolle d. 1. Kommission, BGB AT II, S. 1012.

[1193] Protokolle d. 2. Kommission, Bd. I, S. 199 ff.

[1194] Beschlüsse d. Redaktionskommission, BGB AT II, S. 1128.

[1195] Jakobs/Schubert/*Schubert*, Materialien z. BGB, Entstehungsgeschichte, S. 59.

[1196] S. nur *Picker*, FG 50 Jahre BGH I, 693, 695, 704 u. 706.

[1197] Vorentwürfe z. BGB/*Johow*, SachenR I, S. 1019. Vgl. auch Vorentwürfe z. BGB/*Johow*, SachenR I, S. 1072.

[1198] Vorentwürfe z. BGB/*Johow*, SachenR I, S. 1019. Vgl. auch Vorentwürfe z. BGB/*Johow*, SachenR I, S. 1112. Zur Vermeidung von Missverständnissen sei erwähnt, dass Johow bei seinen Stellungnahmen zum Herausgabeort der vindizierten Sache (Vorentwürfe z. BGB/*Johow*, SachenR I, S. 1080) und zum Verzug des Besitzers mit der Herausgabe der vindizierten Sache (Vorentwürfe z. BGB/*Johow*, SachenR I, S. 1045) von der Erbringung einer Leistung ausgeht. Beide Problemkreise befinden sich jedoch an der Schnittstelle zwischen

Allerdings, und das übersieht Picker, erkannte Johow später selbst, dass, nachdem die 1. Kommission bei der Beratung der „Verjährung der Ansprüche" eine andere Ansicht als er zu dem Charakter des dinglichen Anspruches gehabt hatte, er seine Ansicht nicht weiter aufrechterhalten konnte.[1199] Folgerichtig erklärte die 1. Kommission den Vorentwurf von Johow in diesem Punkt für erledigt[1200] und ging fortan, wie selbstverständlich, immer wieder davon aus, dass der Anspruch aus § 985 BGB auf die Erbringung einer Leistung gerichtet ist.[1201] Dazu passt es, dass auch bei der Beratung des Anspruches aus § 1004 Abs. 1 S. 1 BGB davon die Rede war, dass der Inhalt dieses Anspruches „[i]n analoger Weise" wie die „auf eine positive Leistung" gerichtete Vindikation zu bestimmen ist.[1202]

Als Zwischenergebnis ist festzuhalten, dass Picker den Johow'schen Vorentwurf zum Sachenrecht über-, die Ausführungen der 1. Kommission dagegen unterbewertet.[1203]

III. Herausgabe gem. § 985 BGB als (Dienst-)Leistung

Der eigentliche Grund dafür, dass Picker dem Anspruch aus § 985 BGB den Leistungscharakter abspricht, liegt aber noch etwas tiefer.

Er betont, dass der Anspruch aus § 985 BGB nicht auf die Erbringung einer Leistung gerichtet ist, weil er keine Zuwendung aus dem Vermögen des Besitzers, sondern nur die Verwirklichung des Eigentums zum Gegenstand hat.[1204] Der Eigentümer erhalte mit dem Besitz nur das, was ihm vermögensrechtlich ohnehin zugeordnet ist.[1205] Das Vermögen des Besitzers werde durch die Herausgabe nicht geschmälert.[1206]

Auch diese Argumentation ist aber, und zwar gleich aus mehreren Gründen, angreifbar.

Es ist fraglich, ob es, um die Herausgabe gem. § 985 BGB als Leistung im Sinne des Allgemeinen Schuldrechtes begreifen zu können, überhaupt einer „Aufsto-

---

dinglicher Vindikation und obligatorischem Eigentümer-Besitzer-Verhältnis. S. Gliederungspkt. § 6 B.III.3.b) (S. 65 f.).

[1199] Protokolle d. 1. Kommission, SachenR I, S. 761.

[1200] Protokolle d. 1. Kommission, SachenR I, S. 761.

[1201] Protokolle d. 1. Kommission, SachenR I, S. 761 u. S. 764. S. auch Motive z. BGB, Bd. III, S. 398 ff.

[1202] Protokolle d. 1. Kommission, SachenR I, S. 851. Vgl. auch Motive z. BGB, Bd. III, S. 424 f.

[1203] S. nur *Becker*, Schadensersatz n. Fristsetzung im EBV, S. 79 ff. u. S. 88 ff.

[1204] S. nur *Picker*, FG 50 Jahre BGH I, 693, 703 f.

[1205] S. nur *Picker*, FG 50 Jahre BGH I, 693, 703 f.

[1206] S. nur *Picker*, FG 50 Jahre BGH I, 693, 703 f.

ckung" des Vermögens[1207] des Eigentümers bedarf.[1208] Immerhin ging man während der gesamten Beratung des BGB davon aus, dass kein vermögensrechtliches Interesse an der Erbringung einer Leistung erforderlich ist.[1209]

Selbst wenn man die Leistung im Allgemeinen Schuldrecht aber, angelehnt an den bereicherungsrechtlichen Leistungsbegriff der herrschenden Ansicht,[1210] als die Mehrung fremden Vermögens begreifen würde, hätte der Anspruch aus § 985 BGB dennoch eine Leistung zum Gegenstand.[1211] Der Besitz hat, wie sich aus den Vorschriften der §§ 858 ff. BGB ergibt, einen eigenen, vom Eigentum unabhängigen Wert.[1212] Es ist mittlerweile anerkannt, dass er ein herauszugebendes „Etwas" im Sinne des Bereicherungsrechtes darstellt.[1213]

Bei näherer Betrachtung kommt es aber auch auf diese Feststellung gar nicht an. Für Picker steht weniger die Frage, ob das Vermögen des Eigentümers durch die Erlangung des Besitzes gemehrt wird, und mehr die von ihm verneinte Frage, ob der Besitzverlust des Besitzers mit dem Besitzerwerb des Eigentümers unmittelbar verbunden ist, im Vordergrund.

Er ist der Ansicht, dass der Besitzer die Sache nur „an die Grenze seines Rechtskreises" zu bringen habe.[1214] Die Herausgabe sei als „Auskehrung des fremden Eigentums aus dem eigenen […] Herrschaftsbereich des Besitzers" zu

---

[1207] Diese Formulierung als Vertreter der Rechtsusurpationstheorie gebrauchend *Katzenstein*, AcP 206 (2006), 96, 100 f., 103 ff. u. 123 ff.

[1208] *Odemer*, Schadensersatz statt d. Leistung im EBV, S. 6 ff. In diese Richtung auch *Becker*, Schadensersatz n. Fristsetzung im EBV, S. 73.

[1209] „Leistung", wenn kein „Geldwerth", aber „sonst ein Interesse" vorhanden (Vorentwürfe z. BGB/*Kübel*, SchuldR I, S. 11. Vgl. auch Vorentwürfe z. BGB/*Kübel*, SchuldR I, S. 15 f.), „vermögensrechtliches Interesse" nicht zum „Wesen der Obligation" gehörig (Motive z. BGB, Bd. II, S. 3 u. S. 5. S. auch Protokolle d. 1. Kommission, SchuldR I, S. 40. Vgl. auch Motive z. BGB, Bd. I, S. 292; Protokolle d. 1. Kommission, BGB AT II, S. 1047), keine Voraussetzung, dass die „Leistung ein vermögensrechtliches Interesse biete" (Protokolle d. Vorkommission d. RJA, SchuldR I, S. 44), „Vermögensinteresse" nicht zum „Wesen der Obligation" gehörig, da beispielsweise auch „die unter Nachbarn nicht selten vorkommenden Verpflichtungen zu einem Unterlassen […], welche lediglich dem Behagen […] dienen", erfasst (Protokolle d. 2. Kommission, Bd. I, S. 281), „Gegenstand eines Schuldverhältnisses" auch „Leistungen" ohne „Vermögensinteresse" (Denkschrift z. BGB, S. 39).

[1210] BGHZ 162, 157, 160; BGH NJW 2019, 2608, 2609 Rn. 14; Soergel/*Schmidt-Kessel/Hadding*, § 812 BGB Rn. 4; Staudinger/*Lorenz*, § 812 BGB Rn. 5 ff. In diese Richtung auch, aber von einer „zweckgerichtete[n] Hingabe von Vermögensvorteilen" sprechend MüKo-BGB/*Schwab*, § 812 BGB Rn. 47.

[1211] *Becker*, Schadensersatz n. Fristsetzung im EBV, S. 85 f. Vgl. auch *Schaltenbrand*, Schadensersatz statt d. Leistung, S. 32 f.

[1212] Vgl. allgemein zum „dingliche[n] Rechtsgüterschutz" *Bezzenberger*, JZ 2005, 373, 376. In diese Richtung auch *Thöne*, JuS 2021, 809, 810.

[1213] BGHZ 198, 381, 383 Rn. 9; OLG München BeckRS 2018, 31968 Rn. 96; MüKo-BGB/*Schwab*, § 812 BGB Rn. 6; NK-BGB/*Sachsen-Gessaphe*, § 812 BGB Rn. 10; Soergel/*Schmidt-Kessel/Hadding*, § 812 BGB Rn. 271; Staudinger/*Lorenz*, § 812 BGB Rn. 73.

[1214] S. nur *Picker*, FG 50 Jahre BGH I, 693, 715.

begreifen.[1215] So gebe derjenige, dem „beim Abendspaziergang ein fremder Hund unbemerkt [...] in die Wohnung gefolgt“ sei, diesen auch heraus, wenn er sich ihm, auch wenn er dadurch den Tod des Hundes verursacht, durch einen Wurf „aus dem Fenster seiner Etagenwohnung“ entledige.[1216]

Unabhängig davon, dass eine so verstandene „Herausgabe“ dem auch von Picker[1217] immer wieder betonten Rechtsfrieden nicht zuträglich ist,[1218] ist seine Ansicht aber erneut nicht mit der in den Gesetzgebungsmaterialien geäußerten Ansicht zu vereinbaren.[1219]

In den Motiven zum Sachenrecht heißt es, dass man dem Eigentümer mit dem Anspruch auf Herausgabe, welche dort als einvernehmlicher Besitzwechsel verstanden wird,[1220] einen sicheren Weg zur „Herstellung des seinem Rechte entsprechenden Zustandes“ eröffnen will.[1221] Der Besitzer habe die bewegliche Sache „in den Bereich der unmittelbaren Wahrnehmung“ des Eigentümers zu bringen.[1222] Die Herausgabe erfordere zwar, selbst wenn die Sache „hervorgeholt“ oder „von der Stelle bewegt“ werden muss, keine „besondere[n] Aufwendungen aus dem [...] Vermögen“ des Besitzers.[1223] Es handele sich aber um eine „Dienstleistung“[1224], welche „[i]n ihrem wesentlichen Inhalte“ von obligatorischen Herausgabepflichten, etwa derjenigen des Mieters, nicht verschieden sei.[1225]

IV. Zwischenergebnis

Der Anspruch aus § 985 BGB hat, wie auch jeder andere Anspruch, die Erbringung einer Leistung zum Gegenstand. Selbst wenn ihm also eine derart herausragende Stellung zukommen sollte, dass alle dinglichen Ansprüche an ihm ausgerichtet werden müssen, besteht kein Gegensatz zwischen Ansprüchen auf Leistung und dinglichen Ansprüchen. Diese haben folglich keinen negatorischen Charakter,

---

[1215] S. nur *Picker*, FG 50 Jahre BGH I, 693, 716.

[1216] *Picker*, FG 50 Jahre BGH I, 693, 716.

[1217] S. nur *Picker*, FG 50 Jahre BGH I, 693, 708 ff. u. 715.

[1218] Vgl. nur *Becker*, Schadensersatz n. Fristsetzung im EBV, S. 77.

[1219] S. nur *Becker*, Schadensersatz n. Fristsetzung im EBV, S. 79 ff. u. S. 88 ff.

[1220] Motive z. BGB, Bd. III, S. 398. Vgl. auch Motive z. BGB, Bd. III, S. 399 f.; Protokolle d. 1. Kommission, SachenR I, S. 761. Die Motive zum BGB müssen nicht zwingend die Ansicht der 1. Kommission abbilden (vgl. nur Jakobs/Schubert/*Schubert*, Materialien z. BGB, Entstehungsgeschichte, S. 49 f.). Zum Erkenntniswert der Motive zum BGB s. bereits Gliederungspkt. § 6 C.II.2.b)bb) (S. 83 ff.).

[1221] Motive z. BGB, Bd. III, S. 398.

[1222] Motive z. BGB, Bd. III, S. 398.

[1223] Motive z. BGB, Bd. III, S. 425.

[1224] Motive z. BGB, Bd. III, S. 399 f. u. S. 425. Vgl. auch Motive z. BGB, Bd. III, S. 398.

[1225] Motive z. BGB, Bd. III, S. 398. Vgl. auch Protokolle d. 1. Kommission, SachenR I, S. 764.

welcher der Anwendung von schuldrechtlichen Vorschriften entgegenstehen könnte.

C. Exkurs: Keine Zweiteilung des dinglichen Anspruches im BGB

Was, so wird sich wohl selbst der eine oder andere geneigte Leser fragen, hat es dann aber, wenn doch ohnehin alle Ansprüche auf die Erbringung einer Leistung gerichtet sind, zu bedeuten, wenn es in den Gesetzgebungsmaterialien[1226] mancherorts heißt, dass schuldrechtliche Vorschriften (nur) auf dingliche Ansprüche, welche die Erbringung einer Leistung zum Gegenstand haben, angewendet werden können?

Damit wollten sich die Gesetzesverfasser, wohl vor allem wegen der anfänglichen Unentschlossenheit von Johow,[1227] noch einmal gegen die von Windscheid[1228] vertretene Zweiteilung des dinglichen Anspruches absichern.

Wenn es in den Motiven zum Sachenrecht[1229] heißt, dass der dingliche Anspruch (nur) dann einen „obligationsähnlichen Karakter“ hat, wenn er sich gegen eine „bestimmte Person“ richtet und „von dieser eine Leistung“ verlangt, ist das, da alle dinglichen Ansprüche nach heutigem Verständnis diese Voraussetzungen erfüllen, gewiss missverständlich. Enthalten ist in dieser Aussage aber, wenn auch etwas versteckt, vor allem eine Ablehnung der Ansicht von Windscheid zum dinglichen Anspruch. Genauso, wie sich ein dinglicher Anspruch nach heutigem Verständnis nur gegen einen „bestimmten Gegner“ richten kann, ist er stets auch ein „Anspruch auf Leistung“.[1230]

D. Ergebnis

Die Anwendung der §§ 280 Abs. 1, Abs. 3, 281 BGB auf den Anspruch aus § 888 Abs. 1 BGB kann, selbst wenn man diesen als dinglichen Anspruch ansieht, nicht mit Verweis auf seinen negatorischen Charakter abgelehnt werden.

[1226] Motive z. BGB, Bd. II, S. 4; Motive z. BGB, Bd. III, S. 398 f. S. auch Protokolle d. 1. Kommission, SachenR I, S. 785.

[1227] S. Gliederungspkt. § 6 B.III.3.a) (S. 64 f.).

[1228] S. Gliederungspkt. § 6 B.III.2. (S. 62 f.).

[1229] Motive z. BGB, Bd. III, S. 398.

[1230] Die Zitate sind den Ausführungen von Windscheid (*Windscheid*, PandektenR, 5. Aufl., § 43 2. (S. 103)) zum Teil seines dinglichen Anspruches entnommen, welchem der dingliche Anspruch nach heutigem Verständnis nachgebildet ist. S. zu diesem Gliederungspkt. § 6 B. III.3.a) (S. 64 f.).

Dingliche Ansprüche haben keinen negatorischen Charakter, welcher einer Anwendung von schuldrechtlichen Vorschriften entgegenstehen kann. Sie sind, wie alle anderen Ansprüche auch, auf die Erbringung einer Leistung gerichtet. Damit besteht, anders als von Wilhelm im Anschluss an Picker behauptet, kein Gegensatz zwischen ihnen und den Ansprüchen auf Leistung.

§ 12 Dinglicher Charakter des Anspruches aus § 888 Abs. 1 BGB

Geht man davon aus, dass es sich bei dem Anspruch aus § 888 Abs. 1 BGB um einen dinglichen Anspruch handelt,[1231] könnte möglicherweise, wie von Gursky erwogen,[1232] dieser Charakter der Anwendung des Schadensersatzanspruches statt der Leistung (§§ 280 Abs. 1, Abs. 3, 281 BGB) entgegenstehen.

A. Rechtsverwirklichungsfunktion der dinglichen Ansprüche

Seine Bedenken erläutert Gursky für den Anspruch aus § 888 Abs. 1 BGB zwar nicht näher. Er verweist aber auf seine Kommentierung zu § 985 BGB.[1233]

Dort führt er aus, dass alle dinglichen Ansprüche im engeren Sinne ausschließlich das Ziel haben, dass der Anspruchsgegner eine „tatsächliche Position räumt, die er faktisch einnimmt, obwohl sie durch das dingliche Recht dem Anspruchsteller exklusiv zugewiesen“ ist.[1234] Sie seien auf „Auskehrung“[1235] gerichtete Rechtsverwirklichungsansprüche,[1236] welche inhaltlich nicht modifiziert werden können.[1237]

Für den Anspruch aus § 985 BGB bedeute dieses, dass der Besitzer nur die von ihm „usurpierte, aber dem Eigentümer zustehende Herrschaftsmacht […] abgeben“ muss.[1238]

1231 S. die auf S. 37 f. in Fn. 97 Genannten.

1232 Staudinger/*Gursky*, Bearb. 2013, § 888 BGB Rn. 64.

1233 Staudinger/*Gursky*, Bearb. 2013, § 888 BGB Rn. 64 (mit Verweis auf Staudinger/*Gursky*, Bearb. 2012, § 985 BGB Rn. 73 f.; Staudinger/*Gursky*, Bearb. 2012, § 990 BGB Rn. 98). Sein Verständnis von dem Charakter der dinglichen Ansprüche zeigt sich an anderen Stellen noch etwas deutlicher. Vgl. Staudinger/*Gursky*, Bearb. 2012, § 985 BGB Rn. 1 ff. u. Rn. 80 ff.; Staudinger/*Gursky*, Bearb. 2012, § 1004 BGB Rn. 168 f. Nahezu inhaltsgleiche Ausführungen finden sich auch an anderen Stellen. S. *Gursky*, JURA 2004, 433, 434 ff.; Westermann/*Gursky*, SachenR, § 30 Rn. 23.

1234 Staudinger/*Gursky*, Bearb. 2012, § 985 BGB Rn. 74.

1235 Staudinger/*Gursky*, Bearb. 2012, § 985 BGB Rn. 74.

1236 Staudinger/*Gursky*, Bearb. 2012, § 985 BGB Rn. 1.

1237 Staudinger/*Gursky*, Bearb. 2012, § 985 BGB Rn. 10.

1238 Staudinger/*Gursky*, Bearb. 2012, § 985 BGB Rn. 74.

Eine Anwendung von schuldrechtlichen Vorschriften auf den Anspruch aus § 985 BGB bzw. auf die dinglichen Ansprüche im Allgemeinen müsse unterbleiben, wenn dadurch diese spezifische Rechtsverwirklichungsfunktion beeinträchtigt werde.[1239]

Aus diesem Grund könne der Anspruch aus § 985 BGB nicht isoliert abgetreten werden.[1240] Er sei, da er „nichts anderes als das Eigentum in seiner speziellen Funktion" sei, untrennbar mit diesem verbunden.[1241] Ein Recht, welches sein Inhaber nicht durchsetzen kann, sei zudem sinnwidrig.[1242]

Dazu passt es, dass Gursky auch die „selbständige" Abtretung des Anspruches aus § 888 Abs. 1 BGB ausschließt.[1243] Dieser diene „allein der Verwirklichung des Vormerkungsschutzes".[1244]

Noch etwas deutlicher zeigt sich Gurskys Ansicht vom Charakter der dinglichen Ansprüche bei seinen Ausführungen zur Anwendbarkeit des Allgemeinen Leistungsstörungsrechtes auf den Anspruch aus § 985 BGB.

Dort heißt es, dass die dinglichen Ansprüche nicht mit dem „Verlust des Leistungsvermögens", sondern mit dem „bloßen Wegfall der jeweiligen Störerposition" entfielen.[1245] So bestehe die Haftung nach § 985 BGB nur solange, wie der Besitzer „faktisch […] einen Teil der Eigentümerbefugnisse usurpiert".[1246] Die §§ 275–283, 285 BGB, also auch der Anspruch aus §§ 280 Abs. 1, Abs. 3, 281 BGB,[1247] seien aber nicht darauf, sondern auf die Unmöglichkeit zugeschnitten.[1248] Zwar spreche das nicht notwendigerweise gegen eine, notfalls modifizierte, Anwendung der genannten Vorschriften.[1249] Man könne, wenn man den „beschränkten Inhalt der Leistungspflicht" aus § 985 BGB beachte,[1250] den Besitzverlust zumindest als eine mit der „Leistungsunmöglichkeit […] verwandte […] Art der Leistungsstörung" begreifen.[1251] Das Bedürfnis für eine solche Anwendung sei aber gering.[1252]

[1239] Staudinger/*Gursky*, Bearb. 2012, § 985 BGB Rn. 2.

[1240] Staudinger/*Gursky*, Bearb. 2012, § 985 BGB Rn. 3.

[1241] Staudinger/*Gursky*, Bearb. 2012, § 985 BGB Rn. 3.

[1242] Staudinger/*Gursky*, Bearb. 2012, § 985 BGB Rn. 3.

[1243] Staudinger/*Gursky*, Bearb. 2013, § 888 BGB Rn. 10.

[1244] Staudinger/*Gursky*, Bearb. 2013, § 888 BGB Rn. 10.

[1245] Staudinger/*Gursky*, Bearb. 2012, § 985 BGB Rn. 166.

[1246] Staudinger/*Gursky*, Bearb. 2012, § 985 BGB Rn. 7.

[1247] Staudinger/*Gursky*, Bearb. 2012, § 985 BGB Rn. 82.

[1248] Staudinger/*Gursky*, Bearb. 2012, § 985 BGB Rn. 7, Rn. 82 u. Rn. 166.

[1249] Staudinger/*Gursky*, Bearb. 2012, § 985 BGB Rn. 7.

[1250] Staudinger/*Gursky*, Bearb. 2012, § 985 BGB Rn. 8.

[1251] Staudinger/*Gursky*, Bearb. 2012, § 985 BGB Rn. 7.

[1252] Staudinger/*Gursky*, Bearb. 2012, § 985 BGB Rn. 7.

Die Anwendung des Anspruches aus §§ 280 Abs. 1, Abs. 3, 281 BGB sei außerdem nicht mit der „ancillarischen Natur“ des Anspruches aus § 985 BGB[1253] bzw. der Rechtsverwirklichungsfunktion desselben[1254] vereinbar. Der Anspruch aus § 985 BGB solle dem Eigentümer „nicht irgendeinen Vorteil [...] aus dem Vermögen“ des Besitzers verschaffen, sondern diesen „nur dazu bringen, die ohnehin gegebene Güterverteilung zu respektieren“.[1255] Der Besitzer müsse nur die „von ihm usurpierte Ausübung der [...] dem Eigentümer vorbehaltenen tatsächlichen Sachherrschaft [...] auskehren“.[1256] Damit vertrage es sich nicht, wenn der Eigentümer die Vindikation „einseitig in einen Anspruch ganz anderer Art, nämlich in eine auf Zahlung des Wertes der [...] Sache gerichtete Schadensersatzforderung umwandeln“ könne.[1257] Zudem gebe es grundsätzlich kein Eigentum ohne Rechtsverwirklichungsanspruch.[1258]

Hat man vor Augen, dass Gursky nahezu wortgleich die Anwendung der §§ 280 Abs. 1, Abs. 3, 281 BGB auf den Anspruch aus § 1004 Abs. 1 S. 1 BGB ablehnt,[1259] wird ein gewisses Argumentationsmuster erkennbar.[1260]

Ist der dingliche Anspruch aber, wie von ihm für den Anspruch aus § 985 BGB[1261] und den Anspruch aus § 1004 Abs. 1 S. 1 BGB[1262] behauptet, tatsächlich nur ein „Mittel zur Realisierung“ der sich aus einem dinglichen Recht ergebenden „Kompetenzzuweisung“, nicht aber eine „selbständige Folgeerscheinung“ desselben, welche einen „eigenen Vermögenswert“ hat?

B. Pragmatisches Verständnis von dinglichen Ansprüchen

Es fällt zunächst einmal auf, dass Gurskys Argumentation eine gewisse Nähe zu der bereits abgelehnten[1263] Ansicht von Picker[1264] aufweist. Er verwendet nicht nur einige von diesem eingeführte Begriffe (z.B.: Auskehrung, Usurpation),

[1253] Staudinger/*Gursky*, Bearb. 2012, § 985 BGB Rn. 7.

[1254] Staudinger/*Gursky*, Bearb. 2012, § 985 BGB Rn. 82.

[1255] Staudinger/*Gursky*, Bearb. 2012, § 985 BGB Rn. 82.

[1256] Staudinger/*Gursky*, Bearb. 2012, § 985 BGB Rn. 82.

[1257] Staudinger/*Gursky*, Bearb. 2012, § 985 BGB Rn. 82.

[1258] Staudinger/*Gursky*, Bearb. 2012, § 985 BGB Rn. 82.

[1259] Staudinger/*Gursky*, Bearb. 2012, § 1004 BGB Rn. 168.

[1260] Dementsprechend zur Unanwendbarkeit der §§ 280 Abs. 1, Abs. 3, 281 BGB für alle dinglichen Ansprüche tendierend *Gursky*, JURA 2004, 433, 438.

[1261] Staudinger/*Gursky*, Bearb. 2012, § 985 BGB Rn. 82.

[1262] Staudinger/*Gursky*, Bearb. 2012, § 1004 BGB Rn. 168.

[1263] S. Gliederungspkt. § 11 B. (mit Untergliederung) (S. 187 ff.).

[1264] S. Gliederungspkt. § 11 A. (S. 184 ff.).

sondern geht, genauso wie dieser,[1265] davon aus, dass die Herausgabe dem Eigentümer keinen Vorteil aus dem Vermögen des Besitzers bringt.

Es verwundert nicht, dass er sich bei seiner Kommentierung des § 1004 BGB auch als – freilich gemäßigter – Vertreter der Rechtsusurpationstheorie zu erkennen gibt.[1266]

I. Abschwächung der Rechtsusurpationstheorie

Es wäre aber zu vorschnell, die Ansicht von Gursky zum Charakter der dinglichen Ansprüche aus diesem Grund abzulehnen.

Bei näherer Betrachtung zeigt sich, dass er, wie einige andere auch,[1267] den Versuch unternimmt, der Rechtsusurpationstheorie ihre systemsprengende Kraft zu nehmen und ihre Erkenntnisse so für die Rechtspraxis verwertbar zu machen.

Insofern hat es wohl nur, aber immerhin symbolischen Wert, dass er den von Picker[1268] bevorzugten Begriff des negatorischen Anspruches für „nicht sehr zweckmäßig" hält.[1269] Von Bedeutung für die Anwendung von schuldrechtlichen Vorschriften sind dagegen zwei andere von Gursky vorgenommene Anpassungen.

Erstens geht er davon aus, dass der Anspruch aus § 985 BGB, wie seiner Ansicht nach anscheinend auch jeder andere dingliche Anspruch,[1270] die Erbringung einer Leistung zum Gegenstand hat.[1271] Das begründet er vor allem mit den sonst drohenden bereicherungsrechtlichen Konsequenzen.[1272]

Zweitens erkennt er, dass Picker, wenn er dem Besitzer nur die Ermöglichung des Sachzugriffes durch Besitzaufgabe auferlegt,[1273] den „Sinngehalt" des Anspruches aus § 985 BGB „unzulässig" verkürzt.[1274] Es sei zwar richtig, dass die „Störerposition"[1275] durch die Besitzaufgabe entfalle.[1276] Die Erfüllung des Anspruches

---

[1265] S. nur *Picker*, FG 50 Jahre BGH I, 693, 703 f.

[1266] Staudinger/*Gursky*, Bearb. 2012, § 1004 BGB Rn. 12.

[1267] MüKo-BGB/*Baldus*, Vorb. § 985 BGB Rn. 57 ff. Vgl. auch *Baldus/Raff*, JZ 2023, 1036, 1037 ff.; *Baldus/Raff*, JR 2017, 429, 429 u. 431 f.; MüKo-BGB/*Baldus*, § 985 BGB Rn. 152 ff. In diese Richtung auch, da der Ansicht von Gursky folgend NK-BGB/*Schanbacher*, § 985 BGB Rn. 1 u. Rn. 46 f.

[1268] S. nur *Picker*, FS Bydlinski, 269, 312 u. 317.

[1269] Staudinger/*Gursky*, Bearb. 2012, § 985 BGB Rn. 1.

[1270] Staudinger/*Gursky*, Bearb. 2012, § 985 BGB Rn. 5. A.A. – allerdings ohne nähere Begründung – für den Anspruch aus § 888 Abs. 1 BGB Staudinger/*Gursky*, Bearb. 2013, § 888 BGB Rn. 87.

[1271] Staudinger/*Gursky*, Bearb. 2012, § 985 BGB Rn. 5.

[1272] Staudinger/*Gursky*, Bearb. 2012, § 985 BGB Rn. 5.

[1273] S. nur *Picker*, FG 50 Jahre BGH I, 693, 716.

[1274] Staudinger/*Gursky*, Bearb. 2012, § 985 BGB Rn. 59.

[1275] Staudinger/*Gursky*, Bearb. 2012, § 985 BGB Rn. 166.

trete aber nur dann ein, wenn der Eigentümer den Besitz auch von dem Besitzer zurückerlange.[1277]

Mit diesen Anpassungen büßt die Rechtsusurpationstheorie gewolltermaßen ihre dogmatische Stringenz ein.

Gursky nutzt diesen Umstand, was sehr zu begrüßen ist, um an einigen Stellen seine Ausführungen zur Anwendbarkeit von schuldrechtlichen Vorschriften auf den Anspruch aus § 985 BGB mit einer Bewertung der berührten Interessen anzureichern.

Ob er allerdings, wie man im Anschluss an Thole erwägen könnte,[1278] bei einer Interessenbewertung zugunsten des Eigentümers die Anwendung der §§ 280 Abs. 1, Abs. 3, 281 BGB allein „aus pragmatischen Gründen" zulassen würde, darf bezweifelt werden. Immerhin sind seine Bedenken bei dieser Frage doch sehr grundsätzlicher Natur.

Diese Tatsache ist auch der Grund dafür, dass die Ansicht von Gursky zur Unanwendbarkeit des Schadensersatzanspruches statt der Leistung (§§ 280 Abs. 1, Abs. 3, 281 BGB) auf den Anspruch aus § 985 BGB bzw. auf alle dinglichen Ansprüche abzulehnen ist.

II. Absolute Wirkung von dinglichen Rechten als Regel ohne Allgemeingültigkeit

Es ist zunächst einmal richtig, dass es bei einer Anwendung der §§ 280 Abs. 1, Abs. 3, 281 BGB auf den Anspruch aus § 985 BGB unter Umständen zu einer Beeinträchtigung der absoluten Wirkung des Eigentums kommt.

Die herrschende Ansicht geht zwar davon aus, dass der Besitzer, wenn der Eigentümer von ihm Schadensersatz statt der Vindikation verlangt, die Möglichkeit haben muss, selbst Eigentümer der Sache zu werden.[1279] Besitz und Eigentum würden also nur vorübergehend auseinanderfallen.[1280] Unabhängig davon, dass diese Ansicht nicht unumstritten ist,[1281] wird der Besitzer aber nicht zum Erwerb der Sache gezwungen.[1282] Für den – allerdings zugegebenermaßen eher unwahrscheinlichen – Fall, dass er sich gegen den Eigentumserwerb entscheidet, kann das Ei-

---

[1276] Staudinger/*Gursky*, Bearb. 2012, § 985 BGB Rn. 59.

[1277] Staudinger/*Gursky*, Bearb. 2012, § 985 BGB Rn. 59.

[1278] Staudinger/*Thole*, § 985 BGB Rn. 30. Vgl. auch Staudinger/*Thole*, § 985 BGB Rn. 1 u. Rn. 19.

[1279] S. neben den auf S. 230 in Fn. 1525 Genannten etwa BGHZ 209, 270, 276 Rn. 21.

[1280] So das in diesem Zusammenhang immer wieder hervorgebrachte Argument. S. nur die auf S. 229 in Fn. 1504 Genannten.

[1281] S. nur *Ernst*, ZfPW 2019, 122, 128.

[1282] BGHZ 209, 270, 276 Rn. 21.

gentum ihm gegenüber nicht mehr verwirklicht werden.[1283] Es drängt sich die Frage auf, ob der dadurch entstehende Zustand mit der Trennung von Schuld- und Sachenrecht zu vereinbaren ist. Wenn Gursky davon redet, dass die Rechtsverwirklichungsfunktion des § 985 BGB einer Anwendung der §§ 280 Abs. 1, Abs. 3, 281 BGB entgegensteht,[1284] spricht er, wenn auch etwas verklausuliert, wohl diese Frage an.

Im Weiteren wird sich zeigen, dass der „spezifische[n] Rechtsverwirklichungsfunktion"[1285] des dinglichen Anspruches nicht entnommen werden kann, dass er stets zu einer Verwirklichung des dinglichen Rechtes führen muss. Er ist entgegen der Ansicht von Gursky[1286] durchaus als „selbständige Folgeerscheinung" desselben anzusehen.

Zwar ist es empfehlenswert, bei der Anwendung einer schuldrechtlichen Vorschrift die Rechtsverwirklichungsfunktion des dinglichen Anspruches im Blick zu behalten. Diese wird jedoch kaum je einmal beeinträchtigt sein. Man muss sich bewusst machen, dass sie keinen Selbstzweck hat. Sie steht stellvertretend für die schon in den Motiven zum Sachenrecht[1287] erläuterte Aufgabe des dinglichen Anspruches, den Zustand herzustellen, welcher dem Inhalt des dinglichen Rechtes entspricht.

Bei der Bestimmung des Inhaltes von dinglichen Rechten gingen die Gesetzesväter aber bemerkenswert pragmatisch vor. Zwar ergebe sich, so die Motive zum Sachenrecht, aus dem „Begriffe des dinglichen Rechtes", dass es, soweit es die Sache der Herrschaft des Berechtigten unterwirft, auch jede Einwirkung auf die Sache durch Dritte ausschließen muss.[1288] Die Herrschaft über eine Sache sei ohne die Wirkung gegenüber jedermann nicht vorstellbar.[1289] Diese „absolute Natur" sei allerdings eine dem dinglichen Recht nur regelmäßig „beiwohnende Eigenschaft", nur eine Regel, welche keine Allgemeingültigkeit beanspruchen kann.[1290] Sie dürfe, so bereits Johow, „nicht zur Fessel werden", sondern könne durch gesetzliche Regelungen durchbrochen werden.[1291] „[P]ositive beschränkende Ausnahmen" von der

---

[1283] S. ausführlich zum rechtlichen Zustand, welcher mit dem Schadensersatzverlangen des Eigentümers eintritt, nur *Ernst*, ZfPW 2019, 122, 122 ff.

[1284] Staudinger/*Gursky*, Bearb. 2012, § 985 BGB Rn. 82.

[1285] Staudinger/*Gursky*, Bearb. 2012, § 985 BGB Rn. 2.

[1286] S. nur Staudinger/*Gursky*, Bearb. 2012, § 985 BGB Rn. 82.

[1287] S. nur Motive z. BGB, Bd. III, S. 399. Die Motive zum BGB müssen nicht zwingend die Ansicht der 1. Kommission abbilden (vgl. nur Jakobs/Schubert/*Schubert*, Materialien z. BGB, Entstehungsgeschichte, S. 49 f.). Zum Erkenntniswert der Motive zum BGB s. bereits Gliederungspkt. § 6 C.II.2.b)bb) (S. 83 ff.).

[1288] Motive z. BGB, Bd. III, S. 2. S. auch Vorentwürfe z. BGB/*Johow*, SachenR I, S. 127.

[1289] Motive z. BGB, Bd. III, S. 2; Vorentwürfe z. BGB/*Johow*, SachenR I, S. 127.

[1290] Motive z. BGB, Bd. III, S. 2. S. auch Vorentwürfe z. BGB/*Johow*, SachenR I, S. 127.

[1291] Vorentwürfe z. BGB/*Johow*, SachenR I, S. 127 (allgemein zur Auswirkung der Trennung von Schuld- und Sachenrecht auf „Mittel-" und „Uebergangsbildungen"). S. auch Motive z. BGB, Bd. III, S. 2.

absoluten Wirkung würden den „Begriff des dinglichen Rechtes“ nicht berühren, sondern nur im Einzelfall zu einer Veränderung seines Inhaltes führen.[1292]

Dazu passt es, dass die 1. Kommission den absoluten Charakter der dinglichen Rechte keinem Abwägungsverbot unterstellte, sondern ihn, ganz im Gegenteil, durchaus zugunsten von anderen Belangen einschränkte.

Sie bestätigte, wie nach ihr auch die 2. Kommission,[1293] die Ansicht von Gebhard[1294] zur Verjährung von dinglichen Ansprüchen.[1295] Es sei zwar „nicht ohne Gewicht“, dass das dingliche Recht durch diese „seines sachlichen Inhaltes entkleidet“ werde.[1296] Dieser „Uebelstand“ wiege aber, zumal ein „praktisches Bedürfniß“ für die Verjährung bestehe, weniger schwer als die „Unzuträglichkeiten“, welche mit einem „Eingriff in die Verjährungsgrundsätze“ verbunden wären.[1297] Eine Ausnahme sah man nur für Ansprüche aus im Grundbuch eingetragenen Rechten vor (vgl. § 902 Abs. 1 S. 1 BGB).

Dass solche Erwägungen auch heute noch tragfähig sind, bewies der Gesetzgeber bei der Schaffung des § 241a Abs. 1 BGB.

Obwohl die durch diese Vorschrift umgesetzte EG-Richtlinie dieses wohl nicht zwingend voraussetzte, beabsichtigte er dennoch, auch den Anspruch aus § 985 BGB auszuschließen.[1298] Zwar komme es dadurch zu einem dauerhaften Auseinanderfallen von Besitz und Eigentum.[1299] Dieser Zustand sei aber mit dem Schutzzweck des § 241a BGB zu rechtfertigen.[1300]

Es sei zudem noch darauf hingewiesen, dass die 1. Kommission, was später ebenfalls durch die 2. Kommission bestätigt wurde,[1301] die absolute Wirkung des Eigentums abweichend von Johow[1302] auch dadurch einschränkte, dass sie von der Abtretbarkeit der Vindikation ausging.[1303] Zwar könne man Zweifel haben, ob der Eigentümer sein „Mittel zur Realisi[e]rung“ des dinglichen Rechtes „abveräußern“ und dadurch sein Eigentum „sachlich mindern und schwächen“ können soll.[1304] Für

---

[1292] Vorentwürfe z. BGB/*Johow*, SachenR I, S. 127. S. auch Motive z. BGB, Bd. III, S. 2.

[1293] Protokolle d. 2. Kommission, Bd. I, S. 197 ff.

[1294] Vorentwürfe z. BGB/*Gebhard*, BGB AT II, S. 312 f.

[1295] Motive z. BGB, Bd. I, S. 292 ff. S. auch Protokolle d. 1. Kommission, BGB AT II, S. 1022 f. u. S. 1048 ff.

[1296] Motive z. BGB, Bd. III, S. 292.

[1297] Motive z. BGB, Bd. III, S. 293.

[1298] BT-Drs. 14/2658, S. 46.

[1299] BT-Drs. 14/2658, S. 46.

[1300] BT-Drs. 14/2658, S. 46.

[1301] Protokolle d. 2. Kommission, Bd. I, S. 198 f.

[1302] Vorentwürfe z. BGB/*Johow*, SachenR I, S. 1111 ff.

[1303] Motive z. BGB, Bd. III, S. 399 f. S. auch Protokolle d. 1. Kommission, SachenR I, S. 868 f.

[1304] Motive z. BGB, Bd. III, S. 400.

eine solche Möglichkeit spreche aber, dass „im Verkehre“ die „Nichtübertragbarkeit“ der Vindikation als „Mangel“ empfunden werden würde.[1305] Aus der „dinglichen Natur“ dieses Anspruches ergebe sich erst dann ein Hindernis, wenn er sich nach der Abtretung gegen den Eigentümer selbst richtet.[1306] Wenn dieser den Besitz an der Sache erlange, trete der dem Eigentum „entsprechende Zustand“ ein und die Vindikation entfalle.[1307]

Damit bestätigt sich auch die Feststellung, dass die Grenze bei der Anwendung von schuldrechtlichen Vorschriften erst dort zu ziehen ist, wo der dingliche Berechtigte die unmittelbare Sachherrschaft nicht mehr ausüben kann oder – damit zusammenhängend – das dingliche Recht seinen absoluten Charakter vollständig verliert.[1308] Das ist aber, wie sich gezeigt hat, noch nicht der Fall, wenn nur eine einzelne Person für einen begrenzten Sachverhalt von der absoluten Wirkung des dinglichen Rechtes ausgeklammert wird.

III. Kommerzialisierung der dinglichen Ansprüche

Zudem kann auch Gurskys Annahme, dass der Anspruch aus § 985 BGB deswegen nicht in einen Schadensersatzanspruch umgewandelt werden kann, weil er keinen eigenen Vermögenswert hat,[1309] nicht überzeugen.

Es sei daran erinnert, dass die Herausgabe, da sie das Vermögen des Besitzers mindert und das Vermögen des Eigentümers mehrt, zu einer Vermögensverschiebung führt.[1310]

Der Grund für die Ansicht von Gursky liegt aber noch etwas tiefer. Er scheint allgemein davon auszugehen, dass dingliche Ansprüche nicht kommerzialisiert werden können.

Insoweit sei ein kurzer rechtsgeschichtlicher Einwurf erlaubt: Im antiken römischen Recht war eine solche Kommerzialisierung selbstverständlich.[1311] Es sah einen Übergang von der Herausgabe der Sache zum Ersatz des Sachwertes vor.[1312]

Auch unabhängig davon kann der Ansicht von Gursky aber nicht zugestimmt werden.

[1305] Motive z. BGB, Bd. III, S. 400.

[1306] Motive z. BGB, Bd. III, S. 399.

[1307] Motive z. BGB, Bd. III, S. 399.

[1308] S. Gliederungspkt. § 6 C.III. (S. 90 f.).

[1309] Staudinger/*Gursky*, Bearb. 2012, § 985 BGB Rn. 82.

[1310] S. Gliederungspkt. § 11 B.III. (S. 190 ff.).

[1311] S. nur *Baldus/Raff*, JR 2017, 429, 432.

[1312] S. nur *Kaser/Knütel/Lohsse*, Röm. PrivatR, § 37 Rn. 13 f. u. Rn. 19.

Erstens sprechen die besseren Argumente dafür, den dinglichen Rechtsschutz bei der Anwendung von schuldrechtlichen Vorschriften nicht in einen „zwingenden Integritätsschutz" zu verabsolutieren.[1313] Eine solche „Verabsolutierung" wird auch in anderen Bereichen, etwa dem Bereicherungsrecht, nicht vorgenommen.[1314] So kann der Eigentümer gem. § 185 Abs. 2 S. 1 Var. 1 BGB die eigentlich unwirksame Verfügung eines Dritten genehmigen und von diesem gem. § 816 Abs. 1 S. 1 BGB das – wie auch immer berechnete – Erlangte herausverlangen.[1315] Dadurch erhält er, und zwar anstatt sich die Sache gem. § 985 BGB vom Besitzer herausgeben zu lassen, Zugriff auf ihren Wert.

Zweitens kommerzialisierten die Gesetzesväter, wenn sie dafür ein praktisches Bedürfnis erkannten, die dinglichen Ansprüche auch mittels Anwendung von Vorschriften aus dem Allgemeinen Schuldrecht. Sie gingen nicht nur davon aus, dass eine Anwendung des § 283 Abs. 1 BGB a.F. auf den Herausgabeanspruch des Eigentümers möglich ist,[1316] sondern nahmen, wie soeben gesehen, auch an, dass der Eigentümer diesen Anspruch an Dritte abtreten kann.[1317]

Zwar wird diese Abtretbarkeit des Anspruches aus § 985 BGB von der heute herrschenden Ansicht nicht mehr anerkannt.[1318] Ihre Vertreter gehen aber davon aus, dass der Eigentümer einen anderen zur Geltendmachung der Vindikation im eigenen Namen ermächtigen kann.[1319] Auch darin ist eine Kommerzialisierung des Anspruches aus § 985 BGB zu sehen.

[1313] *Riehm*, Naturalerfüllung, S. 408 f. Vgl. auch *Schaltenbrand*, Schadensersatz statt d. Leistung, S. 156 ff.

[1314] *Riehm*, Naturalerfüllung, S. 408 f.

[1315] BGHZ 56, 131, 134; MüKo-BGB/*Schwab*, § 816 BGB Rn. 34; NK-BGB/*Sachsen-Gessaphe*, § 816 BGB Rn. 12; Soergel/*Hadding*, § 816 BGB Rn. 15; Staudinger/*Lorenz*, § 816 BGB Rn. 9 f.

[1316] Protokolle d. 1. Kommission, SachenR I, S. 764.

[1317] S. Gliederungspkt. § 12 B.II. (S. 198 ff.).

[1318] BGHZ 111, 364, 369; BGHZ 60, 235, 240 (zu dinglichen Ansprüchen im Allgemeinen); BGH NJW-RR 2018, 719, 722 Rn. 30 (insoweit nicht abgedruckt in BGHZ 216, 83, 93 Rn. 30); *Baur/Stürner*, SachenR, § 11 Rn. 44; BeckOGK-BGB/*Spohnheimer*, § 985 BGB Rn. 32; MüKo-BGB/*Baldus*, Vorb. § 985 BGB Rn. 76 (zu dinglichen Ansprüchen im Allgemeinen); NK-BGB/*Schanbacher*, § 985 BGB Rn. 2; Soergel/*Stadler*, § 985 BGB Rn. 3; Staudinger/*Thole*, § 985 BGB Rn. 4; Westermann/*Gursky*, SachenR, § 29 Rn. 5.

[1319] BGH NJW-RR 2018, 719, 722 Rn. 30 (insoweit nicht abgedruckt in BGHZ 216, 83, 93 Rn. 30); *Baur/Stürner*, SachenR, § 11 Rn. 44; BeckOGK-BGB/*Spohnheimer*, § 985 BGB Rn. 33; MüKo-BGB/*Baldus*, Vorb. § 985 BGB Rn. 77 (zu dinglichen Ansprüchen im Allgemeinen); NK-BGB/*Schanbacher*, § 985 BGB Rn. 2; Soergel/*Stadler*, § 985 BGB Rn. 3; Staudinger/*Thole*, § 985 BGB Rn. 6; Westermann/*Gursky*, SachenR, § 29 Rn. 5.

IV. Zwischenergebnis

Die Ansicht von Gursky zum Charakter der dinglichen Ansprüche ist abzulehnen. Erstens ist es nicht von vornherein ausgeschlossen, die absolute Wirkung von dinglichen Rechten einzuschränken. Zweitens können dingliche Ansprüche auch kommerzialisiert werden.

C. Anspruch aus § 888 Abs. 1 BGB als Rechtsverwirklichungsanspruch

Selbst wenn man entgegen der hier vertretenen Ansicht davon ausgeht, dass der dingliche Charakter des Anspruches aus § 985 BGB einer Anwendung des Schadensersatzanspruches statt der Leistung (§§ 280 Abs. 1, Abs. 3, 281 BGB) entgegensteht, kann diese Annahme aber, anders als wohl von Gursky erwogen,[1320] jedenfalls nicht auf den Anspruch aus § 888 Abs. 1 BGB übertragen werden.

I. Eingeschränkte Rechtsverwirklichungsfunktion des Anspruches aus § 888 Abs. 1 BGB

Es ist bereits fraglich, ob der Anspruch aus § 888 Abs. 1 BGB eine Rechtsverwirklichungsfunktion besitzt; er also die Aufgabe hat, den Zustand herzustellen, welcher dem Inhalt eines dinglichen Rechtes entspricht.[1321]

Diejenigen, welche die Vormerkung als dingliches Recht bezeichnen,[1322] werden wohl eher selten Bedenken haben, diese Frage zu bejahen. Aber auch diejenigen, welche der Vormerkung einen anderen rechtlichen Charakter geben,[1323] sehen den Anspruch aus § 888 Abs. 1 BGB mitunter ebenfalls als Rechtsverwirklichungsanspruch an. So qualifiziert Gursky den Anspruch aus § 888 Abs. 1 BGB als Rechtsverwirklichungsanspruch,[1324] obwohl er der Ansicht ist, dass es sich bei der Vormerkung um ein Sicherungsmittel eigener Art handelt.[1325] Er sei „Ausfluß der dinglichen Komponente“ der Vormerkung und stünde aus diesem Grund zu der

---

[1320] Staudinger/*Gursky*, Bearb. 2013, § 888 BGB Rn. 64.

[1321] S. zu dieser Aufgabe der dinglichen Ansprüche Gliederungspkt. § 12 B.II. (S. 198 ff.). Vgl. zur Frage, welchen rechtlichen Charakter der Anspruch aus § 888 Abs. 1 BGB hat, Gliederungspkt. § 4 (S. 37 ff.).

[1322] S. die auf S. 145 in Fn. 883 u. auf S. 147 in Fn. 905 Genannten.

[1323] S. die auf S. 147 f. in Fn. 906 ff. u. auf S. 150 in Fn. 925 Genannten.

[1324] Staudinger/*Gursky*, Bearb. 2013, § 888 BGB Rn. 61.

[1325] Staudinger/*Gursky*, Bearb. 2013, § 883 BGB Rn. 328.

Vormerkung in einem „ähnlichen ancillarischen" Verhältnis wie die Vindikation zum Eigentum.[1326]

Gewiss wird man den Anspruch aus § 888 Abs. 1 BGB, gegebenenfalls nach einer geringfügigen inhaltlichen Erweiterung dieses Begriffes, als Rechtsverwirklichungsanspruch bezeichnen können. Diese Annahme bedarf dann jedoch einer Klarstellung: Der Anspruch aus § 888 Abs. 1 BGB mag der Verwirklichung des durch die Vormerkung gewährleisteten Schutzes dienen.[1327] Der Verwirklichung der Vormerkung selbst dient er aber nicht. Er räumt das verfahrensrechtliche Hindernis des § 19 GBO aus und stellt so sicher, dass der durch die Vormerkung gesicherte Anspruch erfüllt werden kann.[1328] Damit wirkt der Dritterwerber, wenn man so will, bei der Verwirklichung dieses Anspruches mit. Seine Mitwirkungshandlung befindet sich in unmittelbarer Nähe zu der Erfüllungshandlung des Vormerkungsverpflichteten. Wenn der durch die Vormerkung gesicherte Anspruch vollständig erfüllt ist (vgl. § 362 Abs. 1 BGB), verliert die nur akzessorische Vormerkung aber ihre Bedeutung und erlischt.[1329] Der Anspruch aus § 888 Abs. 1 BGB trägt also nicht zur Verwirklichung der Vormerkung, sondern zu ihrem Untergang bei. Er hilft, wie sich auch aus seinem Normtext ergibt, nur bei der Verwirklichung des durch die Vormerkung gesicherten obligatorischen Anspruches.

Diese Klarstellung mag auf den ersten Blick wie eine sprachliche Spitzfindigkeit erscheinen. Sie hat bei näherer Betrachtung aber die Entkräftung sämtlicher von Gursky geäußerten Bedenken zur Folge.

II. Absolute Wirkung von obligatorischen Ansprüchen als Ausnahme

Wenn man im Anschluss an Gursky davon ausgeht, dass der Anspruch aus § 985 BGB keine „selbständige Folgeerscheinung" des Eigentums darstellt,[1330] ist diese Annahme nicht ohne Weiteres auf das Verhältnis des Anspruches aus § 888 Abs. 1 BGB zur Vormerkung übertragbar.

Es spricht einiges dafür, dass der Anspruch aus § 888 Abs. 1 BGB unselbstständig ist, also nicht von der Vormerkung und auch nicht von dem durch sie gesicherten Anspruch getrennt werden kann.[1331] Das kann aber, anders als man für

---

[1326] Staudinger/*Gursky*, Bearb. 2013, § 888 BGB Rn. 61.

[1327] S. nur Staudinger/*Gursky*, Bearb. 2013, § 888 BGB Rn. 10.

[1328] S. Gliederungspkt. § 8 D.II.2.c)cc) (S. 155 ff.).

[1329] S. nur BGH NJW 2022, 1167, 1167 Rn. 5 f.; *Assmann*, Vormerkung, S. 374 f.; BeckOGK-BGB/*Assmann*, § 886 BGB Rn. 28 u. Rn. 30 f.; MüKo-BGB/*Lettmaier*, § 883 BGB Rn. 6 u. § 886 BGB Rn. 9 f.; NK-BGB/*Krause*, § 883 BGB Rn. 102 u. Rn. 105; Soergel/*Kern*, § 886 BGB Rn. 4; Staudinger/*Kesseler*, § 886 BGB Rn. 25 u. Rn. 28.

[1330] Staudinger/*Gursky*, Bearb. 2012, § 985 BGB Rn. 82.

[1331] S. Gliederungspkt. § 13 B.II.2. (S. 221 f.).

den Anspruch aus § 985 BGB erwägen könnte,[1332] nicht mit seinem „dingliche[n] Charakter"[1333] oder, genauer, der absoluten Wirkung von dinglichen Rechten, begründet werden.

Dadurch dass eine einzelne Person für einen konkreten Sachverhalt von der absoluten Wirkung der Vormerkung ausgeklammert wird, kommt es sogar, ganz im Gegenteil, wieder zu einer Schärfung des Gegensatzes zwischen obligatorischem und dinglichem Recht.

Wenn der Vormerkungsberechtigte von dem Dritterwerber Schadensersatz statt der Leistung verlangt, hat das, wie sich noch zeigen wird, zwar Einfluss auf den Inhalt der Vormerkung[1334] und auch der durch die Vormerkung gesicherte Anspruch wird regelmäßig nicht mehr (bei vormerkungsvereitelnden Verfügungen) oder jedenfalls nur noch modifiziert (bei vormerkungsbeeinträchtigenden Verfügungen) erfüllt.[1335] Darin ist bei näherer Betrachtung aber nur ein Schritt von der relativen Unwirksamkeit vormerkungswidriger Verfügungen zurück zur gesetzgeberischen Ausgangslage, der absoluten Wirksamkeit anspruchswidriger Verfügungen,[1336] zu sehen. Erstere ist Folge der systemwidrigen, da zwischen Schuld- und Sachenrecht stehenden Vormerkung.[1337] Letztere ist Folge einer konsequent zu Ende gedachten Trennung von obligatorischem Verpflichtungs- und dinglichem Verfügungsgeschäft und Ausdruck der Relativität von obligatorischen Rechtsverhältnissen.[1338]

Nicht ohne Grund ist allgemein anerkannt, dass der Vormerkungsberechtigte durch seine Genehmigung analog §§ 185 Abs. 2 S. 1 Var. 1, 184 Abs. 1 BGB einzelne vormerkungswidrige Verfügungen von ihrer relativen Unwirksamkeit befreien kann.[1339] Von Bedeutung ist das beispielsweise, wenn er einem nachträglich bestellten Finanzierungsgrundpfandrecht zur Wirksamkeit verhelfen will.[1340]

[1332] S. Gliederungspkt. § 12 B.II. (S. 198 ff.).

[1333] Staudinger/*Gursky*, Bearb. 2013, § 888 BGB Rn. 64.

[1334] S. Gliederungspkt. § 13 C.II. (mit Untergliederung) (S. 226 ff.).

[1335] S. Gliederungspkt. § 16 A.II. (S. 265 f.).

[1336] S. Gliederungspkt. § 8 D.II.1.b) (S. 120 ff.).

[1337] S. Gliederungspkt. § 8 D.II.2.a) (S. 146 ff.).

[1338] S. Gliederungspkt. § 8 D.II.1.b) (S. 120 ff.).

[1339] BGH BeckRS 9998, 51654; OLG Hamm MittBayNot 1999, 181, 182; OLG Köln DNotZ 1998, 311, 313; OLG München BWNotZ 2002, 12, 13; OLG Saarbrücken MittRhNotK 1995, 25, 26 f.; OLG Stuttgart NJW-RR 2011, 1220, 1221 Rn. 21; *Assmann*, Vormerkung, S. 108 f., S. 144 u. S. 175 ff.; *Baur/Stürner*, SachenR, § 20 Rn. 37; BeckOGK-BGB/*Assmann*, § 883 BGB Rn. 164, Rn. 187 u. Rn. 221; MüKo-BGB/*Lettmaier*, § 883 BGB Rn. 71 u. Rn. 85; NK-BGB/*Krause*, § 883 BGB Rn. 109; Soergel/*Kern*, § 883 BGB Rn. 52 u. § 888 BGB Rn. 3; Staudinger/*Kesseler*, § 883 BGB Rn. 298 u. Rn. 348; Westermann/*Gursky*, SachenR, § 82 Rn. 30.

[1340] S. nur *Assmann*, Vormerkung, S. 175 ff.

III. Anspruch aus § 888 Abs. 1 BGB als notwendiger Bestandteil einer Vermögensverschiebung

Auch Gurskys Annahme, dass die Anwendung der §§ 280 Abs. 1, Abs. 3, 281 BGB auf den Anspruch aus § 985 BGB deswegen unterbleiben muss, weil dieser zu keiner Vermögensverschiebung führt,[1341] ist nicht auf den Anspruch aus § 888 Abs. 1 BGB übertragbar.

Der Anspruch aus § 888 Abs. 1 BGB hilft bei der Verwirklichung des durch die Vormerkung gesicherten Anspruches.[1342] Er ist regelmäßig sogar notwendiger Bestandteil derselben.[1343] Ohne ihn wäre die Vormerkung für den Vormerkungsberechtigten wertlos.[1344] Durch die Verwirklichung des durch die Vormerkung gesicherten Anspruches kommt es nach den bisherigen Erkenntnissen aber zu einer Vermögensverschiebung. Da die Vormerkung den Erwerb des vorgemerkten Rechtes nicht vorwegnimmt,[1345] wird das Vermögen des Vormerkungsberechtigten erst durch jene gemehrt. Da der Dritterwerber nicht nur „Buchberechtigter" (vgl. § 894 BGB), sondern vielmehr Inhaber eines dinglichen Rechtes ist,[1346] wird sein Vermögen durch jene auch gemindert.

Es kann also, anders als von Gursky für den Anspruch aus § 985 BGB vertreten,[1347] nicht die Rede davon sein, dass der Anspruch aus § 888 Abs. 1 BGB den Dritterwerber nur dazu bringen soll, „die ohnehin gegebene Güterverteilung zu respektieren". Er muss nicht nur eine Position räumen, welche dem Anspruchsteller bereits „exklusiv zugewiesen" ist.[1348]

Es ist nur noch eine Randnotiz, dass auch die Frage nach der Kommerzialisierung von dinglichen Ansprüchen[1349] für den Anspruch aus § 888 Abs. 1 BGB im Grunde genommen so gar nicht gestellt werden kann.

Das BGB kennt keinen Zwang, die Erfüllung eines, und sei es verdinglichten,[1350] obligatorischen Anspruches durchzusetzen. Der Vormerkungsberechtigte kann von dem Vormerkungsverpflichteten die Erfüllung des obligatorischen Anspruches verlangen, ihm ist es aber, dazu dient das Leistungsstörungsrecht, auch möglich, stattdessen Ansprüche wegen Nichterfüllung geltend zu machen.[1351] Warum soll

---

[1341] Staudinger/*Gursky*, Bearb. 2012, § 985 BGB Rn. 82.

[1342] S. Gliederungspkt. § 8 D.II.2.c)cc) (S. 155 ff.).

[1343] S. Gliederungspkt. § 8 D.II.2.c)cc) (S. 155 ff.).

[1344] S. Gliederungspkt. § 8 D.II.2.c)cc) (S. 155 ff.).

[1345] S. Gliederungspkt. § 8 C.I.1. (S. 102) u. Gliederungspkt. § 8 C.I.2. (S. 102 ff.).

[1346] S. Gliederungspkt. § 8 D.II.1.d)bb) (S. 134 ff.).

[1347] Staudinger/*Gursky*, Bearb. 2012, § 985 BGB Rn. 82.

[1348] Staudinger/*Gursky*, Bearb. 2012, § 985 BGB Rn. 74.

[1349] S. Gliederungspkt. § 12 B.III. (S. 201 f.).

[1350] Vgl. Gliederungspkt. § 8 D.II.2.b) (S. 151).

[1351] Vgl. Gliederungspkt. § 8 D.II.1.b) (S. 120 ff.).

das, was für den Hauptanspruch gilt, aber nicht auch für den mit ihm untrennbar verbundenen Hilfsanspruch[1352] aus § 888 Abs. 1 BGB gelten?[1353]

IV. Zwischenergebnis

Im Ergebnis kann man, wenn man dieses für nötig hält, davon ausgehen, dass der Anspruch aus § 888 Abs. 1 BGB ein Rechtsverwirklichungsanspruch ist. Dieser verwirklicht jedoch nicht die Vormerkung an sich, sondern den durch die Vormerkung gesicherten obligatorischen Anspruch.

Damit können die grundsätzlichen Bedenken, welche Gursky in Bezug auf die Anwendung der §§ 280 Abs. 1, Abs. 3, 281 BGB auf den Anspruch aus § 985 BGB hat, nicht auf diesen übertragen werden.

D. Ergebnis

Die Anwendung der §§ 280 Abs. 1, Abs. 3, 281 BGB auf den Anspruch aus § 888 Abs. 1 BGB kann, selbst wenn man diesen als dinglichen Anspruch ansieht, nicht mit Verweis auf seinen dinglichen Charakter abgelehnt werden.

Zum einen empfiehlt sich ein pragmatisches Verständnis der dinglichen Ansprüche. Zum anderen passen Gurskys grundsätzliche Bedenken, welche dieser bei seiner Untersuchung des Anspruches aus § 985 BGB bekommen hat und deren Übertragung er in Erwägung zieht, für den Anspruch aus § 888 Abs. 1 BGB ohnehin nicht.

§ 13 Akzessorischer Charakter des Anspruches aus § 888 Abs. 1 BGB

Es verbleibt die vom BGH[1354] im Jahre 2015 aufgeworfene, aber unbeantwortete Frage, ob sich nicht aus dem „akzessorischen Charakter" des Anspruches aus § 888 Abs. 1 BGB ein Argument gegen die Anwendung der §§ 280 Abs. 1, Abs. 3, 281 BGB ergibt.

[1352] S. Gliederungspkt. § 13 B.II.2. (S. 221 f.).

[1353] Angelehnt an *Reinicke*, NJW 1968, 788, 789 (zur Anwendbarkeit der §§ 284 ff. BGB a. F. (§§ 280 Abs. 1, Abs. 2, 286 BGB)). Vgl. auch *Tiedtke*, JURA 1981, 354, 357 (zur Anwendbarkeit der §§ 284 ff. BGB a. F. (§§ 280 Abs. 1, Abs. 2, 286 BGB)).

[1354] BGHZ 208, 133, 139 Rn. 13.

A. Problemaufriss

Die Untersuchung, ob der akzessorische Charakter des Anspruches aus § 888 Abs. 1 BGB einer Anwendung der §§ 280 Abs. 1, Abs. 3, 281 BGB entgegensteht, sollte damit beginnen, dass dieser an und für sich nur wenig aussagekräftige Ausdruck mit Inhalt gefüllt wird.

Es steht zu vermuten, dass er an eine Formulierung des BGH aus dem Jahre 1968[1355] angelehnt ist.[1356] Damals ging der BGH davon aus, dass der Dritterwerber deswegen nicht mit dem Anspruch aus § 888 Abs. 1 BGB in Verzug geraten könne, weil dieser Anspruch nur ein „unselbständiger Hilfsanspruch" sei, dem ausschließlich „verfahrensrechtliche Bedeutung" zukomme.[1357] Diese Entscheidung wird im Schrifttum allerdings, und zwar obwohl der BGH sie im Jahre 1986 bestätigte[1358] und das OLG Schleswig auch im Jahre 2010 noch von ihrer Richtigkeit überzeugt war,[1359] seit jeher nahezu einhellig abgelehnt.[1360]

[1355] BGHZ 49, 263, 266 f.

[1356] S. zu einem engeren Verständnis dieses Begriffes MüKo-BGB/*Lettmaier*, § 888 BGB Rn. 4.

[1357] BGHZ 49, 263, 266 f.

[1358] BGH NJW-RR 1987, 74, 76.

[1359] OLG Schleswig BeckRS 2010, 30138.

[1360] Ak-BGB/*Schweinitz*, § 888 BGB Rn. 13; Bauer/Schaub/*Lieder*, AT C Rn. 73; *Baur/Stürner*, SachenR, § 20 Rn. 37; *Brehm/Berger*, SachenR, § 13 Rn. 22; *Eckert*, SachenR, Rn. 840; Erman/*Artz*, § 888 BGB Rn. 7; *Gottwald*, SachenR, S. 29; Grüneberg/*Herrler*, § 888 BGB Rn. 4; *Habersack*, SachenR, Rn. 340; *Harms*, SachenR, S. 292; Hk-BGB/*Staudinger*, § 888 BGB Rn. 5; *Jacoby/Hinden*, § 888 BGB Rn. 3; Jauernig/*Berger*, § 888 BGB Rn. 1; jurisPK-BGB/*Stamm*, § 888 BGB Rn. 33; *Kainer*, SachenR, § 26 Rn. 46; *Knöpfle*, JuS 1981, 157, 163 Fn. 76; *Lange/Schiemann*, SachenR, S. 25 f.; *Lieder*, JuS 2011, 874, 876; *Mager*, AcP 193 (1993), 68, 84; MüKo-BGB/*Ernst*, § 286 BGB Rn. 16; MüKo-BGB/*Lettmaier*, § 888 BGB Rn. 20; *Neuner*, SachenR, Rn. 571; NK-BGB/*Krause*, § 888 BGB Rn. 28; *Prütting*, SachenR, Rn. 193 Fn. 26; PWW/*Huhn*, § 888 BGB Rn. 3; *Reinicke*, NJW 1968, 788, 788 ff.; *Schellhammer*, SachenR, Rn. 952; Schöner/Stöber/*Riedel/Volmer/Wilsch*, Handb GrundbuchR, Rn. 1526; *Severin*, Auflassungsvormerkung u. Eingriffsschutz, S. 60 ff.; Soergel/*Benicke/Nalbantis*, § 286 BGB Rn. 18; Soergel/*Kern*, § 888 BGB Rn. 4; Staudinger/*Kesseler*, § 888 BGB Rn. 75; Staudinger/*Olzen*, Einl. SchuldR Rn. 19; *Stürner*, JURA 2019, 837, 842 f.; *Tiedtke*, JURA 1981, 354, 357 f.; *Trapp*, Vormerkung, S. 82 ff.; *Weber*, SachenR II, § 11 Rn. 73; *Weitnauer*, DNotZ 1968, 706, 708; *Wellenhofer*, SachenR, § 18 Rn. 26; Westermann/*Gursky*, SachenR, § 82 Rn. 35. Vgl. auch OLG Düsseldorf BeckRS 2005, 7002; *Mülbert*, AcP 214 (2014), 309, 339; *Nettesheim*, BB 1994, 301, 301; *Vieweg/Lorz*, SachenR, § 14 Rn. 18 Fn. 117. In diese Richtung auch, die Anwendbarkeit der Verzugsvorschriften aber auch damit begründend, dass der Anspruch aus § 888 Abs. 1 BGB ein obligatorischer Anspruch oder zumindest ein aus einem obligatorischen Rechtsverhältnis stammender dinglicher Anspruch ist, *Assmann*, Vormerkung, S. 416; BeckOGK-BGB/*Assmann*, § 888 BGB Rn. 11; BeckOGK-BGB/*Riehm*, § 280 BGB Rn. 73; *Helms/Zeppernick*, SachenR II, Rn. 127; *Muthorst*, HRN 2016, 71, 72 f.; *Petersen*, Dritte im ZivilR, § 24 Rn. 9; *Rüscher*, JURA 2020, 649, 662; *Schneider*, JURA 2021, 177, 180 f.; *Wieling/Finkenauer*, SachenR, § 22 Rn. 22; *Wösthoff/Klein*, ZfIR 2016, 188, 189. S. dazu, dass dieser rechtliche Charakter keine Relevanz für die Anwendung von schuldrechtlichen Vorschriften hat, Gliederungspkt. § 7 (S. 93). In diese Richtung auch, die Anwendbarkeit der Verzugsvorschriften aber in Verbindung zu § 990

Erstens habe der Anspruch aus § 888 Abs. 1 BGB nicht nur verfahrensrechtliche, sondern auch materiellrechtliche Bedeutung.[1361] Zweitens habe die Tatsache, dass er ein unselbstständiger Hilfsanspruch sei, für die Anwendung von Verzugsvorschriften keine Relevanz.[1362] Drittens entspreche eine Anwendung auch der Interessenlage.[1363]

In dem angesprochenen Urteil aus dem Jahre 2015 schloss der BGH sich dem Schrifttum an. Die Verzugsvorschriften seien auf den Anspruch aus § 888 Abs. 1 BGB anwendbar.[1364]

Dieser Anspruch begründe zwar nur einen „unselbständigen Hilfsanspruch", welcher „allein der Verwirklichung des durch die Vormerkung gesicherten Anspruchs" diene, und er sei außerdem nur auf die Erwirkung der „nach dem formellen Grundbuchrecht notwendige[n] Bewilligung des Betroffenen (§ 19 GBO)" gerichtet.[1365] Trotz dieses akzessorischen Charakters sei er aber ein „eigenständiger Anspruch".[1366]

Es dürfte damit deutlich geworden sein, dass sich zur Beantwortung der Frage, ob der akzessorische Charakter des Anspruches aus § 888 Abs. 1 BGB einer Anwendung der §§ 280 Abs. 1, Abs. 3, 281 BGB entgegensteht, ein zweischrittiges Vorgehen anbietet.

Zuerst ist zu untersuchen, welche Eigenschaften dieser Anspruch hat oder, etwas genauer, ob es sich bei ihm tatsächlich um einen unselbstständigen Hilfsanspruch mit verfahrensrechtlicher Bedeutung handelt.

Abs. 2 BGB setzend Erman/*Hager*, § 286 BGB Rn. 15; *Hager*, JuS 1990, 429, 435 mit Fn. 121; *Müller/Gruber*, SachenR, Rn. 2944; *Schwerdtner*, Verzug im SachenR, S. 187 ff.; *Wilhelm*, SachenR, Rn. 2225 Fn. 3344, Rn. 2240 Fn. 3377 u. Rn. 2303. S. zur Unanwendbarkeit des schadensersatzrechtlichen Teiles des Eigentümer-Besitzer-Verhältnisses (§§ 989 ff. BGB) Gliederungspkt. § 8 (mit Untergliederung) (S. 95 ff.). A. A. *Diederichsen*, JuS 1985, 825, 827; RGRK/*Augustin*, § 888 BGB Rn. 1 f.; Schöner/Stöber/*Riedel/Volmer/Wilsch*, 15. Aufl., Handb GrundbuchR, Rn. 1526 – Bereits vor dem BGH-Urteil aus dem Jahre 1968 von einer Anwendbarkeit der Verzugsvorschriften ausgehend *Rosenberg*, § 888 BGB III.5.e) (S. 370). In diese Richtung auch, die Anwendbarkeit der Verzugsvorschriften aber in Verbindung zu § 990 Abs. 2 BGB setzend *Sponholz*, Aufwendungsersatzanspruch d. Dritterwerbers, S. 28. S. zur Unanwendbarkeit des schadensersatzrechtlichen Teiles des Eigentümer-Besitzer-Verhältnisses (§§ 989 ff. BGB) Gliederungspkt. § 8 (mit Untergliederung) (S. 95 ff.). A. A. *Berschak*, Anspruch aus § 888 BGB, S. 34.

[1361] S. nur MüKo-BGB/*Lettmaier*, § 888 BGB Rn. 20; Staudinger/*Kesseler*, § 888 BGB Rn. 75.

[1362] S. nur *Reinicke*, NJW 1968, 788, 788 f.

[1363] S. nur *Reinicke*, NJW 1968, 788, 789 f.

[1364] BGHZ 208, 133, 135 Rn. 5. Schon die Vorinstanzen gingen von einer Anwendbarkeit der Verzugsvorschriften aus: OLG Köln BeckRS 2016, 3486 Rn. 21; LG Köln BeckRS 2016, 3487. So jetzt auch BGH NJW 2022, 1167, 1169 Rn. 27.

[1365] BGHZ 208, 133, 138 Rn. 12.

[1366] BGHZ 208, 133, 138 Rn. 13.

Erst daran anschließend kann festgestellt werden, ob sich aus den festgestellten Eigenschaften des Anspruches aus § 888 Abs. 1 BGB ein Argument gegen die Anwendung der §§ 280 Abs. 1, Abs. 3, 281 BGB ergibt.

B. Eigenschaften des Anspruches aus § 888 Abs. 1 BGB

Zunächst ist der Frage nachzugehen, ob es sich bei dem Anspruch aus § 888 Abs. 1 BGB um einen unselbstständigen Hilfsanspruch mit nur verfahrensrechtlicher Bedeutung handelt.

I. Verfahrensrechtliche Erklärung mit materiellrechtlicher Bedeutung

Innerhalb dieser Frage bietet es sich an, zuerst zu untersuchen, ob der Anspruch aus § 888 Abs. 1 BGB nur verfahrensrechtliche Bedeutung hat. Dazu muss allerdings vorab thematisiert werden, ob er auf die Abgabe einer verfahrensrechtlichen Erklärung gerichtet ist. Wäre dem nicht so, hätte er schon aus diesem Grund nicht nur verfahrensrechtliche Bedeutung.[1367]

1. Verfahrensrechtliche Erklärung

Zu diesem Zweck ist die Wirkungsweise der §§ 883 Abs. 2, 888 Abs. 1 BGB in Erinnerung zu rufen.

§ 883 Abs. 2 BGB schützt den Vormerkungsverpflichteten dadurch, dass er die relative Unwirksamkeit vormerkungswidriger Verfügungen statuiert.[1368] Der Dritterwerber wird zwar gegenüber jedermann, auch gegenüber dem Vormerkungsberechtigten, Rechtsinhaber.[1369] Der Vormerkungsverpflichtete behält jedoch die Befugnis, zugunsten des Vormerkungsberechtigten über das Grundstück zu verfügen.[1370] Für vormerkungsvereitelnde Verfügungen bedeutet das, dass der Vormerkungsverpflichtete die Verfügungsmacht besitzt, dem Vormerkungsberechtigten gem. §§ 873 Abs. 1, 925 Abs. 1 BGB das Eigentum zu übertragen.[1371] Rechte, welche durch vormerkungsbeeinträchtigende Verfügungen entstanden sind, kann er gem. § 875 Abs. 1 BGB aufheben.[1372]

[1367] Vgl. nur *Harms*, SachenR, S. 292.

[1368] S. Gliederungspkt. § 8 D.II.1.d)bb) (S. 134 ff.).

[1369] S. Gliederungspkt. § 8 D.II.1.d)bb) (S. 134 ff.).

[1370] S. Gliederungspkt. § 8 D.II.1.d)bb) (S. 134 ff.).

[1371] S. Gliederungspkt. § 8 D.II.1.d)bb) (S. 134 ff.).

[1372] S. Gliederungspkt. § 8 D.II.1.d)bb) (S. 134 ff.).

Da das Weiterbestehen der Verfügungsmacht des Vormerkungsverpflichteten für den Schutz des Vormerkungsberechtigten allerdings nicht ausreichend ist, hat er außerdem den Anspruch aus § 888 Abs. 1 BGB.[1373] Der Dritterwerber wird durch diesen Anspruch nicht verpflichtet, den durch die Vormerkung gesicherten Anspruch zu erfüllen[1374] oder der Verfügung des Vormerkungsverpflichteten gem. § 185 BGB zuzustimmen.[1375] Die Aufgabe des Anspruches aus § 888 Abs. 1 BGB besteht vielmehr darin, das verfahrensrechtliche Hindernis des § 19 GBO auszuräumen.[1376]

Die Frage, wie er diese Aufgabe im Detail erledigt, wurde bisher offengelassen. Sie soll nun beantwortet werden.

a) Erklärung mit Feststellungswirkung und Aufspaltung der Bewilligungsmacht

In neuerer Zeit geht Kesseler davon aus, dass die „Komplementärerklärung"[1377] gem. § 888 Abs. 1 BGB deswegen eine materiellrechtliche Erklärung ist, weil durch sie die Verfügung des Vormerkungsverpflichteten legitimiert und das Fortbestehen seiner Verfügungsmacht rechtsverbindlich festgestellt wird.[1378]

Der Dritterwerber erkenne mit seiner „Zustimmung" an, dass die relative Unwirksamkeit der vormerkungswidrigen Verfügung besteht.[1379] Infolgedessen sei der Vormerkungsverpflichtete in der Lage, alle erforderlichen materiell- und verfahrensrechtlichen Erklärungen abzugeben.[1380] Die Aufspaltung der Verfügungsmacht setze sich auf verfahrensrechtlicher Ebene als Aufspaltung der Bewilligungsmacht fort.[1381] Das Hindernis, welches das Grundbuchverfahrensrecht für die Erfüllung des gesicherten Anspruches bildet, werde dadurch behoben.[1382]

1373 S. Gliederungspkt. § 8 D.II.2.c)cc) (S. 155 ff.).

1374 S. Gliederungspkt. § 8 D.II.1.e)aa) (S. 138 f.).

1375 S. Gliederungspkt. § 8 D.II.1.e)bb) (S. 139 ff.).

1376 S. Gliederungspkt. § 8 D.II.2.c)cc) (S. 155 ff.).

1377 Staudinger/*Kesseler*, § 888 BGB Rn. 25.

1378 S. – unter Berücksichtigung des auf S. 134 in Fn. 829 gegebenen Hinweises – *Kesseler*, ZfIR 2007, 88, 90 ff. S. – als Vertreter der Ansicht (s. Gliederungspkt. § 8 D.II.1.e)dd) (S. 142 f.)), welche von einer partiellen Verdoppelung der Verfügungsmacht ausgeht – auch *Kesseler*, NJW 2010, 3341, 3342 f. Vgl. auch *Kesseler*, RNotZ 2011, 470, 471. In diese Richtung auch, seine Ansicht aber teilweise revidierend Staudinger/*Kesseler*, § 888 BGB Rn. 22 u. Rn. 25. In diese Richtung aus dem älteren Schrifttum bereits *Crome*, Bürgerl. Recht, § 376 6.a) (S. 187).

1379 S. nur *Kesseler*, ZfIR 2007, 88, 92.

1380 S. nur *Kesseler*, ZfIR 2007, 88, 91.

1381 S. nur *Kesseler*, ZfIR 2007, 88, 90 f.

1382 S. nur *Kesseler*, ZfIR 2007, 88, 91.

Dieser Ansicht kann man Originalität bescheinigen.[1383] Sie lässt sich aber weder mit der grammatikalischen noch mit der entstehungsgeschichtlichen Auslegung vereinbaren.[1384]

§ 888 Abs. 1 BGB spricht nicht davon, dass der Vormerkungsberechtigte von dem Dritterwerber eine die Unwirksamkeit anerkennende Erklärung verlangen kann,[1385] sondern gibt ihm stattdessen einen Anspruch auf Abgabe der „Zustimmung zu der Eintragung oder der Löschung". Diese Formulierung ist, wie sich noch zeigen wird,[1386] etwas unglücklich. Sie kann aber nicht so verstanden werden, dass der Dritterwerber zur Abgabe einer einseitigen Feststellungserklärung verpflichtet ist.

Dazu passt es, dass die 2. Kommission mit § 888 Abs. 1 BGB nur einen Anspruch schaffen wollte, welcher auf die Abgabe der „grundbuchmäßige[n] Zustimmung zur Verschaffung des in Rede stehenden Rechtes" gerichtet ist.[1387]

Zudem wäre ein einseitiges, rechtsverbindliches Anerkenntnis im Sachenrecht eine „ausgesprochene Singularität".[1388] Wenn Kesseler darauf hinweist, dass auch die gerichtliche Durchsetzung des Grundbuchberichtigungsanspruches (§ 894 BGB) die „verbindliche Klärung der materiellen Rechtslage" zur Folge hat,[1389] kann dem nicht ohne Weiteres zugestimmt werden. Die – von der herrschenden Ansicht ohnehin angegriffene[1390] – Annahme, dass aus einem Urteil über das Bestehen des Anspruches aus § 894 BGB auch die rechtsverbindliche Feststellung der Rechtsinhaberschaft des Anspruchstellers folgt,[1391] lässt sich jedenfalls nicht mit dem materiellen Gehalt des § 894 BGB begründen. Es kommt nur zu einer Erstreckung der materiellen Rechtskraft (§ 322 Abs. 1 ZPO) auf eine zivilprozessuale Vorfrage.

Kesseler begründet seine Ansicht auch damit, dass der Vormerkungsberechtigte vor dem später erhobenen Einwand des Dritterwerbers, die Vormerkung sei unwirksam gewesen, geschützt werden muss.[1392] Es erscheint aber fraglich, ob der

---

[1383] Staudinger/*Gursky*, Bearb. 2013, § 888 BGB Rn. 19.

[1384] S. zur Unvereinbarkeit mit der grammatikalischen Auslegung Staudinger/*Gursky*, Bearb. 2013, § 888 BGB Rn. 19.

[1385] In eine andere Richtung zu den heutigen §§ 135 f. BGB – allerdings vor der Schaffung des Anspruches aus § 888 Abs. 1 BGB – Motive z. BGB, Bd. I, S. 214 f. S. auch Protokolle d. 1. Kommission, BGB AT I, S. 720.

[1386] S. Gliederungspkt. § 13 B.I.1.b) (S. 213 ff.).

[1387] Protokolle d. 2. Kommission, Bd. III, S. 746.

[1388] Staudinger/*Gursky*, Bearb. 2013, § 888 BGB Rn. 19.

[1389] *Kesseler*, ZfIR 2007, 88, 92.

[1390] BGH NJW 2019, 71, 73 f. Rn. 19 ff.; OLG Naumburg NJW-RR 2014, 1229, 1231; Musielak/Voit/*Musielak*, § 322 ZPO Rn. 24; Thomas/Putzo/*Seiler*, § 322 ZPO Rn. 10; Zöller/*Vollkommer*, Vorb. § 322 ZPO Rn. 36.

[1391] OLG Jena BeckRS 2000, 30150490; MüKo-ZPO/*Gottwald*, § 322 ZPO Rn. 57; Stein/Jonas/*Althammer*, § 322 ZPO Rn. 83 u. Rn. 209.

[1392] S. nur *Kesseler*, ZfIR 2007, 88, 91.

Vormerkungsberechtigte diesen Schutz benötigt. Immerhin kann er sich durch die Erhebung einer Zwischenfeststellungsklage gem. § 256 Abs. 2 ZPO schützen. Selbst wenn man davon ausgeht, dass der Vormerkungsberechtigte schutzbedürftig ist,[1393] sollte diesem Bedürfnis nicht durch die Schaffung eines in das Sachenrecht verorteten, zivilprozessualen Fremdkörpers Rechnung getragen werden. Näher liegt es, die materielle Rechtskraft (§ 322 Abs. 1 ZPO) auch auf die Vorfrage der Existenz und Wirksamkeit der Vormerkung auszuweiten. Wird der Anspruch aus § 888 Abs. 1 BGB ohne vorheriges Gerichtsverfahren erfüllt, wäre eine Korrektur über die Anwendung des § 242 BGB in der Ausprägung des Verbotes von widersprüchlichem Verhalten möglich (vgl. § 814 BGB).

b) Bewilligung gem. § 19 GBO

Sonst wird von denjenigen, welche von einer Aufspaltung der Verfügungsmacht ausgehen,[1394] zumeist nur kurz festgestellt, dass der Vormerkungsschutz dadurch vervollständigt wird, dass der Vormerkungsberechtigte gegen den Dritterwerber einen Anspruch auf Abgabe einer verfahrensrechtlichen Erklärung hat. Man ist, sofern der Inhalt des Anspruches aus § 888 Abs. 1 BGB näher bestimmt wird,[1395] einhellig der Ansicht, dass er auf die Abgabe einer Bewilligung gem. § 19 GBO gerichtet ist.[1396]

Um das Ergebnis vorwegzunehmen: Dieser Ansicht ist zu folgen. Das verfahrensrechtliche Dilemma, in welchem sich der Vormerkungsberechtigte befunden hat,[1397] wird durch sie vollständig und interessengerecht beseitigt. Dennoch überrascht die Einhelligkeit, mit der diese Ansicht vertreten wird. Bei näherer Betrachtung zeigt sich, dass kaum ein Argument, welches für sie vorgebracht wird, stichhaltig ist.

[1393] A. A. BeckOGK-BGB/*Assmann*, § 888 BGB Rn. 36.2.

[1394] S. die auf S. 134 in Fn. 829 Genannten.

[1395] Den Inhalt des Anspruches aus § 888 Abs. 1 BGB nicht näher bestimmend etwa *Lieder*, Rechtsgeschäftl. Sukzession, S. 176 f.; *Mülbert*, AcP 214 (2014), 309, 317 ff. mit Fn. 28 u. 321 f.

[1396] Bauer/Schaub/*Lieder*, AT C Rn. 73; *Brehm/Berger*, SachenR, § 13 Rn. 21; *Löhnig/Gietl*, JuS 2008, 102, 103; *Wilhelm*, SachenR, Rn. 2225 u. Rn. 2240 f.; *Wilhelm*, ZfIR 2011, 353, 357; *Wilhelm*, ZfIR 2011, 45, 48 f. S. – unter Berücksichtigung des auf S. 134 in Fn. 829 gegebenen Hinweises – auch *Gursky*, SachenR, Rn. 42 u. Rn. 54; *Richter*, Tatsächl. Einwirkungen u. Vormerkungsschutz, S. 327 ff.; *Rosien*, Schutz d. Vormerkungsberechtigten, S. 42 u. S. 93; Westermann/*Gursky*, SachenR, § 82 Rn. 34 f. S. – unter Berücksichtigung des auf S. 134 in Fn. 829 gegebenen Hinweises – aus dem Schrifttum zu §§ 135 f. BGB auch *Mehrtens*, Veräußerungsverbot, S. 28 f.; NK-BGB/*Looschelders*, § 135 BGB Rn. 28; Staudinger/*Kohler*, § 135 BGB Rn. 135. Aus dem älteren Schrifttum bereits *Neumann*, Vormerkung, Verfügungsbeschränkung u. Veräußerungsverbot, S. 27. S. – unter Berücksichtigung des auf S. 134 in Fn. 829 gegebenen Hinweises – aus dem älteren Schrifttum zu §§ 135 f. BGB bereits *Raape*, Veräußerungsverbot, S. 58. In diese Richtung aus dem älteren Schrifttum auch *Cosack/Mitteis*, SachenR, § 25 V. (S. 93).

[1397] S. Gliederungspkt. § 8 D.II.2.c)cc) (S. 155 ff.).

Der grammatikalischen Auslegung des § 888 Abs. 1 BGB kann man, anders als teilweise behauptet wird,[1398] nicht entnehmen, dass der Dritterwerber zur Abgabe einer Bewilligung gem. § 19 GBO verpflichtet ist. Sicher sprechen die besseren Argumente dafür, dass § 888 Abs. 1 BGB mit der Zustimmung „zu der Eintragung oder der Löschung“ nicht die Verfügung des Vormerkungsverpflichteten, sondern einen grundbuchrechtlichen Vorgang in Bezug nimmt.[1399] Damit ist das Erkenntnispotenzial des Normtextes aber erschöpft.

Man kann nicht ohne Weiteres davon ausgehen, dass § 888 Abs. 1 BGB, wenn er von „Zustimmung“ spricht, die „Bewilligung“ gem. § 19 GBO meint.[1400] Das mag zwar nicht ausgeschlossen sein. Immerhin werden beide Begriffe zumindest in der heutigen[1401] Umgangssprache synonym verwendet.[1402] Es ist aber davor zu warnen, sie allein aus diesem Grund auch fachsprachlich gleichzusetzen.[1403]

Spätestens[1404] seit dem Inkrafttreten von BGB und GBO werden beide Begriffe im juristischen Sprachgebrauch unterschieden. Es wurde ihnen eine fachsprachliche Bedeutung gegeben. Die Zustimmung (vgl. § 182 Abs. 1 BGB) ist „die grundsätzlich – formlose – Erklärung des Einverständnisses mit einem […] Rechtsgeschäft eines anderen“.[1405] Die Bewilligung (vgl. § 19 GBO) ist „die Erklärung des durch die Eintragung formell Betroffenen“, mit ihr „einverstanden zu sein“.[1406] Die Zustimmung ist als „Hilfsrechtsgeschäft“[1407] notwendig, um einem anderen Rechts-

[1398] S. nur *Richter*, Tatsächl. Einwirkungen u. Vormerkungsschutz, S. 312; *Rosien*, Schutz d. Vormerkungsberechtigten, S. 42.

[1399] S. Gliederungspkt. § § 8 D.II.1.e)bb) (S. 139 ff.).

[1400] S. nur *Kesseler*, ZfIR 2007, 88, 89.

[1401] S. dazu, dass im Rahmen der grammatikalischen Auslegung allerdings nicht die heutige Bedeutung eines Begriffes maßgeblich ist, nur *Rüthers/Fischer/Birk*, Rechtstheorie, Rn. 730a, Rn. 741 u. Rn. 743.

[1402] Duden-Synonymwörterbuch, Stichwort: Zustimmung (S. 1113). Es ist zu vermuten, dass beide Begriffe auch im Zeitpunkt der Entstehung des BGB umgangssprachlich synonym verwendet worden sind. Uneindeutig insoweit allerdings Dt. Wörterbuch, Stichwort: Bewilligung (Bd. 1, Sp. 1785); Dt. Wörterbuch, Stichwort: Zustimmung (Bd. 32, Sp. 854).

[1403] S. dazu, dass im Rahmen der grammatikalischen Auslegung im Zweifel nicht die umgangssprachliche, sondern die fachsprachliche Bedeutung von Begriffen entscheidend ist, nur *Rüthers/Fischer/Birk*, Rechtstheorie, Rn. 741 u. Rn. 743.

[1404] Für die Zeit vor dem Beginn der Arbeiten am BGB gibt es keine belastbaren Quellen zur fachsprachlichen Bedeutung beider Begriffe. Bei dem Stichwort „Bewilligung“ bleibt das Deutsche Rechtswörterbuch (vgl. Dt. Rechtswörterbuch, Stichwort: Bewilligung (Bd. 2, Sp. 284 f.)) vage. Das Stichwort „Zustimmung“ wurde bisher nicht bearbeitet (Heidelberger Akademie der Wissenschaften, Bearbeitungsstand Dt. Rechtswörterbuch, https://drw-www.adw.uni-heidelberg.de/drw/info/publikat.htm (29.02.2024)).

[1405] *Köbler*, Jurist. Wörterbuch, Stichwort: Zustimmung (S. 567).

[1406] *Köbler*, Jurist. Wörterbuch, Stichwort: Bewilligung (S. 76).

[1407] BeckOGK-BGB/*Regenfus*, § 182 BGB Rn. 62; MüKo-BGB/*Bayreuther*, § 182 BGB Rn. 1; NK-BGB/*Staffhorst*, § 182 BGB Rn. 11. Vgl. auch BGH NJW-RR 2000, 1583, 1584; Soergel/*Klinck*, Vorb. §§ 182 ff. BGB Rn. 4.

geschäft zur Wirksamkeit zu verhelfen;[1408] fehlt sie, ist das Rechtsgeschäft (schwebend) unwirksam.[1409] Die „autarke"[1410] Bewilligung ist dagegen nur erforderlich, um einen Verfahrensakt ordnungsgemäß durchführen zu können;[1411] fehlt sie, vermag das ihm seine Wirksamkeit nicht zu nehmen.[1412]

Diese nur geringen Bedeutungsunterschiede sind aber kein Grund dafür, die herrschende Ansicht als mit der Auslegung unvereinbar zu verwerfen. Es sei daran erinnert, dass eine „Wortlautgrenze" nicht existiert.[1413] Der Rechtsanwender schuldet keinen Buchstabengehorsam, sondern denkenden Gehorsam.[1414]

Auch die Gesetzgebungsmaterialien sind indes weniger eindeutig, als teilweise suggeriert wird.[1415] Aus der Absicht der 2. Kommission, dem Vormerkungsberechtigten einen Anspruch auf „grundbuchmäßige Zustimmung" an die Hand zu geben,[1416] ergibt sich nicht zwingend, dass der Anspruch aus § 888 Abs. 1 BGB auf die Abgabe einer Bewilligung gem. § 19 GBO gerichtet sein muss.

Dem kann nur entnommen werden, dass die „Zustimmung" des Dritterwerbers in irgendeiner Weise mit dem Grundbuchverfahren verbunden ist. Mit dem Zusatz „grundbuchmäßig" könnte auch gemeint sein, dass, wie wohl von einem nicht näher bekannten Mitglied der 2. Kommission angedacht,[1417] die Erteilung der dann fachsprachlich verstandenen Zustimmung ausnahmsweise (vgl. § 182 Abs. 2 BGB) gemäß den grundbuchrechtlichen Formvorschriften (vgl. § 29 Abs. 1 S. 1 GBO) erfolgen muss.

Erst aus dem Zusammenhang, in dem diese Aussage getätigt wurde, ergibt sich, dass die 2. Kommission mit der „Zustimmung" die Bewilligung gem. § 19 GBO gemeint hat. In den Protokollen der 2. Kommission heißt es, dass es den „bisherigen Beschlüssen entspreche […], den Berichtigungsanspruch […] in dem Sinne zu erweitern, daß der Gläubiger von dem eingetragenen Eigenthümer die grundbuchmäßige Zustimmung zur Realisi[e]rung seines Rechtes […] fordern" kann.[1418]

[1408] Creifelds/*Fuchs*, Rechtswörterbuch, Stichwort: Zustimmung; *Köbler*, Jurist. Wörterbuch, Stichwort: Zustimmung (S. 567).

[1409] Creifelds/*Fuchs*, Rechtswörterbuch, Stichwort: Zustimmung.

[1410] S. nur *Kesseler*, ZfIR 2007, 88, 89.

[1411] *Köbler*, Jurist. Wörterbuch, Stichwort: Bewilligung (S. 76).

[1412] S. Gliederungspkt. § 8 D.II.2.c)cc) (S. 155 ff.).

[1413] S. Gliederungspkt. § 6 C.II.3. (S. 87 ff.).

[1414] S. nur *Rüthers/Fischer/Birk*, Rechtstheorie, Rn. 735.

[1415] S. *Richter*, Tatsächl. Einwirkungen u. Vormerkungsschutz, S. 312. Vgl. auch *Rosien*, Schutz d. Vormerkungsberechtigten, S. 42 f.

[1416] Protokolle d. 2. Kommission, Bd. III, S. 746. Vgl. auch die Erläuterung zum angenommenen Antrag 3 (Protokolle d. 2. Kommission, Bd. III, S. 744). In diese Richtung auch Denkschrift z. BGB, S. 123.

[1417] S. den – allerdings zurückgezogenen (Protokolle d. 2. Kommission, Bd. III, S. 743) – Antrag 2a (Protokolle d. 2. Kommission, Bd. III, S. 742).

[1418] Protokolle d. 2. Kommission, Bd. III, S. 746.

Die Absicht der 2. Kommission, den Anspruch aus § 888 Abs. 1 BGB durch eine Erweiterung des Anspruches aus § 894 BGB zu schaffen, gibt Aufschluss über seinen Inhalt. Der Anspruch aus § 894 BGB ist, obwohl dort ebenfalls von einer „Zustimmung“ die Rede ist, nach allgemeiner Ansicht, welche sich auf die Motive zum Sachenrecht berufen kann,[1419] auf die Abgabe einer Bewilligung gem. § 19 GBO gerichtet.[1420] Ist der Anspruch aus § 888 Abs. 1 BGB aus dem Anspruch aus § 894 BGB entstanden, muss er ebenfalls eine solche Erklärung zum Gegenstand haben.

Dennoch ist diese Schlussfolgerung problematischer, als man auf den ersten Blick vermuten könnte. Bei näherer Betrachtung zeigt sich, dass die Strukturen der Ansprüche aus § 894 BGB und § 888 Abs. 1 BGB derart unterschiedlich sind, dass zwischen beiden keine Verwandtschaft in gerader Linie, ja sogar nur eine Scheinverwandtschaft besteht.

Der Anspruch aus § 894 BGB steht dem Rechtsinhaber gegen den „Buchberechtigten“ zu, der Anspruch aus § 888 Abs. 1 BGB dem Vormerkungsberechtigten gegen den Dritterwerber. Der Vormerkungsberechtigte ist aber nicht Inhaber des vorgemerkten Rechtes[1421] und die Rechtsposition des Dritterwerbers ist nicht diejenige eines „Buchberechtigten“.[1422] Es ist die logische Konsequenz, dass beide Ansprüche einen sich im Detail unterscheidenden Inhalt haben. Der Anspruch aus § 894 BGB ist auf die Abgabe einer Berichtigungsbewilligung gem. § 19 GBO gerichtet. Der Anspruch aus § 888 Abs. 1 BGB hat die Abgabe einer Eintragungs- oder Löschungsbewilligung gem. § 19 GBO zum Gegenstand.

Wenn man so will, konnte die 2. Kommission ihren Worten, den Anspruch aus § 888 Abs. 1 BGB durch eine Erweiterung des § 894 BGB zu schaffen, also nur bedingt Taten folgen lassen.

Trotzdem ist der gesetzgeberische Wille bei der Bestimmung des Inhaltes des Anspruches aus § 888 Abs. 1 BGB zu berücksichtigen.

Nach alledem lässt sich dem Normtext des § 888 Abs. 1 BGB zwar nicht entnehmen, welchen Inhalt der durch ihn geschaffene Anspruch hat, das ergibt sich aber aus seiner Entstehungsgeschichte. Die 2. Kommission beabsichtigte, den Anspruch aus § 888 Abs. 1 BGB durch eine Erweiterung des § 894 BGB zu schaffen. Er ist auf die Abgabe einer Bewilligung gem. § 19 GBO gerichtet.

[1419] Motive z. BGB, Bd. III, S. 236.

[1420] BGHZ 235, 277, 281 Rn. 10; BGH NJW 2019, 71, 74 Rn. 27; BeckOGK-BGB/*Hertel*, § 894 BGB Rn. 70; MüKo-BGB/*Schäfer*, § 894 BGB Rn. 39; NK-BGB/*Krause*, § 894 BGB Rn. 40; Soergel/*Kern*, § 894 BGB Rn. 20; Staudinger/*Picker*, § 894 BGB Rn. 116.

[1421] S. Gliederungspkt. § 8 C.I.1. (S. 102) u. Gliederungspkt. § 8 C.I.2. (S. 102 ff.).

[1422] S. Gliederungspkt. § 8 D.II.1.d) (mit Untergliederung) (S. 129 ff.).

c) Zustimmung gem. § 185 BGB zu der Bewilligung des Vormerkungsverpflichteten gem. § 19 GBO

Rein vorsorglich, da bisher soweit ersichtlich nicht vertreten,[1423] sei noch zu einem anderen in Betracht kommenden Weg, die Mitwirkungshandlung des Dritterwerbers zu konstruieren, Stellung genommen.

Angesichts der Tatsache, dass der Vormerkungsverpflichtete dazu gehalten ist, alle zur Erfüllung des durch die Vormerkung gesicherten Anspruches erforderlichen verfahrensrechtlichen Erklärungen abzugeben oder zu beschaffen,[1424] könnte man ihn dazu verpflichten, die Bewilligung gem. § 19 GBO zu erklären.[1425] Seine Bewilligung würde zwar daran kranken, dass ihm die erforderliche Bewilligungsmacht fehlt.[1426] Dieser Missstand könnte aber durch den Anspruch aus § 888 Abs. 1 BGB behoben werden. Der Dritterwerber wäre nur dazu verpflichtet, der Bewilligung des Vormerkungsverpflichteten – unter Einhaltung des § 29 Abs. 1 S. 1 GBO – gem. § 185 BGB zuzustimmen.[1427]

Diese Konstruktion erscheint auf den ersten Blick im Vergleich zu der hier vertretenen Ansicht, dass der Dritterwerber zur Abgabe der Bewilligung gem. § 19 GBO verpflichtet ist, etwas umständlich. Sie hätte ihr gegenüber aber einen entscheidenden Vorteil: Die Mitwirkungshandlung des Dritterwerbers wäre, wie so oft gefordert,[1428] auf das unbedingt erforderliche Maß reduziert. Der Dritterwerber wäre nur in sehr geringem Umfang in die Erfüllung des durch die Vormerkung gesicherten Anspruches einbezogen.

Das erscheint durchaus attraktiv. Je umfangreicher die Aufgabe ist, welche der Dritterwerber übernimmt, desto mehr nähert sich seine Mitwirkungshandlung ei-

---

[1423] In diese Richtung – unter Berücksichtigung des auf S. 129 f. in Fn. 797 gegebenen Hinweises – möglicherweise MüKo-BGB/*Kohler*, 8. Aufl., § 888 BGB Rn. 2. Es spricht jedoch einiges dafür, dass er den Dritterwerber nicht zu einer Zustimmung gem. § 185 BGB, sondern stattdessen zur Abgabe einer eigenen Bewilligung gem. § 19 GBO verpflichtet.

[1424] Vgl. – jeweils zum Eigentumsverschaffungsanspruch aus § 433 Abs. 1 S. 1 BGB – BGHZ 174, 61, 69 f. Rn. 32 f.; MüKo-BGB/*Westermann*, § 433 BGB Rn. 47; NK-BGB/*Büdenbender*, § 433 BGB Rn. 24; *Richter*, Tatsächl. Einwirkungen u. Vormerkungsschutz, S. 328; Staudinger/*Beckmann*, § 433 BGB Rn. 124.

[1425] In diese Richtung MüKo-BGB/*Kohler*, 8. Aufl., § 888 BGB Rn. 2.

[1426] S. dazu, dass das Vorliegen der Bewilligungsmacht ein Erfordernis für die Wirksamkeit der Bewilligung gem. § 19 GBO ist, Bauer/Schaub/*Kilian*, § 19 GBO Rn. 135; KEHE/*Munzig*, § 19 GBO Rn. 54; Meikel/*Böttcher*, § 19 GBO Rn. 62.

[1427] S. zur Anwendbarkeit des § 185 BGB auf die Bewilligung gem. § 19 GBO nur BGH NJW-RR 2019, 970, 971 Rn. 13; BGH NJW-RR 2011, 19, 20 Rn. 13; Bauer/Schaub/*Kilian*, § 19 GBO Rn. 294 u. Rn. 300; BeckOGK-BGB/*Regenfus*, § 185 BGB Rn. 197; KEHE/*Munzig*, § 19 GBO Rn. 55; Meikel/*Böttcher*, § 19 GBO Rn. 63; MüKo-BGB/*Bayreuther*, § 185 BGB Rn. 13; NK-BGB/*Staffhorst*, § 185 BGB Rn. 8; Soergel/*Klinck*, § 185 BGB Rn. 4; Staudinger/*Klumpp*, § 185 BGB Rn. 143.

[1428] S. die auf S. 141 in Fn. 867 Genannten.

nem, zumindest partiellen, Schuldbeitritt an.[1429] Gegen einen solchen können, wenn auch nur in abgeschwächter Form, dieselben Argumente (Benachteiligung des Dritterwerbers, Bevorteilung des Vormerkungsberechtigten)[1430] geltend gemacht werden, die gegen einen „vollständigen" Schuldbeitritt vorgebracht worden sind.[1431]

Allerdings lässt sich eine so konstruierte Mitwirkungshandlung des Dritterwerbers nicht mit § 888 Abs. 1 BGB vereinbaren. Es ist ohne Frage wünschenswert, den durch die Vormerkung verursachten Eingriff in die Rechtsposition des Dritterwerbers und – damit zusammenhängend – auch seine Mitwirkungshandlung bei der Erfüllung des gesicherten Anspruches so gering wie möglich zu halten. Selbst wenn man daraus ein „Prinzip" entwickelt,[1432] kann dieses den gesetzgeberischen Willen aber nicht außer Kraft setzen.[1433] Den Vorstellungen der Gesetzesverfasser kommt nicht unerhebliche Indizwirkung zu.[1434] Die Absicht der 2. Kommission, den Dritterwerber zur Abgabe einer Bewilligung gem. § 19 GBO zu verpflichten,[1435] ist ernst zu nehmen. Es besteht kein Anlass, den Inhalt des Anspruches aus § 888 Abs. 1 BGB umzubilden.

d) Zwischenergebnis

Der Dritterwerber ist zur Abgabe einer verfahrensrechtlichen Erklärung verpflichtet.

Die Ansicht von Kesseler, dass der Anspruch aus § 888 Abs. 1 BGB deswegen eine materiellrechtliche Erklärung zum Gegenstand hat, weil er auf die Abgabe einer Erklärung mit Feststellungswirkung gerichtet ist, ist abzulehnen. Stattdessen ist der Ansicht zu folgen, welche davon ausgeht, dass der Dritterwerber zur Abgabe einer Bewilligung gem. § 19 GBO verpflichtet ist. Zwar wäre es im Grunde genommen ausreichend, wenn der Dritterwerber gem. § 185 BGB der Bewilligung des Vormerkungsverpflichteten gem. § 19 GBO zustimmt. Eine solche Reduzierung der

---

[1429] Vgl., da in der Pflicht des Dritterwerbers, die Bewilligung gem. § 19 GBO zu erklären, einen partiellen Schuldbeitritt sehend *Richter*, Tatsächl. Einwirkungen u. Vormerkungsschutz, S. 332.

[1430] S. Gliederungspkt. § 8 D.II.1.e)aa) (S. 138 f.).

[1431] Vgl. Gliederungspkt. § 8 D.II.1.e)bb) (S. 139 ff.). A. A. *Richter*, Tatsächl. Einwirkungen u. Vormerkungsschutz, S. 333.

[1432] *Lieder*, Rechtsgeschäftl. Sukzession, S. 169; MüKo-BGB/*Lettmaier*, § 883 BGB Rn. 58. S. aus dem Schrifttum zu §§ 135 f. BGB auch Staudinger/*Kohler*, § 135 BGB Rn. 113 u. Rn. 115. Vgl. auch *Mülbert*, AcP 214 (2014), 309, 309 ff. S. zum (begrenzten) Nutzen von Prinzipien in der Rechtswissenschaft nur *Rüthers/Fischer/Birk*, Rechtstheorie, Rn. 144a, Rn. 323 u. Rn. 757a.

[1433] Vgl. nur *Fischer*, Topoi verdeckter Rechtsfortbildungen, S. 548; *Fischer*, Zivilrechtswissenschaft, 365, 402; *Rüthers/Fischer/Birk*, Rechtstheorie, Rn. 751, Rn. 756c, Rn. 820, Rn. 903a, Rn. 915 ff. u. Rn. 988.

[1434] S. Gliederungspkt. § 6 C.II.2.b)aa) (S. 80 ff.).

[1435] S. Gliederungspkt. § 13 B.I.1.b) (S. 213 ff.).

Mitwirkungshandlung des Dritterwerbers ist aber nicht mit dem hier vertretenen rechtsmethodischen Verständnis vereinbar.

2. Materiellrechtliche Bedeutung

Daraus, dass der Anspruch aus § 888 Abs. 1 BGB die Abgabe einer verfahrensrechtlichen Erklärung zum Gegenstand hat, sollte aber nicht geschlossen werden, dass seine Bedeutung auf das Verfahrensrecht beschränkt ist.

Es ist richtig, dass der Dritterwerber nur deshalb zur Abgabe der Bewilligung gem. § 19 GBO verpflichtet wird, damit die Änderung des Grundbuches, also ein Verfahrensakt, vorgenommen werden kann.[1436] Damit ist die Bedeutung des Anspruches aus § 888 Abs. 1 BGB aber nicht erschöpft. Die Beseitigung des verfahrensrechtlichen Dilemmas, in welchem sich der Vormerkungsberechtigte befindet,[1437] ist kein Selbstzweck, sondern geschieht, damit der durch die Vormerkung gesicherte Anspruch erfüllt werden kann.[1438]

Es sei daran erinnert, dass der Anspruch aus § 888 Abs. 1 BGB geschaffen wurde, weil das Weiterbestehen der Verfügungsmacht des Vormerkungsverpflichteten für den Schutz des Vormerkungsberechtigten für sich genommen nicht ausreichend ist.[1439] Der Vormerkungsberechtigte wird gem. § 873 Abs. 1 BGB erst mit der Eintragung in das Grundbuch Eigentümer.[1440] Vormerkungswidrig bestellte Rechte werden gem. § 875 Abs. 1 S. 1 BGB erst mit der Löschung aus dem Grundbuch aufgehoben.[1441] Der Anspruch aus § 888 Abs. 1 BGB hat damit aber nicht nur verfahrensrechtliche, sondern, jedenfalls mittelbar, auch materiellrechtliche Bedeutung.

Es spricht einiges dafür, dass auch denjenigen, welche heute noch von der verfahrensrechtlichen Bedeutung des Anspruches aus § 888 Abs. 1 BGB sprechen, diese materiellrechtliche Bedeutung bewusst ist. Dennoch sollte man diesen Ausdruck besser vermeiden. Andernfalls besteht die sich wohl auch in dem Urteil des BGH aus dem Jahre 1968[1442] verwirklichte Gefahr, den Anspruch allein aus diesem Grund dem formellen Grundstücksrecht zuzuordnen.[1443]

[1436] S. Gliederungspkt. § 8 D.II.2.c)cc) (S. 155 ff.).

[1437] S. Gliederungspkt. § 8 D.II.2.c)cc) (S. 155 ff.).

[1438] S. Gliederungspkt. § 8 D.II.2.c)cc) (S. 155 ff.).

[1439] S. Gliederungspkt. § 8 D.II.2.c)cc) (S. 155 ff.).

[1440] S. Gliederungspkt. § 8 D.II.2.c)cc) (S. 155 ff.).

[1441] S. Gliederungspkt. § 8 D.II.2.c)cc) (S. 155 ff.).

[1442] BGHZ 49, 263, 266 f.

[1443] S. nur, da diesem Irrtum in Ansätzen neuerdings wieder erliegend *Kainer*, SachenR, § 26 Rn. 5.

Von dort ist es aber nicht weit zu der Annahme, dass § 888 Abs. 1 BGB nur ein „rein formal-grundbuchrechtlicher Anspruch",[1444] eine „bloße grundbuchrechtliche Sollvorschrift, die sich ins BGB verirrt hat"[1445] oder ein mit § 14 GBO vergleichbares „Antragsrecht"[1446] ist. All diese Gedanken sind originell.[1447] Sie sind aber nicht ohne Grund nahezu in Vergessenheit geraten. Heutzutage wird zu Recht nicht mehr bezweifelt, dass sich aus § 888 Abs. 1 BGB ein eigenständiger[1448] und materiellrechtlicher[1449] Anspruch ergibt.

3. Zwischenergebnis

Zwar ist der Ansicht zu folgen, welche davon ausgeht, dass der Dritterwerber zur Abgabe einer Bewilligung gem. § 19 GBO verpflichtet ist. Das ändert aber nichts daran, dass der Anspruch aus § 888 Abs. 1 BGB bei der Erfüllung des durch die Vormerkung gesicherten Anspruches hilft. Obwohl er auf die Abgabe einer verfahrensrechtlichen Erklärung gerichtet ist, hat er also nicht nur verfahrensrechtliche, sondern, jedenfalls mittelbar, auch materiellrechtliche Bedeutung.

II. Unselbstständiger Hilfsanspruch

In seinem Urteil aus dem Jahre 1968 ging der BGH außerdem davon aus, dass der Anspruch aus § 888 Abs. 1 BGB ein „unselbständiger Hilfsanspruch" ist.[1450] Da sich dieser Ausdruck im Schrifttum auch heute noch großer Beliebtheit erfreut, verwundert es nicht, dass der BGH ihn auch in seinem Urteil aus dem Jahre 2015 verwendete.[1451]

Tatsächlich wird man den Anspruch aus § 888 Abs. 1 BGB, wenn man dieses für notwendig hält, als unselbstständigen Hilfsanspruch bezeichnen können. Da dieser Ausdruck stellvertretend für eine Vielzahl von Eigenschaften dieses Anspruches steht,[1452] ist ein Verweis auf ihn für sich genommen aber nur wenig aussagekräftig.

[1444] Aus dem älteren Schrifttum *Binder*, ZHR 72 (1912), 535, 540.

[1445] Aus dem älteren Schrifttum *Cosack/Mitteis*, SachenR, § 25 V. (S. 94).

[1446] Aus dem älteren Schrifttum *Du Chesne*, DNotV 1912, 456, 458 ff. Vgl. auch *Du Chesne*, FS Wach I, 333, 351.

[1447] *Assmann*, Vormerkung, S. 414 Fn. 12 (zur Ansicht von Du Chesne).

[1448] BGHZ 208, 133, 138 Rn. 13. Vgl. auch Ak-BGB/*Schweinitz*, § 888 BGB Rn. 13.

[1449] *Eckert*, SachenR, Rn. 840; Hk-BGB/*Staudinger*, § 888 BGB Rn. 5; *Lange/Schiemann*, SachenR, S. 26; *Severin*, Auflassungsvormerkung u. Eingriffsschutz, S. 61; Staudinger/*Kesseler*, § 888 BGB Rn. 75; Westermann/*Gursky*, SachenR, § 82 Rn. 35.

[1450] BGHZ 49, 263, 267.

[1451] BGHZ 208, 133, 138 Rn. 12.

[1452] S. zu verschiedenen, unter diesem Begriff vereinten Eigenschaften nur BeckOGK-BGB/*Assmann*, § 888 BGB Rn. 10, Rn. 12, Rn. 30 f., Rn. 43, Rn. 65 u. Rn. 143.

Es soll im Folgenden festgestellt werden, welche unter diesem Ausdruck vereinten Eigenschaften für die Frage nach der Anwendbarkeit der §§ 280 Abs. 1, Abs. 3, 281 BGB relevant sind.

1. Hilfe des Dritterwerbers bei der Erfüllung des durch die Vormerkung gesicherten Anspruches

Wenn der Anspruch aus § 888 Abs. 1 BGB als unselbstständiger Hilfsanspruch bezeichnet wird, soll damit zunächst einmal die bare Selbstverständlichkeit ausgesprochen werden, dass der Dritterwerber durch ihn nicht zur Erfüllung des durch die Vormerkung gesicherten Anspruches verpflichtet wird, sondern nur bei dieser hilft.[1453]

Es muss im Weiteren beantwortet werden, ob der Anspruch aus §§ 280 Abs. 1, Abs. 3, 281 BGB auf einen solchen Hilfsanspruch angewendet werden kann und – bejahendenfalls – ob diese Tatsache Einfluss auf die Bemessung des Schadensersatzes hat.

2. Keine Verselbstständigung des Anspruches aus § 888 Abs. 1 BGB von der Vormerkung

Außerdem versucht man mit dem Ausdruck „unselbstständiger Hilfsanspruch" klarzustellen, dass der Anspruch aus § 888 Abs. 1 BGB nicht von der Vormerkung und dadurch auch nicht von dem durch die Vormerkung gesicherten Anspruch getrennt werden kann.[1454]

Diese Annahme kann zwar, wie die Ansicht der 1. Kommission zur Abtretbarkeit des Anspruches aus § 985 BGB gezeigt hat,[1455] nicht mit der nur dienenden Funktion des Anspruches aus § 888 Abs. 1 BGB begründet werden. Sie ist aber dennoch richtig. Der Anspruch aus § 888 Abs. 1 BGB kann weder selbstständig abgetreten[1456] noch ge- bzw. verpfändet[1457] werden. Es besteht kein Interesse daran, ihn zu verselbstständigen.

[1453] S. nur MüKo-BGB/*Lettmaier*, § 888 BGB Rn. 2. S. dazu Gliederungspkt. § 8 D.II.1.e) aa) (S. 138 f.).

[1454] S. nur BeckOGK-BGB/*Assmann*, § 888 BGB Rn. 12 u. Rn. 31; MüKo-BGB/*Lettmaier*, § 888 BGB Rn. 4.

[1455] S. Gliederungspkt. § 12 B.II. (S. 198 ff.).

[1456] OLG Stuttgart BeckRS 2011, 4629; *Assmann*, Vormerkung, S. 417; BeckOGK-BGB/*Assmann*, § 888 BGB Rn. 12 u. Rn. 31; MüKo-BGB/*Lettmaier*, § 888 BGB Rn. 4; NK-BGB/*Krause*, § 888 BGB Rn. 26; Soergel/*Kern*, § 888 BGB Rn. 13; Staudinger/*Kesseler*, § 888 BGB Rn. 14; Westermann/*Gursky*, SachenR, § 82 Rn. 35.

[1457] *Assmann*, Vormerkung, S. 417; BeckOGK-BGB/*Assmann*, § 888 BGB Rn. 12 u. Rn. 31; MüKo-BGB/*Lettmaier*, § 888 BGB Rn. 4; Staudinger/*Kesseler*, § 888 BGB Rn. 14.

Zum einen ist die Vormerkung ohne den Anspruch aus § 888 Abs. 1 BGB für den Vormerkungsberechtigten weitgehend wertlos.[1458] Zum anderen haben Dritte regelmäßig gar kein Interesse daran, Inhaber dieses Anspruches zu werden.

Das mag ausnahmsweise anders sein, wenn bei einem echten Vertrag zugunsten eines Dritten (vgl. § 328 Abs. 1 BGB) nur der Anspruch des Versprechensempfängers, nicht auch der Anspruch des Dritten durch die Vormerkung gesichert wurde. Selbst wenn man davon ausgeht, dass der Dritte in dieser ungewöhnlichen Konstellation schutzbedürftig ist,[1459] kann der Vormerkungsberechtigte ihm aber dadurch helfen, dass er ihn zur Geltendmachung des Anspruches aus § 888 Abs. 1 BGB im eigenen Namen ermächtigt.[1460]

Es ist zu untersuchen, ob und bejahendenfalls wie eine derartige Unselbstständigkeit mit der Wirkung des § 281 Abs. 4 BGB zu vereinbaren ist.

3. Keine Unabhängigkeit des Anspruches aus § 888 Abs. 1 BGB vom Inhalt des durch die Vormerkung gesicherten Anspruches

Soweit die Rede davon ist, dass der Anspruch aus § 888 Abs. 1 BGB ein unselbstständiger Hilfsanspruch ist, kann dem außerdem entnommen werden, dass der Inhalt des Anspruches aus § 888 Abs. 1 BGB nicht selbstständig, sondern nur unter Berücksichtigung des Inhaltes des durch die Vormerkung gesicherten Anspruches bestimmt werden kann.[1461]

Unbestritten hängt etwa die Fälligkeit des Anspruches aus § 888 Abs. 1 BGB von der Fälligkeit des Hauptanspruches ab.[1462] Ähnliches behauptet Assmann[1463] entgegen mehrheitlich anderslautender Stimmen[1464] auch für seine Verjährung. Im

---

1458 S. Gliederungspkt. § 8 D.II.2.c)cc) (S. 155 ff.).

1459 BeckOGK-BGB/*Assmann*, § 888 BGB Rn. 30. Vgl. auch Staudinger/*Kesseler*, § 888 BGB Rn. 14.

1460 BeckOGK-BGB/*Assmann*, § 888 BGB Rn. 30; Staudinger/*Kesseler*, § 888 BGB Rn. 14. Vgl. auch MüKo-BGB/*Lettmaier*, § 888 BGB Rn. 4 u. Rn. 9; NK-BGB/*Krause*, § 888 BGB Rn. 26.

1461 S. nur BGHZ 208, 133, 138 Rn. 12.

1462 BGHZ 186, 130, 131 Rn. 5; OLG Oldenburg BeckRS 2011, 16847 Rn. 11; *Assmann*, Vormerkung, S. 434; BeckOGK-BGB/*Assmann*, § 888 BGB Rn. 43; MüKo-BGB/*Lettmaier*, § 888 BGB Rn. 4; NK-BGB/*Krause*, § 888 BGB Rn. 27; Soergel/*Kern*, § 888 BGB Rn. 11; Staudinger/*Kesseler*, § 888 BGB Rn. 55; Westermann/*Gursky*, SachenR, § 82 Rn. 35.

1463 BeckOGK-BGB/*Assmann*, § 888 BGB Rn. 10. Vgl. auch *Assmann*, Vormerkung, S. 415 f.

1464 Zumeist geht man mit Verweis auf § 902 Abs. 1 S. 1 BGB davon aus, dass der Anspruch aus § 888 Abs. 1 BGB unverjährbar ist. S. nur BGH NJW 2022, 1167, 1169 Rn. 20; MüKo-BGB/*Lettmaier*, § 888 BGB Rn. 3 u. Rn. 12; NK-BGB/*Krause*, § 888 BGB Rn. 26; Staudinger/*Kesseler*, § 888 BGB Rn. 73.

Ergebnis wird man zudem die Frage nach der zeitlichen Reihenfolge der Geltendmachung beider Ansprüche dieser „Akzessorietät“[1465] zuordnen können.[1466]

Da diese Eigenschaften des Anspruches aus § 888 Abs. 1 BGB, wenn überhaupt, aber erst relevant werden, wenn die berührten Interessen der Beteiligten bewertet werden, bleiben sie bis dahin unbeachtet. Gleiches gilt für die Frage, ob der Dritterwerber die Möglichkeit hat, die dem Vormerkungsverpflichteten zustehenden Einreden gegen den durch die Vormerkung gesicherten Anspruch geltend zu machen.[1467]

4. Zwischenergebnis

Man kann den Anspruch aus § 888 Abs. 1 BGB als unselbstständigen Hilfsanspruch bezeichnen. Unter diesem Ausdruck werden allerdings viele Eigenschaften dieses Anspruches vereint. Im Folgenden sind nur zwei dieser Eigenschaften relevant. Erstens die Tatsache, dass der Dritterwerber nicht zur Erfüllung des durch die Vormerkung gesicherten Anspruches verpflichtet ist, sondern nur bei dieser hilft. Zweitens die Tatsache, dass der Anspruch aus § 888 Abs. 1 BGB untrennbar mit der Vormerkung und dem durch die Vormerkung gesicherten Anspruch verbunden ist.

III. Zwischenergebnis

Der Anspruch aus § 888 Abs. 1 BGB ist zwar auf die Abgabe einer verfahrensrechtlichen Erklärung gerichtet. Dennoch hat er nicht nur verfahrensrechtliche, sondern, jedenfalls mittelbar, auch materiellrechtliche Bedeutung.

Von den unter dem Begriff „unselbstständiger Hilfsanspruch“ gesammelten Eigenschaften des Anspruches aus § 888 Abs. 1 BGB sind im Folgenden zwei Eigenschaften relevant. Die Tatsache, dass der Dritterwerber nicht zur Erfüllung des

---

[1465] MüKo-BGB/*Lettmaier*, § 888 BGB Rn. 4.

[1466] Die herrschende Ansicht geht davon aus, dass der Anspruch aus § 888 Abs. 1 BGB auch vor dem durch die Vormerkung gesicherten Anspruch geltend gemacht werden kann. S. nur BGHZ 186, 130, 131 ff. Rn. 5 ff.; BGH NJW-RR 2007, 1247, 1248 Rn. 10; *Assmann*, Vormerkung, S. 432 ff.; *Baur/Stürner*, SachenR, § 20 Rn. 37; BeckOGK-BGB/*Assmann*, § 888 BGB Rn. 44 u. Rn. 59.1; MüKo-BGB/*Lettmaier*, § 888 BGB Rn. 14; NK-BGB/*Krause*, § 888 BGB Rn. 31; Soergel/*Kern*, § 888 BGB Rn. 10; Staudinger/*Kesseler*, § 888 BGB Rn. 57 f.; Westermann/*Gursky*, SachenR, § 82 Rn. 35. A. A. OLG Rostock BeckRS 2006, 13079 (für vormerkungsbeeinträchtigende Verfügungen); OLG Zweibrücken NJW-RR 2007, 87, 88 (für vormerkungsbeeinträchtigende Verfügungen).

[1467] So die im Detail voneinander abweichenden Vertreter der herrschenden Ansicht. S. nur BGHZ 208, 133, 138 Rn. 12; BGHZ 186, 130, 132 f. Rn. 8; *Baur/Stürner*, SachenR, § 20 Rn. 37; MüKo-BGB/*Lettmaier*, § 888 BGB Rn. 11; NK-BGB/*Krause*, § 888 BGB Rn. 19 f.; Soergel/*Kern*, § 888 BGB Rn. 11; Staudinger/*Kesseler*, § 888 BGB Rn. 63 ff.; Westermann/*Gursky*, SachenR, § 82 Rn. 35. A. A. *Assmann*, Vormerkung, S. 427 ff.; BeckOGK-BGB/*Assmann*, § 888 BGB Rn. 54 f.

durch die Vormerkung gesicherten Anspruches verpflichtet ist, und die Tatsache, dass der Anspruch aus § 888 Abs. 1 BGB untrennbar mit der Vormerkung verbunden ist.

C. Konsequenzen für die Anwendung des Schadensersatzanspruches statt der Leistung aus §§ 280 Abs. 1, Abs. 3, 281 BGB

Im Weiteren ist zu untersuchen, ob die Anwendung des Schadensersatzanspruches statt der Leistung (§§ 280 Abs. 1, Abs. 3, 281 BGB) mit diesen beiden, aus dem akzessorischen Charakter des Anspruches aus § 888 Abs. 1 BGB gewonnenen Eigenschaften vereinbar ist.

I. Nichterbringung der Zustimmung als Pflichtverletzung im Sinne der §§ 280 Abs. 1 S. 1, 281 Abs. 1 S. 1 BGB

Angesichts der Tatsache, dass der Dritterwerber nur bei der Erfüllung eines anderen Anspruches hilft, könnte man Zweifel haben, ob die Nichterbringung der Zustimmung eine Pflichtverletzung im Sinne der §§ 280 Abs. 1 S. 1, 281 Abs. 1 S. 1 BGB darstellt.

In Bezug auf § 280 Abs. 1 S. 1 BGB lassen sich diese Zweifel ohne großen Aufwand ausräumen. Der Gesetzgeber hat dieser Norm einen weiten Anwendungsbereich gegeben.[1468] Es ist davon auszugehen, dass sie im Grundsatz eine Haftung für jede Pflichtverletzung vorsieht.[1469] Folglich kann auch das pflichtwidrige Verhalten des Dritterwerbers durch sie sanktioniert werden.[1470]

Schwieriger zu beantworten ist dagegen die Frage, ob die Nichterbringung der Zustimmung eine Pflichtverletzung im Sinne des § 281 Abs. 1 S. 1 BGB darstellt.

Wenig hilfreich sind die Gesetzgebungsmaterialien zur Vormerkung. Aus den Protokollen der 2. Kommission ergibt sich, dass ihre Mitglieder einen Antrag annahmen,[1471] welcher in seiner Begründung eine Haftung des Dritterwerbers für die „schuldhafte Vereitelung des Rechtes" vorsah.[1472] Außerdem ging ein nicht näher bekanntes Mitglied der 2. Kommission davon aus, dass der Vormerkungsberechtigte den Dritterwerber insoweit für eine „Vereitelung seines Anspruchs verant-

---

[1468] BT-Drs. 14/6040, S. 135.

[1469] S. nur BGHZ 208, 133, 137 Rn. 9.

[1470] BGHZ 208, 133, 137 Rn. 9. S. auch viele der auf S. 208 f. in Fn. 1360 Genannten und von diesen insbesondere jurisPK-BGB/*Stamm*, § 888 BGB Rn. 33; *Kainer*, SachenR, § 26 Rn. 46; MüKo-BGB/*Lettmaier*, § 888 BGB Rn. 20.

[1471] Protokolle d. 2. Kommission, Bd. III, S. 743 u. S. 746.

[1472] Protokolle d. 2. Kommission, Bd. III, S. 744. S. dazu, wie diese Äußerung zu verstehen ist, S. 115 Fn. 713.

wortlich machen“ kann, „als demselben ein Verschulden zur Last falle“.[1473] Damit bleiben die Protokolle der 2. Kommission aber vage.

Selbst wenn man mit ihrer Hilfe die Anwendung der Verzugsvorschriften begründet,[1474] ergibt sich aus ihnen kein Argument für die Anwendung des Schadensersatzanspruches statt der Leistung (§§ 280 Abs. 1, Abs. 3, 281 BGB). An eine Anwendung seiner Vorgängervorschriften aus § 283 Abs. 1 BGB a.F. und § 286 Abs. 2 S. 1 BGB a.F. wird die 2. Kommission schon deswegen nicht gedacht haben, weil eine Haftung des Dritterwerbers nach diesen Vorschriften nur in eng begrenzten und praktisch kaum relevanten Ausnahmefällen in Betracht kam.[1475]

§ 281 Abs. 1 S. 1 BGB setzt ausweislich seines Normtextes nur voraus, dass eine „Leistung“ nicht oder nicht wie geschuldet erbracht worden ist. Das ist unmittelbar einsichtig. Welchen Nutzen soll eine Anwendung des Schadensersatzanspruches statt der Leistung (§§ 280 Abs. 1, Abs. 3, 281 BGB) haben, wenn keine Leistung existiert, anstatt derer Schadensersatz verlangt werden kann?

In seinem Urteil aus dem Jahre 2015 nahm der BGH zu Recht an, dass der Anspruch aus § 888 Abs. 1 BGB eine Leistung zum Gegenstand hat.[1476] Dieser Ansicht ist das Schrifttum gefolgt.[1477]

In der Tat wird man den Leistungscharakter des Anspruches aus § 888 Abs. 1 BGB kaum bezweifeln können. Man sollte aber besser den nur pleonastischen Begriff „Leistungsanspruch“ vermeiden. Der Anspruch aus § 888 Abs. 1 BGB ist gerade deshalb auf die Erbringung einer Leistung gerichtet, weil er ein – eigenständiger und materiellrechtlicher[1478] – Anspruch ist.[1479]

[1473] Protokolle d. 2. Kommission, Bd. III, S. 747. S. dazu, dass diese Äußerung der 2. Kommission nicht zugerechnet werden kann, Gliederungspkt. § 8 D.I.1.c) (S. 112 ff.).

[1474] *Reinicke*, NJW 1968, 788, 790; *Schwerdtner*, Verzug im SachenR, S. 192 Fn. 33; Staudinger/*Kesseler*, § 888 BGB Rn. 75. Vgl. auch *Neuner*, SachenR, Rn. 571.

[1475] S. Gliederungspkt. § 1 C.I. (S. 22 f.).

[1476] BGHZ 208, 133, 139 Rn. 13.

[1477] S. viele der auf S. 208 f. in Fn. 1360 Genannten und von diesen insbesondere BeckOGK-BGB/*Riehm*, § 280 BGB Rn. 73; jurisPK-BGB/*Stamm*, § 888 BGB Rn. 32; MüKo-BGB/*Ernst*, § 286 BGB Rn. 16; *Schellhammer*, SachenR, Rn. 952; *Schneider*, JURA 2021, 177, 180; *Stürner*, JURA 2019, 837, 842; *Wellenhofer*, SachenR, § 18 Rn. 26. Bereits vor diesem Urteil den Leistungscharakter des Anspruches aus § 888 Abs. 1 BGB bejahend *Lange/Schiemann*, SachenR, S. 26. In diese Richtung auch, den Leistungscharakter des Anspruches aus § 888 Abs. 1 BGB aber damit begründend, dass dieser Anspruch ein obligatorischer Anspruch oder zumindest ein aus einem obligatorischen Rechtsverhältnis stammender dinglicher Anspruch ist, *Richter*, Tatsächl. Einwirkungen u. Vormerkungsschutz, S. 353; *Schwerdtner*, Verzug im SachenR, S. 190 mit Fn. 28. So aus dem älteren Schrifttum bereits *Oberneck*, ReichsgrundbuchR, § 50 5. (S. 450). S. dazu, dass der rechtliche Charakter des Anspruches aus § 888 Abs. 1 BGB keine Relevanz für die Anwendung von schuldrechtlichen Vorschriften hat, Gliederungspkt. § 7 (S. 93). S. dazu, dass auch dingliche Ansprüche eine Leistung zum Gegenstand haben, Gliederungspkt. § 11 B.II. (S. 188 ff.). A.A. aus dem älteren Schrifttum *Endemann*, SachenR, § 65 2.b) (S. 404 Fn. 17).

[1478] S. Gliederungspkt. § 13 B.I.2. (S. 219 f.).

Da § 281 Abs. 1 S. 1 BGB auf jede Leistungspflicht unabhängig von ihrem Inhalt angewendet werden kann,[1480] ist es unerheblich, dass der Anspruch aus § 888 Abs. 1 BGB nur bei der Erfüllung eines anderen Anspruches hilft.[1481]

Etwas anderes ergibt sich auch nicht daraus, dass die Schuldrechtskommission den Übergang von der „Rückgewähr eines bestimmten Gegenstandes" zum Schadensersatz nur unter bestimmten Voraussetzungen zuließ.[1482] Zwar ist nicht von vornherein ausgeschlossen, dass die Begründung für diese Entscheidung auch für den Anspruch aus § 888 Abs. 1 BGB passt.[1483] Im weiteren Verlauf des Gesetzgebungsverfahrens ging man aber davon aus, dass, da die „recht theoretische[n] Fallgestaltungen" „eines ‚Zwangsverkaufs' einer zurückzugebenden Sache" mittels § 242 BGB zu bewältigen seien, keine zusätzlichen Voraussetzungen geschaffen werden müssten.[1484]

Nach alledem ist die Nichterbringung der Zustimmung sowohl als Pflichtverletzung im Sinne des § 280 Abs. 1 S. 1 BGB als auch als Pflichtverletzung im Sinne des § 281 Abs. 1 S. 1 BGB zu qualifizieren.

II. Rechtsfolgen der Anwendung der §§ 280 Abs. 1, Abs. 3, 281 BGB

Allein aus dieser Erkenntnis folgt aber nicht, dass der Schadensersatzanspruch statt der Leistung (§§ 280 Abs. 1, Abs. 3, 281 BGB) auf den Anspruch aus § 888 Abs. 1 BGB angewendet werden kann. Im Gegenteil, die eigentlichen Probleme ergeben sich erst, wenn man einen Blick auf die Rechtsfolgen des Anspruches aus §§ 280 Abs. 1, Abs. 3, 281 BGB wirft.[1485]

Es stellen sich insbesondere drei Fragen: Erstens, kann der Anspruch aus § 888 Abs. 1 BGB, obwohl er nach den bisherigen Feststellungen untrennbar mit der Vormerkung verbunden ist,[1486] überhaupt gem. § 281 Abs. 4 BGB wegfallen? Zweitens, wie ist der sich aus §§ 280 Abs. 1, Abs. 3, 281 BGB ergebende Scha-

---

[1479] S. Gliederungspkt. § 11 B.II. (S. 188 ff.).

[1480] *Heinrichs*, FS Derleder, 87, 93. Vgl. auch BeckOGK-BGB/*Riehm*, § 280 BGB Rn. 101; NK-BGB/*Dauner-Lieb*, § 281 BGB Rn. 4; Staudinger/*Schwarze*, § 281 BGB Rn. A19.

[1481] Vgl. BeckOGK-BGB/*Riehm*, § 280 BGB Rn. 74; BeckOK-BGB/*Lorenz*, § 281 BGB Rn. 9; *Croon-Gestefeld*, ZfPW 2022, 285, 303 f.; jurisPK-BGB/*Stamm*, § 888 BGB Rn. 33; *Stürner*, JURA 2019, 837, 843. A. A. NK-BGB/*Krause*, § 888 BGB Rn. 28.

[1482] Abschlussbericht d. SchuldR-Kommission, S. 132 u. S. 135.

[1483] Zur Frage, ob es durch die Anwendung der §§ 280 Abs. 1, Abs. 3, 281 BGB auf den Anspruch aus § 888 Abs. 1 BGB zu einem Zwangskauf kommt, s. Gliederungspkt. § 17 A. (mit Untergliederung) (S. 273 ff.).

[1484] BT-Drs. 14/6040, S. 139. S. auch Diskussionsentwurf z. SchuldR, S. 323 f.

[1485] Vgl. *Croon-Gestefeld*, ZfPW 2022, 285, 304 f.

[1486] S. Gliederungspkt. § 13 B.II.2. (S. 221 f.).

densersatz zu bemessen? Drittens, wie kann die Gefahr, dass es zu einer Überkompensation des Vormerkungsberechtigten kommt, beseitigt werden?

Soweit ersichtlich haben bisher einzig Riehm und Gruber diesen Fragen etwas Aufmerksamkeit geschenkt.

Riehm orientiert sich bei ihrer Beantwortung an den Grundsätzen, welche zur Anwendung der §§ 280 Abs. 1, Abs. 3, 281 BGB auf den Anspruch aus § 985 BGB entwickelt worden sind, und passt diese, soweit er es für erforderlich hält, an den Anspruch aus § 888 Abs. 1 BGB an.[1487] Die Anwendung des § 281 Abs. 4 BGB führe zum Wegfall des Anspruches aus § 888 Abs. 1 BGB.[1488] Einen Anspruch auf Löschung der Vormerkung analog § 255 BGB habe der Dritterwerber aber nicht.[1489] Die Vormerkung habe nämlich noch Wirkungen gegenüber anderen Personen.[1490] Diese Wirkungen seien bei der Bemessung des Schadensersatzes zu berücksichtigen.[1491]

Gruber widmet sich nur, aber immerhin der Frage, wie der Schadensersatz statt der Leistung zu bemessen ist.[1492] Er geht davon aus, dass es nicht „dem Stellenwert" des Anspruches aus § 888 Abs. 1 BGB „als unselbstständiger Hilfsanspruch" entspricht, wenn der Vormerkungsberechtigte gegen den Dritterwerber einen Anspruch aus §§ 280 Abs. 1, Abs. 3, 281 BGB habe, welcher „sich an dem Interesse an der Erfüllung des durch die Vormerkung gesicherten Anspruchs orientiert".[1493]

1. Heranziehung der zum Schadensersatz statt der Vindikation (§ 985 BGB) entwickelten Grundsätze

Möglicherweise können die Grundsätze, welche zu den Rechtsfolgen des Schadensersatzes statt der Vindikation entwickelt worden sind, tatsächlich, wie von Riehm praktiziert, auch bei der Anwendung der §§ 280 Abs. 1, Abs. 3, 281 BGB auf den Anspruch aus § 888 Abs. 1 BGB herangezogen werden.

Allein die Tatsache, dass diese Grundsätze nicht nur das Ergebnis einer langen und intensiven Auseinandersetzung sind,[1494] sondern sich mittlerweile auch in der

---

[1487] BeckOGK-BGB/*Riehm*, § 280 BGB Rn. 74. In diese Richtung möglicherweise auch BeckOK-BGB/*Lorenz*, § 281 BGB Rn. 9. Es liegt allerdings näher, dass Lorenz sich nur bei der Bewertung der Interessen, welche durch die Anwendung der §§ 280 Abs. 1, Abs. 3, 281 BGB auf den Anspruch aus § 888 Abs. 1 BGB berührt werden, an den Erkenntnissen zum Schadensersatz statt der Vindikation orientiert.

[1488] BeckOGK-BGB/*Riehm*, § 280 BGB Rn. 74.

[1489] BeckOGK-BGB/*Riehm*, § 280 BGB Rn. 74.

[1490] BeckOGK-BGB/*Riehm*, § 280 BGB Rn. 74.

[1491] BeckOGK-BGB/*Riehm*, § 280 BGB Rn. 74.

[1492] *Müller/Gruber*, SachenR, Rn. 2945.

[1493] *Müller/Gruber*, SachenR, Rn. 2945.

[1494] Zu einem guten Überblick über die verschiedenen Ansichten, welche zu den Rechtsfolgen der Anwendung der §§ 280 Abs. 1, Abs. 3, 281 BGB auf den Anspruch aus § 985 BGB

Praxis bewährt haben,[1495] ist jedenfalls Rechtfertigung genug, diese Möglichkeit näher zu untersuchen.

a) Rechtsfolgen der Anwendung der §§ 280 Abs. 1, Abs. 3, 281 BGB auf den Anspruch aus § 985 BGB

Es bietet sich an, zunächst einen kurzen Blick auf die Rechtsfolgen des Schadensersatzes statt der Vindikation zu werfen. Für die hier verfolgten Zwecke genügt es, wenn man sich auf die herrschende Ansicht, welcher auch Riehm folgt,[1496] beschränkt.

Die Erkenntnisse, die dieser Ansicht zugrunde liegen, wurden in großen Teilen von Flach im Jahre 1928 bei der Untersuchung der Anwendung des § 283 Abs. 1 BGB a. F. auf den Anspruch aus § 985 BGB gewonnen.[1497] Schaltenbrand hat sie im Jahre 2008 mit ausführlicher Begründung auf die Anwendung des Anspruches aus §§ 280 Abs. 1, Abs. 3, 281 BGB übertragen.[1498] Auch Becker hat sie, als er im Jahre 2012 den Rechtsgedanken von § 281 BGB in § 989 BGB einfügte,[1499] herangezogen.[1500]

Ähnlich wie bei dem Anspruch aus § 888 Abs. 1 BGB stellt sich auch bei dem Anspruch aus § 985 BGB die Frage, ob dieser gem. § 281 Abs. 4 BGB ausgeschlossen werden kann.

---

vertreten werden, s. nur *Becker*, Schadensersatz n. Fristsetzung im EBV, S. 191 ff.; *Gursky*, JURA 2004, 433, 436 f.; *Odemer*, Schadensersatz statt d. Leistung im EBV, S. 48 ff.; *Schaltenbrand*, Schadensersatz statt d. Leistung, S. 65 ff.; *Schüttlöffel*, Primär- u. Schadensersatzhaftung, S. 217 ff. S. zur Anwendung des § 283 Abs. 1 BGB a. F. auf § 985 BGB auch *Schäfer*, Schadensersatzanspruch aus § 283 BGB, S. 40 ff.; *Schwerdtner*, Verzug im SachenR, S. 145 ff.; *Wallerath*, JR 1970, 161, 163 ff.

[1495] Diese Grundsätze wie selbstverständlich und ohne nähere Begründung anwendend BGHZ 209, 270, 276 Rn. 21.

[1496] *Riehm*, Naturalerfüllung, S. 417.

[1497] *Flach*, Anwendung d. §§ 281, 283 BGB auf § 985 BGB, S. 26 ff. Zur Vermeidung von Missverständnissen sei erwähnt, dass Flach de lege ferenda in Teilen eine andere Konstruktion für zweckmäßiger hielt: Er wollte den Satz 2 des § 283 Abs. 1 BGB a. F. dergestalt erweitern, dass er zu einem „eigentümlichen Eigentumsübergang" kraft Gesetzes führt (*Flach*, Anwendung d. §§ 281, 283 BGB auf § 985 BGB, S. 37 ff.). S. dazu, dass ein Eigentumsübergang nicht mit § 283 Abs. 1 S. 2 BGB a. F. begründet werden konnte, nur *Schwerdtner*, Verzug im SachenR, S. 146 f.; *Wallerath*, JR 1970, 161, 163. S. dazu, dass ein Eigentumsübergang nicht mit § 281 Abs. 4 BGB begründet werden kann, nur *Gursky*, JURA 2004, 433, 436; *Schaltenbrand*, Schadensersatz statt d. Leistung, S. 116 ff.

[1498] *Schaltenbrand*, Schadensersatz statt d. Leistung, S. 65 ff. Zur Vermeidung von Missverständnissen sei erwähnt, dass sich Schaltenbrand in erster Linie mit der Anwendung der §§ 280 Abs. 1, Abs. 3, 281 BGB auf den Anspruch aus § 546 Abs. 1 BGB beschäftigt. Die dort gewonnenen Erkenntnisse sind für sie aber auch beim Schadensersatz statt der Vindikation ausschlaggebend (*Schaltenbrand*, Schadensersatz statt d. Leistung, S. 154 ff.).

[1499] S. Gliederungspkt. § 2 A.I. (S. 27 f.).

[1500] *Becker*, Schadensersatz n. Fristsetzung im EBV, S. 191 ff.

Das ist problematisch, weil man nahezu einhellig von seiner Unselbstständigkeit ausgeht.[1501] Er soll etwa nicht mittels Abtretung vom Eigentum getrennt werden können.[1502]

Allerdings soll die so verstandene Rechtsverwirklichungsfunktion des Anspruches aus § 985 BGB kein Grund dafür sein, die Anwendung der §§ 280 Abs. 1, Abs. 3, 281 BGB zu verneinen.[1503] Der Anspruch aus § 985 BGB werde durch § 281 Abs. 4 BGB nicht dauerhaft, sondern nur bis zu dem Zeitpunkt, in dem der schadensersatzpflichtige Besitzer Eigentümer wird, vom Eigentum getrennt.[1504] Eine solche nur vorübergehende „Beschneidung der Eigentumsposition"[1505] sei, wie § 986 BGB beweise, zulässig.[1506]

Probleme ergeben sich zudem bei der Frage, wie der Schadensersatz statt der Vindikation zu bemessen ist.

Man geht davon aus, dass der Besitzer Schadensersatz in Höhe des Wertes der Sache zu leisten hat.[1507] Das wird im Wesentlichen damit begründet, dass das Eigentum nach dem Wegfall des Anspruches aus § 985 BGB praktisch wertlos ist.[1508] Der Eigentümer werde, so schon Flach, faktisch „enteignet".[1509]

Schaltenbrand hat den Versuch unternommen, diese wirtschaftliche Bedeutungslosigkeit des Eigentums ausführlich zu begründen.

Durch die fehlende Möglichkeit, den Besitz wiederzuerlangen, laufe zum einen die Nutzungs- und Ausschlussfunktion des Eigentums leer,[1510] zum anderen beherrsche der Eigentümer die Sache auch in rechtlicher Hinsicht nicht mehr.[1511] Er

---

[1501] S. nur *Becker*, Schadensersatz n. Fristsetzung im EBV, S. 193 ff.; *Schaltenbrand*, Schadensersatz statt d. Leistung, S. 137 ff. S. dazu, dass der Anspruch aus § 985 BGB eigentlich doch eine selbstständige Folgeerscheinung des Eigentums ist, Gliederungspkt. § 12 B.II. (S. 198 ff.).

[1502] S. die auf S. 202 in Fn. 1318 Genannten.

[1503] S. nur *Becker*, Schadensersatz n. Fristsetzung im EBV, S. 196 ff.; *Riehm*, Naturalerfüllung, S. 417; *Schaltenbrand*, Schadensersatz statt d. Leistung, S. 139 ff.

[1504] S. nur *Becker*, Schadensersatz n. Fristsetzung im EBV, S. 196 ff.; *Schaltenbrand*, Schadensersatz statt d. Leistung, S. 139 ff.

[1505] *Schaltenbrand*, Schadensersatz statt d. Leistung, S. 140.

[1506] S. nur *Becker*, Schadensersatz n. Fristsetzung im EBV, S. 197 f.; *Schaltenbrand*, Schadensersatz statt d. Leistung, S. 140 f.

[1507] S. nur *Becker*, Schadensersatz n. Fristsetzung im EBV, S. 198 ff.; *Riehm*, Naturalerfüllung, S. 417; *Schaltenbrand*, Schadensersatz statt d. Leistung, S. 77 ff.

[1508] S. nur *Becker*, Schadensersatz n. Fristsetzung im EBV, S. 206 ff.; *Riehm*, Naturalerfüllung, S. 417; *Schaltenbrand*, Schadensersatz statt d. Leistung, S. 102 ff.

[1509] *Flach*, Anwendung d. §§ 281, 283 BGB auf § 985 BGB, S. 41. Vgl. auch *Flach*, Anwendung d. §§ 281, 283 BGB auf § 985 BGB, S. 43 f. (mit Verweis auf Planck/*Siber*, § 283 BGB 2.d) (S. 255)).

[1510] *Schaltenbrand*, Schadensersatz statt d. Leistung, S. 103 f. mit Fn. 295.

[1511] *Schaltenbrand*, Schadensersatz statt d. Leistung, S. 104 f.

könne sie nicht mehr ohne Weiteres veräußern.[1512] Bei beweglichen Sachen komme nur noch eine Übereignung gem. § 929 S. 2 BGB an den schadensersatzpflichtigen Besitzer in Betracht.[1513] Bei Immobilien werde eine Veräußerung zumeist „aus tatsächlichen Gründen", nämlich weil sich kein Erwerber finden lasse, ausscheiden.[1514]

Noch weiter entwertet werde das Eigentum dadurch, dass der Besitzer durch das Schadensersatzverlangen des Eigentümers ein dauerhaftes – auch gegenüber Dritten wirkendes[1515] – Besitzrecht erlange.[1516] Infolgedessen verliere der Eigentümer das Recht, auf den Zustand der Sache Einfluss zu nehmen.[1517]

Allerdings erkannte bereits Flach, dass sich die Situation des Eigentümers wieder drastisch verbessert, wenn dieser durch „einen Zufall […] in den Besitz der Sache gelangt".[1518] Schaltenbrand meint, wie in Ansätzen schon Flach,[1519] dass eine solche kaum „praktisch relevante", sondern mehr „theoretische […] Chance" nicht als „wertbildender Faktor" zu berücksichtigen ist.[1520] Im Ergebnis sei die dem Eigentümer verbleibende Position „vollständig wertlos".[1521] Es erscheine aus diesem Grund „angemessen und geboten", den Schadensersatz anhand des Wertes der Sache zu bestimmen.[1522]

Man ist sich einig, dass es aufgrund „allgemeiner Gerechtigkeitserwägungen"[1523] und, um eine „nicht zu rechtfertigende Besserstellung"[1524] des Eigentümers zu vermeiden, notwendig ist, dem Besitzer die Möglichkeit zum Erwerb der Sache zu geben.[1525] Auch heute noch wendet man dazu, wie von Flach vorgeschlagen,[1526] § 255 BGB analog an.[1527]

[1512] *Schaltenbrand*, Schadensersatz statt d. Leistung, S. 104 f.

[1513] *Schaltenbrand*, Schadensersatz statt d. Leistung, S. 104.

[1514] *Schaltenbrand*, Schadensersatz statt d. Leistung, S. 104 f.

[1515] *Schaltenbrand*, Schadensersatz statt d. Leistung, S. 92 ff.

[1516] *Schaltenbrand*, Schadensersatz statt d. Leistung, S. 105 ff.

[1517] *Schaltenbrand*, Schadensersatz statt d. Leistung, S. 108 f.

[1518] *Flach*, Anwendung d. §§ 281, 283 BGB auf § 985 BGB, S. 44.

[1519] *Flach*, Anwendung d. §§ 281, 283 BGB auf § 985 BGB, S. 44.

[1520] *Schaltenbrand*, Schadensersatz statt d. Leistung, S. 110 ff.

[1521] *Schaltenbrand*, Schadensersatz statt d. Leistung, S. 114.

[1522] *Schaltenbrand*, Schadensersatz statt d. Leistung, S. 114.

[1523] *Schaltenbrand*, Schadensersatz statt d. Leistung, S. 114.

[1524] *Becker*, Schadensersatz n. Fristsetzung im EBV, S. 217.

[1525] S. nur *Becker*, Schadensersatz n. Fristsetzung im EBV, S. 217 ff.; *Riehm*, Naturalerfüllung, S. 417; *Schaltenbrand*, Schadensersatz statt d. Leistung, S. 114 ff.

[1526] *Flach*, Anwendung d. §§ 281, 283 BGB auf § 985 BGB, S. 31 ff.

[1527] S. nur *Becker*, Schadensersatz n. Fristsetzung im EBV, S. 217 ff.; *Riehm*, Naturalerfüllung, S. 417; *Schaltenbrand*, Schadensersatz statt d. Leistung, S. 121 ff.

b) Übertragbarkeit auf die Anwendung der §§ 280 Abs. 1, Abs. 3, 281 BGB auf den Anspruch aus § 888 Abs. 1 BGB

Nach alledem spricht auf den ersten Blick einiges dafür, die zum Schadensersatz statt der Vindikation entwickelten Grundsätze auch für die Anwendung der §§ 280 Abs. 1, Abs. 3, 281 BGB auf den Anspruch aus § 888 Abs. 1 BGB heranzuziehen. Immerhin geben sie Antworten auf genau die Fragen, welche sich, so scheint es jedenfalls, ganz ähnlich auch dort stellen.

aa) Ausschluss des Anspruches aus § 888 Abs. 1 BGB durch § 281 Abs. 4 BGB

Beantwortet man die Frage, ob der Anspruch aus § 888 Abs. 1 BGB durch die Anwendung von § 281 Abs. 4 BGB wegfallen kann, mithilfe dieser Grundsätze, wird man in etwa wie folgt argumentieren: Der Anspruch aus § 888 Abs. 1 BGB sei zwar deswegen unselbstständig, weil er nicht von der Vormerkung getrennt werden kann.[1528] Das habe aber keinen Einfluss auf die Anwendung der §§ 280 Abs. 1, Abs. 3, 281 BGB. Der Anspruch aus § 888 Abs. 1 BGB werde durch § 281 Abs. 4 BGB nicht dauerhaft, sondern nur vorübergehend verselbstständigt. Der Dritterwerber habe, was hier argumentationshalber unterstellt werden soll,[1529] einen Anspruch analog § 255 BGB auf Aufhebung (bei vormerkungsvereitelnden Verfügungen) oder Teilaufhebung (bei vormerkungsbeeinträchtigenden Verfügungen) der Vormerkung.[1530]

Richtig ist daran zunächst einmal, dass der Wegfall des Anspruches aus § 888 Abs. 1 BGB keine Auswirkungen auf den durch die Vormerkung gesicherten Anspruch hat.

Zwar ist es nicht ausgeschlossen, dass dieser später gem. § 275 Abs. 1 Alt. 1 BGB wegen subjektiver Unmöglichkeit entfällt. Immerhin ist der Vormerkungsverpflichtete, um seine Eigentumsverschaffungspflicht vollständig erfüllen zu können, auf die Bewilligung des Dritterwerbers gem. § 19 GBO angewiesen.[1531] Allerdings tritt subjektive Unmöglichkeit erst ein, wenn sicher feststeht, dass der

---

[1528] S. Gliederungspkt. § 13 B.II.2. (S. 221 f.).

[1529] A. A. BeckOGK-BGB/*Riehm*, § 280 BGB Rn. 74. Da Riehm damit ein entscheidendes Glied aus der für den Schadensersatz statt der Vindikation entwickelten Argumentationskette entfernt, darf er schon aus diesem Grund die dort verwendeten Grundsätze nicht für den Anspruch aus § 888 Abs. 1 BGB heranziehen.

[1530] Es liegt näher, einen Anspruch auf (Teil-)Aufhebung der Vormerkung mittels einer analogen Anwendung des § 886 BGB zu begründen. A. A. für die mit § 886 BGB vergleichbaren §§ 1169, 1254 BGB etwa *Schaltenbrand*, Schadensersatz statt d. Leistung, S. 119 ff. (zur Anwendbarkeit der §§ 280 Abs. 1, Abs. 3, 281 BGB auf § 985 BGB); *Schleiter*, JURA 2008, 434, 436 mit Fn. 33 (zur Anwendbarkeit der §§ 280 Abs. 1, Abs. 3, 281 BGB auf Rückgewähransprüche).

[1531] S. Gliederungspkt. § 8 D.II.2.c)cc) (S. 155 ff.).

Schuldner sich nicht mehr in den Zustand der Leistungsfähigkeit versetzen kann.[1532] Auch wenn der Dritterwerber den Anspruch aus § 888 Abs. 1 BGB nicht erfüllt, ist aber keineswegs sicher, dass er unter keinen Umständen zur Mitwirkung bereit ist. Der Vormerkungsverpflichtete ist bis zur Grenze des § 275 Abs. 2 BGB[1533] verpflichtet, ihm die Erklärung „abzukaufen“. Ein wirtschaftlich denkender Dritterwerber wird diese Möglichkeit, seine Mitwirkungshandlung zu monetarisieren, nicht von vornherein ausschließen wollen.

Probleme ergeben sich allerdings in Bezug auf den Rechtsfolgenverbund der Vormerkung. Die Vormerkung würde bis zu ihrer (Teil-)Aufhebung weiterhin Wirkungen entfalten. § 281 Abs. 4 BGB hätte, wenn überhaupt, nur Auswirkungen auf den Anspruch aus § 888 Abs. 1 BGB. Die vormerkungswidrige Verfügung wäre immer noch gem. § 883 Abs. 2 S. 1 BGB relativ unwirksam. Eine solche Auftrennung der sonst so eng miteinander verbundenen Rechtswirkungen der Vormerkung ist nicht zu rechtfertigen.

Das zum Schadensersatz statt der Vindikation entwickelte Argument, dass die Trennung nur eine vorübergehende sei,[1534] verfängt hier nicht.

Erstens wäre, anders als beim Eigentum und Besitz,[1535] auch eine nur vorübergehende Trennung von § 888 Abs. 1 BGB und § 883 Abs. 2 S. 1 BGB nahezu beispiellos. Sie kommt allenfalls in Ausnahmefällen in Betracht; etwa wenn der Anspruch aus § 888 Abs. 1 BGB durch § 242 BGB ausgeschlossen wird.[1536] Eine solche „Billigkeitskorrektur“ ist aber nicht mit der Auftrennung der Rechtswirkungen „in massenhafter Form durch simples, formloses Rechtsgeschäft“,[1537] wie sie durch die Anwendung des § 281 Abs. 4 BGB möglich würde, vergleichbar.

Zweitens besitzen die Ansprüche aus § 985 BGB und aus § 888 Abs. 1 BGB einen unterschiedlichen Grad an Unselbstständigkeit. Nach den bisherigen Feststellungen ist der Anspruch aus § 985 BGB zumindest in gewisser Weise selbstständig.[1538] Der Anspruch aus § 888 Abs. 1 BGB ist dagegen vollkommen un-

---

[1532] BGH NJW-RR 2020, 72, 76 Rn. 35; BGH DNotZ 2018, 686, 689 f. Rn. 23 ff.; BeckOGK-BGB/*Riehm*, § 275 BGB Rn. 140; MüKo-BGB/*Ernst*, § 275 BGB Rn. 63 f.; NK-BGB/*Dauner-Lieb*, § 275 BGB Rn. 34; Staudinger/*Caspers*, § 275 BGB Rn. 71 ff. A. A. für den Eigentumserwerb an Grundstücken Soergel/*Ekkenga/Kuntz*, § 275 BGB Rn. 86.

[1533] Vgl. nur BGH NJW-RR 2020, 72, 76 Rn. 35; BeckOGK-BGB/*Riehm*, § 275 BGB Rn. 141; NK-BGB/*Dauner-Lieb*, § 275 BGB Rn. 34.

[1534] S. Gliederungspkt. § 13 C.II.1.a) (S. 228 ff.).

[1535] S. Gliederungspkt. § 13 C.II.1.a) (S. 228 ff.). Vgl. auch Gliederungspkt. § 12 B.II. (S. 198 ff.).

[1536] Zur Anwendbarkeit des § 242 BGB auf den Anspruch aus § 888 Abs. 1 BGB s. nur BGHZ 79, 201, 204; OLG München BeckRS 2018, 25792 Rn. 31; MüKo-BGB/*Lettmaier*, § 888 BGB Rn. 12; Staudinger/*Kesseler*, § 888 BGB Rn. 62.

[1537] *Becker*, Schadensersatz n. Fristsetzung im EBV, S. 196 (zur Einfügung des Rechtsgedankens von § 281 BGB in § 989 BGB).

[1538] S. Gliederungspkt. § 12 B.II. (S. 198 ff.).

selbstständig.[1539] Das Interesse des Vormerkungsberechtigten spricht für die Anwendung der §§ 280 Abs. 1, Abs. 3, 281 BGB.[1540] Ob man aber mit diesem die systemwidrige Auftrennung der Rechtswirkungen der Vormerkung rechtfertigen kann, erscheint fraglich.

Selbst wenn man diese Bedenken ignoriert, führt die Übertragung der zum Schadensersatz statt der Vindikation entwickelten Grundsätze zu einer schon im Stammgebiet auftretenden und auch dort zu kritisierenden Rückkoppelung.

Da § 255 BGB Ausdruck des schadensersatzrechtlichen Bereicherungsverbotes ist,[1541] darf er nur analog angewendet werden, wenn dadurch der schadensersatzpflichtige Dritterwerber geschützt wird. Bei der Anwendung der §§ 280 Abs. 1, Abs. 3, 281 BGB würde § 255 BGB aber dazu dienen, den Wegfall des Anspruches aus § 888 Abs. 1 BGB und damit die Schadensersatzpflicht des Dritterwerbers erst zu begründen.

Die sich daraus ergebende Inkonsequenz wird deutlich, wenn der Dritterwerber sich entscheidet, seinen Anspruch analog § 255 BGB auf (Teil-)Aufhebung der Vormerkung nicht geltend zu machen. Dann würde zwar der Anspruch aus § 888 Abs. 1 BGB wegfallen. § 883 Abs. 2 S. 1 BGB würde aber weiterhin Wirkungen entfalten.

Möchte man verhindern, dass das entsteht, was Heck im Jahre 1930 als „Rechtskrüppel" bezeichnet hat,[1542] müsste man den Dritterwerber verpflichten, seinen Anspruch auf (Teil-)Aufhebung der Vormerkung stets geltend zu machen. Das ist aber schwer vertretbar. Im Stammgebiet der Argumentation geht der BGH davon aus, dass der schadensersatzpflichtige Besitzer dazu nicht verpflichtet ist.[1543]

bb) Bemessung des Schadensersatzes

Nur noch größer werden die Probleme, wenn man den Versuch unternimmt, den Inhalt des so begründeten Anspruches aus §§ 280 Abs. 1, Abs. 3, 281 BGB zu bestimmen.

Richtig ist in jedem Fall die Feststellung von Gruber, dass der Vormerkungsberechtigte nicht einfach einen Anspruch hat, welcher „sich an dem Interesse an der Erfüllung des durch die Vormerkung gesicherten Anspruchs orientiert".[1544]

1539 S. Gliederungspkt. § 13 B.II.2. (S. 221 f.).

1540 S. Gliederungspkt. § 16 (mit Untergliederung) (S. 264 ff.).

1541 BGHZ 234, 246, 257 Rn. 31; BGH NJW 2010, 1961, 1964 Rn. 30; OLG Brandenburg BeckRS 2012, 24760; BeckOGK-BGB/*Röver*, § 255 BGB Rn. 14; MüKo-BGB/*Oetker*, § 255 BGB Rn. 1; NK-BGB/*Knöfler*, § 255 BGB Rn. 1; Staudinger/*Bittner/Kolbe*, § 255 BGB Rn. 8. In diese Richtung auch Soergel/*Forster*, § 255 BGB Rn. 1 ff.

1542 *Heck*, SachenR, § 32 4. (S. 126) (zur Verjährung von dinglichen Ansprüchen).

1543 BGHZ 209, 270, 276 Rn. 21.

1544 *Müller/Gruber*, SachenR, Rn. 2945.

Schließlich ist der Dritterwerber weder zur Erfüllung desselben verpflichtet[1545] noch hat der Wegfall des Anspruches aus § 888 Abs. 1 BGB Auswirkungen auf diesen.[1546]

Zieht man zur Bemessung des Schadensersatzes die Grundsätze heran, welche zum Schadensersatz statt der Vindikation entwickelt worden sind, wird man den Inhalt des Anspruches aus §§ 280 Abs. 1, Abs. 3, 281 BGB mittels des Wertes der Vormerkung (bei vormerkungsvereitelnden Verfügungen) oder des Wertes des betroffenen Teiles der Vormerkung (bei vormerkungsbeeinträchtigenden Verfügungen) bestimmen.[1547]

Begründen ließe sich das allerdings nur, wenn der Wegfall des Anspruches aus § 888 Abs. 1 BGB für den Vormerkungsberechtigten ähnliche Auswirkungen hätte wie der Wegfall des Anspruches aus § 985 BGB für den Eigentümer. Der Vormerkungsberechtigte müsste durch diesen, insoweit sei an die Worte von Flach erinnert,[1548] faktisch „enteignet" werden. Es ist im Weiteren also die Frage zu beantworten, ob die Vormerkung bzw. ein Teil von ihr für den Vormerkungsberechtigten allein dadurch wertlos wird, dass der Anspruch aus § 888 Abs. 1 BGB wegfällt.

Dazu sei zunächst einmal an die begrenzte Regelungsfunktion der Vormerkung erinnert.[1549] Ihre Aufgabe ist darauf beschränkt, die „Erfüllbarkeit" des durch sie gesicherten Anspruches zu schützen.[1550] Zu diesem Zweck konserviert sie zugunsten des Vormerkungsberechtigten die bestehende Rechtslage.[1551] Der Wert der Vormerkung liegt für den Vormerkungsberechtigten darin, dass es ihm ermöglicht wird, das Grundstück unabhängig von dem Willen anderer Personen und in rechtlicher Hinsicht so, wie er es mit dem Vormerkungsverpflichteten vereinbart hat, zu erwerben.

Diese Möglichkeit hat der Vormerkungsberechtigte nach dem Wegfall des Anspruches aus § 888 Abs. 1 BGB nicht mehr. Zwar entfaltet die Vormerkung weiterhin Wirkungen. So ist die vormerkungswidrige Verfügung noch immer gem. § 883 Abs. 2 S. 1 BGB relativ unwirksam. Allerdings ist die Vormerkung oder zumindest ein Teil von ihr ohne einen Anspruch gegen den Dritterwerber auf Ab-

---

[1545] S. Gliederungspkt. § 8 D.II.1.e)aa) (S. 138 f.).

[1546] S. Gliederungspkt. § 13 C.II.1.b)aa) (S. 231 ff.).

[1547] Wenn Riehm ausspricht, dass bei der Bemessung des Schadensersatzes die Wirkungen der Vormerkung gegenüber anderen Personen zu berücksichtigen sind (BeckOGK-BGB/*Riehm*, § 280 BGB Rn. 74), kann dem nur für vormerkungsbeeinträchtigende Verfügungen gefolgt werden.

[1548] *Flach*, Anwendung d. §§ 281, 283 BGB auf § 985 BGB, S. 41.

[1549] S. Gliederungspkt. § 8 D.II.2.c)dd) (S. 158 ff.).

[1550] S. Gliederungspkt. § 8 D.II.2.c)dd) (S. 158 ff.).

[1551] S. Gliederungspkt. § 8 D.II.2.c)dd) (S. 158 ff.). Vgl. auch Gliederungspkt. § 8 D.II.1.d) bb) (S. 134 ff.).

gabe der Bewilligung gem. § 19 GBO weitgehend wertlos.[1552] Der Vormerkungsberechtigte ist, kaum anders als ein nicht durch eine Vormerkung geschützter Gläubiger,[1553] auf die Mitwirkung des Dritterwerbers angewiesen.

Daran ändert auch die Tatsache nichts, dass eine Eintragung, welche das Grundbuchamt aus Versehen ohne die Bewilligung gem. § 19 GBO vornimmt, die Voraussetzungen der §§ 873 Abs. 1, 875 Abs. 1 S. 1 BGB erfüllt.[1554] Ein solches Versehen ist derart unwahrscheinlich, dass man es nicht als wertbildenden Faktor berücksichtigen kann. Es gilt insoweit nichts anderes als für die zufällige Wiedererlangung des Besitzes durch den Eigentümer beim Schadensersatz statt der Vindikation.[1555]

Allein daraus, dass die Vormerkung nach dem Wegfall des Anspruches aus § 888 Abs. 1 BGB die ihr zugeteilte Aufgabe nicht mehr erfüllen kann, ist aber nicht zu schließen, dass sie für den Vormerkungsberechtigten völlig wertlos ist. Man würde übersehen, dass der Anspruch aus § 888 Abs. 1 BGB, soweit man seinen Wegfall gem. § 281 Abs. 4 BGB denn zulässt, „aus der Vormerkung heraus" wieder neu entsteht, wenn sich die Inhaberschaft des vormerkungswidrigen Rechtes[1556] oder der Vormerkung[1557] ändert.

Der Vormerkungsberechtigte kann den Anspruch aus § 888 Abs. 1 BGB jederzeit dadurch neu schaffen, dass er die Vormerkung zusammen mit dem durch sie gesicherten Anspruch überträgt (vgl. § 401 Abs. 1 BGB).[1558] Ein nur mit § 242 BGB begründbares Verteidigungsmittel gegen diesen Anspruch, vergleichbar mit dem für

---

[1552] Vgl. Gliederungspkt. § 8 D.II.2.c)cc) (S. 155 ff.).

[1553] Vgl. Gliederungspkt. § 8 D.II.1.b) (S. 120 ff.).

[1554] S. Gliederungspkt. § 8 D.II.2.c)cc) (S. 155 ff.).

[1555] S. Gliederungspkt. § 13 C.II.1.a) (S. 228 ff.).

[1556] S. allgemein zum Anspruch aus § 888 Abs. 1 BGB gegenüber dem neuen Inhaber des vormerkungswidrigen Rechtes nur *Assmann*, Vormerkung, S. 423; BeckOGK-BGB/*Assmann*, § 888 BGB Rn. 33; MüKo-BGB/*Lettmaier*, § 888 BGB Rn. 10; NK-BGB/*Krause*, § 888 BGB Rn. 8; Soergel/*Kern*, § 888 BGB Rn. 11; Staudinger/*Kesseler*, § 888 BGB Rn. 16 ff.

[1557] S. allgemein zum Anspruch aus § 888 Abs. 1 BGB bei Änderung der Vormerkungsinhaberschaft nur *Assmann*, Vormerkung, S. 422; BeckOGK-BGB/*Assmann*, § 888 BGB Rn. 31; MüKo-BGB/*Lettmaier*, § 888 BGB Rn. 9; NK-BGB/*Krause*, § 888 BGB Rn. 6 f.; Soergel/*Kern*, § 888 BGB Rn. 10; Staudinger/*Kesseler*, § 888 BGB Rn. 13. Vgl. zur Neuentstehung des Anspruches aus § 985 BGB beim Eigentumswechsel nur BeckOGK-BGB/*Spohnheimer*, § 985 BGB Rn. 19; MüKo-BGB/*Baldus*, Vorb. § 985 BGB Rn. 81. A. A. NK-BGB/*Schanbacher*, § 985 BGB Rn. 2; Staudinger/*Thole*, § 985 BGB Rn. 220. Vgl. zur Neuentstehung der Ansprüche aus § 1004 Abs. 1 BGB beim Eigentumswechsel nur BGHZ 236, 369, 379 Rn. 29; BGH NJW-RR 2021, 1166, 1167 Rn. 10.

[1558] S. zur Anwendbarkeit des § 401 Abs. 1 BGB bei der Übertragung des durch die Vormerkung gesicherten Anspruches nur BGHZ 235, 277, 283 f. Rn. 20; BGHZ 206, 281, 286 f. Rn. 14 u. Rn. 17; *Assmann*, Vormerkung, S. 395 f.; *Baur/Stürner*, SachenR, § 20 Rn. 51; BeckOGK-BGB/*Assmann*, § 885 BGB Rn. 154; MüKo-BGB/*Lettmaier*, § 885 BGB Rn. 42; NK-BGB/*Krause*, § 883 BGB Rn. 121; Soergel/*Kern*, § 883 BGB Rn. 67; Staudinger/*Kesseler*, § 883 BGB Rn. 422 ff.; Westermann/*Gursky*, SachenR, § 82 Rn. 43.

den Schadensersatz statt der Vindikation entwickelten dauerhaften, auch gegenüber Dritten wirkenden Besitzrecht,[1559] hätte der Dritterwerber nicht. Dem neuen Vormerkungsberechtigten stünden alle Wirkungen der Vormerkung, auch der Anspruch aus § 888 Abs. 1 BGB, zur Verfügung. Aus diesem Grund verfängt das für den Schadensersatz statt der Vindikation entwickelte, allerdings ohnehin schwache Argument, dass eine Veräußerung von Immobilien aus tatsächlichen Gründen ausscheidet, weil sich kein Erwerber finden lasse,[1560] für die Vormerkung nicht. Die Vormerkung hätte noch einen Verkaufswert.

Vollständig entwerten könnte man die Vormerkung auch nicht mehr dadurch, dass man dem Dritterwerber gegen den schadensersatzverlangenden Vormerkungsberechtigten, was hier argumentationshalber unterstellt werden soll,[1561] einen Anspruch analog § 255 BGB auf (Teil-)Aufhebung der Vormerkung gibt. § 255 BGB ist nur Ausdruck des schadensersatzrechtlichen Bereicherungsverbotes[1562] und kann folglich nicht nur die Schadensersatzpflicht des Dritterwerbers,[1563] sondern auch den Schaden des Vormerkungsberechtigten nicht begründen.[1564]

Nach alledem wäre der Wert der Vormerkung nicht aufgehoben, sondern nur gemindert. Die Grundsätze, welche zum Schadensersatz statt der Vindikation entwickelt worden sind, könnten nicht übertragen werden. Der Inhalt des Anspruches aus §§ 280 Abs. 1, Abs. 3, 281 BGB kann nicht mittels des Wertes der Vormerkung (bei vormerkungsvereitelnden Verfügungen) bzw. des Wertes des betroffenen Teiles der Vormerkung (bei vormerkungsbeeinträchtigenden Verfügungen) bestimmt werden.

Es ist zwar nicht von vornherein ausgeschlossen, den beim Vormerkungsberechtigten entstandenen Schaden auf einem anderen Wege zu bestimmen. Nur zeigt sich bei näherer Betrachtung, dass sich auch ein solcher Weg nicht finden lässt.

Zum einen helfen die zahlreichen Versuche, den Schadensersatz statt der Vindikation abweichend von der herrschenden Ansicht zu bestimmen,[1565] hier nicht

---

[1559] S. Gliederungspkt. § 13 C.II.1.a) (S. 228 ff.).

[1560] S. Gliederungspkt. § 13 C.II.1.a) (S. 228 ff.).

[1561] A.A. BeckOGK-BGB/*Riehm*, § 280 BGB Rn. 74.

[1562] S. Gliederungspkt. § 13 C.II.1.b)aa) (S. 231 ff.).

[1563] S. Gliederungspkt. § 13 C.II.1.b)aa) (S. 231 ff.).

[1564] Vgl. *Brauer*, NotBZ 2002, 402, 404 (zur Anwendbarkeit der §§ 280 Abs. 1, Abs. 3, 281 BGB auf § 546 Abs. 1 BGB); *Schleiter*, JURA 2008, 434, 436 (zur Anwendbarkeit der §§ 280 Abs. 1, Abs. 3, 281 BGB auf Rückgewähransprüche).

[1565] Zu einer Darstellung der im neueren Schrifttum unternommenen Versuche s. nur *Schaltenbrand*, Schadensersatz statt d. Leistung, S. 69 ff. Prominent vertreten werden die „Theorie des kapitalisierten Restnutzungswertes" (s. nur *Schwab*, NZM 2003, 50, 50 f. (zur Anwendbarkeit der §§ 280 Abs. 1, Abs. 3, 281 BGB auf § 546 Abs. 1 BGB)) und die „Besitzverschaffungskostentheorie" (s. nur *Katzenstein/Hüftle*, NZM 2004, 601, 602 ff. (zur Anwendbarkeit der §§ 280 Abs. 1, Abs. 3, 281 BGB auf § 546 Abs. 1 BGB)). Bezeichnungen nach *Schaltenbrand*, Schadensersatz statt d. Leistung, S. 69 u. S. 71.

weiter. Diese haben sich entweder schon dort als verfehlt erwiesen[1566] oder sind jedenfalls für die Bestimmung des beim Vormerkungsberechtigten entstandenen Schadens unbrauchbar.

Zum anderen ist auch der Versuch, den durch den Wegfall des Anspruches aus § 888 Abs. 1 BGB geminderten Wert der Vormerkung anhand von Wahrscheinlichkeiten zu bestimmen,[1567] zum Scheitern verurteilt. Sicher ist im Einzelfall dieses oder jenes Verhalten des Dritterwerbers oder des Vormerkungsberechtigten wahrscheinlich oder unwahrscheinlich. Es ist aber davon abzuraten, mit solchen letztlich willkürlich festgelegten Wahrscheinlichkeiten zu operieren.[1568]

Um den Vormerkungsberechtigten nicht schlechter zu stellen, als er ohne die Anwendung der §§ 280 Abs. 1, Abs. 3, 281 BGB steht, müsste man den Dritterwerber unter Heranziehung des § 249 Abs. 1 BGB dazu verpflichten, die Bewilligung gem. § 19 GBO abzugeben.[1569] Eine solche „Zustimmung statt Zustimmung“[1570] würde indes § 281 Abs. 4 BGB, ja die Rechtsfigur des Schadensersatzes „statt der Leistung“ insgesamt, ad absurdum führen.[1571]

Nicht umsonst geht die herrschende Ansicht davon aus, dass im Anwendungsbereich der §§ 280 Abs. 1, Abs. 3, 281 BGB eine Naturalrestitution gem. § 249 Abs. 1 BGB ausgeschlossen ist.[1572] Bevor man zu dieser Überkonstruktion greift,[1573] sollte man die Anwendbarkeit des Schadensersatzanspruches statt der Leistung auf den Anspruch aus § 888 Abs. 1 BGB besser ganz ablehnen.

[1566] Zu einer kritischen Würdigung der im neueren Schrifttum unternommenen Versuche s. nur *Becker*, Schadensersatz n. Fristsetzung im EBV, S. 198 ff.; *Odemer*, Schadensersatz statt d. Leistung im EBV, S. 61 ff.; *Schaltenbrand*, Schadensersatz statt d. Leistung, S. 77 ff.

[1567] Vgl. *Plambeck*, Verjährung d. Vindikation, S. 230 ff. (zum Wert des Eigentums ohne den Anspruch aus § 985 BGB).

[1568] Vgl. nur *Becker*, Schadensersatz n. Fristsetzung im EBV, S. 207 f.; *Finkenauer*, Eigentum u. Zeitablauf, S. 178 f.

[1569] Vgl. *Brauer*, NotBZ 2002, 402, 405 f. (zur Anwendbarkeit der §§ 280 Abs. 1, Abs. 3, 281 BGB auf § 546 Abs. 1 BGB). In diese Richtung für Konstellationen, in denen der Vermieter oder Eigentümer sein Interesse an der Herausgabe nicht verloren hat, auch *Riehm*, Mietrechtsreform, 311, 316 ff. (zur Anwendbarkeit der §§ 280 Abs. 1, Abs. 3, 281 BGB auf § 546 Abs. 1 BGB); *Riehm*, Naturalerfüllung, S. 303 ff. u. S. 417 (zur Anwendbarkeit der §§ 280 Abs. 1, Abs. 3, 281 BGB auf § 546 Abs. 1 BGB und § 985 BGB).

[1570] Angelehnt an *Klinck*, Mietrechtsreform, 302, 307 Fn. 23 (zur Anwendbarkeit der §§ 280 Abs. 1, Abs. 3, 281 BGB auf § 546 Abs. 1 BGB).

[1571] Vgl. nur *Becker*, Schadensersatz n. Fristsetzung im EBV, S. 200 Fn. 395; *Gursky*, JURA 2004, 433, 436 f.; *Schaltenbrand*, Schadensersatz statt d. Leistung, S. 77 ff.

[1572] BGHZ 218, 22, 31 f. Rn. 26; BGHZ 186, 330, 332 Rn. 10; NK-BGB/*Dauner-Lieb*, § 281 BGB Rn. 58; Soergel/*Benicke/Hellwig*, § 281 BGB Rn. 242. In diese Richtung auch, aber einige Ausnahmen zulassend MüKo-BGB/*Emmerich*, Vorb. § 281 BGB Rn. 7; Staudinger/*Schwarze*, § 280 BGB Rn. E37 u. § 281 BGB Rn. B128.

[1573] Dass die Anwendung des § 249 Abs. 1 BGB überkonstruiert wirkt, muss auch Riehm einräumen (*Riehm*, Naturalerfüllung, S. 304 (zur Anwendbarkeit der §§ 280 Abs. 1, Abs. 3, 281 BGB auf § 546 Abs. 1 BGB)).

cc) Zwischenergebnis

Es hat sich gezeigt, dass der Ausschluss des Anspruches aus § 888 Abs. 1 BGB durch § 281 Abs. 4 BGB nicht mit den zum Schadensersatz statt der Vindikation entwickelten Grundsätzen begründet werden kann. Zudem helfen diese Grundsätze auch nicht dabei, den Schaden, welcher dem Vormerkungsberechtigten entsteht, zu bemessen.

c) Zwischenergebnis

Eine Übertragung der für den Schadensersatz statt der Vindikation entwickelten Grundsätze scheidet aus.

Mit ihnen können die Probleme, welche sich bei der Anwendung der §§ 280 Abs. 1, Abs. 3, 281 BGB auf den Anspruch aus § 888 Abs. 1 BGB ergeben, nicht beseitigt werden. Bei Anwendung dieser Grundsätze wäre ein Anspruch des Vormerkungsberechtigten auf Schadensersatz statt der Leistung besser abzulehnen.

2. Entwicklung von Grundsätzen für die Anwendung der §§ 280 Abs. 1, Abs. 3, 281 BGB auf den Anspruch aus § 888 Abs. 1 BGB

Daraus ergibt sich aber nicht, dass der Weg zum Schadensersatz statt der Leistung für den Vormerkungsberechtigten versperrt ist.

Die aufgezeigten Probleme lassen sich dadurch vermeiden, dass man die zum Schadensersatz statt der Vindikation entwickelten Grundsätze nicht einfach schablonenhaft überträgt, sondern sie stattdessen nur zum Ausgangspunkt nimmt, um neue, maßgeschneiderte Grundsätze für die Anwendung der §§ 280 Abs. 1, Abs. 3, 281 BGB auf den Anspruch aus § 888 Abs. 1 BGB zu schaffen.

Solche Grundsätze müssen Antworten auf die sich stellenden Fragen bereithalten. Es muss sich mit ihnen begründen lassen, dass der Anspruch aus § 888 Abs. 1 BGB durch § 281 Abs. 4 BGB ausgeschlossen wird, sie müssen eine Möglichkeit zur Verfügung stellen, um den sich aus §§ 280 Abs. 1, Abs. 3, 281 BGB ergebenden Schadensersatz zu bemessen, und zudem müssen sie die Gefahr beseitigen, dass es zu einer Überkompensation des Vormerkungsberechtigten kommt.

a) Ausschluss des Anspruches aus § 888 Abs. 1 BGB durch § 281 Abs. 4 BGB

Die Übertragung der zum Schadensersatz statt der Vindikation entwickelten Grundsätze ist unter anderem daran gescheitert, dass sie zu einer zumindest vorübergehenden Auftrennung der so eng miteinander verbundenen Rechtswirkungen der Vormerkung geführt hätte.[1574] Der Anspruch aus § 888 Abs. 1 BGB wäre durch § 281 Abs. 4 BGB ausgeschlossen worden. § 883 Abs. 2 S. 1 BGB hätte aber weiterhin Wirkungen entfaltet.

Bei der Entwicklung von eigenen, auf den Anspruch aus § 888 Abs. 1 BGB zugeschnittenen Grundsätzen muss eine solche Aufspaltung des Rechtsfolgenverbundes der Vormerkung vermieden werden.

aa) Erklärungsgehalt des Schadensersatzverlangens

Das wird möglich, wenn man die Erklärung des Vormerkungsberechtigten, Schadensersatz statt der Leistung zu verlangen, nicht weiter unbeachtet lässt, sondern auch sie in die Überlegungen miteinbezieht. Aufmerksamkeit verdient insbesondere die Frage, was der Vormerkungsberechtigte durch sein Schadensersatzverlangen (mit-)erklärt.

Ohne Weiteres ist seinem Schadensersatzverlangen zu entnehmen, dass er nicht mehr an der Bewilligung gem. § 19 GBO interessiert ist. Immerhin löst er mit diesem, soweit es denn berechtigt ist,[1575] die Wirkung des § 281 Abs. 4 BGB aus und verursacht so den Wegfall des Anspruches aus § 888 Abs. 1 BGB.

Damit ist der Erklärungsgehalt des Schadensersatzverlangens aber nicht erschöpft. Indem der Vormerkungsberechtigte den Wegfall des Anspruches aus § 888 Abs. 1 BGB herbeiführt, macht er die Erfüllung des durch die Vormerkung gesicherten Anspruches von dem Willen des Dritterwerbers abhängig.[1576] Damit begibt er sich in eine Situation, welche mit der Situation eines nicht durch eine Vormerkung geschützten Gläubigers vergleichbar ist.[1577] Hätte der Vormerkungsberechtigte ein, und sei es auch geringes, Interesse daran, das Grundstück zu erwerben, wäre ein solches Verhalten unvernünftig.

Ein solches Verhalten kann ihm nicht unterstellt werden. Man wird davon ausgehen müssen, dass er nicht mehr beabsichtigt, den Dritterwerber aus seiner Rechtsposition zu verdrängen (bei vormerkungsvereitelnden Verfügungen) bzw. das vormerkungswidrige Recht des Dritterwerbers zu beseitigen (bei vormerkungsbeeinträchtigenden Verfügungen). Seinem Schadensersatzverlangen ist zu entnehmen, dass er insgesamt nicht mehr an der durch die Vormerkung bewirkten Konservierung der dinglichen Rechtslage interessiert ist.

Wenn der Vormerkungsberechtigte von dem Anspruch aus § 888 Abs. 1 BGB auf den Schadensersatz statt der Leistung übergeht, erklärt er also gegenüber dem Dritterwerber, dass er sein Interesse an der relativen Unwirksamkeit der vormer-

---

[1574] S. Gliederungspkt. § 13 C.II.1.b)aa) (S. 231 ff.).

[1575] Vgl. nur BGH NJW 2021, 464, 464 ff. Rn. 14 ff.; MüKo-BGB/*Ernst*, § 281 BGB Rn. 111; Staudinger/*Schwarze*, § 281 BGB Rn. D8.

[1576] S. Gliederungspkt. § 13 C.II.1.b)bb) (S. 233 ff.).

[1577] S. Gliederungspkt. § 13 C.II.1.b)bb) (S. 233 ff.).

kungswidrigen Verfügung verloren hat. Seinem Schadensersatzverlangen ist, vorausgesetzt dieses ist berechtigt, ein konkludenter Verzicht auf die gesamten Rechtswirkungen der Vormerkung zu entnehmen.

bb) Auswirkungen auf den durch die Vormerkung gesicherten Anspruch

Auswirkungen auf den durch die Vormerkung gesicherten Anspruch hat ein solcher Verzicht nicht.

Erstens entfällt der Anspruch nicht gem. § 275 Abs. 1 Alt. 1 BGB wegen subjektiver Unmöglichkeit. Insoweit ist die Begründung übertragbar, mit der die Unmöglichkeit des durch die Vormerkung gesicherten Anspruches bei Wegfall des Anspruches aus § 888 Abs. 1 BGB verneint wurde.[1578]

Zweitens ist auch kein Grund ersichtlich, weshalb der Vormerkungsberechtigte auf diesen Anspruch oder gar auch auf etwaige Schadensersatzansprüche[1579] gegen den Vormerkungsverpflichteten verzichten sollte.[1580]

Es ist bereits nur noch eine Randnotiz, dass das BGB einen einseitigen Anspruchsverzicht nicht kennt[1581] und ein Angebot auf einen vollständigen oder teilweisen Erlass des durch die Vormerkung gesicherten Anspruches nicht an den Dritterwerber, sondern an den Vormerkungsverpflichteten zu adressieren wäre.[1582] Gleiches würde auch für ein Angebot auf Abschluss eines Aufhebungs- oder Änderungsvertrages gelten.

cc) Angebot auf Abschluss eines Stillhalteabkommens

Nicht von vornherein ausgeschlossen ist es dagegen, in dem Verzicht des Vormerkungsberechtigten ein Angebot auf Abschluss eines unbefristeten Stillhalteabkommens in Bezug auf die Geltendmachung der Rechtswirkungen der Vormerkung zu sehen.

[1578] S. Gliederungspkt. § 13 C.II.1.b)aa) (S. 231 ff.).

[1579] Schadensersatzansprüche würden ohnehin nur von einem Aufhebungs- oder Änderungsvertrag, nicht aber vom Erlass des Anspruches gem. § 397 Abs. 1 BGB erfasst. Vgl. nur BeckOGK-BGB/*Wolber*, § 397 BGB Rn. 99; Staudinger/*Rieble*, § 397 BGB Rn. 284 f. A. A. Staudinger/*Kesseler*, § 883 BGB Rn. 298.

[1580] A. A., allerdings in einem geringfügig abweichenden Zusammenhang, Staudinger/*Kesseler*, § 883 BGB Rn. 298.

[1581] S. nur BGH DNotZ 2016, 265, 268 Rn. 24; BeckOGK-BGB/*Wolber*, § 397 BGB Rn. 2, Rn. 6, Rn. 21 u. Rn. 24; MüKo-BGB/*Schlüter*, § 397 BGB Rn. 1; NK-BGB/*Ring*, § 397 BGB Rn. 2 u. Rn. 4; Soergel/*Schreiber*, § 397 BGB Rn. 1; Staudinger/*Rieble*, § 397 BGB Rn. 1.

[1582] Vgl. nur BeckOGK-BGB/*Wolber*, § 397 BGB Rn. 24 f.; MüKo-BGB/*Schlüter*, § 397 BGB Rn. 9; NK-BGB/*Ring*, § 397 BGB Rn. 4 u. Rn. 30; Soergel/*Schreiber*, § 397 BGB Rn. 2 u. Rn. 10; Staudinger/*Rieble*, § 397 BGB Rn. 32 u. Rn. 152.

Der Dritterwerber ist nicht verpflichtet dieses Angebot anzunehmen. Es gilt das zur Geltendmachung des Anspruches aus § 255 BGB Gesagte entsprechend.[1583] Nimmt er das Angebot an, dürfte der Vormerkungsberechtigte sich ihm gegenüber aber nicht mehr auf die Rechtswirkungen der Vormerkung berufen.

Allerdings zeigt sich bei näherer Betrachtung, dass ein solcher pactum de non petendo die Probleme, welche bei der Anwendung der §§ 280 Abs. 1, Abs. 3, 281 BGB auf den Anspruch aus § 888 Abs. 1 BGB entstehen, nicht beseitigt.

Es würde weiterhin zu einer Aufspaltung der Rechtswirkungen der Vormerkung kommen.[1584] Der Anspruch aus § 888 Abs. 1 BGB würde durch § 281 Abs. 4 BGB ausgeschlossen. § 883 Abs. 2 S. 1 BGB würde aber weiterhin Wirkungen entfalten.

Auch bei der Bemessung des Schadensersatzes würden sich ähnliche Probleme wie bei der Übertragung der zum Schadensersatz statt der Vindikation entwickelten Grundsätze ergeben.[1585]

Es kann offenbleiben, ob der Dritterwerber das Stillhalteabkommen bei einer Änderung der Inhaberschaft der Vormerkung auch dem neuen Vormerkungsberechtigten entgegenhalten kann. Jedenfalls bei einer Änderung der Inhaberschaft des vormerkungswidrigen Rechtes könnten die Rechtswirkungen der Vormerkung wieder geltend gemacht werden.[1586] Der Wert der Vormerkung wäre nur gemindert. Der Schaden, welcher dem Vormerkungsberechtigten entstanden ist, wäre nicht bestimmbar.

Nach alledem verwundert es nicht, dass pacta de non petendo zwischen dem Vormerkungsberechtigten und dem Dritterwerber zwar zulässig sind,[1587] aber heutzutage kaum noch eine Rolle spielen.[1588]

[1583] S. Gliederungspkt. § 13 C.II.1.b)aa) (S. 231 ff.).

[1584] S. zu dieser Gliederungspkt. § 13 C.II.1.b)aa) (S. 231 ff.).

[1585] S. zu dieser Gliederungspkt. § 13 C.II.1.b)bb) (S. 233 ff.).

[1586] S. zur Wirkung von Stillhalteabkommen, welche zwischen dem Vormerkungsberechtigten und dem Dritterwerber vereinbart wurden, etwa *Assmann*, Vormerkung, S. 109, S. 175 f. u. S. 426; BeckOGK-BGB/*Assmann*, § 883 BGB Rn. 164.2 u. § 888 BGB Rn. 48; MüKo-BGB/*Lettmaier*, § 883 BGB Rn. 71 u. § 888 BGB Rn. 12; NK-BGB/*Krause*, § 888 BGB Rn. 21; Staudinger/*Kesseler*, § 883 BGB Rn. 305 u. § 888 BGB Rn. 62; Westermann/*Gursky*, SachenR, § 82 Rn. 30. S. aus der älteren Rechtsprechung bereits RGZ 154, 355, 365 f.; RGZ 143, 159, 163 ff.; RGZ 142, 331, 334 ff. Anders wäre das nur, wenn mit dem vormerkungswidrigen Recht auch der sich aus dem Stillhalteabkommen ergebende Anspruch auf Nichtgeltendmachung der Vormerkung übergeht. S. dazu *Assmann*, Vormerkung, S. 426; BeckOGK-BGB/*Assmann*, § 888 BGB Rn. 48; NK-BGB/*Krause*, § 888 BGB Rn. 21; Staudinger/*Kesseler*, § 888 BGB Rn. 62.

[1587] S. die soeben auf S. 241 in Fn. 1586 Genannten.

[1588] S. nur Staudinger/*Kesseler*, § 883 BGB Rn. 305.

dd) Genehmigung der vormerkungswidrigen Verfügung analog §§ 185 Abs. 2 S. 1 Var. 1, 184 Abs. 1 BGB

Möglicherweise kann man in der Erklärung des Vormerkungsberechtigten, kein Interesse mehr an der relativen Unwirksamkeit der vormerkungswidrigen Verfügung zu haben, aber einen dinglichen Verzicht auf die Rechtswirkungen der Vormerkung sehen.

Man könnte daran denken, dass der Vormerkungsberechtigte mit seinem Schadensersatzverlangen erklärt, die Vormerkung bzw. einen Teil von ihr aufzugeben. Da eine (Teil-)Aufhebung der Vormerkung ihre (teilweise) Löschung aus dem Grundbuch voraussetzt (vgl. § 875 Abs. 1 S. 1 BGB),[1589] würde eine solche Aufgabeerklärung für sich genommen aber ohne Folgen bleiben. Die Probleme, welche bei der Anwendung der §§ 280 Abs. 1, Abs. 3, 281 BGB auf den Anspruch aus § 888 Abs. 1 BGB entstehen, würden durch diese nicht beseitigt werden. Gleiches würde für ein durch den Dritterwerber angenommenes Angebot auf Änderung des Ranges der Vormerkung gelten (vgl. § 880 Abs. 2 S. 1 Hs. 1 BGB).[1590]

Näher liegt es, in dem Verzicht des Vormerkungsberechtigten auf die Rechtswirkungen der Vormerkung eine konkludente Genehmigung der relativ unwirksamen Verfügung zu sehen (vgl. §§ 185 Abs. 2 S. 1 Var. 1, 184 Abs. 1 BGB).

Eine solche Genehmigung wäre ohne Eintragung wirksam[1591] und könnte formlos (vgl. § 182 Abs. 2 BGB) gegenüber dem Dritterwerber (vgl. § 182 Abs. 1 BGB) erklärt werden.[1592] Sie hätte zur Folge, dass die Verfügung zugunsten des Dritterwerbers endgültig und unwiderruflich aus dem Anwendungsbereich der Vormerkung ausgenommen wird. Es ist, im Anschluss an ein Urteil des RG aus dem Jahre 1937,[1593] die Rede davon, dass der sich aus § 883 Abs. 2 S. 1 BGB ergebende Mangel ein für alle Mal behoben wird.[1594]

[1589] S. zur Anwendbarkeit des § 875 Abs. 1 S. 1 BGB auf die Aufhebung der Vormerkung nur BGHZ 60, 46, 50 f.; BGH NJW 1994, 2947, 2949; OLG München NJW-RR 2016, 529, 532; *Assmann*, Vormerkung, S. 387 f.; *Baur/Stürner*, SachenR, § 20 Rn. 55; BeckOGK-BGB/*Assmann*, § 886 BGB Rn. 68; MüKo-BGB/*Lettmaier*, § 875 BGB Rn. 9 u. § 886 BGB Rn. 6; NK-BGB/*Krause*, § 875 BGB Rn. 8 u. § 883 BGB Rn. 89; Soergel/*Kern*, § 886 BGB Rn. 1; Staudinger/*Heinze*, § 875 BGB Rn. 11; Westermann/*Gursky*, SachenR, § 82 Rn. 45. A.A., aber ebenfalls die Löschung der Vormerkung aus dem Grundbuch fordernd Staudinger/*Kesseler*, § 886 BGB Rn. 50.

[1590] S. zur Frage, ob der (Eigentums-)Vormerkung ein eigener Rang zukommt, Gliederungspkt. § 13 C.II.2.d) (S. 254 ff.).

[1591] S. von denen auf S. 205 in Fn. 1339 Genannten insbesondere OLG Stuttgart NJW-RR 2011, 1220, 1221 Rn. 21; Westermann/*Gursky*, SachenR, § 82 Rn. 30.

[1592] S. von denen auf S. 205 in Fn. 1339 Genannten insbesondere NK-BGB/*Krause*, § 883 BGB Rn. 109; Staudinger/*Kesseler*, § 883 BGB Rn. 298.

[1593] RGZ 154, 355, 367.

[1594] S. nur Erman/*Artz*, § 883 BGB Rn. 50; *Stöber*, MittBayNot 1997, 143, 144.

Durch das Schadensersatzverlangen würde der Anspruch aus § 888 Abs. 1 BGB gem. § 281 Abs. 4 BGB ausgeschlossen. Durch die zeitgleich erklärte konkludente Genehmigung würden die Rechtswirkungen des § 883 Abs. 2 S. 1 BGB entfallen.[1595] Zu einer Aufspaltung des Rechtsfolgenverbundes der Vormerkung würde es, anders als bei der schablonenhaften Übertragung der zum Schadensersatz statt der Vindikation entwickelten Grundsätze,[1596] nicht kommen.

Es ist indes fraglich, ob § 185 Abs. 2 S. 1 Var. 1 BGB auf die Verfügung zugunsten des Dritterwerbers angewendet werden kann. Er regelt eigentlich nur die Genehmigung von absolut unwirksamen Verfügungen. Es kommt also allenfalls eine analoge Anwendung in Betracht.

Ein Analogieschluss setzt voraus, dass ein Sachverhalt keine gesetzliche Regelung erfahren hat (Regelungslücke) und zudem die Interessenlage des ungeregelten Sachverhaltes derjenigen des gesetzlich geregelten Sachverhaltes so ähnlich ist, dass der Gesetzgeber die Regelung auch auf diesen hätte erstrecken können (vergleichbare Interessenlage).[1597]

Eine Regelungslücke liegt vor, wenn ein Vergleich zwischen einem ideal konzipierten und dem geltenden Gesetz eine Unvollständigkeit des letzteren ergibt.[1598]

In den Motiven zum BGB AT heißt es für das relative Veräußerungsverbot, dessen in § 135 Abs. 1 S. 1 BGB geregelte Wirkungen mit denjenigen des § 883 Abs. 2 S. 1 BGB vergleichbar sind,[1599] dass die „Unwirksamkeit […] selbstverständlich" entfalle, „wenn der Geschützte […] das Geschäft […] genehmigt".[1600] Die Frage, nach welcher Norm sich die Genehmigung einer relativ unwirksamen Verfügung richten soll, wurde aber nicht erörtert. Insoweit ist das BGB unvollständig. Es besteht eine Regelungslücke.

Eine vergleichbare Interessenlage wäre gegeben, wenn die relative Unwirksamkeit der in § 185 Abs. 2 S. 1 Var. 1 BGB angesprochenen absoluten Unwirksamkeit

---

[1595] Die herrschende Ansicht geht davon aus, dass sich die Zustimmung zu der relativ unwirksamen Verfügung analog § 185 BGB auch im Zwangsversteigerungsverfahren auswirkt. S. nur Böttcher/*Böttcher*, § 52 ZVG Rn. 3; *Frank*, MittBayNot 1996, 271, 273; *Lehmann*, NJW 1993, 1558, 1559; Schneider/*Schneider*, § 48 ZVG Rn. 23; Staudinger/*Kesseler*, § 883 BGB Rn. 366; *Stöber*, MittBayNot 1997, 143, 144; Stöber/*Gojowczyk*, § 48 ZVG Rn. 9. A.A. *Freckmann*, BKR 2005, 167, 169; *Muth*, WuB I.F.3. 10.99, 954, 955. Zweifelnd neuerdings auch NK-BGB/*Krause*, § 883 BGB Rn. 109 (mit Verweis auf BGHZ 201, 157, 164 Rn. 20).

[1596] S. Gliederungspkt. § 13 C.II.1.b)aa) (S. 231 ff.).

[1597] Vgl. nur *Rüthers/Fischer/Birk*, Rechtstheorie, Rn. 889.

[1598] Vgl. nur *Rüthers/Fischer/Birk*, Rechtstheorie, Rn. 833.

[1599] S. von denen auf S. 134 in Fn. 829 Genannten insbesondere *Lieder*, Rechtsgeschäftl. Sukzession, S. 176; MüKo-BGB/*Lettmaier*, § 883 BGB Rn. 59; *Mülbert*, AcP 214 (2014), 309, 321.

[1600] Motive z. BGB, Bd. I, S. 212. Vgl. auch Protokolle d. 1. Kommission, BGB AT I, S. 716 f.

so ähnlich ist, dass der Gesetzgeber diese Norm auf die relative Unwirksamkeit hätte erstrecken können.

Durch die nur relative Unwirksamkeit der vormerkungswidrigen Verfügung wird der Dritterwerber im Vergleich zu Personen, deren Erwerb absolut unwirksam ist, bessergestellt. Es wäre inkonsequent, ihn in Bezug auf die Genehmigung der Verfügung schlechterzustellen. Der Dritterwerber muss erst recht die Möglichkeit haben, die Genehmigung des Berechtigten einzuholen und so über § 185 Abs. 2 S. 1 Var. 1 BGB für die Wirksamkeit der Verfügung zu sorgen.[1601]

Zu keinem anderen Ergebnis gelangt man, wenn man nicht auf das Interesse des Dritterwerbers, sondern auf das Interesse des Vormerkungsberechtigten abstellt. Anders als die Normen, welche für die absolute Unwirksamkeit der Verfügung sorgen, dient die Vormerkung ausschließlich dem Schutz des Vormerkungsberechtigten. Er muss dementsprechend erst recht die Möglichkeit haben, die ihm gegenüber unwirksame Verfügung gem. § 185 Abs. 2 S. 1 Var. 1 BGB zu genehmigen.[1602]

Nach alledem kann der Vormerkungsberechtigte die vormerkungswidrige Verfügung zugunsten des Dritterwerbers analog § 185 Abs. 2 S. 1 Var. 1 BGB genehmigen.

Damit ist aber noch nicht gesagt, dass man in dem Schadensersatzverlangen des Vormerkungsberechtigten eine konkludente Genehmigung analog §§ 185 Abs. 2 S. 1 Var. 1, 184 Abs. 1 BGB erblicken kann. Zwar werden an eine solche Genehmigung nur geringe Anforderungen gestellt.[1603] Sie kann aber nur vorliegen, wenn sie mit dem Interesse des Vormerkungsberechtigten vereinbar ist.[1604]

Ohne Frage entsteht für den Vormerkungsberechtigten durch die Annahme, dass in seinem Schadensersatzverlangen eine konkludente Genehmigung der vormerkungswidrigen Verfügung analog §§ 185 Abs. 2 S. 1 Var. 1, 184 Abs. 1 BGB liegt, ein gewisses Risiko.

Wenn er Schadensersatz verlangt, würde er den Vormerkungsschutz endgültig und unwiderruflich gegen den obligatorischen Anspruch aus §§ 280 Abs. 1, Abs. 3, 281 BGB eintauschen und müsste dann zusehen, wie er den Schadensersatz von dem Dritterwerber eintreibt.[1605]

[1601] Vgl. nur *Assmann*, Vormerkung, S. 109; BeckOGK-BGB/*Assmann*, § 883 BGB Rn. 164.2.

[1602] S. nur *Assmann*, Vormerkung, S. 109; BeckOGK-BGB/*Assmann*, § 883 BGB Rn. 164.2.

[1603] S. nur Staudinger/*Kesseler*, § 883 BGB Rn. 298.

[1604] Vgl. nur Erman/*Artz*, § 883 BGB Rn. 50.

[1605] Angelehnt an *Flach*, Anwendung d. §§ 281, 283 BGB auf § 985 BGB, S. 40 f. (zur Anwendbarkeit des § 283 Abs. 1 BGB a. F. (§§ 280 Abs. 1, Abs. 3, 281 BGB) auf § 985 BGB).

Dennoch besteht kein Anlass, den Vormerkungsberechtigten dergestalt zu bevormunden, dass man ihm wegen dieses Risikos die Möglichkeit nimmt, mit seinem Schadensersatzverlangen die vormerkungswidrige Verfügung zu genehmigen.

Die Annahme, dass in dem Schadensersatzverlangen des Vormerkungsberechtigten eine konkludente Genehmigung der vormerkungswidrigen Verfügung liegt, ist die einzige Möglichkeit, die §§ 280 Abs. 1, Abs. 3, 281 BGB zur Anwendung zu bringen. Die ohnehin eher schwachen Argumente, welche beim Schadensersatz statt der Vindikation gegen ein im Schadensersatzverlangen miterklärtes (bedingtes) Übereignungsangebot geltend gemacht werden,[1606] verfangen aus diesem Grund nicht. Es wird häufig dem Interesse des Vormerkungsberechtigten entsprechen, die Anwendung, wenn auch unter Eingehung eines Risikos, zu ermöglichen.[1607]

Er wird ohnehin nur Schadensersatz statt der Leistung verlangen, wenn er davon überzeugt ist, dass der Dritterwerber in der Lage ist, sein Verlangen zu erfüllen.[1608] Hat er dagegen Zweifel an der Liquidität des Dritterwerbers, wird er angesichts der Höhe des ihm entstehenden Schadens[1609] stattdessen bei den Vormerkungswirkungen bleiben.[1610] Es ist aber nichts Ungewöhnliches, dass man sich vor seinem Schadensersatzverlangen überlegen muss, was am ehesten den eigenen Interessen entspricht.[1611]

Durchaus interessengerecht kann es allerdings sein, dem Vormerkungsberechtigten in den Fällen zu helfen, in denen das mit seinem dinglichen Verzicht verbundene Risiko über das normale Maß hinausgeht. So könnte man, angelehnt an die Rechtsprechung des BGH zu § 816 Abs. 2 BGB,[1612] das Vorliegen einer Genehmigung und in der Folge auch die Anwendbarkeit der §§ 280 Abs. 1, Abs. 3, 281 BGB dann verneinen, wenn der Dritterwerber bereits zum Zeitpunkt des Schadensersatzverlangens Zahlungsschwierigkeiten hat. Dabei sollte man aber in Rechnung stellen, dass dem Vormerkungsberechtigten nach der Genehmigung der Verfügung

---

[1606] S. nur *Becker*, Schadensersatz n. Fristsetzung im EBV, S. 193 Fn. 361; *Odemer*, Schadensersatz statt d. Leistung im EBV, S. 65 f.; *Schaltenbrand*, Schadensersatz statt d. Leistung, S. 118 f.

[1607] S. Gliederungspkt. § 16 (mit Untergliederung) (S. 264 ff.).

[1608] Vgl. nur *Klinck*, Mietrechtsreform, 302, 304 f. mit Fn. 10 (zur Anwendbarkeit der §§ 280 Abs. 1, Abs. 3, 281 BGB auf § 546 Abs. 1 BGB).

[1609] S. Gliederungspkt. § 13 C.II.2.b)aa) (S. 246 ff.).

[1610] Vgl. nur *Riehm*, Mietrechtsreform, 311, 312 (zur Anwendbarkeit der §§ 280 Abs. 1, Abs. 3, 281 BGB auf § 546 Abs. 1 BGB); Soergel/*Benicke/Hellwig*, § 281 BGB Rn. 27 (zur Anwendbarkeit der §§ 280 Abs. 1, Abs. 3, 281 BGB auf § 546 Abs. 1 BGB).

[1611] S. nur Diskussionsentwurf z. SchuldR, S. 326. S. auch BT-Drs. 14/6040, S. 141. A. A. noch Abschlussbericht d. SchuldR-Kommission, S. 136.

[1612] BGH NJW-RR 1990, 1200, 1201. Vgl. auch BGH NJW 2005, 2698, 2699. Im Schrifttum wird dieses Ergebnis teilweise dadurch erreicht, dass man dem Anspruchsteller die Möglichkeit gibt, die Genehmigung unter eine auflösende Bedingung zu stellen (s. nur MüKo-BGB/*Schwab*, § 816 BGB Rn. 35) oder die Verfügung erst Zug um Zug gegen Zahlung des geforderten Betrages zu genehmigen (s. nur Staudinger/*Lorenz*, § 816 BGB Rn. 9).

das – dann nicht mehr vormerkungswidrige – dingliche Recht des Dritterwerbers als Vollstreckungsobjekt zur Verfügung steht.[1613]

Nach alledem ist davon auszugehen, dass eine konkludente Genehmigung der vormerkungswidrigen Verfügung analog §§ 185 Abs. 2 S. 1 Var. 1, 184 Abs. 1 BGB im Regelfall dem Interesse des Vormerkungsberechtigten entspricht. Liegen keine anderen Anhaltspunkte vor, ist sie in seinem Schadensersatzverlangen enthalten.

ee) Zwischenergebnis

Dem Schadensersatzverlangen des Vormerkungsberechtigten kann man einen dinglichen Verzicht auf die Rechtswirkungen der Vormerkung entnehmen.

In seiner Erklärung, kein Interesse mehr an der relativen Unwirksamkeit der vormerkungswidrigen Verfügung zu haben, ist eine konkludente Genehmigung analog §§ 185 Abs. 2 S. 1 Var. 1, 184 Abs. 1 BGB enthalten. Durch sie wird die Aufspaltung der so eng miteinander verbundenen Rechtswirkungen der Vormerkung vermieden.

b) Bemessung des Schadensersatzes

Daran anschließend soll nun untersucht werden, ob es mittels dieser Erkenntnis auch möglich wird, den sich aus §§ 280 Abs. 1, Abs. 3, 281 BGB ergebenden Schadensersatz zu bemessen.

aa) Vollständige Wertlosigkeit der Vormerkung bzw. eines Teiles von ihr

Bei dem Versuch, die zum Schadensersatz statt der Vindikation entwickelten Grundsätze zu übertragen, hat sich gezeigt, dass der Wert der Vormerkung (bei vormerkungsvereitelnden Verfügungen) bzw. eines Teiles von ihr (bei vormerkungsbeeinträchtigenden Verfügungen) durch den Wegfall des Anspruches aus § 888 Abs. 1 BGB nicht aufgehoben, sondern nur gemindert wird.[1614] Weil der Anspruch aus § 888 Abs. 1 BGB bei einer Inhaberschaftsänderung neu entsteht, hat die Vormerkung noch einen Verkaufswert.[1615]

[1613] Vgl. nur *Odemer*, Schadensersatz statt d. Leistung im EBV, S. 91 (zur Anwendbarkeit der §§ 280 Abs. 1, Abs. 3, 281 BGB auf § 985 BGB); *Schwab*, NZM 2003, 50, 51 f. (zur Anwendbarkeit der §§ 280 Abs. 1, Abs. 3, 281 BGB auf § 546 Abs. 1 BGB). Beide gehen davon aus, dass die Möglichkeit der Zwangsvollstreckung das Risiko, welches durch das Schadensersatzverlangen entsteht, vollständig beseitigt. A. A. zu Recht Soergel/*Benicke/Hellwig*, § 281 BGB Rn. 27.

[1614] S. Gliederungspkt. § 13 C.II.1.b)bb) (S. 233 ff.).

[1615] S. Gliederungspkt. § 13 C.II.1.b)bb) (S. 233 ff.).

Durch die im Schadensersatzverlangen enthaltene konkludente Genehmigung analog §§ 185 Abs. 2 S. 1 Var. 1, 184 Abs. 1 BGB werden aber auch die übrigen Rechtswirkungen beseitigt.

Der Vormerkungsberechtigte entfernt mit dieser die Verfügung zugunsten des Dritterwerbers vollständig aus dem Anwendungsbereich der Vormerkung.[1616] Damit wird die Neuentstehung des Anspruches aus § 888 Abs. 1 BGB „aus der Vormerkung heraus" ausgeschlossen. Der Restwert der Vormerkung ist beseitigt.

An dieser Wertlosigkeit der Vormerkung bzw. eines Teiles von ihr ändert sich auch nichts mehr, wenn man, entgegen der im Schrifttum wohl zurzeit noch herrschenden Ansicht,[1617] den gutgläubigen Zweiterwerb der Vormerkung zulässt.[1618] Zwar würde durch einen solchen die durch den Vormerkungsberechtigten genehmigte Verfügung zurück in den Anwendungsbereich der Vormerkung fallen.[1619] Das hätte aber nichts mehr mit der Vormerkung zu tun, sondern würde aus dem Rechtsschein des – insoweit unrichtigen[1620] – Grundbuches folgen.

Es ist dann nur noch eine Randnotiz, dass, selbst wenn man einen gutgläubigen Zweiterwerb der Vormerkung zulässt, auch der Wert dieser „Buchposition" nahezu gegen null tendiert. Sobald der Vormerkungsberechtigte Schadensersatz verlangt, wird der Dritterwerber unverzüglich einen den gutgläubigen Erwerb ausschließenden (vgl. § 892 Abs. 1 S. 1 BGB) Widerspruch gegen die Richtigkeit des Grundbuches (§ 899 Abs. 1 BGB) eintragen lassen.[1621]

Nach alledem wird durch das Schadensersatzverlangen des Vormerkungsberechtigten die Vormerkung bzw. ein Teil von ihr vollständig wertlos. Es entsteht

---

[1616] S. Gliederungspkt. § 13 C.II.2.a)dd) (S. 242 ff.).

[1617] *Assmann*, Vormerkung, S. 399 ff.; *Baur/Stürner*, SachenR, § 20 Rn. 52; BeckOGK-BGB/*Assmann*, § 885 BGB Rn. 162 ff.; NK-BGB/*Krause*, § 892 BGB Rn. 28; Soergel/*Kern*, § 883 BGB Rn. 2 (a. A. Soergel/*Kern*, § 893 BGB Rn. 10); Staudinger/*Kesseler*, § 883 BGB Rn. 437; Staudinger/*Picker*, § 892 BGB Rn. 60.

[1618] S. nur BGHZ 235, 277, 284 ff. Rn. 22 ff.; OLG München BWNotZ 2002, 12, 13 f.; OLG Saarbrücken MittRhNotK 1995, 25, 27; BeckOGK-BGB/*Hertel*, § 892 BGB Rn. 115; MüKo-BGB/*Lettmaier*, § 885 BGB Rn. 47; Soergel/*Kern*, § 893 BGB Rn. 10 (a. A. Soergel/*Kern*, § 883 BGB Rn. 2); Westermann/*Eickmann*, SachenR, § 83 Rn. 36.

[1619] Vgl. nur OLG München BWNotZ 2002, 12, 13 f.; OLG Saarbrücken MittRhNotK 1995, 25, 27; *Bühler*, BWNotZ 1995, 171, 172; *Frank*, MittBayNot 1996, 271, 272; *Keller*, BWNotZ 1998, 25, 27 f.; *Wieling/Finkenauer*, SachenR, § 22 Rn. 18.

[1620] Vgl. nur OLG Hamm MittBayNot 1999, 181, 182; OLG München BWNotZ 2002, 12, 13; OLG Saarbrücken MittRhNotK 1995, 25, 27; OLG Stuttgart NJW-RR 2011, 1220, 1221 Rn. 21; *Demharter*, § 22 GBO Rn. 10 u. Rn. 20; Meikel/*Böttcher*, § 45 GBO Rn. 19; Schöner/Stöber/*Riedel/Volmer/Wilsch*, Handb GrundbuchR, Rn. 1523. A. A. OLG Frankfurt am Main BeckRS 2015, 9007 Rn. 8. A. A. auch, aber § 22 Abs. 1 GBO dennoch anwendend KEHE/*Meier*, § 22 GBO Rn. 96.

[1621] Diejenigen, die einen gutgläubigen Zweiterwerb der Vormerkung zulassen, müssen dem Dritterwerber diese Möglichkeit geben. S. nur BGHZ 25, 16, 24; BeckOGK-BGB/*Hertel*, § 899 BGB Rn. 20; MüKo-BGB/*Schäfer*, § 899 BGB Rn. 4.

ihm, und zwar unabhängig von etwaigen Ansprüchen gegen den Vormerkungsverpflichteten,[1622] ein Schaden in Höhe des Wertes der- bzw. desselben.

bb) Schadensersatz als Ausgleich für alle auf der Pflichtverletzung beruhenden Schäden

Damit ist aber nicht gesagt, dass der Vormerkungsberechtigte diesen Schaden auch vom Dritterwerber ersetzt verlangen kann.

Versteht man den Ausdruck „Schadensersatz statt der Leistung" wörtlich, wäre der Anspruch aus §§ 280 Abs. 1, Abs. 3, 281 BGB nur auf die Erbringung eines Äquivalentes zu der durch § 281 Abs. 4 BGB ausgeschlossenen Leistung gerichtet.[1623] Der Vormerkungsberechtigte hätte keinen Anspruch in Höhe des Wertes der Vormerkung (bei vormerkungsvereitelnden Verfügungen) bzw. eines Teiles von ihr (bei vormerkungsbeeinträchtigenden Verfügungen), sondern nur auf Ersatz des Wertes des Anspruches aus § 888 Abs. 1 BGB. Dieser bildet seinen Schaden aber nicht vollständig ab und ist auch nicht seriös bestimmbar.[1624] Eine Anwendung der §§ 280 Abs. 1, Abs. 3, 281 BGB wäre besser abzulehnen.[1625]

Eine solche Beschränkung des Inhaltes dieses Anspruches ist aber wenig überzeugend.[1626] Zwar wird man sich bei der Bemessung des Schadensersatzes häufig an dem Wert der durch § 281 Abs. 4 BGB ausgeschlossenen Leistung orientieren können.[1627] Aus § 280 Abs. 1 S. 1 BGB i. V. m. § 281 Abs. 1 S. 1 BGB ergibt sich aber recht eindeutig, dass auch andere Schäden, soweit sie auf der Nichterbringung

---

[1622] Vgl. dazu, dass Ansprüche gegen Dritte bei der Berechnung des Schadensersatzes statt der Leistung unberücksichtigt bleiben müssen, nur MüKo-BGB/*Emmerich*, Vorb. § 281 BGB Rn. 39.

[1623] So etwa *Schultz*, Schuldrechtsreform, 17, 62 ff. Vgl. auch *Brauer*, NotBZ 2002, 402, 405 f. (zur Anwendbarkeit der §§ 280 Abs. 1, Abs. 3, 281 BGB auf § 546 Abs. 1 BGB); *Katzenstein*, AcP 206 (2006), 96, 105 ff. (zur Anwendbarkeit der §§ 280 Abs. 1, Abs. 3, 281 BGB auf § 985 BGB); *Katzenstein/Hüftle*, NZM 2004, 601, 602 f. (zur Anwendbarkeit der §§ 280 Abs. 1, Abs. 3, 281 BGB auf § 546 Abs. 1 BGB); *Kohler*, NZM 2014, 729, 735 f. (zur Anwendbarkeit der §§ 280 Abs. 1, Abs. 3, 281 BGB auf obligatorische Herausgabeansprüche); *Schwab*, NZM 2003, 50, 50 (zur Anwendbarkeit der §§ 280 Abs. 1, Abs. 3, 281 BGB auf § 546 Abs. 1 BGB); *Schwab/Novokmet*, ZGS 2004, 187, 188 (zur Anwendbarkeit der §§ 280 Abs. 1, Abs. 3, 281 BGB auf § 546 Abs. 1 BGB).

[1624] Vgl. Gliederungspkt. § 13 C.II.1.b)bb) (S. 233 ff.).

[1625] Insoweit gilt das in Gliederungspkt. § 13 C.II.1.b)bb) (S. 233 ff.) Gesagte entsprechend.

[1626] S. neben den auf S. 237 in Fn. 1566 Genannten auch MüKo-BGB/*Ernst*, § 281 BGB Rn. 1; Staudinger/*Schwarze*, § 280 BGB Rn. E4. Vgl. auch *Klinck*, Mietrechtsreform, 302, 306 ff. (zur Anwendbarkeit der §§ 280 Abs. 1, Abs. 3, 281 BGB auf § 546 Abs. 1 BGB); NK-BGB/*Schanbacher*, § 985 BGB Rn. 47 Fn. 271 (zur Anwendbarkeit der §§ 280 Abs. 1, Abs. 3, 281 BGB auf § 985 BGB); *Riehm*, Mietrechtsreform, 311, 313 f. (zur Anwendbarkeit der §§ 280 Abs. 1, Abs. 3, 281 BGB auf § 546 Abs. 1 BGB).

[1627] Vgl. nur *Odemer*, Schadensersatz statt d. Leistung im EBV, S. 19, S. 46 u. S. 79 (zur Anwendbarkeit der §§ 280 Abs. 1, Abs. 3, 281 BGB auf § 985 BGB).

der Leistung beruhen, ersatzfähig sind. Nicht ohne Grund geht die herrschende Ansicht davon aus, dass der Schadensersatzanspruch statt der Leistung für den Ersatz von Folgeschäden sorgt.[1628] Der Vormerkungsberechtigte ist so zu stellen, als ob der Anspruch aus § 888 Abs. 1 BGB erfüllt worden wäre.[1629] Es sind ihm alle Schäden zu ersetzen, die unmittelbar oder mittelbar auf der Nichterbringung der Zustimmung beruhen.[1630]

cc) Schutzzweck der §§ 280 Abs. 1, Abs. 3, 281 BGB

Ob der dem Vormerkungsberechtigten entstandene Schaden in Höhe des Wertes der Vormerkung bzw. eines Teiles von ihr auf der Pflichtverletzung des Dritterwerbers beruht, ist aber fraglich.

Die Wertlosigkeit der- bzw. desselben ist eine äquivalente und adäquate Folge der Nichterbringung der Zustimmung. Schwierigkeiten bereitet jedoch die Tatsache, dass der Vormerkungsberechtigte seinen Schaden selbst verursacht hat. Ohne sein Schadensersatzverlangen wäre es weder zum Wegfall des Anspruches aus § 888 Abs. 1 BGB[1631] noch zu einer Beseitigung der übrigen Rechtswirkungen der Vormerkung[1632] gekommen.

Es versteht sich indes von selbst, dass der aus dem Wegfall des Anspruches aus § 888 Abs. 1 BGB resultierende Schaden vom Dritterwerber zu ersetzen ist. § 281 Abs. 4 BGB ist die gesetzliche Folge des berechtigten Schadensersatzverlangens. Wenn man von einer Anwendbarkeit der §§ 280 Abs. 1, Abs. 3, 281 BGB auf den Anspruch aus § 888 Abs. 1 BGB ausgeht, wird niemand dem Vormerkungsberechtigten ernsthaft vorwerfen, dass er diese ihm zur Verfügung gestellte Möglichkeit genutzt hat.[1633]

[1628] MüKo-BGB/*Emmerich*, Vorb. § 281 BGB Rn. 4; MüKo-BGB/*Ernst*, § 281 BGB Rn. 1; Staudinger/*Schwarze*, § 280 BGB Rn. E4 f. Vgl. auch NK-BGB/*Dauner-Lieb*, § 281 BGB Rn. 60; Soergel/*Benicke/Hellwig*, § 281 BGB Rn. 240.

[1629] S. zu dieser Bemessung des Schadensersatzes statt der Leistung im Wege des Gesamtvermögensvergleiches nur BGHZ 174, 290, 292 f. Rn. 7 u. 295 f. Rn. 14; BGH BeckRS 2009, 6498 Rn. 20; MüKo-BGB/*Emmerich*, Vorb. § 281 BGB Rn. 3; NK-BGB/*Dauner-Lieb*, § 281 BGB Rn. 60; Soergel/*Benicke/Hellwig*, § 281 BGB Rn. 240; Staudinger/*Schwarze*, § 280 BGB Rn. E27 u. Rn. E35 f.

[1630] Vgl. Soergel/*Benicke/Hellwig*, § 281 BGB Rn. 240. In diese Richtung auch *Odemer*, Schadensersatz statt d. Leistung im EBV, S. 46 (zur Anwendbarkeit der §§ 280 Abs. 1, Abs. 3, 281 BGB auf § 985 BGB).

[1631] S. Gliederungspkt. § 13 C.II.1.b)aa) (S. 231 ff.).

[1632] S. Gliederungspkt. § 13 C.II.2.a)aa) (S. 239 f.) i. V. m. Gliederungspkt. § 13 C.II.2.a) dd) (S. 242 ff.).

[1633] Vgl. nur *Becker*, Schadensersatz n. Fristsetzung im EBV, S. 205 Fn. 421 (zur Einfügung des Rechtsgedankens von § 281 BGB in § 989 BGB); NK-BGB/*Schanbacher*, § 985 BGB Rn. 47 Fn. 271 (zur Anwendbarkeit der §§ 280 Abs. 1, Abs. 3, 281 BGB auf § 985 BGB).

Schwieriger zu beantworten ist dagegen die Frage, ob der sich aus der Beseitigung der übrigen Rechtswirkungen der Vormerkung ergebende Schaden ersatzfähig ist. Ob dieses selbstschädigende Verhalten des Dritterwerbers vom Schutzzweck der §§ 280 Abs. 1, Abs. 3, 281 BGB umfasst ist, kann nur mittels einer wertenden Betrachtung entschieden werden.[1634]

Da die Erklärung des Vormerkungsberechtigten, vom Anspruch aus § 888 Abs. 1 BGB zum Schadensersatz statt der Leistung überzugehen, die konkludente Genehmigung der vormerkungswidrigen Verfügung analog §§ 185 Abs. 2 S. 1 Var. 1, 184 Abs. 1 BGB enthält,[1635] wird der Schaden zwar mittelbar ebenfalls durch das Schadensersatzverlangen verursacht. Erforderlich ist die Beseitigung der übrigen Rechtswirkungen der Vormerkung aber nur wegen des akzessorischen Charakters des Anspruches aus § 888 Abs. 1 BGB oder, etwas genauer, weil der Rechtsfolgenverbund der Vormerkung nicht aufgetrennt werden kann.

Mit diesem Argument, vielleicht noch ergänzt um den Hinweis, dass selbst verursachte Schäden grundsätzlich selbst zu tragen sind,[1636] könnte man die Ersatzfähigkeit des Schadens verneinen. Dann könnte der Vormerkungsberechtigte nur, ebenso wie bei der Beschränkung des Schadensersatzanspruches auf die Erbringung eines Leistungsäquivalentes,[1637] Ersatz des Wertes des Anspruches aus § 888 Abs. 1 BGB verlangen. Die Anwendung der §§ 280 Abs. 1, Abs. 3, 281 BGB wäre abzulehnen.[1638]

Die besseren Argumente sprechen indes dafür, dass auch der sich aus der Beseitigung der übrigen Rechtswirkungen der Vormerkung ergebende Schaden vom Schutzzweck des Anspruches aus §§ 280 Abs. 1, Abs. 3, 281 BGB umfasst ist.

Erstens werden selbst verursachte Schäden auch außerhalb des Anwendungsbereiches des § 281 Abs. 4 BGB immer wieder als ersatzfähig anerkannt. So umfasst der Schadensersatzanspruch statt der Leistung etwa die Mehrkosten eines Deckungsgeschäftes[1639] oder die Aufwendungen, die im Vertrauen auf den Erhalt der Leistung getätigt wurden.[1640]

[1634] Vgl. nur BGH BeckRS 2016, 4199 Rn. 31 (zu § 280 Abs. 1 BGB); BeckOGK-BGB/*Riehm*, § 280 BGB Rn. 325.

[1635] S. Gliederungspkt. § 13 C.II.2.a)dd) (S. 242 ff.).

[1636] S. nur BGH BeckRS 2016, 4199 Rn. 31 (zu § 280 Abs. 1 BGB); NK-BGB/*Magnus*, Vorb. §§ 249 ff. BGB Rn. 90.

[1637] S. Gliederungspkt. § 13 C.II.2.b)bb) (S. 248 f.).

[1638] Insoweit gilt das in Gliederungspkt. § 13 C.II.1.b)bb) (S. 233 ff.) Gesagte entsprechend.

[1639] BGHZ 197, 357, 365 Rn. 27; OLG Stuttgart NJW-RR 2012, 251, 252; BeckOGK-BGB/*Riehm*, § 280 BGB Rn. 245 ff.; MüKo-BGB/*Emmerich*, Vorb. § 281 BGB Rn. 34 ff. u. Rn. 41 ff.; MüKo-BGB/*Ernst*, § 280 BGB Rn. 78; NK-BGB/*Dauner-Lieb*, § 280 BGB Rn. 65 u. § 281 BGB Rn. 60; Soergel/*Benicke/Hellwig*, § 280 BGB Rn. 356 ff.; Staudinger/*Schwarze*, § 280 BGB Rn. E5 u. Rn. E98 ff.

Zweitens, und das ist entscheidend, kann man den durch § 281 Abs. 4 BGB verursachten Wegfall des Anspruches aus § 888 Abs. 1 BGB und die durch die Genehmigung der vormerkungswidrigen Verfügung analog §§ 185 Abs. 2 S. 1 Var. 1, 184 Abs. 1 BGB verursachte Beseitigung der übrigen Rechtswirkungen der Vormerkung nicht losgelöst voneinander betrachten.

Es handelt sich bei ihnen wertungsmäßig nicht um zwei zeitgleich ablaufende, aber im Übrigen unabhängige Vorgänge, sondern vielmehr um die funktional miteinander verbundenen Folgen des Schadensersatzverlangens. Der Vormerkungsberechtigte genehmigt die Verfügung nicht, um über diesen Umweg den vom Dritterwerber zu erlangenden Schadensersatz zu erhöhen, sondern mit dem billigenswerten Motiv, die Anwendung der §§ 280 Abs. 1, Abs. 3, 281 BGB zu ermöglichen.

Die Beseitigung der übrigen Rechtswirkungen der Vormerkung ist zwar nur deswegen erforderlich, weil der Rechtsfolgenverbund der Vormerkung nicht aufgetrennt werden kann. Es muss aber der gesamte Schaden, welcher dem Schadensersatzverlangenden durch den Übergang zum Schadensersatzanspruch statt der Leistung entsteht, ersatzfähig sein. Dass dieser bei der Anwendung der §§ 280 Abs. 1, Abs. 3, 281 BGB auf den Anspruch aus § 888 Abs. 1 BGB höher ausfällt als gewöhnlich, ist zwar richtig, aber kein Grund dafür, seine Ersatzfähigkeit zu verneinen.[1641] Dem Vormerkungsberechtigten ist also auch der durch die Beseitigung der übrigen Rechtswirkungen der Vormerkung entstandene Schaden zu ersetzen.

Damit beruht sowohl der Schaden, welcher durch den Wegfall des Anspruches aus § 888 Abs. 1 BGB entsteht, als auch der Schaden, welcher sich aus der Beseitigung der übrigen Rechtswirkungen der Vormerkung ergibt, auf der Nichterbringung der Zustimmung.

Nur der Vollständigkeit halber sei erwähnt, dass eine andere Ansicht nicht zwingend bedeuten muss, dass der Schaden nicht doch vollständig über den Schadensersatzanspruch statt der Leistung (§§ 280 Abs. 1, Abs. 3, 281 BGB) zu ersetzen ist. So geht Becker bei seinem Versuch, den Rechtsgedanken des § 281 BGB in § 989 BGB einzufügen,[1642] zwar davon aus, dass sich die zur Wertlosigkeit des Eigentums führende „Selbstschädigung" des Eigentümers „nicht mit Zurechnungserwägungen in den Griff bekommen lässt".[1643] Er bemisst den Schadensersatzanspruch aber dennoch anhand des Wertes des Eigentums.[1644]

[1640] OLG Karlsruhe NJW 2005, 989, 991 (zu § 311a Abs. 2 BGB); BeckOGK-BGB/*Dornis*, § 284 BGB Rn. 124; MüKo-BGB/*Emmerich*, Vorb. § 281 BGB Rn. 19 ff.; MüKo-BGB/*Ernst*, § 284 BGB Rn. 40; Staudinger/*Schwarze*, § 280 BGB Rn. E115 ff., § 281 BGB Rn. 148 u. § 284 BGB Rn. 16. Zweifelnd allerdings NK-BGB/*Arnold*, § 284 BGB Rn. 10; NK-BGB/*Dauner-Lieb*, § 281 BGB Rn. 64; Soergel/*Benicke/Grebe*, § 284 BGB Rn. 24 f.

[1641] Vgl. nur *Schaltenbrand*, Schadensersatz statt d. Leistung, S. 244 (zur Anwendbarkeit der §§ 280 Abs. 1, Abs. 3, 281 BGB auf § 985 BGB).

[1642] S. Gliederungspkt. § 2 A.I. (S. 27 f.).

[1643] *Becker*, Schadensersatz n. Fristsetzung im EBV, S. 205 Fn. 421 u. S. 214 Fn. 468.

[1644] *Becker*, Schadensersatz n. Fristsetzung im EBV, S. 191 ff.

Da der Umfang des Schadensersatzes auch nicht wegen der Mitwirkung des Vormerkungsberechtigten an der Entstehung des Schadens gem. § 254 BGB zu reduzieren ist,[1645] kann derselbe den ihm entstehenden Schaden in Höhe des Wertes der Vormerkung bzw. eines Teiles von ihr vollständig ersetzt verlangen.

dd) Exkurs: Wert der Vormerkung bzw. eines Teiles von ihr

Im Anschluss an diese Erkenntnis wird sich nun der eine oder andere Leser fragen, wie der vom Dritterwerber zu ersetzende Wert der Vormerkung (bei vormerkungsvereitelnden Verfügungen) bzw. eines Teiles von ihr (bei vormerkungsbeeinträchtigenden Verfügungen) konkret zu bestimmen ist.

Obwohl sich dieses Problem streng genommen bereits außerhalb der hier untersuchten Frage befindet, seien auch zu ihm noch einige, allerdings auf das Notwendigste beschränkte Hinweise erlaubt.

Der Wert der Eigentumsvormerkung erlangte bisher, soweit ersichtlich, allenfalls im Rahmen der Zwangsversteigerung Bedeutung. Er wird zwar nicht, jedenfalls nicht unmittelbar, bei der Feststellung des Ersatzbetrages gem. § 51 Abs. 2, Abs. 1 S. 1 ZVG i. V. m. § 50 Abs. 2 Nr. 1, Abs. 1 S. 1 ZVG relevant. Dieser wird anhand der Erhöhung des objektiven Wertes des Grundstückes bei Nichtbestehen der Eigentumsvormerkung bestimmt.[1646] Er ist aber bei der Bestimmung des Wertersatzes gem. § 92 Abs. 1 ZVG von Bedeutung.[1647]

Diejenigen, die in diesem Zusammenhang auf den Wert der Eigentumsvormerkung abstellen,[1648] sind sich weitgehend einig, dass ihr Wert gleich der Wert des

---

[1645] Vgl. nur *Jost*, FS Otte, 145, 150 f. (zur Anwendbarkeit der §§ 280 Abs. 1, Abs. 3, 281 BGB auf § 546 Abs. 1 BGB); *Klinck*, Mietrechtsreform, 302, 310 (zur Anwendbarkeit der §§ 280 Abs. 1, Abs. 3, 281 BGB auf § 546 Abs. 1 BGB); *Schleiter*, JURA 2008, 434, 438 (zur Anwendbarkeit der §§ 280 Abs. 1, Abs. 3, 281 BGB auf Rückgewähransprüche). A. A. ein Teil der Mitglieder der Schuldrechtskommission (vgl. Abschlussbericht d. SchuldR-Kommission, S. 135). Im Diskussionsentwurf (Diskussionsentwurf z. SchuldR, S. 324) und im Gesetzesentwurf (BT-Drs. 14/6040, S. 139) wird aber nicht mehr auf § 254 BGB abgestellt.

[1646] Vgl. nur Böttcher/*Böttcher*, § 92 ZVG Rn. 24; Schneider/*Goldbach*, § 51 ZVG Rn. 4; Stöber/*Becker*, § 92 ZVG Rn. 9; Stöber/*Gojowczyk*, § 51 ZVG Rn. 4.

[1647] A. A., da § 92 Abs. 1 ZVG nicht auf die Eigentumsvormerkung anwendend, etwa *Assmann*, Vormerkung, S. 234 ff.; BeckOGK-BGB/*Assmann*, § 883 BGB Rn. 234 u. Rn. 251; Staudinger/*Kesseler*, § 883 BGB Rn. 362. Vgl. auch Stöber/*Becker*, § 92 ZVG Rn. 48.

[1648] Oft lässt sich nicht zweifelsfrei beurteilen, ob im Rahmen des § 92 Abs. 1 ZVG auf den Wert der Eigentumsvormerkung oder nicht vielmehr auf den Wert des durch sie gesicherten Anspruches (in diese Richtung Böttcher/*Böttcher*, § 92 ZVG Rn. 25) oder den Wert des vorgemerkten Eigentums selbst (in diese Richtung MüKo-BGB/*Lettmaier*, § 883 BGB Rn. 77) abgestellt wird. Beispielsweise bei den im Folgenden Genannten bleibt offen, ob sie im Rahmen des § 92 Abs. 1 ZVG auf den Wert der Eigentumsvormerkung abstellen. *Baur/Stürner*, SachenR, § 20 Rn. 46; NK-BGB/*Krause*, § 883 BGB Rn. 119; Schneider/*Achenbach*, § 92 ZVG Rn. 18; Soergel/*Kern*, § 883 BGB Rn. 63; Staudinger/*Gursky*, Bearb. 2013, § 883 BGB Rn. 304; Westermann/*Gursky*, SachenR, § 82 Rn. 21.

Grundstückes abzüglich der ihr vorgehenden Belastungen ist.[1649] Man geht zudem davon aus, dass bei der Bestimmung des Wertes der Eigentumsvormerkung unberücksichtigt bleiben muss, ob der Vormerkungsberechtigte gegenüber dem Vormerkungsverpflichteten (noch) eine Gegenleistung für den Eigentumserwerb zu erbringen hat.[1650] Auch Wahrscheinlichkeiten spielen bei der Bestimmung des Wertes der Eigentumsvormerkung keine Rolle.[1651]

Allerdings können diese für die Zwangsversteigerung gewonnenen Erkenntnisse, wenn überhaupt, nur mit Vorsicht auf den Schadensersatzanspruch statt der Leistung übertragen werden.

Man sollte der Frage besondere Aufmerksamkeit widmen, welchen Einfluss auf die Wertbestimmung der Eigentumsvormerkung die nicht auf den Anspruch aus §§ 280 Abs. 1, Abs. 3, 281 BGB übertragbare Wertung des § 48 ZVG hat.

Zudem sollte untersucht werden, inwieweit die nachvollziehbaren Bedenken von Gruber, sich bei der Höhe des Schadensersatzanspruches statt der Leistung an dem Wert des durch die Vormerkung gesicherten Anspruches zu orientieren,[1652] über diesen Umweg erneut Bedeutung erlangen.

Diejenigen, die entgegen der hier vertretenen Ansicht,[1653] den schadensersatzrechtlichen Teil des Eigentümer-Besitzer-Verhältnisses (§§ 989 ff. BGB) zur Anwendung bringen, müssen auch dazu Stellung nehmen, ob und – bejahendenfalls – wie wertmindernde tatsächliche Einwirkungen des Dritterwerbers in die Berechnung einzubeziehen sind. Ähnliche Probleme ergeben sich auch für die Ansprüche auf Nutzungsherausgabe gem. §§ 987 ff. BGB und Verwendungsersatz gem. §§ 994 ff. BGB.

Die Frage, welchen Wert einzelne Teile der Eigentumsvormerkung haben, war dagegen bisher, soweit ersichtlich, noch nicht von Bedeutung.

Sollte man zu dem Ergebnis gelangen, dass der Wert der Eigentumsvormerkung anhand der oben dargestellten, aus der Zwangsversteigerung bekannten Formel zu bestimmen ist, wird man sie wohl anhand des Wertes des nun nicht mehr vormerkungswidrigen Rechtes des Dritterwerbers bestimmen.

[1649] S. nur Schneider/*Achenbach*, § 92 ZVG Rn. 18; Staudinger/*Gursky*, Bearb. 2013, § 883 BGB Rn. 304; Westermann/*Gursky*, SachenR, § 82 Rn. 21.

[1650] S. nur NK-BGB/*Krause*, § 883 BGB Rn. 119; Schneider/*Achenbach*, § 92 ZVG Rn. 18; Staudinger/*Gursky*, Bearb. 2013, § 883 BGB Rn. 304; Westermann/*Gursky*, SachenR, § 82 Rn. 21.

[1651] S. nur Staudinger/*Gursky*, Bearb. 2013, § 883 BGB Rn. 304.

[1652] *Müller/Gruber*, SachenR, Rn. 2945.

[1653] S. Gliederungspkt. § 8 (mit Untergliederung) (S. 95 ff.).

ee) Zwischenergebnis

Wenn der Vormerkungsberechtigte von dem Dritterwerber Schadensersatz statt der Leistung verlangt, wird für ihn die Vormerkung bzw. ein Teil von ihr vollständig wertlos. Es entsteht ihm ein Schaden in der Höhe des Wertes der- bzw. desselben.

Der Vormerkungsberechtigte kann diesen vom Dritterwerber ersetzt verlangen. Sowohl der (Teil-)Schaden, welcher dem Vormerkungsberechtigten durch den Wegfall des Anspruches aus § 888 Abs. 1 BGB entsteht, als auch der (Teil-)Schaden, welcher sich aus der Beseitigung der übrigen Rechtswirkungen der Vormerkung ergibt, beruhen auf der Nichterbringung der Zustimmung.

c) Überkompensation des Vormerkungsberechtigten

Damit ist von den drei eingangs aufgeworfenen Fragen nur noch die Frage offen, wie verhindert werden kann, dass es durch die Anwendung der §§ 280 Abs. 1, Abs. 3, 281 BGB auf den Anspruch aus § 888 Abs. 1 BGB zu einer Überkompensation des Vormerkungsberechtigten kommt. Sie kann ohne große Schwierigkeiten beantwortet werden.

Da der Vormerkungsberechtigte von dem Dritterwerber nur den ihm entstandenen Schaden ersetzt verlangen kann, besteht keine Gefahr, dass die Anwendung des Schadensersatzanspruches statt der Leistung zu einer „nicht zu rechtfertigende[n] Besserstellung“ des Vormerkungsberechtigten führt.[1654]

Anders als bei der schablonenhaften Übertragung der für den Schadensersatz statt der Vindikation entwickelten Grundsätze[1655] ist es nicht erforderlich, dem Dritterwerber durch eine – ohnehin nur mit einigem Aufwand zu begründende – analoge Anwendung des § 255 BGB zu einem Anspruch auf Aufhebung (bei vormerkungsvereitelnden Verfügungen) oder Teilaufhebung (bei vormerkungsbeeinträchtigenden Verfügungen) der Vormerkung zu verhelfen.

d) Exkurs: Beseitigung der Restrisiken für den Dritterwerber

Zum Schluss sei noch kurz darauf eingegangen, wie der Dritterwerber die für ihn in Bezug auf sein ehemals vormerkungswidriges Recht bestehenden Restrisiken beseitigen kann. Da er sich die Wirksamkeit seines Rechtes gegenüber der Vor-

---

[1654] Angelehnt an *Becker*, Schadensersatz n. Fristsetzung im EBV, S. 217 (zur Einfügung des Rechtsgedankens von § 281 BGB in § 989 BGB).

[1655] S. dazu Gliederungspkt. § 13 C.II.1.b)aa) (S. 231 ff.) u. Gliederungspkt. § 13 C.II.1.b) bb) (S. 233 ff.).

merkung „teuer erkaufen" musste, ist die Beseitigung dieser Risiken interessengerecht.[1656]

Kein Nachteil entsteht dem Dritterwerber, wenn ein zwar im Grundbuch eingetragener, aber nur scheinbarer Vormerkungsberechtigter von ihm Schadensersatz verlangt. Auch in diesem Schadensersatzverlangen ist eine Genehmigung analog §§ 185 Abs. 2 S. 1 Var. 1, 184 Abs. 1 BGB enthalten. Auf diese findet entweder § 892 Abs. 1 S. 1 BGB oder § 893 Alt. 2 BGB i.V.m. § 892 Abs. 1 S. 1 BGB Anwendung.[1657]

Es ergeben sich aber drei Risiken für den Dritterwerber.

Erstens die Gefahr, dass die genehmigte Verfügung durch einen gutgläubigen Zweiterwerb zurück in Anwendungsbereich der Vormerkung fällt.[1658]

Zweitens das Problem, dass das Vollstreckungsgericht die Wirksamkeit der Verfügung gegenüber der Vormerkung nicht berücksichtigt. Die Genehmigung der vormerkungswidrigen Verfügung analog §§ 185 Abs. 2 S. 1 Var. 1, 184 Abs. 1 BGB wirkt zwar auch im Zwangsversteigerungsverfahren.[1659] (Verfahrens-)Erfordernis für ihre Berücksichtigung ist aber, dass sie entweder dem Vollstreckungsgericht nachgewiesen wird oder aus dem Grundbuch ersichtlich ist.[1660]

Drittens die Gefahr, dass der Dritterwerber sein Recht deswegen nicht oder jedenfalls nur unter Wert veräußern kann, weil für etwaige Erwerber die Zustimmung des Vormerkungsberechtigten nicht aus dem Grundbuch ersichtlich ist. Das ist für sie relevant, weil sie sich auf das Grundbuch verlassen können. Ein Erwerber kann, wenn im Grundbuch ein Wirksamkeitsvermerk eingetragen, die Genehmigung der vormerkungswidrigen Verfügung analog §§ 185 Abs. 2 S. 1 Var. 1, 184 Abs. 1 BGB aber in Wahrheit nicht erfolgt ist, das eigentlich vormerkungswidrige Recht als ein gegenüber der Vormerkung wirksames Recht erwerben.

Alle diese Risiken kann der Dritterwerber durch die Eintragung eines nach heute[1661] allgemeiner Ansicht[1662] ohne Weiteres zulässigen Wirksamkeitsvermerkes beseitigen.

[1656] Vgl. nur *Schaltenbrand*, Schadensersatz statt d. Leistung, S. 96 (zur Anwendbarkeit der §§ 280 Abs. 1, Abs. 3, 281 BGB auf § 985 BGB).

[1657] S. nur *Gursky*, DNotZ 1998, 273, 280; *Jeep*, notar 2009, 27, 29; *Lehmann*, MittRhNotK 1997, 258, 258. A.A. *Schultz*, RNotZ 2001, 541, 559; *Stöber*, MittBayNot 1997, 143, 146.

[1658] S. Gliederungspkt. § 13 C.II.2.b)aa) (S. 246 ff.).

[1659] S. die auf S. 243 in Fn. 1595 Genannten.

[1660] S. nur Böttcher/*Böttcher*, § 52 ZVG Rn. 3; Schneider/*Schneider*, § 48 ZVG Rn. 23; Stöber/*Gojowczyk*, § 48 ZVG Rn. 10.

[1661] A.A. OLG Köln DNotZ 1998, 311, 311 ff. (Aufgabe durch OLG Köln BeckRS 2001, 10830 Rn. 13); OLG Saarbrücken, Beschluss v. 22.10.1985 – 5 W 163/85 (unveröffentlicht), S. 1 ff. (implizite Aufgabe durch OLG Saarbrücken MittRhNotK 1995, 25, 26 f.).

[1662] BGHZ 141, 169, 171 ff.; OLG Celle BeckRS 2013, 9195; OLG Stuttgart NJW-RR 2011, 1220, Rn. 16; Bauer/Schaub/*Lieder*, AT C Rn. 79; *Baur/Stürner*, SachenR, § 20 Rn. 37;

Durch diesen wird der gutgläubige Zweiterwerb der Vormerkung ausgeschlossen.[1663] Zudem wird durch ihn die Wirksamkeit der Verfügung gegenüber der Vormerkung für das Vollstreckungsgericht[1664] und auch für etwaige Erwerber grundbuchersichtlich.

Zwar ist der Dritterwerber darauf angewiesen, dass der Vormerkungsberechtigte die Eintragung eines solchen Wirksamkeitsvermerkes gem. § 19 GBO bewilligt.[1665] Da das Grundbuch durch das Schadensersatzverlangen des Vormerkungsberechtigten unrichtig geworden ist,[1666] hat der Dritterwerber aber einen Anspruch auf Abgabe dieser Bewilligung gem. § 894 BGB.[1667]

Es ist für den Schutz des Dritterwerbers unerheblich und damit nur noch eine Randnotiz, dass es bei vormerkungsvereitelnden Verfügungen – wegen der Gegenstandslosigkeit der Vormerkung[1668] – regelmäßig bereits vor oder jedenfalls nach der Eintragung des Wirksamkeitsvermerkes zu einem Löschungsverfahren gem. §§ 84 ff. GBO kommen wird.

Nur diejenigen, die (unberechtigte) Zweifel daran haben, ob die Eintragung eines Wirksamkeitsvermerkes die genannten Restrisiken tatsächlich beseitigt,[1669] müssen andere Wege suchen, um den Dritterwerber zu schützen.

Sie werden vermutlich einen Anspruch des Dritterwerbers gegen den Vormerkungsberechtigten auf (Teil-)Aufhebung der Vormerkung konstruieren.[1670]

Bei vormerkungsbeeinträchtigenden Verfügungen könnte man zudem noch, zumindest wenn man entgegen der im Schrifttum im Vordringen befindlichen An-

---

BeckOGK-BGB/*Assmann*, § 883 BGB Rn. 221; *Demharter*, § 22 Rn. 20; KEHE/*Meier*, § 22 GBO Rn. 95; Meikel/*Böttcher*, § 45 GBO Rn. 19; MüKo-BGB/*Lettmaier*, § 883 BGB Rn. 71; NK-BGB/*Krause*, § 883 BGB Rn. 109; Schöner/Stöber/*Riedel/Volmer/Wilsch*, Handb GrundbuchR, Rn. 296 u. Rn. 1523; Soergel/*Kern*, § 873 BGB Rn. 50 u. § 883 BGB Rn. 56; Staudinger/*Kesseler*, § 883 BGB Rn. 302; Westermann/*Gursky*, SachenR, § 82 Rn. 30.

[1663] Vgl. nur OLG München BWNotZ 2002, 12, 13 f.; OLG Saarbrücken MittRhNotK 1995, 25, 27; *Bühler*, BWNotZ 1995, 171, 172; *Frank*, MittBayNot 1996, 271, 272; *Keller*, BWNotZ 1998, 25, 27 f.; *Weiß/Schwadorf*, NJW 2024, 13, 14 Rn. 9; *Wieling/Finkenauer*, SachenR, § 22 Rn. 18.

[1664] Vgl. nur Böttcher/*Böttcher*, § 52 ZVG Rn. 3; Schneider/*Schneider*, § 48 ZVG Rn. 23; Stöber/*Gojowczyk*, § 48 ZVG Rn. 11.

[1665] S. nur *Demharter*, § 22 Rn. 20a; Meikel/*Böttcher*, § 45 GBO Rn. 19; Schöner/Stöber/*Riedel/Volmer/Wilsch*, Handb GrundbuchR, Rn. 1523.

[1666] S. Gliederungspkt. § 13 C.II.2.b)aa) (S. 246 ff.).

[1667] S. nur *Keller*, BWNotZ 1998, 25, 27; *Lehmann*, BWNotZ 2002, 14, 14; *Lehmann*, MittRhNotK 1997, 396, 396.

[1668] Vgl. nur *Hoffmann*, MittBayNot 1997, 10, 11 mit Fn. 21; *Wilhelm*, SachenR, Rn. 2239.

[1669] *Freckmann*, BKR 2005, 167, 169; *Muth*, WuB I.F.3. 10.99, 954, 955. Zweifelnd neuerdings auch NK-BGB/*Krause*, § 883 BGB Rn. 109; *Steup*, Grundbuchrang u. Grundbuchvormerkung, Rn. 319 f.

[1670] S. dazu Gliederungspkt. § 13 C.II.1.b)aa) (S. 231 ff.), Gliederungspkt. § 13 C.II.1.b) bb) (S. 233 ff.) u. Gliederungspkt. § 13 C.II.2.c) (S. 254).

sicht[1671] weiterhin von der Rangfähigkeit der (Eigentums-)Vormerkung ausgeht,[1672] an einen Anspruch des Dritterwerbers gegen den Vormerkungsberechtigten auf Mitwirkung bei der Änderung des Ranges der Vormerkung (vgl. § 880 Abs. 2 S. 1 Hs. 1 BGB) denken.[1673]

Gegen eine solche Rangänderung spricht nicht, dass die von ihr bezweckte Rechtsänderung durch die Genehmigung der vormerkungswidrigen Verfügung bereits außerhalb des Grundbuches eingetreten ist.[1674] Damit führt sie zwar faktisch nur zu einer Grundbuchberichtigung. Auch bei einer unwirksamen Übereignung kann der „richtige Ausweis der gegenwärtigen Eigentumslage" aber durch Rückübereignung hergestellt werden.[1675]

e) Zwischenergebnis

Nach alledem lassen sich neue, maßgeschneiderte Grundsätze für die Anwendung der §§ 280 Abs. 1, Abs. 3, 281 BGB auf den Anspruch aus § 888 Abs. 1 BGB entwickeln.

Obwohl der Anspruch aus § 888 Abs. 1 BGB durch § 281 Abs. 4 BGB ausgeschlossen wird, kommt es nicht zu einer Aufspaltung der so eng miteinander verbundenen Rechtswirkungen der Vormerkung. In dem berechtigten Schadensersatzverlangen des Vormerkungsberechtigten ist eine konkludente Genehmigung der relativ unwirksamen Verfügung analog §§ 185 Abs. 2 S. 1 Var. 1, 184 Abs. 1 BGB zu erblicken.

Auch die Bemessung des Schadensersatzes bereitet keine Probleme. Wenn der Vormerkungsberechtigte Schadensersatz statt der Leistung verlangt, entsteht ihm ein Schaden in der Höhe des Wertes der Vormerkung (bei vormerkungsvereitelnden Verfügungen) bzw. eines Teiles von ihr (bei vormerkungsbeeinträchtigenden Verfügungen). Diesen kann er vom Dritterwerber vollständig ersetzt verlangen.

[1671] S. nur *Assmann*, Vormerkung, S. 153 ff. (keine Rangfähigkeit der Vormerkung); BeckOGK-BGB/*Assmann*, § 883 BGB Rn. 202 (keine Rangfähigkeit der Vormerkung); BeckOGK-BGB/*Kesseler*, § 879 BGB Rn. 14 (jedenfalls keine Rangfähigkeit der Eigentumsvormerkung); MüKo-BGB/*Lettmaier*, § 879 BGB Rn. 10 u. § 883 BGB Rn. 84 (keine Rangfähigkeit der Eigentumsvormerkung); Staudinger/*Kesseler*, § 883 BGB Rn. 336 ff. (jedenfalls keine Rangfähigkeit der Eigentumsvormerkung); Westermann/*Gursky*, SachenR, § 82 Rn. 44 (keine Rangfähigkeit der Eigentumsvormerkung).

[1672] S. nur BGHZ 201, 157, 162 f. Rn. 17; BGHZ 143, 175, 183; BGHZ 46, 124, 127; *Baur/Stürner*, SachenR, § 20 Rn. 48 f.; NK-BGB/*Krause*, § 883 BGB Rn. 68 f.; Soergel/*Kern*, § 879 BGB Rn. 2 u. § 883 BGB Rn. 56; Staudinger/*Heinze*, § 879 BGB Rn. 8.

[1673] Vgl. nur die soeben auf S. 256 in Fn. 1669 Genannten. S. zu den damit verbundenen Risiken nur *Frank*, MittBayNot 1998, 228, 229 f.; *Schultz*, RNotZ 2001, 541, 546 f.

[1674] S. nur *Amann*, LM § 873 BGB Nr. 25, Bl. 3.2; *Gursky*, DNotZ 1998, 273, 275 f.; *Kesseler*, RNotZ 2014, 155, 160.

[1675] *Gursky*, DNotZ 1998, 273, 275 f.

Eine Gefahr, dass es durch die Anwendung des Schadensersatzanspruches statt der Leistung zu einer Überkompensation des Vormerkungsberechtigten kommt, besteht nicht.

3. Zwischenergebnis

Eine schablonenhafte Übertragung der zum Schadensersatz statt der Vindikation entwickelten Grundsätze empfiehlt sich nicht. Mit ihnen kann weder der Ausschluss des Anspruches aus § 888 Abs. 1 BGB durch § 281 Abs. 4 BGB begründet noch der Schaden, welcher dem Vormerkungsberechtigten entsteht, bemessen werden.

Es bietet sich stattdessen an, neue, auf den Anspruch aus § 888 Abs. 1 BGB maßgeschneiderte Grundsätze zu schaffen. Wesentlich ist insoweit die Erkenntnis, dass dem berechtigten Schadensersatzverlangen des Vormerkungsberechtigten eine konkludente Genehmigung der relativ unwirksamen Verfügung analog §§ 185 Abs. 2 S. 1 Var. 1, 184 Abs. 1 BGB zu entnehmen ist. Auch die Bemessung des Schadensersatzes bereitet dann keine Probleme mehr. Der Vormerkungsberechtigte hat gegen den Dritterwerber einen Anspruch in Höhe des Wertes der Vormerkung (bei vormerkungsvereitelnden Verfügungen) bzw. eines Teiles von ihr (bei vormerkungsbeeinträchtigenden Verfügungen).

III. Zwischenergebnis

Die Nichterbringung der Zustimmung ist sowohl als Pflichtverletzung im Sinne des § 280 Abs. 1 S. 1 BGB als auch als Pflichtverletzung im Sinne des § 281 Abs. 1 S. 1 BGB zu qualifizieren.

Die Probleme, welche sich in Bezug auf die Rechtsfolgen des Anspruches aus §§ 280 Abs. 1, Abs. 3, 281 BGB ergeben, können zwar nicht durch die schablonenhafte Übertragung der zum Schadensersatz statt der Vindikation entwickelten Grundsätze, aber durch die Schaffung von neuen, auf den Anspruch aus § 888 Abs. 1 BGB maßgeschneiderten Grundsätzen beseitigt werden.

D. Ergebnis

Aus dem akzessorischen Charakter des Anspruches aus § 888 Abs. 1 BGB ergeben sich keine konstruktiven Bedenken gegen die Anwendung des Schadensersatzanspruches statt der Leistung (§§ 280 Abs. 1, Abs. 3, 281 BGB).

Die unter diesem Begriff vereinten Eigenschaften führen zwar durchaus zu Problemen. Die Nichterbringung der Zustimmung ist aber dennoch als Pflichtverletzung im Sinne der §§ 280 Abs. 1 S. 1, 281 Abs. 1 S. 1 BGB zu qualifizieren.

Zudem können die Probleme, welche sich in Bezug auf die Rechtsfolgen des Anspruches aus §§ 280 Abs. 1, Abs. 3, 281 BGB ergeben, beseitigt werden.

§ 14 Kein entgegenstehender rechtlicher Charakter des Anspruches aus § 888 Abs. 1 BGB

Nach alledem ergeben sich aus dem rechtlichen Charakter des Anspruches aus § 888 Abs. 1 BGB keine Einwände gegen die Anwendung des Schadensersatzanspruches statt der Leistung.

Die Anwendung der §§ 280 Abs. 1, Abs. 3, 281 BGB auf den Anspruch aus § 888 Abs. 1 BGB kann, selbst wenn man diesen als dinglichen Anspruch ansieht, nicht mit Verweis auf seinen negatorischen Charakter abgelehnt werden. Dingliche Ansprüche haben keinen negatorischen Charakter, welcher einer Anwendung von schuldrechtlichen Vorschriften entgegenstehen kann. Sie sind, wie alle anderen Ansprüche auch, auf die Erbringung einer Leistung gerichtet. Ein Gegensatz zwischen ihnen und den Ansprüchen auf Leistung besteht nicht.

Zudem kann die Anwendung der §§ 280 Abs. 1, Abs. 3, 281 BGB auf den Anspruch aus § 888 Abs. 1 BGB, selbst wenn man diesen als dinglichen Anspruch ansieht, nicht mit Verweis auf seinen dinglichen Charakter abgelehnt werden. Zum einen empfiehlt sich ein pragmatisches Verständnis der dinglichen Ansprüche. Zum anderen passen die Bedenken, welche für den Anspruch aus § 985 BGB geltend gemacht werden und deren Übertragung in Erwägung gezogen wird, für den Anspruch aus § 888 Abs. 1 BGB nicht.

Auch aus dem akzessorischen Charakter des Anspruches aus § 888 Abs. 1 BGB ergibt sich kein Argument gegen die Anwendung des Schadensersatzanspruches statt der Leistung. Die unter diesem Begriff vereinten Eigenschaften führen zwar durchaus zu Problemen. Die Nichterbringung der Zustimmung ist aber dennoch als Pflichtverletzung im Sinne der §§ 280 Abs. 1 S. 1, 281 Abs. 1 S. 1 BGB zu qualifizieren. Zudem können die Probleme, welche sich in Bezug auf die Rechtsfolgen des Anspruches aus §§ 280 Abs. 1, Abs. 3, 281 BGB ergeben, zwar nicht durch die schablonenhafte Übertragung der zum Schadensersatz statt der Vindikation entwickelten Grundsätze, aber durch die Schaffung von neuen, auf den Anspruch aus § 888 Abs. 1 BGB maßgeschneiderten Grundsätzen beseitigt werden.

Wesentlich ist die Erkenntnis, dass dem Schadensersatzverlangen des Vormerkungsberechtigten eine konkludente Genehmigung der relativ unwirksamen Verfügung analog §§ 185 Abs. 2 S. 1 Var. 1, 184 Abs. 1 BGB zu entnehmen ist. Auch die Bemessung des Schadensersatzes bereitet dann keine Probleme. Der Vormerkungsberechtigte hat gegen den Dritterwerber einen Anspruch in Höhe des Wertes der Vormerkung (bei vormerkungsvereitelnden Verfügungen) bzw. eines Teiles von ihr (bei vormerkungsbeeinträchtigenden Verfügungen).

5. Kapitel

Abschließende Interessenbewertung

Die Frage, ob der Schadensersatzanspruch statt der Leistung (§§ 280 Abs. 1, Abs. 3, 281 BGB) auf den Anspruch aus § 888 Abs. 1 BGB angewendet werden kann, wäre auch zu verneinen, wenn die Interessenbewertung ergeben sollte, dass er nicht zu der Interessenlage passt, welche dem Verhältnis zwischen dem Vormerkungsberechtigten und dem Dritterwerber zugrunde liegt.[1676]

Abschließend soll dementsprechend noch ein Blick auf die durch die Anwendung der §§ 280 Abs. 1, Abs. 3, 281 BGB berührten Interessen geworfen werden.

Dazu bietet es sich an, zunächst die aus gesetzgeberischer Sicht regelungsbedürftige Sachlage, auf die man mit der Schaffung des Schadensersatzanspruches statt der Leistung eine Antwort geben wollte, zu ermitteln.[1677] Im Anschluss können dann das Interesse des Vormerkungsberechtigten an der Anwendung und das Interesse des Dritterwerbers an der Nichtanwendung der §§ 280 Abs. 1, Abs. 3, 281 BGB ermittelt, bewertet und gegeneinander abgewogen werden.

§ 15 Gesetzgeberische Erwägungen bei der Schaffung des Schadensersatzanspruches statt der Leistung

Anders als Huber, der in seinem Gutachten zur Überarbeitung des Leistungsstörungsrechtes noch „keine praktische Änderung“ für den „Schadensersatz anstelle der ursprünglich geschuldeten Leistung“ beabsichtigte und nur ein „größeres Maß an Übersichtlichkeit“ im Vergleich zum geltenden Recht anstrebte,[1678] sah die Schuldrechtskommission ein Bedürfnis für die Schaffung eines neuen, an Voraussetzungen armen Schadensersatzanspruches statt der Leistung.[1679]

[1676] Vgl. *Reinicke*, NJW 1968, 788, 789 (zur Anwendbarkeit der §§ 284 ff. BGB a.F. (§§ 280 Abs. 1, Abs. 2, 286 BGB) auf § 888 Abs. 1 BGB); *Schwerdtner*, Verzug im SachenR, S. 189 (zur Anwendbarkeit der §§ 284 ff. BGB a.F. (§§ 280 Abs. 1, Abs. 2, 286 BGB) auf § 888 Abs. 1 BGB).

[1677] Vgl. allgemein zu dieser Vorgehensweise *Rüthers/Fischer/Birk*, Rechtstheorie, Rn. 719, Rn. 787 u. Rn. 795.

[1678] *Huber*, Gutachten z. Überarbeitung d. SchuldR I, 647, 800 ff.

[1679] Abschlussbericht d. SchuldR-Kommission, S. 132 ff.

Das geltende Recht habe Mängel.[1680] Es sei „mit seinen vielen Differenzierungen unübersichtlich“ und „für den Gläubiger“ auch „verhältnismäßig ungünstig“.[1681] Der Weg von der „Primärleistung“ zum Anspruch aus § 283 Abs. 1 BGB a.F. sei nicht nur „mit den Mängeln der Ablehnungsandrohung belastet“,[1682] sondern auch „umständlich, langwierig und kostspielig“.[1683] Der Weg über § 286 Abs. 2 S. 1 BGB a.F. sei für den Gläubiger dagegen zu „riskant“. Er könne nur selten nachweisen, dass sein Interesse an der Leistung durch den Verzug nicht bloß „gemindert“, sondern „völlig weggefallen“ ist.[1684] Dazu stünde im Widerspruch, dass § 326 Abs. 1 BGB a.F. für gegenseitige Verträge einen „weitaus einfacheren“, allerdings ebenfalls mit den Mängeln der Ablehnungsandrohung belasteten,[1685] Weg biete.[1686]

Die Schuldrechtskommission erkannte zwar, dass die vorgesehene Vereinfachung des Überganges zum Schadensersatz statt der Leistung den „Schuldner schwer belasten“ könne.[1687] Immerhin sei nicht ausgeschlossen, dass dieser zur Herstellung oder Beschaffung des „Gegenstand[es] seiner Primärleistungspflicht“ bereits „erhebliche Anstrengungen“ unternommen habe, welche „nutzlos“ würden, und der Schadensersatzanspruch könne für den Schuldner auch „lästiger“ sein als der ursprüngliche Anspruch.[1688] Der Übergang zu einem die „Primärleistung [...] ersetzenden Schadensersatzanspruch“ entspreche aber dem „dringenden Interesse des Gläubigers“.[1689] Häufig werde er sich die „ausgebliebene Primärleistung anderswo besorgen“ müssen und „ein auf Geld gerichteter Schadensersatzanspruch“ lasse sich außerdem „leichter vollstrecken“ als der ursprüngliche Anspruch.[1690]

Da in der Schuldrechtskommission allerdings außerdem Einigkeit darüber bestand, dass der Gläubiger einem „säumigen“ Schuldner einen herauszugebenden Gegenstand, beispielsweise die Mietsache, nicht ohne Weiteres „zwangsweise [...] ‚verkaufen‘ können“ soll, schuf man für den Übergang von der „Rückgabe“ oder der „Rückgewähr“ eines bestimmten Gegenstandes zum Schadensersatz statt der Leistung noch eine weitere, an § 286 Abs. 2 S. 1 BGB a.F. angelehnte Voraussetzung: Den „verzögerungsbedingte[n] Interessenwegfall“.[1691] Zwar war die „Abgrenzung

[1680] Abschlussbericht d. SchuldR-Kommission, S. 134.

[1681] Abschlussbericht d. SchuldR-Kommission, S. 134.

[1682] Abschlussbericht d. SchuldR-Kommission, S. 134 f.

[1683] Abschlussbericht d. SchuldR-Kommission, S. 134.

[1684] Abschlussbericht d. SchuldR-Kommission, S. 134 f.

[1685] Abschlussbericht d. SchuldR-Kommission, S. 134 f.

[1686] Abschlussbericht d. SchuldR-Kommission, S. 134.

[1687] Abschlussbericht d. SchuldR-Kommission, S. 133.

[1688] Abschlussbericht d. SchuldR-Kommission, S. 133.

[1689] Abschlussbericht d. SchuldR-Kommission, S. 133.

[1690] Abschlussbericht d. SchuldR-Kommission, S. 133.

[1691] Abschlussbericht d. SchuldR-Kommission, S. 135.

der problematischen Fälle“ fraglich, man hoffte aber, dass die Rechtsprechung die gewählte, durchaus „weite“ Formulierung „interessengerecht“ anwenden werde.[1692]

Fast alle diese Erwägungen finden sich dann eins zu eins auch im Diskussionsentwurf zur Schuldrechtsmodernisierung.[1693] Einzig die besondere Voraussetzung, welche die Schuldrechtskommission für den Übergang von der „Rückgewähr“ eines bestimmten Gegenstandes zum Schadensersatz statt der Leistung aufgestellt hatte, wurde gestrichen.[1694] Auch wenn im Einzelfall von einem „fortbestehenden Interesse“ des Gläubigers, also zum Beispiel des Verleihers eines Buches, „an der Rückgewähr“ auszugehen sei, müsse dieser die Möglichkeit haben, zum Schadensersatz statt der Leistung überzugehen.[1695] Zwar seien die von der Schuldrechtskommission angesprochenen „Fälle eines ‚Zwangsverkaufs‘ [...] tatsächlich“ zu vermeiden.[1696] Es handele sich bei ihnen aber um „recht theoretische Fallgestaltungen“.[1697] Die „seltene[n] Missbrauchsfälle“ seien aller Voraussicht nach mit § 242 BGB zu bewältigen.[1698]

Der Diskussionsentwurf erntete im Schrifttum nicht nur Zustimmung, sondern auch Kritik. So hielt etwa Huber, einst der Verfasser des Gutachtens zur Überarbeitung des Leistungsstörungsrechtes, den Schadensersatzanspruch statt der Leistung ebenso wie auch „andere Detailregeln“ „samt und sonders für verfehlt“.[1699]

Es sei die bedenkliche Tendenz erkennbar, den „Schuldner schlechter zu stellen als bisher“.[1700] Den „vorgeschlagenen Regeln“ fehle, so Huber in Anlehnung an Gierkes viel zitierte Anmerkung zum BGB-Entwurf der 1. Kommission, durchweg der „Tropfen sozialistischen Öls“.[1701] Der Schadensersatzanspruch statt der Leistung zeichne sich indes nicht nur durch die „besondere Härte gegenüber dem Schuldner“, sondern auch durch „Realitätsferne“ aus.[1702] Es könne „einfach nicht sein“, dass sich der „Mieter, der sich weigert auszuziehen, weil er die vom Vermieter ausgesprochene Kündigung für unberechtigt hält“, mit einem „Schadensersatzanspruch wegen Nichterfüllung“, verstanden als „Bezahlung des Grundstückswerts gegen Übereignung des Grundstücks“,[1703] konfrontiert sehe.[1704]

[1692] Abschlussbericht d. SchuldR-Kommission, S. 135.

[1693] Diskussionsentwurf z. SchuldR, S. 320 ff.

[1694] Diskussionsentwurf z. SchuldR, S. 323 f.

[1695] Diskussionsentwurf z. SchuldR, S. 323 f.

[1696] Diskussionsentwurf z. SchuldR, S. 324.

[1697] Diskussionsentwurf z. SchuldR, S. 324.

[1698] Diskussionsentwurf z. SchuldR, S. 324.

[1699] *Huber*, Zivilrechtswissenschaft u. Schuldrechtsreform, 31, 41.

[1700] *Huber*, Zivilrechtswissenschaft u. Schuldrechtsreform, 31, 41. Vgl. auch *Huber*, Zivilrechtswissenschaft u. Schuldrechtsreform, 31, 149 ff.

[1701] *Huber*, Zivilrechtswissenschaft u. Schuldrechtsreform, 31, 41 mit Fn. 28 (mit Verweis auf *Gierke*, Soziale Aufgabe d. PrivatR, S. 13).

[1702] *Huber*, Zivilrechtswissenschaft u. Schuldrechtsreform, 31, 42.

[1703] *Huber*, Zivilrechtswissenschaft u. Schuldrechtsreform, 31, 42 Fn. 29.

Trotz der im Schrifttum geäußerten Kritik blieb der Schadensersatzanspruch statt der Leistung bei der folgenden Konsolidation des Diskussionsentwurfes weitgehend unverändert.[1705] Man schuf lediglich eine Ablehnungsandrohung „in abgeschwächter Form".[1706] Diese wurde auf Anraten des Rechtsausschusses[1707] aber wieder gestrichen.

Die Erwägungen aus dem Diskussionsentwurf finden sich dann nahezu wortgleich im Gesetzesentwurf.[1708] Erwähnenswert ist nur, dass – an etwas versteckter Stelle – noch ein weiterer Grund für die Einführung des Schadensersatzanspruches statt der Leistung genannt wird: Da für den Gläubiger regelmäßig nur das „Ausbleiben der Leistung", „nicht aber der Grund hierfür" ersichtlich sei, wolle man ihm durch die Einführung des Anspruches aus §§ 280 Abs. 1, Abs. 3, 281 BGB die Möglichkeit geben, durch das „Setzen einer angemessenen Frist" „in möglichst einfacher Weise Klarheit über den Fortbestand des Leistungsanspruchs bzw. über die Substituierung des Primäranspruchs durch einen Schadensersatzanspruch" zu erlangen.[1709]

Nach alledem ist den Gesetzgebungsmaterialien zu entnehmen, dass der Anspruch aus §§ 280 Abs. 1, Abs. 3, 281 BGB nicht einfach nur geschaffen wurde, um die Monetarisierung des ursprünglichen Anspruches zu ermöglichen. Er bezweckt vielmehr eine darüber hinausgehende Stärkung der Rechte des Gläubigers.[1710] Zum einen wollte man dem Gläubiger die Zwangsvollstreckung erleichtern. Zum anderen wollte man ihm ein Mittel an die Hand geben, mit dem er für Klarheit über den (Nicht-)Fortbestand der Leistungspflicht sorgen kann, und ihm damit zusammenhängend auch die Vornahme eines Deckungsgeschäftes ermöglichen.

Berücksichtigt wurde dabei, dass der vereinfachte Übergang zum Schadensersatz statt der Leistung mit Nachteilen für den Schuldner verbunden sein kann. Man wollte mittels § 242 BGB aber nur die seltenen Missbrauchsfälle, welche unter dem Namen „Zwangs(ver)kauf" firmieren, aus dem Anwendungsbereich der §§ 280 Abs. 1, Abs. 3, 281 BGB ausklammern.

[1704] *Huber*, Zivilrechtswissenschaft u. Schuldrechtsreform, 31, 150. Vgl. auch *Huber*, Zivilrechtswissenschaft u. Schuldrechtsreform, 31, 42 mit Fn. 29.

[1705] Konsolidierte Fassung d. Diskussionsentwurfes z. SchuldR, S. 12 f.

[1706] Konsolidierte Fassung d. Diskussionsentwurfes z. SchuldR, S. 12 f.

[1707] BT-Drs. 14/7052, S. 185.

[1708] BT-Drs. 14/6040, S. 137 ff.

[1709] BT-Drs. 14/6040, S. 138.

[1710] Vgl. nur BGHZ 209, 270, 276 Rn. 19.

§ 16 Interesse des Vormerkungsberechtigten an der Anwendung der §§ 280 Abs. 1, Abs. 3, 281 BGB

Im Weiteren soll nun untersucht werden, ob der Vormerkungsberechtigte ein – über die reine Monetarisierung des Anspruches aus § 888 Abs. 1 BGB hinausgehendes – Interesse an der Anwendung der §§ 280 Abs. 1, Abs. 3, 281 BGB hat.

Dazu ist vor allem zu thematisieren, ob die Gründe, die den Gesetzgeber zur Schaffung des Schadensersatzanspruches statt der Leistung bewogen haben, auf die Interessenlage passen, welche dem Verhältnis zwischen dem Vormerkungsberechtigten und dem Dritterwerber zugrunde liegt. Anschließend soll noch festgestellt werden, ob nicht zumindest die Argumente, mit denen die Anwendung der Verzugsvorschriften auf den Anspruch aus § 888 Abs. 1 BGB begründet wird, für die Anwendung der §§ 280 Abs. 1, Abs. 3, 281 BGB sprechen.

A. Zutreffen der gesetzgeberischen Gründe für die Schaffung des Schadensersatzanspruches statt der Leistung

Möglicherweise kann ein Anwendungsinteresse des Vormerkungsberechtigten mit den gesetzgeberischen Gründen für die Schaffung des Schadensersatzanspruches statt der Leistung begründet werden. Dazu müssten diese Gründe im Verhältnis zwischen dem Vormerkungsberechtigten und dem Dritterwerber zutreffen.

I. Erleichterung der Zwangsvollstreckung

Es dürfte Einigkeit darüber bestehen, dass die Anwendung der §§ 280 Abs. 1, Abs. 3, 281 BGB im Verhältnis zwischen dem Vormerkungsberechtigten und dem Dritterwerber nicht zur Beseitigung von vollstreckungsrechtlichen Unwägbarkeiten führt.[1711]

Da der Anspruch aus § 888 Abs. 1 BGB auf die Abgabe einer Willenserklärung gerichtet ist,[1712] ergeben sich, anders als etwa bei dem Anspruch aus § 985 BGB,[1713]

[1711] Vgl. Grüneberg/*Herrler*, § 888 BGB Rn. 4.

[1712] S. Gliederungspkt. § 13 B.I.1.b) (S. 213 ff.).

[1713] Die Anwendbarkeit des § 283 Abs. 1 BGB a.F. auf den Anspruch aus § 985 BGB wurde von der 1. Kommission mit dem Erfordernis begründet, dem Eigentümer die Beseitigung von vollstreckungsrechtlichen Unwägbarkeiten zu ermöglichen (Protokolle d. 1. Kommission, SachenR I, S. 764). Ähnlich in neuerer Zeit für die Anwendung der §§ 280 Abs. 1, Abs. 3, 281 BGB auf den Anspruch aus § 985 BGB etwa BGHZ 209, 270, 277 f. Rn. 23; BeckOGK-BGB/*Riehm*, § 280 BGB Rn. 63; *Riehm*, Naturalerfüllung, S. 416; Soergel/*Benicke/Hellwig*, § 281 BGB Rn. 30; Staudinger/*Thole*, § 985 BGB Rn. 29 ff.

schon von vornherein keine Schwierigkeiten bei der Vollstreckung.[1714] Die Zustimmung des Dritterwerbers gilt gem. § 894 S. 1 ZPO mit dem Eintritt der Rechtskraft des Urteiles als abgegeben. Etwas anderes gilt nur für die Fälle des § 894 S. 2 ZPO. Diese sind beim Anspruch aus § 888 Abs. 1 BGB aber bisher, soweit ersichtlich, nicht relevant geworden.[1715]

Somit passt die gesetzgeberische Annahme, dass sich „ein auf Geld gerichteter Schadensersatzanspruch" „leichter vollstrecken" lasse als der ursprüngliche Anspruch,[1716] für den Anspruch aus § 888 Abs. 1 BGB nicht.

II. Ermöglichung eines Deckungsgeschäftes

Der Vormerkungsberechtigte hätte aber auch dann ein vom Gesetzgeber[1717] als schützenswert anerkanntes Interesse an der Anwendung der §§ 280 Abs. 1, Abs. 3, 281 BGB, wenn er mit dem Übergang zum Schadensersatz statt der Leistung Klarheit über den (Nicht-)Fortbestand der Leistungspflicht erlangen und – damit zusammenhängend – risikolos ein Deckungsgeschäft vornehmen könnte.

Tatsächlich wird mit dem Schadensersatzverlangen des Vormerkungsberechtigten der Anspruch aus § 888 Abs. 1 BGB gem. § 281 Abs. 4 BGB ausgeschlossen.[1718] Der Vormerkungsberechtigte muss nicht mehr mit der Erfüllung dieses Anspruches rechnen.

Bei näherer Betrachtung zeigt sich aber, dass für ihn dadurch nichts gewonnen ist. Seine Dispositionsfreiheit erlangt er so nicht zurück. Der Anspruch aus § 888 Abs. 1 BGB hilft nur bei der Erfüllung des durch die Vormerkung gesicherten Anspruches. Wenn der Vormerkungsberechtigte ein „richtiges" Deckungsgeschäft vornehmen will, muss er diesen Anspruch zu Fall bringen.

Durch die mit dem Schadensersatzverlangen des Vormerkungsberechtigten verbundene Beseitigung der Rechtswirkungen der Vormerkung[1719] wird ohne Frage auch die Erfüllung des durch die Vormerkung gesicherten Anspruches erschwert.

[1714] Aus diesem Grund kann man, anders als anscheinend von Croon-Gestefeld (*Croon-Gestefeld*, ZfPW 2022, 285, 303 f.), Lorenz (BeckOK-BGB/*Lorenz*, § 281 BGB Rn. 9) und Riehm (BeckOGK-BGB/*Riehm*, § 280 BGB Rn. 74) vertreten, nicht einfach davon ausgehen, dass der Vormerkungsberechtigte ein ähnliches Interesse an der Anwendung der §§ 280 Abs. 1, Abs. 3, 281 BGB hat wie der Eigentümer.

[1715] S. Gliederungspkt. § 1 C.I. (S. 22 f.).

[1716] BT-Drs. 14/6040, S. 137. S. auch Diskussionsentwurf z. SchuldR, S. 320; Abschlussbericht d. SchuldR-Kommission, S. 133.

[1717] BT-Drs. 14/6040, S. 137 f. S. auch Diskussionsentwurf z. SchuldR, S. 320; Abschlussbericht d. SchuldR-Kommission, S. 133.

[1718] S. Gliederungspkt. § 13 C.II.2.a)dd) (S. 242 ff.).

[1719] S. Gliederungspkt. § 13 C.II.2.a)aa) (S. 239 f.) i. V. m. Gliederungspkt. § 13 C.II.2.a) dd) (S. 242 ff.).

Darüber hinausgehende Auswirkungen auf diesen Anspruch hat das Schadensersatzverlangen aber nicht. Zwar ist es nicht ausgeschlossen, dass dieser später gem. § 275 Abs. 1 Alt. 1 BGB wegen subjektiver Unmöglichkeit entfällt.[1720] Nur weil der Dritterwerber den Anspruch aus § 888 Abs. 1 BGB nicht erfüllt hat, heißt das aber nicht, dass er unter keinen Umständen zur Mitwirkung bei der Erfüllung des durch die Vormerkung gesicherten Anspruches bereit ist.[1721]

Sicher spricht einiges dafür, dass dieser Anspruch nach dem Schadensersatzverlangen des Vormerkungsberechtigten nicht mehr (bei vormerkungsvereitelnden Verfügungen) oder nur noch modifiziert (bei vormerkungsbeeinträchtigenden Verfügungen) erfüllt wird. Es ist aber auch möglich, dass der Dritterwerber sich seine Mitwirkungshandlung vom Vormerkungsverpflichteten, der dazu bis zur Grenze des § 275 Abs. 2 BGB verpflichtet ist, „abkaufen" lässt.[1722]

Mit seinem Schadensersatzverlangen erlangt der Vormerkungsberechtigte also keine Planungssicherheit. Er legt, ganz im Gegenteil, das Schicksal des durch die Vormerkung gesicherten Anspruches in die Hände des Dritterwerbers. Dieser kann frei entscheiden, ob er dem Vormerkungsverpflichteten bei der Erfüllung des durch die Vormerkung gesicherten Anspruches hilft oder stattdessen durch die beharrliche Verweigerung seiner Mithilfe die Erfüllung dieses Anspruches gem. § 275 Abs. 1 Alt. 1 BGB unmöglich macht.

Der Vormerkungsberechtigte muss folglich, wenn er nicht gleichzeitig (oder stattdessen) gegen den Vormerkungsverpflichteten vorgeht, weiter mit der Erfüllung dieses Anspruches rechnen. Er kann kein Deckungsgeschäft vornehmen.

Die Anwendung der §§ 280 Abs. 1, Abs. 3, 281 BGB auf den Anspruch aus § 888 Abs. 1 BGB hat also, anders als etwa ihre Anwendung auf den Anspruch aus § 985 BGB,[1723] keine positiven Auswirkungen auf die Dispositionsfreiheit des Schadensersatzverlangenden.[1724]

III. Zwischenergebnis

Nach alledem passen die Gründe, die den Gesetzgeber zur Schaffung des Schadensersatzanspruches statt der Leistung bewogen haben, nicht auf die Interessen-

[1720] Insoweit gilt das in Gliederungspkt. § 13 C.II.1.b)aa) (S. 231 ff.) Gesagte entsprechend.

[1721] Insoweit gilt das in Gliederungspkt. § 13 C.II.1.b)aa) (S. 231 ff.) Gesagte entsprechend.

[1722] Insoweit gilt das in Gliederungspkt. § 13 C.II.1.b)aa) (S. 231 ff.) Gesagte entsprechend.

[1723] Vgl. nur *Schaltenbrand*, Schadensersatz statt d. Leistung, S. 254 ff. (zur Anwendbarkeit der §§ 280 Abs. 1, Abs. 3, 281 BGB auf nicht-synallagmatische Herausgabeansprüche).

[1724] Aus diesem Grund kann man, anders als anscheinend von Croon-Gestefeld (*Croon-Gestefeld*, ZfPW 2022, 285, 303 f.), Lorenz (BeckOK-BGB/*Lorenz*, § 281 BGB Rn. 9) und Riehm (BeckOGK-BGB/*Riehm*, § 280 BGB Rn. 74) vertreten, nicht einfach davon ausgehen, dass der Vormerkungsberechtigte ein ähnliches Interesse an der Anwendung der §§ 280 Abs. 1, Abs. 3, 281 BGB hat wie der Eigentümer.

lage, welche dem Verhältnis zwischen dem Vormerkungsberechtigten und dem Dritterwerber zugrunde liegt.

Ein Interesse des Vormerkungsberechtigten an der Anwendung der §§ 280 Abs. 1, Abs. 3, 281 BGB kann mit diesen also nicht begründet werden.

B. Übertragbarkeit der Gründe für die Anwendung der §§ 280 Abs. 1, Abs. 2, 286 BGB

Möglicherweise lässt sich ein Interesse des Vormerkungsberechtigten an der Anwendung des Schadensersatzanspruches statt der Leistung aber noch anders begründen.

Das wäre, zumindest wenn man die damit verbundenen rechtsmethodischen Probleme ausklammert, der Fall, wenn die Argumente, mit denen die Anwendung der Verzugsvorschriften auf den Anspruch aus § 888 Abs. 1 BGB begründet wird, auch für die Anwendung der §§ 280 Abs. 1, Abs. 3, 281 BGB sprechen.

I. Steigerung der Effektivität der Vormerkung

Stamm geht davon aus, dass die „Schutzfunktion der Vormerkung" für eine Anwendung der §§ 280 Abs. 1, Abs. 3, 281 BGB spricht.[1725]

Seine Ansicht begründet er nur, aber immerhin mit einem Argument, welches er dem bereits bekannten Urteil aus dem Jahre 2015, in dem der BGH von der Anwendbarkeit der Verzugsvorschriften auf den Anspruch aus § 888 Abs. 1 BGB ausging,[1726] entnommen hat: Da der Vormerkungsverpflichtete in Bezug auf die Abgabe der Bewilligung gem. § 19 GBO „keine rechtliche Einwirkungsmöglichkeit" auf den Dritterwerber habe, sei eine Anwendung der §§ 280 Abs. 1, Abs. 3, 281 BGB erforderlich, um „empfindliche Rechtsschutzlücken" zulasten des Vormerkungsberechtigten zu schließen.[1727]

Dieses Argument, mit dem die Anwendung der Verzugsvorschriften auch im Schrifttum immer wieder begründet wird,[1728] beruht auf dem zutreffenden Gedan-

---

[1725] jurisPK-BGB/*Stamm*, § 888 BGB Rn. 33.

[1726] BGHZ 208, 133, 136 f. Rn. 5.

[1727] jurisPK-BGB/*Stamm*, § 888 BGB Rn. 33 mit Fn. 29 f. (mit Verweis auf BGHZ 208, 133, 139 f. Rn. 14). Die Anwendbarkeit der §§ 280 Abs. 1, Abs. 3, 281 BGB in der Tendenz ebenfalls mit Verweis auf die in diesem Urteil ausgesprochene Anwendbarkeit der Verzugsvorschriften bejahend *Stürner*, JURA 2019, 837, 843; *Wösthoff/Klein*, ZfIR 2016, 188, 189.

[1728] *Hager*, JuS 1990, 429, 435; *Neuner*, SachenR, Rn. 571; NK-BGB/*Krause*, § 888 BGB Rn. 28; *Reinicke*, NJW 1968, 788, 789; *Schmidt*, JuS 2016, 844, 845 f.; *Schwerdtner*, Verzug im SachenR, S. 191; *Severin*, Auflassungsvormerkung u. Eingriffsschutz, S. 62; Staudinger/

ken, dass die Effektivität der Vormerkung zunimmt, wenn man den Anreiz des Dritterwerbers, die Abgabe der Zustimmung zu verzögern, reduziert.[1729]

Zwar wird der in diesem Zusammenhang immer wieder befürchteten Entwertung der Rechtsposition des Vormerkungsberechtigten[1730] eigentlich bereits durch die mittlerweile allgemein anerkannte[1731] Anwendung der Verzugsvorschriften Einhalt geboten. Der Anreiz des Dritterwerbers „zu hinhaltendem Taktieren“[1732] wird aber, so anscheinend das Argument von Stamm, noch weiter reduziert, wenn man dem Vormerkungsberechtigten auch den Schadensersatzanspruch statt der Leistung aus §§ 280 Abs. 1, Abs. 3, 281 BGB zur Verfügung stellt.

Da der Vormerkungsberechtigte mit seinem Schadensersatzverlangen den Wegfall des Anspruches aus § 888 Abs. 1 BGB[1733] und auch der übrigen Rechtswirkungen der Vormerkung[1734] verursacht, wird man auf den ersten Blick, anders als bei der Anwendung des Anspruches aus §§ 280 Abs. 1, Abs. 2, 286 BGB,[1735] nicht unbedingt geneigt sein, von einer Aufwertung der Vormerkung zu sprechen.

Bei näherer Betrachtung zeigt sich aber, dass die Rechtsposition des Vormerkungsberechtigten mittelbar auch durch die Anwendung der §§ 280 Abs. 1, Abs. 3, 281 BGB verbessert wird. Allein dadurch, dass der Vormerkungsberechtigte dem Dritterwerber mit dem Übergang zum Schadensersatz statt der Leistung droht, kann er diesen dazu bringen, den Anspruch aus § 888 Abs. 1 BGB zu erfüllen.[1736]

Das gilt allerdings nur, wenn dem Dritterwerber der Eintritt der mit dem Schadensersatzverlangen verbundenen Rechtsfolgen ungelegen kommt. Ist das, etwa weil das vormerkungswidrige Recht für den Dritterwerber immaterielle Bedeutung hat,[1737] nicht der Fall, besteht die Gefahr, dass die Fristsetzung genau das Gegenteil bewirkt.[1738]

Kesseler, § 888 BGB Rn. 75; *Suppliet*, NotBZ 2016, 260, 261; *Tiedtke*, JURA 1981, 354, 358; *Wösthoff/Klein*, ZfIR 2016, 188, 189.

[1729] S. nur *Schmidt*, JuS 2016, 844, 845 f.; *Suppliet*, NotBZ 2016, 260, 261.

[1730] S. nur BGHZ 208, 133, 140 Rn. 14; NK-BGB/*Krause*, § 888 BGB Rn. 28; *Wösthoff/Klein*, ZfIR 2016, 188, 189.

[1731] S. die auf S. 208 f. in Fn. 1360 Genannten.

[1732] *Hager*, JuS 1990, 429, 435. S. auch *Severin*, Auflassungsvormerkung u. Eingriffsschutz, S. 62.

[1733] S. Gliederungspkt. § 13 C.II.2.a)dd) (S. 242 ff.).

[1734] S. Gliederungspkt. § 13 C.II.2.a)aa) (S. 239 f.) i. V. m. Gliederungspkt. § 13 C.II.2.a) dd) (S. 242 ff.).

[1735] S. nur *Suppliet*, NotBZ 2016, 260, 261.

[1736] Vgl. nur BGH NJW 2018, 786, 788 Rn. 18 (zur Anwendbarkeit der §§ 280 Abs. 1, Abs. 3, 281 BGB auf § 985 BGB); *Schleiter*, JURA 2008, 434, 436 (zur Anwendbarkeit der §§ 280 Abs. 1, Abs. 3, 281 BGB auf Rückgewähransprüche); *Wintermann*, BRJ 2018, 43, 48 (zur Anwendbarkeit der §§ 280 Abs. 1, Abs. 3, 281 BGB auf § 985 BGB).

[1737] So stellte sich der Sachverhalt in einem Urteil des BGH aus dem Jahre 2017 dar: BGH NJW 2018, 786, 786 ff. Rn. 1 ff. (zur Anwendbarkeit der §§ 280 Abs. 1, Abs. 3, 281 BGB auf § 985 BGB).

Unabhängig davon ist aber zu beachten, dass die Anwendung der §§ 280 Abs. 1, Abs. 3, 281 BGB nur dann ein Druckmittel zur Erfüllung des Anspruches aus § 888 Abs. 1 BGB darstellt, wenn es sich bei der Ankündigung des Vormerkungsberechtigten, nach Fristablauf zum Schadensersatz statt der Leistung überzugehen, nicht um eine „leere Drohung" handelt. Der Dritterwerber wird sich nur unter Druck gesetzt fühlen, wenn er auch damit rechnen muss, dass der Vormerkungsberechtigte seine Drohung wahr macht.

Es ist sicher nicht ausgeschlossen, dass der Vormerkungsberechtigte den Anspruch aus § 888 Abs. 1 BGB durch den Übergang zum Schadensersatz statt der Leistung monetarisiert. Angesichts der ihm dadurch entstehenden Nachteile dürfte das aber die Ausnahme sein.

Zwar verzichtet der Vormerkungsberechtigte mit seinem Schadensersatzverlangen nicht auf etwaige Schadensersatzansprüche gegen den Vormerkungsverpflichteten.[1739] Zudem hat auch der aus dem Schadensersatzverlangen resultierende Verzicht auf die Rechtswirkungen der Vormerkung unter normalen Umständen keinen Einfluss auf diese Ansprüche.[1740]

Es ist aber zu beachten, dass der Übergang zum Schadensersatzanspruch statt der Leistung für den Vormerkungsberechtigten, weil er damit den Vormerkungsschutz endgültig und unwiderruflich gegen einen nur obligatorischen Anspruch eintauscht,[1741] mit einer Reihe von Nachteilen verbunden ist. Es sei daran erinnert, dass es ihm beispielsweise Schwierigkeiten bereiten kann, den Schadensersatz vom Dritterwerber einzutreiben.[1742]

Schon angesichts der Höhe des ihm entstehenden Schadens wird der Vormerkungsberechtigte folglich nur dann Schadensersatz statt der Leistung verlangen,

---

[1738] Vgl. nur *Wintermann*, BRJ 2018, 43, 48 (zur Anwendbarkeit der §§ 280 Abs. 1, Abs. 3, 281 BGB auf § 985 BGB). Kim überlegt zum Schadensersatz statt der Vindikation, ob es in diesen Fällen nicht angezeigt ist, dem Besitzer, um ihn für sein von der Rechtsordnung missbilligtes Verhalten nicht zu belohnen, die Möglichkeit zu verwehren, das Eigentum an der Sache zu erwerben (*Kim*, Dingl. Schuldverhältnis, S. 13 mit Fn. 62).

[1739] S. Gliederungspkt. § 13 C.II.2.a)bb) (S. 240).

[1740] S. nur BGH BeckRS 9998, 51654 (zum Anspruch aus § 285 Abs. 1 BGB); *Löhnig/Gietl*, JuS 2008, 102, 107 (zum Anspruch aus § 285 Abs. 1 BGB). A. A. war bei der Beratung der 2. Kommission Jacubezky (Protokolle d. 2. Kommission, Bd. III, S. 741, S. 745 u. S. 747 f.). Der Vormerkungsberechtigte habe sich, wenn er auf die Rechtswirkungen der Vormerkung verzichte, den Schaden „selbst zuzuschreiben" (Protokolle d. 2. Kommission, Bd. III, S. 748). Die Mehrheit der 2. Kommission lehnte das aber ab (Protokolle d. 2. Kommission, Bd. III, S. 748). Dabei orientierte man sich wohl an der Stellungnahme eines anderen Mitgliedes der 2. Kommission. Dieses hielt Jacubezkys Vorschlag deswegen für verfehlt, weil der Vormerkungsverpflichtete von der Vormerkung keinen Vorteil haben solle (Protokolle d. 2. Kommission, Bd. III, S. 748).

[1741] S. Gliederungspkt. § 13 C.II.2.a)dd) (S. 242 ff.).

[1742] S. Gliederungspkt. § 13 C.II.2.a)dd) (S. 242 ff.).

wenn er davon überzeugt ist, dass der Dritterwerber auch in der Lage ist, seinem Verlangen nachzukommen.[1743]

Da der Vormerkungsberechtigte also vermutlich nicht allzu oft zum Schadensersatz statt der Leistung übergehen wird, ist das Drohpotenzial der §§ 280 Abs. 1, Abs. 3, 281 BGB eher gering. Durch ihre Anwendung wird allenfalls ein geringer Anreiz für den Dritterwerber geschaffen, den Anspruch aus § 888 Abs. 1 BGB vor Ablauf der ihm gesetzten Frist zu erfüllen.

II. Sonstige Gründe für die Anwendung der Verzugsvorschriften

Es ist aber auch zu untersuchen, ob nicht vielleicht die übrigen Argumente, mit denen die Anwendung der §§ 280 Abs. 1, Abs. 2, 286 BGB auf den Anspruch aus § 888 Abs. 1 BGB begründet wird, noch etwas deutlicher für die Anwendung der §§ 280 Abs. 1, Abs. 3, 281 BGB sprechen.

Eher selten wird darauf abgestellt, dass die Anwendung der Verzugsvorschriften einen sachgerechten Ausgleich zwischen dem Dritterwerber und dem Vormerkungsverpflichteten ermöglicht.[1744]

Ob dieses Argument auf die Anwendung des Schadensersatzanspruches statt der Leistung übertragen werden kann, bedarf keiner näheren Erläuterung. Es ist bereits in seinem Stammgebiet verfehlt. Die Vormerkung dient nicht dem Schutz des Vormerkungsverpflichteten.[1745]

Häufig wird dagegen geltend gemacht, dass eine Anwendung der Verzugsvorschriften erforderlich sei, da der Vormerkungsberechtigte im Verhältnis zum Vormerkungsverpflichteten nicht ausreichend geschützt werde.[1746]

Der Vormerkungsverpflichtete könne insolvent sein.[1747] Zudem müsse er nicht immer haften.[1748] Es sei denkbar, dass es an seinem Verschulden fehlt.[1749] So stellte

---

[1743] S. Gliederungspkt. § 13 C.II.2.a)dd) (S. 242 ff.).

[1744] *Reinicke*, NJW 1968, 788, 789 f.; *Schwerdtner*, Verzug im SachenR, S. 191 f. mit Fn. 32.

[1745] S. Gliederungspkt. § 8 D.II.1.b) (S. 120 ff.).

[1746] BGHZ 208, 133, 139 f. Rn. 14; *Hager*, JuS 1990, 429, 435; *Knöpfle*, JuS 1981, 157, 163 Fn. 76; *Lange/Schiemann*, SachenR, S. 26; *Neuner*, SachenR, Rn. 571; NK-BGB/*Krause*, § 888 BGB Rn. 28; *Reinicke*, NJW 1968, 788, 789; *Rüscher*, JURA 2020, 649, 662; *Schneider*, JURA 2021, 177, 180; *Schwerdtner*, Verzug im SachenR, S. 189 ff.; *Severin*, Auflassungsvormerkung u. Eingriffsschutz, S. 61 f.; *Stürner*, JURA 2019, 837, 842 f.

[1747] S. nur *Reinicke*, NJW 1968, 788, 789; *Severin*, Auflassungsvormerkung u. Eingriffsschutz, S. 62.

[1748] S. nur *Lange/Schiemann*, SachenR, S. 26; *Reinicke*, NJW 1968, 788, 789; *Severin*, Auflassungsvormerkung u. Eingriffsschutz, S. 60 f.

sich etwa der dem BGH-Urteil aus dem Jahre 1968 zugrunde liegende Sachverhalt dar.[1750] Außerdem sei es möglich, dass dem Vormerkungsverpflichteten der entstandene Schaden nicht zugerechnet werden kann. Davon ging der BGH in seinem – nicht verallgemeinerungsfähigen[1751] – Urteil aus dem Jahre 2015 aus.[1752] Die Besonderheit des dem Urteil zugrunde liegenden Sachverhaltes lag darin, dass der Vormerkungsverpflichtete nicht bei der vormerkungswidrigen Verfügung mitgewirkt hatte.[1753]

Ob diese Argumente, was zweifelhaft sein dürfte, auf die Anwendung der §§ 280 Abs. 1, Abs. 3, 281 BGB übertragen werden können, muss nicht näher erläutert werden. Sie sind schon in ihrem Stammgebiet allenfalls schwach.

Erstens ist die faktische Erweiterung der insolvenzschützenden Funktion der Vormerkung, welche aus der Anwendung der Verzugsvorschriften resultiert, nicht, anders als für gewöhnlich angenommen, positiv, sondern stattdessen negativ zu bewerten.[1754]

Zweitens liegt es, wenn der Vormerkungsverpflichtete ausnahmsweise nicht haftet, nahe, dass auch der Dritterwerber nicht haftet. Es verwundert, dass in diesem Zusammenhang, anders als bei der Anwendung von Vorschriften des Eigentümer-Besitzer-Verhältnisses,[1755] die Frage, ob die Haftung des Dritterwerbers mit der Haftung des Vormerkungsverpflichteten zu harmonisieren ist, nicht einmal aufgeworfen wird. Selbst wenn man diese Frage verneint, wäre es aber in den wenigen verbleibenden Fällen durchaus interessengerecht, den Schaden beim Vormerkungsberechtigten zu belassen. Diese Ausnahmefälle würden keinen ausreichenden Grund für eine allgemeine, nicht nur auf sie beschränkte Anwendung der §§ 280 Abs. 1, Abs. 2, 286 BGB liefern.

Die übrigen Argumente, die für die Anwendung der Verzugsvorschriften geltend gemacht werden, sind also schon in ihrem Stammgebiet allenfalls schwach. Mit ihnen kann die Anwendung des Schadensersatzanspruches statt der Leistung nicht begründet werden.

1749 S. nur *Reinicke*, NJW 1968, 788, 789; *Severin*, Auflassungsvormerkung u. Eingriffsschutz, S. 61 f.

1750 BGH, Urteil v. 07.10.1964 – V ZR 107/62 (unveröffentlicht), S. 5 ff. (insoweit nicht abgedruckt in BGHZ 49, 263, 263 ff.).

1751 A. A. *Stürner*, JURA 2019, 837, 842 f.

1752 BGHZ 208, 133, 139 f. Rn. 14.

1753 BGHZ 208, 133, 133 f. Rn. 1 f.

1754 Vgl. zur daraus resultierenden Erweiterung des Aufgabenkreises des Dritterwerbers noch Gliederungspkt. § 17 B.II. (S. 279 f.).

1755 S. Gliederungspkt. § 8 D.II.2.c)aa) (S. 152 f.).

III. Zwischenergebnis

Die Argumente, die für die Anwendung der Verzugsvorschriften geltend gemacht werden, können nicht ohne Weiteres auf den Schadensersatzanspruch statt der Leistung übertragen werden.

Einzig das Argument, dass ein – wenn auch geringer und zudem vom Gesetzgeber so auch gar nicht vorgesehener – Anreiz für den Dritterwerber geschaffen wird, den Anspruch aus § 888 Abs. 1 BGB vor Ablauf der ihm gesetzten Frist zu erfüllen, spricht für eine Anwendung der §§ 280 Abs. 1, Abs. 3, 281 BGB.

C. Ergebnis

Das Interesse des Vormerkungsberechtigten an der Monetarisierung des Anspruches aus § 888 Abs. 1 BGB bzw. (eines Teiles) der Vormerkung ist für sich genommen nicht schutzwürdig. Ein darüber hinausgehendes Interesse an der Anwendung der §§ 280 Abs. 1, Abs. 3, 281 BGB lässt sich aber nur schwer begründen.

Die Gründe, die den Gesetzgeber zur Schaffung des Schadensersatzanspruches statt der Leistung bewogen haben, passen nicht auf die Interessenlage, welche dem Verhältnis zwischen dem Vormerkungsberechtigten und dem Dritterwerber zugrunde liegt. Zudem können, selbst wenn man die damit verbundenen rechtsmethodischen Probleme ausklammert, auch die Argumente, die für die Anwendung der Verzugsvorschriften geltend gemacht werden, nicht auf den Schadensersatzanspruch statt der Leistung übertragen werden.

§ 17 Interesse des Dritterwerbers an der Nichtanwendung der §§ 280 Abs. 1, Abs. 3, 281 BGB

Der Vollständigkeit halber soll aber noch untersucht werden, welches Interesse der Dritterwerber an der Nichtanwendung der §§ 280 Abs. 1, Abs. 3, 281 BGB hat.

Dazu gilt es erstens zu thematisieren, ob es durch die Anwendung des Schadensersatzanspruches statt der Leistung zu einem nach dem Willen des Gesetzgebers[1756] zu vermeidenden Zwangskauf kommt. Zudem soll zweitens ein Blick darauf geworfen werden, ob der Dritterwerber durch den Übergang des Vormerkungsberechtigten zum Schadensersatz statt der Leistung im Vergleich zu einem durchschnittlichen Schuldner, dessen Interesse die Mütter und Väter der Schuldrechtsre-

[1756] BT-Drs. 14/6040, S. 139. S. auch Diskussionsentwurf z. SchuldR, S. 324; Abschlussbericht d. SchuldR-Kommission, S. 135.

form bei der Schaffung der §§ 280 Abs. 1, Abs. 3, 281 BGB berücksichtigt und zurückgestellt haben,[1757] über Gebühr belastet wird.

A. Vermeidung eines durch die Anwendung des Schadensersatzanspruches statt der Leistung verursachten Zwangskaufes

Unklar ist bis heute, wann genau ein Zwangskauf vorliegt und – damit zusammenhängend – wie die Aussage des Gesetzgebers zu verstehen ist, dass „[d]ie Fälle eines ‚Zwangsverkaufs' [...] tatsächlich", obwohl es sich nur um „recht theoretische Fallgestaltungen" handele, vermieden werden sollten.[1758]

I. Abgrenzung der problematischen Fälle

Der Gesetzgeber befürchtete einen durch die Anwendung der §§ 280 Abs. 1, Abs. 3, 281 BGB verursachten Zwangskauf eigentlich nur für Ansprüche, welche auf „Rückgabe" oder „Rückgewähr" eines bestimmten Gegenstandes gerichtet sind.[1759] Da der Anspruch aus § 888 Abs. 1 BGB keinen herausgabeähnlichen Inhalt hat,[1760] scheint diese gesetzgeberische Befürchtung auf den ersten Blick nicht auf das Verhältnis zwischen dem Vormerkungsberechtigten und dem Dritterwerber zu passen.

Davon sollte man sich aber nicht täuschen lassen. Die „Abgrenzung der problematischen Fälle" war bereits in der Schuldrechtskommission fraglich.[1761] Schon dort wurde bezweifelt, dass sie durch die Begriffe „Rückgabe" und „Rückgewähr" „einigermaßen zutreffend umschrieben" seien.[1762] Da man aber keinen „treffenderen Ausdruck" fand, verwies man auf eine „interessengerecht[e]" Anwendung des Schadensersatzanspruches statt der Leistung.[1763]

[1757] BT-Drs. 14/6040, S. 137. S. auch Diskussionsentwurf z. SchuldR, S. 320 f.; Abschlussbericht d. SchuldR-Kommission, S. 133.

[1758] BT-Drs. 14/6040, S. 139. S. auch Diskussionsentwurf z. SchuldR, S. 324.

[1759] Abschlussbericht d. SchuldR-Kommission, S. 135. Vgl. auch BT-Drs. 14/6040, S. 138 f.; Diskussionsentwurf z. SchuldR, S. 323 f.

[1760] S. Gliederungspkt. § 8 D.II.2.c)cc) (S. 155 ff.).

[1761] Abschlussbericht d. SchuldR-Kommission, S. 135.

[1762] Abschlussbericht d. SchuldR-Kommission, S. 135.

[1763] Abschlussbericht d. SchuldR-Kommission, S. 135. Zur Vermeidung von Missverständnissen sei erwähnt, dass man dadurch wohl in erster Linie eine Einschränkung der „weite[n] Formulierung" der in § 283 Abs. 1 S. 2 des Entwurfes der Schuldrechtskommission vorgesehenen Ausnahme ermöglichen wollte.

Man sollte also besser davon ausgehen, dass es auch durch die Anwendung der §§ 280 Abs. 1, Abs. 3, 281 BGB auf den Anspruch aus § 888 Abs. 1 BGB zu einem vom Gesetzgeber missbilligten Zwangskauf kommen kann.

II. Verhinderung eines Rechtsmissbrauches durch Anwendung von § 242 BGB

Da man davon ausging, dass die „seltene[n] Missbrauchsfälle" aller Voraussicht nach mit § 242 BGB zu bewältigen seien,[1764] und man auch keine Einwände gegen den Übergang des Verleihers von der Herausgabe zum Schadensersatzanspruch statt der Leistung hatte,[1765] spricht einiges dafür, dass ein vom Gesetzgeber missbilligter „Zwangskauf" nur ausnahmsweise zu bejahen ist.

Sicher kann es dadurch im Einzelfall zu Unbilligkeiten kommen. Der Rechtsausübung wird durch § 242 BGB aber, worauf Schaltenbrand zu Recht hingewiesen hat,[1766] erst dort eine Schranke gesetzt, wo sie zu „untragbaren, mit Recht und Gerechtigkeit offensichtlich unvereinbaren Ergebnissen" führt.

Das heißt nicht, dass im Einzelfall nicht auch der Übergang des Vormerkungsberechtigten vom Anspruch aus § 888 Abs. 1 BGB zum Schadensersatzanspruch statt der Leistung einen rechtsmissbräuchlichen Zwangskauf darstellen kann.[1767] Im Regelfall scheitert die Anwendung der §§ 280 Abs. 1, Abs. 3, 281 BGB aber nicht an § 242 BGB.[1768]

Wenn Hau kritisiert, dass man den „Parteien und Gerichten" mit dem Verweis auf Treu und Glauben „Steine statt Brot" gegeben habe,[1769] und Ernst meint, die gesetzgeberische Entscheidung für ein reines „Fristenmodell" sei „unklug" gewesen,[1770] ist das zwar nachvollziehbar. Die Absicht des Gesetzgebers, die Anwendung der §§ 280 Abs. 1, Abs. 3, 281 BGB keiner Billigkeits-, sondern nur einer Missbrauchskontrolle zu unterziehen, ist aber ernst zu nehmen.

Anders mag das aufgrund des § 571 Abs. 1 S. 2 BGB bei dem Übergang von dem aus einem Wohnraummietvertrag resultierenden Anspruch aus § 546 Abs. 1

1764 BT-Drs. 14/6040, S. 139. S. auch Diskussionsentwurf z. SchuldR, S. 324.

1765 BT-Drs. 14/6040, S. 139. S. auch Diskussionsentwurf z. SchuldR, S. 323 f.

1766 *Schaltenbrand*, Schadensersatz statt d. Leistung, S. 242 (zur Anwendbarkeit der §§ 280 Abs. 1, Abs. 3, 281 BGB auf nicht-synallagmatische Herausgabeansprüche).

1767 Vgl. nur *Schaltenbrand*, Schadensersatz statt d. Leistung, S. 249 ff. (zur Anwendbarkeit der §§ 280 Abs. 1, Abs. 3, 281 BGB auf nicht-synallagmatische Herausgabeansprüche).

1768 Vgl. nur *Schaltenbrand*, Schadensersatz statt d. Leistung, S. 251 (zur Anwendbarkeit der §§ 280 Abs. 1, Abs. 3, 281 BGB auf nicht-synallagmatische Herausgabeansprüche).

1769 *Hau*, JuS 2003, 130, 136 (zur Anwendbarkeit der §§ 280 Abs. 1, Abs. 3, 281 BGB auf § 546 Abs. 1 BGB).

1770 MüKo-BGB/*Ernst*, § 281 BGB Rn. 131 (zur Anwendbarkeit der §§ 280 Abs. 1, Abs. 3, 281 BGB auf Rückgewähransprüche).

BGB zum Schadensersatz statt der Leistung sein.[1771] Unabhängig davon, dass diese Norm keiner Verallgemeinerung zugänglich ist,[1772] besteht beim Anspruch aus § 888 Abs. 1 BGB aber auch kein vergleichbares soziales Konfliktpotenzial.

III. Keine Einschränkung aus Billigkeitsgründen

Diejenigen, die trotz dieses gesetzgeberischen Willens eine Beschränkung der Anwendung der §§ 280 Abs. 1, Abs. 3, 281 BGB auch unterhalb der Missbrauchsschwelle des § 242 BGB erwägen,[1773] nennen dafür allerhand Gründe.

Nur zwei dieser Gründe sind indes nicht von vornherein von der Hand zu weisen.

Erstens, dass dem Schuldner eine Sache, für die er keine Verwendung hat, nicht aufgedrängt werden dürfe.[1774]

Zweitens, dass es, als Kehrseite des Drohpotenzials des Schadensersatzanspruches statt der Leistung,[1775] nicht zur Schaffung einer überbordenden Drohkulisse kommen dürfe.[1776] Es müsse verhindert werden, dass der Schuldner, trotz Zweifel an dem Bestehen oder der Durchsetzbarkeit des ursprünglichen Anspruches, den-

---

[1771] S. nur *Klinck*, Mietrechtsreform, 302, 308 f.; MüKo-BGB/*Ernst*, § 281 BGB Rn. 132; NK-BGB/*Dauner-Lieb*, § 281 BGB Rn. 7; *Riehm*, Naturalerfüllung, S. 299 f.; *Schaltenbrand*, Schadensersatz statt d. Leistung, S. 219 ff.; Soergel/*Benicke/Hellwig*, § 281 BGB Rn. 27.

[1772] S. nur *Klinck*, Mietrechtsreform, 302, 310; *Kohler*, NZM 2014, 729, 734 f.; MüKo-BGB/*Ernst*, § 281 BGB Rn. 132; *Odemer*, Schadensersatz statt d. Leistung im EBV, S. 89 f.; *Schaltenbrand*, Schadensersatz statt d. Leistung, S. 241 mit Fn. 576. A. A., da die Billigkeitskontrolle des § 571 Abs. 1 S. 2 BGB bei anderen (Rückgewähr-)Ansprüchen als „Korrektiv in die Auslegung des § 242 BGB" hineinfließen lassend *Schleiter*, JURA 2008, 434, 439 f. Vgl. auch *Jost*, FS Otte, 145, 153 ff.

[1773] Zu einem guten Überblick über die verschiedenen Ansichten, die in diesem Zusammenhang vertreten werden, s. nur MüKo-BGB/*Ernst*, § 281 BGB Rn. 131 f. (zur Anwendbarkeit der §§ 280 Abs. 1, Abs. 3, 281 BGB auf Rückgewähransprüche); *Odemer*, Schadensersatz statt d. Leistung im EBV, S. 88 ff. (zur Anwendbarkeit der §§ 280 Abs. 1, Abs. 3, 281 BGB auf § 985 BGB); *Schleiter*, JURA 2008, 434, 437 ff. (zur Anwendbarkeit der §§ 280 Abs. 1, Abs. 3, 281 BGB auf Rückgewähransprüche); *Schüttlöffel*, Primär- u. Schadensersatzhaftung, S. 254 ff. (zur Anwendbarkeit der §§ 280 Abs. 1, Abs. 3, 281 BGB auf Rückgabeansprüche).

[1774] S. nur *Odemer*, Schadensersatz statt d. Leistung im EBV, S. 85 f. (zur Anwendbarkeit der §§ 280 Abs. 1, Abs. 3, 281 BGB auf § 985 BGB); *Schleiter*, JURA 2008, 434, 437 (zur Anwendbarkeit der §§ 280 Abs. 1, Abs. 3, 281 BGB auf Rückgewähransprüche).

[1775] S. Gliederungspkt. § 16 B.I. (S. 267 ff.).

[1776] S. nur *Brauer*, NotBZ 2002, 402, 405 (zur Anwendbarkeit der §§ 280 Abs. 1, Abs. 3, 281 BGB auf § 546 Abs. 1 BGB); *Gebauer/Huber*, ZGS 2005, 103, 107 (zur Anwendbarkeit der §§ 280 Abs. 1, Abs. 3, 281 BGB auf § 985 BGB); *Kohler*, AcP 220 (2020), 141, 164 f. u. 167 f. (zur Anwendbarkeit der §§ 280 Abs. 1, Abs. 3, 281 BGB auf § 985 BGB); NK-BGB/*Dauner-Lieb*, § 281 BGB Rn. 6 (zur Anwendbarkeit der §§ 280 Abs. 1, Abs. 3, 281 BGB auf § 546 Abs. 1 BGB).

selben wegen des über ihm schwebenden „Damoklesschwert[es]“ des Zwangskaufes innerhalb der ihm gesetzten Frist anstandslos erfülle.[1777]

Ob man tatsächlich allein mit den genannten Gründen eine Gesetzesabweichung rechtfertigen kann, erscheint zwar aus rechtsmethodischer Sicht fraglich, muss hier aber nicht entschieden werden. Dieselben passen für das Verhältnis zwischen dem Vormerkungsberechtigten und dem Dritterwerber ohnehin nicht.

Es ist richtig, dass die Aufdrängung eines dinglichen Rechtes schon aus grundrechtlichen Erwägungen heraus die Ausnahme sein sollte. Man kann insoweit entweder auf Art. 14 Abs. 1 S. 1 GG[1778] oder auf Art. 2 Abs. 1 GG[1779] abstellen. Dem Dritterwerber wird aber kein Recht aufgedrängt. Er ist bereits vor dem Schadensersatzverlangen des Vormerkungsberechtigten Inhaber des dinglichen Rechtes.[1780] Zudem ist auch sonst allgemein anerkannt, dass der Vormerkungsberechtigte durch ein einseitiges, das heißt ohne Mitwirkung des Dritterwerbers vorgenommenes, Rechtsgeschäft die vormerkungswidrige Verfügung analog §§ 185 Abs. 2 S. 1 Var. 1, 184 Abs. 1 BGB aus dem Anwendungsbereich der Vormerkung ausklammern kann.[1781]

Es verbleiben die Bedenken hinsichtlich des auf den Dritterwerber ausgeübten Druckes. Es sei dazu in Erinnerung gerufen, dass das Drohpotenzial des Schadensersatzanspruches statt der Leistung bei seiner Anwendung auf den Anspruch aus § 888 Abs. 1 BGB eher gering ist.[1782] Ohne Frage ist es aber das gute Recht des Dritterwerbers, das Bestehen oder die Durchsetzbarkeit des Anspruches aus § 888 Abs. 1 BGB zu bestreiten.[1783] Er muss, wenn nicht gerade die Vermutung des § 280 Abs. 1 S. 2 BGB widerlegt ist,[1784] dann aber auch das Risiko tragen, dass er mit seiner rechtlichen Einschätzung falsch liegt.[1785] Sicher wird der Vormerkungsberechtigte die Rechtslage, zumindest wenn der durch die Vormerkung gesicherte Anspruch noch nicht geltend gemacht worden ist,[1786] zumeist etwas besser beur-

---

[1777] NK-BGB/*Dauner-Lieb*, § 281 BGB Rn. 6.

[1778] In diese Richtung etwa *Odemer*, Schadensersatz statt d. Leistung im EBV, S. 85 f. (zur Anwendbarkeit der §§ 280 Abs. 1, Abs. 3, 281 BGB auf § 985 BGB).

[1779] In diese Richtung etwa *Schleiter*, JURA 2008, 434, 437 (zur Anwendbarkeit der §§ 280 Abs. 1, Abs. 3, 281 BGB auf Rückgewähransprüche).

[1780] S. Gliederungspkt. § 8 D.II.1.d)bb) (S. 134 ff.).

[1781] S. die auf S. 205 in Fn. 1339 Genannten.

[1782] S. Gliederungspkt. § 16 B.I. (S. 267 ff.).

[1783] Vgl. nur *Diederichsen*, JuS 1985, 825, 827 (zur Anwendbarkeit der §§ 284 ff. BGB a. F. (§§ 280 Abs. 1, Abs. 2, 286 BGB) auf § 888 Abs. 1 BGB).

[1784] S. dazu Gliederungspkt. § 9 (S. 176 f.).

[1785] Vgl. nur *Lange/Schiemann*, SachenR, S. 26 (zur Anwendbarkeit der §§ 280 Abs. 1, Abs. 2, 286 BGB auf § 888 Abs. 1 BGB).

[1786] Zu der Frage, ob der Anspruch aus § 888 Abs. 1 BGB vor dem durch die Vormerkung gesicherten Anspruch geltend gemacht werden kann, s. die auf S. 223 in Fn. 1466 Genannten.

teilen können.[1787] Das gilt insbesondere für Einwendungen und Einreden gegen den durch die Vormerkung gesicherten Anspruch.[1788]

Unabhängig davon, dass der Dritterwerber, da er regelmäßig Kenntnis oder zumindest grob fahrlässige Unkenntnis von dem Bestehen der Vormerkung hat, ohnehin nicht schützenswert ist,[1789] gehört es aber zu seinem allgemeinen Lebensrisiko, sich gegen nicht bestehende und nicht durchsetzbare Ansprüche verteidigen zu müssen.[1790]

IV. Zwischenergebnis

Nach alledem kommt es durch den Übergang des Vormerkungsberechtigten vom Anspruch aus § 888 Abs. 1 BGB zum Schadensersatz statt der Leistung unter normalen Umständen nicht zu einem nach dem Willen des Gesetzgebers durch die Anwendung des § 242 BGB zu vermeidenden Zwangskauf. Da zudem die Gründe, welche für eine Beschränkung der Anwendung der §§ 280 Abs. 1, Abs. 3, 281 BGB unterhalb der Missbrauchsschwelle des § 242 BGB geltend gemacht werden, für den Anspruch aus § 888 Abs. 1 BGB nicht passen, kommt auch eine solche nicht in Betracht.

B. Ausmaß der drohenden Haftung

Dem Dritterwerber entstehen durch den Übergang des Vormerkungsberechtigten zum Schadensersatz statt der Leistung aber noch andere Nachteile. Diese hängen mit dem Ausmaß der ihm drohenden Haftung zusammen.

I. Belastung der Liquidität des Dritterwerbers

Der Dritterwerber wird bei einer Anwendung der §§ 280 Abs. 1, Abs. 3, 281 BGB verpflichtet, den vermutlich meist hohen Wert der Vormerkung (bei vormerkungsvereitelnden Verfügungen) bzw. eines Teiles von ihr (bei vormerkungsbe-

---

[1787] Vgl. BGH NJW 2022, 1167, 1168 Rn. 10.

[1788] Zu der Frage, ob der Dritterwerber Einwendungen und Einreden gegen den durch die Vormerkung gesicherten Anspruch geltend machen kann, s. die auf S. 223 in Fn. 1467 Genannten.

[1789] S. Gliederungspkt. § 9 (S. 176 f.). Es kommt nicht darauf an, ob der Dritterwerber Kenntnis oder grob fahrlässige Unkenntnis davon hat, dass der durch die Vormerkung gesicherte Anspruch „fällig und […] sofort durchsetzbar“ ist. A.A. *Wilhelm*, SachenR, Rn. 2303 (zur Anwendbarkeit der §§ 280 Abs. 1, Abs. 2, 286 BGB auf § 888 Abs. 1 BGB).

[1790] Vgl. nur *Klinck*, Mietrechtsreform, 302, 306 (zur Anwendbarkeit der §§ 280 Abs. 1, Abs. 3, 281 BGB auf § 546 Abs. 1 BGB).

einträchtigenden Verfügungen) zu ersetzen.[1791] Dadurch kann seine „Liquidität" erheblich „strapaziert" werden.[1792]

Schon der Gesetzgeber erkannte, dass der Schadensersatzanspruch statt der Leistung für den Schuldner „lästiger" sein kann als der ursprüngliche Anspruch.[1793] Da ihn das aber nicht von der Schaffung desselben abhielt, spricht eine finanzielle Mehrbelastung für sich genommen nicht gegen die Anwendung der §§ 280 Abs. 1, Abs. 3, 281 BGB.

Es fällt auf, dass das Ausmaß der dem Dritterwerber drohenden Haftung im Vergleich zu einem durchschnittlichen Schuldner zwar außergewöhnlich hoch ist. Das spricht aber nicht gegen eine Anwendung der §§ 280 Abs. 1, Abs. 3, 281 BGB. Es kommt durch den Übergang des Vormerkungsberechtigten zum Schadensersatz statt der Leistung auch zu einer verhältnismäßig hohen Vermögensmehrung beim Dritterwerber.[1794] Sollte der Dritterwerber durch das Schadensersatzverlangen des Vormerkungsberechtigten in finanzielle Schwierigkeiten geraten, kann er sein – nun nicht mehr vormerkungswidriges[1795] – dingliches Recht belasten oder verwerten.[1796]

Es ist dann nur noch eine Randnotiz, dass der Dritterwerber im Vergleich zu einem durchschnittlichen Schuldner in anderer Hinsicht sogar etwas bessergestellt ist. Anders als vom Gesetzgeber befürchtet,[1797] hat er keine „erhebliche[n] Anstrengungen" zur Herstellung oder Beschaffung des „Gegenstand[es] seiner Primärleistungspflicht" unternommen, welche durch das Schadensersatzverlangen „nutzlos" werden.

[1791] S. Gliederungspkt. § 13 C.II.2.b) (mit Untergliederung) (S. 246 ff.).

[1792] Angelehnt an *Jost*, FS Otte, 145, 148 f. (zur Anwendbarkeit der §§ 280 Abs. 1, Abs. 3, 281 BGB auf § 546 Abs. 1 BGB). Vgl. auch *Gsell*, JZ 2004, 110, 112 (zur Anwendbarkeit der §§ 280 Abs. 1, Abs. 3, 281 BGB bei der Räumung von Immobilien); *Kohler*, NZM 2014, 729, 732 (zur Anwendbarkeit der §§ 280 Abs. 1, Abs. 3, 281 BGB bei der Herausgabe von höherwertigen Gütern).

[1793] BT-Drs. 14/6040, S. 137. S. auch Diskussionsentwurf z. SchuldR, S. 320 f.; Abschlussbericht d. SchuldR-Kommission, S. 133.

[1794] Vgl. nur *Schaltenbrand*, Schadensersatz statt d. Leistung, S. 221 ff. (zur Anwendbarkeit der §§ 280 Abs. 1, Abs. 3, 281 BGB auf § 546 Abs. 1 BGB).

[1795] S. Gliederungspkt. § 13 C.II.2.a)dd) (S. 242 ff.).

[1796] Vgl. nur *Schaltenbrand*, Schadensersatz statt d. Leistung, S. 258 (zur Anwendbarkeit der §§ 280 Abs. 1, Abs. 3, 281 BGB auf nicht-synallagmatische Herausgabeansprüche). Vgl. zu dem daraus entstehenden Belastungs- bzw. Verwertungsrisiko des Dritterwerbers nur *Gursky*, JURA 2004, 433, 437 (zur Anwendbarkeit der §§ 280 Abs. 1, Abs. 3, 281 BGB auf § 985 BGB); *Schleiter*, JURA 2008, 434, 436 (zur Anwendbarkeit der §§ 280 Abs. 1, Abs. 3, 281 BGB auf Rückgewähransprüche); *Schüttlöffel*, Primär- u. Schadensersatzhaftung, S. 223 (zur Anwendbarkeit der §§ 280 Abs. 1, Abs. 3, 281 BGB auf Rückgabeansprüche).

[1797] BT-Drs. 14/6040, S. 137. S. auch Diskussionsentwurf z. SchuldR, S. 320 f.; Abschlussbericht d. SchuldR-Kommission, S. 133.

Der Dritterwerber wird durch den Übergang des Vormerkungsberechtigten zum Schadensersatz statt der Leistung im Vergleich zu einem durchschnittlichen Schuldner somit insgesamt zwar etwas schwerer, aber nicht zu schwer belastet.

II. Erweiterung des Aufgabenkreises des Dritterwerbers

Das eigentliche Problem ist ein anderes: Wenn man die §§ 280 Abs. 1, Abs. 3, 281 BGB im Verhältnis zwischen dem Vormerkungsberechtigten und dem Dritterwerber anwendet, läuft man mit Blick auf das Nichtanwendungsinteresse des Dritterwerbers Gefahr, in Konflikt mit dem „Stellenwert" des Anspruches aus § 888 Abs. 1 BGB als „unselbstständiger Hilfsanspruch"[1798] zu geraten.[1799]

Je umfangreicher die Aufgabe ist, welche der Dritterwerber übernimmt, desto mehr nähert sich seine Mitwirkungshandlung einem, zumindest partiellen, Schuldbeitritt an.[1800] Das gilt nicht nur für seine Mitwirkung bei der Erfüllung des durch die Vormerkung gesicherten Anspruches,[1801] sondern auch für seine Mitwirkung bei der Begleichung von Schäden, welche dem Vormerkungsberechtigten entstehen.

Drastisch formuliert: Wenn der Dritterwerber im Hinblick auf Sekundäransprüche ohnehin genauso haftet wie der Vormerkungsverpflichtete, kann man ihn auch zur Erfüllung des durch die Vormerkung gesicherten Anspruches (bei vormerkungsvereitelnden Verfügungen) oder zur Aufhebung des vormerkungswidrigen Rechtes (bei vormerkungsbeeinträchtigenden Verfügungen) selbst verpflichten.

Er wird ohnehin weniger durch die Erfüllungsverpflichtung und mehr durch die aus ihr resultierende Einbeziehung in das obligatorische Rechtsverhältnis zwischen dem Vormerkungsberechtigten und dem Vormerkungsverpflichteten benachteiligt.[1802] Dazu passt es, dass ein Schuldbeitritt des Dritterwerbers, wie bereits festgestellt,[1803] unter anderem deswegen zu einer Interessenfehlgewichtung führt, weil der Vormerkungsberechtigte einen weiteren Schuldner und damit im Hinblick auf Sekundäransprüche einen ungerechtfertigten Vorteil erhält.

Allein durch die Anwendung der §§ 280 Abs. 1, Abs. 3, 281 BGB auf den Anspruch aus § 888 Abs. 1 BGB wird der Dritterwerber haftungsrechtlich zwar nicht

[1798] S. zu diesem Ausdruck bereits Gliederungspkt. § 13 B.II. (mit Untergliederung) (S. 220 ff.).

[1799] Angelehnt an *Müller/Gruber*, SachenR, Rn. 2945. Zur Vermeidung von Missverständnissen sei erwähnt, dass Gruber nur eine Anwendung der §§ 280 Abs. 1, Abs. 3, 281 BGB ausschließen will, welche sich an dem Wert des durch die Vormerkung gesicherten Anspruches orientiert.

[1800] S. Gliederungspkt. § 13 B.I.1.c) (S. 217 f.).

[1801] S. dazu Gliederungspkt. § 13 B.I.1.c) (S. 217 f.).

[1802] S. Gliederungspkt. § 8 D.II.1.e)aa) (S. 138 f.).

[1803] S. Gliederungspkt. § 8 D.II.1.e)aa) (S. 138 f.).

mit dem Vormerkungsverpflichteten gleichgestellt.[1804] Es kommt durch sie nur zu einer Erweiterung des Aufgabenkreises des Dritterwerbers. Eine solche ist, wie die mittlerweile anerkannte Anwendung der Verzugsvorschriften zeigt,[1805] möglich. Sie bedarf angesichts des akzessorischen Charakters des Anspruches aus § 888 Abs. 1 BGB aber guter Gründe.

Legt man diesen Maßstab zugrunde, fällt es schwer, neben der Anwendung der Verzugsvorschriften die Anwendung der §§ 280 Abs. 1, Abs. 3, 281 BGB zu rechtfertigen. Bei wertender Betrachtung rückt man die Mitwirkungshandlung des Dritterwerbers dadurch, und zwar ohne dass dafür ein richtiges Bedürfnis besteht, noch einmal ein ganzes Stück näher an einen, zumindest partiellen, Schuldbeitritt heran. Unabhängig davon, wie genau man den vom Dritterwerber zu ersetzenden Wert der Vormerkung bzw. eines Teiles von ihr bestimmt,[1806] ist das Ausmaß der ihm drohenden Haftung im Vergleich zum Stellenwert des Anspruches aus § 888 Abs. 1 BGB also zu hoch.

III. Zwischenergebnis

Dem Dritterwerber entstehen durch die Anwendung der §§ 280 Abs. 1, Abs. 3, 281 BGB Nachteile, welche mit dem Ausmaß der ihm drohenden Haftung zusammenhängen.

Seine Liquidität wird zwar im Vergleich zu einem durchschnittlichen Schuldner nicht zu schwer belastet. Er wird aber dadurch benachteiligt, dass seine Mitwirkungshandlung durch die Anwendung der §§ 280 Abs. 1, Abs. 3, 281 BGB zu nahe an einen, zumindest partiellen, Schuldbeitritt herangerückt wird.

C. Ergebnis

Der Dritterwerber hat ein beachtenswertes Interesse daran, dass die §§ 280 Abs. 1, Abs. 3, 281 BGB nicht angewendet werden.

Durch den Übergang des Vormerkungsberechtigten zum Schadensersatz statt der Leistung kommt es zwar unter normalen Umständen nicht zu einem nach dem Willen des Gesetzgebers zu vermeidenden Zwangskauf. Dem Dritterwerber entstehen durch die Anwendung der §§ 280 Abs. 1, Abs. 3, 281 BGB aber Nachteile, welche mit dem Ausmaß der ihm drohenden Haftung zusammenhängen. Er wird dadurch benachteiligt, dass seine Mitwirkungshandlung zu nahe an einen, zumindest partiellen, Schuldbeitritt herangerückt wird.

[1804] Vgl. Gliederungspkt. § 16 B.II. (S. 270 ff.).

[1805] S. die auf S. 208 f. in Fn. 1360 Genannten.

[1806] S. Gliederungspkt. § 13 C.II.2.b)dd) (S. 252 f.).

§ 18 Keine Anwendung des Schadensersatzanspruches statt der Leistung aus §§ 280 Abs. 1, Abs. 3, 281 BGB auf den Anspruch aus § 888 Abs. 1 BGB

Da der Schadensersatzanspruch statt der Leistung nicht zu der Interessenlage passt, welche dem Verhältnis zwischen dem Vormerkungsberechtigten und dem Dritterwerber zugrunde liegt, besteht ausreichend Anlass, von seiner „grundsätzlichen Anwendbarkeit“ abzuweichen. Das lässt sich, je nach Abgrenzung beider Instrumente, entweder durch eine einschränkende Auslegung oder durch eine teleologische Reduktion erreichen.

Es besteht kein hinreichendes Interesse des Vormerkungsberechtigten an der Anwendung der §§ 280 Abs. 1, Abs. 3, 281 BGB. Das Interesse an der Monetarisierung des Anspruches aus § 888 Abs. 1 BGB bzw. (eines Teiles) der Vormerkung ist für sich genommen nicht schutzwürdig. Ein darüber hinausgehendes Interesse an der Anwendung des Schadensersatzanspruches statt der Leistung lässt sich aber nur schwer begründen. Die Gründe, die den Gesetzgeber zur Schaffung der §§ 280 Abs. 1, Abs. 3, 281 BGB bewogen haben, passen nicht auf die Interessenlage, welche dem Verhältnis zwischen dem Vormerkungsberechtigten und dem Dritterwerber zugrunde liegt. Zudem können, selbst wenn man die damit verbundenen rechtsmethodischen Probleme ausklammert, auch die Argumente, die für die Anwendung der Verzugsvorschriften geltend gemacht werden, nicht auf den Schadensersatzanspruch statt der Leistung übertragen werden.

Der Vollständigkeit halber ist noch darauf hinzuweisen, dass der Dritterwerber ein durchaus beachtenswertes Interesse an der Nichtanwendung der §§ 280 Abs. 1, Abs. 3, 281 BGB hat. Durch den Übergang des Vormerkungsberechtigten zum Schadensersatz statt der Leistung kommt es zwar unter normalen Umständen nicht zu einem nach dem Willen des Gesetzgebers zu vermeidenden Zwangskauf. Dem Dritterwerber entstehen durch die Anwendung der §§ 280 Abs. 1, Abs. 3, 281 BGB aber Nachteile, welche mit dem Ausmaß der ihm drohenden Haftung zusammenhängen. Er wird dadurch benachteiligt, dass seine Mitwirkungshandlung zu nahe an einen, zumindest partiellen, Schuldbeitritt herangerückt wird.

6. Kapitel

Zusammenfassung der Ergebnisse in Thesen

Der Schadensersatzanspruch statt der Leistung (§§ 280 Abs. 1, Abs. 3, 281 BGB) ist nicht auf den Anspruch aus § 888 Abs. 1 BGB anwendbar.

Im Einzelnen ergibt sich diese Erkenntnis aus Folgendem:

1. Ein Schadensersatzanspruch statt der Leistung kann im Verhältnis zwischen dem Vormerkungsberechtigten und dem Dritterwerber nicht mithilfe von § 989 BGB oder § 990 Abs. 2 BGB i. V. m. §§ 280 Abs. 1, Abs. 3, 281 BGB begründet werden. Schon ein Schadensersatzanspruch statt der Vindikation (§ 985 BGB) kann nicht aus Vorschriften des Eigentümer-Besitzer-Verhältnisses abgeleitet werden.

   a) Der Rechtsgedanke von § 281 BGB kann nicht in den Schadensersatzanspruch aus § 989 BGB eingefügt werden. Eine dafür erforderliche Fiktion der Unmöglichkeit der Herausgabe würde zu einer Verkehrung von Tatbestand und Rechtsfolge des § 281 BGB führen.

   b) Bei dem Anspruch aus §§ 280 Abs. 1, Abs. 3, 281 BGB handelt es sich nicht um eine besondere „Haftung […] wegen Verzugs" gem. § 990 Abs. 2 BGB. Der Schadensersatzanspruch statt der Leistung ist eine Sanktion für Verzögerung, nicht für Verzug.

2. Es ist von einer grundsätzlichen Anwendbarkeit des Schadensersatzanspruches statt der Leistung aus §§ 280 Abs. 1, Abs. 3, 281 BGB auf den Anspruch aus § 888 Abs. 1 BGB auszugehen. Nur wenn im Einzelfall die Argumente gegen eine Anwendung überwiegen, ist sie ausgeschlossen.

   a) Es gibt keine Regel, dass schuldrechtliche Vorschriften auf den Anspruch aus § 888 Abs. 1 BGB stets anzuwenden sind. Ebenso wenig gibt es eine Regel, dass schuldrechtliche Vorschriften auf den Anspruch aus § 888 Abs. 1 BGB nie anzuwenden sind. Mit anderen Worten: Die Normen des Allgemeinen Schuldrechtes sind auf obligatorische Ansprüche nicht stets anwendbar und auf dingliche Ansprüche auch nicht stets unanwendbar.

   b) Sieht man den Anspruch aus § 888 Abs. 1 BGB als obligatorischen Anspruch an, können schuldrechtliche Vorschriften unmittelbar auf ihn angewendet werden. Eine besondere Freiheit bei der Bejahung der Anwendbarkeit geht damit aber nicht einher. Schuldrechtliche Vorschriften sind grundsätzlich auf obligatorische Ansprüche anwendbar. Die Anwendung ist jedoch keine vorbehaltlose. Sie kann im Einzelfall durch grammatikalische, entstehungsgeschichtliche, systematische oder teleologische Gesichtspunkte ausgeschlossen werden.

c) Geht man davon aus, dass es sich bei dem Anspruch aus § 888 Abs. 1 BGB um einen dinglichen Anspruch handelt, kommt man zu demselben Ergebnis. Schuldrechtliche Vorschriften können auch dann – und zwar unabhängig davon, ob man dingliche Rechtsverhältnisse als besondere obligatorische Rechtsverhältnisse oder als obligationsähnliche Rechtsverhältnisse ansieht – unmittelbar angewendet werden. Es ist ebenfalls von einer „grundsätzlichen Anwendbarkeit" auszugehen. Auch diese kann im Einzelfall durch grammatikalische, entstehungsgeschichtliche, systematische oder teleologische Gesichtspunkte ausgeschlossen werden.

   aa) Die Trennung von Schuld- und Sachenrecht ist eine vergrößerte Projektion des Gegensatzes von obligatorischem und dinglichem Recht. Zur Verwirklichung dieses Gegensatzes waren eine Reihe weiterer gesetzgeberischer Entscheidungen, nicht aber die Festlegung der Unanwendbarkeit des Allgemeinen Schuldrechtes auf dingliche Ansprüche erforderlich. Im Gegenteil, den dinglichen Ansprüchen liegt nach den Vorstellungen der Gesetzesverfasser, welchen nicht unerhebliche Indizwirkung zukommt, ein Rechtsverhältnis zugrunde, das dem obligatorischen Rechtsverhältnis zumindest ähnlich ist. Daraus folgt, dass schuldrechtliche Vorschriften auf dingliche Ansprüche angewendet werden können.

   bb) Sieht man dingliche Ansprüche als besondere obligatorische Ansprüche an, wird das Allgemeine Schuldrecht zu einem Allgemeinen Anspruchsrecht. Dingliche Rechtsverhältnisse sind dann „nur" besondere obligatorische Rechtsverhältnisse. Schuldrechtliche Vorschriften sind auf so verstandene dingliche Ansprüche unmittelbar anwendbar.

   cc) Geht man davon aus, dass dingliche Rechtsverhältnisse keine besonderen obligatorischen, sondern „nur" obligationsähnliche Rechtsverhältnisse sind, hat das Allgemeine Schuldrecht zumindest Modellcharakter. Auch dann sind schuldrechtliche Vorschriften auf dingliche Ansprüche unmittelbar anwendbar. Der Rechtsanwender nimmt bei ihrer Anwendung keine eigene Wertung vor, sondern vollzieht den in den Gesetzgebungsmaterialien zum Ausdruck gekommenen gesetzgeberischen Willen. Die Gesetzesverfasser haben zwar von einer analogen Anwendung gesprochen. Nach ihren bei der Rechtsanwendung zu berücksichtigenden Vorstellungen werden die (Analogie-)Voraussetzungen für die Anwendung schuldrechtlicher Vorschriften auf dingliche Ansprüche aber regelmäßig vorliegen. Sie haben die von ihnen zunächst im Gesetz gelassene Regelungslücke selbst geschlossen und so die richterliche Normsetzung antizipiert.

3. Aus den Vorschriften und Wertungen des Eigentümer-Besitzer-Verhältnisses ergeben sich keine Einwände gegen die Anwendung des Schadensersatzanspruches statt der Leistung. Die Anwendung der §§ 280 Abs. 1, Abs. 3, 281 BGB auf den Anspruch aus § 888 Abs. 1 BGB scheitert weder an der Abschlussfunktion des Eigentümer-Besitzer-Verhältnisses noch besteht eine haftungsrechtliche Privilegierung des gutgläubigen und unverklagten Dritterwerbers, welche bei der Anwendung berücksichtigt werden müsste.

   a) Der schadensersatzrechtliche Teil des Eigentümer-Besitzer-Verhältnisses (§§ 989 ff. BGB) ist im Verhältnis zwischen dem Vormerkungsberechtigten und dem Dritterwerber nicht anwendbar.

      aa) Eine unmittelbare Anwendung scheitert daran, dass keine Vindikationslage besteht.

      bb) Eine analoge Anwendung scheidet ebenfalls aus. Es liegt schon keine Regelungslücke vor. Die 2. Kommission hat eine Anwendung der Vorschriften des Eigentümer-Besitzer-Verhältnisses auf das Verhältnis zwischen dem Vormerkungsberechtigten und Dritterwerber abgelehnt. Es ist zudem keine vergleichbare Interessenlage gegeben. Die Rechtsposition des Dritterwerber ist nicht mit der Rechtsposition des Besitzers ohne Besitzrecht vergleichbar. Der Dritterwerber ist nicht, auch nicht aus Sicht des Vormerkungsberechtigten, „Buchberechtigter". Er ist nach der zutreffenden Ansicht, welche von einer Aufspaltung der Verfügungsmacht zwischen dem Dritterwerber und dem Vormerkungsverpflichteten ausgeht, der tatsächliche Inhaber des Rechtes. Auch die Rechtsposition des Vormerkungsberechtigten ist in Bezug auf tatsächliche Einwirkungen nicht mit der Rechtsposition des Eigentümers vergleichbar. Der Vormerkungsberechtigte hat nicht die Befugnis, den Dritterwerber von der Einwirkung auf das Grundstück auszuschließen.

      cc) Eine Anwendung des schadensersatzrechtlichen Teiles des Eigentümer-Besitzer-Verhältnisses (§§ 989 ff. BGB) lässt sich auch nicht mittels eines Umweges über § 292 BGB oder über das (angebliche) Anwartschaftsrecht des vormerkungsgesicherten Auflassungsempfängers begründen.

   b) Es wäre zwar auch unabhängig von einer Anwendung der §§ 989 ff. BGB denkbar, den Anspruch aus §§ 280 Abs. 1, Abs. 3, 281 BGB auf den bösgläubigen Dritterwerber zu beschränken. Für eine solche haftungsrechtliche Privilegierung besteht jedoch kein Bedürfnis. In dem seltenen Fall, dass der Dritterwerber gutgläubig ist, wird es auch an seinem für den Schadensersatzanspruch statt der Leistung erforderlichen Verschulden fehlen.

4. Aus dem rechtlichen Charakter des Anspruches aus § 888 Abs. 1 BGB ergeben sich keine Einwände gegen die Anwendung des Schadensersatzanspruches statt der Leistung.

a) Die Anwendung der §§ 280 Abs. 1, Abs. 3, 281 BGB auf den Anspruch aus § 888 Abs. 1 BGB kann, selbst wenn man diesen als dinglichen Anspruch ansieht, nicht mit Verweis auf seinen negatorischen Charakter abgelehnt werden. Dingliche Ansprüche haben schon gar keinen negatorischen Charakter, welcher einer Anwendung von schuldrechtlichen Vorschriften entgegenstehen könnte. Sie sind, wie alle anderen Ansprüche auch, auf die Erbringung einer Leistung gerichtet. Ein Gegensatz zwischen ihnen und den Ansprüchen auf Leistung besteht nicht.

b) Die Anwendung der §§ 280 Abs. 1, Abs. 3, 281 BGB auf den Anspruch aus § 888 Abs. 1 BGB kann, selbst wenn man diesen als dinglichen Anspruch ansieht, auch nicht wegen seines dinglichen Charakters abgelehnt werden. Zum einen empfiehlt sich ein pragmatisches Verständnis der dinglichen Ansprüche. Zum anderen passen die Bedenken, welche für den Anspruch aus § 985 BGB geltend gemacht werden und deren Übertragung in Erwägung gezogen wird, für den Anspruch aus § 888 Abs. 1 BGB ohnehin nicht.

c) Auch aus dem akzessorischen Charakter des Anspruches aus § 888 Abs. 1 BGB ergibt sich kein Argument gegen die Anwendung des Schadensersatzanspruches statt der Leistung (§§ 280 Abs. 1, Abs. 3, 281 BGB). Die unter diesem Begriff vereinten Eigenschaften führen zwar durchaus zu Problemen. Obwohl der Anspruch aus § 888 Abs. 1 BGB nur bei der Erfüllung des durch die Vormerkung gesicherten Anspruches hilft, ist die Nichterbringung der Zustimmung aber als Pflichtverletzung im Sinne der §§ 280 Abs. 1, Abs. 3, 281 Abs. 1 S. 1 BGB zu qualifizieren. Zudem können die Probleme, welche sich aus der untrennbaren Verbindung zwischen dem Anspruch aus § 888 Abs. 1 BGB und der Vormerkung ergeben, behoben werden. Sie sind zwar nicht durch die schablonenhafte Übertragung der zum Schadensersatz statt der Vindikation entwickelten Grundsätze, aber immerhin durch die Schaffung von neuen, auf den Anspruch aus § 888 Abs. 1 BGB maßgeschneiderten Grundsätzen zu beseitigen.

   aa) Wichtig ist insoweit die Erkenntnis, dass dem berechtigten Schadensersatzverlangen des Vormerkungsberechtigten ein dinglicher Verzicht auf die Rechtswirkungen der Vormerkung zu entnehmen ist. In seiner Erklärung, kein Interesse mehr an der relativen Unwirksamkeit der vormerkungswidrigen Verfügung zu haben, ist eine konkludente Genehmigung der relativ unwirksamen Verfügung analog §§ 185 Abs. 2 S. 1 Var. 1, 184 Abs. 1 BGB enthalten.

   bb) Auch die Bemessung des Schadensersatzes bereitet keine Probleme. Durch das Schadensersatzverlangen des Vormerkungsberechtigten wird für ihn die Vormerkung (bei vormerkungsvereitelnden Verfügungen) bzw. ein Teil von ihr (bei vormerkungsbeeinträchtigenden Verfügungen) wertlos. Der Vormerkungsberechtigte kann den ihm so entstandenen Schaden vom Dritterwerber ersetzt verlangen. Sowohl der (Teil-)

Schaden, welcher dem Vormerkungsberechtigten durch den Wegfall des Anspruches aus § 888 Abs. 1 BGB entsteht, als auch der (Teil-) Schaden, welcher sich aus der Beseitigung der übrigen Rechtswirkungen der Vormerkung ergibt, beruhen auf der Nichterbringung der Zustimmung.

5. Allerdings passt der Schadensersatzanspruch statt der Leistung nicht zu der Interessenlage, welche dem Verhältnis zwischen dem Vormerkungsberechtigten und dem Dritterwerber zugrunde liegt. Es besteht ausreichend Anlass, von seiner „grundsätzlichen Anwendbarkeit" abzuweichen. Das lässt sich, je nach Abgrenzung beider Instrumente, entweder durch eine einschränkende Auslegung oder durch eine teleologische Reduktion erreichen.

   a) Es besteht schon kein hinreichendes Interesse des Vormerkungsberechtigten an der Anwendung der §§ 280 Abs. 1, Abs. 3, 281 BGB. Sein Interesse an der Monetarisierung des Anspruches aus § 888 Abs. 1 BGB bzw. (eines Teiles) der Vormerkung ist für sich genommen nicht schutzwürdig. Ein darüber hinausgehendes Interesse an der Anwendung des Schadensersatzanspruches statt der Leistung lässt sich aber nur schwer begründen.

      aa) Die Gründe, die den Gesetzgeber zur Schaffung der §§ 280 Abs. 1, Abs. 3, 281 BGB bewogen haben, passen nicht auf die Interessenlage, welche dem Verhältnis zwischen dem Vormerkungsberechtigten und dem Dritterwerber zugrunde liegt. Durch die Anwendung der §§ 280 Abs. 1, Abs. 3, 281 BGB kommt es nicht zu einer Erleichterung der Zwangsvollstreckung. Da der Anspruch aus § 888 Abs. 1 BGB auf die Abgabe einer Willenserklärung gerichtet ist, ergeben sich keine Schwierigkeiten bei seiner Vollstreckung (vgl. § 894 S. 1 ZPO). Außerdem wird dem Vormerkungsberechtigten durch die Anwendung der §§ 280 Abs. 1, Abs. 3, 281 BGB nicht die Vornahme eines Deckungsgeschäftes ermöglicht. Mit seinem Schadensersatzverlangen legt der Vormerkungsberechtigte, ganz im Gegenteil, das Schicksal des durch die Vormerkung gesicherten Anspruches in die Hände des Dritterwerbers.

      bb) Es können, selbst wenn man die damit verbundenen rechtsmethodischen Probleme ausklammert, auch die Argumente, die für die Anwendung der Verzugsvorschriften geltend gemacht werden (z.B.: Steigerung der Effektivität der Vormerkung), nicht ohne Weiteres auf den Schadensersatzanspruch statt der Leistung übertragen werden. Einzig das Argument, dass ein – wenn auch geringer – Anreiz für den Dritterwerber geschaffen wird, den Anspruch aus § 888 Abs. 1 BGB vor Ablauf der ihm gesetzten Frist zu erfüllen, spricht für eine Anwendung der §§ 280 Abs. 1, Abs. 3, 281 BGB.

   b) Der Vollständigkeit halber ist noch darauf hinzuweisen, dass der Dritterwerber ein durchaus beachtenswertes Interesse an der Nichtanwendung der

§§ 280 Abs. 1, Abs. 3, 281 BGB hat. Durch den Übergang des Vormerkungsberechtigten zum Schadensersatz statt der Leistung kommt es zwar unter normalen Umständen nicht zu einem nach dem Willen des Gesetzgebers zu vermeidenden Zwangskauf. Dem Dritterwerber entstehen durch die Anwendung der §§ 280 Abs. 1, Abs. 3, 281 BGB aber Nachteile, welche mit dem Ausmaß der ihm drohenden Haftung zusammenhängen. Seine Liquidität wird im Vergleich zu einem durchschnittlichen Schuldner nicht zu schwer belastet. Er wird aber dadurch benachteiligt, dass seine Mitwirkungshandlung zu nahe an einen, zumindest partiellen, Schuldbeitritt herangerückt wird.

Literaturverzeichnis

Abschlußbericht der Kommission zur Überarbeitung des Schuldrechts: Hrsg. Bundesminister der Justiz, Köln 1992 (zit. als Abschlussbericht d. SchuldR-Kommission)

Achilles, Alexander/*Greiff*, Joachim: Kommentar zum Bürgerlichen Gesetzbuch, 21. Auflage, Berlin 1958

Alternativkommentar zum Bürgerlichen Gesetzbuch: Hrsg. Wassermann, Rudolf, 1. Auflage, Neuwied u. a. 1979 ff. (zit. als Ak-BGB/*Bearbeiter*)

Amann, Hermann: Anmerkung zu BGH, Beschluss vom 25. 03. 1999, V ZB 34/98, LM § 873 BGB Nr. 25

Amann, Hermann: Die so genannte Abtretung der Vormerkung beim ABC-Kauf, NotBZ 2005, 1–10

Amann, Hermann: Vormerkungsschutz für den Zweitkäufer vor Eigentumserwerb des Erstkäufers?, in: Festschrift für Helmut Schippel zum 65. Geburtstag, Hrsg. Bundesnotarkammer, München 1996, S. 83–110

Assmann, Dorothea: Anmerkung zu BGH, Urteil vom 19. 05. 2000, V ZR 453/99, LM § 987 BGB Nr. 20

Assmann, Dorothea: Die Vormerkung (§ 883 BGB), Tübingen 1998

Auer, Marietta: Referendarexamensklausur – Bürgerliches Recht: Vormerkung und EBV – Wie gewonnen, so zerronnen, JuS 2007, 1122–1127

Bähr, Otto: Besprechung zum Entwurf eines bürgerlichen Gesetzbuchs für das Deutsche Reich – Teil 1, KritV 30 (1888), 321–414

Baker, Genevieve: Examensklausur – Zivilrecht: Zu viele Vormerkungen, JURA 2010, 450–454

Baldus, Christian: Einleitung, in: „Gesetzgeber" und Rechtsanwendung – Entstehung und Auslegungsfähigkeit von Normen, Hrsg. Baldus, Christian/Theisen, Frank/Vogel, Friederike, Tübingen 2013, S. 1–4

Baldus, Christian: Gut meinen, gut verstehen? – Historischer Umgang mit historischen Intentionen, in: „Gesetzgeber" und Rechtsanwendung – Entstehung und Auslegungsfähigkeit von Normen, Hrsg. Baldus, Christian/Theisen, Frank/Vogel, Friederike, Tübingen 2013, S. 5–28

Baldus, Christian/*Raff*, Thomas: Anmerkung zu BGH, Urteil vom 18. 03. 2016, V ZR 89/15, JR 2017, 429–432

Baldus, Christian/*Raff*, Thomas: Anmerkung zu BGH, Urteil vom 23. 03. 2023, V ZR 67/22, JZ 2023, 1036–1040

Bauer, Hans-Joachim/*Schaub*, Bernhard (Hrsg.): Kommentar zur Grundbuchordnung, 5. Auflage, München 2023

Baur, Fritz: Buchbesprechung zu Eduard Picker: Der negatorische Beseitigungsanspruch, AcP 175 (1975), 177–180

Baur, Jürgen F./*Stürner*, Rolf: Sachenrecht, 18. Auflage, München 2009

Becker, Eric: Schadensersatz nach Fristsetzung im Eigentümer-Besitzer-Verhältnis, Tübingen 2012

beck-online.Grosskommentar zum Zivilrecht: Hrsg. Gsell, Beate/Krüger, Wolfgang/Lorenz, Stephan/Reymann, Christoph, § 135 BGB: Stand vom 01.01.2024, § 158 BGB: Stand vom 01.12.2023, § 159 BGB: Stand vom 01.12.2023, § 161 BGB: Stand vom 01.12.2023, § 182 BGB: Stand vom 01.02.2024, § 185 BGB: Stand vom 01.02.2024, § 255 BGB: Stand vom 01.02.2022, § 275 BGB: Stand vom 01.08.2023, § 280 BGB: Stand vom 01.08.2023, § 284 BGB: Stand vom 01.10.2022, § 285 BGB: Stand vom 01.10.2022, § 397 BGB: Stand vom 01.01.2024, § 456 BGB: Stand vom 01.01.2024, § 873 BGB: Stand vom 01.01.2024, § 879 BGB: Stand vom 01.05.2023, § 883 BGB: Stand vom 01.02.2024, § 885 BGB: Stand vom 01.02.2024, § 886 BGB: Stand vom 01.02.2024, § 888 BGB: Stand vom 01.02.2024, § 892 BGB: Stand vom 15.04.2021, § 894 BGB: Stand vom 15.04.2021, § 899 BGB: Stand vom 15.04.2021, § 925 BGB: Stand vom 01.11.2023, § 985 BGB: Stand vom 01.02.2024, § 986 BGB: Stand vom 01.02.2024, § 987 BGB: Stand vom 01.02.2024, § 989 BGB: Stand vom 01.02.2024, § 994 BGB: Stand vom 01.02.2024, § 999 BGB: Stand vom 01.02.2024, § 1004 BGB: Stand vom 01.02.2024, § 1065 BGB: Stand vom 01.01.2024, § 1098 BGB: Stand vom 01.01.2024, § 1100 BGB: Stand vom 01.01.2024, München 2024 (zit. als BeckOGK-BGB/*Bearbeiter*)

Beck'scher Online-Kommentar zum Bürgerlichen Gesetzbuch: Hrsg. Hau, Wolfgang/Poseck, Roman, 68. Edition, München 2023 (zit. als BeckOK-BGB/*Bearbeiter*)

Beer, Hubert: Die relative Unwirksamkeit – Eine Darstellung unter besonderer Berücksichtigung der Interessen- und Wertungsjurisprudenz, Berlin 1975

Bekker, Ernst Immanuel: System und Sprache des Entwurfes eines Bürgerlichen Gesetzbuches für das Deutsche Reich, Berlin u.a. 1888

Bendix, o.A.: Die Vormerkung des neuen Rechts – Teil 2, Gruchot 49 (1905), 510–532

Bergermann, Alfred: Die Abtretung und die Verpfändung der Ansprüche auf Übereignung eines Grundstücks und der Rechte aus einer Auflassung, MittRhNotK 1969, 687–709

Berschak, Rudolf: Die rechtliche Natur des Anspruchs, welchen § 888 BGB dem durch die Vormerkung Gesicherten gegen den Erwerber gibt und die Einreden, welche diesem Anspruche entgegengesetzt werden können, Diss. Erlangen 1904

Beschlüsse der Redaktionskommission – Die Beratung des Bürgerlichen Gesetzbuchs in systematischer Zusammenstellung der unveröffentlichten Quellen: Hrsg. Jakobs, Horst Heinrich/Schubert, Werner, Berlin u.a. 1978 ff. (zit. als Beschlüsse d. Redaktionskommission)

Bezzenberger, Tilman: Der negatorische Beseitigungsanspruch und die Kosten der Ersatzvornahme, JZ 2005, 373–377

Biermann, Johannes: Kommentar zum Bürgerlichen Gesetzbuch: GesamtHrsg. Biermann, Johannes – Buch 3: Sachenrecht, 1. Auflage, Berlin 1898

Biermann, Johannes: Kommentar zum Bürgerlichen Gesetzbuch: GesamtHrsg. Biermann, Johannes – Buch 3: Sachenrecht, 3. Auflage, Berlin 1914

Biermann, Johannes: Widerspruch und Vormerkung nach deutschem Grundbuchrecht, Jena 1901

Binder, Julius: Buchbesprechung zu Emil Strohal: Über relative Unwirksamkeit – Sonderabdruck aus der Festschrift zur Jahrhundertfeier des österreichischen allgemeinen bürgerlichen Gesetzbuches, ZHR 72 (1912), 535–541

Boehm, J.: Kommentar zum materiellen und formellen Reichsgrundbuchrecht, 1. Auflage, Hannover 1898

Bohlsen, Stefan: Pfändung und Verpfändung der Rechte des Grundstückserwerbers und Auflassungsempfängers, ZfIR 2017, 130–139

Bongartz, Werner: Die Vormerkung des Bürgerlichen Gesetzbuches, insbesondere die Vormerkung aus § 1179 BGB, Diss. Gießen 1922

Bönninghaus, Achim: Sachenrecht II, 3. Auflage, Heidelberg 2020

Böttcher, Roland: Kommentar zum Zwangsversteigerungsgesetz, 7. Auflage, München 2022

Böttcher, Roland: Verfügungsverbote – Ein Beitrag über die Auswirkungen im Grundstücksrecht, Rpfleger 1985, 381–388

Brambring, Günter: Kaufpreiszahlung über Notaranderkonto, DNotZ 1990, 615–651

Brauer, Markus: Zwangskauf à la BGB? – Zur Anwendung von § 281 BGB auf den mietrechtlichen Herausgabeanspruch (§ 546 BGB), NotBZ 2002, 402–407

Brehm, Wolfgang: Buchbesprechung zu Jens Thomas Füller: Eigenständiges Sachenrecht?, AcP 207 (2007), 268–275

Brehm, Wolfgang/*Berger*, Christian: Sachenrecht, 4. Auflage, Tübingen 2022

Bucher, Eugen: Was ist „Begriffsjurisprudenz"?, ZBernJV 102 (1966), 274–304

Bühler, Jörg: Anmerkung zu OLG Saarbrücken, Beschluss vom 16.01.1995, 5 W 331/94, BWNotZ 1995, 171–172

Canaris, Claus-Wilhelm: Die Behandlung nicht zu vertretender Leistungshindernisse nach § 275 Abs. 2 BGB beim Stückkauf, JZ 2004, 214–225

Canaris, Claus-Wilhelm: Die Verdinglichung obligatorischer Rechte, in: Festschrift für Werner Flume zum 70. Geburtstag – Band 1, Hrsg. Jakobs, Horst Heinrich/Knobbe-Keuk, Brigitte/Picker, Eduard/Wilhelm, Jan, Köln 1978, S. 371–427

Cosack, Konrad: Bürgerliches Recht, 4. Auflage, Jena 1903 f.

Cosack, Konrad/*Mitteis*, Heinrich: Bürgerliches Recht – Band 2, Abteilung 1: Sachenrecht. Recht der Wertpapiere, 7. und 8. Auflage, Jena 1924

Creifelds, Carl: Rechtswörterbuch, 31. Edition, München 2023

Crome, Carl: Bürgerliches Recht, 1. Auflage, Tübingen 1900 ff.

Croon-Gestefeld, Johanna: Dingliche Ansprüche und das allgemeine Schuldrecht, ZfPW 2022, 285–309

Demharter, Johann: Beck'scher Kurz-Kommentar zur Grundbuchordnung, 33. Auflage, München 2023

Denkschrift zum Entwurf eines Bürgerlichen Gesetzbuches: Berlin 1896 (zit. als Denkschrift z. BGB)

Deppert, Armin: Der gutgläubige Erwerb der Vormerkung – Zugleich ein Beitrag zu der Lehre von der Rechtsnatur der Vormerkung, Diss. Frankfurt am Main 1970

Dernburg, Heinrich: Bürgerliches Recht – Band 3: Sachenrecht, 4. Auflage, Halle an der Saale 1908

Dernburg, Heinrich/*Engelmann*, Arthur: Bürgerliches Recht – Band 2, Abteilung 1: Schuldverhältnisse, Allgemeine Lehren, 4. Auflage, Halle an der Saale 1909

Deubner, K. G.: Bemerkungen zur analogen Anwendung des § 281 BGB auf den Eigentumsherausgabeanspruch, MDR 1958, 197–199

Deutsches Rechtswörterbuch: Hrsg. Preußische Akademie der Wissenschaften (bis Bd. 3)/ Deutsche Akademie der Wissenschaften zu Berlin (Bd. 4)/Heidelberger Akademie der Wissenschaften (ab Bd. 5), 1. Auflage, Weimar u. a. 1912 ff. (zit. als Dt. Rechtswörterbuch)

Deutsches Wörterbuch von Jacob Grimm und Wilhelm Grimm, 1. Auflage, Leipzig 1854 ff. (zit. als Dt. Wörterbuch)

Diederichsen, Uwe: Der Schuldnerverzug („mora debitoris"), JuS 1985, 825–835

Diehn, Thomas: Sachenrecht, 6. Auflage, Dänischenhagen 2023

Dimopoulos-Vosikis, Haralambos: Die bereicherungs- und deliktsrechtlichen Elemente der §§ 987–1003 BGB, Köln u. a. 1966

Diskussionsentwurf eines Schuldrechtsmodernisierungsgesetzes: Hrsg. Bundesminister der Justiz, Berlin 2000 (zit. als Diskussionsentwurf z. SchuldR)

Dölle, Hans: Eigentumsanspruch und Ersatzherausgabe, in: Festgabe der juristischen Fakultäten zum 50-jährigen Bestehen des Reichsgerichts – Band 3, Hrsg. Schreiber, Otto, Berlin u. a. 1929, S. 22–34

Drechsler, Jannes/*Harenberg*, Paul: Fortgeschrittenenklausur – Zivilrecht: Sachenrecht – Frischer Wind für die Erneuerbaren?, JURA 2022, 97–104

Du Chesne, Curt: Anspruch aus § 888 BGB und Berichtigungsanspruch, DNotV 1912, 456–464

Du Chesne, Curt: Über Wesen und Wirkung der Auflassungsvormerkung, PosMSchr 1912, 21–25

Du Chesne, Curt: Wesen und Wirkung der Vormerkung von Amts wegen, in: Festschrift für Adolf Wach zum 70. Geburtstag – Band 1, Leipzig 1913, S. 333–361

Du Chesne, Curt: Zur Umschreibung der Vormerkung, ZBlFG 13 (1913), 681–687

Duden-Synonymwörterbuch: Hrsg. Dudenredaktion, 7. Auflage, Berlin 2019 (zit. als Duden-Synonymwörterbuch)

Dulckeit, Gerhard: Die Verdinglichung obligatorischer Rechte, Tübingen 1951

Ebner, Alfred: Die Vormerkung nach Deutschem Reichsrecht, Diss. Jena 1913

Eckert, Jörn: Anmerkung zu BGH, Urteil vom 30. 04. 1993, V ZR 234/91, JR 1994, 333–336

Eckert, Jörn: Sachenrecht, 4. Auflage, Baden-Baden 2005

Egert, Hans: Die Rechtsbedingung im System des bürgerlichen Rechts, Berlin 1974

Eichler, Hermann: Institutionen des Sachenrechts – Band 2, Teilband 2: Besonderer Teil, Dingliche Rechte, 1. Auflage, Berlin 1960

Eickmann, Dieter: Anmerkung zu OLG Düsseldorf, Beschluss vom 12.11.1980, 3 W 298/80, Rpfleger 1981, 200–201

Endemann, Friedrich: Bürgerliches Recht – Band 2, Abteilung 1: Sachenrecht, 8. und 9. Auflage, Berlin 1905

Enneccerus, Ludwig/*Lehmann*, Heinrich: Recht der Schuldverhältnisse, 15. Auflage, Tübingen 1958

Enneccerus, Ludwig/*Nipperdey*, Hans Carl: Allgemeiner Teil des Bürgerlichen Rechts, 15. Auflage, Tübingen 1959 f.

Ergänzte Protokolle der Kommission für die zweite Lesung des Entwurfs des Bürgerlichen Gesetzbuchs – Die Beratung des Bürgerlichen Gesetzbuchs in systematischer Zusammenstellung der unveröffentlichten Quellen: Hrsg. Jakobs, Horst Heinrich/Schubert, Werner, Berlin u.a. 1978 ff. (zit. als Ergänzte Protokolle d. 2. Kommission)

Erman, Walter: Handkommentar zum Bürgerlichen Gesetzbuch, Hrsg. Westermann, Harm Peter, 11. Auflage, Münster u.a. 2004

Erman, Walter: Handkommentar zum Bürgerlichen Gesetzbuch, Hrsg. Grunewald, Barbara/Maier-Reimer, Georg/Westermann, Harm Peter, 17. Auflage, Stand vom 01.01.2024, Köln 2023

Ernst, Wolfgang: Miniatur: Die Rechtslage aufgrund Verbrauchs der Vindikation nach § 281 Abs. 4 BGB, ZfPW 2019, 122–128

Esser, Josef: Schuldrecht – Band 1: Allgemeiner Teil, 4. Auflage, Karlsruhe 1970

Fahland, Monika: Das Verfügungsverbot nach §§ 135, 136 BGB in der Zwangsvollstreckung und seine Beziehung zu den anderen Pfändungsfolgen, Berlin 1976

Falk, Hermann: Die Übertragung der schuldrechtlichen Regeln auf die rei vindicatio, Diss. Köln 1928

Feldmann, Ernst: Die Vormerkung, Diss. Heidelberg 1912

Finkenauer, Thomas: Eigentum und Zeitablauf – Das dominium sine re im Grundstücksrecht – Zugleich ein Beitrag zur Entstehungsgeschichte des BGB, Berlin 2000

Fischer, Christian: Rechtsfortbildung und Richterrecht, in: Zivilrechtswissenschaft – Bausteine für eine Zivilrechtstheorie, Hrsg. Eisfeld, Jens/Klippel, Diethelm/Löhnig, Martin/Pahlow, Louis, Tübingen 2024, S. 365–403

Fischer, Christian: Topoi verdeckter Rechtsfortbildungen im Zivilrecht, Tübingen 2007

Flach, Julius Albert: Die Anwendung der §§ 281 und 283 BGB auf den dinglichen Herausgabeanspruch des § 985 BGB – Ein Beitrag zur Lehre von der Anwendung von Schuldrechtsnormen auf dingliche Rechtsverhältnisse, Diss. Frankfurt am Main 1928

Fleischer, Holger: Gesetzesmaterialien im Spiegel der Rechtsvergleichung, in: Mysterium „Gesetzesmaterialien“ – Bedeutung und Gestaltung der Gesetzesbegründung in Vergangenheit, Gegenwart und Zukunft, Hrsg. Fleischer, Holger, Tübingen 2013, S. 1–44

Flume, Werner: Allgemeiner Teil des Bürgerlichen Rechts II, 4. Auflage, Berlin u.a. 1992

Flume, Werner: Die Rechtsstellung des Vorbehaltskäufers, AcP 161 (1962), 385–408

Foerste, Ulrich: Grenzen der Durchsetzung von Verfügungsbeschränkung und Erwerbsverbot im Grundstücksrecht – Grundbuchsperre und gutgläubiger Erwerb, Berlin 1986

Foerste, Ulrich: Vollstreckungsvereitelung durch Rechtsgeschäft, in: Festschrift für Hans-Jürgen Ahrens zum 70. Geburtstag, Hrsg. Büscher, Wolfgang/Erdmann, Willi/Fuchs, Andreas/Jänich, Volker Michael u.a., Köln 2016, S. 483–499

Foerste, Ulrich: Vollstreckungsvereitelung durch Rechtsgeschäft, DNotZ 2017, 583–599

Frank, Johann: Das Ende des Wirksamkeitsvermerks? – Zugleich Anmerkung zu BayObLG, Beschluss vom 26.02.1998, 3 Z BR 277/97 u. 3 Z BR 315/97, MittBayNot 1998, 228–230

Frank, Johann: Zum Wirksamkeitsvermerk bei Finanzierungsgrundpfandrechten des vormerkungsberechtigten Grundstückskäufers, MittBayNot 1996, 271–274

Freckmann, Peter: Praktische Rechtsfragen der Sicherungsgrundschuld, BKR 2005, 167–177

Frieling, Tino: Gesetzesmaterialien und Wille des Gesetzgebers – Fallgruppen verbindlicher Willensäußerungen, Tübingen 2017

Fritzsche, Jörg/*Harman*, Dan: Anmerkung zu BGH, Urteil vom 23.03.2023, V ZR 67/22, ZfIR 2023, 380–382

Fuchs, Ernst: Recht und Wahrheit in unserer heutigen Justiz, Berlin 1908

Fuchs, Eugen: Grundbegriffe des Sachenrechts, Berlin 1917

Fuchs, Eugen: Kommentar zu den grundbuchrechtlichen Normen des Bürgerlichen Gesetzbuchs und zur Grundbuchordnung, 1. Auflage, Berlin 1902 ff.

Fuchs, Eugen: Probleme des Sachenrechts – Sache, Sachenrecht, dingliches Recht, Vormerkung, Miethe, Gruchot 46 (1902), 549–572

Fuchs, Eugen: Zur Lehre von der Vormerkung – Teil 1, LZ 1914, 3–18

Fuchs, Eugen: Zur Lehre von der Vormerkung – Teil 2, LZ 1914, 139–153

Füller, Jens Thomas: Eigenständiges Sachenrecht?, Tübingen 2006

Gabriel, Gottfried: Einführung in die Logik, 4. Auflage, Jena 2013

Gebauer, Martin/*Huber*, Stefan: Schadensersatz statt Herausgabe? – Zum Verhältnis von § 281 und § 985 BGB, ZGS 2005, 103–110

Gerhardt, Walter: Immobiliarsachenrecht, 5. Auflage, München 2001

Gierke, Otto von: Deutsches Privatrecht, 1. Auflage, Leipzig 1895 ff.

Gierke, Otto von: Die soziale Aufgabe des Privatrechts, Berlin 1889

Gieseler, Dieter/*Berthold*, Benedikt: Sachenrecht, 3. Auflage, Baden-Baden 2020

Goethe, Johann Wolfgang von: Werke – Band 3, Stuttgart u.a. 1827

Goetzke, Heinrich/*Habermann*, Norbert: Die Wirkung der gutgläubig erworbenen Auflassungsvormerkung gegenüber dem wahren Berechtigten – Zugleich Anmerkung zu BGH, Urteil vom 10.12.1971, V ZR 90/69, JuS 1975, 82–87

Goldmann, Eduard/*Lilienthal*, Leo: Bürgerliches Gesetzbuch – Band 2: Sachenrecht, 1. Auflage, Berlin 1912

Gottwald, Peter: Sachenrecht, 17. Auflage, München 2021

Gruber, Urs Peter/*Lösche*, Dirk: Die Kombination von Herausgabe- und Schadensersatzantrag im neuen Recht, NJW 2007, 2815–2819

Grüneberg, Christian (Hrsg.): Beck'scher Kurz-Kommentar zum Bürgerlichen Gesetzbuch, 83. Auflage, München 2024

Gsell, Beate: Anmerkung zu BGH, Urteil vom 30.05.2008, V ZR 184/07, LMK 2008, 266937

Gsell, Beate: Rechtskräftiges Leistungsurteil und Klage auf Schadensersatz statt der Leistung, JZ 2004, 110–121

Gündüz, Eray/*Runge-Rannow*, Maria-Viktoria: Auflassungsvormerkung und Eigentumsvorbehalt – Zum System der §§ 883 II 1, 925 II BGB und § 161 I 1 BGB, JURA 2023, 401–409

Günther, Paul Michael: Die historische Entwicklung der Vormerkung, Diss. Bielefeld 2000

Gursky, Karl-Heinz: Auflassungsvormerkung, Rangänderung und Wirksamkeitsvermerk – Zugleich Anmerkung zu OLG Köln, Beschluss vom 25.08.1997, 2 Wx 42/97, DNotZ 1998, 273–280

Gursky, Karl-Heinz: Buchbesprechung zu Eberhard Schwerdtner: Verzug im Sachenrecht – Eine rechtssystematische und rechtsdogmatische Untersuchung über die Anwendbarkeit der schuldrechtlichen Verzugsvorschriften auf dingliche Ansprüche, AcP 174 (1974), 415–418

Gursky, Karl-Heinz: Der Vindikationsanspruch und § 281 BGB, JURA 2004, 433–438

Gursky, Karl-Heinz: Klausurenkurs im Sachenrecht, 12. Auflage, Heidelberg 2008

Gursky, Karl-Heinz: Verwendungsersatzansprüche und Nutzungsherausgabepflicht des Dritterwerbers, der einem Vormerkungsgläubiger oder Vorkaufsberechtigten weichen muß, JR 1984, 3–6

Gürtler, Franz: Verurteilung zur Herausgabe bei verschuldeter nachträglicher Unmöglichkeit im Rahmen der rei vindicatio, München 1993

Guth, Siegfried: Die Rechtsnatur der Vormerkung, Diss. Halle an der Saale 1934

Güthe, Georg/*Triebel*, Franz: Kommentar zur Grundbuchordnung, 6. Auflage, Berlin 1936 f.

Haag, Claus Peter: Der gutgläubige Zweiterwerb im Sachenrecht, Berlin 2005

Haase, Carl Joachim von: Die Rechtsnatur der Vormerkung, Diss. Rostock 1931

Habersack, Mathias: Das Anwartschaftsrecht des Auflassungsempfängers – Gesicherter Bestand des Zivilrechts oder überflüssiges Konstrukt der Wissenschaft?, JuS 2000, 1145–1150

Habersack, Mathias: Sachenrecht, 9. Auflage, Heidelberg 2020

Hager, Johannes: Anmerkung zu BGH, Urteil vom 22.11.1996, V ZR 233/95, EWiR § 185 BGB 1/97, 247–248

Hager, Johannes: Anmerkung zu BGH, Urteil vom 19.05.2000, V ZR 453/99, DNotZ 2001, 325–330

Hager, Johannes: Die Anwartschaft des Auflassungsempfängers, JuS 1991, 1–9

Hager, Johannes: Die Vormerkung, JuS 1990, 429–439

Handkommentar zum Bürgerlichen Gesetzbuch: Hrsg. Dörner, Heinrich/Ebert, Ina/Fries, Martin/Friesen, Siegfried u.a., 12. Auflage, Baden-Baden 2024 (zit. als Hk-BGB/*Bearbeiter*)

Harms, Wolfgang: Sachenrecht, 4. Auflage, Frankfurt am Main 1983

Hau, Wolfgang: Schuldrechtsmodernisierung 2001/2002 – Reformiertes Mietrecht und modernisiertes Schuldrecht, JuS 2003, 130–137

Haymann, Franz: Zuwendung aus fremdem Vermögen, JherJb 77 (1927), 188–296

Heck, Philipp von: Gesetzesauslegung und Interessenjurisprudenz, AcP 112 (1914), 1–318

Heck, Philipp von: Sachenrecht, 1. Auflage, Tübingen 1930

Heidelberger Akademie der Wissenschaften: Bisher erschienene Bände des Deutschen Rechtswörterbuches, https://drw-www.adw.uni-heidelberg.de/drw/info/publikat.htm (29.02.2024)

Heinrich, Hans: Die Wirkungen der Vormerkung, Diss. Erlangen 1911

Heinrichs, Helmut: Die Transformation des Erfüllungsanspruchs in einen Schadensersatzanspruch – Eine Skizze der Neuregelung des Schuldrechtsmodernisierungsgesetzes, in: Festschrift für Peter Derleder zum 75. Geburtstag, Hrsg. Bub, Wolf-Rüdiger/Knieper, Rolf/Metz, Rainer/Winter, Gerd, Baden-Baden 2005, S. 87–108

Hellwig, Konrad: Anspruch und Klagerecht, Jena 1900

Hellwig, Konrad: Wesen und subjektive Begrenzung der Rechtskraft – Eine prozessuale Abhandlung mit Beiträgen zum bürgerlichen Recht, insbesondere zur Lehre von der Rechtsnachfolge und der Verfügungsmacht des Nichtberechtigten, Leipzig 1901

Helms, Tobias/*Zeppernick*, Jens Martin: Sachenrecht II, 5. Auflage, München 2021

Henckel, Wolfram: Vorbeugender Rechtsschutz im Zivilrecht, AcP 174 (1974), 97–144

Hintzen, Udo: Pfändung des Eigentumsverschaffungsanspruches und des Anwartschaftsrechtes aus der Auflassung – Zugleich Anmerkung zu BGH, Beschluss vom 01.12.1988, V ZB 10/88, Rpfleger 1989, 439–442

Hirsch, Günter: Zwischenruf – Der Richter wird's schon richten, ZRP 2006, 161

Historisch-kritischer Kommentar zum BGB: Hrsg. Schmoeckel, Mathias/Rückert, Joachim/Zimmermann, Reinhard, 1. Auflage, Tübingen 2003 ff. (zit. als HKK-BGB/*Bearbeiter*)

Hoffmann, Klaus: Auswirkungen einer Schuldübernahme auf eine Vormerkung, MittBayNot 1997, 10–13

Hofmann, Franz: Anmerkung zu LG Hamburg, Urteil vom 30.01.2019, 318 S 88/17, ZfIR 2020, 582–584

Hölder, o.A.: Besprechung zum allgemeinen Theile des Entwurfes eines bürgerlichen Gesetzbuches für das Deutsche Reich, AcP 73 (1888), 1–160

Höpfner, Clemens: Gesetzesbindung und verfassungskonforme Auslegung im Arbeits- und Verfassungsrecht, RdA 2018, 321–337

Höpfner, Clemens/*Rüthers*, Bernd: Grundlagen einer europäischen Methodenlehre, AcP 209 (2009), 1–36

Horstmann, Horst: Untersuchungen über die Anwendbarkeit schuldrechtlicher Normen auf dingliche Ansprüche, Stuttgart 1938

Huber, Ulrich: Das geplante Recht der Leistungsstörungen, in: Zivilrechtswissenschaft und Schuldrechtsreform – Zum Diskussionsentwurf eines Schuldrechtsmodernisierungsgesetzes des Bundesministeriums der Justiz, Hrsg. Ernst, Wolfgang/Zimmermann, Reinhard, Tübingen 2001, S. 31–183

Huber, Ulrich: Leistungsstörungen – Empfiehlt sich die Einführung eines Leistungsstörungsrechts nach dem Vorbild des Einheitlichen Kaufgesetzes? Welche Änderungen im Gesetzestext und welche praktischen Auswirkungen im Schuldrecht würden sich dabei ergeben?, in: Gutachten und Vorschläge zur Überarbeitung des Schuldrechts – Band 1, Hrsg. Bundesminister der Justiz, Köln 1981, S. 647–909

Huber, Ulrich: Savigny und das sachenrechtliche Abstraktionsprinzip, in: Festschrift für Claus-Wilhelm Canaris zum 70. Geburtstag – Band 1, Hrsg. Heldrich, Andreas/Prölss, Jürgen/Koller, Ingo, München 2007, S. 471–512

Jacoby, Florian/*Hinden*, Michael von: Studienkommentar zum Bürgerlichen Gesetzbuch, 18. Auflage, München 2022

Jaeger, Ernst: Kommentar zur Konkursordnung, 8. Auflage, Berlin 1958 ff.

Jakobs, Horst Heinrich/*Schubert*, Werner: Die Beratung des Bürgerlichen Gesetzbuchs in systematischer Zusammenstellung der unveröffentlichten Quellen, Berlin u. a. 1978 ff.

Jauernig, Othmar: Kommentar zum Bürgerlichen Gesetzbuch, Hrsg. Stürner, Rolf, 19. Auflage, München 2023

Jeep, Jens: Rangvorbehalt, Rangrücktritt, Wirksamkeitsvermerk – oder nichts von alledem?, notar 2009, 27–30

Jhering, Rudolf von: Geist des römischen Rechts auf den verschiedenen Stufen seiner Entwicklung, Dritter Theil, Erste Abteilung, Leipzig 1865

Jost, Fritz: Zwangskauf als Schadensersatz?, in: Festschrift für Gerhard Otte zum 70. Geburtstag, Hrsg. Baumann, Wolfgang/Dickhuth-Harrach, Hans-Jürgen von/Marotzke, Wolfgang, München 2005, S. 145–155

juris PraxisKommentar zum Bürgerlichen Gesetzbuch: Hrsg. Herberger, Maximilian/Martinek, Michael/Rüßmann, Helmut/Weth, Stephan u. a., 10. Auflage, Stand vom 29. 02. 2024, Saarbrücken 2023 (zit. als jurisPK-BGB/*Bearbeiter*)

Kainer, Friedemann: Sachenrecht, 2. Auflage, Baden-Baden 2023

Kaiser, Jan: Anmerkung zu BGH, Urteil vom 18. 03. 2016, V ZR 89/15, NJW 2016, 3239

Karpp, Felix/*Wagner*, Raphael: Fortgeschrittenenklausur – Zivilrecht: Sachenrecht, Erbrecht, Methodenlehre – Amonskis Erbe, JuS 2021, 1158–1163

Kaser, Max/*Knütel*, Rolf/*Lohsse*, Sebastian: Römisches Privatrecht, 22. Auflage, München 2021

Katzenstein, Matthias: Der Schadensersatz statt der Leistung nach §§ 280 Abs. 1 und 3, 281 bis 283 BGB, JURA 2005, 217–224

Katzenstein, Matthias: Übergang vom vindikatorischen Herausgabeanspruch auf Schadensersatz nach § 281 BGB?, AcP 206 (2006), 96–135

Katzenstein, Matthias/*Hüftle*, Ilka: „Zwangskauf" im Mietrecht? – Schadensersatz statt der Leistung bei Verletzung der Rückgabepflicht des Mieters, NZM 2004, 601–606

Kawasumi, Yoshikazu: Von der römischen actio negatoria zum negatorischen Beseitigungsanspruch des BGB, Baden-Baden 2001

Keller, Ulrich: Muß das Grundbuchamt die Wirksamkeit einer Verfügung gegen die Eigentumsvormerkung beachten? – Grundbuchrechtliche Überlegungen zum Wirksamkeitsvermerk, BWNotZ 1998, 25–30

Kelm, Thomas/*Scheibenpflug*, Philipp: Hausarbeit – Zivilrecht: Grundstückskauf mit Folgen – Vertrauen ist gut, Kontrolle ist besser, JURA 2017, 834–844

Kempf, L.: Zur Rechtsnatur der Vormerkung – Zugleich Anmerkung zu BGH, Beschluss vom 21.07.1957, V ZB 6/57, JuS 1961, 22–25

Kesseler, Christian: Das Missverständnis um die Rechtsnatur der Zustimmung nach § 888 I BGB – Zugleich Anmerkung zu BGH, Urteil vom 02.07.2010, V ZR 240/09, NJW 2010, 3341–3343

Kesseler, Christian: Das Verhältnis der Eintragungsbewilligung zur Einigung, ZNotP 2005, 176–184

Kesseler, Christian: Die Durchsetzbarkeit des Zustimmungsanspruchs nach § 888 Abs. 1 BGB – Zugleich Anmerkung zu OLG Zweibrücken, Urteil vom 27.04.2006, 4 U 55/05, ZfIR 2007, 88–94

Kesseler, Christian: Rheinische Pragmatik in Grundbuchsachen – Zugleich Anmerkung zu OLG Köln, Beschluss vom 15.09.2011, 2 Wx 54/10, RNotZ 2011, 470–471

Kesseler, Christian: Risiken der Rangbescheinigung wegen des nur eingeschränkten Vertrauens auf den Inhalt des Grundbuchs – Ein von der Rechtsprechung kreiertes Problem?, ZNotP 2004, 338–345

Kesseler, Christian: Wirksamkeitsvermerk und Rangvermerke bei der Vormerkung – Zugleich Anmerkung zu OLG Celle, Beschluss vom 24.05.2013, 4 W 75/13, RNotZ 2014, 155–160

Kestler, Matthias: Löschung und Umschreibung von Vormerkungen von Grundstücksrechten, Diss. Würzburg 2000

Kiehnle, Arndt: Der Erwerb kraft öffentlichen Glaubens in der württembergischen Pfandgesetzgebung von 1825/1828 und im Bürgerlichen Gesetzbuch, Berlin 2004

Kim, Johann H.: Das dingliche Schuldverhältnis – Zum Rechtsverhältnis des Eigentümers zum bösgläubigen Besitzer, Bucheigentümer oder Störer, Tübingen 2022

Klinck, Fabian: Schadensersatz statt Herausgabe der Mietsache – Das Problem des „Zwangskaufs", in: 10 Jahre Mietrechtsreformgesetz – Eine Bilanz, Hrsg. Artz, Markus/Börstinghaus, Ulf, München 2011, S. 302–310

Klüchtzner, Manfred von: Die Aufwendungsersatzpflicht des Vormerkungsberechtigten gegenüber dem Dritterwerber bei Geltendmachung des vorgemerkten Rechtes, Diss. Leipzig 1936

Knoke, Paul: Zur Lehre vom relativen Veräußerungsverbot, in: Festgabe für Karl Güterbock zum 80. Geburtstag, Berlin 1910, S. 401–445

Knöpfle, Robert: Die Vormerkung, JuS 1981, 157–168

Köbl, Ursula: Das Eigentümer-Besitzer-Verhältnis im Anspruchssystem des BGB – Zugleich ein Beitrag zur Konkurrenzlehre, Berlin 1971

Köbler, Gerhard: Juristisches Wörterbuch, 18. Auflage, München 2022

Koether-Ruchatz, Inge: Die Haftung des Minderjährigen auf Schadensersatz nach §§ 989, 990 BGB, NJW 1973, 1444–1447

Kohler, Josef: Bürgerliches Recht – Band 1: Allgemeiner Teil, 1. Auflage, Berlin 1906

Kohler, Josef: Bürgerliches Recht – Band 2, Teil 2: Sachenrecht, 1. Auflage, Berlin 1919

Kohler, Jürgen: Anmerkung zu BGH, Urteil vom 30.01.1987, V ZR 32/86, JR 1987, 456–458

Kohler, Jürgen: Anmerkung zu BGH, Urteil vom 19.05.2000, V ZR 453/99, WuB IV.A. § 987 BGB 1.00, 1165–1168

Kohler, Jürgen: Das Verfügungsverbot gemäß § 938 Abs. 2 ZPO im Liegenschaftsrecht, Köln 1984

Kohler, Jürgen: Schadensersatz durch Vindikationspreisgabe nach § 281 Abs. 4 BGB, AcP 220 (2020), 141–182

Kohler, Jürgen: Schadensersatz statt der Leistung bei Besitzherausgabeansprüchen – Rückgewähr-, Schadensersatz- und Ankaufspflicht?, NZM 2014, 729–743

Kohler, Jürgen: Verwendungsersatzansprüche des Zwischenerwerbers gegen den Vormerkungsgeschützten, NJW 1984, 2849–2857

Kolbe, Sebastian: Unzumutbarer Beseitigungsaufwand? – Zugleich Anmerkung zu BGH, Urteil vom 30.05.2008, V ZR 184/07, NJW 2008, 3618–3621

Konsolidierte Fassung des Diskussionsentwurfes eines Schuldrechtsmodernisierungsgesetzes (SMG-DE03–060301): Berlin 2001 (zit. als Konsolidierte Fassung d. Diskussionsentwurfes z. SchuldR)

Körber, Christian/*Resch*, André Pierre: Referendarexamensklausur – Zivilrecht: Die verhinderten Vormerkungen, JuS 2020, 241–247

Korth, Ulrich: Anmerkung zu BGH, Urteil vom 30.05.2008, V ZR 184/07, ZJS 2008, 647–659

Kössinger, Winfried: Buchbesprechung zu Jürgen Stamm: Die Auflassungsvormerkung – Eine Fiktion der bedingten Verfügung im Immobiliarsachenrecht, MittBayNot 2005, 386

Kramer, Ernst A.: Juristische Methodenlehre, 6. Auflage, Bern 2019

Krause, Walter Erich: Die Haftung des Besitzers nach den §§ 989–993 BGB – Ein Beitrag zur Lehre vom Eigentümer-Besitzerverhältnis, Berlin 1965

Krauthausen, Udo: Gutgläubiger Erwerb der Vormerkung, Diss. Mainz 1963

Kretzschmar, Ferdinand: Sachenrecht I, 2. Auflage, Berlin u. a. 1922

Krüger, Wolfgang: Von Wissenschaft und Praxis, in: Festschrift für Joachim Wenzel zum 65. Geburtstag, Hrsg. Merle, Werner/Krüger, Wolfgang/Krämer, Achim/Kreuzer, Heinrich, Köln 2005, S. 491–504

Kuntze, Joachim/*Ertl*, Rudolf/*Herrmann*, Hans/*Eickmann*, Dieter: Notarkommentar zum Grundbuchrecht, Hrsg. Keller, Ulrich/Munzig, Jörg, 9. Auflage, Bonn 2024 (zit. als KEHE/*Bearbeiter*)

Kupisch, Berthold: Auflassungsvormerkung und guter Glaube – Ein Analogieproblem, JZ 1977, 486–497

Lang, Martin: Vormerkung und Verfügungsbeschränkung, Diss. Jena 1930

Lange, Heinrich: Buchbesprechung zu Gerhard Dulckeit: Die Verdinglichung obligatorischer Rechte, NJW 1952, 1366

Lange, Heinrich: Sachenrecht, 1. Auflage, Stuttgart u. a. 1967

Lange, Hermann/*Schiemann*, Gottfried: Fälle zum Sachenrecht, 6. Auflage, München 2008

Larenz, Karl: Methodenlehre der Rechtswissenschaft, 6. Auflage, Berlin u. a. 1991

Larenz, Karl/*Canaris*, Claus-Wilhelm: Methodenlehre der Rechtswissenschaft, 3. Auflage, Berlin u. a. 1995

Larenz, Karl/*Canaris*, Claus-Wilhelm: Schuldrecht – Besonderer Teil, 13. Auflage, München 1986 ff.

Legart, Günter: Der Aufwendungsersatzanspruch des Grundstückserwerbers, der dem Vormerkungsberechtigten weichen muß, Gruchot 73 (1933), 307–316

Lehmann, Rudolf: Anmerkung zu OLG Köln, Beschluss vom 25.08.1997, 2 Wx 42/97, MittRhNotK 1997, 396–397

Lehmann, Rudolf: Anmerkung zu OLG München, Urteil vom 18.03.1999, 8 U 5127/98, BWNotZ 2002, 14–15

Lehmann, Rudolf: Vorrang oder Zustimmung – Wie wird ein eigentumsvormerkungswidriges Finanzierungsgrundpfandrecht wirksam?, NJW 1993, 1558–1560

Lehmann, Rudolf: Wirksamkeitsvermerk und guter Glaube, MittRhNotK 1997, 258

Leipold, Dieter: Gibt es noch vorkonstitutionelle Vorschriften im BGB?, NJW 2003, 2657–2659

Lemke, Reiner (Hrsg.): Kommentar zum Immobilienrecht, 2. Auflage, Köln 2016

Leyser, Benno: Die rechtliche Natur der Vormerkung des Bürgerlichen Gesetzbuches, Diss. Rostock 1904

Lieder, Jan: Die Anwendung schuldrechtlicher Regeln im Sachenrecht, JuS 2011, 874–879

Lieder, Jan: Die rechtsgeschäftliche Sukzession – Eine methodenpluralistische Grundlagenuntersuchung zum deutschen Zivilrecht und Zivilprozessrecht sowie zum Internationalen und Europäischen Privatrecht, Tübingen 2015

Locher, Eugen: Das „Recht zum Grundstück", AcP 148 (1942), 1–56

Löhnig, Martin: Sachenrecht: Nutzungs- und Verwendungsersatz bei der Vormerkung – Zugleich Anmerkung zu BGH, Urteil vom 19.05.2000, V ZR 453/99, JA 2000, 918–920

Löhnig, Martin/*Gietl*, Andreas: Grundfälle zur Vormerkung – Die Handlungsmöglichkeiten des Auflassungsvormerkungsinhabers, JuS 2008, 102–107

Lohr, Karl: Das Anwartschaftsrecht aus der Auflassung unter besonderer Berücksichtigung der Vormerkung zugunsten und zu Lasten des Auflassungsempfängers, Diss. Köln 1966

Looschelders, Dirk/*Roth*, Wolfgang: Juristische Methodik im Prozeß der Rechtsanwendung – Zugleich ein Beitrag zu den verfassungsrechtlichen Grundlagen von Gesetzesauslegung und Rechtsfortbildung, Berlin 1996

Lüke, Wolfgang: Sachenrecht, 4. Auflage, München 2018

Maenner, Karl: Sachenrecht, 2. Auflage, München 1906

Mager, Heinrich: Besonderheiten des dinglichen Anspruches, AcP 193 (1993), 68–85

Medicus, Dieter: Das Anwartschaftsrecht des Auflassungsempfängers, DNotZ 1990, 275–289

Mehrtens, Gerhard: Das gesetzliche Veräußerungsverbot, Diss. Göttingen 1974

Meikel, Georg: Kommentar zur Grundbuchordnung, 12. Auflage, Köln 2021

Meyer, Dieter: Anmerkung zu OLG Hamburg, Urteil vom 11.02.1971, 6 U 70/70, NJW 1971, 1317–1318

Michaels, Ralf: Sachzuordnung durch Kaufvertrag – Traditionsprinzip, Konsensprinzip, ius ad rem in Geschichte, Theorie und geltendem Recht, Berlin 2002

Modler, Florian/*Kreh*, Martin: Tutorium Analysis 1 und Lineare Algebra 1, 4. Auflage, Berlin u.a. 2018

Mollenkopf, Claus: Faktische Einwirkungen auf vormerkungsbetroffene Grundstücke – Gleichzeitig ein Beitrag zum Unwirksamkeitsbegriff der §§ 883 Abs. 2, 888 Abs. 1 BGB, Berlin 1998

Motive zu dem Entwurf eines Bürgerlichen Gesetzbuches für das Deutsche Reich: Berlin u. a. 1888 (zit. als Motive z. BGB)

Mülbert, Peter Otto: Das inexistente Anwartschaftsrecht und seine Alternativen, AcP 202 (2002), 912–950

Mülbert, Peter Otto: Der redliche Vormerkungserwerb – oder: Die Vormerkung als akzessorisches Recht, AcP 197 (1997), 335–397

Mülbert, Peter Otto: Erwerberschutz bei gestreckten Erwerbsvorgängen – Funktions- und Wirkungsparallelen bei Vorbehaltseigentum, Vormerkung und dinglichem Vorkaufsrecht, AcP 214 (2014), 309–361

Müller, Klaus: Sachenrecht, 4. Auflage, Köln u. a. 1997

Müller, Klaus/*Gruber*, Urs Peter: Sachenrecht, 1. Auflage, München 2016

Münchener Kommentar zum Bürgerlichen Gesetzbuch: Hrsg. Rebmann, Kurt/Säcker, Franz Jürgen/Rixecker, Roland, 3. Auflage, München 1992 ff. (zit. als MüKo-BGB/*Bearbeiter*)

Münchener Kommentar zum Bürgerlichen Gesetzbuch: Hrsg. Rebmann, Kurt/Säcker, Franz Jürgen/Rixecker, Roland, 4. Auflage, München 2000 ff. (zit. als MüKo-BGB/*Bearbeiter*)

Münchener Kommentar zum Bürgerlichen Gesetzbuch – Band 4: Schuldrecht, Besonderer Teil 1, Band 8: Sachenrecht: Hrsg. Säcker, Franz Jürgen/Rixecker, Roland/Oetker, Hartmut/Limperg, Bettina, 8. Auflage, München 2019 f. (zit. als MüKo-BGB/*Bearbeiter*)

Münchener Kommentar zum Bürgerlichen Gesetzbuch – Band 1: Allgemeiner Teil, Band 2: Schuldrecht, Allgemeiner Teil 1, Band 3: Schuldrecht, Allgemeiner Teil 2, Band 7: Schuldrecht, Besonderer Teil 4, Band 8: Sachenrecht: Hrsg. Säcker, Franz Jürgen/Rixecker, Roland/Oetker, Hartmut/Limperg, Bettina, 9. Auflage, München 2021 ff. (zit. als MüKo-BGB/*Bearbeiter*)

Münchener Kommentar zur Zivilprozessordnung: Hrsg. Krüger, Wolfgang/Rauscher, Thomas, 6. Auflage, München 2020 f. (zit. als MüKo-ZPO/*Bearbeiter*)

Münzberg, Wolfgang: Abschied von der Pfändung der Auflassungsanwartschaft, in: Festschrift für Gerhard Schiedermair zum 70. Geburtstag, Hrsg. Lüke, Gerhard/Jauernig, Othmar, München 1976, S. 439–457

Musielak, Hans-Joachim/*Voit*, Wolfgang (Hrsg.): Kommentar zur Zivilprozessordnung, 20. Auflage, München 2023

Muth, Johannes M.: Anmerkung zu BGH, Beschluss vom 25.03.1999, V ZB 34/98, WuB I. F.3. 10.99, 954–955

Muthorst, Olaf: Grundlagen der Rechtswissenschaft, 2. Auflage, München 2019

Muthorst, Olaf: Macht durch Verdinglichung – Zum Gläubigerwettlauf bei Doppelverpflichtung, in: Macht im Zivilrecht, Hrsg. Hauer, Matti/Rudkowski, Lena/Gooren, Paul/Lahr, Melanie u. a., Stuttgart u. a. 2013, S. 127–144

Muthorst, Olaf: Verzugsschaden des Vormerkungsberechtigten – Zugleich Anmerkung zu BGH, Urteil vom 04.12.2015, V ZR 202/14, HRN 2016, 71–73

Nettesheim, Wolfgang: Bauhandwerkerhypothek: Schadensersatzpflicht wegen Eintragung einer Vormerkung trotz vorrangiger Auflassungsvormerkung eines Dritten, BB 1994, 301–303

Neumann, Hans Wolfgang: Vormerkung, Verfügungsbeschränkung und Veräußerungsverbot, Diss. Hamburg 1930

Neuner, Jörg: Allgemeiner Teil des Bürgerlichen Rechts, 13. Auflage, München 2023

Neuner, Jörg: Sachenrecht, 6. Auflage, München 2020

Nomos Kommentar zum Bürgerlichen Gesetzbuch – Band 1: Allgemeiner Teil, Band 2: Schuldrecht, Band 3: Sachenrecht: Hrsg. Dauner-Lieb, Barbara/Heidel, Thomas/Ring, Gerhard, 4. Auflage, Baden-Baden 2016 ff. (zit. als NK-BGB/*Bearbeiter*)

Nomos Kommentar zum Bürgerlichen Gesetzbuch – Band 3: Sachenrecht: Hrsg. Dauner-Lieb, Barbara/Heidel, Thomas/Ring, Gerhard, 5. Auflage, Baden-Baden 2022 (zit. als NK-BGB/*Bearbeiter*)

Oberneck, Hermann: Reichsgrundbuchrecht, 4. Auflage, Berlin 1909

Odemer, Hilmar: Schadensersatz statt der Leistung im Anspruchssystem des Eigentümer-Besitzer-Verhältnisses – Eine Untersuchung zur Anwendbarkeit der §§ 281, 282 BGB auf den vindikatorischen Herausgabeanspruch gemäß § 985 BGB, Tübingen 2019

Oertmann, Paul: Ist der Anspruch auf Ersatzherausgabe (B.G.B. § 281) auf dingliche Ansprüche anwendbar?, JR 1931, 1–6

Oertmann, Paul: Kommentar zum Bürgerlichen Gesetzbuch: GesamtHrsg. Biermann, Johannes – Buch 2: Schuldrecht, 5. Auflage, Berlin 1928 f.

Offtermatt, Gerhard: Dinglicher Beseitigungsanspruch und Duldungsanspruch, Stuttgart 1937

Ohly, Ansgar/*Werner*, Georg: Fortgeschrittenenklausur – Bürgerliches Recht: Grundprobleme der Auflassungsvormerkung, JuS 2007, 449–453

Othmer, Wilhelm: Die rechtliche Wirkung der Vormerkung nach Reichsrecht, Breslau 1902

Palandt, Otto: Beck'scher Kurz-Kommentar zum Bürgerlichen Gesetzbuch, 76. Auflage, München 2017

Paulus, Christoph: Deliktsschutz für den Vormerkungsberechtigten? – Zugleich Anmerkung zu BGH, Urteil vom 05.04.1991, V ZR 39/90, JZ 1993, 555–559

Paulus, Christoph: Richterliches Verfügungsverbot und Vormerkung im Konkurs – Ein Beitrag zur Systematik der Vorzugsrechte, Berlin 1981

Paulus, Gotthard: Schranken des Gläubigerschutzes aus relativer Unwirksamkeit, in: Festschrift für Hans Carl Nipperdey zum 70. Geburtstag – Band 1, Hrsg. Dietz, Rolf/Hübner, Heinz, München u.a. 1965, S. 909–927

Peters, Casjen: Die Ansprüche aus dem Eigentum, AcP 153 (1954), 454–465

Petersen, Jens: Der Dritte im Zivilrecht, Berlin u.a. 2018

Pfaller, Constanze/*Jouannaud*, Victor: Fortgeschrittenenklausur – Zivilrecht: Sachenrecht – Egon hat Pech, JURA 2023, 191–202

Pfeiffer, Thomas: Anmerkung zu BGH, Urteil vom 23.03.2023, V ZR 67/22, LMK 2023, 809067

Philipsen, Kurt: Die Vormerkung nach Bürgerlichem Gesetzbuche, Diss. Jena 1903

Picker, Eduard: Der „dingliche" Anspruch, in: Festschrift für Franz Bydlinski zum 70. Geburtstag, Hrsg. Koziol, Helmut/Rummel, Peter, Wien u.a. 2002, S. 269–318

Picker, Eduard: Der Haftungswegfall bei Dereliktion als Ausdruck des Zusammenspiels von Rechtszuweisung und Rechtsschutz, in: Privatrechtssystem und negatorischer Rechtsschutz, Tübingen 2019, S. 1009–1063

Picker, Eduard: Der negatorische Beseitigungsanspruch, Bonn 1972

Picker, Eduard: Der vindikatorische Herausgabeanspruch, in: Festgabe aus der Wissenschaft zum 50-jährigen Bestehen des Bundesgerichtshofes – Band 1, Hrsg. Canaris, Claus-Wilhelm/Heldrich, Andreas/Hopt, Klaus Jürgen/Roxin, Claus u.a., München 2000, S. 693–752

Picker, Eduard: Negatorische Haftung und Geldabfindung – Ein Beitrag zur Differenzierung der bürgerlichrechtlichen Haftungssysteme, in: Festschrift für Hermann Lange zum 70. Geburtstag, Hrsg. Medicus, Dieter/Mertens, Hans-Joachim/Nörr, Knut Wolfgang/Zöllner, Wolfgang, Stuttgart u.a. 1992, S. 625–696

Pinger, Winfried: Funktion und dogmatische Einordnung des Eigentümer-Besitzer-Verhältnisses – Die §§ 987–1003 BGB als wechselseitig haftungsverschärfendes Schuldverhältnis, München 1973

Plambeck, Barbara: Die Verjährung der Vindikation, Frankfurt am Main 1997

Planck, Gottlieb: Kommentar zum Bürgerlichen Gesetzbuch – Buch 1: Allgemeiner Teil, 3. Auflage, Berlin 1903 ff.

Planck, Gottlieb: Kommentar zum Bürgerlichen Gesetzbuch – Buch 1: Allgemeiner Teil, Buch 2: Recht der Schuldverhältnisse, 4. Auflage, Berlin u. a. 1913 ff.

Planck, Gottlieb: Kommentar zum Bürgerlichen Gesetzbuch – Buch 3: Sachenrecht, 5. Auflage, Berlin u. a. 1933 ff.

Planck, Gottlieb: Windscheid als Mitarbeiter am Bürgerlichen Gesetzbuche, DJZ 1909, 951–954

Plate, Jürgen: Zivilrecht, 6. Auflage, Berlin u. a. 2016

Plath, Karlheinz: Die Ergänzung der Ansprüche aus dem Eigentum (§§ 985 ff. BGB) durch Anwendung schuldrechtlicher Bestimmungen, Diss. Jena 1928

Predari, Karl Eduard Cäsar: Kommentar zum Bürgerlichen Gesetzbuch: GesamtHrsg. Biermann, Johannes – Grundbuchordnung, 2. Auflage, Berlin 1913

Prinz, Wolfgang: Der gutgläubige Vormerkungserwerb und seine rechtlichen Wirkungen, Frankfurt am Main u. a. 1989

Probst, Martin: Anmerkung zu BGH, Urteil vom 19. 05. 2000, V ZR 453/99, JR 2001, 334–335

Protokolle der Kommission für die zweite Lesung des Entwurfs des Bürgerlichen Gesetzbuches: Berlin 1897 ff. (zit. als Protokolle d. 2. Kommission)

Protokolle der Kommission zur Ausarbeitung des Entwurfs eines Bürgerlichen Gesetzbuchs – Die Beratung des Bürgerlichen Gesetzbuchs in systematischer Zusammenstellung der unveröffentlichten Quellen: Hrsg. Jakobs, Horst Heinrich/Schubert, Werner, Berlin u. a. 1978 ff. (zit. als Protokolle d. 1. Kommission)

Protokolle der Vorkommission des Reichsjustizamts – Die Beratung des Bürgerlichen Gesetzbuchs in systematischer Zusammenstellung der unveröffentlichten Quellen: Hrsg. Jakobs, Horst Heinrich/Schubert, Werner, Berlin u. a. 1978 ff. (zit. als Protokolle d. Vorkommission d. RJA)

Prütting, Hanns: Sachenrecht, 38. Auflage, München 2024

Prütting, Hanns/*Wegen*, Gerhard/*Weinreich*, Gerd (Hrsg.): Kommentar zum Bürgerlichen Gesetzbuch, 18. Auflage, Hürth 2023 (zit. als PWW/*Bearbeiter*)

Raape, Leo: Anmerkung zu RG, Urteil vom 19. 02. 1927, V ZR 404/26, JW 1927, 1927–1928

Raape, Leo: Das gesetzliche Veräußerungsverbot des Bürgerlichen Gesetzbuchs, Berlin 1908

Räfle, Siegfried: Anmerkung zu BGH, Urteil vom 05. 10. 1979, V ZR 71/78, LM § 888 BGB Nr. 3

Raiser, Ludwig: Dingliche Anwartschaften, Tübingen 1961

Redaktionsvorlage für den Redaktionsausschuß der 1. Kommission – Die Beratung des Bürgerlichen Gesetzbuchs in systematischer Zusammenstellung der unveröffentlichten Quellen: Hrsg. Jakobs, Horst Heinrich/Schubert, Werner, Berlin u. a. 1978 ff. (zit. als Vorlage für d. Redaktionsausschuss d. 1. Kommission)

Regenfus, Thomas: Facetten der Akzessorietät der Vormerkung – Zugleich Anmerkung zu BGH, Urteil vom 14.01.2022, V ZR 245/20, NJOZ 2022, 961–966

Reichel, Hans: Die Vormerkung im Deutschen Bürgerlichen Gesetzbuche, JherJb 46 (1905), 59–182

Reichsgerichtsräte-Kommentar zum Bürgerlichen Gesetzbuch: 12. Auflage, Berlin 1975 ff. (zit. als RGRK/*Bearbeiter*)

Reinicke, Dietrich: Anmerkung zu BGH, Urteil vom 19.01.1968, V ZR 190/64, NJW 1968, 788–790

Reinicke, Dietrich: Der Schutz des guten Glaubens beim Erwerb einer Vormerkung, NJW 1964, 2373–2382

Reinicke, Dietrich/*Tiedtke*, Klaus: Das Anwartschaftsrecht des Auflassungsempfängers und die Formbedürftigkeit der Aufhebung eines Grundstückskaufvertrages, NJW 1982, 2281–2288

Reithmann, Christoph: Anmerkung zu BGH, Urteil vom 19.05.2000, V ZR 453/99, EWiR § 883 BGB 2/2000, 963–964

Reuß, Hans: Die Anwendbarkeit der Vorschriften des Schuldrechts auf den Herausgabeanspruch, Diss. Rostock 1912

Rheinen, Fritz: Ist die Vormerkung eine Verfügungsbeschränkung?, Bonn 1929

Richter, Wolfgang: Tatsächliche Einwirkungen auf das Kaufgrundstück und Vormerkungsschutz – Zur Rechtsstellung des geschützten Käufers und des Erwerbers bei vormerkungswidrigem Zweitverkauf, Berlin 1999

Riehm, Thomas: Der Grundsatz der Naturalerfüllung, München 2015

Riehm, Thomas: Der „Zwangskauf" im Mietrecht – Zur Anwendung des § 281 BGB auf den mietrechtlichen Herausgabeanspruch, in: 10 Jahre Mietrechtsreformgesetz – Eine Bilanz, Hrsg. Artz, Markus/Börstinghaus, Ulf, München 2011, S. 311–325

Riehm, Thomas: Die Actio negatoria im allgemeinen Leistungsstörungsrecht, in: Festschrift für Dagmar Coester-Waltjen zum 70. Geburtstag, Hrsg. Hilbig-Lugani, Katharina/Jakob, Dominique/Mäsch, Gerald/Reuß, Philipp M. u.a., Bielefeld 2015, S. 1169–1182

Rieländer, Frederick: Sachenrechtliche Erwerbsrechte – Eine rechtsvergleichende Untersuchung monopolisierter Eigentumserwerbsrechte in England und Deutschland, München 2014

Riesenhuber, Karl (Hrsg.): Europäische Methodenlehre, 2. Auflage, Berlin u.a. 2010

Rimmelspacher, Bruno/*Stürner*, Michael: Kreditsicherungsrecht, 3. Auflage, München 2017

Röhl, Klaus F./*Röhl*, Hans Christian: Allgemeine Rechtslehre, 3. Auflage, Köln 2008

Rosenberg, Leo: Kommentar zum Bürgerlichen Gesetzbuch: GesamtHrsg. Holder, Eduard/Schollmeyer, Friedrich/Rosenberg, Leo/Schmidt, Arthur B. u.a. – Band 3: Sachenrecht, 1. Auflage, München 1919

Rosien, Ekkehard: Der Schutz des Vormerkungsberechtigten – Eine Untersuchung zum Schutz vor Einwirkungen tatsächlicher Art auf das vormerkungsbetroffene Grundstück, Köln u.a. 1994

Rottenfußer, Walter: Der gutgläubige Erwerb der Auflassungsvormerkung, Diss. Erlangen-Nürnberg 1981

Rühl, Wolfgang: Materiell-rechtliche Prüfungspflichten im Eintragungsverfahren nach der Grundbuchordnung, Frankfurt am Main u. a. 1990

Rüscher, Daniel: Die Vormerkung, JURA 2020, 649–663

Rüthers, Bernd/*Fischer*, Christian/*Birk*, Axel: Rechtstheorie und Juristische Methodenlehre, 12. Auflage, München 2021

Savigny, Friedrich Carl von: Das Obligationenrecht als Theil des heutigen Römischen Rechts – Band 2, Berlin 1853

Savigny, Friedrich Carl von: System des heutigen Römischen Rechts – Band 1, Band 3, Band 5, Berlin 1840 f.

Schäfer, Thomas: Die Verbindung des Schadensersatzanspruchs aus § 283 BGB mit anderen Ansprüchen, Diss. Frankfurt am Main 1972

Schaltenbrand, Anne Kathrin: Schadensersatz statt der Leistung – Ansprüche aus §§ 280 Abs. 1, 3, 281 BGB bei nicht-synallagmatischen Herausgabeansprüchen, Hamburg 2008

Schapp, Jan/*Schur*, Wolfgang: Sachenrecht, 4. Auflage, München 2010

Schellhammer, Kurt: Sachenrecht, 6. Auflage, Heidelberg 2021

Scheuerle, Wilhelm A.: Das Wesen des Wesens – Studien über das sogenannte Wesensargument im juristischen Begründen, AcP 163 (1964), 429–471

Schlegelberger, Franz/*Vogels*, Werner (Hrsg.): Erläuterungswerk zum Bürgerlichen Gesetzbuch und zum neuen Volksrecht, 1. Auflage, Berlin 1939 ff.

Schleiter, Pieter: „Zwangskauf" bei Rückgewähransprüchen – Diskussionsstand und Vorschlag einer praktikablen Gesamtlösung, JURA 2008, 434–441

Schmidt, Karsten: Sachenrecht: Verzugsschadensersatz wegen verspäteter Löschungsbewilligung auf Grund einer Vormerkung – Zugleich Anmerkung zu BGH, Urteil vom 04.12. 2015, V ZR 202/14, JuS 2016, 844–846

Schmidt, Rudolf: Der negatorische Beseitigungsanspruch, Stuttgart 1924

Schneider, Daniel: Examensklausur zum Sachenrecht – Juristisches Allerlei von der Vormerkung, JURA 2021, 177–185

Schneider, Wolfgang (Hrsg.): Kommentar zum Zwangsversteigerungsgesetz, 1. Auflage, Köln 2020

Schöner, Hartmut/*Stöber*, Kurt: Handbuch Grundbuchrecht, Hrsg. Riedel, Ernst/Volmer, Michael/Wilsch, Harald, 15. Auflage, München 2012

Schöner, Hartmut/*Stöber*, Kurt: Handbuch Grundbuchrecht, Hrsg. Riedel, Ernst/Volmer, Michael/Wilsch, Harald, 16. Auflage, München 2020

Schreiber, Christoph: Sachenrecht, 8. Auflage, Stuttgart u. a. 2022

Schreiber, Klaus/*Ruge*, Niki (Hrsg.): Handbuch Immobilienrecht, 4. Auflage, Berlin 2020

Schröder, Rainer/*Thiessen*, Jan: Von Windscheid zu Beckenbauer – Die Schuldrechtsreform im Deutschen Bundestag, JZ 2002, 325–329

Schultz, Michael: Leistungsstörungsrecht, in: Das Schuldrecht 2002 – Systematische Darstellung der Schuldrechtsreform, Hrsg. Westermann, Harm Peter, Stuttgart u. a. 2002, S. 17–104

Schultz, Thomas: Der Wirksamkeitsvermerk als Gestaltungsalternative zu Rangvorbehalt und Rangrücktritt der Auflassungsvormerkung, RNotZ 2001, 541–574

Schüttlöffel, Michael: Der nicht rechtzeitig leistende Sachschuldner zwischen Primär- und Schadensersatzhaftung – Materiell-rechtliche und prozessuale Probleme des erleichterten Übergangs auf Schadensersatz nach § 281 n. F. BGB, Frankfurt am Main 2006

Schwab, Martin: Neues Schuldrecht: Ende des Mieterschutzes? – Wider die Theorie vom Zwangsverkauf an den bei Mietende nicht weichenden Mieter, NZM 2003, 50–55

Schwab, Martin/*Novokmet*, Andjelka: Ungelöste Fragen des „Zwangsverkaufs" vermieteter Immobilien, ZGS 2004, 187–194

Schwerdtner, Eberhard: Verwendungsersatzansprüche des Erstkäufers gegen den Vorkaufsberechtigten bei Ausübung eines gesetzlichen Vorkaufsrechts, BWNotZ 1972, 145–153

Schwerdtner, Eberhard: Verzug im Sachenrecht – Eine rechtssystematische und rechtsdogmatische Untersuchung über die Anwendbarkeit der schuldrechtlichen Verzugsvorschriften auf dingliche Ansprüche, Berlin 1973

Schwerdtner, Peter: Anwartschaftsrechte – Teil 1, JURA 1980, 609–614

Schwerdtner, Peter: Die Auflassungsvormerkung, JURA 1985, 316–322

Seibert, Ulrich: „Gesetzesmaterialien" in der Gesetzgebungspraxis, in: Mysterium „Gesetzesmaterialien" – Bedeutung und Gestaltung der Gesetzesbegründung in Vergangenheit, Gegenwart und Zukunft, Hrsg. Fleischer, Holger, Tübingen 2013, S. 111–126

Sekler, Gregor: Die Lehre von der Vormerkung nach dem neuen Reichsrecht, München 1904

Selb, Walter: Anmerkung zu BGH, Urteil vom 05. 04. 1991, V ZR 39/90, JZ 1991, 1087–1090

Severin, Christian: Auflassungsvormerkung und Eingriffsschutz – Zur Frage, ob dem Inhaber eines vormerkungsgesicherten Eigentumsverschaffungsanspruchs Sanktionsschutz gegen faktische Einwirkungen auf das vormerkungsbelastete Grundstück zukommt, Frankfurt am Main 2008

Siber, Heinrich: Bürgerliches Recht – Band 3: Schuldrecht, 1. Auflage, Leipzig 1931

Siber, Heinrich: Der Rechtszwang im Schuldverhältniß nach deutschem Reichsrecht, Leipzig 1903

Soergel, Hans Theodor: Kommentar zum Bürgerlichen Gesetzbuch – Band 2: §§ 104–240 BGB, Band 3/2: §§ 243–304 BGB, Band 5/3: §§ 328–432 BGB, Band 11/3: §§ 780–822 BGB, Band 15/1: §§ 985–1017 BGB, 13. Auflage, Stuttgart 1999 ff.

Soergel, Hans Theodor: Kommentar zum Bürgerlichen Gesetzbuch – Band 2/1: §§ 104–157 BGB, Band 2/2: §§ 158–240 BGB, Band 22: §§ 854–984 BGB, Band 24: §§ 1018–1296 BGB, 14. Auflage, Stuttgart 2021 ff.

Sponholz, Kuno: Der Aufwendungsersatzanspruch des Dritterwerbers, welcher dem Vorgemerkten weichen muß, Diss. Leipzig 1935

Stadler, Astrid: Der Rang im Immobiliarsachenrecht – Ein noch immer ungelöstes Problem?, AcP 189 (1989), 425–469

Stälin, G.: Ueber die dinglichen Ansprüche des BGB hinsichtlich der Anwendbarkeit des Allgemeinen Teils des Rechts der Schuldverhältnisse auf dieselben, Diss. Tübingen 1902

Stamm, Jürgen: Die Auflassungsvormerkung – Eine Fiktion der bedingten Verfügung im Immobiliarsachenrecht, Berlin 2003

Staudinger, Julius von: Eckpfeiler des Zivilrechts, Bearbeitung 2014/2015, Berlin 2014 f.

Staudinger, Julius von: Eckpfeiler des Zivilrechts, 8. Auflage, Berlin 2022

Staudinger, Julius von: Kommentar zum Bürgerlichen Gesetzbuch, 10. Auflage, München u. a. 1935 ff.

Staudinger, Julius von: Kommentar zum Bürgerlichen Gesetzbuch, 11. Auflage, Berlin 1954 ff.

Staudinger, Julius von: Kommentar zum Bürgerlichen Gesetzbuch, 12. Auflage, Berlin 1978 ff.

Staudinger, Julius von: Kommentar zum Bürgerlichen Gesetzbuch, 13. Auflage, Berlin 1993 ff.

Staudinger, Julius von: Kommentar zum Bürgerlichen Gesetzbuch – §§ 1–14 BGB, Einl. zum BGB, VerschG: Bearbeitung 2018, §§ 134–138 BGB, ProstG: Bearbeitung 2021, §§ 139–163 BGB: Bearbeitung 2020, §§ 164–240 BGB: Bearbeitung 2019, §§ 241–243 BGB, Einl. zum Schuldrecht: Bearbeitung 2019, §§ 255–304 BGB: Bearbeitung 2019, §§ 397–432 BGB: Bearbeitung 2022, §§ 433–448 BGB: Bearbeitung 2023, §§ 812–822 BGB: Bearbeitung 2007, §§ 854–882 BGB, Einl. zum Sachenrecht: Bearbeitung 2012, §§ 854–882 BGB, Einl. zum Sachenrecht: Bearbeitung 2018, §§ 883–902 BGB: Bearbeitung 2013, §§ 883–888 BGB: Bearbeitung 2020, §§ 889–902 BGB: Bearbeitung 2019, §§ 925–984 BGB, Nachb. zu §§ 929–931 BGB: Bearbeitung 2020, §§ 985–1011 BGB: Bearbeitung 1999, §§ 985–1011 BGB: Bearbeitung 2012, §§ 985–1011 BGB: Bearbeitung 2023, §§ 1018–1112 BGB, ErbbauRG: Bearbeitung 2017, Berlin 1999 ff.

Stein, Friedrich/*Jonas*, Martin: Kommentar zur Zivilprozessordnung, Hrsg. Bork, Reinhard/Roth, Herbert, 23. Auflage, Tübingen 2014 ff.

Steup, Bernd: Grundbuchrang und Grundbuchvormerkung, 2. Auflage, Berlin 2018

Stöber, Kurt: Beck'scher Kurz-Kommentar zum Zwangsversteigerungsgesetz, 23. Auflage, München 2022

Stöber, Kurt: Wirksamkeitsvermerk und Zwangsversteigerung, MittBayNot 1997, 143–148

Streuer, Rudolf: Auflassung und Einwilligung zur Weiterveräußerung – Eine Frage der Auslegung? – Zugleich Anmerkung zu BGH, Urteil vom 22. 11. 1996, V ZR 233/95, Rpfleger 1998, 314–317

Strohal, Emil: Über relative Unwirksamkeit – Sonderabdruck aus der Festschrift zur Jahrhundertfeier des österreichischen Allgemeinen Bürgerlichen Gesetzbuches, Wien 1911

Stürner, Michael: Grenzen des privatrechtlichen Eigentumsschutzes – § 275 Abs. 2 BGB als Schranke negatorischer Ansprüche?, in: Festschrift für Alexander von Brünneck zum 70. Geburtstag, Hrsg. Peine, Franz-Joseph/Wolff, Heinrich Amadeus, Baden-Baden 2011, S. 360–378

Stürner, Michael: Sachenrechtliche Rechtsverhältnisse und Allgemeines Schuldrecht, JURA 2019, 837–843

Stutz, Heinrich: Die Rechtsbeziehungen des Eigentümers zum nichtberechtigten Besitzer (§§ 987 ff., 281, 812, 816 BGB), Diss. Heidelberg 1933

Suppliet, Roland: Haftung des vormerkungswidrig Eingetragenen für Verzugsschäden – Zugleich Anmerkung zu BGH, Urteil vom 04. 12. 2015, V ZR 202/14, NotBZ 2016, 260–261

Tetenberg, Stefan: Die Anwartschaft des Auflassungsempfängers – Eine fallgruppenorientierte Untersuchung ihrer Berechtigung, München 2006

Theisen, Frank: Die Entstehung von Gesetzen – Einsichten aus Sicht der Ministerialverwaltung eines Bundeslandes, in: „Gesetzgeber" und Rechtsanwendung – Entstehung und Auslegungsfähigkeit von Normen, Hrsg. Baldus, Christian/Theisen, Frank/Vogel, Friederike, Tübingen 2013, S. 43–62

Thomas, Heinz/*Putzo*, Hans: Kommentar zur Zivilprozessordnung, 44. Auflage, München 2023

Thöne, Meik: Die Grundprinzipien des Eigentümer-Besitzer-Verhältnisses, JuS 2021, 809–817

Tiedtke, Klaus: Die Auflassungsvormerkung, JURA 1981, 354–370

Trapp, Ursula: Die dingliche Wirkung der Vormerkung im Rechtsverhältnis zwischen dem aus einer Auflassungsvormerkung Berechtigten und dem vormerkungswidrig eingetragenen Dritten, Diss. Köln 1974

Tucholsky, Kurt: Die Vormerkung aus § 1179 BGB und ihre Wirkungen, Diss. Jena 1915

Tuhr, Andreas von: Allgemeiner Teil des Deutschen Bürgerlichen Rechts, 1. Auflage, Leipzig 1910 ff.

Turnau, Wilhelm/*Förster*, Konrad: Kommentar zum Liegenschaftsrecht, 3. Auflage, Paderborn 1906

Ungewitter, o. A.: Buchbesprechung zu Kurt Philipsen: Die Vormerkung nach Bürgerlichem Gesetzbuche, Gruchot 48 (1904), 156–158

Utech, Jan-Philip/*Lang*, Sebastian: Examensübungsklausur – Zivilrecht: Warum erholen, wenn man streiten kann?, ZJS 2021, 493–500

Vieweg, Klaus/*Lorz*, Sigrid: Sachenrecht, 9. Auflage, München 2022

Vieweg, Klaus/*Röthel*, Anne: Fälle zum Sachenrecht, 4. Auflage, München 2017

Vollkommer, Max: Anmerkung zu BGH, Beschluss vom 26. 10. 1971, II ZB 39/71, Rpfleger 1972, 17–18

Vollkommer, Max: Die Rechtsstellung des vormerkungsgesicherten Parzellenerwerbers im „Zwischenstadium" als Kreditunterlage – Folgerungen aus zwei höchstrichterlichen Entscheidungen in Grundbuchsachen (BGH, Beschluss vom 18. 12. 1967, V ZB 6/67 u. BayObLG, Beschluss vom 30. 08. 1967, 2 Z BR 58/67) für die Verpfändung von Auflassungsanspruch und Auflassungsanwartschaft, Rpfleger 1969, 409–414

Vorentwürfe der Redaktoren für die Redaktorenkonferenz – Die Beratung des Bürgerlichen Gesetzbuchs in systematischer Zusammenstellung der unveröffentlichten Quellen: Hrsg.

Jakobs, Horst Heinrich/Schubert, Werner, Berlin u. a. 1978 ff. (zit. als Vor-Vorentwürfe z. BGB)

Vorlagen der Redaktoren für die erste Kommission zur Ausarbeitung des Entwurfs eines Bürgerlichen Gesetzbuchs: Hrsg. Schubert, Werner, Berlin u. a. 1981 ff. (zit. als Vorentwürfe z. BGB/*Bearbeiter*)

Vorläufige Zusammenstellung zu einzelnen Materien des Sachenrechts – Die Beratung des Bürgerlichen Gesetzbuchs in systematischer Zusammenstellung der unveröffentlichten Quellen: Hrsg. Jakobs, Horst Heinrich/Schubert, Werner, Berlin u. a. 1978 ff. (zit. als Vorläufige Zusammenstellung)

Voß, o. A.: Ueber das Verhältnis zwischen relativem Veräußerungsverbot und Vormerkung nach dem BGB, JherJb 60 (1912), 293–363

Voß, Wiebke: Erwerbssicherung beim Grundstückskauf – Eine rechtsvergleichende Studie zu Nichterfüllungsrisiken, Schutzinstrumenten und ihren Wirkungen im deutschen, englischen, schottischen und spanischen Recht, Tübingen 2019

Waldow, Erich: Welche Ansprüche erwachsen dem Berechtigten aus Verfügungen eines Unberechtigten gegen den Verfügenden?, Diss. Rostock 1911

Wallerath, Maximilian: Zur Anwendbarkeit des § 283 BGB auf den Herausgabeanspruch nach § 985 BGB, JR 1970, 161–166

Wank, Rolf/*Maties*, Martin: Auslegung von Gesetzen, 7. Auflage, München 2023

Warneyer, Otto: Kommentar zum Bürgerlichen Gesetzbuch, 11. Auflage, Detmold u. a. 1950

Weber, Johannes: Das Rangklassenprivileg der Wohnungseigentümergemeinschaft – Herausforderung für Rechtsdogmatik und Vertragsgestaltung, DNotZ 2014, 738–759

Weber, Ralph: Sachenrecht I, 4. Auflage, Baden-Baden 2016

Weber, Ralph: Sachenrecht II, 4. Auflage, Baden-Baden 2015

Weber, Ulrich: Die Anwendung der Vorschriften über Rechte an Grundstücken auf die Vormerkung, Diss. Tübingen 1962

Weiland, Thomas: Die Sicherung konkurrierender Sachleistungsansprüche im Wege einstweiliger Verfügung durch Vormerkung und Verfügungsverbot, Bielefeld 1992

Weirich, Hans-Armin: Abschied von der „Auflassungsvormerkung", DNotZ 1982, 669–671

Weirich, Hans-Armin: Von der Auflassungsvormerkung zur Eigentumsvormerkung, NJW 1989, 1979–1980

Weirich, Hans-Armin/*Ivo*, Malte: Grundstücksrecht, 4. Auflage, München 2015

Weiss, Alexander: Die Ergänzung besonderer Rechtsverhältnisse durch die allgemeinen Vorschriften der §§ 280 ff. BGB, JuS 2012, 965–969

Weiß, Holger/*Schwadorf*, Lucas: Die Notwendigkeit eines Wirksamkeitsvermerks auf Vorrat bei Auflassungsvormerkungen, NJW 2024, 13–16

Weitnauer, Hermann: Buchbesprechung zu Fritz Baur: Sachenrecht, 4. Auflage, DNotZ 1968, 706–708

Wellenhofer, Marina: Sachenrecht, 38. Auflage, München 2023

Wendt, Otto: Die exceptio doli generalis im heutigen Recht oder Treu und Glauben im Recht der Schuldverhältnisse, AcP 100 (1906), 1–417

Werner, Alfred: Anmerkung zu RG, Urteil vom 28.10.1926, IV ZR 273/26, JW 1927, 1141–1143

Weser, Hans-Hermann: Die Erklärung der Auflassung unter Aussetzung der Bewilligung der Eigentumsumschreibung, MittBayNot 1993, 253–262

Westermann, Harm Peter/*Staudinger*, Ansgar: Sachenrecht, 14. Auflage, Heidelberg 2024

Westermann, Harry: Buchbesprechung zu Gerhard Dulckeit: Die Verdinglichung obligatorischer Rechte, AcP 152 (1952 f.), 93–96

Westermann, Harry: Sachenrecht, 5. Auflage, Karlsruhe 1966

Westermann, Harry: Sachenrecht, Hrsg. Eickmann, Dieter/Gursky, Karl-Heinz/Westermann, Harm Peter, 7. Auflage, Heidelberg 1998 (zit. als Westermann/*Bearbeiter*)

Westermann, Harry: Sachenrecht, Hrsg. Eickmann, Dieter/Gursky, Karl-Heinz/Westermann, Harm Peter, 8. Auflage, Heidelberg 2011 (zit. als Westermann/*Bearbeiter*)

Wieacker, Franz: Bodenrecht, 1. Auflage, Hamburg 1938

Wieacker, Franz: Das Sozialmodell der klassischen Privatrechtsgesetzbücher und die Entwicklung der modernen Gesellschaft, Karlsruhe 1953

Wieacker, Franz: Privatrechtsgeschichte der Neuzeit unter besonderer Berücksichtigung der deutschen Entwicklung, 3. Auflage, Göttingen 2016

Wiegand, Wolfgang: Die Entwicklung des Sachenrechts im Verhältnis zum Schuldrecht, AcP 190 (1990), 112–138

Wiegand, Wolfgang: Funktion und systematische Stellung des Sachenrechts im BGB, in: Symposion vom 18.–20. Juni 1998 – 100 Jahre BGB, 100 Jahre Staudinger, Hrsg. Martinek, Michael/Sellier, Patrick L., Berlin 1999, S. 107–126

Wiegand, Wolfgang: Numerus clausus der dinglichen Rechte – Zur Entstehung und Bedeutung eines zentralen zivilrechtlichen Dogmas, in: Festschrift für Karl Kroeschell zum 60. Geburtstag, Hrsg. Köbler, Gerhard, Frankfurt am Main u. a. 1987, S. 623–643

Wieling, Hans Josef: Sachenrecht I, 2. Auflage, Berlin u. a. 2006

Wieling, Hans Josef/*Finkenauer*, Thomas: Sachenrecht, 6. Auflage, Berlin u. a. 2020

Wilhelm, Jan: Der Zustimmungsanspruch gegen den durch eine Vormerkung belasteten Erwerber (§ 888 BGB) als negatorischer Anspruch – Zugleich Anmerkung zu BGH, Urteil vom 02.07.2010, V ZR 240/09, ZfIR 2011, 45–50

Wilhelm, Jan: Die relative Wirksamkeit der aufgrund einer Vormerkung relativ unwirksamen Verfügung, ZfIR 2011, 353–360

Wilhelm, Jan: „Duplizität von Rechten“ und Rechtsschein – Zu den Gesellschafterlisten des Kapitalgesellschaftsrechts, in: Festschrift für Eduard Picker zum 70. Geburtstag, Hrsg. Lobinger, Thomas/Richardi, Reinhard/Wilhelm, Jan, Tübingen 2010, S. 837–857

Wilhelm, Jan: Sachenrecht, 7. Auflage, Berlin u. a. 2021

Windscheid, Bernhard: Die Actio des römischen Civilrechts vom Standpunkte des heutigen Rechts, Düsseldorf 1856

Windscheid, Bernhard: Pandektenrecht, 5. Auflage, Stuttgart 1879

Windscheid, Bernhard/*Kipp*, Theodor: Pandektenrecht, 9. Auflage, Frankfurt am Main 1906

Wintermann, Markus: Anwendung des Leistungsstörungsrechts auf das Eigentümer-Besitzer-Verhältnis, BRJ 2018, 43–48

Wischmeyer, Thomas: Der „Wille des Gesetzgebers" – Zur Rolle der Gesetzesmaterialien in der Rechtsanwendung, JZ 2015, 957–966

Witt, Carl-Heinz: Fortgeschrittenenklausur – Bürgerliches Recht: Schicksal einer Auflassungsvormerkung, JuS 2004, 48–52

Wolf, Ernst: Sachenrecht, 2. Auflage, Köln u. a. 1979

Wolff, Martin/*Raiser*, Ludwig: Sachenrecht, 10. Bearbeitung, Tübingen 1957

Wörbelauer, Herbert: Das unter Eigentumsvormerkung stehende Grundstück – Eine res extra commercium? – Teil 1, DNotZ 1963, 580–597

Wörbelauer, Herbert: Das unter Eigentumsvormerkung stehende Grundstück – Eine res extra commercium? – Teil 2, DNotZ 1963, 652–669

Wörbelauer, Herbert: Das unter Eigentumsvormerkung stehende Grundstück – Eine res extra commercium? – Teil 3, DNotZ 1963, 718–732

Wörlen, Rainer/*Kokemoor*, Axel/*Lohrer*, Stefan: Sachenrecht, 12. Auflage, München 2023

Wösthoff, Philipp/*Klein*, Moritz: Anmerkung zu BGH, Urteil vom 04.12.2015, V ZR 202/14, ZfIR 2016, 188–189

Wunderlich, Hans: Die Eintragungsbewilligung des heutigen Grundbuchrechts, Diss. Leipzig 1906

Wunner, Sven Erik: Gutglaubensschutz und Rechtsnatur der Vormerkung, NJW 1969, 113–118

Würdinger, Markus: Schuldrecht AT und Sachenrecht: Anwendbarkeit des § 281 BGB auf Beseitigungs- und Unterlassungsansprüche des Eigentümers – Zugleich Anmerkung zu BGH, Urteil vom 23.03.2023, V ZR 67/22, JuS 2023, 783–785

Zimmermann, Anton S.: Der gesetzliche Rückforderungsanspruch – Leistung, Austauschleistung, Eingriff, Tübingen 2021

Zippelius, Reinhold: Juristische Methodenlehre, 11. Auflage, München 2012

Zöller, Richard: Kommentar zur Zivilprozessordnung, 35. Auflage, Stand vom 01.11.2023, Köln 2024

Zweigert, Konrad/*Kötz*, Hein: Einführung in die Rechtsvergleichung auf dem Gebiete des Privatrechts, 3. Auflage, Tübingen 1996

Personen- und Sachverzeichnis